专利信息检索与分析利用丛书

龚世益 总主编

专利信息
分析利用与创新

ZHUANLI XINXI
FENXI LIYONG YU CHUANGXIN

湖南省知识产权局 组织编写
本书主编 陈仲伯

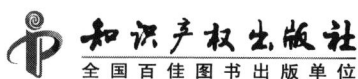
知识产权出版社
全国百佳图书出版单位

内容提要

本书面向企事业单位、大专院校和科研院所及广大科技人员、专利工作者，立足于专利信息的获取、分析和利用，并侧重于目前互联网上可以利用的专利信息资源，同时针对如何利用TRIZ理论进行创新等问题，结合案例进行了探索。该书可以作为企事业单位、大专院校和科研院所的广大专利管理人员和科技人员的实用参考书。

责任编辑：汤腊冬　刘　畅　　　　　　责任校对：董志英
执行编辑：崔开丽　　　　　　　　　　责任出版：卢运霞

图书在版编目（CIP）数据

专利信息分析利用与创新／湖南省知识产权局
组织编写．—北京：知识产权出版社，2012.4
ISBN 978-7-5130-1181-5

Ⅰ．①专…　Ⅱ．①湖…　Ⅲ．①专利文献－信息利用－
研究　Ⅳ．①G252.7

中国版本图书馆CIP数据核字（2012）第047845号

专利信息检索与分析利用丛书
专利信息分析利用与创新
湖南省知识产权局　组织编写
本书主编　陈仲伯

出版发行：	知识产权出版社		
社　　址：	北京市海淀区马甸南村1号	邮　　编：	100088
网　　址：	http：//www.ipph.cn	邮　　箱：	bjb@cnipr.com
发行电话：	010-82000860转8101/8102	传　　真：	010-82005070/82000893
责编电话：	010-82000860转8108	责编邮箱：	tangladong@cnipr.com
印　　刷：	北京富生印刷厂	经　　销：	新华书店及相关销售网点
开　　本：	787mm×1092mm　1/16	印　　张：	25.5
版　　次：	2012年7月第1版	印　　次：	2012年7月第1次印刷
字　　数：	700千字	定　　价：	68.00元

ISBN 978-7-5130-1181-5/G·482（4057）

出版权专有　侵权必究
如有印装质量问题，本社负责调换。

《专利信息检索与分析利用丛书》
编 委 会

总 主 编：龚世益
副总主编：陈仲伯　毕　因　邹民生　李丽娅
　　　　　贺　青　胡肖华
编委会成员：肖冬梅　朱健成　余仲儒　刘友华
　　　　　　李雪山　丁　旭　许秋平　李　锋

本书编写组

主　编：陈仲伯

副主编：肖冬梅、余仲儒

撰稿人：

第一章　导言（陈湘杰、肖冬梅）

第二章　专利信息利用基础知识（杜峰、李健）

第三章　常用专利信息服务平台

　3.1　公共专利信息服务平台（董刚、王素燕、王旭涛）

　3.2　商业专利信息服务平台（唐思慧、周明善、王鹏、杨辉）

第四章　专利信息分析（肖冬梅、刘友华）

第五章　专利信息的发明原理分析与创新（余仲儒、宋岩、王祖鹕、李隽）

附　录　湖南省优势培育企业的专利信息利用和培训需求调查问卷分析报告（余仲儒、朱健成）

主　审：肖冬梅　朱健成　余仲儒

序

在知识经济时代,知识产权在自主创新和经济发展中的地位日益重要。胡锦涛总书记指出:坚持自主创新、提高自主创新能力,是我国应对未来挑战的重大选择,是统领我国科技发展的战略主线,是实现建设创新型国家目标的根本途径。并强调,要发展创新文化,培育全社会创新精神,鼓励自主探索,保护知识产权,使一切创新想法得到尊重、一切创新举措得到支持、一切创新才能得到发挥、一切创新成果得到肯定。

由于专利信息具有科技信息、法律信息、经济信息等功能,充分利用和挖掘专利信息有助于识别技术变化和行业发展趋势,有利于改进现有技术、发现新的技术领域、规避侵权风险、提高创新绩效。专利信息已成为提升企业竞争力、增强企业技术创新能力的一种战略资源,加强专利信息的利用,已成为提高知识产权创造、运用、保护和管理能力的现实需要。因此,加强专利信息利用、传播和服务,是贯彻落实《国家知识产权战略纲要》的重要手段,是提高我国自主创新能力的基础性工作,是加速推进创新型国家建设的重要保障。政府相关部门、企事业单位以及广大科研人员和专利工作者应充分认识专利信息的重要作用。政府相关部门要把专利信息作为科学决策的重要依据;企事业单位要把专利信息利用作为获取竞争情报、开展自主创新、避免侵权纠纷的有效手段;科研人员要把专利信息利用作为借鉴公开技术、提升研发能力的必要途径;专利工作者要把专利信息利用作为推动知识产权服务业发展的必要条件。

《专利信息分析利用与创新》一书,面向企事业单位、大专院校和科研院所及广大科研人员、专利工作者,立足于专利信息的获取、分析和利用,并侧重于目前互联网上可以利用的专利信息资源,同时结合案例对如何利用TRIZ理论进行创新等问题进行了探索。该书可以作为企事业单位、大专院校和科研院所的广大专利管理人员和科研人员的实用参考书。

(胡锦涛总书记指出的内容摘自中共中央总书记、国家主席、中央军委主席胡锦涛2011年12月16日在"庆祝天宫一号与神舟八号交会对接任务圆满成功大会"上的重要讲话。)

前　　言

国家"十二五"规划指出：以重大技术突破和重大发展需求为基础，促进新兴科技与新兴产业深度融合，在继续做强做大高新技术产业基础上，把战略性新兴产业培育发展成为先导性、支柱性产业。专利工作"十二五"规划中强调：开展专利信息服务，指导创新主体加强专利信息利用，促进专利信息为技术创新与经济社会发展服务。国家知识产权局局长田力普指出，企业应把专利信息的利用上升到企业发展的战略高度上，使之成为企业创新发展中不可缺少的重要组成部分。可见，在实施国家知识产权战略和建设创新型国家中，专利信息的利用具有极其重要的作用。为了抢占未来国际竞争的制高点、把握主动权，为了加快转变经济发展方式、调整经济结构，湖南省知识产权局结合全国和本省情况，组织由国家知识产权局审查员、湖南省知识产权局业务人员和湘潭大学法学院专家组成的编写组编写《专利信息分析利用与创新》一书。本书包括常用的专利检索平台、商业检索平台以及利用专利信息创新等内容，按照实用性、可操作性等要求进行编写，以便为企事业单位的科技人员、专利检索人员提供一本实用的参考手册。

本书的编写，受到了省局各位领导和有关领导的支持和指导。编写组全体同志感谢他们，同时也感谢湖南省知识产权局协调处的全体同志对本书的文字等进行的校对。

由于研究时间和视角不同，本书难免有纰漏之处，敬请指正。

编者

目　　录

1 导言 ··· 1
　1.1 柯达 Vs 宝丽来 ··· 1
　　1.1.1 基本案情 ·· 1
　　1.1.2 该案启示 ·· 3
　1.2 谷歌进军手机市场 ·· 3
　　1.2.1 基本案情 ·· 3
　　1.2.2 启示 ··· 4
　1.3 海尔的成功 ·· 4
　　1.3.1 基本情况 ·· 4
　　1.3.2 启示 ··· 6
　1.4 宝洁收购吉列案 ··· 6
　　1.4.1 基本案情 ·· 6
　　1.4.2 启示 ··· 8
　1.5 结论 ·· 8

2 专利信息利用基础 ··· 9
　2.1 专利信息检索概论 ·· 9
　　2.1.1 专利信息检索的意义 ·· 9
　　2.1.2 专利信息检索的概念 ··· 10
　2.2 专利分类号 ·· 13
　　2.2.1 IPC 分类 ·· 13
　　2.2.2 ECLA 分类 ··· 15
　　2.2.3 FI/F-term 分类 ·· 17
　　2.2.4 UCLA 分类 ·· 18
　　2.2.5 DC/MC 分类 ··· 19
　2.3 专利族 ··· 21
　　2.3.1 专利族相关概念 ·· 21
　　2.3.2 同族专利检索的必要性 ·· 22
　　2.3.3 专利族的类型 ··· 22
　　2.3.4 同族专利的特点 ·· 23
　　2.3.5 同族专利的检索 ·· 23
　2.4 专利引文 ·· 23
　　2.4.1 专利引文检索的必要性 ·· 23
　　2.4.2 专利引文的种类 ·· 24

- 2.5 关键词检索 ... 27
  - 2.5.1 关键词检索的特点 ... 27
  - 2.5.2 关键词的表达策略 ... 28
  - 2.5.3 关键词查找的工具 ... 29
  - 2.5.4 关键词检索案例 ... 32
- 2.6 检索策略 ... 33
  - 2.6.1 检索原则 ... 33
  - 2.6.2 检索策略的类型 ... 34

3 常用专利信息服务平台 ... 39
- 3.1 公共专利信息服务平台 ... 39
  - 3.1.1 中外专利数据库服务平台 ... 39
  - 3.1.2 欧洲专利局检索平台 ... 75
  - 3.1.3 美国专利商标局专利检索平台 ... 89
  - 3.1.4 日本特许厅专利检索平台 ... 108
  - 3.1.5 上海知识产权（专利信息）公共服务平台 ... 139
  - 3.1.6 中国国家知识产权局检索与服务系统 ... 156
  - 3.1.7 国家重点产业专利信息服务平台 ... 166
  - 3.1.8 湖南省专利智能检索服务平台 ... 168
- 3.2 商业专利信息服务平台 ... 196
  - 3.2.1 INNOGRAPHY ... 196
  - 3.2.2 INNOVATION ... 219
  - 3.2.3 德温特专利数据库（DII） ... 248

4 专利信息分析 ... 262
- 4.1 专利分析方法、指标与类别 ... 262
  - 4.1.1 专利分析的指标 ... 263
  - 4.1.2 专利分析的主要类别 ... 264
  - 4.1.3 专利信息分析的主要阶段 ... 268
- 4.2 专利侵权判定及对比文件检索 ... 270
  - 4.2.1 专利权利要求书的保护范围 ... 270
  - 4.2.2 专利侵权判定原则 ... 274
  - 4.2.3 专利侵权检索、分析与侵权规避策略 ... 280
- 4.3 专利无效检索 ... 284
  - 4.3.1 专利权的无效 ... 284
  - 4.3.2 专利无效检索 ... 285

5 专利信息的发明原理分析与创新 ... 290
- 5.1 发明创造的主要类型 ... 290

- 5.1.1 开拓性发明 290
- 5.1.2 组合发明 290
- 5.1.3 选择发明 291
- 5.1.4 转用发明 292
- 5.1.5 已知产品的新用途发明 292
- 5.1.6 要素变更的发明 292
- 5.2 发明问题解决理论 293
  - 5.2.1 概述 293
  - 5.2.2 TRIZ 理论体系的核心思想及主要内容 294
  - 5.2.3 TRIZ 理论的 40 个发明原理 295
- 5.3 40 个发明原理在技术创新中的运用解析 301
  - 5.3.1 建筑材料 301
  - 5.3.2 日用品 307
  - 5.3.3 包装业 314
  - 5.3.4 服饰用品 317
  - 5.3.5 计算机 318
  - 5.3.6 农产品加工 320
  - 5.3.7 机械加工 325
  - 5.3.8 工具 330
  - 5.3.9 交通运输 335
  - 5.3.10 建筑机械 345
  - 5.3.11 电子产品 347
  - 5.3.12 家电 354
  - 5.3.13 机器人 359
  - 5.3.14 医药 362
  - 5.3.15 通讯工具 363

附录 A 湖南省优势培育企业的专利信息利用和培训需求调查问卷分析报告 365
附录 B 39 项技术参数 398

1 导 言

专利信息是指以专利文献[1]作为主要内容或依据，经分解、加工、标引、统计、分析、整合和转化等手段处理而形成的与专利有关的各种信息的总称。根据世界知识产权组织（World Intellectual Property Organization，简称 WIPO）的统计，全球有 90%以上的发明创造信息都是首先通过专利文献反映出来的。专利信息包含了世界上 90%~95%的技术信息，这些专利信息当中，有 80%以上的技术信息未在其他的技术信息当中出现过。同时也有研究发现，有效运用专利信息，可平均缩短研发时间 60%，节省研发费用 40%。

专利文献集科技、经济和法律信息于一体，蕴含极大的使用价值：第一，专利文献是极为重要的科技信息来源，因为专利文献中实施部分包含了详细的技术方案实施步骤、详细数据等信息。通过专利文献分析，可以清晰地看到技术产生、发展的全过程以及未来趋势。第二，专利文献中包含关键的法律信息，利用专利信息，可以在恰当的时候合理实施专利无效诉讼，保护自身权益；可以在进出口贸易中，了解技术产品输入和输出的地域性以及时效性风险；掌握专利情报，有效保护企业自身知识产权，规避侵权风险。第三，专利文献有着重大的经济价值，90%以上的新技术、新发明集中在专利文献当中；对竞争对手专利情报的监视，可以了解到对方的研发动向、市场策略等情报；对专利情报的宏观和微观分析，可以协助企业制订市场竞争策略和专利战略；掌握全面的专利情报，可以结合企业实际发展需要，有效实施技术贸易。

在知识经济时代，专利信息的获取与利用在很大程度上影响国家技术创新和经济发展，更攸关企业竞争的胜负乃至生死，下面几个案例就生动地诠释了这样一个道理。

1.1 柯达 Vs 宝丽来

1.1.1 基本案情

柯达（Kodak）与宝丽来（Polaroid）均为世界知名公司。宝丽来擅长于相机制造，柯达胶卷更是一度风靡全球。双方原本井水不犯河水，各有其市场范围。在 1950 年，宝丽来公司与柯达公司签订合同，由柯达公司为宝丽来公司的相机生产各种配套的胶卷。两家公司由此开始了数十年的亲密合作。但自 1972 年宝丽来推出拍立得 SX-70 型相机后，两家公司之间的关系就开始恶化。

---

[1] 根据世界知识产权组织编写的《知识产权教程》中的定义，专利文献是指包括已出版或未出版的已经申请或被确认为发明、发现、工业品外观设计和实用新型的研究、开发、设计和试验成果的有关资料，以及保护专利所有人、发明人及工业品外观设计和实用新型注册证书持有人权利的有关资料的总称。从承载的内容来看，专利文献既可以是批准为专利的发明创造的资料，也可以是关于申请的发明创造的资料；从公开与否来看，专利文献资料有些公开出版，有些则仅供存档或复制使用。专利文献是一种集法律、技术、经济于一体的文献，广义上讲，知识产权局的各种通知、审查意见、有关专利的刊物、各种检索工具等都属于专利文献的范畴；狭义的专利文献包括专利说明书、权利要求书、专利公报、摘要及附图等。本书所言专利文献取其广义。

拍立得 SX-70 型相机推出之后，宝丽来要求柯达为这种新相机生产配套胶卷。但是，柯达为了能在即时成像相机市场分一杯羹，拒绝了宝丽来的要求，提出如果宝丽来允许柯达生产自己的即时成像相机，柯达就为他生产配套胶卷。宝丽来拒绝了柯达的要求，并建立了自己的胶卷工厂，断绝与柯达的合作关系。柯达也不甘心示弱，在 1976 年将自己的即时成像相机投入市场，打破了宝丽来公司近 30 年的独家垄断。由于柯达的介入，宝丽来的利润大大下降，被迫以低于成本的价格出售一些型号的相机。

1976 年，宝丽来诉诸法院，指控柯达生产的即时成像相机仿制了拍立得 SX-70 型相机胶卷传送和显像的成套系统，侵犯了宝丽来公司的 12 项专利权。1985 年 9 月，波士顿地方初审法院裁决：柯达公司侵犯了宝丽来公司有关即时成像相机和胶卷技术方面大约 150 项专利中的 7 项。并于同年 10 月下达禁令，从 1986 年 1 月起禁止柯达公司生产和销售 EK-4、EK-6 即时成像相机和 PR-10 胶卷。柯达公司接到判决后，向美国联邦巡回上诉法院（二审法院）提出上诉。1986 年 1 月二审法院宣布维持一审法院判决，柯达公司败诉。柯达公司又向美国最高法院（三审法院）提出停止执行禁令的请求，该请求于 1986 年 10 月被三审法院拒绝，柯达公司再次败诉。诉讼第一阶段（判决侵权阶段）历时 9 年，第二阶段（确定赔偿额阶段）历时 5 年，前后共历时 14 年之久。1990 年 10 月 12 日，波士顿地方初审法院裁决：认定柯达公司侵犯宝丽来公司 10 项专利权，必须停止其有关的制造和销售行为。同时，柯达公司必须赔偿宝丽来公司 9.095 亿美元，❶这个数目创下了当时侵犯专利权赔偿数目的最高世界纪录。

这场官司旷日持久，最终以宝丽来的胜诉而结束，并且导致了柯达公司 55 年来第一次经营赤字，柯达公司损失惨重：全球 2500 万柯达相机使用者由于得不到美国生产的胶卷而影响相机的使用，这大大地损害了柯达公司的信誉，价值 2 亿美元的设备闲置，800 名文职人员、3700 名临时雇员失去工作。此外，一家追踪案件并准备从中渔利的国际大型摄影器材公司也彻底打消了染指即时成像相机的念头。❷

但是，故事并没有结束。对于当时的宝丽来而言，这场专利诉讼当然是一场漂亮的翻身仗；但对柯达而言，塞翁失马，焉知非福？没能在即时成像市场中分一杯羹的柯达痛定思痛，开始转型。在 1976 年专利诉讼时，柯达就已经开发出了数字相机技术，并将数字影像技术用于航天领域。20 世纪 90 年代初，当投资者纷纷投入大量资金和人力研发数字影像产品的时候，柯达抓住了机遇，于 1991 年试制成功世界第一台数码相机。而收获近 10 亿美元赔偿金的宝丽来，却依然沉浸在即时成像相机市场的"蜜缸"里，没能对"蜜缸"上隐约出现的裂痕引起重视。有人说，宝丽来的最大错误，其实是迫使柯达离开即时成像相机市场。尽管宝丽来在诉讼中赢得了数亿美元，但它驱逐了一个能够帮他做大市场的对手。❸

宝丽来也曾醒悟并进行最后的挣扎，譬如，瞄准打印市场，推出了可打印手机下载的多色数码影像的技术等，但为时已晚。在数码照相技术领域痛失先机，宝丽来最终没能逃脱破产的厄运。2001 年，举债过多的宝丽来被迫向美国法院申请破产保护。

时至今日，宝丽来的悲剧在柯达身上重演，2012 年 1 月 19 日柯达及其美国子公司在纽约向法院提出破产保护申请。柯达悲剧出现的一个很重要的原因是过度执着于胶卷，担

---

❶ 张刚. 历史上最大的专利侵权赔偿案 [J]. 知识产权, 1993 (5)：36.
❷ 马秀山. 两虎相争——柯达与宝丽来的专利之战 [J]. 中国民营科技与经济, 1997 (21)：86.
❸ 田享华. 宝丽来：一个王朝的背影 [J]. 中国品牌, 2006 (2).

忧失去传统影像的优势，没有及时变现数码技术专利，再加上其开发的数码相机技术单一，管理层也未能及时调整重心。

1.1.2 该案启示

很明显，由于忽视专利信息分析，柯达遭受重大损失，宝丽来最终破产。柯达公司忽视了对即时成像技术的专利分析，没有进行专利技术的规避，而是盲目地生产产品投入市场，最终导致企业深陷险境，遭受重大损失，十年心血付诸东流。

市场的专利之战硝烟弥漫，专利之争不仅仅体现在诉讼的高额赔款上，更关乎企业的生死存亡。宝丽来创始人埃德温·兰德就敏锐地意识到了这一点，他一生中共申请了500多项专利，其数量甚至可以和发明大王爱迪生媲美。在这场旷日持久的专利战中，宝丽来运用其专利之剑获得了成功，奠定了其在即时成像相机市场的霸主地位。

然而，笑到最后才会笑得最美。宝丽来满足于一城一池的胜利，忽略了竞争对手城外的战略布局，最终被昔日手下败将驱逐出局。柯达尽管早就掌握了专业的数字影像技术，且一度在专业的数字影像技术上领先，只可惜把这数字影像技术推广到一般消费者还是迟了。作为覆灭胶片王朝的数码相机发明者，未能准确把握市场竞争脉搏，结果却革了自己的命。

事实上，无论是宝丽来即时成像技术还是柯达数码相机技术，在专利文献中都清晰记载着其发展轨迹，如果通过解读集科技、经济和法律信息于一体的专利文献，实时关注和分析竞争对手的专利申请活动，分析提炼相关专利情报，是能够准确把握竞争对手的战略意图和市场竞争态势的。因忽视专利信息，宝丽来、柯达公司先后损失巨大，甚至最后走上了绝境。

1.2 谷歌进军手机市场

1.2.1 基本案情

2011年4月21日，美国知名科技博客网站Silicon Alley Insider（SAI）评出了美国科技产业过去5年中最为明智的11起并购活动，位居首位的就是2005年谷歌收购创业公司安卓（Android）。而早在2010年，谷歌并购主管戴维·劳威（David Lawee）就曾表示，收购Android，可视为谷歌截至目前效果最好的一笔交易。

谷歌为什么要做手机操作系统呢？根据英国《金融时报》的分析，在个人电脑上使用谷歌不需要专门做操作系统，因为已经有非常成熟而且占据了90%以上市场份额的Windows操作系统，谷歌只需要做好自己的搜索和各种互联网应用，把互联网的流量汇聚在自己身上，就能够实现很好的商业模式。但是，手机上却没有像个人电脑上的Windows那样成熟的操作系统，谷歌只好自己做手机操作系统，来推广自己的移动互联网应用。

当时诺基亚的Symbian系统以其53%的占有率占领手机市场的半壁江山，而当时苹果的IOS系统尚未出现，只有微软等企业参与竞争。但是，微软在个人电脑系统的竞争优势在手机系统上没有显现出来。谷歌选择收购成立仅22个月的高科技企业Android，就是看中了其专利技术的开源性和优越性。时间证明谷歌的选择是明智的，2010年末数据显示，仅正式推出两年的Android操作系统已经超越称霸十年的诺基亚Symbian系统，跃居全球最受欢迎的智能手机平台，目前Android的主要竞争对手是苹果的IOS、微软的WP7以及RIM的Blackberry OS。据市场研究机构IDC当时预计，谷歌Android移动操作系统2011年将占全球智能手机市场38.9%市场份额，排名依然占据首位。

谷歌的移动互联网战略是明晰的，在最初阶段，谷歌不参与手机的设计、制造和发售等环节，把这些交给更专业的HTC、三星和摩托罗拉等手机厂商。谷歌的职责是不断改进Android操作系统，免费提供给更多的厂商和用户使用。❶虽然该平台并不会给谷歌带来直接收益，然而Android市场份额的增长，却有利于提高谷歌移动搜索的实力。并且，通过服务的内置，谷歌和Android已经紧密相连，牢牢绑定。可以说，只要是安装Android的手机，使用的就是谷歌的服务。而谷歌前不久表示，Android平台每年会给公司带来超过10亿美元的收入。

2011年，谷歌以125亿美元现金形式收购摩托罗拉移动公司（Motorola Mobility）。分析师们普遍认为，谷歌收购摩托罗拉移动，显然是"醉翁之意不在酒"，其目的直指摩托罗拉移动在电话技术方面17000余项专利权，以及已经提交并等待批准的7500项专利（超过竞争对手苹果、微软、RIM、索尼、EMC和爱立信收购北电网络的1.8万项专利），以应对Android面临的1000多起专利诉讼（主要来自微软对使用Android系统的摩托罗拉、HTC、三星的诉讼）。无独有偶，随着苹果诉HTC案中HTC的败诉，HTC也以3亿美元的价格收购图形芯片厂商S3 Graphics，同时获得S3 Graphics拥有的235项专利。

谷歌通过收购这一快速见效的策略，获得大批专利技术，从而巩固其市场地位。回望过去10多年来超过100多项并购案中，谷歌瞄准的大都是媒介与广告技术方案服务商，这其中就包括著名的Youtube和DoubleClick。

1.2.2 启示

该案中，由于重视专利信息分析，谷歌成功完成收购，抢占手机市场。通过专利预警分析，能寻找已有的竞争对手，挖掘潜在的竞争对手，采取恰当的市场策略，这对企业未来的发展具有深远的意义。谷歌正是基于专利预警分析，果断地收购安卓和摩托罗拉移动公司，抢占手机市场。相反，如果没有对买卖双方乃至其他竞争对手的专利信息进行详尽分析和正确把握，盲目收购很可能让企业遭受巨大损失。以华立并购飞利浦为例，2001年总资产不足30亿的华立集团，表面上收购飞利浦公司CDMA移动通信芯片业务的研发部门获得成功，但遗憾的是华立的并购分析存在重大失误。华立没有调查清楚的是，飞利浦与美国高通之间关于CDMA芯片虽然有交叉许可协议，但双方承诺不对第三方公开，这种承诺不会随着飞利浦CDMA研发部门转让而改变；只要华立开发和销售CDMA芯片和终端设备，仍需要向高通公司缴纳技术许可费；并购只能获得飞利浦CDMA的2G技术，而3G国际标准之一的CDMA2000核心专利仍都控制在美国高通公司手中；而华立也没有及时推出适合市场需求的2.5G和3G产品，进而使得通过并购以获取关键技术的目标基本落空。❷谷歌和华立收购案从正反两个方面说明了企业市场之争中专利信息分析的重要性。

1.3 海尔的成功

1.3.1 基本情况

2011年10月18日，中国海尔集团与日本松下电器集团达成了关于购买松下旗下的三

---

❶ 冀勇庆. 谷歌为什么做手机 [EB/OL]. http://www.ftchinese.com/story/001040179, 2011-08-17, 最后访问日期 2011-12-13.

❷ 曾云. 聚焦中国企业海外并购之知识产权尽职调查 [J]. 资本市场，2010（5）：50.

洋电机在日本和东南亚地区的白色家电的制造与销售权的最终协议。这也标志着海尔——全球白色家电第一品牌在覆盖国际市场的征途上达到了新的高度。据欧睿国际（Euromonitor）数据显示，截至2010年年底，海尔冰箱和洗衣机在全球市场的占有率，分别达到12.6%和9.1%，均位居全球第一。2010年海尔实现全球营业额1357亿元人民币，同比增长9%，其中海尔品牌出口和海外销售额55亿美元。

创新是民族工业的灵魂，是企业谋求发展的不竭动力。面对众多的国内外竞争对手，只有采用新技术，才能够创造市场，谋求出路。海尔集团副总裁喻子达说过，"市场版图是按品牌来划分的，技术版图是按知识产权来划分的，但技术版图可以很快转化为市场版图。所以，保护技术版图就是为了维护市场版图，反之，打击技术版图，也是为了攻击市场版图"。❶海尔集团总裁张瑞敏也曾说过，"唯独依靠专利制度，才能保护我们的产品，使我们永远立于不败之地"。在一件专利申请案中，张瑞敏曾批示，"所有我方的新产品、新技术或消化吸收的国外先进技术，都应首先（取得）专利保护"。❷

海尔人视专利文献如同空气和水，缺则危及企业生命。早在成立初的1988年，海尔集团就建立了一整套简便易查、全而实用的检索专利技术的卡片系统，被称为专利文献人工检索系统。该系统收集了1974~1986年世界上25个主要工业国家有关冰箱的14000条专利文献题录，这些题录涉及所有与冰箱制造有关的内容。1990年海尔又订购了三种中国专利公报和制冷领域的专利说明书，使之与人工检索系统衔接配套，通过题录可以直接查到专利说明书原文。1995年，海尔建立了中国家电行业专利信息库，通过其知识产权办公室，将专利信息传递到企业领导和科研设计人员手中。❸1996年至今，通过与市专利服务中心、省专利文献室、国家专利局信息中心三级服务机构的合作，建设了可跟踪世界家电技术最先进科技成果的中外专利文献数据库，搭建了专利申请平台、新产品检索与法律分析平台、出口产品防侵权平台等。通过专利平台对已有的产品项目进行国内外的技术动态信息监控，从项目涉及的相关技术领域、国内外目标公司等角度进行专利跟踪，形成课题累积资料库、竞争对手技术资料库，为海尔集团不断提高知识产权应用能力、创造能力提供了可靠保证。

海尔在新产品、新项目立项前，首先会进行国内专利检索，了解该技术在国内的起步、发展及目前最先进的状态。同时，还会就该项目进行国外专利检索，确定在该项目产品处于领先地位的目标公司，最早申请该技术领域专利的国家和地区，在此基础上，再深入了解其专利申请的广度及范围，分析论证出该产品在国际市场的地位及所处状态。这一系列的详细论证确保了海尔新产品、新项目能尽量规避市场风险，同时，也为产品的开发提供了宝贵的技术资料。产品开发之后，海尔采用"一种产品项目实施一套专利保护方案"的方式，对产品项目实现全方位的保护。

截至2011年11月，海尔拥有9900项专利，其中2011年就拥有935项专利，平均每天申请2.56个专利。而海尔商标包括中文、英文、图形三种形式，已在183个国家和地区6个主要产品类别申请了1797件商标。

海尔还积极参与19项国际标准的制定，其中5项国际标准已经发布实施，这表明海尔自主创新技术在国际标准领域得到了认可，掌握了国际家电行业话语权；海尔主持或参与

---

❶ 刘成.海尔保护知识产权的"矛"与"盾"文[J].品牌,2005（12）：77.
❷ "海尔模式"面面观——对海尔集团公司"靠专利战略，创世界名牌"之路的思考[J].科技信息,1998（4）：37.
❸ "海尔模式"面面观——对海尔集团公司"靠专利战略，创世界名牌"之路的思考[J].科技信息,1998（4）：38.

了215项国家标准的编制、修订,其中172项已经发布,并有8项获得了国家标准创新贡献奖;参与制定行业及其他标准441项。海尔是参与国际标准、国家标准、行业标准最多的家电企业。

1.3.2 启示

从海尔的发展历程可以看出,善用专利信息,是海尔取得巨大成功的秘诀之一。海尔集团经营二十几年而迅速崛起,产品出口100多个国家和地区,并凭着其强烈的专利意识,在全球范围进行专利布局,这得益于他们将大量相关的专利文献和检索工作引入公司,还从各国公告的专利中分析国内外竞争对手的研发动向,并从中借鉴。应当说善用专利信息,使海尔研发取得突破,经营取得佳绩。面对海尔的成功,德国同行曾感叹,"培养了一个强劲的竞争对手"。

1.4 宝洁收购吉列案

1.4.1 基本案情

2005年10月1日,宝洁公司(Procter & Gamble,简称P&G)以570亿美元的天价并购了吉列公司(Gillette),这是宝洁公司成立167年以来最大的并购交易,在全球商业十大金额最高并购案排行榜名列第三。

早在1988年,宝洁就对吉列垂涎三尺,企图以75亿美元廉价收购吉列,但遭到了吉列的断然否决,其理由是吉列的价值被贬低了。但碰了壁的宝洁并不就此罢手,宝洁不断加价,从100亿美元、125亿美元、136亿美元、148亿美元、165亿美元、240亿美元到336亿美元,但最终都无功而返。当时的宝洁CEO杜克·贾格尔(Duke Jagger)甚至说:"如果我们收购不了吉列,那我就让吉列成为全球倒数500名的企业。"吉列没有被贾格尔的话吓倒,依然屡次拒绝宝洁。2000年,雷夫利(A.G.Lafley)担任宝洁CEO后,在加价的同时,还给予吉列一些优惠政策(例如,吉列产品的广告可放宝洁所有广告的首位,原吉列的员工与宝洁的员工享受相同待遇等)。雷夫利当上宝洁董事长后,更是把收购吉列作为首要任务。❶

直到2003年伊拉克战争爆发,吉列公司因赞助美国军方,股票大跌。与此同时,吉列在德国(德国是欧洲地区尤其是欧盟国家的刀片主要生产地,而吉列更是这一地区的刀片生产龙头企业)的工厂因在刀片包装纸上使用了希特勒的头像而被判罚停产1年,并处罚金100万欧元。这都使得吉列的经营收入雪上加霜。宝洁看准时机,最终以570亿美元将吉列收入囊中。

宝洁为何如此迫切地期望收购吉列?这背后当然与其市场策略密不可分,而支撑其市场策略的恰恰就是对专利信息的分析。

宝洁公司一直注重技术的创新,全球著名财经新闻类网站24/7 Wall St.依据世界知识产权组织(WIPO)的数据,并参照各公司2009~2010年间的研发支出的规模和年增幅进行排名,宝洁公司位列美国十大创新公司第三位。目前宝洁公司已经持有超过29000项专利,拥有300多个品牌。

---

❶ 百度百科:吉列公司[EB/OL]. http://baike.baidu.com/view/932252.htm,2011-12-13.

但是宝洁的发展并不是一帆风顺的。这家拥有百年历史的老店,因其自身研发能力的强大和成功,在 1999 年之前,逐渐滋生了一种"非此处发明"(Not Invented Here)心态。研发人员对与外部合作实现增长漠不关心,心里总想着如何与竞争对手斗,做事也是单干,尤其是在知识产权领域。当时宝洁内部的专利、商标、商业秘密和专有知识等,通常都被视为一种为阻止竞争对手模仿宝洁产品而故意制造的障碍,永远不和别人分享。可是,随着经济全球化的到来,企业不再是单独存在的个体,各企业之间产生千丝万缕的关系,企业间的合作越发显得重要和必须,因此这种相对封闭的专利策略让宝洁公司在经济危机中尝尽苦头。

2000 年雷夫利接任 CEO 后,在宝洁公司进行了一场"温柔革命"。这或许还要归功于 IBM 的启示。当年,IBM 公司宣布其知识产权许可每年为公司创造了 10 亿美元的收入。这让宝洁认识到,知识产权不再是消耗公司收入的负担,而是可以大幅提高效益的潜在来源。与此同时,宝洁内部调查也显示,公司投入了 15 亿美元研发资金,研制出约 2.7 万项专利,但其中只有 10%真正用在企业的产品上。雷夫利认为,随着知识产权市场的扩张,拥有创造能力已经不再是企业的绝对优势,通过收集、转移、融合等手段将技术为己所用,才是宝洁真正的竞争优势。

于是,雷夫利力排众议,提出了"开放式创新",将宝洁专利策略由原来的研发((Research & Develop))扩展为联发(Connect & Develop)),宣布所有的专利技术在产品投放后 3 年内或在专利授予后 5 年内,都可以对外发放许可证,从而打开公司的围墙,联合外部松散的非宝洁员工组成群体智慧,按照消费者的需求进行有目的的创新,再通过技术信息平台让各项创新提案在全球范围内得到最优配置。❶联发模式让宝洁走出了 2000 年的历史低谷,宝洁公司的股价上涨了 58%,进入另一个"发展巅峰"。

宝洁收购吉列后,一举超过联合利华公司(Unilever),成为世界上最大的日用消费品生产企业,巩固了其市场的霸主地位。不仅如此,此举还增加了宝洁对抗沃尔玛的筹码。沃尔玛以其每年将近 3000 亿美元的销售额控制着全球大大小小各类生产商,并因此享有了绝对强势的定价权。即使是宝洁公司,在同沃尔玛的合作中也备受牵制。沃尔玛一直采取压低宝洁价格的策略,有时甚至会先帮宝洁推广一款产品,打开市场后,就以更低价格推出自有品牌的产品,让宝洁先前的努力前功尽弃。沃尔玛之所以能够这样做,就在于宝洁销售额中有 18%来自于沃尔玛,而沃尔玛销售额中仅有 3.5%来自于宝洁——18%与 3.5%的数据对比就体现了双方谈判筹码的相对大小。新公司在沃尔玛的销售额从之前的 87 亿美元上升到 100 亿美元,虽然只占到沃尔玛销售收入的 4%,但新归入宝洁旗下的吉列锋速Ⅲ剃须刀和金霸王电池等拥有垄断地位的品牌增加了宝洁对沃尔玛的谈判地位。❷

此外,宝洁并购吉列,也有利于宝洁的专利布局。众所周知,宝洁公司一直"脂粉气太重",而"阳刚气不足"。在家居护理、女性护理上,宝洁公司占有专利优势,形成各种档次覆盖美容美发多方面的产品线。而吉列公司则主要涉及电池、剃须刀、牙刷等方面的产品。宝洁并购吉列,宏观上,两家公司的专利形成了良好的专利互补关系。这也是宝洁公司所看重的。而且,从微观方面来说,双方护理技术也是互有补充的。比如说,合并之

---

❶ 林成杰. C+D:宝洁的研发新模式[J]. 哈佛商业评论,2004(10).
❷ 宝洁并购吉列的启示[EB/OL]. http://guide.ppsj.com.cn/art/1876/18766/,2006-8-26,最后访问日期 2011-12-13.

后，全球口腔护理领域有三个年销售额10亿美元的品牌，目前宝洁公司占了两个：宝洁自创的"佳洁士"和收购吉列的"欧乐-B"。收购吉列使得宝洁在该领域的市场份额由15%上升到22%。在口腔护理七大类产品中，宝洁有五大类占据主导地位。并且，"佳洁士"和"欧乐-B"并不冲突，"佳洁士"产品主要以牙膏为主，而"欧乐-B"主要产品是电动牙刷。两个品牌分别定位于健康和专业，互有补充，不会冲突。另外，借助宝洁的渠道，"欧乐-B"能够接触到更广泛的人群，有利于电动牙刷市场的开拓。

1.4.2 启示

从该案可以看出，宝洁高价收购吉列，专利布局是关键。可以说，宝洁以天价并购吉列的背后，反映了吉列卓越的专利意识和布局。正是因为吉列通过专利分析，在生产剃须刀的必要技术领域部署了35项核心专利，牢牢地占领了相关市场，排除了竞争者的进入，保持着全球剃须刀行业的头把交椅。吉列剃须刀产品占全球市场的份额达到70%，在美国市场占有率甚至高达90%。在北美，每3个男性中就有1个使用吉列锋速Ⅲ剃须刀。在吉列100多年的历史中，开创了许许多多的行业第一：1946年第一部剃须刀架、1971年第一部双刀剃须刀、1977年第一部旋转头剃须刀、1990年第一部弹簧剃须刀……甚至在1974年，吉列公司还推出了世界上第一款女性专用刮毛刀。吉列之所以可以在面对宝洁收购时掌控谈判话语权，是因为他清楚地知道，自己拥有的剃须刀专利拥有巨大的价值。

1.5 结　论

以上柯达Vs宝丽来案、谷歌通过收购抢占手机市场、海尔善用专利信息取得巨大成功及宝洁高价收购吉列案从正反两方面诠释了利用专利信息的意义和价值。事实上，类似的案例数不胜数，但令人深感痛心的是，国内企业善用专利获得成功的案例少之又少，但因为忽视专利信息吃亏甚至遭受重创的案例却时有所闻。《孙子·谋攻篇》中说："知己知彼，百战不殆；不知彼而知己，一胜一负；不知彼，不知己，每战必殆。"意思是说，在战争中，既了解敌人，又了解自己，百战都不会有危险；不了解敌人而只了解自己，胜败的可能性各半；既不了解敌人，又不了解自己，那么每战都有危险。市场如战场，要在市场竞争中立于不败之地，通过专利信息的检索和分析了解自己和竞争对手是不可或缺的。

2 专利信息利用基础

2.1 专利信息检索概论

2.1.1 专利信息检索的意义

专利作为技术创新的重要标志和体现,在很大程度上代表着一个国家或企业的技术水平和潜在的技术竞争力。围绕专利进行的竞争将成为全球化背景下企业竞争的一个制高点。企业参与专利竞争必须充分地利用好专利文献。专利检索在企业参与竞争和企业发展中有着重要的作用。具体来说可分为以下几点:

(1) 专利检索可以使企业和公众明晰世界专利的动态。专利检索对正在进行技术创新的企业而言意义更加重大。企业在基本完成和接近完成实验开发工作、申请专利之前先进行检索工作,可及时了解和掌握同行业技术成果中受到法律保护的范围及权利状态等相关内容,从而在申请自身专利时,能灵活适宜地撰写所申请保护的核心技术或者产品的权利要求书和详细说明书,并对权利保护范围有针对性地加以变动和调整,避免侵权陷阱,最终提高专利申请的命中率,获得最大的保护稳定性。另外,企业利用专利信息监控国内外申请的动向,对有损于本企业的行为可及时提出无效请求,对侵犯本企业专利权的行为可及时提出诉讼请求,以排除阻碍本企业竞争和发展的不利因素。

(2) 专利检索可以避免对相同技术的重复研究开发,有利于促进科学技术的创新,节省国家和企业宝贵的科研经费。据不完全统计,各国因未查阅专利文献、使研究课题失去价值,每年造成的损失数以十亿计,间接损失就更多了。我国在"七五"期间,企业的近万个课题,约有三分之二都是重复研究。充分查阅本领域的专利文献,可使企业及时获取本行业竞争对手现有的专利技术动态、成果及整个行业的发展趋势,了解对手是否注册过或类似技术是否已成为失效专利,这样就可使企业避免技术上的重复开发,节约宝贵的研究资金。同时,通过对本行业专利技术和发展趋势的研究,可及时调整企业战略,制定新的研发计划,这对于企业的决策和未来发展有举足轻重的意义,企业可由此掌握自身命运,在激烈的市场竞争中永远占据主导权。所以,专利检索对于企业的成长,对于全球生产力的节省与提高,具有举足轻重的作用。

(3) 专利检索有利于发明创造的推广应用。专利检索可以作为专利权人和企业之间的一座桥梁,推动专利向生产力的转化,促进先进的科学技术尽快转化为生产力,从而促进国民经济的发展。公众或企业只需提供专利名称、专利人姓名、专利号等其中任何一项,检索人员就可以通过专利检索来查询专利的真实性和法律状态。

(4) 专利检索有利于企业贸易走向世界。目前,我国企业在国际市场上贸易业务日益增多,进出口贸易日渐频繁,专利检索的作用也越来越突出。公众和企业在进行涉及专利技术的贸易时,首先要通过查询专利文献来比较、分析和研究各国、各公司的技术水平、市场范围和竞争能力,评价外商所持项目的虚实、法律状况和经济价值等,这样,可以争取主动,避免盲目引进,也可以避免在出口贸易中侵犯他人专利权,损害国家声誉,造成不必要的经济损失。

2.1.2 专利信息检索的概念

专利信息检索是指根据某一专利信息特征,从各种整理信息资源中挑选符合某一特定要求的专利文献和信息。简单说,专利信息检索就是有关专利信息的查找。

当前计算机与网络技术已相当成熟。现在的"专利信息检索"是指利用计算机和网络查找专利信息。然而,专利信息检索是一项比较复杂的工作,专利信息检索结果是否全面,会受到客观因素和主观因素的制约和影响。

专利信息检索的客观因素主要指专利信息检索的系统因素,包括:检索所利用的专利信息数据库、用于专利信息检索的检索系统;专利检索的主观因素主要包括:专利检索的种类、技术,检索策略,以及检索人的专业知识和检索能力。

由于上述因素共同制约着专利信息检索的过程,直接影响专利信息检索的结果,所以,要想得到理想的专利信息检索结果,检索人在进行检索前应先了解和熟悉影响检索结果的这些因素。

专利信息数据库是构成专利信息检索系统的最重要的组成部分,是专利信息检索的物质基础,是影响专利信息检索结果的重要客观因素。数据库是指基于计算机的、根据一定需要进行信息传递而建立的一种有序化的信息集合体。❶

专利信息数据库通常包括:专利号和公开号、申请号、申请人或专利权人、发明人或设计人、专利分类号、优先权信息、发明名称、引用文献等专利数据(参见图 2-1-2-1);专业化的专利检索数据库还会包括经过标引的关键词、细分的专利文献等数据。

申 请 号:	200410092428.X	申 请 日:	2004.12.21
名 称:	一种加氢催化剂及其工艺和应用		
公开(公告)号:	CN1644656	公开(公告)日:	2005.07.27
主 分 类 号:	C10G45/36	分案原申请号:	
分 类 号:	C10G45/36		
颁 证 日:		优 先 权:	
申请(专利权)人:	中国科学院山西煤炭化学研究所		
地 址:	030001山西省太原市165信箱		
发明(设计)人:	杜明仙;吕占军;李学宽;唐署光;杨英;翟效珍	国 际 申 请:	
国 际 公 布:		进入国家日期:	
专利代理机构:	山西五维专利事务所有限公司	代 理 人:	李毅

图 2-1-2-1 专利信息内容

专利信息检索软件是供检索人运行专利信息数据库、实施专利信息检索的计算机应用软件。当它与专利数据库结合到一起时,就组成了完整的专利信息检索系统。因此,它与专利数据库一起构成专利信息检索的物质基础,是影响专利信息检索的重要客观因素。对专利信息检索系统的了解,主要是通过检索软件中设置的检索方式、检索入口、检索功能

---

❶ 李建蓉. 专利信息与利用[M]. 北京:知识产权出版社,2006:1-17.

进行。

为了适应不同用户对专利信息检索的需求，一般检索软件采用以下检索方式中的一种或多种：命令检索方式，格式化检索方式和辅助检索方式。

专利检索入口是专利信息检索系统为专利数据库中的用于检索的字段而设置的检索项。通常专利数据库中有哪些检索字段，检索软件就可设置哪些检索入口。专利检索数据库的检索软件通常设置的专利检索入口有：文献号、申请号、申请人、发明人、专利分类号、发明名称、文摘、申请日、公布日等（参见图2-1-2-2）。专业化的专利检索数据库的检索软件还会设置更多的检索入口，如关键词、专利权人代码、代理机构代码、申请企业代码等。

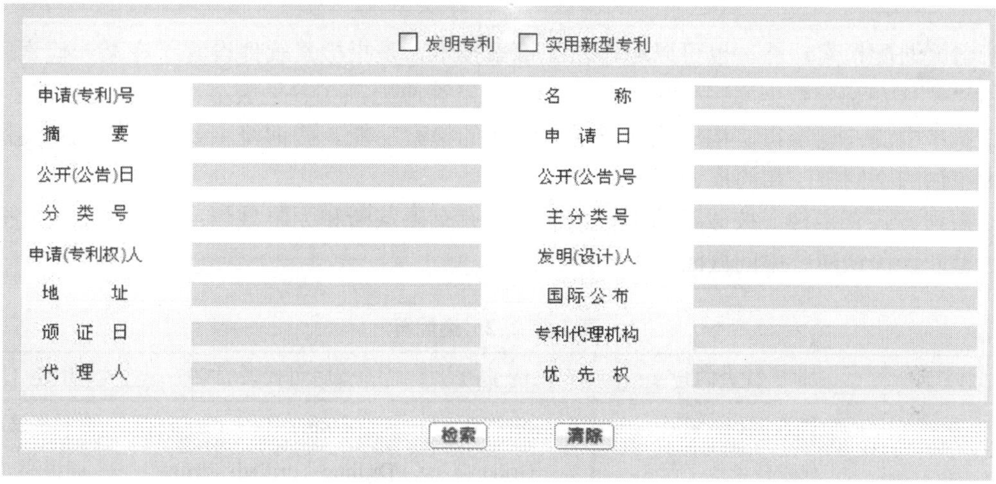

图2-1-2-2 专利检索入口

专利信息检索功能是指专利信息检索系统为使检索软件满足检索者的需求、使专利数据库中的各种相关信息能够被有效地检索出来而做的特殊设置。通常，检索软件在检索专利数据库中的数据时，通过将一个个检索词和特定字段中的词进行比较，将含有相同词的记录作为检索结果提取出来，从而实现检索目的。然而，无论是在单一字段中检索，还是在多字段中检索，总有许多信息需要经过特殊组织才能找到。因此，需要检索软件设置能够满足各种检索需求的检索功能，如逻辑组配检索、通配检索、范围检索，位置检索、二次检索以及统计等功能。

（1）逻辑组配检索功能，是指检索软件设置了利用"或"、"与"、"非"等（参见表2-1-2-1）逻辑运算符将同一字段内的两个以上被检索词进行逻辑组配，❶从而组成逻辑检索提问式的检索功能。

例如：对"焦化"、"炼焦"两个词进行逻辑组配：

用"或（OR）"运算符，其检索结果中将包括所有带有"焦化或炼焦"两个检索词中任意一个检索词的记录；

用"与（AND）"运算符，其检索结果中将包括所有同时带有"焦化"和"炼焦"两

---

❶ 国家知识产权局专利局人教部教育处编写. EPOQUE 使用手册 [M]. 北京：知识产权出版社，2002：20-22.

个检索词的记录；

用"非（NOT）"运算符，其检索结果将包括所有带"焦化"而不带"炼焦"检索词的记录。

表 2-1-2-1 逻辑运算符

算符	算符连接的两个检索词的关系	例　子
OR	A 和 B 的并集	炼焦 OR 焦化；tin OR can
AND	A 和 B 的交集	触屏 AND 手机；methanol AND gasoline
NOT	A 中排除 B 的集合	醇 NOT 甲醇；fuel NOT gasoline

（2）通配检索功能，也可以称作通配检索技术，是指检索软件设置了在某一检索字段内用"+"（在部分数据库中使用"*"）和"？"等通配符（参见表 2-1-2-2）替代某一检索字符串中的任意字符，构成检索通配检索式的检索功能。截词符主要是为了应对英语表达中单词的不同拼法和同根词。

截词方式有多种，按截断的字符数量分，有有限截断和无限截断；按截断的位置分，有后截断、前截断、中间截断。

表 2-1-2-2 通配符

截词符	截词符代表的含义	例子	检索时可代表的字	用途
？	代表 0-1 个字母	colo？r	Colour；color	不同拼法
+	代表任意个字母	Drill+	Drilling；drilled；drill	同根词

使用截词符应当注意，使用"+"截词符时，一般有最少字母的限制，一般需要最少输入 3 个字母。

（3）关系算符：在编制检索式时，使用字段限制检索符可以限定检索词在数据库中出现的范围，对命中太多的记录再行筛选。这种算符一般仅仅针对日期型和数字型字段使用。关系算符（如表 2-1-2-3）一般用于比较高级的可以编写检索式的数据库。

表 2-1-2-3 关系算符

算符	含义	例　子
=	等于	PD=1999，表示公开日是 1999 年的所有文献
<	小于	PD<1999，表示公开日在 1999 年之前的文献
>	大于	PD>1999，表示公开日在 1999 年之后的所有文献

（4）位置检索功能，是指软件设置了用"位置算符"将两个被检索词进行逻辑"与"组配，且表明两者之间位置关系，组成位置检索提问式的检索功能。"位置算符"可以分为代表相邻关系的"邻词算符：w, d"（如表 2-1-2-4）和代表同在关系的"同在算符：f（Field 的首字母）、p、l、s（s 是 Sentence 的首字母）等"，并分别形成邻词检索和共存检索。由邻词算符连接的两个检索词从内容上来说比 AND 算符更紧密一些，用 P（L）或 S 算符进

行限定时，一般来说检索结果更准确一些，NOTF、NOTP 和 NOTS 一般较少使用。

邻词检索指利用表示"与"且能限定被检索词之间的相邻关系的检索方式。如"高分子"和"分散剂"之间可以插入 0～n 个词，组成检索提问式所进行的检索，检索式可表示为："高分子 nW 分散剂"或"高分子 nD 分散剂（相邻但前后位置可换）"；其中，W 算符是"word"或"with"的缩写，表示此算符两边的检索词词序不能颠倒，两个词之间可有一个空格，或一个标点符号，或一个连接号；nW 则表示两个检索词之间最多嵌入 n 个词相邻且前后位置固定；D 算符和 W 算符含义相近，区别就是 D 算符的词序可以颠倒。

表 2-1-2-4　邻词算符

算符	由算符连接的两个检索项的关系	例　子
W	A W B，表示先 A 后 B，词序不能变化	Vitamin w b
nW	A nW B，表示 A 和 B 之间有 0～n 个词，词序不能变	Wood 3w preservative
D	A D B，表示先 A 后 B，词序可以变化	Drill+d machine
nD	A nD B，表示 A 和 B 之间有 0～n 个词，词序可以变化	Heat+3d electric+

共存检索是指在利用表示"与"且限定两个检索词同时存在于同一句话或者段落内的"内在算符"（参见表 2-1-2-5）将两个检索词进行逻辑组配，组成检索提问式进行的检索，如：market？ f information/TI 说明 market？和 information 两个词必须同时出现在题名字段中。其中，f 表示各检索词必须同时出现在文献记录的某个或某些字段中，词序可变，字段类型可用后缀符限定。再如：要求参加检索运算的两个词必须在同一自然句中出现，其先后顺序不受限制，可用同句算符 s。同句检索放宽了词位置检索的要求，使表达同一概念但不满足词位置条件的文献也可以被检索出来，从而提高了查全率。

表 2-1-2-5　共存算符

算符	由算符连接的两个检索项的关系	例　子
F	A 和 B 在同一字段中	/IC C10G3/00 F B01J20/00
P 或 L	A 和 B 在同一段落中	/TI gasoline P desulfur+
S	A 和 B 在同一句子中	/AB coal s coking
NOTF	A 和 B 不在同一字段中	/EC B01B1/00 NOTF BO1F13/00
NOTP	A 和 B 不在同一段落中	/PA TOMAS NOTP CIBA
NOTS	A 和 B 不在同一句子中	/AB fuel NOTS coal

2.2　专利分类号❶

2.2.1　IPC 分类

《国际专利分类表》（IPC）是根据 1971 年签订的《国际专利分类斯特拉斯堡协定》编

---

❶ 田力普. 发明专利审查基础教程——检索分册［M］. 北京：知识产权出版社，2008：1-73.

制的,是目前唯一国际通用的专利文献分类和检索工具,为世界各国所必备。IPC 分类表 1971 年第 1 版正式使用至今已经历了 40 多年。IPC 分类表作为使专利文献获得统一国际分类的一种工具,首要目的是为各知识产权局和其他使用者建立一套用于专利文献的高效检索工具,用以确定新颖性,评价专利申请中技术公开的专利发明高度或非显而易见性(包括对技术先进性和有益的结果或实用性的评价)。

中文 IPC 分类号的查询网址:

http://search.sipo.gov.cn/sipo/zljs/ipc/ipc.jsp;

http://www.pss-system.gov.cn/sipopublicsearch/search/searchHomeIndex.do?searchMenuId= multi_purpost_inquirie&wee.bizlog.modulelevel=02019。

IPC 分类表还提供如下服务:

(1)作为工具来编排专利文献,使用者可以方便地从中获得技术上和法律上的信息;

(2)作为对所有专利信息使用者进行有选择的信息传播的基础;

(3)作为对某一技术领域中现有技术调研的基础;

(4)作为进行工业产权统计的基础,从而可以对各个领域的技术作出评价。

一个完整的分类号由代表部、大类、小类和大组或小组的类号构成(如图 2-2-1-1)。

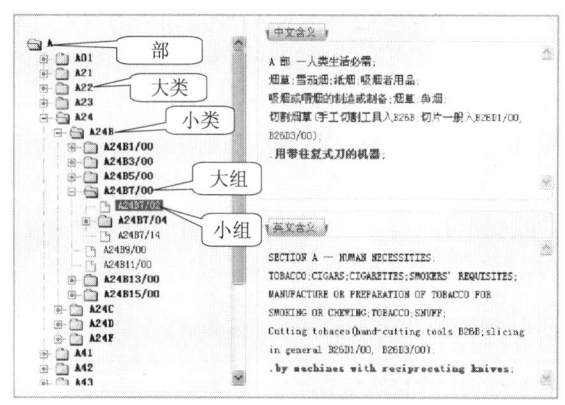

图 2-2-1-1　IPC 分类号

2.2.1.1　分类原则

分类的主要目的是便于技术主题的检索。因此,它按下述方法设计,且必须按照下述方式应用:同一的技术主题都归类在同一分类位置上,从而能从同一分类位置检索到;这个位置是检索该技术主题最相关的。

专利文献中可以找到两种类型的信息。它们是"发明信息"和"附加信息"。分类号的选择规则对两种类型的信息是相同的。其中,发明信息是在专利文献全部公开文本(说明书、附图、权利要求书)中代表对现有技术的贡献的技术信息。就现有技术而言,发明信息是按照专利文献的强烈要求提供的指引且适当地考虑说明书和附图确定的。"对现有技术贡献"是指专利文献中专门披露的所有新颖的和非显而易见的主题,这个主题代表现有技术的那部分,即代表专利文献中的主题与已经公知的全部技术主题的集合之间的差异。附加信息本身不代表对现有技术的贡献,但对检索者而言却有可能构成有用的信息。附加信息通过指出,例如,组合物或混合物的成分,或方法或结构的要素或组成部分,或已经分类的技术主题的用途或应用，来补充发明信息。

2.2.1.2 分类号的编排

（1）部：

分类表内容包含了与发明相关的全部知识领域，共分为 8 个部，部是分类表等级结构的最高级别。每一个部由 A～H 中的一个大写字母标明。部的类名被认为是该部内容非常宽范围的指示。

（2）大类：

每一个部被细分为许多大类，大类是分类表的第二等级。每一个大类的类号由部的类号及其后的两位数字组成，例如 C10。

（3）小类：

每一个大类包括一个或多个小类，小类是分类表的第三等级。每一个小类类号由大类类号加上一个大写字母组成，例如 C10G。

（4）组：

每一个小类被细分为组，组既可以是大组（即分类表中的第四等级）也可以是小组（即依赖于分类表大组等级更低的等级）。每一个组的类号由小类类号加上用斜线分开的两个数组成。大组的类号由小类类号后面伴随一位到三位的数字，斜线及"00"组成。例如 C10L3/00。小组是大组的细分类，每一个小组的类号由后面伴随其大组的一位到三位的数字的小类类号、斜线及除"00"外的至少两位数字组成。

前面所述的发明的技术主题可以指方法、产品、设备或材料。国际专利分类力图保证与发明实质上相关的任何技术主题都尽可能作为一个整体来分类，而不是将它们的各组成部分分别分类。然而如果发明的某一技术主题的各个组成部分的本身代表了对现有技术的贡献，即它们代表了新颖的非显而易见的主题，那么它们也可以构成发明信息。在决定一篇专利文件分类位置之前，必须正确确定在文件中的发明信息和附加信息。一旦确定后，这些信息必须尽可能地完整分入 IPC 分类表中。

IPC 分类表是一种等级分类系统，可以利用并遵循使用其等级结构的系统步骤一步步地确定发明主题分类的小类。可以首先确定相关的部，然后确定分部和大类，在选定大类的情况下，可以确定最令人满意的包含该主题的小类。当按照这个步骤进行分类时，部、分部和大类的类名仅是宽泛地指明了它们的范围。

2.2.2 ECLA 分类

ECLA 分类是欧洲专利局（EPO）根据 IPC 建立的内容分类体系。ECLA 分类体系是在荷兰专利局的专利分类表的基础上建立起来的。EPO 主要对下列国家和地区的专利文献进行 ECLA 分类：AP、AT、AU、BE、CA、DE、EP、FR、GB、LU、NL、OA、US、WO（其中，对于 AT、AU 和 CA 的专利文献，仅对没有外国优先权的本国申请进行分类），对于 RU、KR、JP（其中 EPO 对 1991 年以前的专利文献给出了 ECLA 分类）等非英语母语的国家的专利文献，EPO 对仅具有外国优先权的专利文献进行分类（如图 2-2-2-1）。

在 ECLA 分类体系的建立和形成过程中，一开始就遵循了 IPC 的一般原则。因此，ECLA 的分类原则和 IPC 的分类原则基本是一致的。但是在 ECLA 发展完善过程中，EPO 力求使各个分类条目下的文献量适中，以及各分类条目下的文献内容纯净，从而大大提高检索效率和准确性，为此 ECLA 分类具有自己的特色。

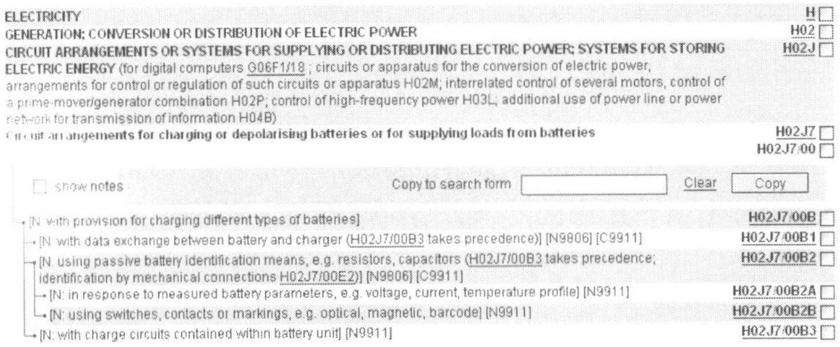

图 2-2-2-1　ECLA 分类号

ECLA 分类表网址：

http://worldwide.espacenet.com/eclasrch?locale=en_EP&classification=ecla&ECLA=index。

ECLA 分类号相对 IPC 分类号具有以下几种形式：

（1）ECLA 分类号是相对 IPC 分类号的进一步细分，其表示形式为：IC+字母—数字—字母。

例如：

H02J 7/00　　用于电池组的充电或去极化或用于由电池组向负载供电的装置

H02J 7/00B　　·[N：设置成向不同类型的电池组充电的]

H02J 7/00B1　　··[N：在电池组和充电器之间具有数据交换的，（H02J 7/00B3 优先）]。

（2）ECLA 分类号和 IPC 分类号相同。

（3）某些小组 ECLA 分类不使用 IPC 分类，ECLA 在某些小组的后面有特别说明，提醒使用者注意，ECLA 在此小类中未使用 IPC 组别的技术领域的分类位置。

（4）在某些小组，ECLA 仍在使用现行 IPC 版本中已不再使用的组，在这些小组后标注有 IPC 的版本。

（5）内部的组合物。在少数经审定的领域，使用了所谓的"组合物"。这些组合组在普通组后加上"+某物+等等"。组合物是在普通组的技术主题后加上其他方面的技术主题，例如产品、制造方法、材料等。由于采用了组合物的方式，使得不需要增加新的分类位置，设立新的分类条目，避免了 ECLA 内容的过于庞大。在 ECLA 分类系统响应的 ECLA 分类附注对"+"号后边信息的含义进行了说明。

例如：

A61L15/12　　··含有高分子材料［N9409］

[N：附注

在 A61L5/12 组及其小组中，通过在 C08L 小类相关的分类号前加"+"号表示特定聚合物的应用，例如：就聚氨酯的变硬绷带 A61L15/12+C08L75/04。]

由于 ECLA 分类相对于 IPC 分类更为准确和细化，而且 ECLA 分类更新速度更快，因此使用 ECLA 分类号可以更为便捷、准确地检索到相关文献，有利于检索的查准。但是 EPO 并没有对所有国家的文献进行 ECLA 分类，所以只采用 ECLA 检索有可能出现部分相关文献的漏检，因而，公众在采用 ECLA 分类号进行检索的时候需要同时考虑其优越性和局限性，合理使用。

2.2.3 FI/F-term 分类

众所周知，日本专利申请量稳居世界前列，为了弥补 IPC 分类不够详细，方便文献的分类和检索，日本特许厅建立了日本专利分类系统。该分类系统又具有 FI 和 F-term 两种分类体系，其中 FI 分类（如图 2–2–3–1）是基于 IPC 分类的细分类，在某些技术领域对 IPC 分类进行了扩展，他是以第 6 版 IPC 分类表为基础编制的，但其中一部分内容也参照了第 4 版和第 5 版 IPC 分类表。

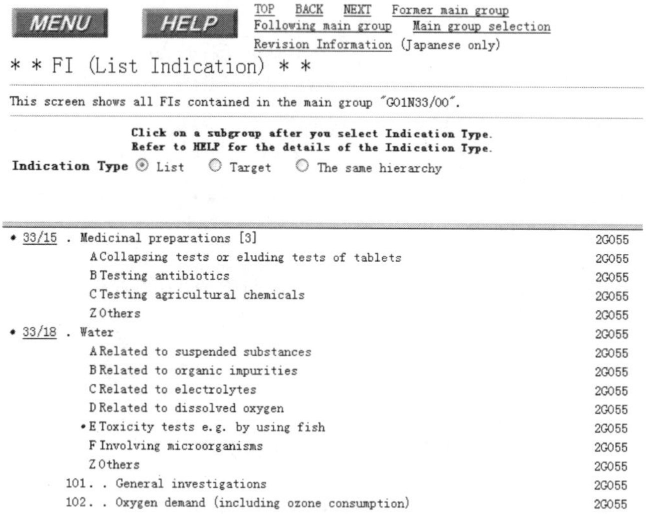
MENU HELP TOP BACK NEXT Former main group
Following main group Main group selection
Revision Information (Japanese only)
＊＊FI (List Indication) ＊＊
This screen shows all FIs contained in the main group "G01N33/00".
Click on a subgroup after you select Indication Type.
Refer to HELP for the details of the Indication Type.
Indication Type ◉ List ○ Target ○ The same hierarchy

• 33/15	. Medicinal preparations [3]		2G055
	A	Collapsing tests or eluding tests of tablets	2G055
	B	Testing antibiotics	2G055
	C	Testing agricultural chemicals	2G055
	Z	Others	2G055
• 33/18	. Water		2G055
	A	Related to suspended substances	2G055
	B	Related to organic impurities	2G055
	C	Related to electrolytes	2G055
	D	Related to dissolved oxygen	2G055
	•E	Toxicity tests e.g. by using fish	2G055
	F	Involving microorganisms	2G055
	Z	Others	2G055
101	. . General investigations		2G055
102	. . Oxygen demand (including ozone consumption)		2G055

图 2–2–3–1　FI 分类

F-term 是专门为计算机检索而设立的技术术语索引分类体系，从技术的多个侧面，比如发明目的、用途、构造、技能、材料、控制手段等进一步细分，其表述主要是基于对权利要求的分解来进行的，但同时还会根据说明书和附图的内容进行分类。在实际分类中，一篇日本专利文献同时以 FI 和 F-term 两种分类进行标引。在文献检索中，FI 和 F-term 可以单独使用，也可以联合使用。

FI/F-term 分类有如下特点：

（1）FI 在 IPC 的基础上进行了细分，根据其结构的不同，大致可以分为以下几种情况：

① 完整的 FI 分类号：IPC 分类号、3 位阿拉伯数字、1 位英文字母。其中 IPC 分类号是一个 FI 分类号所必须的，其后 3 位阿拉伯数字从使用场合，结构特征等不同方面进行分类，最后的 1 位英文字母则从更具体的技术特征的角度进行细分。

② 有些 FI 没有 3 位阿拉伯数字、有些 FI 没有 1 位英文字母。英文字母可使用 A～Z 中除字母“I”、“O”（为了与阿拉伯字母 1、0 区别）之外的任意一个。但是字母“Z”代表了“其他”，即代表在前面所有细分类中未出现过的内容。

③ 与 FI 分类表的分类内容相对应，FI 分类表还对一些分类附加了最相关专利文献的附图，以说明其技术内容构成。这些专利文献以及附图是此领域最具有代表性的日本专利文献，可以方便地让使用者领会技术内容含义（如图 2–2–3–2）。

（2）F-term 是“File Forming Terms”的简写形式。F-term 代表一些技术条目，这些条目专为计算机检索而设计，目的是提高检索效率。F-term 从各种不同的技术角度，例如目的、效果、应用、结构、材料、制作过程、加工和操作方法等，进行了细分，从而构成了对一项专利技术的立体分类。对一篇专利文献而言，F-term 分类主要基于权利要求，在权利要求中出现的任何技术内容都有可能称为技术条目，在实际分类时有时也会对说明书甚至附图给予 F-term 分类，并且这些 F-term 分类号并无主副之分，每个分类号都是从与本发明相关的不同技术角度给出的。所以一篇专利文献有可能出现十几个甚至上百个 F-term 分类号。

＊＊F-term List＊＊

This screen shows the F-term list of the theme "2C035".

2C035	Screen printers B41F15/00-15/46

Viewpoint	F-term											FI Cover Range
AA	AA00	AA01	AA02	AA03	AA04	AA05	AA06	AA07	AA08	AA09	AA10	B41F15/00-15/08,303@Q; 15/08,304-15/16@G; 15/16@K-15/24@B; 15/24@D-15/44@C; 15/44@Z-15/46
	FORMS OF SCREEN PRINTING	. Flat-screen printing	. Printing for flexible materials	. . Long-table printing	. . . Traveling flat-screen printing	. . Printing of objects	. . Printing on flat sections of articles	. . . Printing on curved sections of articles	. Flat-screen offset printing	. Electrostatic flat-screen printing	. Printing with curved screens	
		AA11	AA12	AA13	AA14		AA15	AA17				
		. Rotary-screen printing	. . Traveling rotary-screen printing	. . Rotary-screen offset printing	. . Electrostatic rotary-screen printing		. Combination of flat and rotary screens	. Combination of screens and other printing systems				
FA	FA00	FA01	FA02	FA03	FA04	FA05	FA06	FA07	FA08	FA09	FA10	B41F15/00-15/06; 15/08,301@A-15/08,301@G; 15/08,301@Z; 15/08,302@A-15/08,302@C; 15/08,302@Z; 15/08,303@A-
	FEEDING, LOADING, SUPPORTING, AND UNLOADING OF PRINTED ARTICLES IN FLAT SCREEN PRINTING	. Variants for flexible materials	. . Variants that use endless belts	. . . Turning of belts	. . . Intermittent turning	. . . Holding of printed articles on belts (i.e., including clips or the like)	. . . Holding of printed articles by suction	. . . Holding of printed articles by temporary adhesion	. Variants that use drums	. . Rotating drums	. . . Holding of printed articles on drums	

图 2-2-3-2　F-term 分类

F-term 分类的构成：一个 F-term 分类号由 5 位字符主题码（Theme code）、2 位字母视点符（viewpoint）和 2 位数字位符（Figure）构成。其中数字位符由 00～99 的数字组成，实际的 F-term 分类表是一个二维表格，表格左上角为字符主题码，与其对应第一行为其说明，对应第二行为对应该字符主题码的 FI 分类，最左列为字母视点符，对应的行为字母视点符和数字位符，在行与列交叉的空格内填写的是完整的 FT 分类号所对应的技术含义。此内容是分等级的，以在前面的原点表示级数，类似 IPC 分类的几点组，表示不同的分类等级。

F-term 的分类方法与常规的 IPC 等存在较大的差异，在利用 F-term 检索时需要注意适应他们的分类方法，日本局给出的 F-term 分类号一般如下：

主题 A、主题 A 中的细节 1、细节 2……

主题 B、主题 B 中的细节 1、细节 2……

其中，根据 F-term 的设置，细节可以是熟悉的结构，也可以是目的、效果、应用、材料、制作过程、加工和操作方法等其他的方面。日本局在分配 F-term 时，一般会给出针对不同方面的不同级别的 FT 分类号，因此在使用 F-term 检索时，需要注意所采用的各个 F-term 分类号之间的逻辑关系，可能有时需要使用“和”或“或”关系对不同方面、不同级别的分类号进行组合。另外，F-term 还可能涉及说明书中的内容，甚至涉及附图中的内容（如图 2–6）。

FI/F-term 的查询可以通过如下的网址进行查询：http://www5.ipdl.inpit.go.jp/pmgs1/pmgs1/pmgs_E。

2.2.4　UCLA 分类

美国专利分类体系（UCLA）是美国专利商标局内部使用的分类体系。目前已经拥有

470 个大类（Class）。涉及实用新型、外观专利和植物专利的分类。其中实用专利（相当于中国的发明专利）的分类已经达到 436 个大类，相应的小类（Sub-class）细分已经超过 180000 个。美国专利分类体系是目前世界上较为详细的分类体系之一。

UCLA 分类表可以通过如下网址获得：http://www.uspto.gov/web/patents/classification/。

（1）UCLA 分类原则。

与其他专利分类体系相比，美国专利分类体系也是随着技术的不断发展而完善起来的。其分类主要依据如下的原则和方式：① 产业或用途（Industry or Use），② 最接近功能（Proximate Function），③ 效果或产品（Effect or Product），④ 结构（Structure）和⑤ 多方面分类表（Multiple Aspect Schedules）。

（2）UCLA 分类体系及其特点。

美国专利分类体系共分两个等级——大类和小类。

大类：将类似的技术范围设置成大类，有大类类名和类目。

小类：在大类下继续细分，即根据不同的技术主题划分成不同级别的小类，并以缩位点表示，在其下的任何小类的类目和定义进一步地被大类标题和定义所限制。

美国分类号的等级：美国分类号以“大类号/小类号”形式来表示，单从这种形式看不出分类等级和上下位关系，而分类等级和上下位关系只有通过查看详细分类表才能了解，如图 2-2-4-1 是 UCLA 分类表的举例说明。

PROCESSES AND PRODUCTS

Class **205** is an integral part of this Class (Class 204), as shown by the position of this box, and follows the schedule hierarchy of this Class, retaining all pertinent definitions and Class lines of this class.

155	· Electrical, or wave energy in magnetic field
156	·· With discharge
157.15	· Processes of treating materials by wave energy
157.2	·· Isotope separation or enrichment
157.21	··· Inorganic product produced
157.22	···· Using laser
157.3	·· Removing a component from normally gaseous mixture
157.4	·· Process of preparing desired inorganic material
157.41	··· Using laser
157.42	··· Using sonic or ultrasonic energy
157.43	··· Using microwave energy
157.44	··· Using ionizing radiation
157.45	··· Boron, phosphorous or silicon containing product produced
157.46	··· Nitrogen containing product produced
157.47	··· Carbon containing product produced

图 2-2-4-1 UCLA 分类

2.2.5 DC/MC 分类

德温特世界专利索引 WPI（Derwent World Patent Index）是一个综合性的专利数据库（有时称 WPI 数据库），包括化学专利索引（Chemical Patent Index，CPI），一般和机械专利索引（General and Mechanical Patent Index）以及电气专利索引（Electrical Patent Index，EPI）。德温特世界专利索引数据库中的分类体系包括德温特分类（Derwent Class，缩写为 DC）和手工代码（Manual Codes，缩写为 MC）。

DC/MC 分类可以通过如下网址获得：

http://science.thomsonreuters.com/support/patents/dwpiref/reftools/classification/#section。

（1）DC 分类体系及特点。

德温特分类（DC）是从应用性角度编制的分类体系。德温特分类（如图2-2-5-1）将全部技术分为3个领域：化学（Chemical）、工程（Engineering）和电子电气（Electronic and Electrical）。每个领域又进一步分为部（Sections）。在部的基础上又进一步细分为小类（Class）。

```
Derwent Classification System: Petroleum
Comprehensive coverage of all aspects of the oil and gas industry with limited
coverage of competitive products e.g. coal and peat.
Approximate IPCs are given in brackets

H01  Obtaining crude oil and natural gas - including exploration, drilling,
     well completion, production and treatment. General off-shore platform
     and drilling technology is included together with the treatment of tar
     sands and oil shales (C10G, E21B).

H02  Unit operations - including distillation, sorption and solvent
     extraction (C10G).

H03  Transportation and storage - only large scale systems are included.
     Road tankers and retail petrol station-type applications are excluded.
     Treatment of pollution from marine oil tankers is included.

H04  Petroleum processing - including treating, cracking, reforming,
     gasoline preparation - biosynthesis based on hydrocarbon feedstocks is
     included (C10G).

H05  Refinery engineering.

H06  Gaseous and liquid fuels - including pollution control. Chemical
     aspects of catalytic exhaust systems for cars are included as well as
     liquid or gaseous fuels of non-petroleum origin eg methanol or
     ethanol-based fuels. Combustion improvement additives for liquid fuels
     are included (C10L).
```

图 2-2-5-1　DC分类

① DC的特点：专业性强；一致性强；适用于多个检索系统。

② DC的表达形式：DC由部的一个字母和表示小类的两位数字构成。例如，H02：操作装置包括蒸馏、吸附和溶剂萃取。

（2）MC分类体系及特点：

手工代码（Manual Codes，缩写为MC）是对化学领域和电子电气等领域文献的等级分类和标引体系，仅在EPI和CPI中收录。手工代码MC（如图2-2-5-2）是德温特公司将专利内容进行收集整理以后，由经过培训的具备分类领域专业知识的分类人员统一给定的。

```
A02-A07A    . With transition metal (compound)
              Only when novelty. Prior to 1970 see
              A02-A07.
                                              1970

A02-A07B    . Alkali(ne earth) metal containing
              organic compounds
              Including salts and complexes e.g.
              sodium lactamate, butyl lithium;
              excluding A02-A07A. Prior to 1977
              see A02-A07.
                                              1977

A02-A07C    . Organoaluminium compounds
              Excluding when in presence of a
              transition metal (compound). Prior
              to 1977 see A02-A07.
                                              1977

A02-A08     Stereospecific
            Excluding A02-A06+.
```

图 2-2-5-2　MC分类

① DC 和 MC 的关系：

MC 除了具备 DC 的相应特点之外，还具有以下特点：

第一，MC 和 DC 分类细分的程度不同。

MC 和 DC 都是对 WPI 中各个部的进一步细分，但 DC 的分类比较粗，仅分到小类，如 T07（traffic control system）。而 MC 则是更精确的分类，由一组字母和数字交替排列组成，例如，T07-A01（measuring speed of traffic, includes measurement of average speed）。

第二，MC 和 DC 设计的技术领域不同。

DC 涉及化学的 A～M 部，工程的 P1～P8、Q1～Q7 部和电子电气的 S～X 部。但是 MC 仅涉及化学的 A～N 部、工程的 Q1～Q2、Q5～Q6 部和电子电气的 S～X 部。

第三，MC 并不是对所有的 DC 进一步细分。

MC 和 DC 中均是对部的细分，相同字母代表的部的技术内容也基本相同，而且有的 MC 确实是对 DC 进一步细分，例如，T07（DC）和 T07-A01A（MC）。

另外，有的 MC 和 DC 可能含有相同的部的名称和数字，但含义却不同。此外有的同一专利的 MC 和 DC 并不在同一个部。严格来说，MC 并不是对 DC 的进一步细分，二者没有必然的联系。

② MC 的表达形式：MC 由一组字母和数字组成。手工代码是按照等级排列的，标识符号越多，技术范围越专指。手工代码的格式首先是表示部的 A～Z 的字母，然后数字、字母交替表示不同的等级。例如，T07-D01 车辆导航系统。

③ MC 的优点：

第一，部分 MC 比 IPC 和 ECLA 分类更为细化；

第二，利用 MC 标引的准确性和一致性不容易漏检美国专利文献；

第三，利用 MC 检索可避免因 IPC 版本变化所产生的漏检。

虽然 MC 具有上述优点，但使用时还应该注意 MC 也具有局限性。例如，检索依赖于手工代码手册，需要熟悉 MC 体系；而且检索局限于 WPI 数据库中收录的专利文献；某些领域的分类不如 IPC 细化。

2.3 专利族

2.3.1 专利族相关概念❶

专利族（Patent family）是指具有共同优先权的由不同国家公布的内容相同或基本相同的一组专利申请或者专利。将专利族中的每件专利文献称作同族专利（Patent family members）。

例如：优先权的优先申请国家：IT，优先申请日期：2006.3.31，优先申请号：MI2006A000618。具有该优先权的专利族：

CA2646175A1（公开日：2007 年 10 月 11 日）；

WO2007112967A1（公开日：2007 年 10 月 11 日）；

JP2009538221A（公开日：2009 年 11 月 5 日）；

CN101443436A（公开日：2009 年 5 月 27 日）；

---

❶ 李建蓉. 专利信息与利用 [M]. 北京：知识产权出版社，2006：327–332.

KR20090007383A（公开日：2009 年 1 月 16 日）。

其中，CA2646175A1；WO2007112967A1；JP2009538221A；CN101443436A；KR20090007383A 的一组专利申请叫一个专利族。CA2646175A1；WO2007112967A1；JP2009538221A；CN101443436A；KR20090007383A 中的任一件专利均叫做同族专利。

国内优先权，又称为本国优先权，是指专利申请人就相同主题的发明或者实用新型在中国第一次提出专利申请之日起 12 个月内，又以该发明专利申请为基础向专利局提出发明专利申请或者实用新型专利申请的，或者又以该实用新型专利申请为基础向专利局提出实用新型专利申请或者发明专利申请的，可以享有优先权。

国际优先权是指专利申请人就其发明创造第一次在某国提出专利申请后，在法定期限内，又就相同主题的发明创造提出专利申请的，根据《保护工业产权巴黎公约》第 4 条的规定，其在后申请以第一次专利申请的日期作为其申请日，专利申请人依法享有的这种权利，就是优先权。专利优先权的目的在于，排除在其他国家抄袭此专利者，又抢先提出申请，取得注册之可能。具体来说，优先权是指按照在先申请应当在《保护工业产权巴黎公约》的缔约国提出（或对该缔约国有效）的正规申请；在后的国际申请应当在要求其优先权的首次申请提出日起 12 个月内提出。在先申请可以是国家申请，也可以是地区申请（如 PA、EA、EP 或 OA 等），或者是国际申请。由于国际申请在每一个指定国中具有正规的国家申请的效力，所以按照《保护工业产权巴黎公约》中的原则，在先的国际申请也可以作为相同主题的在后申请的优先权基础。

2.3.2 同族专利检索的必要性

同族专利文献的分布情况，反应了该专利潜在的国际市场和该企业在全球的经济势力范围。分析同一发明的同族专利数目有助于评价一项发明的重要性。同时由于同族专利的存在，可以帮助公众解决语言障碍，公众可以选择自己熟悉的同族专利文件阅读，从而简便快捷地解决语言障碍。

通过同族专利的查询，可以知道申请人就同一发明在哪些国家申请了专利保护以及这些专利的审批和保护情况，为企业的决策者提供必要的决策信息。

例如，在产品出口时，为了防止产品出口后侵犯他人的专利权，这时我们需要检索地域信息，作同族专利的法律状态的检索分析。首先，我们要找出相关专利的已经公布的同族专利，再找出相关专利的潜在的同族专利。所谓潜在的同族专利是指国际专利申请或地区性专利或专利申请中被指定的尚无公开出版物的国家的专利或专利申请。由于这种同族专利尚无出版物和专利文献编号，因此，潜在的同族专利检索是找出相关专利的国际申请或地区性专利或专利申请的指定国信息。检索潜在的同族专利时，通过国际申请或地区性专利或专利申请的说明书扉页上的指定国著录项目即可获得其全部信息。找到所有的专利之后，我们要对这些专利的有效性进行检索，即进行法律状态检索，其目的是要找到与出口产品相关的所有专利的法律状态，即确定所有专利是否授权、有效，是否处于撤回、放弃或届满等状态。从而，根据检索到的结果具体分析产品的出口是否会直接或潜在侵犯他人的专利权，避免损害国家声誉和造成不必要的经济损失。

2.3.3 专利族的类型

尽管对专利族有明确的定义，但在专利文献检索系统中，专利族的概念外延较广。根据 WIPO《工业产权信息与文献手册》中的有关定义，专利族一般分为以下几种类型：

（1）简单专利族（Simple patent family）：指一组同族专利中的所有专利都以一个或几个共同的专利申请为优先权。

（2）复杂专利族（Complex patent family）：指一组同族专利中的专利至少共同具有一个专利申请为优先权。

（3）扩展专利族（Extended patent family）：指一组同族专利中的每个专利与该组中的至少一个其他专利至少共同具有一个专利申请为优先权。

（4）国内专利族（National patent family）：指由于增补、后续、部分后续、分案等原因产生的由一个国家出版的一组专利文献，但是不包括同一专利申请在不同审批阶段出版的专利文献。

（5）仿专利族（Artificial patent family）：也叫智能专利族、技术性专利族或人为专利族，即内容基本相同，但并非以共同的一个或几个专利申请为优先权，而是根据专利文献的技术内容进行归类组成的一组由不同国家出版的专利文献，人为地把它们确定为仿专利族，但实际这些专利文献之间没有任何优先权联系。在同族专利检索服务中，仿专利族通常作为其他类型的同族专利出现。

2.3.4 同族专利的特点

同族专利具有相同发明技术主题，用相同或不同的文字向不同国家或国际专利组织多次申请，多次公开或批准。同族专利中的每件专利说明书对发明创造的描述并非完全一致，这主要是因为：

首先，任意一项专利申请必须要满足所要申请保护的国家的专利法要求。一项发明在向不同国家申请时，会根据不同国家的专利法对其专利申请文件作出一些适应性的修改。

其次，发明创造是一个动态过程，申请人在提交了第一份专利申请后，有可能对发明又进行了改进或补充，这会导致不同时间申请的专利文件内容上有所区别。

2.3.5 同族专利的检索

同族专利检索是指对与被检索的专利或专利申请具有共同优先权的其他专利或专利申请及其公布情况进行的检索，该检索的目的是找出该专利或专利申请的同族专利文献（专利）号。

同族专利检索可以从已知的某一个国家一项专利或专利申请的号码（申请号、专利号、公开号、公告号）入手，查找出与其同属一个专利族的其他专利申请的有关信息。目前，许多专利检索系统均提供同族专利检索功能，公众可以从这些检索系统中方便地获得被检索专利的同族专利。常见的同族专利检索系统有：

CNIPR 中外专利数据库服务平台（http://search.cnipr.com/）；

欧洲专利局 esp@cenet 专利检索系统（http://ep.espacenet.com）；

印度国家信息中心专利检索系统（http://patinfo.nic.in/）；

德温特公司 DWPI 数据库都可以用于同族专利检索。

2.4 专利引文

2.4.1 专利引文检索的必要性

专利引文是指在专利文件中列出的与本专利申请相关的其他文献，如专利文献，科技期刊、论文、著作、会议文件等非专利文献。根据引用目的不同，专利引文可分为引用参考文献和审查对比文件。

专利引文一直以来都被认为是一个有用的信息来源，特别是在专利趋势分析和其他的分析方面。专利引文的检索可以作为以关键词和分类号进行检索的传统检索方式的一种辅助检索手段，这正是专利引文的最大价值所在。

2.4.2 专利引文的种类

专利引文包括专利申请中列出的关于现有技术的参考文献，可以是任何形式的“已公开”文献，而不仅限于专利文献。专利引文可以是商品目录、仅以网络或电子形式出版的文献、专利文献、期刊、书籍等。专利引文可以由发明人在撰写申请文件时加入，也可以由专利局的审查员在审查过程中加入，还可以由第三方在专利审查期限内加入或 EPO 的 9 个月授权公示异议期加入。

根据专利引文的来源不同，专利引文一般可分为如下两个部分：

（1）申请人撰写专利说明书时，为了说明某项技术的发展历史和现状时给出的参考文献。专利发明人在完成本专利申请所述发明创造过程中参考引用过并被记述在申请文件中的文献称引用参考文献。对于大多数国家的专利说明书来说，引用参考文献主要记述在专利文件的说明书部分中，通常由申请文件转写者以文字描述方式写入说明书“背景技术”部分中。

例如，申请号为 CN200610144222.6 的发明专利申请，图 2-4-2-1 是该专利说明书的背景技术。

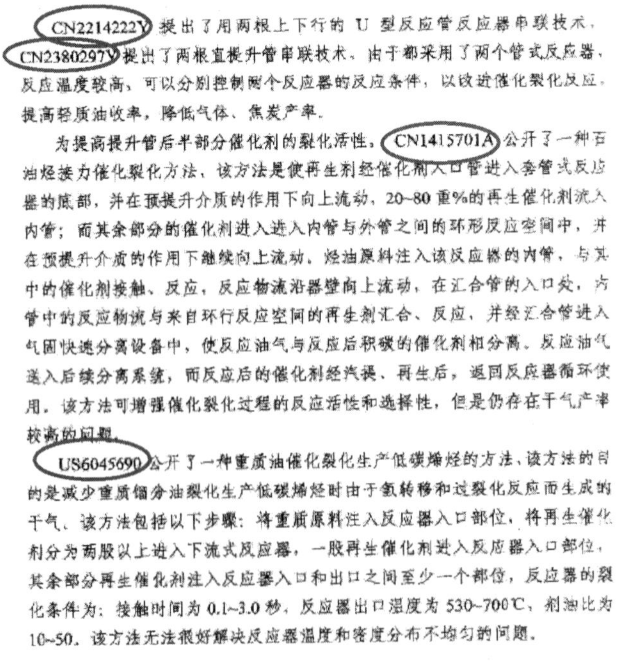
CN2214222Y 提出了用两根上下行的 U 型反应管反应器串联技术，CN2380297Y 提出了两根直提升管串联技术，由于都采用了两个管式反应器，反应温度较高，可以分别控制两个反应器的反应条件，以改进催化裂化反应，提高轻质油收率，降低气体、焦炭产率。

为提高提升管后半部分催化剂的裂化活性，CN1415701A 公开了一种石油烃接力催化裂化方法，该方法是使再生剂经催化剂入口管进入套管式反应器的底部，并在预提升介质的作用下向上流动，20~80 重%的再生催化剂流入内管；而其余部分的催化剂进入进入内管与外管之间的环形反应空间中，并在预提升介质的作用下继续向上流动。烃油原料注入该反应器的内管，与其中的催化剂接触、反应，反应物流沿器壁向上流动，在汇合管的入口处，内管中的反应物流与来自环行反应空间的再生剂汇合、反应，并经汇合管进入气固快速分离设备中，使反应油气与反应后积碳的催化剂相分离。反应油气送入后续分离系统，而反应后的催化剂经汽提、再生后，返回反应器循环使用。该方法可增强催化裂化过程的反应活性和选择性，但是仍存在干气产率较高的问题。

US6045690 公开了一种重质油催化裂化生产低碳烯烃的方法，该方法的目的是减少重质馏分油裂化生产低碳烯烃时由于氢转移和过裂化反应而生成的干气。该方法包括以下步骤：将重质原料注入反应器入口部位，将再生催化剂分为两股以上进入下流式反应器，一股再生催化剂进入反应器入口部位，其余部分再生催化剂注入反应器入口和出口之间至少一个部位，反应器的裂化条件为：接触时间为 0.1~3.0 秒，反应器出口温度为 530~700℃，剂油比为 10~50。该方法无法很好解决反应器温度和密度分布不均匀的问题。

图 2-4-2-1　专利说明书中的引用文献

从图 2-4-2-1 可以看出，该专利的背景技术中引用了 CN2214222Y，CN2380297Y，CN1415701A，US6045690 等专利。

目前，只有美国将引用参考文献以目录的方式刊在专利说明书扉页上的专利文献著录项目"（56）引用参考文献"下。在美国专利说明书扉页上的（56）项下不仅包括引用参考文献，同时还包括审查对比文件，且两者混列在一起，其区别在于审查对比文件前标有"*"（如图2-4-2-2）。美国专利说明书扉页的引用参考文献按照本国专利文献、外国专利文献、非专利参考文献的顺序编排。

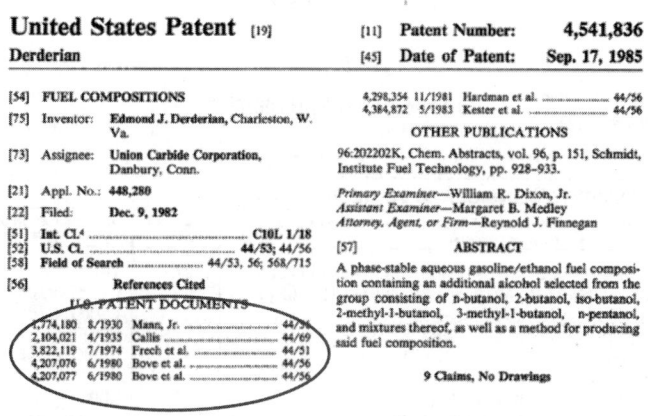

图 2-4-2-2　美国专利中的专利引文

（2）专利审查员在针对该发明进行三性（实用性、新颖性，创造性）审查时，检索出的与本发明有关的关键文献。专利审查员在审查专利申请时，根据申请的权利要求等文件进行专利性检索，找到的文献称审查对比文件。一些国家在专利说明书扉页上刊出审查对比文件，另外一些国家或组织在专利说明书中附一个列出审查对比文件的检索报告。通常只有经过实质性审查出版的专利文件的扉页上才刊出审查对比文件目录。检索报告中的审查对比文件目录与扉页上的审查对比文件目录相比，前者所提供的信息更详细。

例如，申请号为 CN200710177471.X 的发明专利申请，图 2-4-2-3 是该专利的扉页信息。

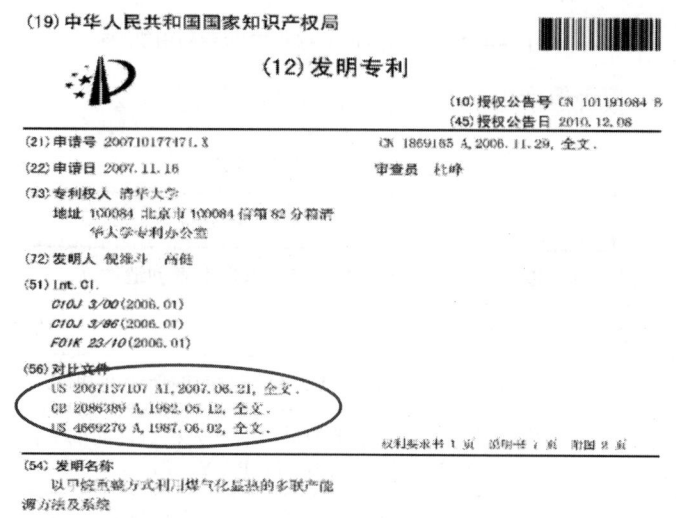

图 2-4-2-3　中国授权专利中的引用文献

从图2-4-2-3可以看出,在授权公告文本的首页可以得到审查员列举的该发明专利最相关的专利文献。

另外,欧洲公开文本和PCT申请的国际检索报告中均会提供专利申请相关的专利引文。图2-4-2-4给出了EP1916290A1国际检索报告中的专利引文。

图2-4-2-4 国际检索报告中的专利引文

在国际专利检索报告中常出现的几种文献类型列于表2-4-2-1中。

表2-4-2-1 文件类型表

文献类型	含 义
X	一篇文献单独可以破坏要求保护的发明的新颖性或者创造性
Y	一篇文献与另一篇或更多篇文献结合破坏要求保护的发明的创造性
A	一篇特别相关的文献,但不会破坏被要求保护发明的新颖性和创造性
P	公开日期在待审发明的申请日和要求的最早的优先权日之间的文件。文件类型"P"总是伴有标明文件相关程度的符号,如P,X;P,Y;P,A
E	申请日或优先权日早于被检索发明的申请日(非优先权日),但公布在被检索的申请的申请日之后,且其内容涉及被检索的申请的新颖性的专利文件

续表

文献类型	含 义
O	一篇文件涉及非书面公开（例如，口头公开、使用、展览或其他方式）时，标引为O类文件
T	一篇文件的公开日期在国际申请日或优先权日之后，且与该申请不相抵触，对于更好理解申请内容有帮助的文件
D	进行检索的专利申请的说明书中已经提及的文件，若在检索报告中引用该文件，则标注为D类文件
L	除上述类型的原因引用的文件，例如：可能引起本国际申请优先权遭到质疑的文件；用于确定其他引证文件日期的文件；共同未决申请，包括同日提交的申请

（3）上述引文查询的两种情况均可到以下网站查询：

http://www.pss-system.gov.cn/sipopublicsearch/portal/indexAC.do?wee.bizlog.modulelevel=0100901。

一般对于专利引文的分析利用都是以专利审查员给出的参考引文作为基础，审查员参考引文与申请人参考引文具有很大的重复性。而且审查员参考引文的数量远远大于申请人参考引文数量。

2.5 关键词检索

关键词检索是根据被检索的技术方案，提取涉及主题和发明内容的关键词作为检索入口所进行的检索。关键词检索是专利检索最常用、最便捷的检索方式。

2.5.1 关键词检索的特点

关键词是一个重要的检索入口，关键词的选择在专利和非专利文献中具有重要的作用，但关键词的选择过程很复杂。

使用关键词检索时需要考虑关键词的标引情况，一词多义、同义词、数据库特点等多种因素，因此关键词检索比其他检索更具复杂性、技术性。主要表现在以下几方面：

（1）当用关键词表述一个检索要素时，由于关键词是由词或者词组构成，使用某个关键词检索到的文献是标引了该词或词组的文献，同一个词可能出现在多个不同的技术领域中，由该检索词检索得到的文献可能来自多个不需要或不相关的技术领域，给检索结果带来"噪音"。

（2）一词多义。

例如：在煤化工领域"炭化"既可以指"干馏过程中产生的炭化"也可以指"热裂解过程中的炭化"。

（3）同义或近义词可能有多个含义，同一含义可能还会借助反义词来表达。

例如："氢氧化钠（NaOH）"，在工业生产中常俗称"火碱、苛性钠或烧碱"；

例如："密闭"，可以用反义词"泄漏"表达。

（4）语言的表达方式和表达习惯不同，文献翻译的标准不统一，使得有些外来术语表达不统一。

例如：费托合成，很多文献中也采用"费-托合成"的表达；

例如：shell 气化炉，有些文献直接翻译为"壳牌气化炉"。

上述问题使得选择检索词时存在较大的困难。因此，有必要对关键词检索进行深入的系统研究，以提高检索的查全率和查准率。本节首先归纳了如何使关键词表达全面和准确的策略，但是应当注意，在检索中不应当过分地依赖关键词而忽视了分类号的使用。

2.5.2 关键词的表达策略

关键词的表达关系到检索到的相关文献是否准确、全面，因此，关键词表达策略对检索人，尤其是经验不够丰富的检索人来说显得非常重要。关键词的准确、全面通常是从关键词的形式、意义和角度三方面进行。

（1）形式上的准确和完整。

① 使用截词符扩充关键词。

使用截词符可以替代一些有不同撰写，或不同词形变化的词的部分，从而可以尽量全面地将要检索的词查找出来。

例如：美语和英语的不同拼写，用 desul？？ur 可以表示 desulfur 和 desulphur；

例如：dry distill+可以表示 dry distilling、dry distilled、dry distill 等。

② 使用运算符。

如布尔算符 OR、AND、NOT，邻近算符 W、nW、D、nD 等，同在算符 f、p、l、s 等。

例如：催化 W 裂化；煤 S 气化；甲烷 AND 重整。

在不同的数据库中，可以见到不同的算符。其中最常见和最常用的就是布尔算符，在绝大多数的数据库中都可以运用。

（2）意义上的准确和完整。

① 关键词的横向扩展。

检索要素确定后，用关键词表达检索要素时，要注意从关键词词义的角度扩展出多个检索词，一般需要考虑相应关键词的各种别称、俗称、缩略语、同义词、近义词，甚至是反义词。

例如：抗泡剂—消泡剂—泡沫抑制剂—泡沫；

脱硫—除硫—硫化物脱除—硫。

反义词包括各种意义相反的词，不仅仅是词语，有的时候还要考虑语言的表达方式。

例如：以"密封"作为关键词进行检索，就需要考虑其"防止泄漏"的表达方式，因此，还要以"泄漏"作为扩展检索词。

② 关键词的纵向扩展。

用关键词表达一个检索要素时，除了可以进行横向扩展，还可以进行纵向扩展，将其中的一个关键词向上或向下进行扩展。

例如："非离子表面活性剂"这个关键词，不仅应该向上扩展到"表面活性剂"作为检索词，还可以向下扩展到"脂肪醇聚氧乙烯醚、烷基酚聚氧乙烯醚、环氧乙烷-环氧丙烷嵌段共聚醚"等具体的非离子表面活性剂作为检索词进行检索。

（3）选词角度上的准确和完整。

如果待检索文件中特别提到了该检索要素的效果、用途、作用或解决的技术问题，那么用上述内容作为关键词，有时也能收到一定的效果。

例如：弹簧—防震，"防震"就是"弹簧"的作用；

　　　铁酸锌—脱硫剂，"铁酸锌"的用途就是"脱硫剂"。

需要说明的是，形式的准确和完整是整个检索词表达中最基本的要求，而选词角度上的准确和完整则是最高要求，每个角度选择的关键词的准确和完整能表达每个词的形式上的准确和完整。

此外，在进行关键词检索的过程中，应该针对检索的结果作适时的调整。如果检索结果过多，则可以考虑增加新的关键词，如果检索结果太少或者没有，则考虑更换关键词或减少关键词。在阅读检索结果的过程中，还可以发现检索关键词的选取错误或者遗漏，这时也可以进行适当地修正、调整检索的过程，直到得到最满意的检索结果为止。

2.5.3　关键词查找的工具

在选取关键词时，一般要考虑关键词的各种表达形式以及横向和纵向的扩展。同时在检索英文文献的过程中，由于各国文献的作者撰写习惯不同，可能会采取不同的词语表达形式，这往往会造成漏检重要的文献，这时可以考虑用以下方法进行关键词的扩展。

（1）用案卷信息、英文摘要、背景文件、引证文件查找英文关键词。

例如，以申请号为 CN200710177471 的专利申请为例，根据技术方案，我们可以确定检索关键词为：甲烷，重整，煤气化，显热。

据此，可以到专利检索服务系统查找英文摘要以确定英文关键词，网址：http://www.pss-system.gov.cn/sipopublicsearch/portal/indexAC.do，在该网站的专利检索功能中，输入申请号即可得到相应的摘要（如图 2-5-3-1）。

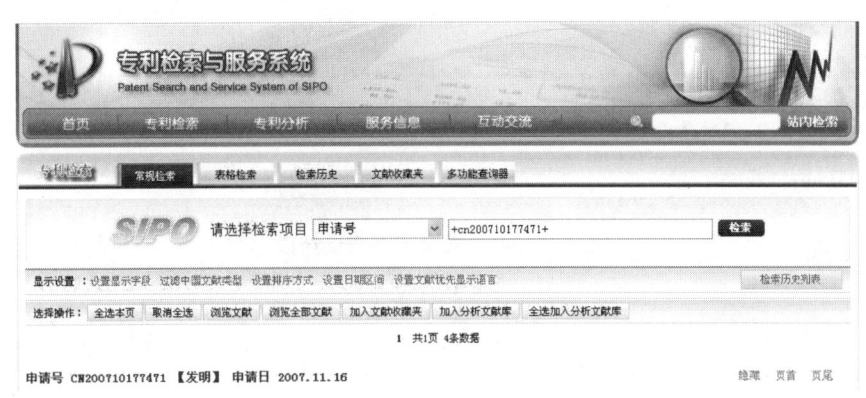

图 2-5-3-1　申请号检索结果

然后，选定以英文撰写摘要的文本，点击"浏览全部文件"按钮，即可获得英文摘要，如图 2-5-3-2 和图 2-5-3-3。

从图 2-5-3-3 可以得到申请号 CN200710177471 的专利的英文关键词：methane、reforming、coal gasification、heat。

（2）利用字典。

例如，化工领域常用的在线化工词典：http://www.chemyq.com/xz.htm，以"干馏"为检索词，经化工词典查询，可得"干馏"的同义词"碳化"，以及英文关键词"dry distillation、carbonization、carbonification"，如图 2-5-3-4。

申请号：CN200710177471
申请日：2007.11.16
公开（公告）号：CN101191084A
公开（公告）日：2008.06.04
发明名称：Multi-coproduction energy method and system by using coal gasification heat with methane reforming manner
IPC分类号：C10J3/00；F01K23/10；C10J3/86
申请（专利权）人：UNIV TSINGHUA；
发明人：WEIDOU NI；JIAN GAO；
优先权号：CN200710177471
优先权日：2007.11.16

查看文献详细信息 - 查看同族信息 - 查看引文信息 - 查看对比文献 - 查看法律状态 - 查看申请（专利权）人基本信息

图 2-5-3-2　检索结果英文文本信息

摘要 [支持框选翻译]
简体中文->英文　英文->简体中文

Abstract_EN:
The invention discloses a polygeneration energy method and system using coal gasification sensible heat with methane reforming and relates to the electrical power and chemical industry production technical field. The system comprises a gasification subsystem, a methane reforming subsystem, a waste heat recovery subsystem, a chemical industrial synthesis subsystem and an electric power production subsystem. In the system and method, the high temperature gasification coal gas produced by a gasification furnace provides a methane steam reforming reactor with reaction heat in heat exchange mode; the heat transfer type reforming reactor replaces the prior radiating heat exchanger, converts the partial high-grade physical energy into the chemical energy of synthesis gas, mixes the gasification coal gas and the reforming reaction gas in different proportions according to the production requirement of chemical products by taking advantage of the characteristics that the gasification coal gas is rich in carbon and the reforming reaction gas is rich in hydrogen, saves the conversion flow in the prior production process of coal-based chemical industrial products, and decreases the energy consumption used for treating the methane in natural gas/coke-oven gas. The invention combines the chemical industry production and the electric power production, and effectively avoids the disadvantageous factors on the mutual energy utilization.

摘要附图
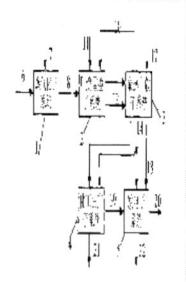

图 2-5-3-3　英文摘要查询结果

- 干馏、dry distillation
- 干馏、碳化、dry distillation
- 碳化、干馏、dry distillation、carbonization、carbonification
- 干馏精油、dry distilled oil
- 木材干馏、dry distillation of wood、carbonization of wood

图 2-5-3-4　化工词典查询结果

（3）利用分类表。

同样，分类表也是一种非常好的查找关键词的工具。

例如，已知被检索技术方案的分类号是C10B1/00，根据专利检索服务系统提供的分类表（如图 2–5–3–5），我们可以得到关键词：干馏，焦炭，煤气，焦油，distillation，gas，coke，tar。

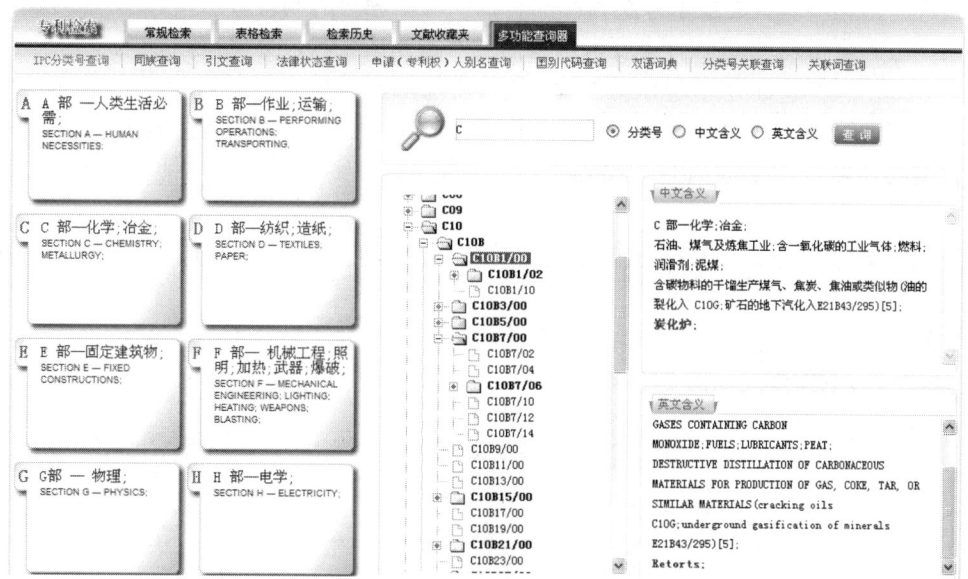

图 2–5–3–5 分类表查询结果

（4）学术期刊网及各种网络资源。

例如，利用 CNKI 系列数据库，可以找到煤干馏的关键词（如图 2–5–3–6）：半焦，焦油，煤气，semi coke，tar，retort，gas。

节点文献 **煤干馏生产半焦、煤焦油及干馏炉煤气的发展前景**

推荐 CAJ下载 PDF下载

【英文篇名】	**Developing prospect for production of semi coke,coal tar and retort oven gas**
【下载频次】	★★★★★
【作者】	王永军;
【英文作者】	Wang Yongjun (Shanxi United Energy Chemical Technology Co.; Ltd; Xi'an 710054; China);
【作者单位】	陕西联合能源化工技术有限公司;
【文献出处】	燃料与化工 , Fuel & Chemical Processes, 编辑部邮箱 2010年 01期 期刊荣誉：ASPT来源刊 中国期刊方阵 CJFD收录刊
【中文关键词】	半焦; 煤焦油; 干馏炉煤气; 综合效益;
【英文关键词】	Semi coke Coal tar Retort oven gas Comprehensive benefit;
【摘要】	介绍了国内半焦的发展现状、市场需求及综合效益。通过对半焦各项技术指标与铁合金专用焦的对比及半焦生产与煤制甲醇、煤制油、煤制化肥及煤电一体化等煤化工项目投资、消耗、定员等的对比分析,认为半焦产业发展前景广阔,并对半焦产业的发展提出了建议。
【英文摘要】	A brief introduction is given to the present development situation,market demand and compre-hensive benefit of domestic semi-coke. Through the comparison of the various technical indexes of semi coke with the technical indexes of special metallurgical coke and comparison and analysis of the semi coke production with the investment,consumption,manning and so on of coal chemical processing projects of methanol making with coal,oil making with coal,chemical fertilizer making with coal and coal electric power i...
【更新日期】	2010-03-03
【分类号】	F426.21
【正文快照】	半焦是以褐煤、长焰煤、不黏煤和弱黏煤为原料,采用煤干馏工艺生产的一种高固定碳含量的固体物质,作为一种新型碳素材料,以其固定碳、比电阻、化学活性高及灰分、铝、硫、磷低等优异特性和较低的市场价格而广泛用于电石、铁合金、硅铁、碳化硅等生产领域。生产半焦的同时副产低

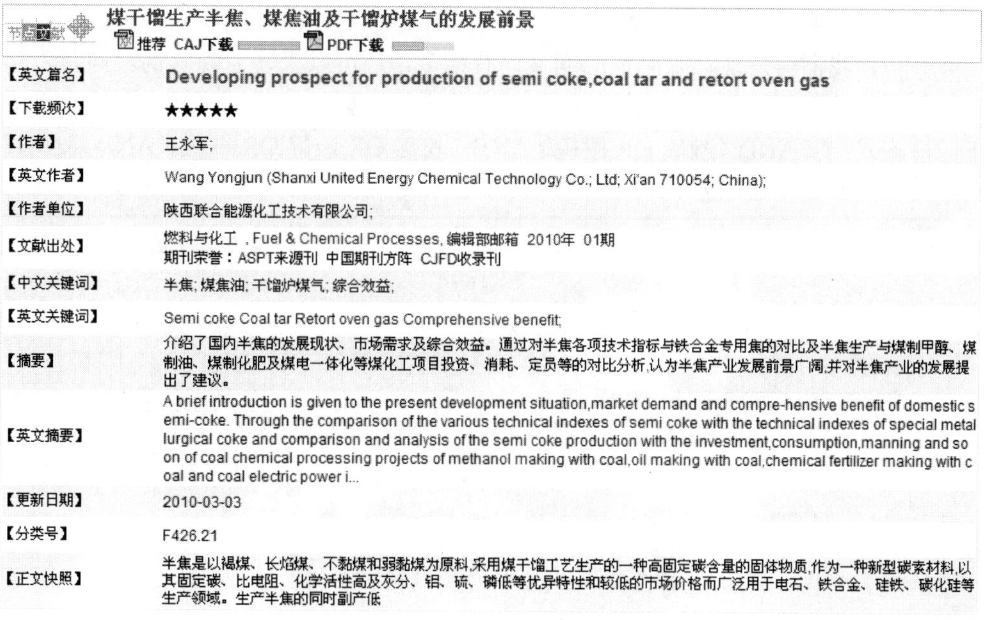

图 2–5–3–6 CNKI 系列数据库查询结果

2.5.4 关键词检索案例

本小节以一个简单的案例帮助大家了解关键词选择及检索的过程。

一种清洁燃料制备的技术方案为:"一种清洁环保燃料的制备方法,所述方法包括步骤:将煤初步破碎至平均粒度小于 2 毫米,之后加水调制成浆料,并将浆料加入超细设备中进行超细处理,且在超细处理之前或之后往浆料中加入除硫剂。"

通过阅读该技术方案,我们不难看出该技术方案涉及一种以煤为主要原料制备的清洁燃料,其技术特征的实质内容为煤经过粉碎,加入水配成水煤浆,并且在浆料中加入除硫剂。

根据对该技术方案的具体理解,我们首先确定检索的关键词:煤,除硫剂,粉碎,水,浆。

然后,在这些检索词之间采用"与"的关系进行检索。检索式:煤 AND 除硫剂 AND 粉碎 AND 水 AND 浆(如图 2-5-4-1)。

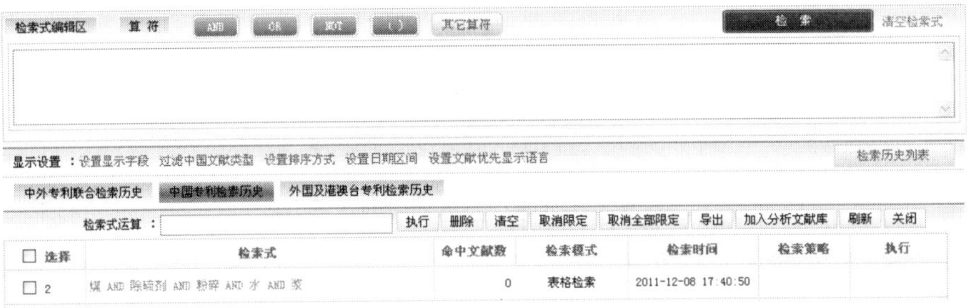

图 2-5-4-1 关键词检索结果

从图 2-5-4-1 可以看出,采用这些关键词检索没有得到合适的相关文献。因此,需要对检索式进行调整。

经分析,我们会发现,除硫剂的同义词有很多,还可以表述为脱硫剂。同时"粉碎"的表达方式多种多样,可以扩充"粉碎"的表达方式,如"破碎"、"细化"等。重新构建以下的检索式:煤 AND(除硫 OR 脱硫)AND(粉碎 OR 破碎 OR 细化)AND 水 AND 浆。检索结果如图 2-5-4-2 所示。

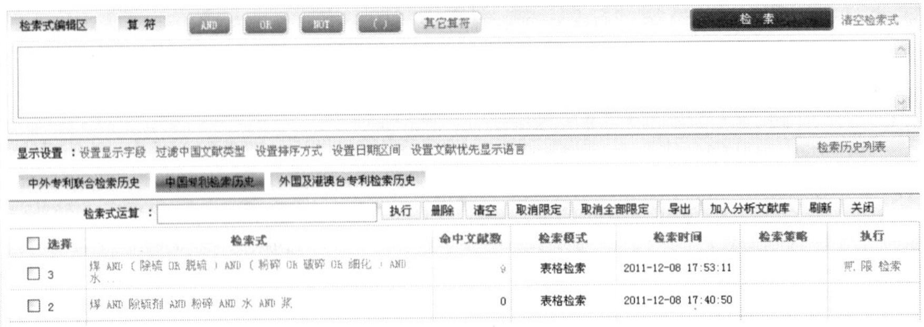

图 2-5-4-2 扩展关键词后的检索结果

结果显示,利用改进后的检索式"煤 AND(除硫 OR 脱硫)AND(粉碎 OR 破碎 OR 细化)AND 水 AND 浆"可以得到 9 篇相关文献。

2.6 检 索 策 略

检索策略是根据被检索对象的特点而制定的检索基本原则。它包括两个含义：（1）检索策略需要结合被检索对象的特点来确定，对于各种检索对象，并没有统一的、固定的检索策略；（2）检索策略既包括基本原则，也包括具体的检索方式和手段。一种检索策略一般是一种或几种检索方式和手段的组合。

2.6.1 检索原则

检索人在进行专利信息检索时，通常会考虑自身的工作时间和工作效率等因素，因此，检索人在检索过程中可以考虑遵循如下原则，以提高自己的检索和工作效率。

（1）有选择原则。

有选择原则的含义是：根据领域或者个案的特点，选择不同的检索策略。如上所述，检索策略的一个特点就是"对于各种检索对象，并没有统一的、固定的检索策略"。在策略上，检索人可以根据实际情况，有的技术方案采用块检索策略，有的技术方案则适合于追踪检索策略。在手段上，检索人根据技术领域的特点，如该领域有几个重要的发明人或申请人，那么检索时就优先考虑从申请人、发明人入口进行检索；有的技术领域的技术方案则适合于使用分类号进行检索；还有的技术方案适合用关键词检索。

根据有选择原则，检索人员可以检索材料的技术领域以及现有技术的特点，选择最有效的检索策略。

（2）效率原则。

为了节省检索时间，提高工作效率，检索人在进行检索时应遵循检索的效率原则。效率原则的含义是：在存在若干可能检索到相关文献的方法或途径的条件下，优先选择能够检索到相关文献可能性最大，或者检索最为快捷的方法或者途径进行检索。

根据该原则，检索人员进行检索时，如果存在两种可以达到同样检索目的的手段，检索人员应当优先采用检索到相关文献的可能性最大，或者检索最快捷的检索策略进行检索。例如，检索的技术方案是来自国外某大型跨国公司的发明专利申请，块检索策略和追踪检索策略可能都能够检索到合适的相关文献，但是使用追踪检索策略检索该发明专利申请的同族专利及其同族专利的检索报告，比块检索策略省时、快捷，因此，检索人员可以优先采用追踪检索策略，在追踪检索策略没有检索到合适的相关文献后，再采用块检索策略进行检索。

该原则有时同样适用于同领域的竞争公司，以及国内的申请人。在一个技术领域，总存在几个主要的公司，这些公司之间往往是一种竞争的关系，作为某公司的检索人员在检索相关文献时，可以优先采用其竞争公司作为检索入口，以获得相关文献，同样，无效申请的技术方案的申请人是国内申请人时，由于其可能在申请专利之前发表了相关的非专利科技论文，在这种情况下，优先采用申请人或发明人或作者进行检索，能起到事半功倍的效果。

（3）动态调整原则。

动态调整原则的含义是：在检索过程中应根据检索结果及时调整检索策略。

根据该原则，检索人员在检索时，一般不能选择了一种检索策略后就不再更改，俗称"一条道跑到黑"。一个有经验的检索人员应该能够根据检索结果的具体情况及时调整检索策略。例如，当检索结果中的文件大多数与检索主题不相关时，此时检索人员不应当草率地按照原来的检索思路继续进行检索，而应当考虑先前检索的各个步骤和选择的检索策略是否恰当，比如，对被检索技术方案的理解是否正确，选择的检索领域是否准确，确定的检索要素是否合适，每个检索要素的表达是否全面等。并根据检索结果的反馈，及时修改检索策略。

根据动态调整原则，从某个检索结果反馈可以得到新的检索信息，如关键词、分类号、申请人、发明人、同族专利及引用文献信息等，然后，再利用这些信息，调整检索策略。这种调整一般如下两方面：

① 根据检索结果调整策略、要素表达方式；
② 根据检索结果找到新的检索入口。

例如，通过浏览已经检索到的文献，从与被检索的技术方案比较相关的某些文献可以筛选出特别相关的分类号或关键词，可以用这些分类号扩展检索领域，用新发现的关键词与分类号结合，创建新的检索式。这里的分类号不限于国际专利分类的分类号，还包括欧洲专利分类（EC），美国专利分类（UC），两种日本专利分类（FT/FI）和德文特分类（MC和DC）等各种分类的分类号。此外，当检索到某一相关的文献时，还可以进一步利用该文献的引用文献信息、申请人和发明人信息等进行追踪检索，这实际上也是动态调整原则的体现。

2.6.2 检索策略的类型

检索策略就是指根据被检索技术方案的特点所采用的检索模式。常见的检索策略类型一般有以下几种。❶

（1）简单检索。

简单检索就是利用某些具体的关键词和/或分类号进行检索，一般不考虑关键词的表达是否准确、全面。由于不考虑同义词和扩展检索领域，简单检索简便快捷，易于掌握。通常，分类号和关键词之间直接进行"与"运算。

简单检索的优点是简便快捷，缺点是相关文献的漏检情况比较严重，原因是该检索策略没有对被检索的技术方案进行基本检索要素分析，没有考虑同义词和扩展检索领域。简单检索通常用于如下目的：

① 初步检索，已初步了解检索主题，查看该技术领域相关的申请人或企业的一些基本信息；
② 初步检索，其检索结果用于分类号的统计分析。

（2）块检索。

块检索一般包括构造块和组合块两个过程。

① 块构造。

在分析本检索的技术方案，并列出了检索要素表后，对于一个检索要素，完整的块构造模式为：

关键词 OR 分类号 OR 其他表达方式。

---

❶ 国家知识产权局专利局人事教育处组织编写. 计算机检索高级教程——检索策略和手段分册[M]. 北京：知识产权出版社，2008：45-117.

块构造是分别将一个检索要素的不同表达形式"或"（OR）起来，查找与该检索要素相关的所有文献，也可以先对一个检索要素的一种表达形式进行检索，最后再将该检索要素不同表达形式的检索结果合并在一起，作为该检索要素的一个块构造。

这里需要注意的是，对于特殊检索要素的处理，例如某些难以用关键词、分类号表达的纯机械结构等，最好不要使用上述表达方式，而是通过检索系统提供的图形浏览器重点关注。

② 块组合。

在构造了每个块之后，结合被检索技术方案的技术特点和检索结果情况对块进行组合。下面以三个基本检索要素为例进行说明。

从理论上讲，可以进行全要素组合检索（要素 1 AND 要素 2 AND 要素 3）、两要素组合检索和单要素分别检索。其中，两要素组合又可以依据具体技术方案采用不同的组合。

全要素组合检索到最接近现有技术文献的可能性最大，但是检索结果最少，一般是检索中首先采用的组合方式，但是相关文献漏检的比例较大。在全要素组合没有检索到合适的相关文献的情况下，一般应当考虑两元素的组合。在元素组合时，到底采用何种组合，主要应考虑技术上结合的可能性，除此之外，还要考虑检索结果的多少。

此外，在实际检索过程中，对于每个要素，也并不是每次都采用完全的表达方式，相应地有不同的简化组合形式。

（3）渐进式检索。

渐进式检索的含义是，每一个检索要素对应的检索都是在前一个检索要素对应的检索结果中进行，通过多次检索的层层限制，最终得到适合数量的检索结果。在采用渐进式检索策略时，检索人员首先需要根据权利要求的技术方案的特点，对基本检索要素的先后顺序进行排序，然后依据这个顺序，以逐层限制的方式执行每个块的检索，直到将检索结果限制到合适的数量为止。

这种检索策略最大的好处在于运算速度快，一般不会造成检索结果的溢出，因为除了第一个检索式之外，后续的检索都是在前一个检索结果中进行。这种检索策略存在的不足是调整检索策略困难，例如当希望取消中间的某个限制时，需要重新进行检索。

在实际检索中，一般很少使用这种严格的渐进式检索策略，而是采用块检索和渐进式检索的混合方式，即先分析被检索文献的技术方案，找出最基础的检索式，然后在这个最基础的检索式的检索结果中，并行地构造其他检索块，最后根据被检索的技术方案的特点组合不同的检索块。

（4）追踪检索。

追踪检索策略是指从一个比较相关的文献出发，利用文献之间的某些线索，检索相关其他文献。追踪检索包括引用文献和被引用文献追踪、申请人追踪和发明人追踪。追踪包括横向追踪、向下追踪、向上追踪和复合追踪四种方法。

所谓横向追踪，就是指查找某文献的所有同族专利，此方法主要就是利用该文献的优先权进行查找。

所谓向下追踪，就是指检索某文献的检索报告（通常指 CT 字段），又称为查找该文献的"被引用文献"。

所谓向上追踪，就是指检索引用文献的文献，通常也是利用 CT 字段进行检索，检索到的文献称为该文献的"引用文献"。

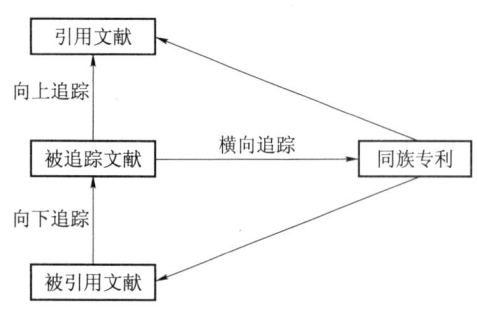

图 2-6-2-1 追踪检索四种方法的关系示意图

横向追踪、向下追踪和向上追踪文献与被追踪文献的关系可以用图形表示如图 2-6-2-1 所示;

所谓复合追踪,就是指组合使用横向追踪、向下追踪、向上追踪三种追踪方法。

以上对于追踪检索策略的说明是以专利文献为例进行说明的。实际上,上述横向追踪、向下追踪、向上追踪以及复合追踪的原理也适用于非专利文献追踪。例如,通过查找非专利文献的"参考文献"可以进行向下追踪。

我们通过一个具体的案例展示上述检索策略的具体步骤。

该案例涉及专利申请号为 CN200910009098.6 的专利。该专利的独立权利要求为:"一种低阶煤转化提质的工艺方法,其特征在于,包括以下步骤:

利用第一燃烧室提供的缺氧性气体对干燥装置中的低阶煤进行干燥;利用第二燃烧室提供的缺氧性气体对输入热解装置中的干燥后的低阶煤进行热解;将所述热解装置产生的热解气体进行分离处理;以及将从所述热解气体分离得到的可燃气体分别输送到所述第一燃烧室和所述第二燃烧室作为燃烧气体循环使用。"

根据该案例的独立权利要求 1 技术方案,我们首先确定检索要素表如表 2-6-2-1 所列,然后,根据每种检索策略对该技术方案进行检索(检索过程只是为了简单演示检索操作,未采用英文检索关键词)。

表 2-6-2-1 检索要素表

	检索要素 1: 低阶煤提质	检索要素 2: 干燥	检索要素 3: 热解	检索要素 4: 燃烧
中文关键词	低阶煤	干燥	热解	燃烧
关键词扩展	低质煤,褐煤,泥煤,气煤	烘干,脱水	干馏,碳化	燃烧
英文关键词	low grade, low rank, brown coal, lignitic, peat, gas coal	dry+, drier, dehydrat+	pyrolysis, distill+, carbon+	combustion, burn
分类号	C10B			

① 简单检索,检索式:低阶煤 AND 干燥 AND 热解 AND 燃烧结果,如图 2-6-2-2 所示。

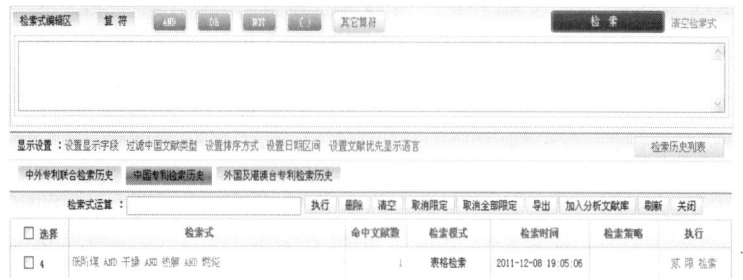

图 2-6-2-2 简单检索结果

结果只得到 1 篇相关文献，就是本专利自己。

② 根据上述检索结果，我们需要改变检索策略，采用块检索。

要进行块检索，先对每一个检索要素进行"块构造"：

检索要素 1：低阶煤 OR 低质煤 OR 褐煤 OR 泥煤 OR 气煤 OR C10B/IC；

检索要素 2：干燥 OR 烘干 OR 脱水；

检索要素 3：热解 OR 干馏 OR 碳化；

检索要素 4：燃烧。

然后，采用 AND 的逻辑算符对各个"块"进行组合检索，

检索式：（（低阶煤 OR 低质煤 OR 褐煤 OR 泥煤 OR 气煤）OR C10B/IC）AND（干燥 OR 烘干 OR 脱水）AND（热解 OR 干馏 OR 碳化）AND 燃烧。

得到检索结果如图 2-6-2-3 所示。从图 2-6-2-3 可以看出，利用块检索命中相关文献 48 篇，检索人员可以通过浏览、分析这些文献找出与该专利非常相关的专利文献：

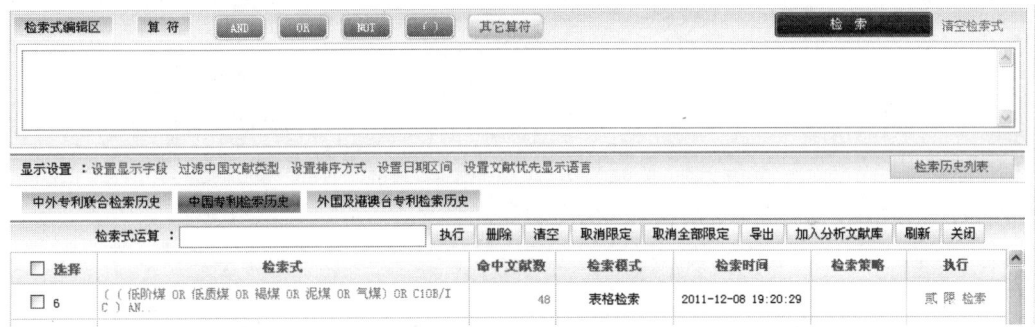

图 2-6-2-3　块检索结果

③ 渐进式检索。

渐进式检索就逐个加入检索要素的方式逐渐缩小检索范围。其检索过程如下：

首先，分别利用各检索要素为入口进行检索，检索结果如图 2-6-2-4 所示。

图 2-6-2-4　各检索要素分别检索结果

然后，利用检索系统提供的检索式运算，对检索结果进行渐进式检索，逐渐缩小检索

的范围,具体检索过程如图2-6-2-5所示。

图2-6-2-5 渐进式检索结果

从图2-6-2-5可以看出,采用渐进式检索可以逐步地缩小检索结果的范围,最终得到相关度较高的文献98篇,这大大减少了检索人员的浏览量,有利于提高浏览、分析的效率。

3 常用专利信息服务平台

3.1 公共专利信息服务平台

3.1.1 中外专利数据库服务平台
3.1.1.1 平台简介

中外专利数据库服务平台吸收了国内外先进专利检索系统的优点，采用全文检索引擎开发完成。收录的专利文献有中国专利和包括美国、日本、英国、德国、法国、加拿大、EPO、WIPO、瑞士等 93 个国家、地区和组织的专利。

中外专利数据库服务平台的网址为 http://search.cnipr.com。可直接以客人（guest）身份免费登录，也可以注册登录。注册时分普通用户和高级用户，普通用户拥有基本的使用权限，高级用户拥有更多的使用权限。主页面如图 3-1-1-1 所示。

本平台具有检索功能、机器翻译功能、分析和预警功能以及个性化服务功能，主要提供专利数据的检索和分析。

图 3-1-1-1　中外专利数据库服务平台主页面

下面参考平台中的使用帮助，对专利检索和专栏数据分析进行详细说明。

3.1.1.2 专利检索

点击图 3-1-1-1 中的"登录"，进入平台检索主页面，如图 3-1-1-2 所示。

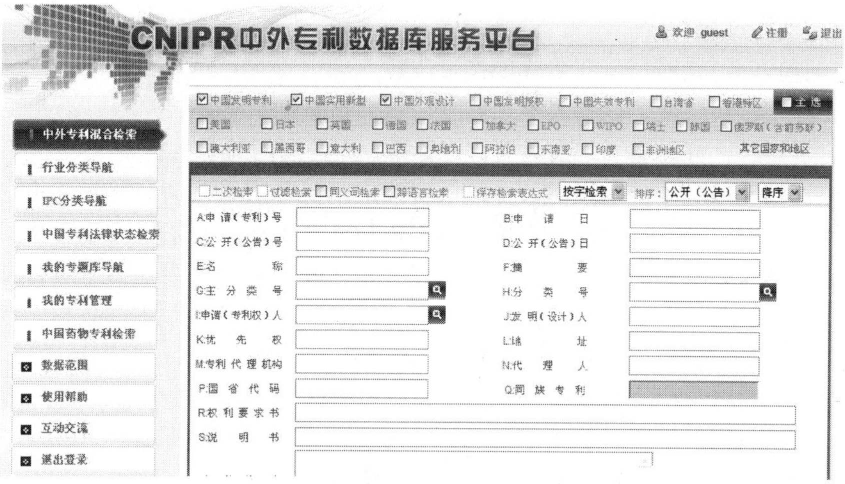

图 3-1-1-2　中外专利混合检索主页面

如图 3-1-1-2 所示,专利检索包括中外专利混合检索、行业分类导航、IPC 分类导航、中国专利法律状态检索和中国药物专利检索。系统默认为"中外专利混合检索"模式。

1. 中外专利混合检索

点击图 3-1-1-2 左侧"中外专利混合检索"选项,可以进行中外专利的混合检索。

(1) 检索过程。

① 检索时,首先设置检索的数据范围,如图 3-1-1-3 所示。

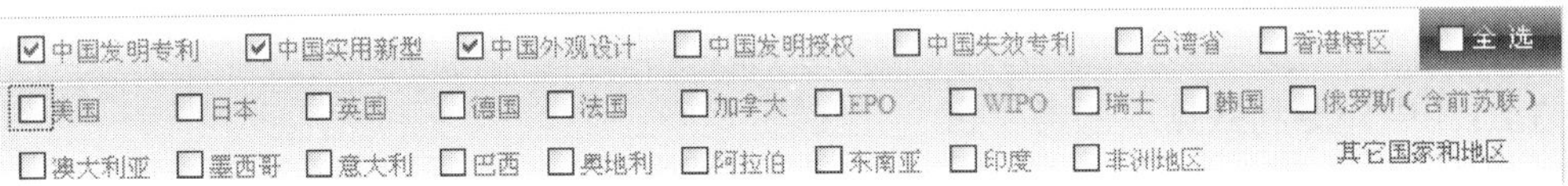

图 3-1-1-3　设置专栏检索数据范围

在图 3-1-1-3 中,可以在多个数据范围内一起查询(但至少勾选一个)。如果要检索中国发明专利、中国实用新型专利和中国外观设计,则勾选其前面相应的小方框。注意,中国失效专利的检索不能与其他几个库同时进行。另外,点击"其他国家和地区"时,会弹出更多国家的勾选框以供用户选择。

中文专利数据库支持全文检索,英文专利数据库只支持部分著录项目检索,不能检索的项目在界面中以灰色显示。

② 接着设置附加检索方式:

图 3-1-1-4　其他检索方式列表

图 3-1-1-4 中:

"二次检索",是在前次检索结果的范围内再次进行检索,以便逐渐缩小检索结果的范围(可以多次累加使用)。

"过滤检索",是根据用户的需求在下一次检索结果中过滤掉上一次检索的结果(注意首次检索时是不能勾选"二次检索"和"过滤检索"这两个选项的;另外,这两项也不能同时选择)。使用过滤检索能避免重复浏览。

"同义词检索",是对用户在名称或摘要中输入的关键词,从后台自动找到其同义词,然后二者合起来进行检索,以扩大检索范围,提高检索的查全率。

"跨语言检索",可实现中文到英文、英文到中文之间的跨语言检索。如在著录项目中,输入中文,选英文专利数据范围时,点跨语言检索,就可实现英文专利的自动检索。

"保存检索表达式",如果用户希望保存本次检索条件以供以后使用,可以勾选"保存检索表达式"选项。保存后的检索表达式可以在逻辑检索的历史表达式中进行重命名、删除、锁定等操作。每个用户最多只能保存 50 条检索条件,如果超过 50 条检索条件,系统将自动删除最先保存的检索条件。Guest 用户不具备该权限。

"按字检索"是以字为单位进行检索,"按词检索"是以词为单位进行检索。简单地说,"按字检索"更全面,"按词检索"更准确。一般选择"按字检索"即可。

"结果排序",用户可以指定检索结果的排序依据(例如根据名称、公开日、主分类号、申请日等）和排序方式（升序或降序）。

③检索。

在表格检索框中或逻辑检索框中输入要检索的内容（逻辑检索优先于表格检索）。无论是表格检索，还是逻辑检索，该检索页面的优点在于：鼠标指向某个检索项，鼠标下方立即出现该检索项的使用方法和检索示例，如图3-1-1-5所示。

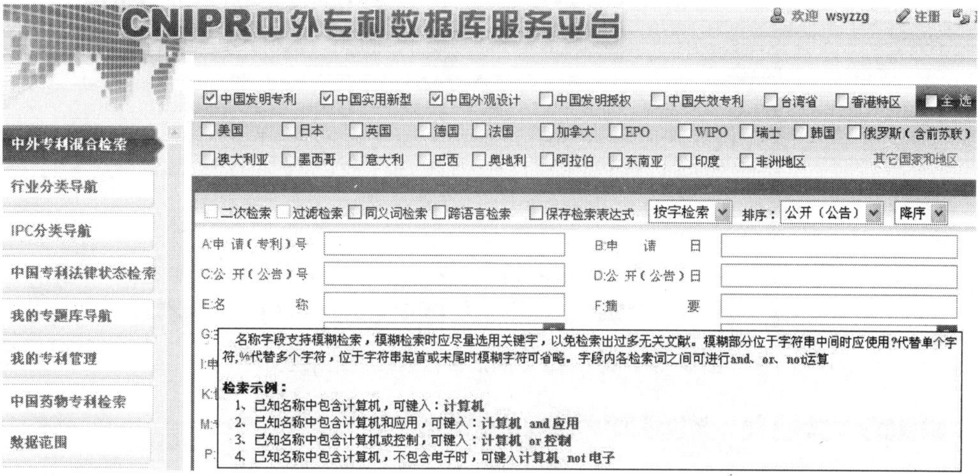

图3-1-1-5 中外专利混合检索表格检索自动显示检索示例页面

其中表格检索支持申请（专利）号、公开（公告）号、名称、摘要、分类号、申请（专利权）人等著录项目以及权利要求书和说明书的检索。此外，表格检索还支持智能检索。以专利名称中含催化裂化为例，在名称中输入"催化裂化"，如图3-1-1-6所示。

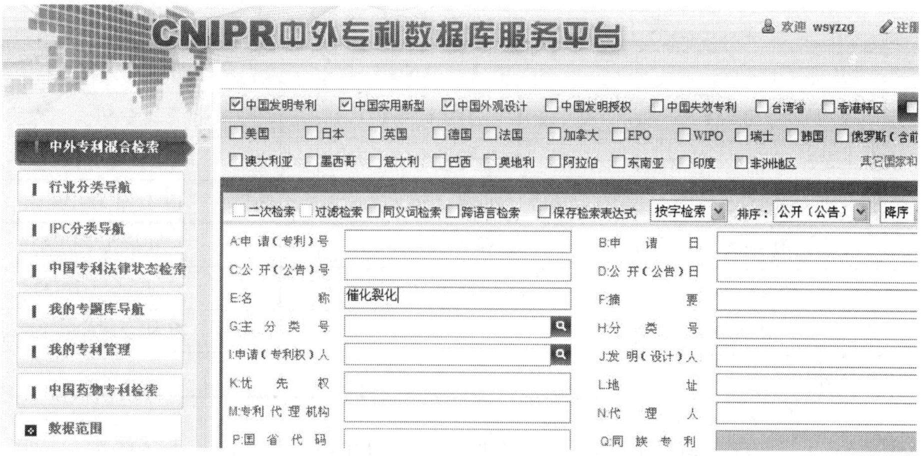

图3-1-1-6 中外专利混合检索示例

然后点击"检索"，可得全部检索结果736项。结果如图3-1-1-7所示。

与上面的"表格检索"相并列的是"逻辑检索"。逻辑检索是一种高级检索方式，用户可以输入一个复杂的表达式，指定在哪些字段中检索哪些关键字，并支持模糊检索和逻辑运算。应该注意："后面的逻辑运算符仅适用中国专利的检索。

图 3-1-1-7 中外专利混合检索检索结果显示

图 3-1-1-8 中外专利混合检索逻辑运算符显示

点击图 3-1-1-8 中的"字段名称",弹出一页面,如表 3-1-1-1 所示。

表 3-1-1-1 中外专利混合检索字段名称

名称/TI	申请号/AN	申请日/AD
公开（公告）号/PNM	公开（公告）日/PD	申请（专利权）人/PA
发明（设计）人/IN	主分类号/PIC	分类号/SIC
地址/AR	摘要/AB	优先权/PR
专利代理机构/AGC	代理人/AGT	同族专利/FA
国际申请/IAN	国际公布/IPN	颁证日/IPD
分案原申请号/DAN	国省代码/CO	权利要求书/CLM
说明书/FT		

由表 3-1-1-1 可以看出,在逻辑检索中,名称用 TI 表示,摘要用 AB 表示。以在名称中检索"裂化"和"催化剂"为例,在逻辑检索空白项输入:（裂化 and 催化剂）/TI。

（2）xor、adj、equ/n、xor/n. pre/n 的用法。

① xor（逻辑异或）:

例如,在摘要中检索含有"裂化"或"催化剂",但不能同时含有"裂化"和"催化剂"的专利,应键入:（裂化 xor 催化剂）/AB,或键入:（裂化 or 催化剂）/AB not（裂化 and 催化剂）/AB。

② adj（两者邻接，次序有关）：

例如，在摘要中检索含有"裂化"和"催化剂"，且"裂化"在"催化剂"前面的专利，应键入：（裂化 adj 催化剂）/AB。

③ equ/n（两者相隔 n 个字，次序有关（默认相隔 10 个字））：

例如，在摘要中检索含有"裂化"和"催化剂"，且"裂化"在"催化剂"前面，裂化和催化剂相隔 10 个字的专利，应键入：（裂化 equ/10 催化剂）/AB。

④ xor/n（两者在 n 个字之内不能同时出现（默认相隔 10 个字））：

例如，在摘要中检索含有"裂化"和"催化剂"，且"裂化"和"催化剂"在 10 个字内不能同时出现的专利，应键入：（裂化 xor/10 催化剂）/AB。

⑤ pre/n（两者相隔至多 n 个字，次序有关（默认相隔 10 个字））：

例如，在摘要中检索含有"裂化"和"催化剂"，且"裂化"在"催化剂"前面，"裂化"和"催化剂"至多相隔 10 个字的专利，应键入：（裂化 pre/10 催化剂）/AB。

以检索名称中含"催化裂化"，摘要中含"提升管"和"催化剂"的专利为例，在逻辑检索项中输入"催化裂化/ti and（催化剂 and 提升管）/AB"，检索页面如图 3-1-1-9 所示。

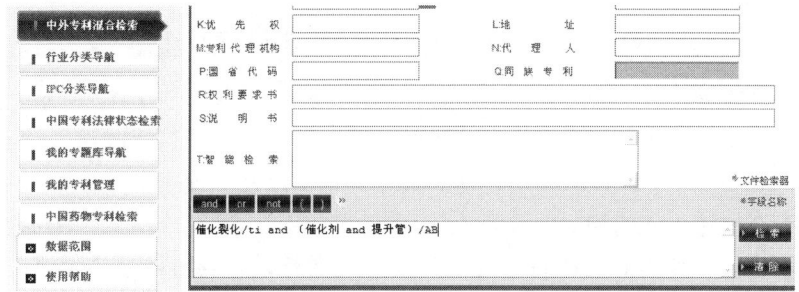

图 3-1-1-9　中外专利混合检索逻辑检索检索示例

然后点击"检索"，检索到 115 篇文献，结果如图 3-1-1-10 所示。

图 3-1-1-10　中外专利混合检索系统逻辑检索检索结果

由图 3-1-1-10 可以看出，该检索结果页面下方还设重新检索、二次检索和过滤检索。如果检索阅读量过大，可进一步缩小范围，点击"二次检索"，检索页面与初次检索页面相同。在图 3-1-1-10 所示检索结果中作二次检索，在权利要求书选项内输入"提升管"，检索界面如图 3-1-1-11 所示。

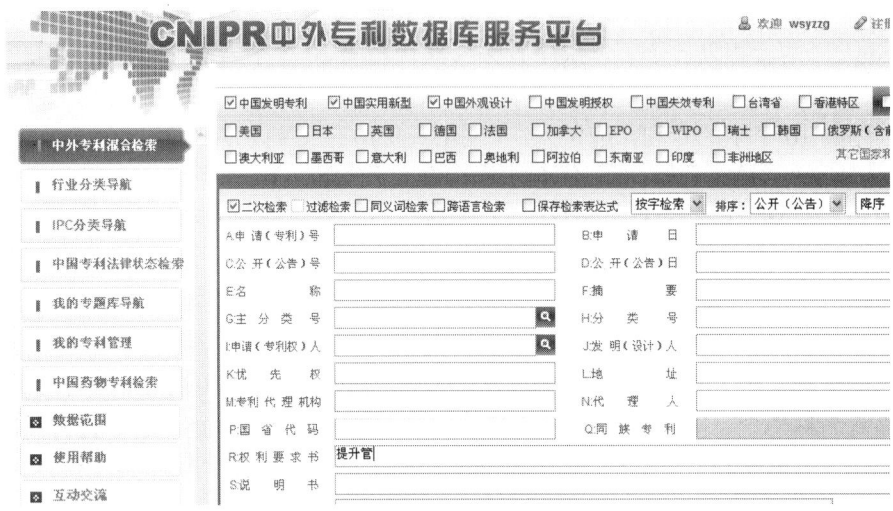

图 3-1-1-11　中外专利混合检索二次检索页面

然后点击"检索"，可得全部检索结果 108 项。结果如图 3-1-1-12 所示。

（3）由图 3-1-1-12 可以看出，检索结果列表下方设"全选"、"收藏"、"打印文摘"、"批量下载文摘或 TIF 专利格式"、"批量下载代码化"以及"设定显示字段"。结果列表最下端页面处设有快速检索通道。

设定显示字段：点击此按钮将允许用户设置检索结果列表窗口中显示哪些专利信息字段，如图 3-1-1-13 所示。

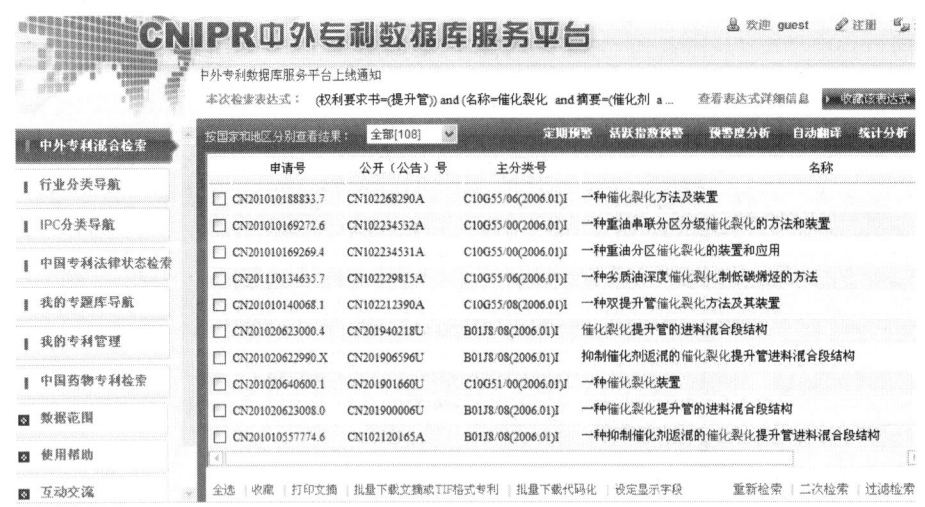

图 3-1-1-12　中外专利混合检索二次检索结果显示

从"备选显示字段"中选择需要显示的字段，然后点击"⬅"将其添加到"已选显示字段"中。也可从"已选显示字段"中选择不需要显示的字段，然后点击"➡"进行移除。

收藏：在概览界面中选择要收藏的记录，点击"收藏"按钮，所选专利自动收藏到用户的收藏夹下。用户的收藏列表可从"我的专利管理→我的收藏管理→我的专利列表"下查看。

打印文摘：用户选中某条专利后，点击"打印文摘"按钮可打印著录项目，并且支持自定义输出字段，如图 3-1-1-14 所示。

 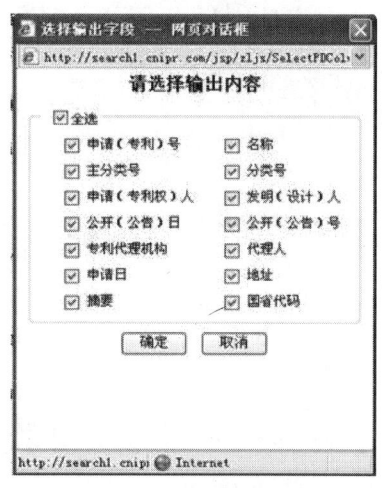

图 3-1-1-13　中外专利混合检索
结果显示字段的设置

图 3-1-1-14　中外专利混合检索文摘
打印字段选择窗口

批量下载文摘或 TIF 专利格式：选中两条以上检索结果，选择"批量下载文摘或 TIF 专利格式"按钮进行下载，如图 3-1-1-15 所示。

选中下载说明书图形数据，选择保存路径，点击"确定"，即可将说明书保存至本地。

批量下载代码化：该功能需付费才能实现。所下载文件可以进行重新编辑。

检索结果列表：为了方便用户继续检索或重新检索而设，用户可以选择字段重新检索或在结果中检索，如图 3-1-1-16 所示。

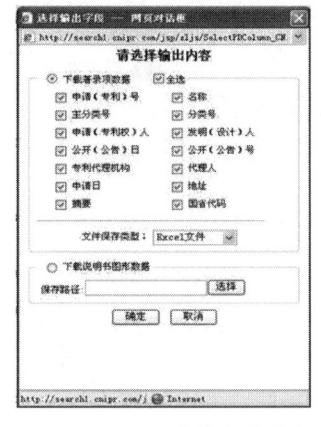 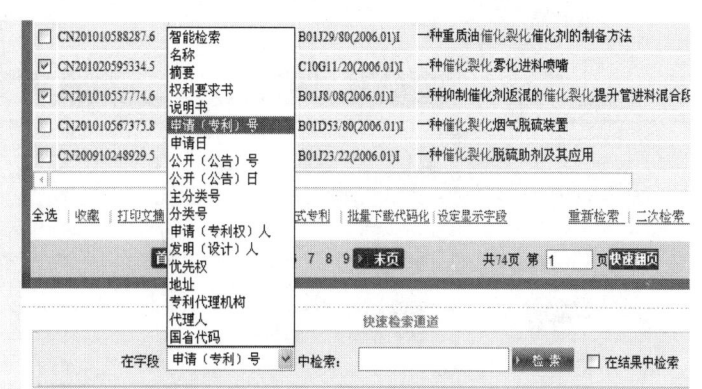

图 3-1-1-15　中外专利混合
检索系统下载文摘窗口

图 3-1-1-16　中外专利混合检索继续检索字段显示

2. 行业分类导航检索

图 3-1-1-2 左侧"中外专利混合检索"下面即"行业分类导航"检索，它是人工总结

标注的数据库导航，方便用户在自己所关心的领域进行专利检索，如图 3-1-1-17 所示。

图 3-1-1-17　行业分类导航检索界面

检索示例：
（1）点击"无机化工产品"前面的 ⊞ 可以进一步展开，进入子类"无机盐"；
（2）点击子类"无机盐"进一步展开；
（3）当鼠标移动到类名"硝酸盐"上时可显示"中""外"两个小图标，"中"对应检索"硝酸盐"的中国大陆专利，"外"对应检索"硝酸盐"的外国及中国香港、中国台湾专利；
（4）点击"外"，检索结果如图 3-1-1-18。进行进一步处理可参见中外专利混合检索。

图 3-1-1-18　行业分类导航子领域非中国大陆检索结果

3. IPC 分类导航检索

图 3-1-1-2 左侧"行业分类导航"下面即"IPC 分类导航"检索，其检索页面如图 3-1-1-19 所示。

图 3-1-1-19　IPC 分类导航检索界面

检索示例：

（1）点击 C 部前面的"+"展开，进入下一级大类；接着点击小类 C10G 前面的"+"展开，进入下一级组级。

（2）当鼠标移动到小组 C10G 1/04 上时可显示"中"和"外"两个小图标，"中"对应检索该 IPC 分类的中国大陆专利，"外"对应检索该 IPC 分类的外国及中国香港、中国台湾专利；若直接点击该类名，则该类相应的 IPC 号直接输入到检索界面的分类号输入框内。

（3）点击"外"，检索结果示于图 3-1-1-20。进行进一步处理可参见中外专利混合检索。

图 3-1-1-20　IPC 分类导航特定分类号下非中国大陆检索结果

4. 中国法律状态检索

图 3-1-1-2 左侧"IPC 分类导航"下面即"中国专利法律状态检索",它可以对"申请(专利)号"、"法律状态公告日"、"法律状态信息"进行检索(注意,法律状态检索所提供的法律状态信息仅供参考)。其检索界面如图 3-1-1-21。

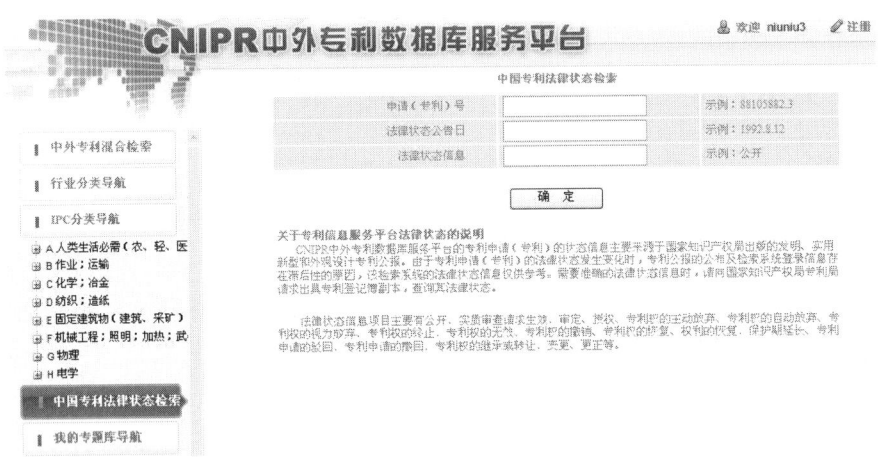

图 3-1-1-21 中国法律状态检索界面

以检索申请号"CN200510051243.9"为例,在申请(专利)号检索框中输入 200510051243.9,点击"确定",可看到如图 3-1-1-22 所示的结果。

由上图 3-1-1-22 可以看出,该专利于 2006 年 9 月 6 日公开,2006 年 10 月 25 日实质审查生效,2008 年 1 月 23 日被授予专利权,目前专利权有效。

5. 中国药物专利检索

中国药物专利检索用户注册后才能使用。目前药物库收录的均为发明专利,提供可检索的专利类型包括中药专利和西药专利,提供可检索的法律状态包括公开、授权和失效三种。

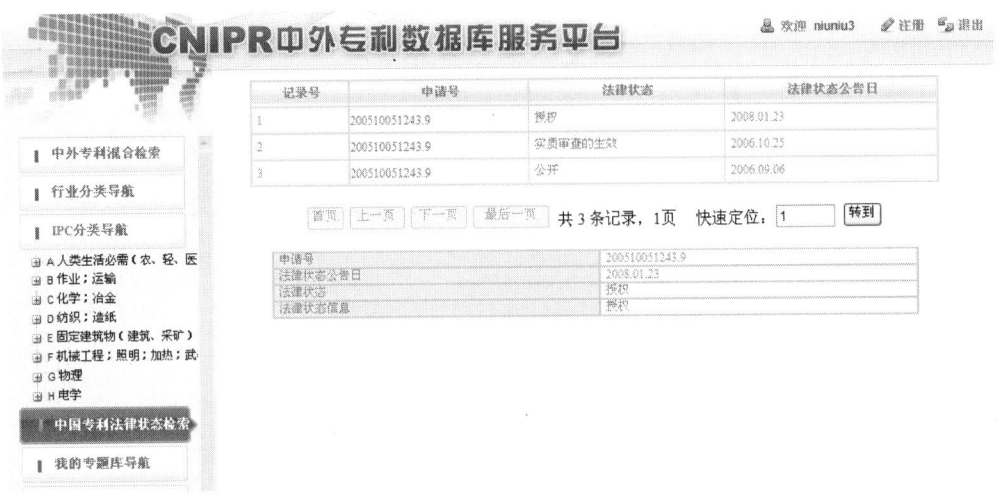

图 3-1-1-22 中国法律状态检索结果显示

注册登录后点击主页左侧"中国药物专利检索",进入如图 3-1-1-23 所示页面。

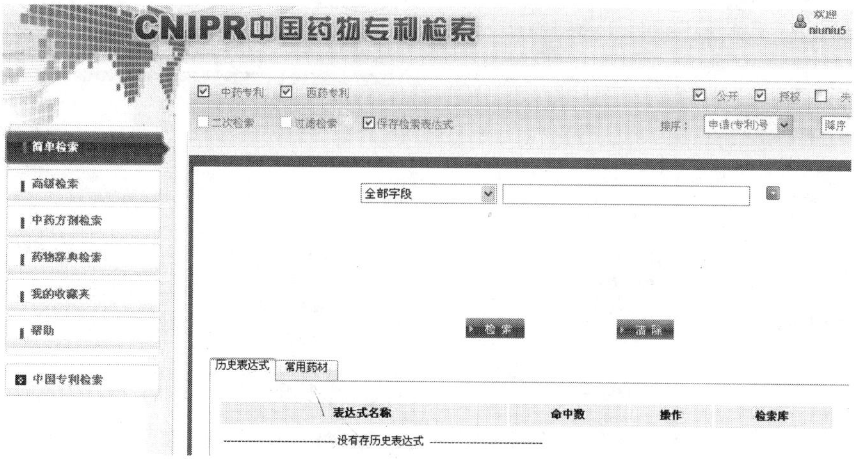

图 3-1-1-23 中国药物专利检索页面

从图 3-1-1-23 页面左侧可知,该检索页面包括简单检索、高级检索、中药方剂检索和药物辞典检索。点击页面左下侧"中国专利检索"返回登录页面。

(1)简单检索。

在简单检索页面中,中药专利和西药专利两个选项必选其一,默认同时选择。简单检索的初始界面默认只显示一行字段选择和文本输入框,可点击输入框右边的 图标进行逐行增加,当增加输入框时, 图标的右边会增加一个 图标,以实现逐行减小功能,最多可增加至 5 行。

检索字段选择框中包括 31 个可选字段(包括"全部字段"),除包括常规的著录检索项目外,还包括药物检索中特有的字段,具体见图 3-1-1-24。

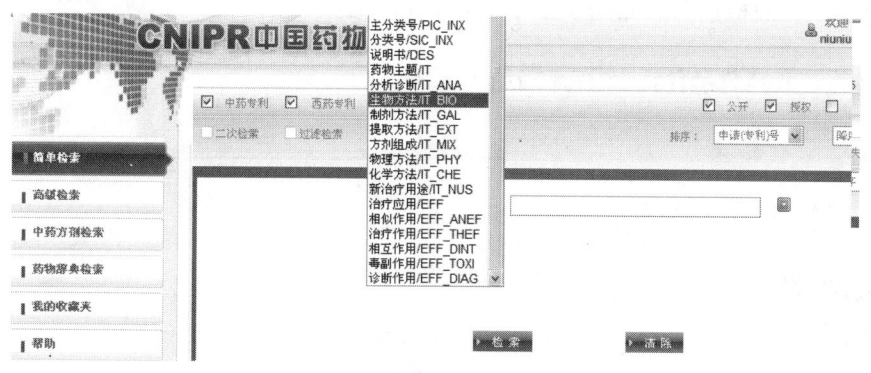

图 3-1-1-24 中国药物专利检索字段显示

其检索内容输入方法以及检索后的二次检索、过滤检索等与前面中外专利混合检索相同。

(2)高级检索。

高级检索中能够对每个检索词都利用字段后缀进行字段限制检索,同时可以利用不同的检索词进行复杂的逻辑组配检索。高级检索的检索界面如图 3-1-1-25。

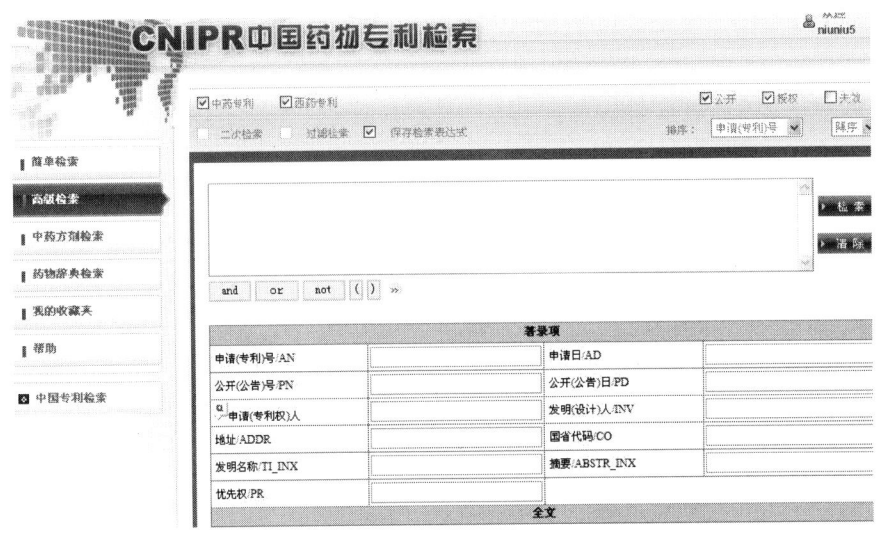

图 3-1-1-25　中国药物专利检索高级检索页面

首先选择数据库，中药专利和西药专利任选其一，或二者都选。

接着在检索输入框中输入检索项，检索项包括 30 个，与简单检索相比，不包括"全部字段"。其检索方法参见中外专利混合检索。

（3）中药方剂检索。

针对中药专利提供该功能，现提供一般检索功能，检索结果均支持二次检索、过滤检索、重新检索、检索结果排序、保存检索表达式等功能，二次检索、过滤检索和重新检索仍是只限定在对应的第一次检索模式内，具体功能同简单检索。根据对中药名的逻辑组配及限制药味数进行检索，对中药名关键词默认实行精确检索，具体检索方法同高级检索。

方剂检索的结果页面有两种，一是按中药方剂排列的结果页面，一是按著录信息排列的结果页面。一般检索界面如图 3-1-1-26 所示。

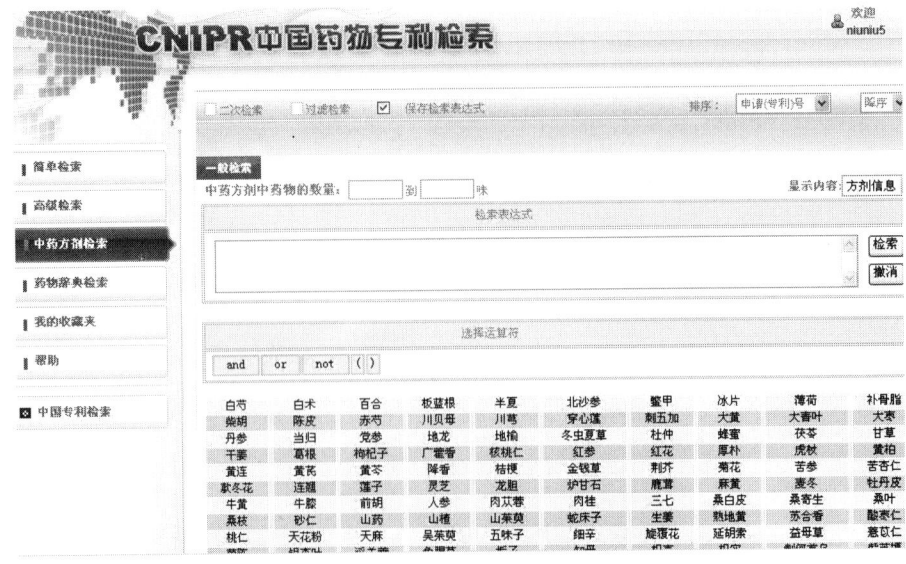

图 3-1-1-26　中国药物专利检索中药方剂检索页面

（4）药物辞典检索。

在药物词典检索数据库可进行西药词典、中药词典的查询。其中，西药和中药词典的文本输入框中能够实现多词联合检索功能，检索规则因字段而异，支持二次检索、过滤检索、重新检索、检索结果排序等功能。如图3-1-1-27所示页面，检索文本输入框下面有检索说明。

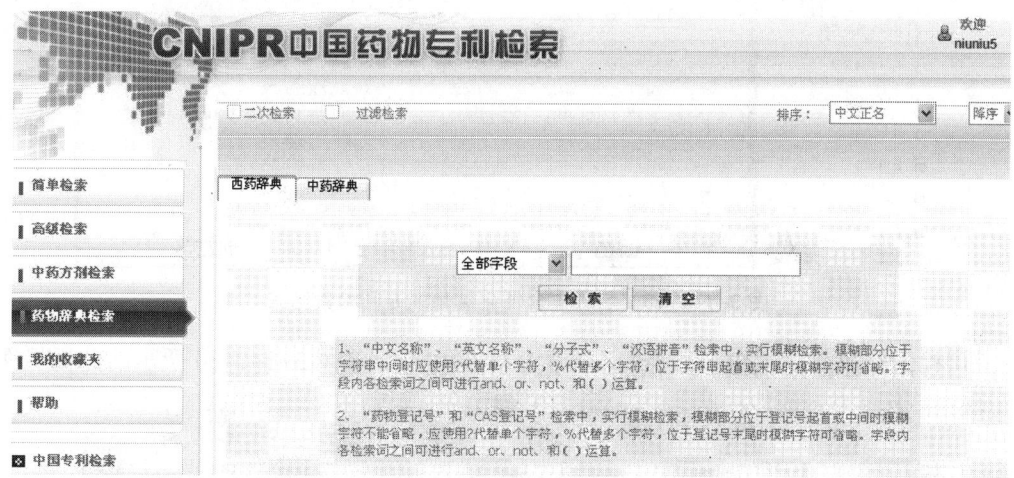

图3-1-1-27　中国药物专利检索药物辞典检索页面

检索字段包括：中文名称、中文异名、英文名称、英文异名、分子式、汉语拼音、药物登记号、CAS登记号等字段，缺省为"所有名称"。如图3-1-1-28所示。

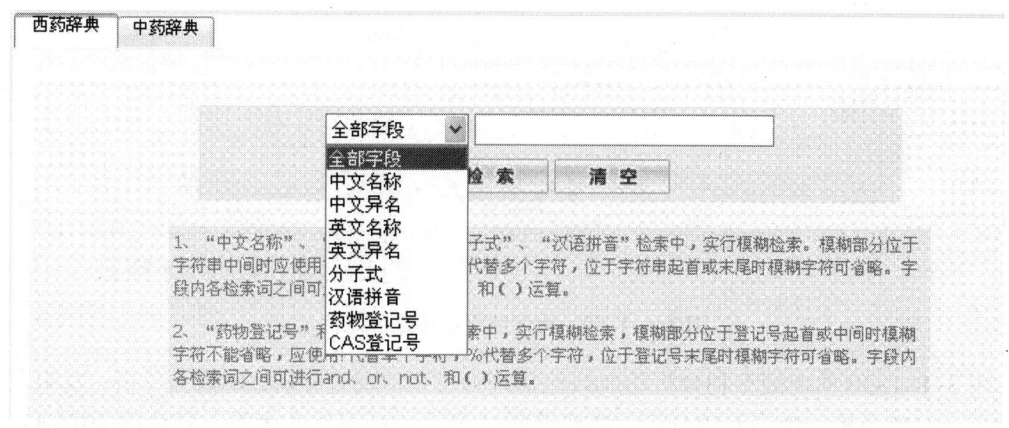

图3-1-1-28　中国药物专利检索药物辞典检索检索字段显示

3.1.1.3　专利数据分析

专利信息分析是将专利数据经过系统化处理后，分析整理出直观易懂的结果，并以图表的形式展现出来。把专利数据升值为专利情报，可以帮助用户全面、深层地挖掘专利资料的战略信息，促进产业技术的升级，研究、制定和实施企业发展的专利战略。

以名称中含"催化裂化"为例进行检索，检索结果如图3-1-1-29所示。

图 3-1-1-29　名称中含催化裂化的专利检索结果

点击检索结果显示页面右上角的"统计分析",可得到如图 3-1-1-30 所示的分析界面。

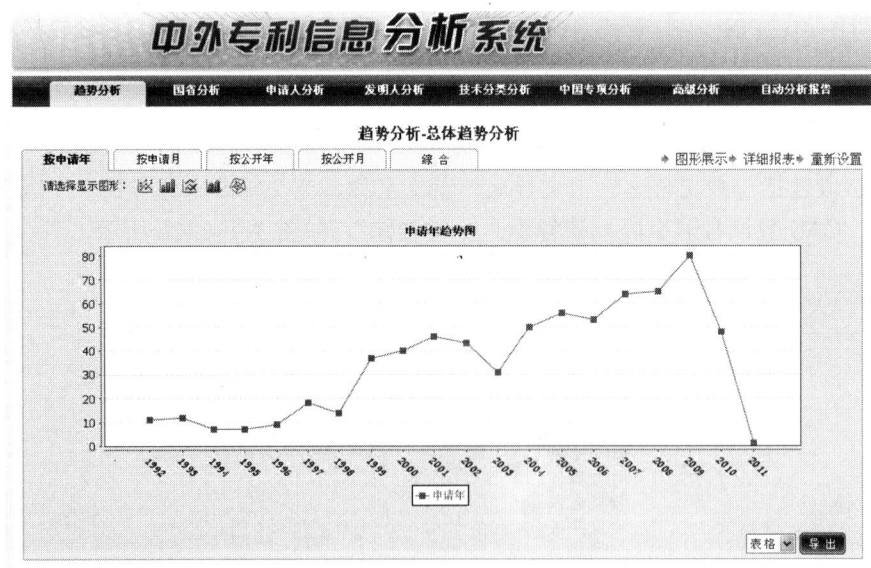

图 3-1-1-30　检索结果统计分析页面

图 3-1-1-30 系统的专利分析功能共包括趋势分析、国省分析、申请人分析、发明人分析、技术分类分析、中国专项分析、高级分析、自动分析报告八大类。具体的分析项目如表 3-1-1-2 所示。

表 3-1-1-2　中外专利数据库专利分析功能说明

分析功能	分析项目	分析图形类型	适用范围
趋势分析	总体趋势分析		中文专利分析和外文专利分析
国省分析	国省分布状况		中文专利分析

续表

分析功能	分析项目	分析图形类型	适用范围
国省分析	国省申请人分析		中文专利分析
	国省发明人分析		中文专利分析
	国省技术分类分析		中文专利分析
申请人分析	申请人趋势分析		中文专利分析和外文专利分析
	申请人构成分析		中文专利分析和外文专利分析
	申请人国省分析		中文专利分析
	申请人技术分类构成		中文专利分析和外文专利分析
	申请人综合比较	无	中文专利分析和外文专利分析
	合作申请人分析	无	中文专利分析和外文专利分析
发明人分析	发明人趋势分析		中文专利分析和外文专利分析
	发明人构成分析		中文专利分析和外文专利分析
	发明人国省分析		中文专利分析
	合作发明人分析	无	中文专利分析和外文专利分析
技术分类分析	技术分类趋势分析		中文专利分析和外文专利分析
	技术分类构成分析		中文专利分析和外文专利分析
	技术分类国省分析		中文专利分析
	技术分类申请人构成		中文专利分析和外文专利分析
	技术关联度分析	无	中文专利分析和外文专利分析
中国专项分析	专利类型分析		中文专利分析
	国省分布状况		中文专利分析
高级分析	全文聚类分析	树状结构、聚类图	中文专利分析
	引证分析	引证图	美国专利分析

续表

分析功能	分析项目	分析图形类型	适用范围
自动分析报告	总体发展趋势	由系统设定	中文专利分析和外文专利分析
	其他专项分析	由系统设定	中文专利分析和外文专利分析
	专利申请区域分析	由系统设定	中文专利分析和外文专利分析
	主要技术领域分析	由系统设定	中文专利分析和外文专利分析
	主要竞争者分析	由系统设定	中文专利分析和外文专利分析
	主要发明人分析	由系统设定	中文专利分析和外文专利分析

下面分别运用上述八个专利分析功能对图 3-1-1-29 所示检索结果进行统计分析。

1. 趋势分析

（1）总体趋势分析。

总体趋势分析按专利申请日期或专利公开日期统计专利数量。默认显示图形为按申请年分析的折线图，如图 3-1-1-31 所示。

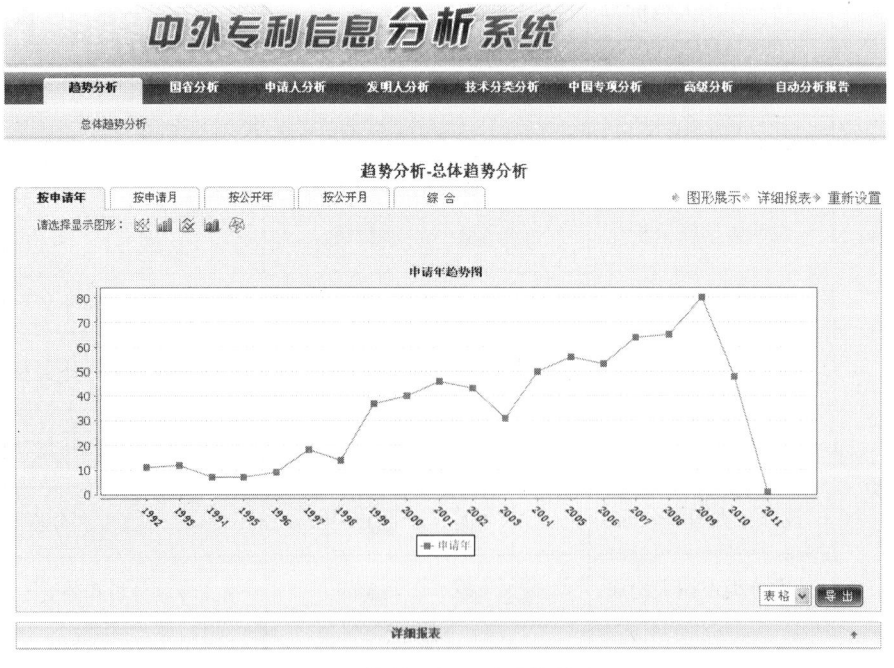

图 3-1-1-31 趋势分析—总体趋势分析界面

分析说明：

① 分别点击"按申请年"、"按申请月"、"按公开年"、"按公开月"、"综合"标签栏中的标签，可以按相应条件生成用户所需要的分析图形和数据。点击其中的"综合"标签，可以同时显示专利申请数量和专利公开数量随年份变化的趋势，如图 3-1-1-32 所示。

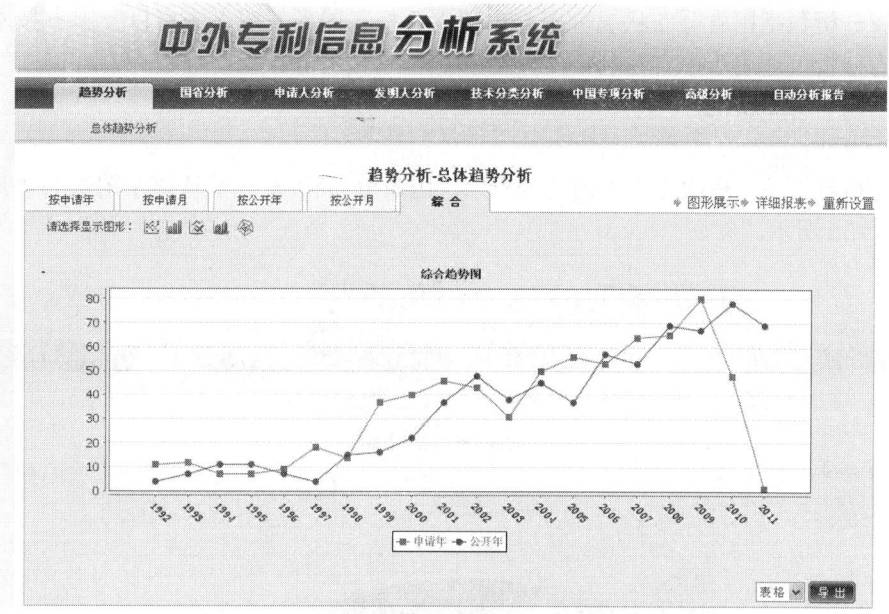

图 3-1-1-32 趋势分析—综合趋势分析界面

② 点击"详细报表"链接,查看表格式的分析结果,如图 3-1-1-33。

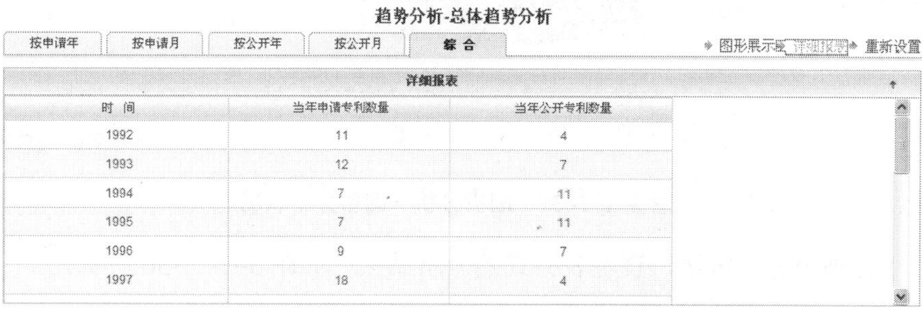

图 3-1-1-33 趋势分析—总体趋势分析表界面

③ 点击"重新设置"按钮,用户可以重新设定"开始时间"和"结束时间"进行分析,如图 3-1-1-34。

图 3-1-1-34 总体趋势分析—重新设置页面

2. 国省分析

通过专利信息的国省分析,可以了解行业发展的重点区域以及不同区域内专利研发的重点方向和各区域之间技术的差异性、不同区域内专利技术的主要竞争者(申请人)和发明人。

国省分析包括国省分布状况、国省申请人分析、国省发明人分析以及国省技术分类分析。国省分析仅适用于中文专利。

（1）国省分布状况。

分析方法：

在分析界面下，依次点击"国省分析"、"国省分布状况"，默认显示图形为饼形图，如图3-1-1-35所示。

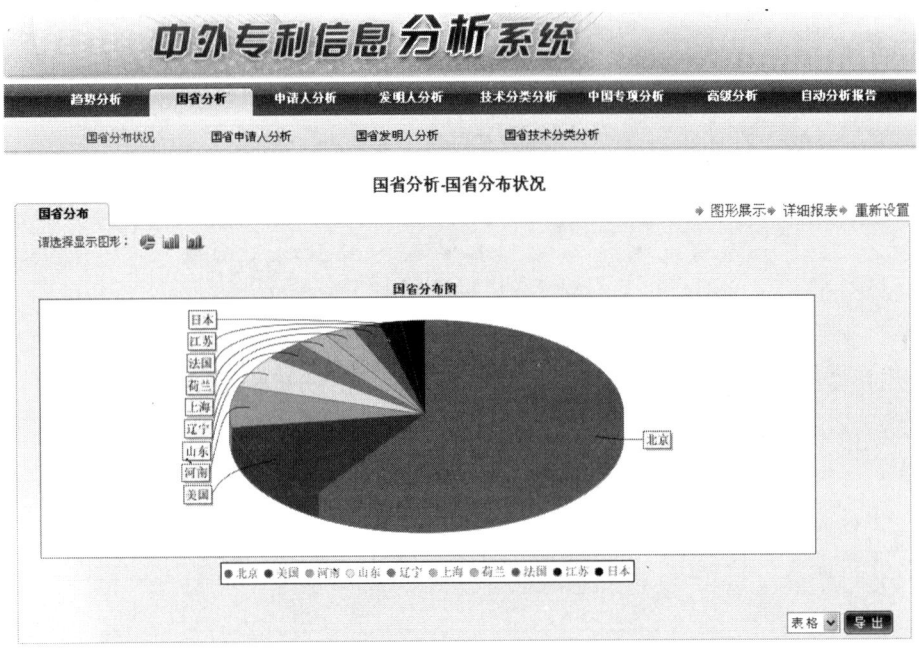

图3-1-1-35 国省分析—国省分布状况

点击"详细报表"链接，查看表格式的分析结果，如图3-1-1-36所示。

图3-1-1-36 国省分析—国省分布状况表

点击"重新设置"按钮，由用户选择"国家和地区"重新进行分析，重新设置页面如图3-1-1-37所示。

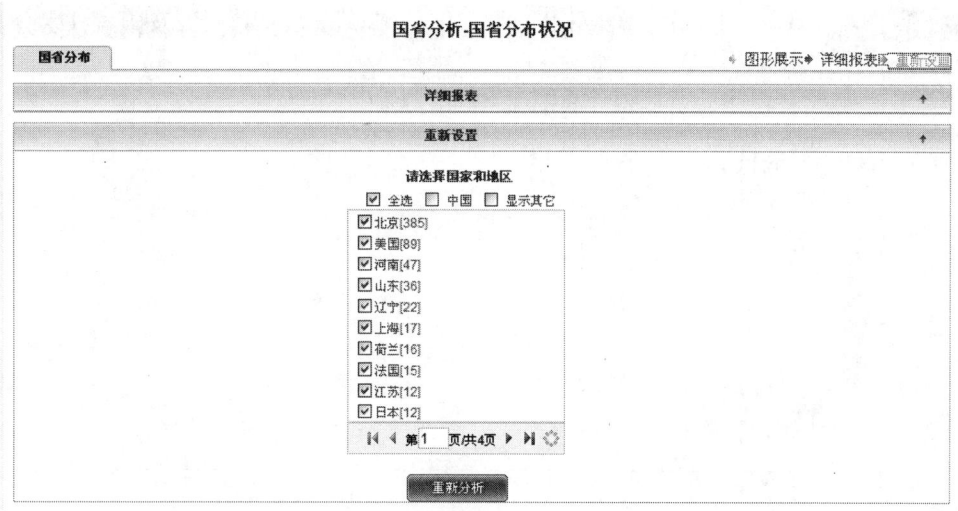

图 3-1-1-37　国省分析—国省分布状况重新设置

应注意：
① 默认情况下是对专利数量最多的 10 个国家或地区进行分析；
② 如果选中图 3-1-1-37 中的"中国"，则以国家为单位进行分析。
选中"中国"后重新分析，所得国省分布状况如图 3-1-1-38。

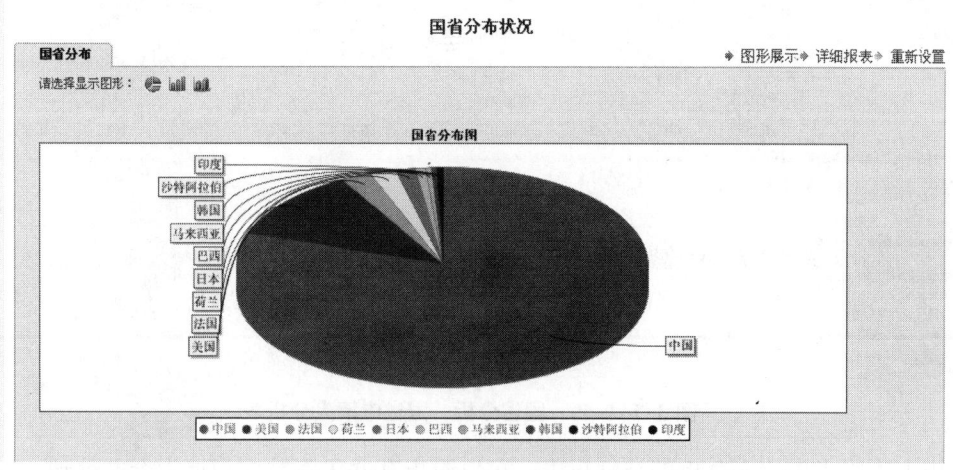

图 3-1-1-38　国省分析—重新设置后国家分布趋势

（2）国省申请人分析。

对国省申请人进行分析，了解关键技术掌控在哪些申请人手中，对比目标国省内申请人之间的技术差异。针对目前分析的行业主题，揭示国省内申请人在该技术领域内关键技术的专利申请发展情况。

分析说明：在分析界面下，依次点击"国省分析"、"国省申请人分析"。默认显示图形为三维柱形图，如图 3-1-1-39 所示。

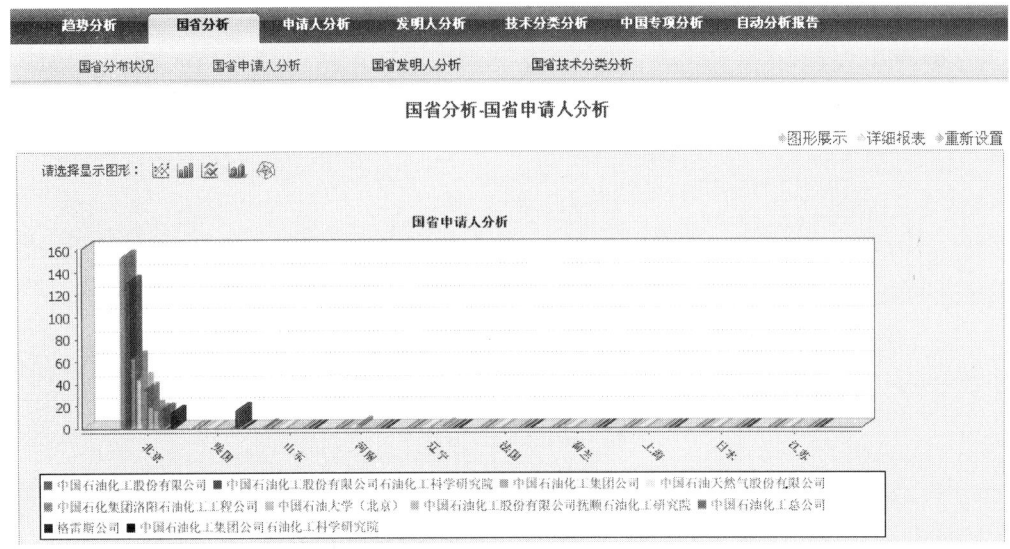

图 3-1-1-39　国省分析—国省申请人分析图

分析说明：

点击“详细报表”链接，查看表格式的分析结果，如图 3-1-1-40 所示。

详细报表

	北京	美国	山东	河南	辽宁	法国	荷兰	上海	日本	江苏
中国石油化工股份有限公司	154	0	1	0	0	0	0	0	0	0
中国石油化工股份有限公司石油化工科学研究院	131	0	0	0	0	0	0	0	0	0
中国石油化工集团公司	63	0	0	0	0	0	0	0	0	0
中国石油天然气股份有限公司	44	0	0	0	0	0	0	0	0	0
中国石化集团洛阳石油化工工程公司	35	0	0	3	0	0	0	0	0	0
中国石油大学（北京）	19	0	0	0	0	0	0	0	0	0

重新设置

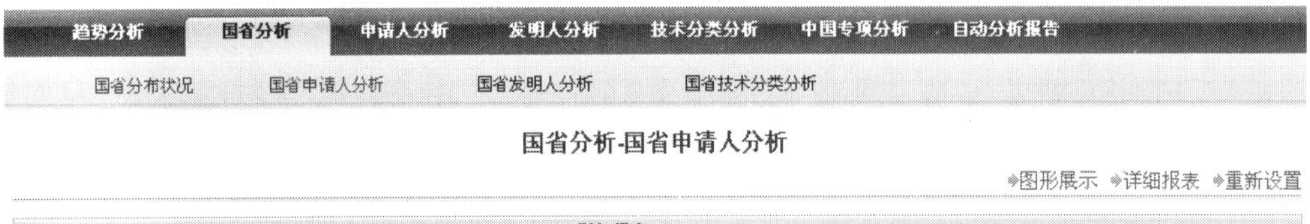

图 3-1-1-40　国省分析—国省申请人分析表

由上述国省申请人分析的详细报表，可以看出其并未将共同申请人合并处理。该分析表中，中国石油化工股份有限公司石油化工科学研究院、中国石油化工股份有限公司抚顺石油化工研究院均隶属于中国石油化工股份有限公司，其在申请专利时，中国石油化工股份有限公司均是第一申请人。但详细报表中将它们分开重复统计，使结果有所偏颇。

但上述缺陷可通过“重新设置”克服：点击“重新设置”按钮，由用户选择“国家和地区”重新进行分析，如图 3-1-1-41。

在“重新设置”时，不再选择中国石油化工股份有限公司石油化工科学研究院、中国石油化工股份有限公司抚顺石油化工研究院、中国石油集团洛阳石油化工工程公司和中国石油化工集团公司石油化工科学研究院，重新选择后的页面如图 3-1-1-42 所示。

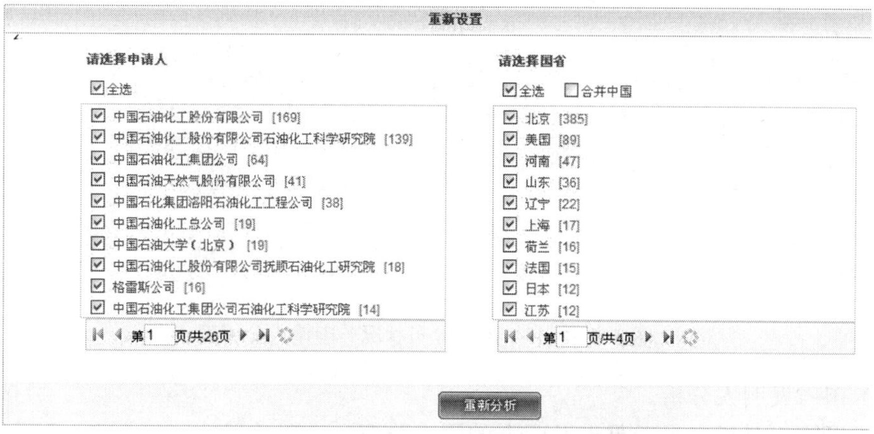

图 3-1-1-41　国省分析—国省申请人重新设置图

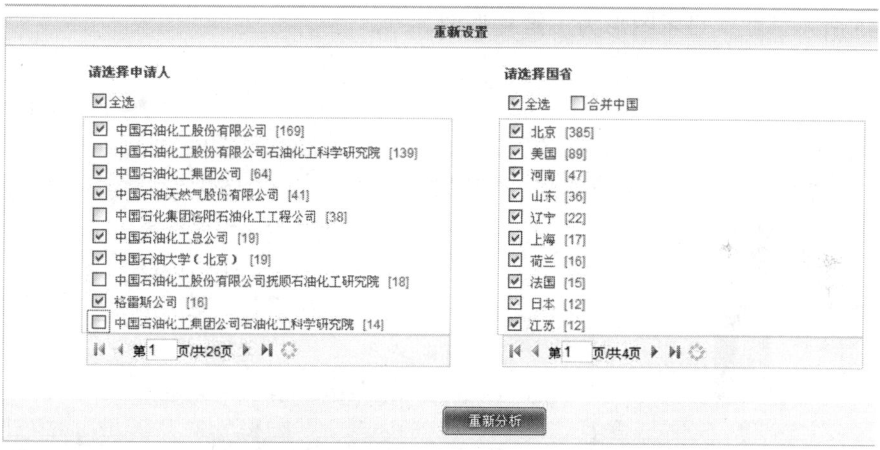

图 3-1-1-42　国省分布状况—申请人重新设置

然后点击"重新分析",则得到以下结果,如图 3-1-1-43 所示。

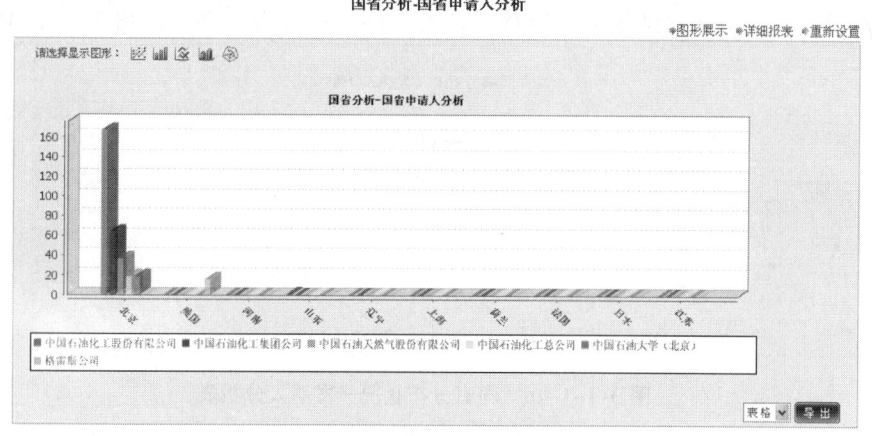

图 3-1-1-43　国省分布状况—申请人统计分析

点击"详细报表",得到如图 3-1-1-44 所示的表格。

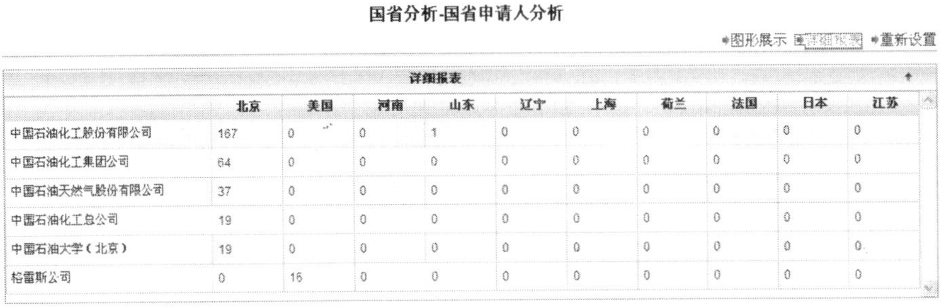

图 3-1-1-44 国省分布状况—申请人分析表

（3）国省发明人分析。

国省发明人分析能显示重点发明人的国省分布。

分析方法：在分析模块界面下，依次点击"国省分析"、"国省发明人分析"，如图3-1-1-45所示。默认显示图形为三维柱形图。

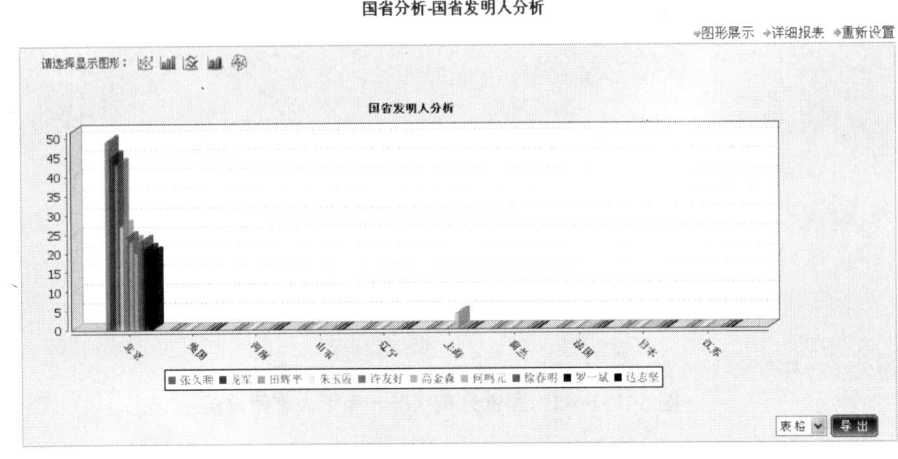

图 3-1-1-45 国省分析—国省发明人分析图

分析说明：点击"详细报表"链接，查看表格式的分析结果，如图3-1-1-46所示。

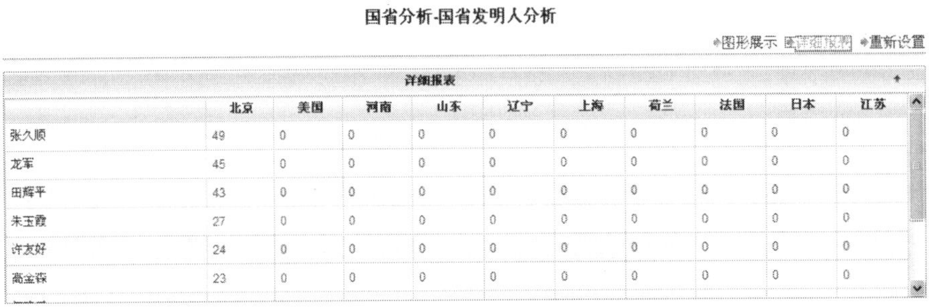

图 3-1-1-46 国省分布状况—发明人分析表

在该分析中，同样可以点击"重新设置"按钮，选择符合用户条件的"发明人"或所属的"国省"进行重新分析。

(4)国省技术分类分析。

对国省技术进行分类分析,能了解目标国省内技术构成及技术的周期性变化,了解形成这种变化的主要技术因素,以便从中找出阶段性关键技术。统计按专利 IPC 分类和国省分布的专利数量。

分析方法:在分析模块界面下,依次点击"国省分析"、"国省技术分类分析",如图3-1-1-47。默认显示图形为三维柱形图。

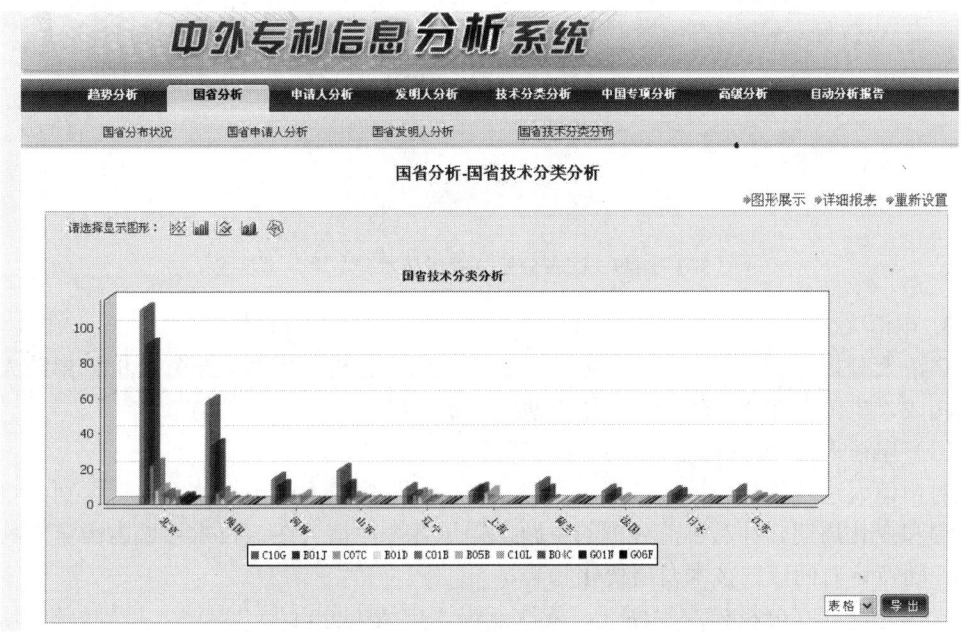

图 3-1-1-47 国省分析—国省技术分类分析图

分析说明:点击"详细报表"链接,查看表格式的分析结果,如图 3-1-1-48。

	北京	美国	河南	山东	辽宁	上海	荷兰	法国	日本	江苏
C10G	110	58	14	19	8	7	11	7	6	7
B01J	90	33	10	10	4	8	7	5	5	5
C07C	22	6	1	3	5	1	1	0	1	1
B01D	8	3	1	2	4	6	0	2	0	3
C01B	5	1	0	1	3	1	0	0	0	2
B05B	4	0	0	0	0	0	0	0	0	0

图 3-1-1-48 国省分析—国省技术分类分析表

点击"重新设置"按钮,选择符合用户条件的"部、大类、小类、大组以及小组"或所属的"国省"进行重新分析，如图 3-1-1-49 所示。系统默认只显示专利数量最多的 10 个 IPC 小类及国省。

图 3-1-1-49 国省分析—国省技术分类重新设置图

3. 申请人分析

申请人分析包括：申请人趋势分析、申请人构成分析、申请人国省分析、申请人技术分类构成、申请人综合比较以及合作申请人分析构成。

（1）申请人趋势分析。

对申请人进行趋势分析，了解一个特定时期目标申请人的申报技术类型区别、技术衍变过程和变化周期。针对目前分析的主题，揭示各个申请人在该技术领域内历年专利申请情况，随特定时间段的技术发展变化趋势。

操作方法：在分析模块界面下，依次点击"申请人分析"、"申请人趋势分析"，如图 3-1-1-50，默认显示图形为折线图。

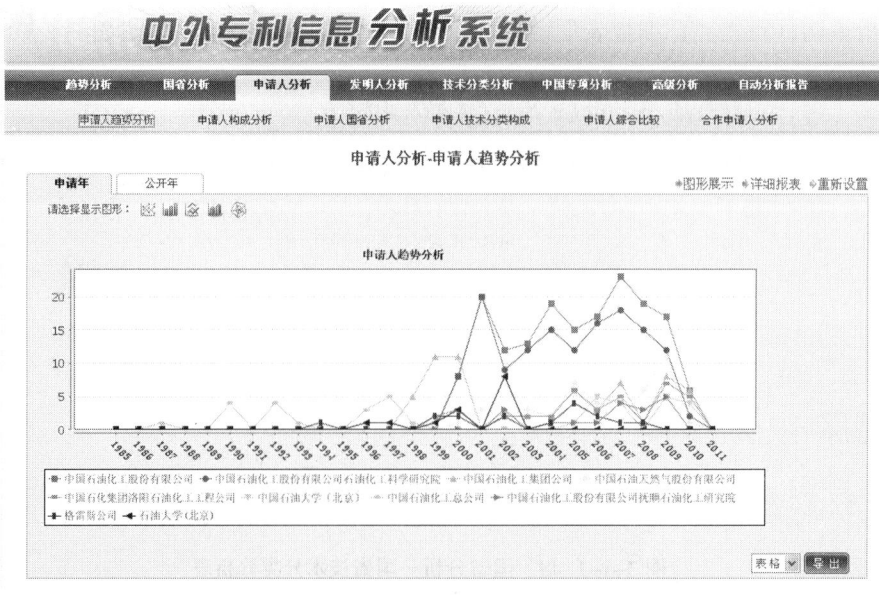

图 3-1-1-50 申请人分析—申请人趋势分析

分析说明：

点击"申请年"、"公开年"标签栏中的标签，可以统计选中申请者按年份的专利申请数量或公开的专利数量。

点击"详细报表"链接，查看表格式的分析结果，如图3-1-1-51。

图3-1-1-51 申请人分析—申请人趋势分析表

上述申请人趋势分析的详细报表，也未将共同申请人合并处理。通过上图重新设置也可克服该缺陷。

点击"重新设置"按钮，选择符合用户条件的"申请人"或所属的"年份"进行重新分析，如图3-1-1-52所示。系统默认只显示专利数量最多的10个申请人。

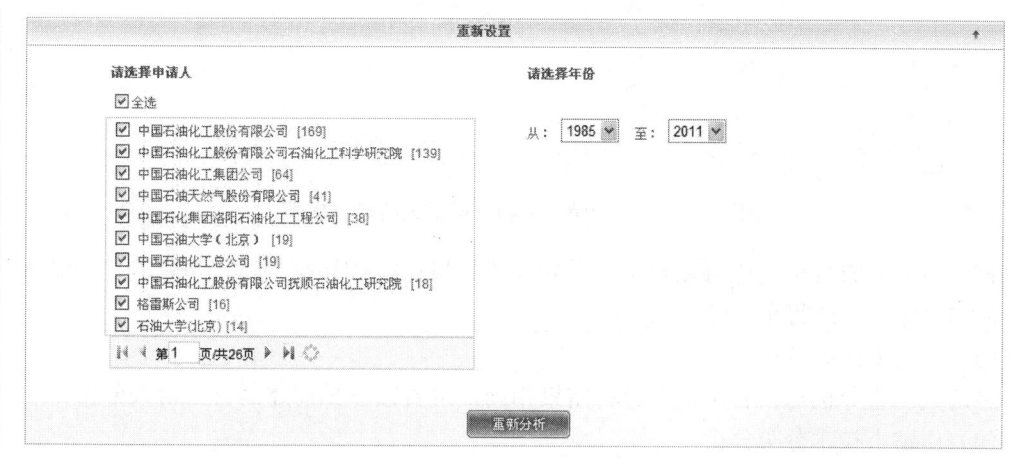

图3-1-1-52 申请人分析—申请人趋势分析重新设置

（2）申请人构成分析。

通过对申请人构成进行分析，可以了解申请人竞争的总体状况。针对目前分析的行业主题，以申请人为基础，了解该技术领域内的主要申请人、各申请人的技术研发实力和重视专利申请的程度。

分析方法：在分析模块界面下，依次点击"申请人分析"、"申请人构成分析"，见图3-1-1-53，默认显示图形为饼形图。

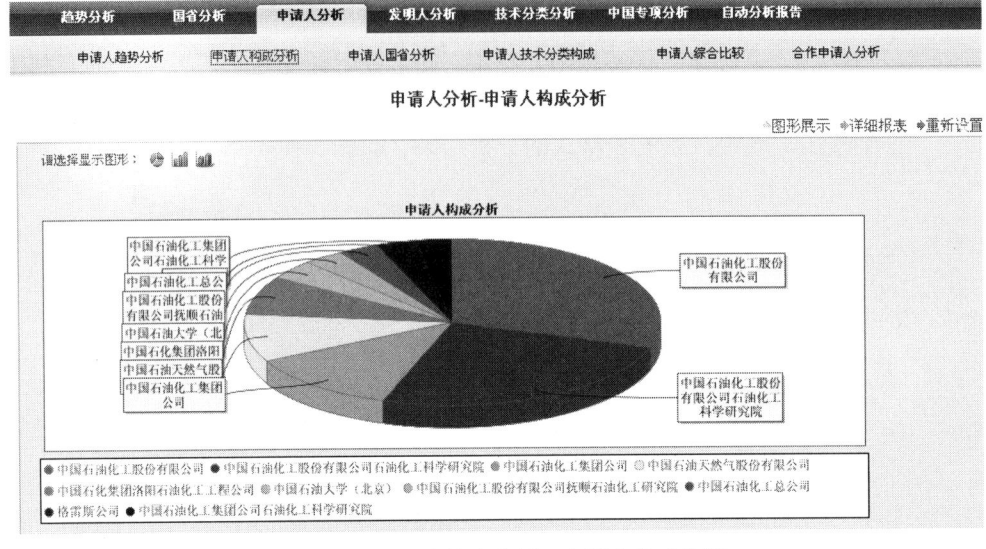

图 3-1-1-53 申请人分析—申请人构成分析

分析说明：点击"详细报表"链接，查看表格式的分析结果，如图 3-1-1-54。

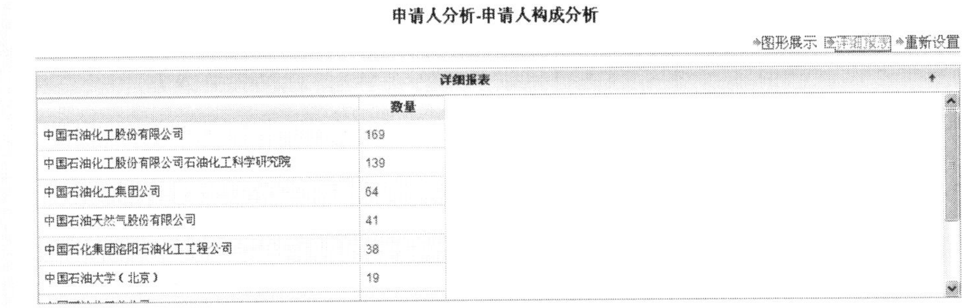

图 3-1-1-54 申请人分析—申请人构成分析表

该申请人构成分析同样可以点击"重新设置"按钮，选择符合用户条件的"申请人"或所属的"年份"进行重新分析。

（3）申请人国省分析。

申请人国省分析与国省申请人分析结果相同，可直接参见前述国省申请人分析。

（4）申请人技术分类分析。

通过对申请人技术分类进行分析，可以了解关键技术掌控在哪些申请人手中，对比目标区域（国省）内申请人之间的技术差异。针对目前分析的行业主题，揭示各个区域（国省）内申请人在该技术领域内关键技术的专利申请发展情况。

分析方法：在分析模块界面下，依次点击"申请人分析"、"申请人技术分类构成"。默认显示图形为柱形图，如图 3-1-1-55。

操作说明：点击"详细报表"按钮，在"详细报表"栏中生成表格式的分析图，如图 3-1-1-56。

该申请人技术分类分析同样可以通过点击"重新设置"按钮，选择符合用户条件的"申请人"或"技术类别"进行重新分析。

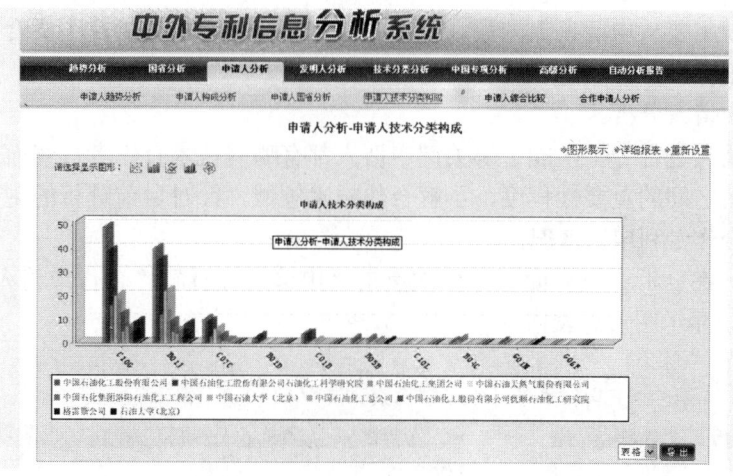

图 3-1-1-55 申请人分析—申请人技术分类分析

申请人分析-申请人技术分类构成

详细报表

	C10G	B01J	C07C	B01D	C01B	B05B	C10L	B04C	G01N	G06F
中国石油化工股份有限公司	49	40	10	2	4	2	0	1	1	0
中国石油化工股份有限公司石油化工科学研究院	39	35	9	3	4	0	0	0	0	0
中国石油化工集团公司	16	12	3	0	0	0	0	2	0	0
中国石油天然气股份有限公司	20	22	6	0	1	0	0	0	0	0
中国石化集团洛阳石油化工工程公司	12	9	3	0	0	2	0	0	0	0
中国石油大学（北京）	5	5	1	0	0	0	0	0	0	0

图 3-1-1-56 申请人分析—申请人技术分类表

（5）申请人综合比较。

对申请人进行综合比较，了解关键申请人都有哪些技术合作者，继而分析他们的关系，对比合作者之间的重要性程度，了解合作技术领域。针对目前分析的行业主题，揭示申请人相互之间的合作专利申请情况。

操作方法：在分析模块界面下，依次点击“申请人分析”、“申请人综合比较”，如图 3-1-1-57，默认显示图形为表格。

申请人分析-申请人综合比较

详细报表

申请人	专利所属国家	专利件数	占本专题专利百分比	申请人研发能力比较		
				活动年期	发明人数	平均专利年龄
中国石油化工股份有限公司	CN[169]	169	31.47%	11	312	5.9
中国石油化工股份有限公司石油化工科学研究院	CN[139]	139	25.88%	11	209	6.22
中国石油化工集团公司	CN[64]	64	11.92%	12	193	7.34
中国石油天然气股份有限公司	CN[41]	41	7.64%	11	146	4.98
中国石化集团洛阳石油化工工程公司	CN[38]	38	7.08%	11	86	5.21
中国石油化工总公司	CN[19]	19	3.54%	7	101	17.37
中国石油大学（北京）	CN[19]	19	3.54%	5	35	3.21
中国石油化工股份有限公司抚顺石油化工研究院	CN[18]	18	3.35%	7	48	4.44
格雷斯公司	CN[16]	16	2.98%	9	34	8.06
石油大学(北京)	CN[14]	14	2.61%	5	20	10.43

图 3-1-1-57 申请人分析—申请人综合比较

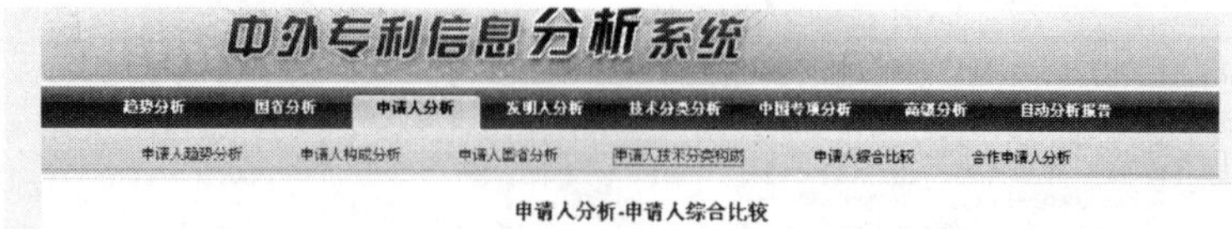

此详细报表主要从申请人专利数、合作专利数、合作者数量以及主要合作者和次数统计等四个方面来考察合作申请人的研发能力。

（6）合作申请人分析。

对合作申请人进行分析，能了解关键申请人都有哪些技术合作者，继而分析他们的关系，对比合作者之间的重要性程度，了解合作技术领域。针对目前分析的主题，揭示申请人相互之间的合作专利申请情况。

操作方法：在分析模块界面下，依次点击"申请人分析"、"合作申请人分析"，如图3-1-1-58，默认显示图形为表格。

图 3-1-1-58　申请人分析—申请人合作分析

操作说明：点击"重新设置"按钮，选择符合用户条件的"申请人"，可以重新进行数据分析，如图 3-1-1-59 所示。系统默认只显示合作专利数量最多的 10 个申请人。

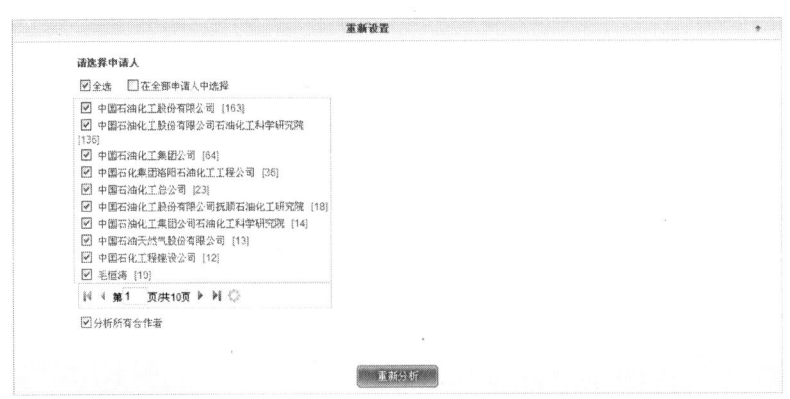

图 3-1-1-59　申请人分析—申请人合作分析重新设置表

勾选"在全部申请人中选择"复选框，会更新申请人列表，列出有合作者和没有合作者的所有申请人，取消选中也会更新申请人列表，只列出有合作者的申请人。

勾选"分析所有合作者"复选框，会分析选中申请人以及选中申请人的所有合作者；

取消选中，则只分析选中申请人的合作关系。

4. 发明人分析

发明人是技术的来源，了解发明人对于企业技术创新特别是技术合作具有重大意义。围绕某项核心技术，往往会衍生很多相关技术，这些技术表面上与核心技术之间没有直接联系，但是会对核心技术的效能产生很大的支撑作用，这些不同类型的技术往往会通过发明人产生某种关联。

发明人分析包括：发明人趋势分析、发明人构成分析、发明人国省分析、合作发明人分析。

（1）发明人趋势分析。

了解不同时期发明人的活动状况。针对目前分析的主题，揭示不同发明人在该技术领域内历年专利发明情况。

操作方法：在分析模块界面下，依次点击“发明人分析”、“发明人趋势分析”，如图3–1–1–60，默认显示图形为折线图。

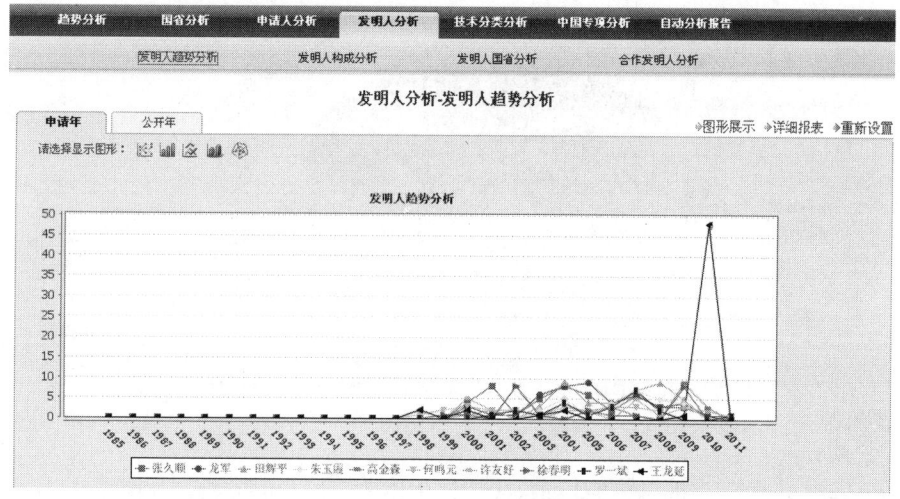

图 3–1–1–60 发明人分析—发明人趋势分析

操作说明：

点击“申请年”、“公开年”中的页签，可以按专利的申请日期或公开日期进行分析。

点击“详细报表”按钮，在“详细报表”栏中生成表格式的分析，如图3–1–1–61。

详细报表

	1985	1986	1987	1988	1989	1990	1991	1992	1993	1994	1995	1996	1997	1998	1999	2000	2001	2002	2003	2004	2005	2006	2007	2008	2009	2010
张久顺	0	0	0	0	0	0	0	0	0	0	0	0	0	0	0	4	8	1	5	10	6	2	6	3	3	1
龙军	0	0	0	0	0	0	0	0	0	0	0	0	0	0	0	3	1	1	6	8	9	4	6	3	4	1
田辉平	0	0	0	0	0	0	0	0	0	0	0	0	0	0	0	1	2	0	3	9	4	4	7	9	5	0
朱玉霞	0	0	0	0	0	0	0	0	0	0	0	0	0	0	0	0	0	0	2	5	1	4	7	5	4	0

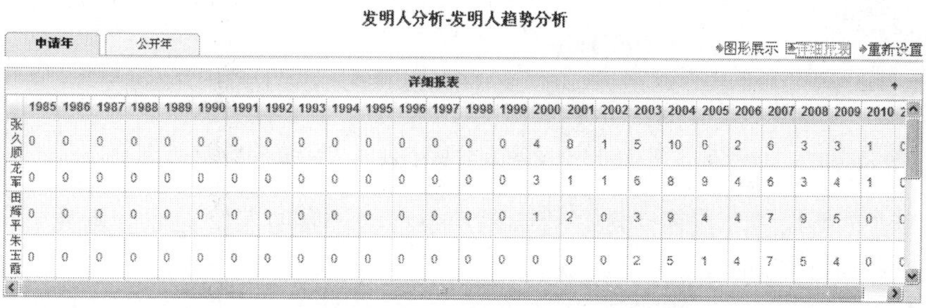

图 3–1–1–61 发明人分析—发明人趋势分析表

点击"重新设置"按钮，可选择符合用户条件的"发明人"以及相应的"起止年份"进行重新分析。

（2）发明人构成分析。

了解发明人发明的总体状况。针对目前分析的主题，以发明人为基础，了解该技术领域内的主要发明人。

操作方法：

在分析模块界面下，依次点击"发明人分析"、"发明人构成分析"，如图 3-1-1-62，默认显示图形为饼形图。

图 3-1-1-62　发明人分析—发明人构成分析

操作说明：

点击"详细报表"按钮，在"详细报表"栏中生成表格式的分析，如图 3-1-1-63 所示。

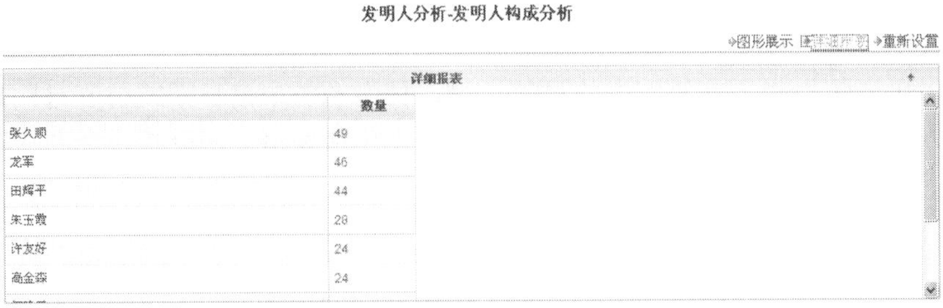

图 3-1-1-63　发明人分析—发明人构成分析表

可点击"重新设置"按钮，选择符合用户条件的"发明人"进行重新分析。

（3）发明人国省分析。

发明人国省分析与国省分析—国省发明人分析结果相同，可直接参见前述国省发明人分析。

（4）合作发明人分析。

该分析可供了解发明人的主要技术合作者，及其主要技术领域。

操作方法：

在分析模块界面下，依次点击"发明人分析"、"合作发明人分析"，如图 3-1-1-64，默认显示图形为表格。

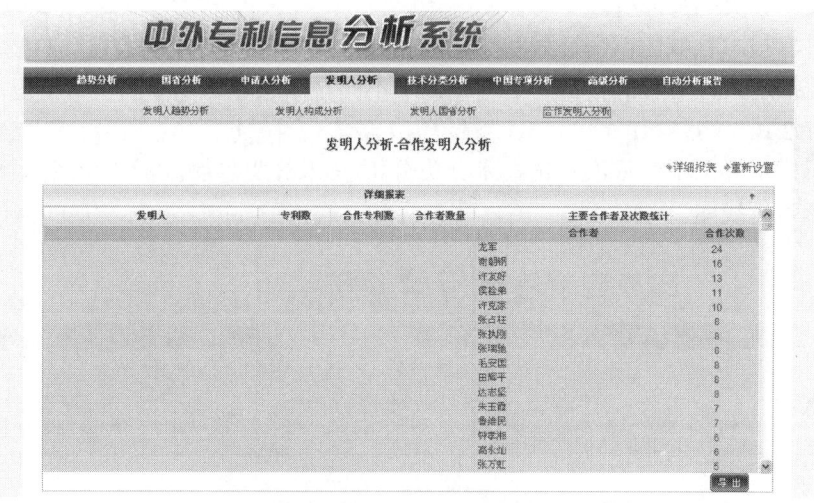

图 3-1-1-64　发明人分析—合作发明人分析

操作说明：

点击"重新设置"按钮，选择符合用户条件的"发明人"，重新分析，如图 3-1-1-65 所示。系统默认只显示合作专利数量最多的 10 个发明人。

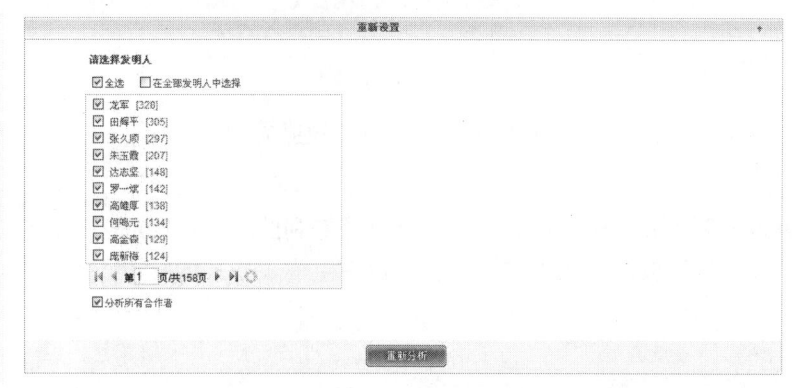

图 3-1-1-65　发明人分析—合作发明人分析重新设置

勾选"在全部发明人中选择"复选框，会更新发明人列表，列出有合作者和没有合作者的所有发明人；取消选中，也会更新发明人列表，只列出有合作者的发明人。

勾选"分析所有合作者"复选框，会分析选中发明人以及选中发明人的所有合作者；取消选中，则只分析选中的发明人。

5. 技术分类分析

企业涉足某种产品、技术的市场竞争，必须了解其技术发展变化趋势以及影响这些变化的技术因素,这些不同因素在不同区域(国省)的差别,这种差别源自哪些发明人。因此,进行产品、技术的发展及衍变趋势的分析能够帮助企业了解竞争的技术环境,增强技术创新的目的性。

技术分类分析包括:技术分类趋势分析、技术分类构成分析、技术分类国省分析、技术分类申请人构成、技术关联度分析以及技术分类区域构成。

(1)技术分类趋势分析。

了解目标技术领域的衍变过程和变化周期,并对指定时期该技术领域的技术衍变过程进行全过程描述。针对目前分析的主题,揭示不同技术领域历年专利申请情况。

操作方法:

在分析模块界面下,依次点击技术分类分析/技术分类趋势分析,如图3-1-1-66,默认显示图形为折线图。

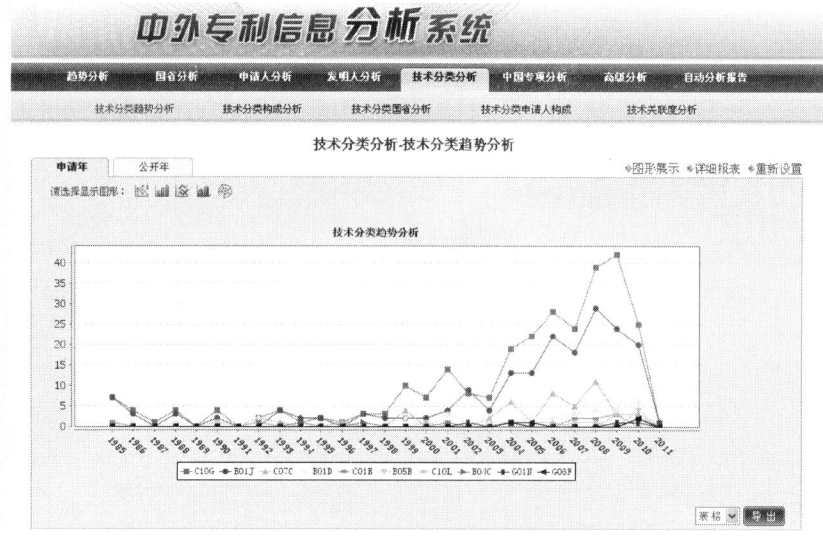

图3-1-1-66 技术分类—申请年分析

操作说明:

点击"申请年"、"公开年"中的页签,可以按专利的申请日期或公开日期进行分析。

点击"详细报表"按钮,在"详细报表"栏中生成表格式的分析,如图3-1-1-67。

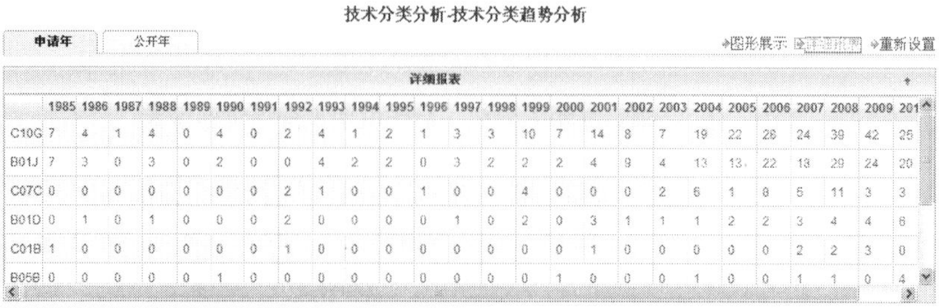

图3-1-1-67 技术分类—技术分类趋势分析

点击"重新设置"按钮,可选择符合用户条件的"技术分类"以及相应的"起止年份"

进行重新分析。

(2) 技术分类构成分析。

该分析可供了解目标技术领域的具体构成情况。针对目前分析的行业主题，揭示不同的目标技术领域内的专利申请情况。

操作方法：

在分析模块界面下，依次点击"技术分类分析"、"技术分类构成分析"，如图3-1-1-68，默认显示图形为饼形图。

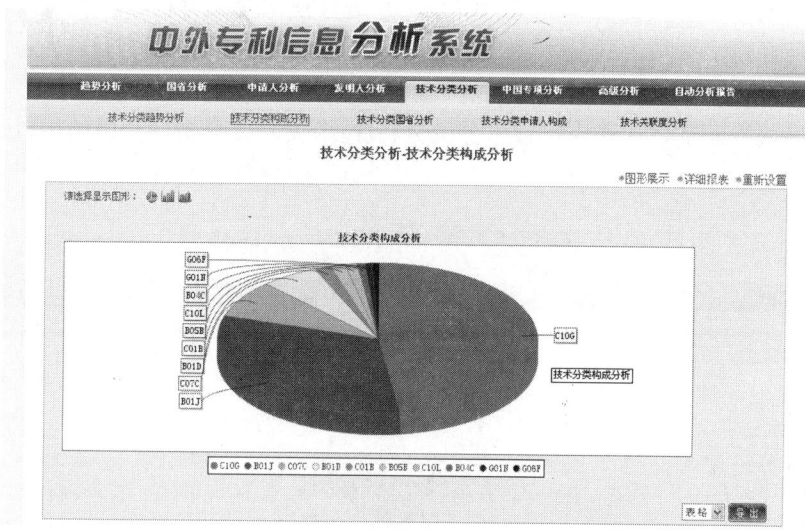

图 3-1-1-68　技术分类—技术分类构成分析

操作说明：

点击"详细报表"按钮，查看表格形式的分析结果，如图3-1-1-69。

	数量
C10G	282
B01J	189
C07C	47
B01D	34
C01B	10
B05B	9

图 3-1-1-69　技术分类—技术分类构成分析表

点击"重新设置"按钮，选择符合用户条件的"技术分类"进行重新分析。系统默认显示专利数最多的10个IPC小类。如果点选了"显示其他"复选框，没有被选中的技术分类所包含的专利会合并计算，在"其他"项中进行显示。

(3) 技术分类国省分析。

该分析有助于了解不同时期各国、各地区关键技术构成的差异及其变化周期。针对目前分析的行业主题，揭示目标技术领域在不同国省内的专利申请情况。技术分类国省分析仅适用于中文专利。

技术分类国省分析的图形展示、分析说明及分析方法同国省技术分类分析。

（4）技术分类申请人构成。

该分析有助于了解关键性技术的掌控者，并进行技术细节方面的差异性比较。了解不同时期各国、各地区关键技术构成的差异及其变化周期。针对目前分析的主题，揭示目标技术领域内不同申请人的专利申请情况。

技术分类申请人构成的图形展示、分析说明及分析方法同申请人技术分类构成。

（5）技术关联度分析。

该分析有助于了解关键技术之间的联系，并进行技术交叉分析。针对目前分析的行业主题，揭示目标技术领域内的技术融合状况。

操作方法：

在分析模块界面下，依次点击技术分类分析/技术关联度分析，分析结果以表格形式展示，如图3-1-1-70。

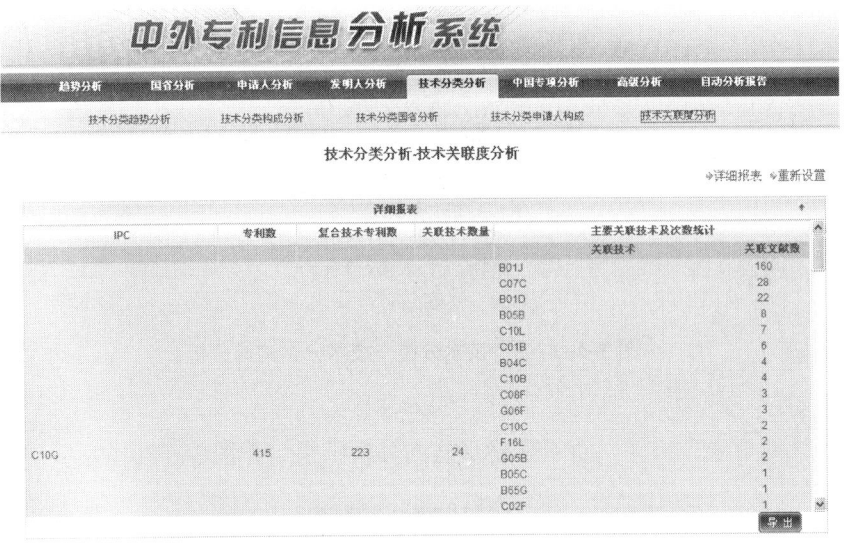

图3-1-1-70　技术分类—技术分类技术关联度分析

操作说明：

点击"重新设置"按钮，选择符合用户条件的"技术分类"进行重新分析。系统默认显示复合技术专利数最多的10个IPC小类。选中"在全部IPC中选择"，会更新技术分类列表，列出有关联技术的IPC分类和没有关联技术的IPC分类，取消选中也会更新技术分类列表，仅列出有关联技术的IPC分类。选中"分析所有合作者"，会分析选中的IPC分类和与选中IPC分类有关联的所有IPC分类，取消选中只分析选中的IPC分类。

6. 中国专项分析

中国专项分析是针对于中国的专利数据进行的分析，主要包括专利类型分析、国省分布状况，如图3-1-1-71。

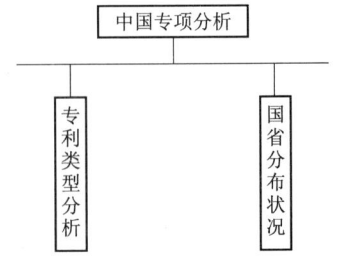

图3-1-1-71　中国专项分析构成

（1）专利类型分析。

该分析可供了解在中国区域内不同类型专利（发明专利、实用新型专利、外观设计专利）的构成情况。

操作方法：在分析模块界面下，依次点击中国专项分析、专利类型分析，如图 3–1–1–72，默认显示图形为饼形图。

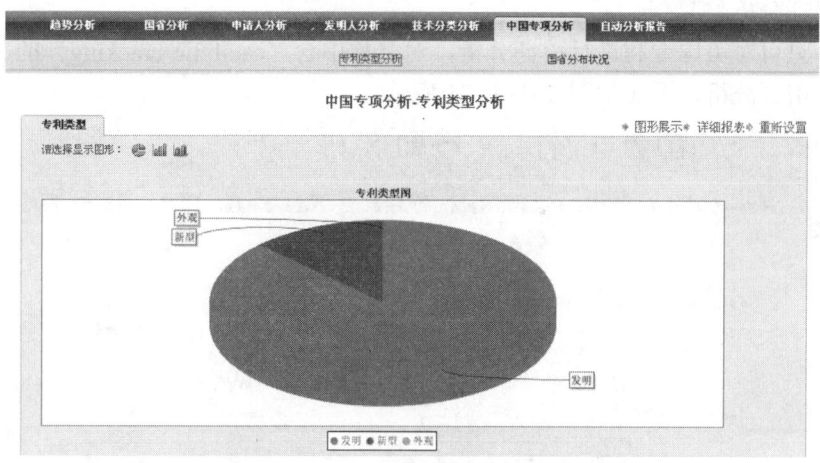

图 3–1–1–72　中国专项分析—专利类型分析

操作说明：点击“重新设置”按钮，在“详细报表”栏中生成表格式的分析图，如图 3–1–1–73 所示。

专利类型	数量
发明	641
新型	92
外观	0

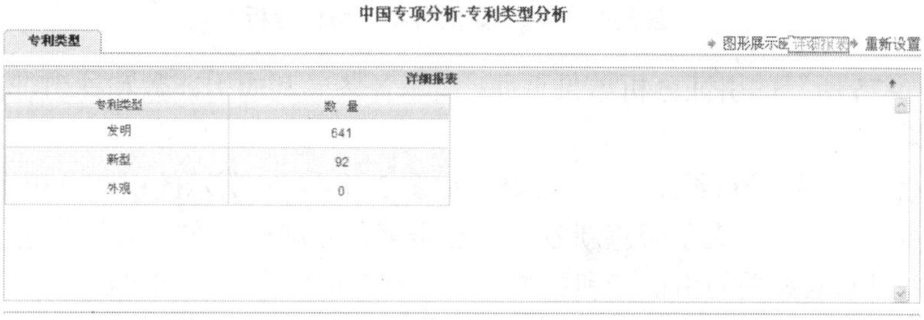

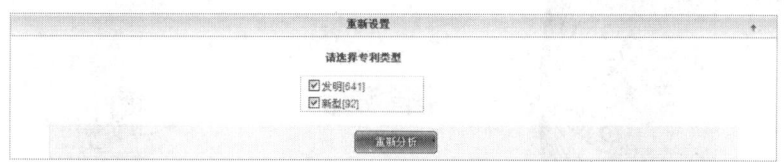

图 3–1–1–73　中国专项分析—专利类型分析表

点击“重新设置”按钮，选择符合中国专利条件的“专利类型”进行重新分析，如图 3–1–1–74。

图 3–1–1–74　中国专项分析—专利类型分析重新设置

（2）国省分布状况。

国省分布状况主要体现中国专利数据内国内、国外专利权人的地区构成比例。国省分布状况的图形展示、分析说明及分析方法同国省分析、国省分布状况。

7. 高级分析

（1）全文聚类分析。

对文本特征进行聚类，可得到相应的聚类结果，包括树状结构和聚类图两部分。其中，聚类图上的每个点代表一篇专利。本功能为收费项目。

（2）引证分析。

目前，只可对美国专利进行引证分析，对名称中含"catalytic cracking"的美国专利检索结果进行引证分析，页面如图 3-1-1-75 所示。

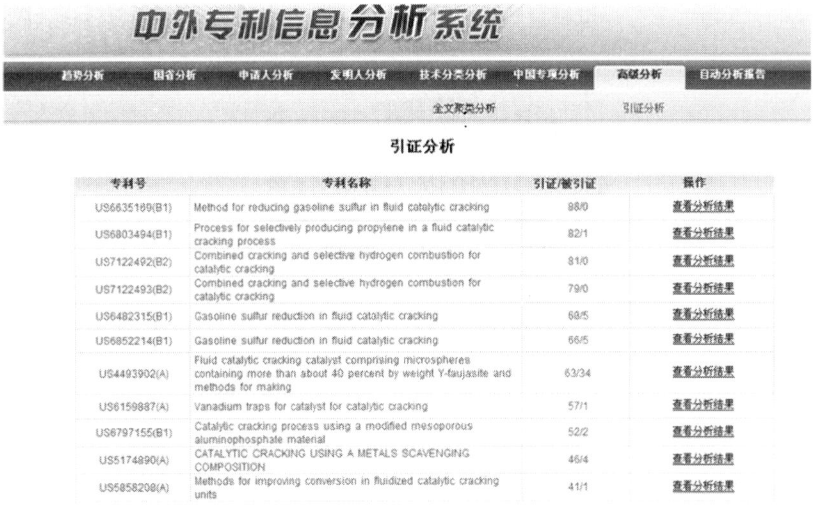

图 3-1-1-75 高级分析—引证分析

图 3-1-1-75 所示的引证分析结果页面，显示各条专利的引证数和被引证数，并可点击查看分析结果。

在图中点击"查看分析结果"后，会显示如图 3-1-1-76 所示的引证分析图。其中，"+"表示可进一步展开，"-"表示可重新收起。点击某条专利时，在左上角会显示其专利号和被引证数，并且与其相关的引证专利和被引证专利会用较深颜色突出显示。

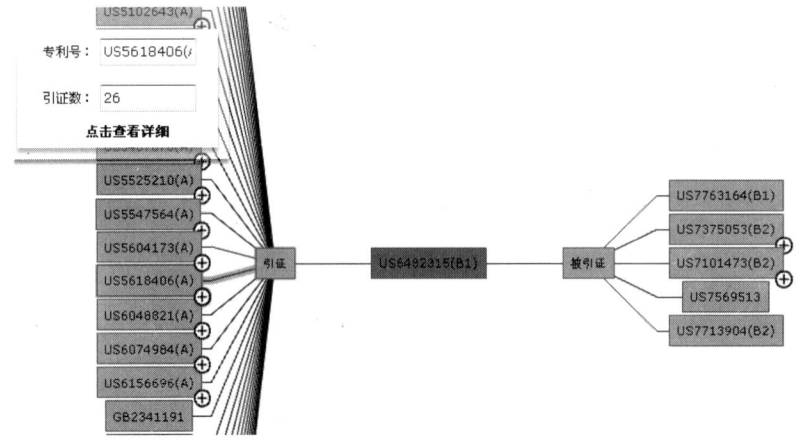

图 3-1-1-76 高级分析—引证分析结果显示

8. 自动分析报告

自动分析报告章节基本包含前面各个章节的分析项目（也增加了一些其他分析项目），该章节的分析结果（表格或者图形）可以导出并保存到 word 文档中。表 3-1-1-3 列出的是自动分析报告中所有的分析项目及其显示模式。

表 3-1-1-3　自动分析报告分析项目及显示模式

分析项目	分析内容	显示模式	Y轴/X轴
总体发展趋势	申请量年度趋势分析		申请量/年份
	公开量年度趋势分析比		公开量/年份
	申请公开量对比分析		申请量、公开量/年份
其他专项分析	代理机构分析		申请量/代理人
	国省综合状况分析	表格	申请量/专利类型/国省
	专利类型分析		申请量/专利类型
	申请类型分析		申请量/申请类型
专利申请区域分析	区域申请构成分析		申请总量/区域
	区域申请趋势分析		申请量/区域/年份
	主要技术区域申请对比分析		申请量/领域/区域
	主要竞争者区域申请对比分析		申请量/竞争者/区域
主要技术领域分析	技术总体状况		申请总量/领域（大类）
	技术细分状况		申请总量/领域（小类）
	主要技术申报趋势分析		申请量/领域/年份
	主要技术区域申请对比分析		申请量/领域/区域
主要竞争者分析	主要竞争者专利份额		申请总量/申请人
	主要竞争者申报趋势分析		申请量/申请人/年份
	主要竞争者区域申请对比分析		申请量/申请人/区域
	主要竞争者技术差异分析		申请量/申请人/领域
主要发明人分析	主要发明人专利份额		申请总量/发明人
	主要发明人申报趋势分析		申请量/发明人/年份
	主要发明人区域申请对比分析		申请量/发明人/区域
	主要发明人技术差异分析		申请量/发明人/领域

3.1.2　欧洲专利局检索平台

3.1.2.1　平台简介

欧洲专利局专利信息检索系统网址为：http://worldwide.espacenet.com/?locale=en_EP。欧洲专利局专利信息检索系统的功能比较丰富，提供了非常多的互联网免费专利服务，检索国家和地区范围包括欧洲以及世界上 90 多个国家、超过 7000 万件的专利文献数据，其中 2980 万件有发明名称，2890 万件有 ECLA 分类号，1800 万件有英文摘要，最近几年甚至还增加了拉美国家著录项目数据库。可以实现的检索包括著录项目、说明书全文、同族专利、法律状态等。大部分数据早至 1970 年，一些重要国家的专利申请可以早至 1920 年，此外还支持德文、法文和日文检索。该检索系统共包括两个检索子系统 esp@cenet 和 epoline®，其中，esp@cenet 可进行上述文献的有效检索，epoline®可免费查询专利审理流程数据和案卷状态（EP 和 Euro-PCT 专利申请）。欧洲专利局专利信息检索系统还提供公众就专利申请提交意见的网络提交方式，公众可以直接通过网址 http://tpo.epo.org/tpo/app/form/提交意见。另外，还提供欧洲专利局申诉委员会的决定（appeal decisions）和判例（case law）的查询方式，网址：http://www.epo.org/law-practice/case-law-appeals/ advanced-search.html。

3.1.2.2 esp@cenet 中的检索和分析

esp@cenet 检索系统的整体组织架构包括：

Search（检索）、Result list（结果列表）、My patents list（我的专利列表）、Query history（查询历史）、Settings（设置）、Help（帮助）六个项目。其中最重要也最常用的是 Search，其包括：Smart search（智能检索）、Quick search（快速检索）、Advanced search（高级检索）、Number search（号码检索）和 Classification search（分类检索）五种检索方式。该检索系统中的文献收录范围不断更新，更新状态可以通过 http://worldwide.espacenet.com/? locale=en_EP 主页左下方的 Latest updates 获得，点击该按钮后，可出现图 3-1-2-1 所示的结果。

所收录的主要国家和地区的专利文献起始日期如图 3-1-2-2。

Espacenet news : Latest updates

17.08.2011
EP2357878

17.08.2011
EP2303078

11.08.2011
WO2011097655

31.12.2008
WO2008141291

18.08.2011
DE102011011661

18.08.2011
DE102010036823

……

图 3-1-2-1 专利文献收录范围

Country	Facsimiles from	Abstracts from	European Classification
CH	1888, from CH1 onwards	1970	1920
DE	1877, from DE1 onwards	1970	1877, from DE1 onwards
EP	1978	1978	1978
FR	1920	1970	1902
GB	1920	1918	1909
US	1836, from US1 onwards	1970	1920
WO	1978	1978	1978

图 3-1-2-2 主要国家和地区的专利文献起始日期

现详细介绍 Smart search、Quick search、Advanced search、Number search 和 Classification search 这五种检索方式。

1. Smart search

Smart search 检索实际上是一种模糊智能检索，如果对该检索系统中检索式的构建不太熟悉，可采用这种检索方式。以检索 2010 年公布的"Shell 公司"涉及"催化剂（catalyst）"的美国专利文献为例，可以在 Smart search 检索输入框中直接输入"shell us 2010 catalyst"进行检索，获得如图 3-1-2-3 所示的检索结果。

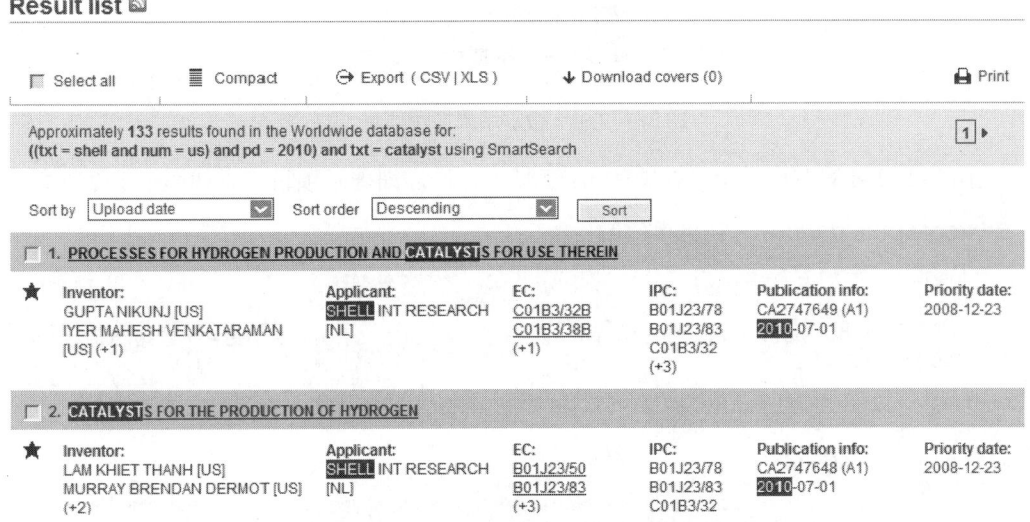

图 3-1-2-3　智能检索结果列表

该检索结果列表显示了在 2010 年公布的 Shell 公司涉及催化剂的美国专利文献，在该检索结果中判断是否涉及"催化剂"是以在标题和摘要中是否出现该词为准，判断是否为美国专利文献是以公开号和优先权号是否涉及美国（US）为准。

得到大约 133 个检索结果数，每页显示 15 个结果，如果翻页到最后一条检索结果，则会显示准确的结果数，通常二者相差不大。同时，在所述结果列表中，还显示了所述检索命令输入方式实际对应的检索式"（（txt=shell and num=us）and pd=2010）and txt=catalyst"，这可以帮助用户更好地理解检索式的构建，用户也可以根据实际需要在该检索式的基础上作出进一步修改。

如果要对所关注的文献作进一步操作处理，则可以勾选该文献前面的复选框。如果全选，则勾选"Select all"复选框；在选择后，可以点击 Export (CSV | XLS) 中的 CSV 或 XLS（二者的区别在于文件格式不同），将所选专利文献的信息以一个 Excel 文件格式导出，在文献信息以 Excel 文件格式导出后，可方便地利用 Excel 自身的统计、分析等各项功能加以处理；如果点击 Downlod covers (15)，则将各篇专利文献的扉页信息以一个 PDF 文件的方式导出，这对于专题检索需要制作题录时比较有用。应注意的是，所述操作例如导出操作，仅仅是针对当前网页显示的前述 15 个检索结果，而不是所有 133 个检索结果进行的。

如果想要了解某篇专利文献的详细信息，可点击专利文献的标题进入，现以任意一篇专利文献为例加以说明。点击专利文献标题后，显示专利文献的各项信息。

（1）Bibliographic data（著录项目）。

在页面左上方显示如图 3-1-2-4 所示的信息。

图 3-1-2-4　检索结果显示项目

在图 3-1-2-4 的右边显示了详细的著录项目信息。详细著录项目信息如图 3-1-2-5 所示。

Bibliographic data: MY 140801 (A)

★ In my patents list　　Previous ◀ 3/133 ▶ Next　　→ Report data error　　🖨 Print

REDUCTION OF THE VISCOSITY OF REACTIVE HEAVY BYPRODUCTS DURING THE PRODUCTION OF 1,3-PROPANEDIOL

Page bookmark	MY 140801 (A) - REDUCTION OF THE VISCOSITY OF REACTIVE HEAVY BYPRODUCTS DURING THE PRODUCTION OF 1,3-PROPANEDIOL
Publication date:	2010-01-15
Inventor(s):	JAMES TALMADGE GAIL [US]; KNIFTON JOHN FREDERICK [US]; KOMPLIN GLENN CHARLES [US]; NIELSEN EDWARD LEWIS [US]; POWELL JOSEPH BROUN [US]; WEIDER PAUL RICHARD [US] ±
Applicant(s):	SHELL INT RESEARCH [NL] ±
Classification:	- international: C07C29/14; C07C29/141; C07C45/58
	- European: C07C29/141; C07C45/58
Application number:	MYPI20033737 20031001
Priority number(s):	US20020415676P 20021003

　　▦ View INPADOC patent family

　　▦ View list of citing documents

Also published as:　📄 WO 2004031108 (A1)
　　　　　　　　　📄 RU 2343141 (C2)
　　　　　　　　　📄 MX PA05003328 (A)
　　　　　　　　　📄 KR 20050044935 (A)
　　　　　　　　　📄 JP 2006502202 (A)
　　　　　　　　　→ more

Abstract of MY 140801 (A)
Translate this text

THE PRESENT INVENTION IS AN IMPROVEMENT UPON THE PROCESS FOR THE PRODUCTION OF 1,3-PROPANEDIOL WHEREIN AN AQUEOUS SOLUTION OF 3-HYDROXY PROPANAL IS FORMED, CATALYST, IF ANY, USED IN SAID FORMATION IS REMOVED FROM THE SOLUTION, SODIUM HYDROXIDE IS ADDED TO THE SOLUTION TO NEUTRALIZE ANY ACID THEREIN SUCH THAT THE PH IS AT LEAST 5, THE NEUTRALIZED AQUEOUS SOLUTION IS SUBJECTED TO HYDROGENATION TO PRODUCE A CRUDE 1,3-PROPANEDIOL MIXTURE WHICH IS DISTILLED TO PRODUCE 1,3-PROPANEDIOL, WATER, AND REACTIVE HEAVY COMPONENTS. THE IMPROVEMENT ON THIS PROCESS COMPRISES REPLACING THE SODIUM HYDROXIDE WITH A HYDROXIDE SELECTED FROM THE GROUP CONSISTING OF AMMONIUM HYDROXIDE, ALKALI METAL HYDROXIDES OTHER THAN SODIUM HYDROXIDE, AND ALKALINE EARTH METAL HYDROXIDES TO REDUCE THE VISCOSITY OF THE REACTIVE HEAVY COMPONENTS.

图 3-1-2-5　专利文献著录项目信息

在上述著录项目信息中,"View INPADOC patent family"可用来查看专利文献的所有 INPADOC 扩展同族专利。"View list of citing documents"可用来显示该专利文献所引用的文献,这在进行专利文献分析中有利于进行文献跟踪。"Also published as"显示该专利文献以 PDF 格式公布的相同专利。例如,对于一篇公开语言并不熟悉的专利文献,可以在此查找是否存在以英文或中文或其他所熟悉语言公布的相同专利文献,也可称为简单同族。

"智能文献"是专利文献发展的重要方向。所谓智能文献,是指专利文献在数据库中的相互关联,专利地图即与此密切相关。而同族专利允许内容相似的不同专利文献成为专利族成员,因而不同文种、不同数据流被连接在一起。优先权数据是组成同族专利的关键,所有专利族在 EPO 的定义和优先权相关联。在 EPO 的专利信息资源 PIR 中有两种同族概念,即"INPADOC 扩展同族"和"DOCDB 简单专利同族",它们通过前述 esp@cenet 提供给公众,公众用得较多的是 INPADOC 扩展同族。目前,在 EPO 的专利信息源中有 3930 万件简单专利同族,3800 万件 INPADOC 同族。这两个数据库都依赖于优先权数据的质量,即由各国际专利授权机构提供的数据质量和 EPO 提供的标准化过程数据质量。

(2) Description(说明书)、Claims(权利要求书)、Mosaics(说明书附图)和 Original document(原始文档)。

"Description"和"Claims"显示该专利文献可编辑文本格式的说明书和权利要求书内容,"Mosaics"显示说明书附图,"Original document"通常显示该专利文献的原始图像式申请文件。

(3) INPADOC legal status(INPADOC 法律状态)。

INPADOC 法律状态为没有经过加工的法律状态信息。欧洲专利局的法律状态主要有如下类型:

Request for examination was made:已提交审查请求;

The international publication has been made:国际公布已完成;

The examination is in progress:正在进行审查;

The application is deemed to be withdrawn:申请视撤;

The application has been withdrawn:申请被撤回;

Grant of the patent is intended:有授权可能;

Patent has been granted:已授权;

No opposition filed within time limit:在规定期限内没有异议申请;

The application has been refused:申请被驳回;

Patent revoked:专利权无效;

Lapse because of non-payment of due fees:由于未缴费而失效。

对于非 EP 类型的专利文献,只有其他国家或地区将专利文献法律状态信息传送到欧洲专利局数据库时,才可查询到法律状态。实际上大多数都未传送过来,因此往往查询到的是 EP 专利文献的法律状态。以 EP1484300 为例,可详细显示其审查过程、缴费状况和法律状态,如图 3-1-2-6 所示。

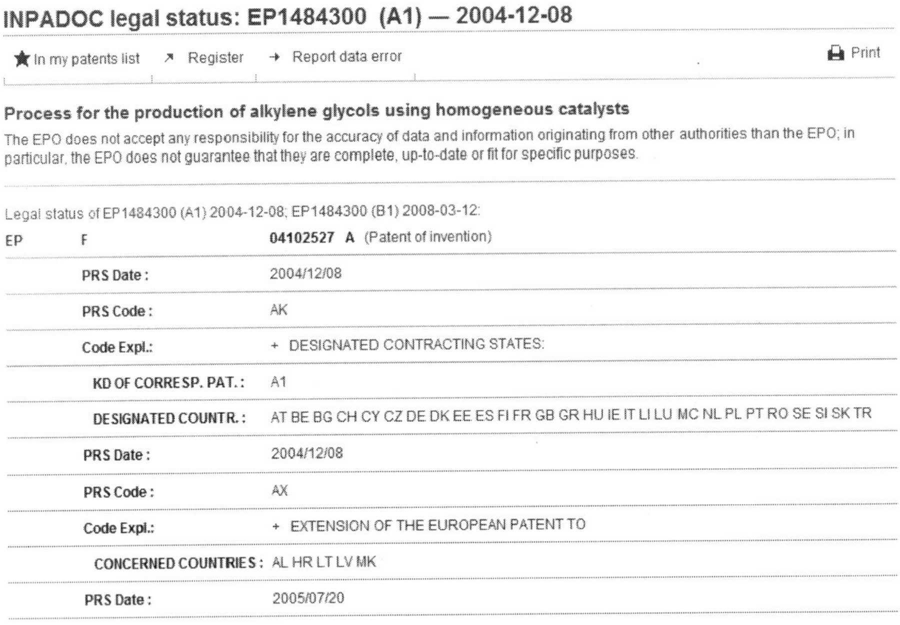

```
INPADOC legal status: EP1484300 (A1) — 2004-12-08

★ In my patents list    ↗ Register    → Report data error                    🖨 Print

Process for the production of alkylene glycols using homogeneous catalysts
The EPO does not accept any responsibility for the accuracy of data and information originating from other authorities than the EPO; in
particular, the EPO does not guarantee that they are complete, up-to-date or fit for specific purposes.

Legal status of EP1484300 (A1) 2004-12-08; EP1484300 (B1) 2008-03-12:
EP         F                    04102527  A  (Patent of invention)
   PRS Date:                2004/12/08
   PRS Code:                AK
   Code Expl.:              + DESIGNATED CONTRACTING STATES:
   KD OF CORRESP. PAT.:     A1
   DESIGNATED COUNTR.:      AT BE BG CH CY CZ DE DK EE ES FI FR GB GR HU IE IT LI LU MC NL PL PT RO SE SI SK TR
   PRS Date:                2004/12/08
   PRS Code:                AX
   Code Expl.:              + EXTENSION OF THE EUROPEAN PATENT TO
   CONCERNED COUNTRIES:     AL HR LT LV MK
   PRS Date:                2005/07/20
                            ……
```

图 3-1-2-6　专利文献法律状态示例

2. Quick search（快速检索）

快速检索的检索入口相对比较单一，适合于检索目的非常明确的专利文献检索，其中包括 Database(数据库)、Type of search(检索类型)和 Search terms(检索术语)，如图 3-1-2-7 所示。

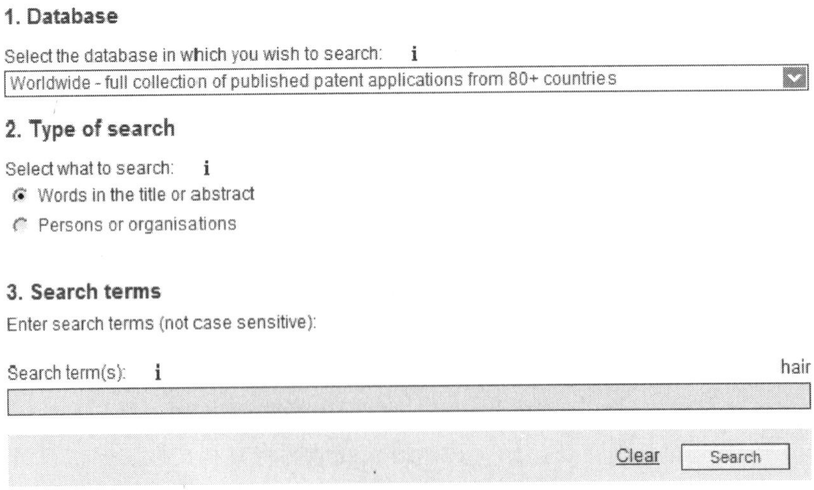

```
1. Database
Select the database in which you wish to search:  i
[ Worldwide - full collection of published patent applications from 80+ countries  ▼ ]

2. Type of search
Select what to search:  i
 ⦿ Words in the title or abstract
 ○ Persons or organisations

3. Search terms
Enter search terms (not case sensitive):

  Search term(s):  i                                                         hair
[                                                                              ]

                                                        Clear    Search
```

图 3-1-2-7　快速检索的检索类型

3. Advanced search（高级检索）

高级检索实际上是种表格检索方式，共有 10 个检索字段和相应的输入框，如图 3-1-2-8 所示。

3 常用专利信息服务平台

Keyword(s) in title:	plastic and bicycle
Keyword(s) in title or abstract:	hair
Publication number:	WO2008014520
Application number:	DE19971031696
Priority number:	WO1995US15925
Publication date:	yyyymmdd
Applicant(s):	Institut Pasteur
Inventor(s):	Smith
European Classification (ECLA):	F03G7/10
International Patent Classification (IPC):	H03M1/12

图 3-1-2-8 高级检索输入框

上述各检索字段之间是逻辑"与"的关系。在高级检索中一般最多只能输入 21 个字符。也就是说，如果前面申请人、发明人字段内的信息过多，则 IPC 号码则无法输入，总之所有栏内的检索单位相加不能超过 21 个字符，若超过，则系统无法识别。

对于其中的公开日字段，如果要检索特定时间段的专利文献，则两个日期之间要用"，"隔开，如"2000，2011"。

在公开号字段，如果要检索某一国家和地区的专利文献，则在输入框中只输入国家或地区代码即可，例如 JP 或 EP。

4. Number search

Number search 检索可以进行申请号、公开号和优先权号三种号码的查询，在此不加以详细描述。

5. Classification search

该检索入口如同一个 IPC 查询表，其中可以查询某个关键词所对应的分类号，也可以检索某个分类号的相应解释，如图 3-1-2-9 所示。

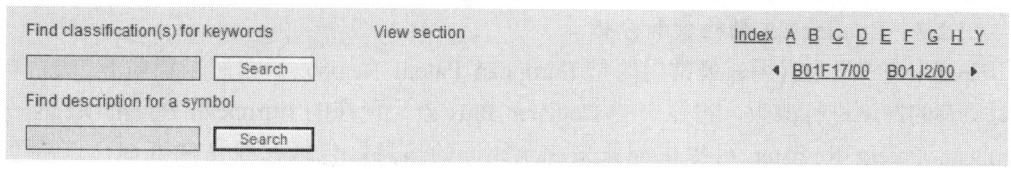

图 3-1-2-9 分类检索输入框

在上述 Quick search 和 Advanced search 中，检索字段可采取如表 3-1-2-1 所示的检索策略。

表 3-1-2-1　检索字段和运算逻辑

1	字母不区分大小写
2	每个字段最多输入 4 个检索项
3	各个检索项之间可以使用逻辑运算符："与"（and）、"或"（or）、"非"（not），空格默认为"and"
4	可以使用通配符："？"表示 0 个或 1 个字符，"#"表示 1 个字符，"*"表示任意个字符，"#"前至少要有 1 个字符，"*"前至少要有 3 个字符
5	可以使用双引号进行精确检索，例如"hydrogenation catalyst"则表示要求检索结果中必须出现该短语
6	在公开号、申请号和优先权字段中，空格则默认为"or"；应注意申请号和优先权号的输入方式，例如对于国际申请，为 WO+4 位申请年代码+2 位国家代码+最多 5 位数字，如 WO1995US15925

对于空格表示的含义如表 3-1-2-2 所示。

表 3-1-2-2　不同检索入口中"空格"表示的含义

代码型	Publication Number	or
	Application Number	
	Priority Number	
文本型	IPC Classification	and
	EC Classification	
	Applicant	
	Inventor	
	Title	
	Abstract	

6. My patents list（专利列表）

可以将检索到的专利文献导入专利列表，以便在以后需要时查看。专利列表中通常最多只允许 100 篇专利文献，并且如果一年内没有使用则失效。

3.1.2.3　Epoline®中的检索和分析

Epoline®中最为有用、最常用的是 European Patent Register，欧洲专利局于 2011 年年初对原有的网站进行改版，将原有的 Register Plus 改为现在的 European Patent Register。European Patent Register 可提供与原来完全相同的信息，包括在线文件查询（点击"all documents"栏）和国家阶段的法律信息，其仅仅是进行了新的界面设计。具体页面如图 3-1-2-10 所示。

在 European Patent Register 中也包括 Smart search、Quick search 和 Advanced search，但是没有 Patent list 项，检索字段也存在区别，以 Advanced search 为例，如图 3-1-2-11。

3 常用专利信息服务平台

图 3-1-2-10　European Patent Register 检索结果示例

图 3-1-2-11　高级检索输入框

其与 esp@cenet 的检索方式总体相同，但存在区别，如其中增加了异议人（Opponent）的检索字段。该系统与 esp@cenet 还存在其他区别，如同族专利检索功能的区别。两系统具有如表 3-1-2-3 所示的优缺点。

表 3-1-2-3 esp@cenet 系统和 European Patent Register 系统的区别

系统	esp@cenet 系统	European Patent Register 系统
优点	1. 文献覆盖的国家较多； 2. 对同族专利检索结果进行了统计； 3. 文献覆盖的国家较多	1. 将同族专利分类显示； 2. 显示直观，每篇同族专利都带有链接； 3. 法律信息状态经过加工和整理
缺点	1. 显示不直观； 2. 未区分同族专利的种类； 3. 只有 INPADOC 法律状态,没有经过加工	只能检索 EP 申请专利文献

点击检索到的任意专利文献进入，其中显示 Legal status（法律状态）、Event history（事件历史）、Citations（引用文献）、Patent family（同族专利）和 All documents（审查过程文件），如图 3-1-2-12 所示。

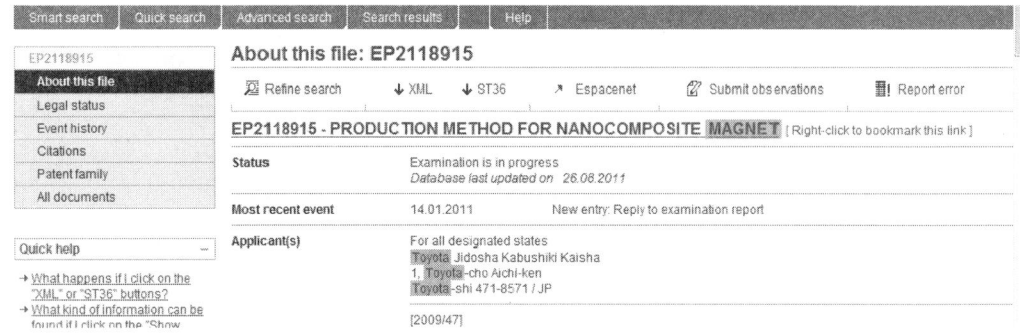

图 3-1-2-12 专利文献相关项目

European Patent Register 法律状态中常见的描述语言与 esp@cenet 中查询到的专利法律状态类型大体类似，包括：

Request for examination was made：已提交审查请求；

The internatianal publicatian has been made：国际公布已完成；

The examination is in progress：正在进行审查；

The application is deemed to be withdrawn：申请视撤；

The application has been withdrawn：申请被撤回；

Grant of the patent is intended：有授权可能；

Patent has been granted：已授权；

No opposition filed within time limit：在规定期限内没有异议；

The application has been refused：申请被驳回；

Patent revoked：专利权无效；

在进行 European Patent Register 法律状态查看时，主要关注以下几项：

（1）查看 About this file 显示格式界面中的 Status 项；

（2）查看 Most Recent Event 字段以及其他各字段的文字描述，了解详细信息；

（3）查看“Legal sattus”，显示界面中的信息专利权在各成员国是否有效；

（4）注意是否已过专利权的保护期（申请日起 20 年）。

点击“All documents”，显示整个审查历史，其中包括申请文件的补正、答复、审查意见通知书、公众意见、专利性国际初始报告的副本等。审查历史具体显示如图 3–1–2–13。

Date	Document type	Procedure
10.01.2011	Amended claims with annotations	Search / examination
10.01.2011	Claims	Search / examination
10.01.2011	Description	Search / examination
10.01.2011	Reply to communication from the Examining Division	Search / examination
07.01.2011	Reply to communication from the Examining Division	Search / examination
06.09.2010	Annex to the communication	Search / examination
06.09.2010	Communication from the Examining Division	Search / examination
21.10.2009	Notification on forthcoming publication of bibliographic data	Search / examination
21.07.2009	Communication regarding possible amendment of claims/payment of claims fees	Search / examination
17.06.2009	Copy of the international preliminary report on patentability	Search / examination
29.05.2009	Matter concerning the application	Search / examination
29.05.2009	Request for entry into the European phase	Search / examination
09.04.2009	Information on entry into European phase	Search / examination

图 3–1–2–13　专利审查历史

虽然不同国家、地区和组织的专利机构的专利审查人员在专利审查的过程中所使用的对比文件、审查标准和尺度把握有所区别，但是参考欧洲专利局的审查过程，可以为无效、异议等审查提供有利帮助。例如，在对中国授权的专利进行无效审查时，检索该中国专利的欧洲同族专利的审查过程，欧洲专利局的审查员所使用的不同的对比文件有可能破坏已授权中国专利的某项（或全部）权利要求的新颖性和创造性，这是因为欧洲专利局的审查员所用的对比文件与中国审查员所用的对比文件可能不同，并且能够有效用于评述权利要求的新颖性和创造性。

3.1.2.4　公众意见

欧洲专利局一直以来认为，公众提交意见的方式可以在很大程度上缩短审查程序和改善授权专利质量，因而要确保审查或异议部门明确考虑公众意见，并将这些意见置于相关专利申请文档中。公众可通过前述 European Patent Register 进行查阅。为进一步方便公众就专利申请提交意见，从 2011 年 8 月 1 日起，公众可以直接通过网址 http://tpo.epo.org/tpo/app/form/提交意见。通过这种网络提交方式，公众可以更加规范和简洁地提交意见。公众意见提交页面如图 3–1–2–14。

对于通常涉及缺乏新颖性和创造性的意见，网站专门设置了意见提交专栏。同时，网页还设置了“事实和证据”专栏用以提交所引用的现有技术等。此外，公众还可以通过“其他意见”部分来提交其他非常见意见，如不授予专利权的主题，发明公开不充分、不清楚或修改不符合规定等。欧洲专利局收到公众提交的意见后，将核查其是否符合有关格式要求，然后交予后续的审查或异议程序供考虑，并加入公共文件中。审查或异议部门在后

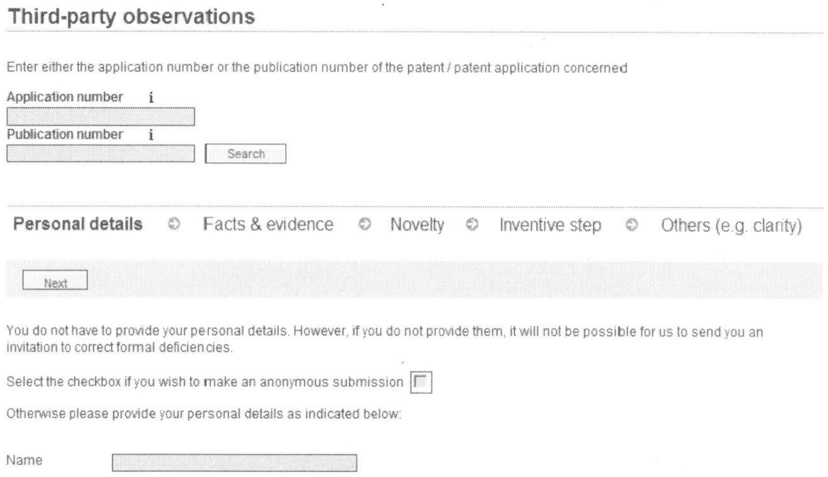

图 3-1-2-14　公众意见提交专栏

续的审查以及与程序相关当事人的沟通中将考虑所述公众意见。提交意见的公众不能收到欧洲专利局发出的有关通知书,但是可以通过 European Patent Register 的电子邮件提醒服务来了解相关进展。《欧洲专利公约》第 115 条规定,公众意见仅限于针对请求保护的发明的可专利性方面提交意见,同时也明确提交了公众意见并不意味着成为相关程序的当事人。其他重要方面的规定包括:提交公众意见不需要费用;须采用英语、法语或德语;诸如现有技术等支持文件可以是任何语言(欧洲专利局可能会要求提交翻译件);可以匿名提交公众意见;应当删除任何攻击性语言。❶

3.1.2.5　欧洲专利局申诉委员会决定(appeal decisions)和判例(case law)查询

网址:http://www.epo.org/law-practice/case-law-appeals/advanced-search.html。相关页面如图 3-1-2-15 所示。

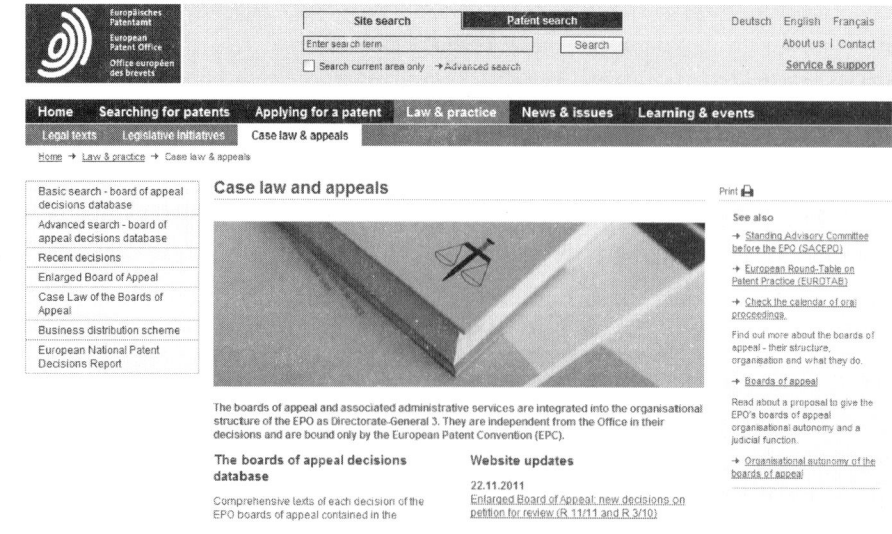

图 3-1-2-15　欧洲专利局申诉委员会案例和申诉页面

---

❶ http://www.sipo.gov.cn/dtxx/gw/2011/201111/t20111101_627178.html,访问日期 2011 年 11 月 3 日。

可以从该网站检索 EPO 申诉委员会数据库中自 1979 年起的一些专利的申诉决定。决定以申诉时所用的语言获得（英语、法语或德语）。其中分为基本检索和高级检索。

基本检索，页面如图 3-1-2-16 所示。

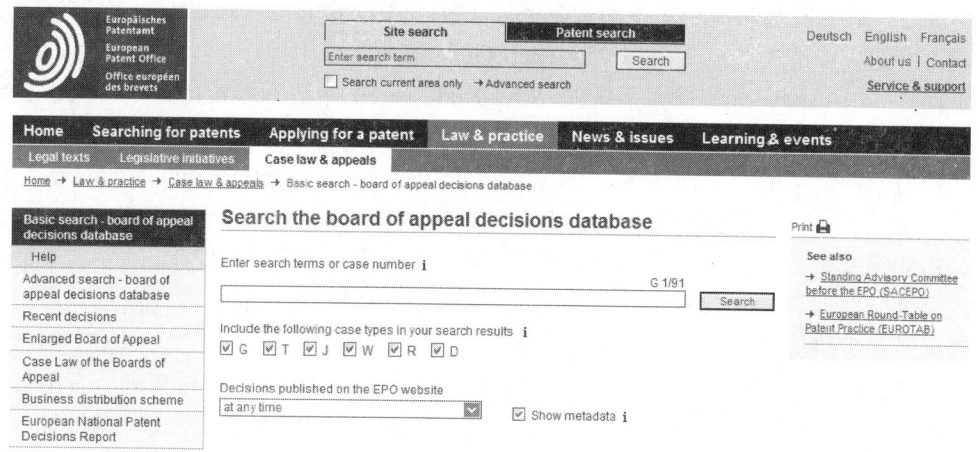

图 3-1-2-16　欧洲专利局申诉委员会决定基本检索页面

高级检索，页面如图 3-1-2-17 所示。

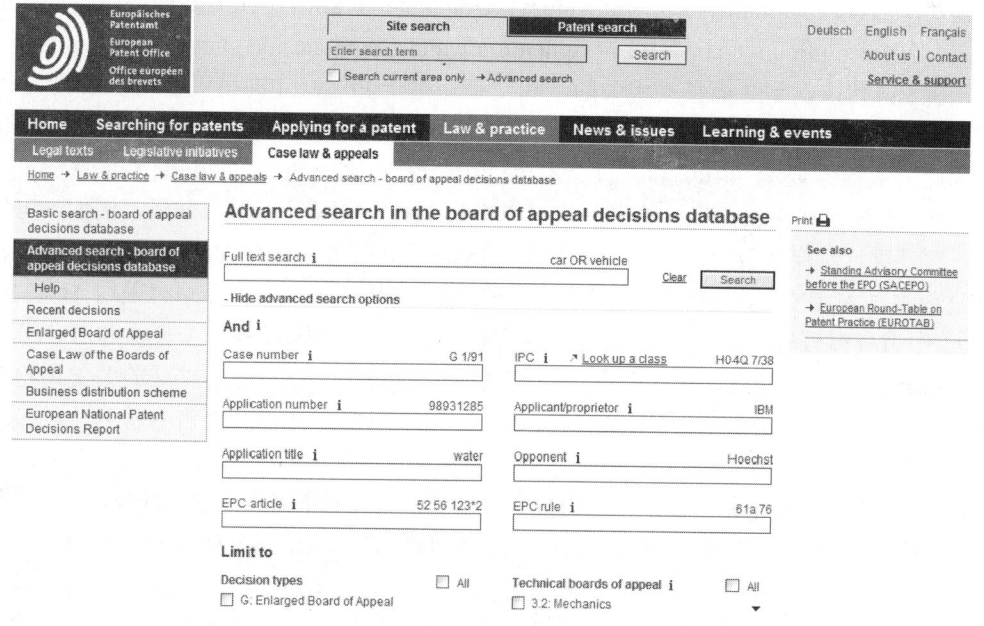

图 3-1-2-17　欧洲专利局申诉委员会决定高级检索页面

在各个检索输入栏的上边缘处给出了输入示例，用户可以参照所述示例输入检索要素进行检索。

3.1.2.6　应用案例

下面用具体案例说明在欧洲专利局进行专利信息检索、统计和分析的有用性。检索案例如下。

（1）案例一：检索"路博润"公司所有的中国专利或申请。

步骤1：在中国专利文献检索系统（CPRS）的申请人字段中输入"路博润"，检索到98篇专利文献；

步骤2：从中任意选择一篇专利文献例如CN101330968，在esp@cenet检索系统中进行检索，得知该申请人的英文名为"LUBRIZOL"；

步骤3：在esp@cenet检索系统的Advanced search中进行检索，在申请人字段输入"LUBRIZOL"，在公开号字段输入"CN"，共得到检索到192篇专利文献，比前述在中国专利文献检索系统中的检索结果多出94篇，在esp@cenet中通过Original document可以浏览这些有中文公布的专利文献的全文，并且可以按PDF格式方便地全文下载。

漏检原因分析：在中国专利文献检索系统中漏检的原因是LUBRIZOL的专利申请在进入中国国家阶段时各专利代理机构对申请人名称"LUBRIZOL"的翻译存在差异，例如，中国国际贸易促进委员会专利商标事务所将其翻译为"路博润"，这与该公司的中国网站名称一致，但是中咨律师事务所将其翻译为"卢布里佐尔"，上海专利商标事务所有限公司将其翻译为"卢布里绍尔"，从而导致在中国专利文献检索系统用申请人名称"路博润"进行检索时存在严重漏检。

（2）案例二：检索Pt-Ru合金/石墨烯催化剂领域的世界范围内的专利申请状况。

步骤1：确定检索入口，拟采用esp@cenet中的高级检索方式用关键词进行检索。确定关键词如下：Pt、platinum、Ru、ruthenium、Graphene和alloy。在关键词字段中构建如下检索式：（Pt or platinum）and（Ru or ruthenium）and Graphene and alloy？？；

步骤2：共检索到2篇直接相关的专利文献。由于Pt和Ru同属贵金属，本领域中Ru通常可作为Pt的助剂，并且Pt和Ru在载于石墨烯的过程中可能内在地已发生了合金化反应，因此省去检索要素"Ru"和"合金"，将检索式扩展到（Pt or platinum）and Graphene，共检索到25篇专利文献，将这些专利文献以Excel文件格式导出用于分析。例如，可以对IPC分类号进行频率统计分析，获得较为集中的两个IPC分类号为H01M4、B01J23；再在检索过程中纳入IPC分类号作为检索要素，例如，采用Graphene并同时采用H01M4或B01J23作为分类号进行检索。另外，由于欧洲专利局的分类体系ECLA分类与IPC分类相比更为细化和准确，因此，为防止使用关键词时出现漏检，将上述用扩展的关键词检索的专利文件的ECLA分类号进行统计，然后结合所选合理的ECLA分类进行检索，可检索到更多有用结果。

（3）案例三：利用欧洲专利局专利检索平台epoline®的检索结果进行侵权抗辩。❶

珠海纳思达电子科技有限公司（以下简称"纳思达"）是一家全球领先的专业打印耗材公司，目前在兼容墨盒市场全球排名第一，在自主知识产权的专利产品开发上处于领先，组建了一支几十人的专利工程师和专利律师的队伍。某日，纳思达收到欧洲客户转发过来的国外C公司的一封律师函，声称他们针对该产品有一个新申请的专利即将授权，纳思达的新产品和老产品都将落在该专利的权利要求保护范围之内，因此要求纳思达立即停止销售，还声称保留未来的损害赔偿权利。用一个未授权专利恐吓授权后起诉并要求赔偿，这确实非常少见，即便是在打印耗材这个专利泛滥的领域。整个律师函件竟然未透露这个专

---

❶ 摘自《专利信息利用前沿》，2011年第1期。

利申请的申请号或公开号,这更是纳思达之前闻所未闻。但是,C 公司可能没想到,这个刚公开不久的专利,纳思达通过欧洲专利局检索平台已事先知晓。为了节约时间,避免纠缠不清而影响市场销售,纳思达决定告诉该公司他们已经监控到了这个专利申请,根据检索到的现有技术,认为这个专利未来很难授权。C 公司律师不愿接受这样的诚恳意见,语气更加强烈。虽然纳思达坚信自己的判断,但是欧洲客户面对这样咄咄逼人的公司,还是有一些担心,因此市场影响一直未能彻底消除。然而,事情很快发生了转机,大概一个星期后,纳思达在欧洲专利局更新的 epoline®数据库就发现了该专利的第一次审查意见通知书。该意见中有比纳思达检索到的更致命的现有技术,而且审查员的结论比纳思达还要坚决,认为没有新颖性而将其全部驳回。为了防止 C 公司的欧洲律师未能第一时间掌握这个信息,纳思达当天就将这个审查意见发给了 C 公司,该事件从此结束了。

3.1.3 美国专利商标局专利检索平台

3.1.3.1 概述

美国专利商标局网站是美国专利商标局建立的政府性官方网站,向公众提供全方位的专利信息服务。美国专利商标局已将 1790 年以来至最近一周的美国各种专利数据在其政府网站上免费提供给世界上的公众查询。其检索系统中包含的专利文献种类有:发明专利、设计专利、植物专利、再公告专利、防卫性公告和依法注册的发明。美国专利商标局政府网站的网址为:http://www.uspto.gov/,其主页如图 3-1-3-1 所示(美国专利商标局网站更新较快,不同时间登陆所显示的页面会有所不同)。

图 3-1-3-1 美国专利局检索网站主页面

进行专利检索时,点击主页面左上角"Patents"下的选项"Search",如图 3-1-3-2 所示。
该网站针对不同信息用户设置了专利授权数据库(USPTO Patent Full-Text and Image Database [PatFT])、专利申请公布数据库(USPTO Patent Application Full-Text and Image Database [AppFT])、法律状态检索(Patent Application Information Retrieval [PAIR])、专利权转让检索(Patent Assignment Database [Assignments on the Web])、专利基因序列表检

索（Search Published Sequences）及专利公报检索（Patent Official Gazette）。此外，还提供了其他检索资源的链接，如检索国际专利局（Search International Patent Offices）、专利和商标出版物图书馆（Patent and Trademark Depository Libraries[PTDLs]）、公众检索业务（Public Search Facility）。下面分别介绍与检索有关的数据库。

图 3-1-3-2　美国专利局专利检索网站主页面

3.1.3.2　专利授权数据库

点击图 3-1-3-2 的 USPTO Patent Full-Text and Image Database（PatFT），如图 3-1-3-3 所示。

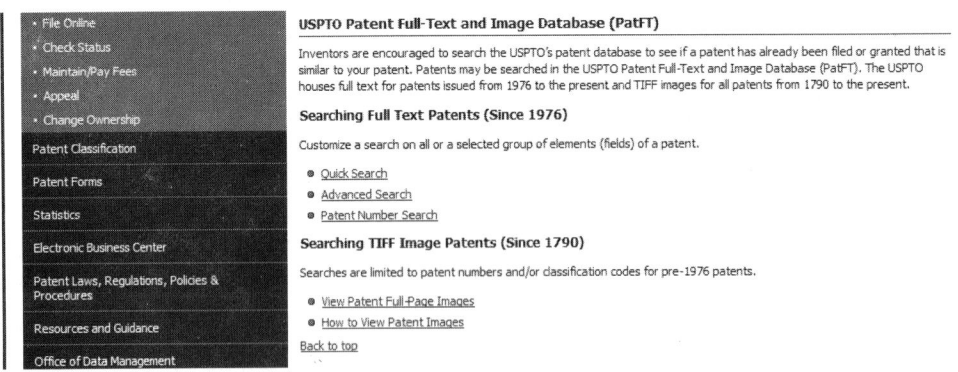

图 3-1-3-3　专利授权数据库检索页面

美国专利授权数据库收录了 1790 年至最近一周美国专利商标局公布的全部授权专利文献。其中，1790～1975 年的数据只有图像型全文（full-image），可检索的字段只有三个：专利号、美国专利分类号和授权日期；1976 年 1 月 1 日以后的数据除了图像型全文外，还包括可检索的授权专利基本著录项目、文摘和文本型的专利全文（full-text）数据，可通过 31 个字段进行检索。

由上图可见，可分别检索 1976 年以来的文本型（full-text）全文专利和 1790～1975 年的图像型全文（full-image）专利。且在检索文本型（full-text）全文专利时，可进行快速检索、高级检索和专利号检索。

1. 快速检索

点击图3-1-3-3中的快速检索（Quick Search），以检索"包括热裂化和催化裂化且生产焦化汽油的生产工艺"这一技术主题为例，检索页面如图3-1-3-4所示。

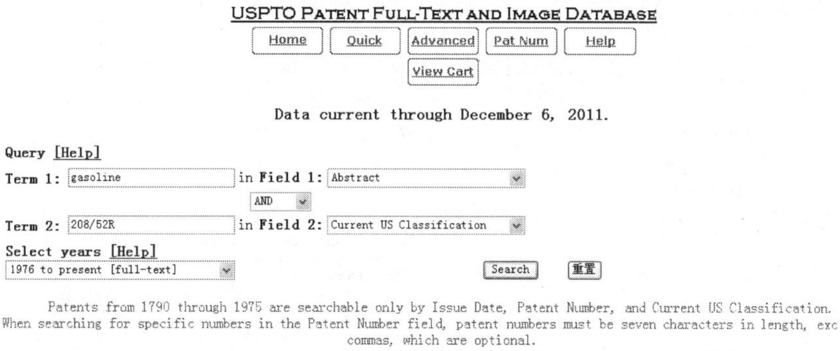

图 3-1-3-4 专利授权数据库快速检索页面

快速检索提供两个检索入口：Term 1 和 Term 2。与两个检索入口对应的是两个相应检索字段选项：Field 1 和 Field 2。在快速检索的两个检索字段（Field 1、Field 2）之间有一个布尔逻辑运算符选项。在检索字段"Field 2"下方有一个年代选择项（Select years）。所有选项均可以展开一个下拉式菜单，供用户根据检索需求选择所需的特定检索字段和检索年代，并在两个检索字段之间用布尔逻辑运算符来构造一个完整的检索式。其中布尔逻辑运算符包括"和"（and）、"或"（or）和"非"（and not）。

检索选项下面用红色字体标注了一些注意事项，即1790～1975年的专利只能用授权日期、专利号和美国专利分类号进行检索，且用专利号检索特定专利时，专利号必须是7位数字。

在 Term 1 中输入"汽油"，Field 1 选择 Abstract（摘要），在 Term 2 中输入"208/52R"（208/52R 的类名是：既有热裂化又有催化裂化的至少包括一个焦化步骤的多个连续化学转化步骤），Field 1 选择 Current US Classification（当前 US 分类），年代选择 1976 年至今，采用逻辑运算符 and 构造检索式。点击"Search"（检索），得到三项检索结果。检索结果如图3-1-3-5所示。

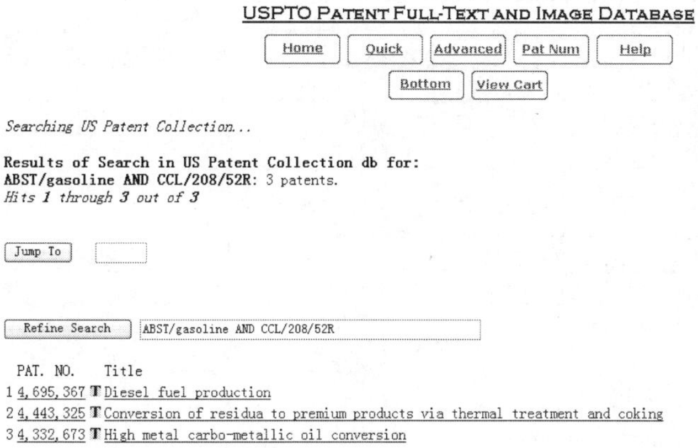

图 3-1-3-5 简单检索的检索结果

应该注意，在图 3-1-3-4 中每一检索项的旁边都设有帮助选项（Help），点击进入可获得与该检索项相关的帮助。

2. 高级检索

点击图 3-1-3-3 中的高级检索（Advanced Search），对"包括热裂化和催化裂化且生产焦化汽油的生产工艺"这一技术主题进行检索，检索页面如图 3-1-3-6。

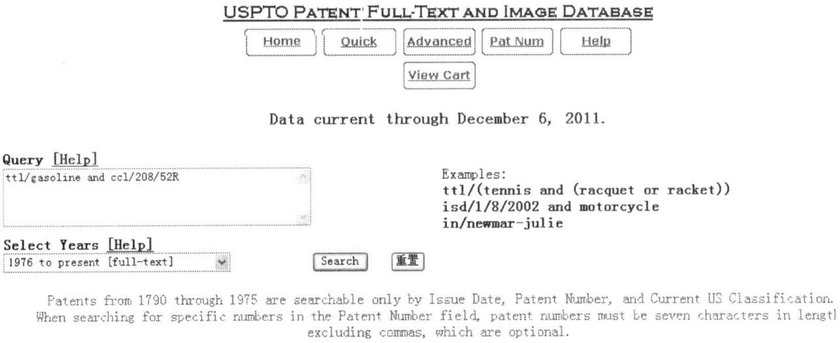

图 3-1-3-6 专利授权数据库高级检索页面

在高级检索界面上，有一个供输入检索表达式的文本框 Query，一个供选取检索的年代范围的选项（1976 年至今的美国授权专利的全文文本和 1790 年至今的整个数据库内的授权专利），检索的表示方法为：检索字段代码/检索项字符串。在文本框 Query 的右面有检索示例，帮助检索者进行检索。如以检索"包括热裂化和催化裂化且生产焦化汽油的生产工艺"这一技术主题为例，在 Query 文本框中输入"ttl/gasoline and ccl/208/52R"，点击检索即可。

检索项的下面有一个字段框，其中列举了 31 个可供检索的字段，包括"Field Code"（字段代码）和"Field Name"（字段名）的对照表。点击"Field Name"（字段名）可以查看该字段的解释及具体信息的输入方式。具体如图 3-1-3-7 所示。

Field Code	Field Name	Field Code	Field Name
PN	Patent Number	IN	Inventor Name
ISD	Issue Date	IC	Inventor City
TTL	Title	IS	Inventor State
ABST	Abstract	ICN	Inventor Country
ACLM	Claim(s)	LREP	Attorney or Agent
SPEC	Description/Specification	AN	Assignee Name
CCL	Current US Classification	AC	Assignee City
ICL	International Classification	AS	Assignee State
APN	Application Serial Number	ACN	Assignee Country
APD	Application Date	EXP	Primary Examiner
PARN	Parent Case Information	EXA	Assistant Examiner
RLAP	Related US App. Data	REF	Referenced By
REIS	Reissue Data	FREF	Foreign References
PRIR	Foreign Priority	OREF	Other References
PCT	PCT Information	GOVT	Government Interest
APT	Application Type		

图 3-1-3-7 专利授权数据库检索字段列表

其中上述字段名（Field Name）所对应的中文含义及检索示例见表 3-1-3-1。

表 3-1-3-1　检索字段中英文对照表及检索示例

字段名称（英文）	字段名称（中文）	检索示例及说明
Patent number	专利号	实用专利：PN/5914292 或 PN/5，914，292 设计专利：PN/D339，456 或 PN/D339456 植物专利：PN/PP08，901 或 PN/PP08，901 再公告专利：PN/RE35312 或 PN/RE35，312 防卫性公告：PN/T109201 或 PN/T109，201 依法注册的发明：PN/H001523 或 PN/H001，523 说明：黑色字体标注的字母是前序部分，不是专利号的一部分
Issue date	授权日	ISD/3/11/1997 或 ISD/Mar/11/1997 或 ISD/March/11/1997 （其中"/"也可用"-"代替） 该字段可用于检索一段时间内授权的专利，如 ISD/3/1/1997－3/31/1997 或 ISD/3/$/1997
Title	发明名称	TTL/chair
Abstract	摘要	ABST/（thermal and catalytic）
Claim（s）	权利要求	ACLM/（hydrogen and chloride） 说明：仅用于检索实用和设计专利
Description/Specification	说明书	SPEC/（thermal and catalytic）
Current US classification	当前美国分类	CCL/208/52R 或 CCL/208/$
International classification	国际专利分类	如果用分类号 C10G 11/02 进行检索，应输入 ICL/C10G011/02
Application serial number	申请号	APN/133075
Application date	申请日	同授权日的检索示例
Parent case information	母专利信息	该字段含专利在先申请中的数据，且该数据存在于专利的说明书中，如 PARN/55
Related US App. Date	相关国内申请	该字段含专利在先申请中的数据，且该数据存在于专利的首页，RLAP/数据
Reissue Date	再版数据	该字段含专利再公布的数据，包括申请号、申请日、专利号、公告日
Foreign Priority	外国优先权	该字段涉及申请要求哪个国家的优先权的数据
PCT Information	PCT 信息	该字段含专利的 PCT 信息，包括 PCT 号、PCT 371 日期、PCT 102（e）日期、PCT 提交日、PCT 公布号、PCT 公开日
Application Type	申请类型	该字段含单个数字，该数字表明专利的类型，其中 1. 实用专利；2. 再公布专利；4. 设计专利；5. 防卫性专利；6. 植物专利；7. 法定注册发明。 例如：APT/4 AND TTL/toy

续表

字段名称（英文）	字段名称（中文）	检索示例及说明
Inventor Name	发明人姓名	在检索框中按如下格式输入发明人姓名 last name-first name-initial 如寻找发明人为 Mike E. Doe 的专利，则输入 IN/Doe-Mike-E，如果不确定完整姓名，可输入 Doe-$ or Doe-Mike$ or Doe-M$ 如发明人为张九安，可输入 IN/zhang-jiuan 或输入 IN/zhang-jiu$
Inventor City	发明人所在城市	如 IC/BEIJING，如果发明人所在城市为多个单词，如 Los Angeles，则该城市名要用引号引起来，IC/"Los Angeles"
Inventor State	发明人所在州	用该字段检索时，应用所在州的州代码，而不用州的全称。如果发明人居住地不在美国，则用发明人国家字段进行检索。如 ALASKA 的洲代码为 AK，则 IS/AK
Inventor Country	发明人所在国家	该字段适用于不在美国居住的发明人检索，用发明人国家代码进行检索，如中国的国家代码为 CN，则 ICN/CN
Attorney or Agent	律师或代理人	检索方法同发明人姓名
Assignee Name	受让人姓名	检索方法同发明人姓名
Assignee City	受让人所在城市	检索方法同发明人所在城市
Assignee State	受让人所在州	检索方法同发明人所在州
Assignee Country	受让人所在国家	检索方法同发明人所在国家
Primary Examiner	主审查员	检索方法同发明人姓名
Assistant Examiner	助理审查员	检索方法同发明人姓名
Referenced By	被引用	该字段用于检索引用特定专利的文献，如 REF/5096294
Foreign References	外国参考文献	该字段用于检索特定专利中引用的外国文献
Other References	其他参考文献	该字段用于检索特定专利中引用的其他文献，如书、期刊、会议论文
Government Interest	政府利益	该字段涉及专利中与政府利益有关的数据

3. 专利号检索（Patent Number Search）

点击图 3-1-3-3 中的专利号检索（Patent Number Search），在检索框中输入 6316378，则出现如图 3-1-3-8 所示页面。

在上述专利号检索界面上，只设有一个专利号检索入口输入框。将已知的专利号在输入框中直接输入进行检索即可。其中下面红色字体给出了输入专利号的注意事项，在检索页面的最下面给出了实用专利、设计专利、植物专利、再公告专利、防卫性公告、依法注册的发明、再审查证书和补充改进的专利号输入示例。如检索实用专利 US6316378B1，则在检索框中输入 6316378，点击"search"，即可获得检索结果。

下面介绍一下检索 1790~1975 年的图像型全文（full-image）专利的方法（Searching TIFF Image Patents［Since 1790］）。

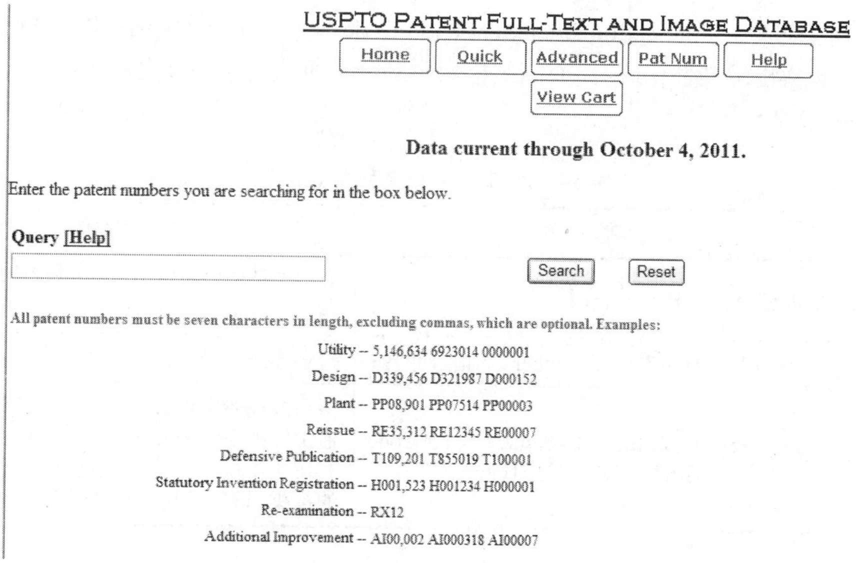

图 3-1-3-8　专利号检索页面

点击图 3-1-3-3 中的"View Patent Full-Page Images"（浏览专利全文图像），出现如图 3-1-3-9 所示的页面。

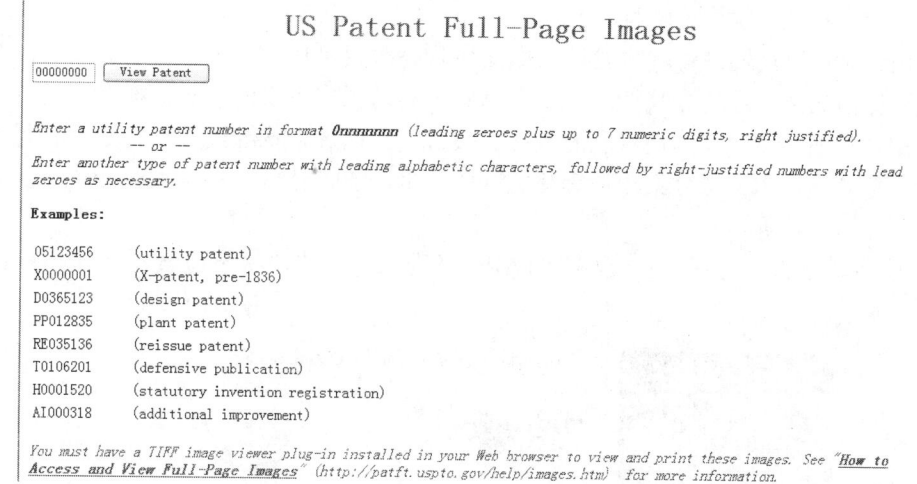

图 3-1-3-9　浏览专利全文图像页面

在图 3-1-3-9 专利号输入框中输入各种专利的专利号，输入方法如图 3-1-3-8 所述"专利号检索"，然后点击"view patent"（浏览专利），则可以得到该专利的全文。应该注意，在该检索界面只能检索 1790～1975 年的授权专利。

3.1.3.3　专利申请公布数据库

专利申请公布数据库中收录自 2001 年 3 月 15 日以来美国公布的数据。美国专利申请公布检索系统也提供三种检索方式：快速检索、高级检索和专利申请公布号检索。

快速检索和高级检索与美国授权专利数据库的快速检索和高级检索的检索方法相同，只是快速检索中检索字段选项增加了 Publication Date（公布日期）、Published Application

Number（申请公布号）、Publication Document Kind Code（s）（出版文件类型）以及 Publication Filing Type（s）（出版文件代码）；而高级检索中部分字段代码及字段名称也不同，不同之处如表 3-1-3-2 所示。

表 3-1-3-2　新增字段名列表及说明

字段代码	字段名称	检索示例及说明
PD	Publication Date（公布日期）	如：PD/20030203815，不用输入国家和代码
DN	Published Application Number（申请公布号）	检索方法同授权日
KD	Pre-Grant Publication Document Kind Code（专利早期出版的文件类型代码）	该字段描述文件公开状态的文件代码，A 通常指申请的公开，B1 是指授权公开（没有在先授权公开），B2 是有在先授权公开的授权。该字段通常与其他字段组合实用

3.1.3.4　专利法律状态检索

专利法律状态检索是指对一项专利或专利申请当前所处的状态进行的检索，其目的是了解专利申请是否授权、授权专利是否有效、专利权人是否变更，以及与专利法律状态相关的信息，这些信息还包括专利权有效期是否届满、专利申请是否撤回、专利申请是否被驳回以及专利权是否发生过转移等。

美国专利商标局网站可提供给用户的法律状态检索包括：通过查找专利缴费情况确定专利是否提前失效，通过查找撤回的专利确定专利是否在授权的同时被撤回，通过查找专利保护期延长的具体时间确定专利的最终失效日期，通过查找继续数据确定专利是否有继续申请、部分继续申请、分案申请等相关联的情报，通过查看专利权人的变化情况确定专利权是否经过转移等。

在图 3-1-3-3 的界面上，点击"PAIR"（进入专利法律状态检索），如图 3-1-3-10 所示。

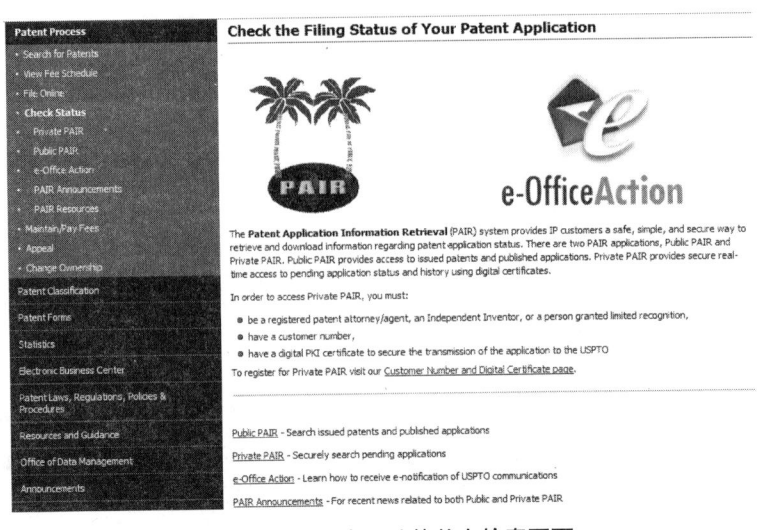

图 3-1-3-10　专利法律状态检索页面

该检索界面提供两种 PAIR 申请，公众 PAIR（Public PAIR）和保密 PAIR（Private PAIR）。公众 PAIR 提供授权专利和公开申请法律状态的检索路径，而保密 PAIR 则提供未决申请法律状态的安全及时的查询，但必须使用数字证书，该数字证书需在网站上注册获得。由于保密 PAIR 涉及保密信息，因此本文仅介绍公众 PAIR 的检索方法。

点击上图中的"Public PAIR"，出现如图 3-1-3-11 所示页面。

图 3-1-3-11　Public PAIR 验证页面

在文本框中输入图中所示的验证码，点击"Continue"（继续），进入下一页面，如图 3-1-3-12。

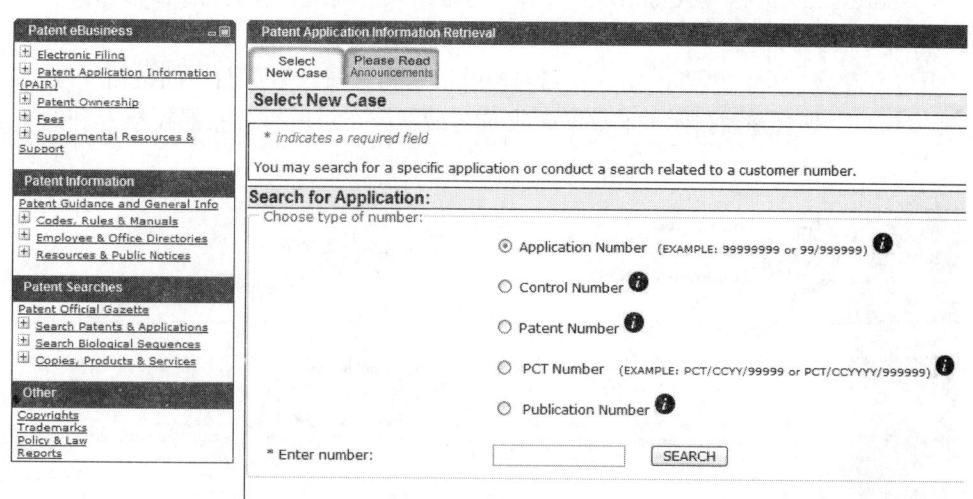

图 3-1-3-12　Public PAIR 检索页面

检索界面上有五个号码选择框：申请号（Application Number）、控制号（Control Number）、专利号（Patent Number）、PCT 号（PCT Number）和公布号（Publication Number）。每次检索只能选择其中的一种号码形式。每个号码选择框后面都有一个帮助键，点击可获得该号码的输入方式。

以检索美国授权专利 US4939297 为例。选中"Patent Number"专利号，在检索入口输入框输入 4939297，点击"SEARCH"（检索），检索结果如图 3-1-3-13。

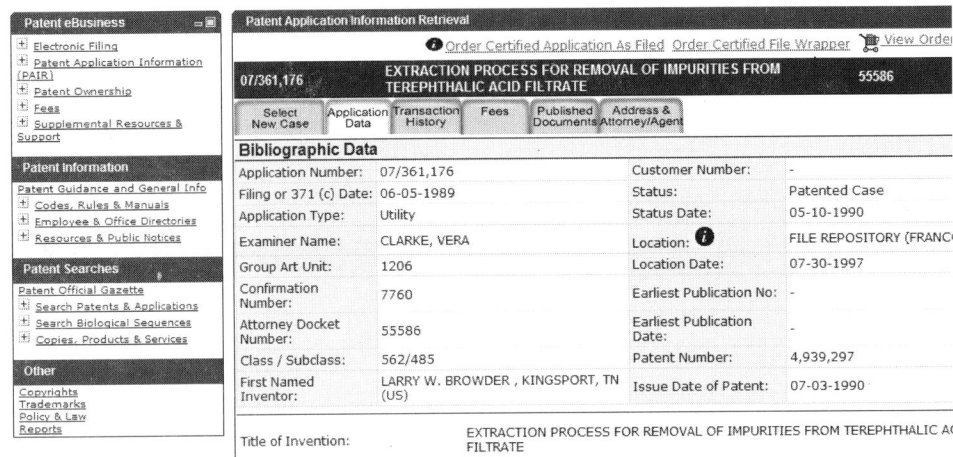

图 3-1-3-13　Public PAIR检索结果显示

专利著录数据（Bibliographic Data）记录页面上方有六个按钮，分别为：

（1）Select New Case：返回检索页面；

（2）Application Data：申请数据页面；

（3）Transaction History：申请审查事务处理历史；

（4）Fees：专利的交费情况；

（5）Published Documents：显示本专利的全文页面；

（6）Address & Attorney/Agent：显示本专利申请人的地址及律师或代理人的相关信息。

1. 查看专利交费情况

查看专利交费情况，可点击图 3-1-3-13 所示专利著录数据页面中的按钮"Fees"（费用），进入专利交费查询数据库（本数据库收录至最新公布日所有公布的授权专利的缴费数据），如图 3-1-3-14。

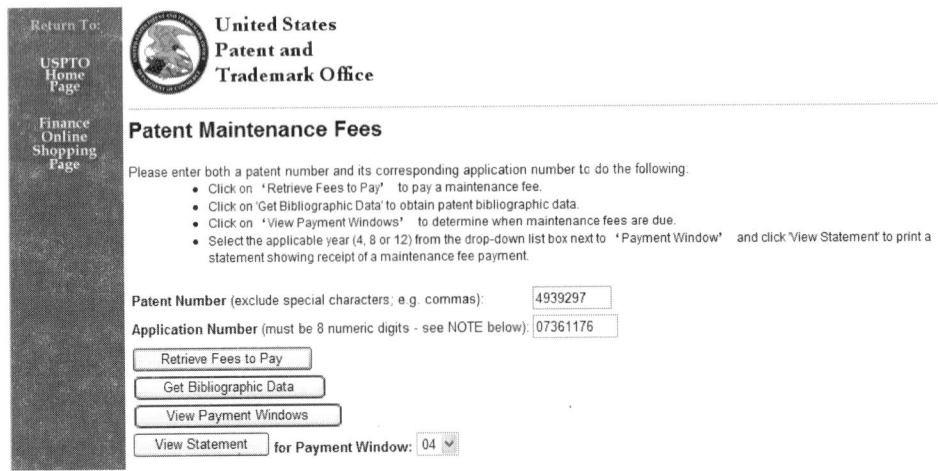

图 3-1-3-14　Public PAIR专利交费查询页面

查找该专利授权后第四年的缴费情况，在"Payment Window"的下拉框中选择"4"后点击"View Statement"，进入如图 3-1-3-15 所示页面。

3 常用专利信息服务平台

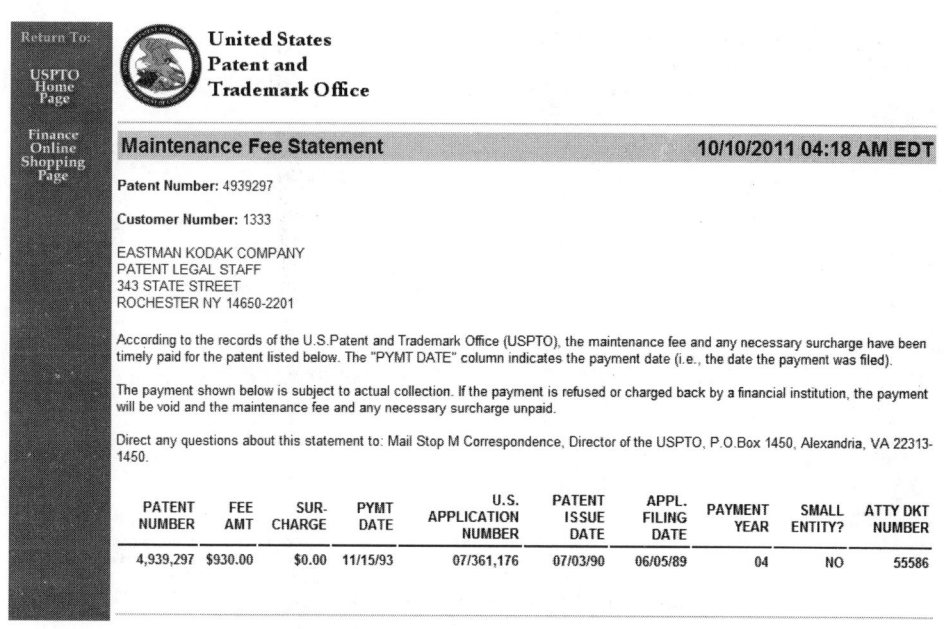

图 3-1-3-15　Public PAIR 专利交费查询情况显示

页面下面显示了该专利第四年的交费数据。结果显示：1993 年 11 月 15 日，专利权人交费 930 美元。

查找该专利授权后第八年的交费情况，在"Payment Window"的下拉框中选择"8"后点击"View Statement"即可。

关于专利的具体交费时间，可以点击图 3-1-3-14 中的"View Payment Windows"按钮查看，如图 3-1-3-16。

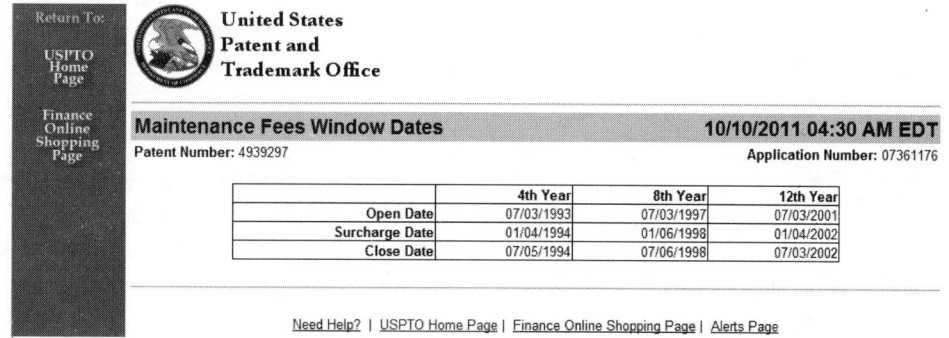

图 3-1-3-16　Public PAIR 专利交费日期显示

从该交费窗口页面中得知：每个交费年次均包括：开始交费时间（Open Date）、过期补交罚款时间（Surcharge Date）和停止交费时间（Close Date）。

同时，从图 3-1-3-14 "Fees"主页面"Get Bibliographic Data"按钮显示的页面中，也可以看出该专利最近的交费情况，如图 3-1-3-17。

从该页面可以得知，该专利授权 4 年之后，未再缴纳维持费，该专利已于 1998 年 7 月 3 日未缴纳维持费而失效。

Return To:
USPTO Home Page
Finance Online Shopping Page

United States Patent and Trademark Office

Patent Bibliographic Data					10/08/2011 09:49 PM
Patent Number:	4939297			Application Number:	07361176
Issue Date:	07/03/1990			Filing Date:	06/05/1989
Title:	EXTRACTION PROCESS FOR REMOVAL OF IMPURITIES FROM TEREPHTHALIC ACID FI				
Status:	Expired for non-payment on: 07/03/1998			Entity:	Large
Window Opens:	07/03/1997	Surcharge Date:	01/06/1998	Expiration:	07/03/1998
Fee Amt Due:	$0.00	Surchg Amt Due:	$0.00	Total Amt Due:	$0.00
Fee Code:					
Surcharge Fee Code:					
Most recent events (up to 7):	07/05/1998 02/14/1998 11/15/1993 06/02/1990	Patent Expired for Failure to Pay Maintenance Fees. Maintenance Fee Reminder Mailed. Payment of Maintenance Fee, 4th Year, Large Entity. Payor Number Assigned. --- End of Maintenance History ---			
Address for fee purposes:	EASTMAN KODAK COMPANY PATENT LEGAL STAFF 343 STATE STREET ROCHESTER NY 14650-2201				

NOTE: All USPTO fees are subject to change. If you are making a payment by mail or fax, please visit this link or contact the Maintenance Fee Branch (571-272-6500) to confirm the amount due on the date payment is to be made. A maintenance fee

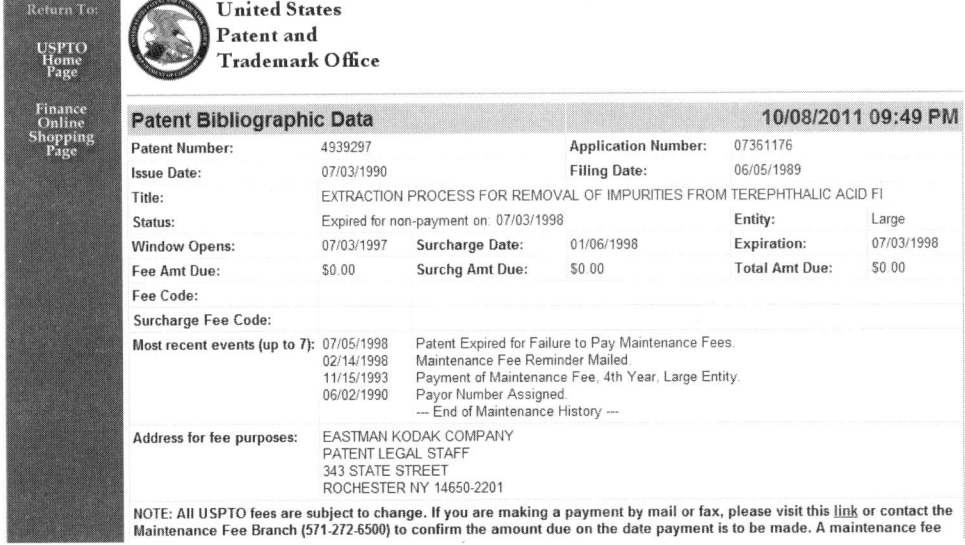

图 3-1-3-17　Public PAIR 专利著录项目显示

再以检索美国授权专利 US5703867 为例。选中专利号（Patent Number），在检索入口输入框输入 5703867，点击“SEARCH”，检索结果如图 3-1-3-18。

Patent Application Information Retrieval

Order Certified Application As Filed　Order Certified File Wrapper　View Order List

08/678,070　OPTICAL RECORDING MEDIUM HAVING A DUMMY AREA AT LEADING AND/OR TRAILING POSITIONS OF RECORDING AREA　H-562

Select New Case | Application Data | Transaction History | Continuity Data | Foreign Priority | Fees | Published Documents | Address & Attorney/Agent

Bibliographic Data

Application Number:	08/678,070	Customer Number:	-
Filing or 371 (c) Date:	07-10-1996	Status:	Patented Case
Application Type:	Utility	Status Date:	12-19-1997
Examiner Name:	DINH, TAN X	Location:	FILE REPOSITORY (FRANCONIA)
Group Art Unit:	2752	Location Date:	02-11-2005
Confirmation Number:	3819	Earliest Publication No:	-
Attorney Docket Number:	H-562	Earliest Publication Date:	-
Class / Subclass:	369/275.300	Patent Number:	5,703,867
First Named Inventor:	YASUSHI MIYAUCHI , TOKYO, (JP)	Issue Date of Patent:	12-30-1997

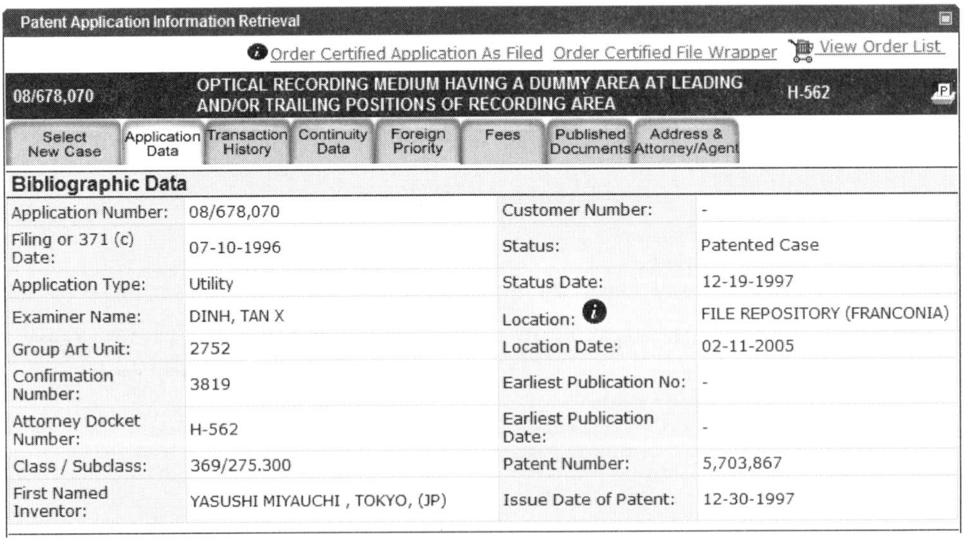

图 3-1-3-18　Public PAIR 专利申请数据显示

由图 3-1-3-18 可见，专利著录数据（Bibliographic Data）记录页面上方有 8 个按钮，与专利 US4939297 的著录数据相比，增加了两个按钮，分别是：

（1）Continuity Data：专利的继续数据，确定本专利是否有继续申请、部分继续申请、分案申请等相关联的信息；

（2）Foreign Priority：外国优先权。

可见，当专利本身存在相关著录数据时，专利著录数据记录页面上方就会显示相关信息；如果不存在，则仅显示实际存在的著录数据。

除前面提到的专利著录数据外，还存在：

（1）Image File Wrapper：审查员与申请人之间进行沟通的文件及审查员审批本专利时撰写的各种文件；

（2）Patent Term Extension History：专利期限延长的历史。

2. 查找继续数据

点击"Continuity Data"，出现如图 3-1-3-19 所示页面。

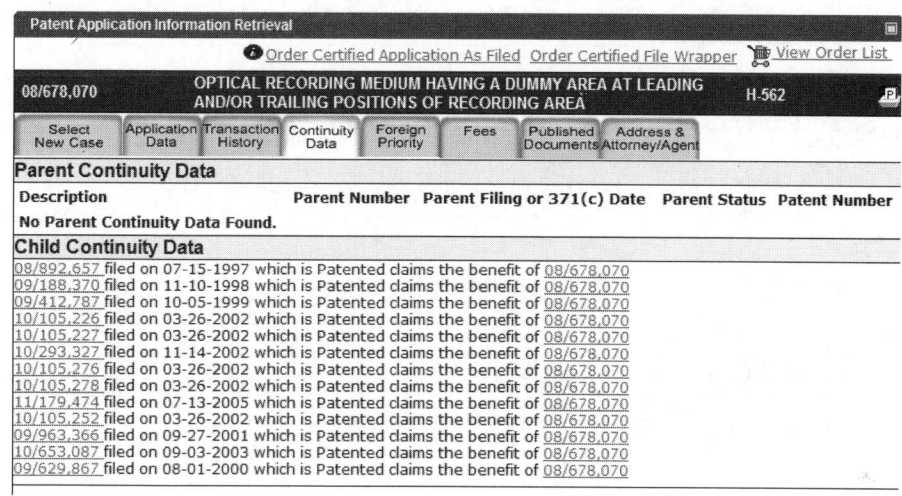

图 3-1-3-19　Public PAIR 专利申请继续数据显示

结果显示，本专利自 1997 年 7 月 15 日之后 13 次继续审查均已被授予专利权。

而由图 3-1-3-18 专利著录项目数据（Patent Bibliographic Data）可知，该专利第 12 年的维持费已交，专利处于有效状态，如图 3-1-3-20。

图 3-1-3-20　Public PAIR 专利著录项目显示

3. 公开文献

点击专利著录项目数据中的"Published Document"（公开文献），进入如图 3-1-3-21 所示页面。

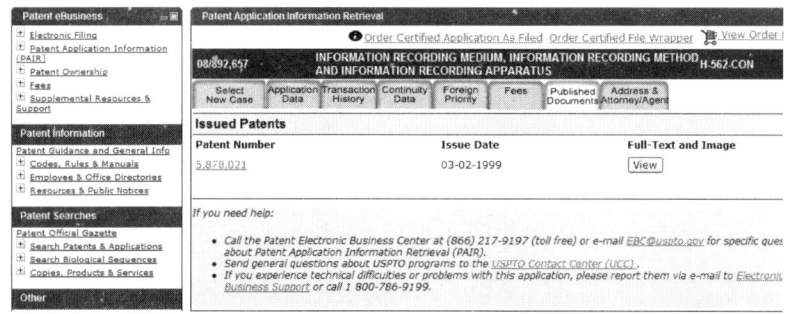

图 3-1-3-21　Public PAIR 专利公开文献显示

点击"view"（浏览），就可得到该专利的全文专利，如图 3-1-3-22。

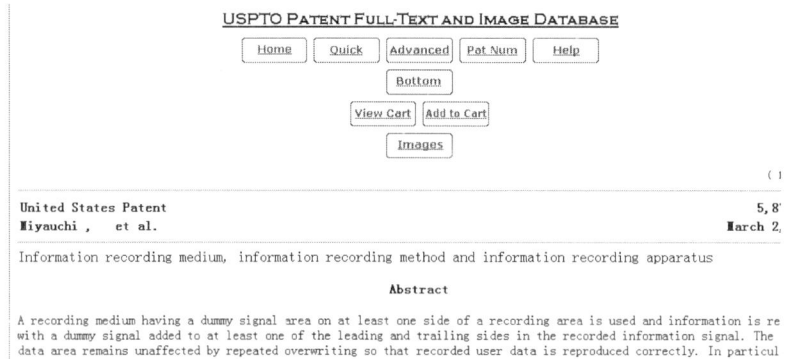

图 3-1-3-22　Public PAIR 专利全文图像页面

点击"Images"（图像），可以得到图像专利。

3.1.3.5　专利公报数据库（Patent Official Gazette）

专利公报数据库可供用户浏览最近 52 期电子美国专利公报全部内容和最近 10 年美国专利公报中的"Notices"（通知）内容。

在美国专利局网站主页上点击"专利"进入，然后点击"检索"，在 Patent Official Gazette 下点击"Visit Official Gazette"（进入官方公报），进入如图 3-1-3-23 所示页面。

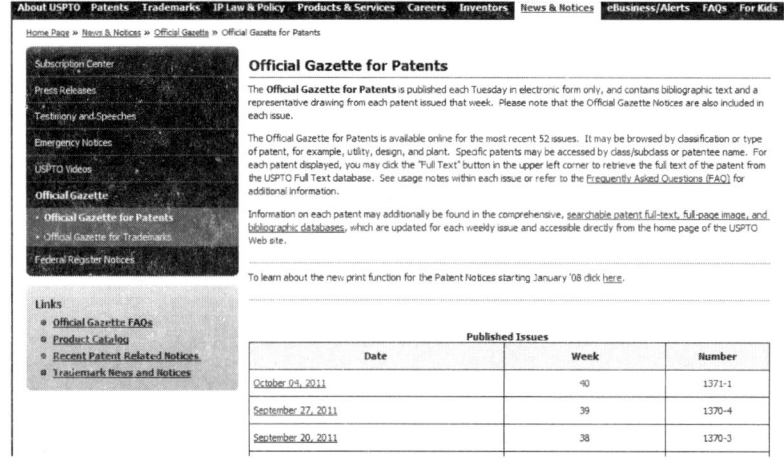

图 3-1-3-23　专利公报数据库网页

点击任一期的"Date"(日期),然后继续,进入如下页面,如图 3-1-3-24。

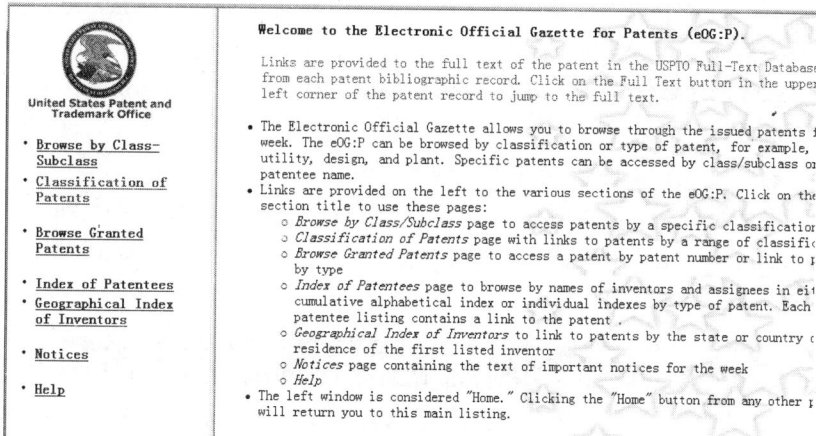

图 3-1-3-24 专利公报数据库查询页面

在图上面检索页面左侧列出了:按类/小类浏览;专利分类索引;授权专利浏览(含基本著录项目、文摘和主图);专利权人索引;发明人地理索引;通知和帮助。其中"通知"收录的内容包括:提供最近 10 年美国专利公报中的"通知",每期专利公报的"通知"包括 PCT 信息、专利维持费交费通知、专利权终止、专利权恢复、再公告申请通知、再审查请求、商标注册终止、专利条例变更、勘误、修正证书、TTAB 出版的终审决定摘要等 20 多种内容。

点击检索页面中任一专利浏览项目,均可以获得全文。但在此请注意:在专利公报数据库检索的专利均可以在专利授权全文数据库中查找得到。

3.1.3.6 公开序列表检索数据库(Search Published Sequences)

公开序列表数据库用于检索授权和公开专利中的序列表,检索的数据表只用于查看,但不能下载。

在美国专利局网站主页上点击"专利"进入,然后点击"检索",在"Search Published Sequences"下点击"Visit PSIPS"(进入授权和公开序列表的公开网址),进入如图 3-1-3-25 所示页面。

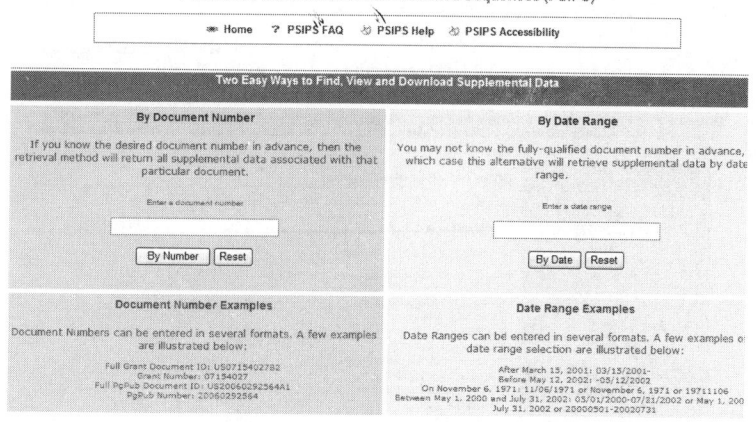

图 3-1-3-25 公开序列表检索页面

该检索页面有两种检索方式,如果预先知道所检索的文献号,则使用文献号进行检索,见检索页面左侧;如果不知道检索的文献号,则使用数据范围进行检索,见检索页面右侧。不论采用何种检索方式,检索页面下方均设有检索示例。

3.1.3.7 专利转让数据库（Patent Assignment Database [Assignments on the Web]）

专利转让数据库可供检索 1980 年以来的美国专利权出让与受让信息。此数据库仅收集授权和公开专利,不包括未决申请或放弃申请。

在美国专利局网站主页上点击"专利"进入,然后点击"检索",在"Patent Assignment Database（Assignments on the Web）"下点击"Visit Assignments on the Web"（进入转让页面）,进入如图 3-1-3-26 所示页面。

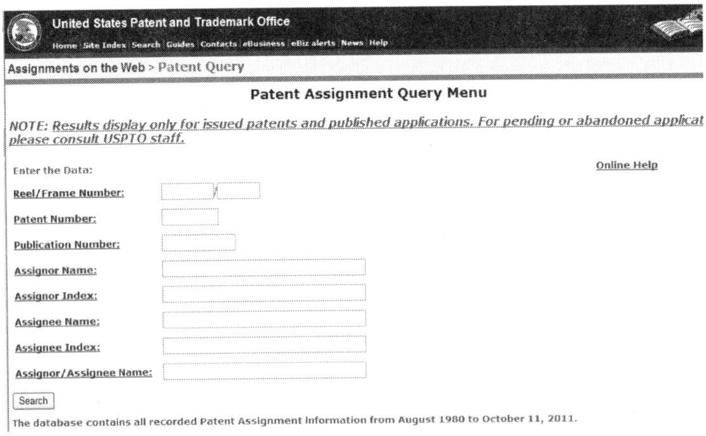

图 3-1-3-26 专利转让数据库查询页面

在该检索界面上,可通过 Reel/Frame Number（卷号/帧数）、Patent Number（专利号）、Publication Number（公开号）、Assignor Name（转让人姓名）、Assignor Index（转让人索引）、Assignee Name（受让人姓名）、Assignee Index（受让人索引）和 Assignor/Assignee（转让人/受让人姓名）查询。

3.1.3.8 专利分类检索数据库

在美国专利局网站主页上点击"专利"进入,然后点击"检索",进入如图 3-1-3-3 所示页面。再点击左栏"Patent Classification",进入如图 3-1-3-27 所示页面。

图 3-1-3-27 与专利分类有关的信息页面

点击"Classification Concordance Patents，USPC to IPC"进入如图3-1-3-28所示页面。

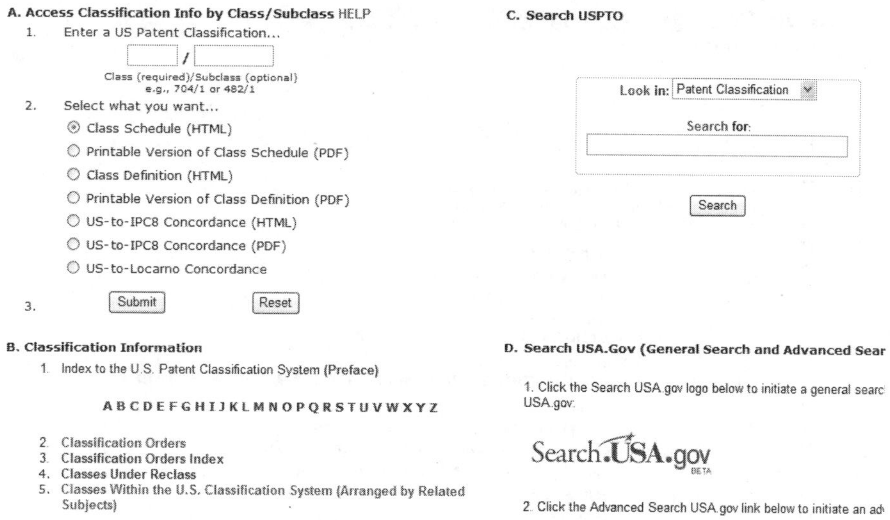

图 3-1-3-28　专利分类检索主页面

该页面涉及四部分检索项，其中 C 部分涉及在专利分类或分类索引中检索包含某一分类（大类或小类或大类/小类）的相关信息；D 部分涉及通过点击美国政府网站的链接，从而进入该网站，检索用户感兴趣的信息。A 部分和 B 部分与美国专利分类检索最相关，下面对这两部分进行详细介绍。

A 部分允许在 □□□/□□□ 中直接输入大类和小类，或仅输入大类或 HTML 格式的分类定义。当检索者仅知道一个分类号，但不知道该分类号下有哪些专利、不了解该分类号下的分类明细以及专利文献中分类号的定义时可通过该途径解决。

例如，仅知道大类 208 涉及"矿物油处理工艺和产品"（MINERAL OILS：PROCESSES AND PRODUCTS），想知道其小类细分以及相关专利文献，可在检索框中直接输入 208，并选择显示 HTML 格式的分类明细，检索页面如图 3-1-3-29。

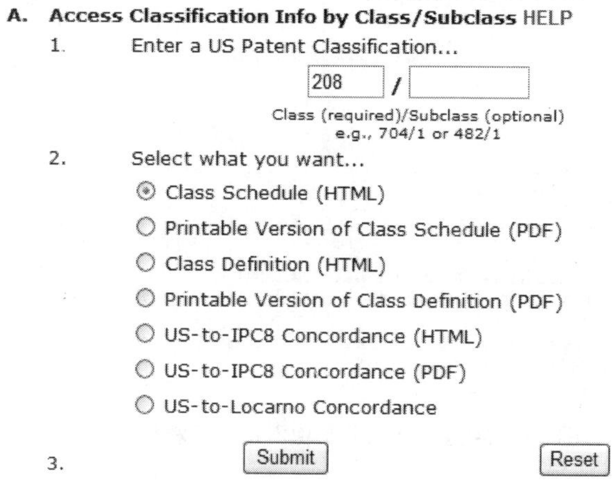

图 3-1-3-29　专利分类检索页面

105

点击图 3-1-3-29 中的"提交"(submit),得到如图 3-1-3-30 所示检索结果。

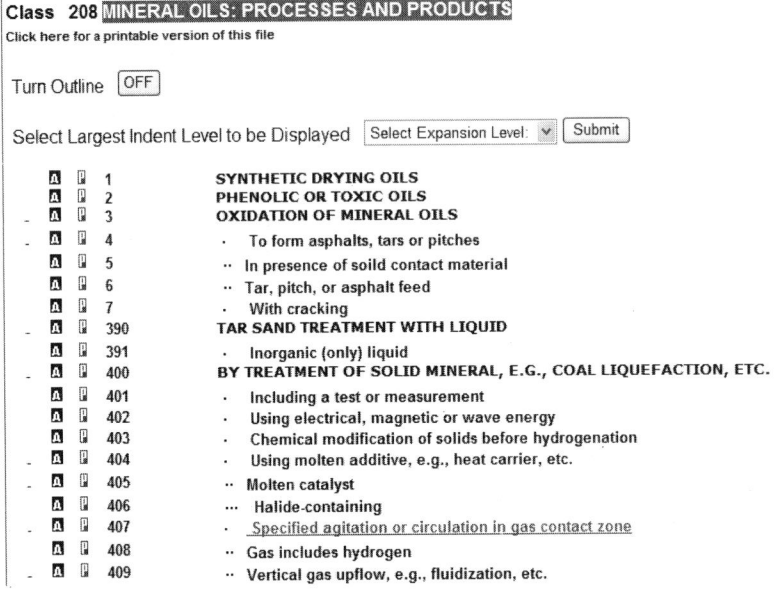

图 3-1-3-30 专利分类检索结果页面

可见,图 3-1-3-30 显示出大类 208 下面的小类细分,且在小类细分中进一步包括一点组、二点组和三点组。点击图标"P"就能检索到网站上所对应小类下的专利,点击图标"A"就能检索到网站上所对应小类下的专利申请。点击小类 407 旁边的图标"P",结果如图 3-1-3-31 所示。

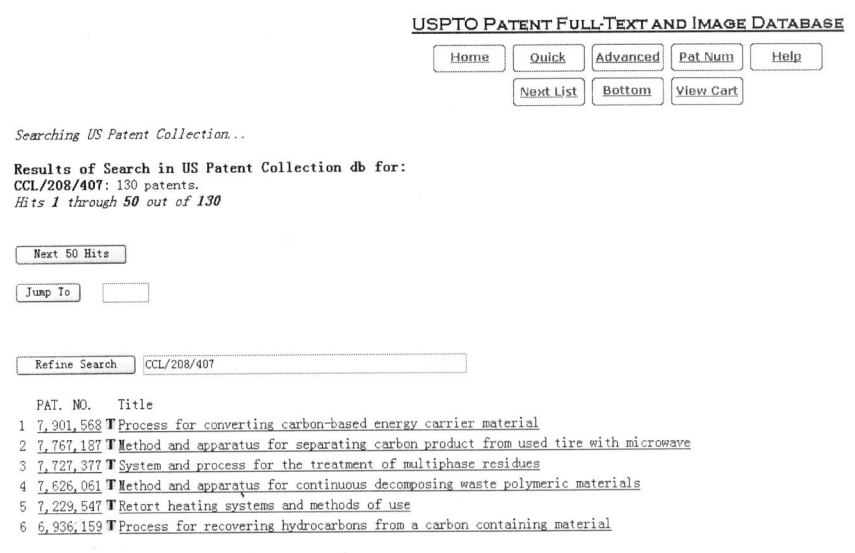

图 3-1-3-31 专利分类检索结果专利显示页面

图 3-1-3-31 表明在分类号 208/407 下有 130 篇专利,并按每页 50 篇专利显示,点击相应专利号,就能得到每篇专利的著录项目以及说明书和权利要求书。

B 部分主要涉及一些分类信息，如图 3-1-3-32。

B. Classification Information
1. Index to the U.S. Patent Classification System (Preface)
   A B C D E F G H I J K L M N O P Q R S T U V W X Y Z
2. Classification Orders
3. Classification Orders Index
4. Classes Under Reclass
5. Classes Within the U.S. Classification System (Arranged by Related Subjects)
6. Classes Arranged Numerically With Art Unit and Search Room Locations
7. Classes Arranged in Alphabetical Order
8. Classes Arranged by Art Unit
9. Information on E-Subclasses

图 3-1-3-32　专利分类信息

由图 3-1-3-32 可见，该部分涉及九个方面，下面仅就最常用的三个方面进行介绍。

（1）美国专利分类体系索引（Index to the U.S. Patent Classification System）。

当检索者不知道待检索技术主题被分在哪个分类号下时，可通过分类索引确定合适的分类号。如所检索的技术主题涉及一种汽油（gasoline）产品，则可点击美国专利分类索引下的字母"G"，进入图 3-1-3-33 所示页面。

```
                        A B C D E F G H I J K L M N O P Q R S T U V W X Y Z
View as PDF

G Acid .........................................  562 / 80
Gable, Roof ...................................   52 / 90.1+
    Roof end .................................   52 / 94+
Gaff
    Fishing ..................................   43 / 5
    Gamecock .................................   30 / 297
    Grappling ................................  294 / 19.3
    Ship spars ...............................  114 / 97+
Gag
    Fishing tackle ...........................   43 / 53.5
    Runner for bridles .......................   54 / 14
    Side cutting harvester lever .............   56 / 271+
    Specula ..................................  600 / 184+
Gage (See Gauge)
Gagger .........................................  164 / 411
    Flask with ...............................  164 / 382
Gain Control, Automatic ........................   73 / 900*
Gaining ........................................  144 / 133.1+
Gaiters ........................................   36 / 2 R
    Design ...................................  D02 / 901
    Fastenings ...............................   24
```

图 3-1-3-33　美国专利分类字母 G 下的索引

在该页面中寻找 gasoline，即可找到与汽油相关的美国专利分类号。

（2）分类规则（Classification Orders）。

分类规则是指美国专利分类体系中大类改变的官方记录。

（3）美国专利分类体系中的 US 分类（按主题排序）（Classes Within the U.S. Classification System（Arranged by Related Subjects））。

点击进入，可得到如图 3-1-3-34 所示页面。

图 3-1-3-34 显示了美国专利分类的大类与其相关的技术主题，检索者可通过此索引确定待检索技术主题所属的大类。

December 2009 GROUP I. CHEMICAL AND RELATED ARTS II-1

Class	Subject	Class	Subject
505*	**SUPERCONDUCTOR TECHNOLOGY: APPARATUS, MATERIAL, PROCESS** (Involving Material Superconducting above 30k)	51	.Abrasive Tool Making Process, Material, or Composition
		429	.Chemistry: Electrical Current Producing Apparatus, Product, and Process
		136	.Batteries: Thermoelectric and Photoelectric
977*	**NANOTECHNOLOGY** (Note: Does not accept applications)	428*	.Stock Material or Miscellaneous Articles /1.1-223
	LIFE AND AGRICULTURAL SCIENCES AND TESTING METHODS	442	.Fabric (Woven, Knitted, or Nonwoven Textile or Cloth, Etc.)
800	.Multicellular Living Organisms and Unmodified Parts Thereof and Related Processes	428*	.Stock Material or Miscellaneous Articles /292.1-543

图 3–1–3–34 美国专利分类大类及其技术主题索引

3.1.3.9 其他数据库

进入美国专利商标局政府网站 http://www.uspto.gov/，点击左上角“Patents”下的选项“Search”，进入的页面左下方为链接部分（Links），如图 3–1–3–35。

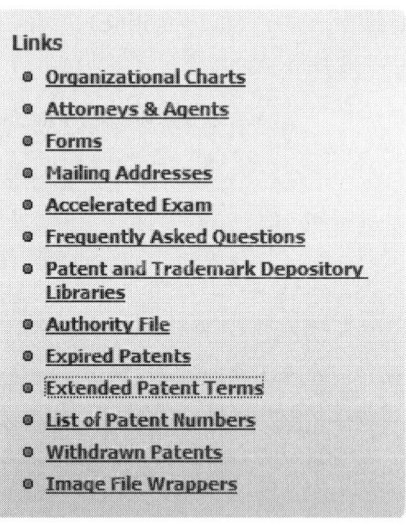

图 3–1–3–35 其他数据库的相关链接

该链接部分包括 Expired Patents（过期专利）、Extended Patent Terms（延长专利保护期）、Withdrawn Patents（撤回专利）检索界面的检索。

应该注意，这些专利数据均可通过前面介绍的数据库查找得到。

3.1.4 日本特许厅专利检索平台

3.1.4.1 简介

工业产权数字图书馆（Industrial Property Digital Library，简称 IPDL）是日本特许厅（Japanese Patent Office，简称 JPO）于 1999 年 3 月开设的，用户可以免费检索和获取 4000 余万份日本专利文献，不仅可以检索发明专利、实用新型专利、外观专利和商标，检索各专利的法律状态，还可以检索日本专利局复审委员会的审查决定、无效宣告等各种审判结果的审判书全文。本书主要介绍发明专利、实用新型专利的检索，相应的法律状态的检索，以及日本专利局复审委员会的审查决定、无效宣告等各种审判结果的审判书全文的检索。

进入 IPDL 的方法：

（1）直接在浏览器地址栏中键入 http://www.ipdl.inpit.go.jp 进入 IPDL 日文主页，如图 3-1-4-1 所示。

点击图 3-1-4-1 页面右上角的"To English Page"按钮，能够进入 IPDL 英文主页，如图 3-1-4-2 所示。

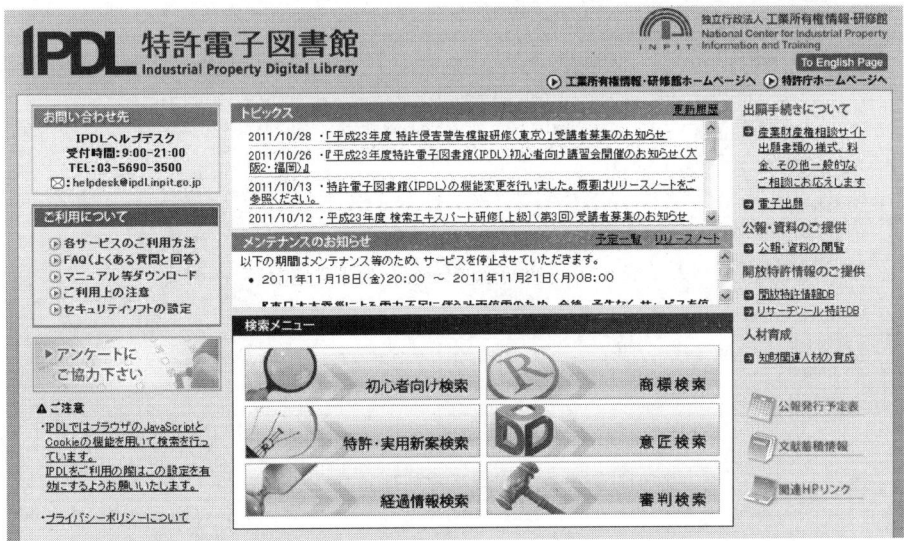

图 3-1-4-1　IPDL 日文主页

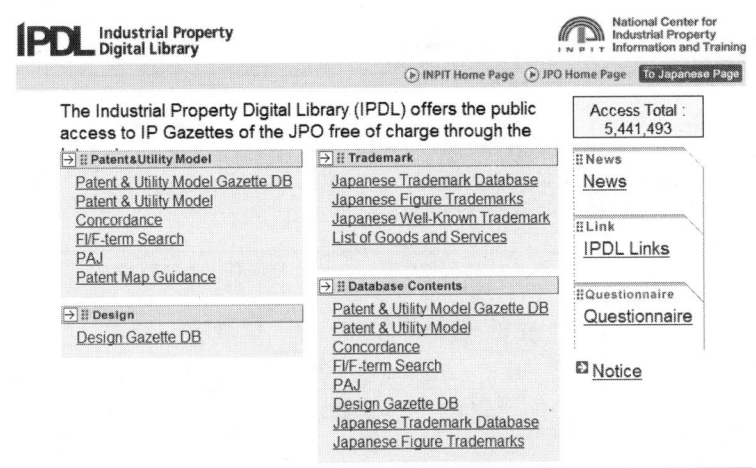

图 3-1-4-2　IPDL 英文主页

（2）还可以在浏览器地址栏中键入 http://www.jpo.go.jp，进入日本专利局日文主页，如图 3-1-4-3 所示，点击该页面左侧的"特許公報などの検索（IPDL）"，进入 IPDL 日文主页。

3.1.4.2 发明·实用新型检索（特許·実用新案検索）

点击 IPDL 日文主页中的"特許·実用新案検索"，进入发明·实用新型检索日文页面，如图 3-1-4-4 所示。

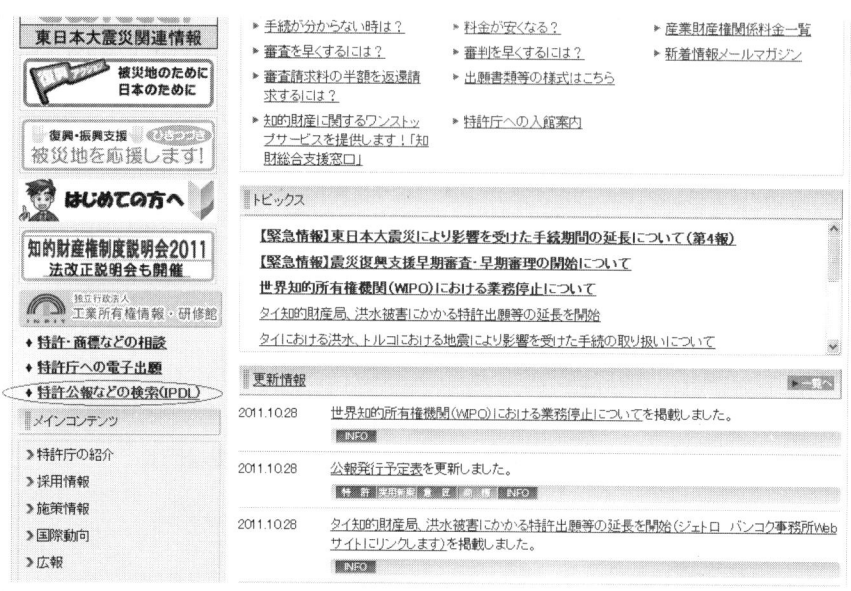

图 3-1-4-3　日本专利局日文主页

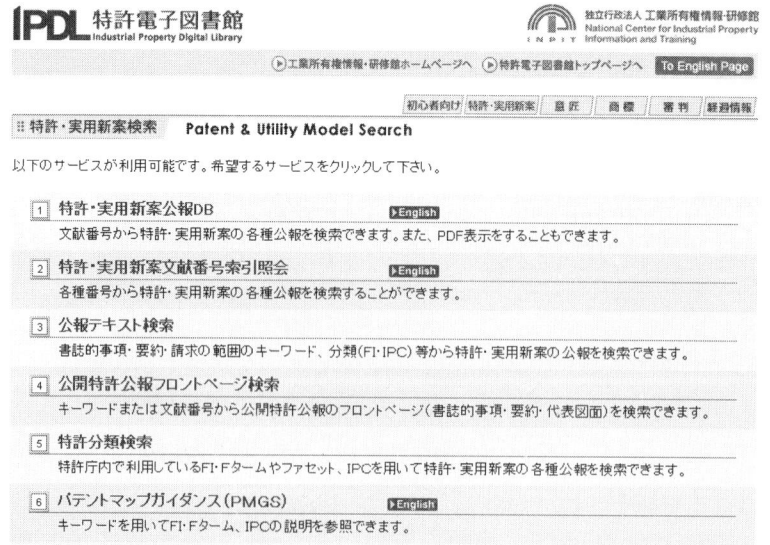

图 3-1-4-4　发明·实用新型检索日文页面

该页面中包含 12 条链接，即特許·実用新案公報 DB（发明·实用新型公报数据库，日文、英文两种检索页面）、特許·実用新案文献番号索引照会（发明·实用新型文献号索引，日文、英文两种检索页面）、公報テキスト検索（公报文本检索，日文检索页面）、公開特許公報フロントページ検索（发明公开公报文摘检索，日文检索页面）、特許分類検索（发明分类检索，日文检索页面）、パテントマップガイダンス（ＰＭＧＳ）（专利导航检索，日文、英文检索页面)、パテントマップガイダンス(旧)(专利导航指南(旧),日文检索页面)、PAJ 检索(PAJ 检索,英文检索页面)、FI/F ターム検索(FI/F-term 检索,英文检索页面)、外国公报 DB(外国公报 DB,日文检索页面)、審査書類情報照会(审查书类信息查询,日文检索页面)和コンピュータソフトウエアデータベース(CSDB)検索(CSDB 检索,日文检索页面),下面分别对除审查书类情报照会之外的各类检索进行介绍,审查书类信息查询将在本章第 3.1.4.3 节"法律状态检索"中介绍。

1. 发明·实用新型公报数据库(特許·実用新案公報 DB)

发明·实用新型公报数据库有日文(特許·実用新案公報 DB)和英文(Patent & Utility Model Gazette DB)两种检索页面,均以文献号为检索入口。两种检索页面的文献收录范围一致,如表 3-1-4-1 所示。

表 3-1-4-1　发明·实用新型公报数据库收录文献范围

文　献　种　类		收　录　范　围
A:特許公開	Published patent application	昭 46-000001～2011-217607
B:特許公告	Examined patent application publication	大 11-000001～平 08-034772
B:特許公報	Patent	2500001～4804100
C:特許明細	Patent specification	1～216017
A:特許公表	Japanese translation of PCT international application	昭 54-500001～2011-527558
U:登録実用新案	Registered utility model	3000001～3171424
U:実用公開	Published utility model application	昭 46-0000012006-000001
U1:実用全文	Unexamined utility model specification	昭 46-000001～平 04-138600
Y:実用公告	Examined utility model application publication	大 11-000001～平 08-011090
Y:実用新案登録	Examined utility model registration	2500001～2607899
Z:実用明細	Examined utility model specification	1～406203
U:実用公表	Japanese translation of PCT international application (utility model)	昭 54-500001～平 10-500001
H:特許請求公告	Corrected patent specification	72～814
I:実用請求公告	Corrected utility model specification	32～330
A1:再公表	Domestic re-publication of PCT international application	79/000329～2009/148059
N1:公開技報	Journal of technical disclosure	87/003986～10/506096

两种检索页面上均设有 12 组相同的检索式输入栏,每组由两个输入栏构成,分别是:文献类型(在日文检索页面中为"文献種別",在英文检索页面中为"kind code",用上表

中的代码表示）和文献号（在日文检索页面中为"文献番号"，在英文检索页面中为"kind code"，采用"纪年+流水号"的形式）。专利文件种类代码和号码检索式输入栏之间的逻辑关系为"与"，各组检索式输入栏之间的逻辑关系为"或"，可同时输入多个文献号码进行检索。同时，可以选择"表示種別"（显示类型，包括全部、第 1 页、权利要求书、附图等，英文检索页面中为"Display Type"）。此外，日文检索页面还可以选择"表示形式"（显示方式），包括项目显示或 PDF 格式显示两种方式。日文检索页面和英文检索页面分别如图 3-1-4-5 和图 3-1-4-6 所示。

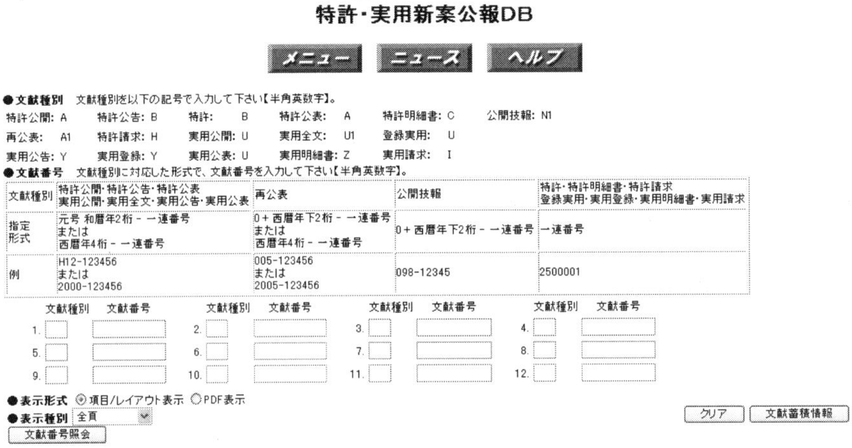

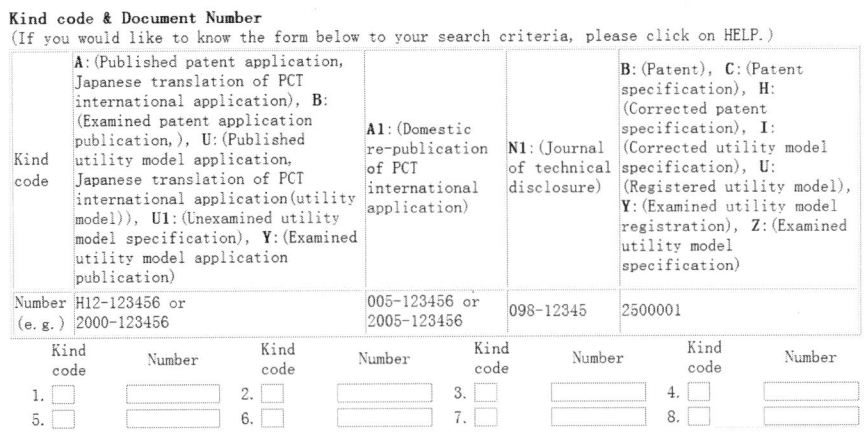

图 3-1-4-5　发明·实用新型公报数据库日文检索页面

图 3-1-4-6　发明·实用新型公报数据库英文检索页面

检索时，在文献类型中输入上表中所示的相应的文献代码，如发明公开文献的代码是"A"；在文献号中输入相应的文献号码。

需要注意，日本专利文献在 1999 年以前采用 2 位数字的日本纪年，2000 年以后使用 4 位数字的公元纪年。日本纪年与公元年的换算关系为：平成=H（+1988）；昭和=S（+1925）；

大正=T（+1911）；明治=M（+1867）。例如：检索 1995 年公布的专利申请，则应输入："H07-######"。

下面通过一个检索实例介绍日文检索页面的操作。

（1）输入检索式。

在"文献種別"中输入"A"，在"文献番号"中输入"H12－123456"，显示形式选择项目显示，检索页面如图 3-1-4-7 所示。

图 3-1-4-7　发明・实用新型公报数据库检索示例

（2）点击页面左下角的"文献番号照会"，显示如图 3-1-4-8 所示的检索结果页面。

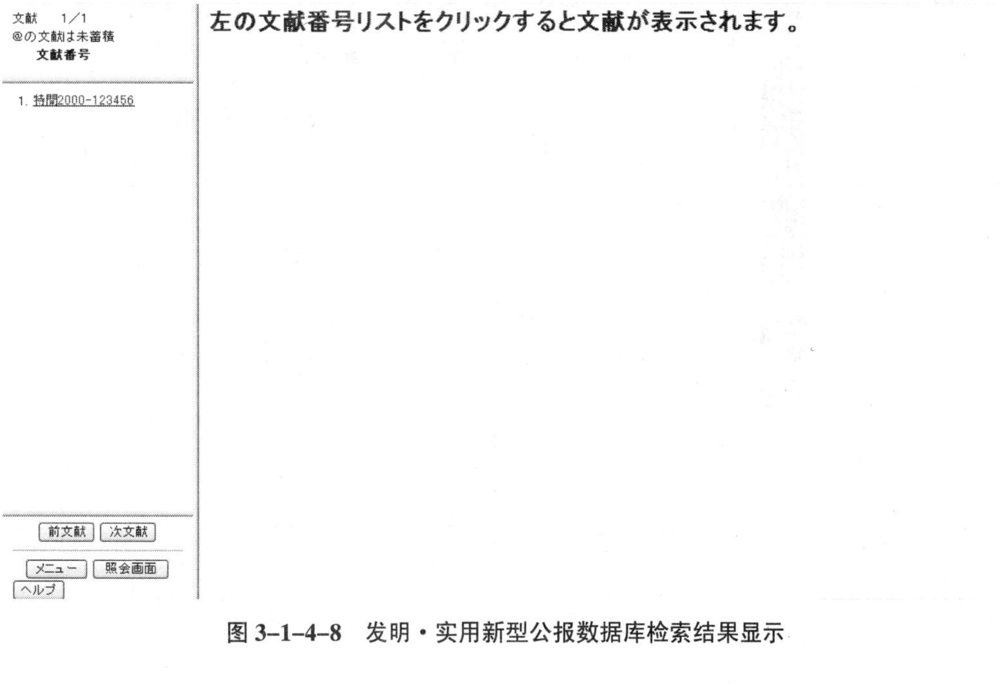

图 3-1-4-8　发明・实用新型公报数据库检索结果显示

（3）点击左栏中的文献号，显示如图 3-1-4-9 所示的页面，可依次点击中间部位的"全项目"、"书志+要约+请求范围"、"请求书"等项目逐一查看。

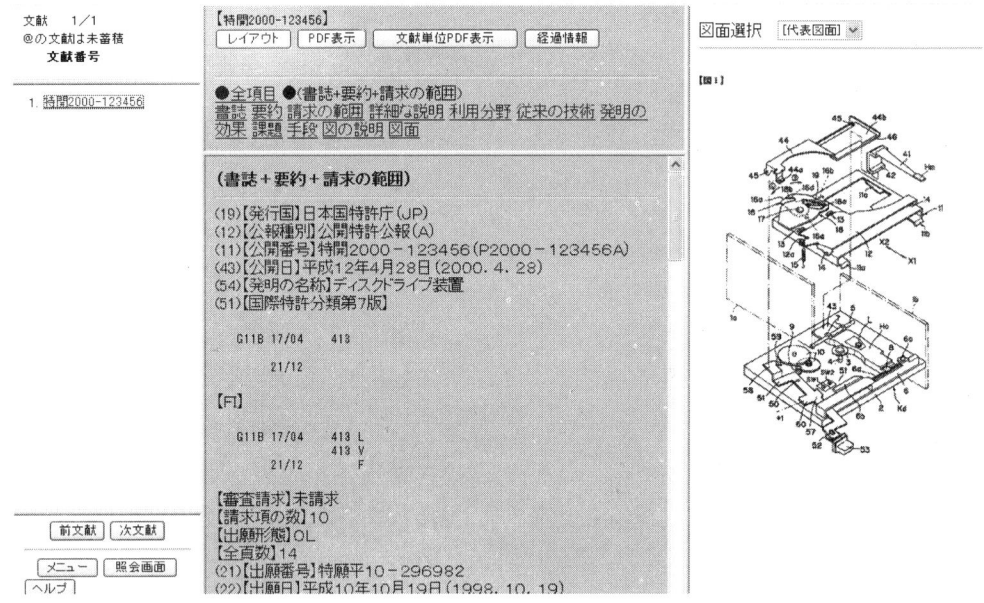

图 3-1-4-9　发明·实用新型公报数据库检索结果显示

（4）点击"PDF 表示"，可以查看 PDF 格式的专利文献全文，如图 3-1-4-10 所示。

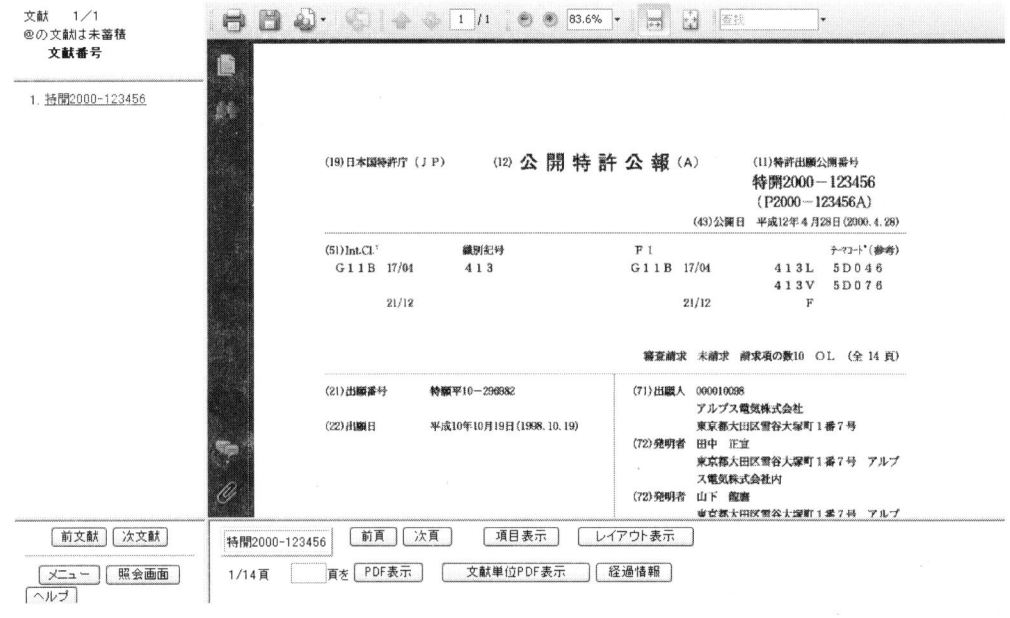

图 3-1-4-10　发明·实用新型公报数据库检索结果显示

（5）点击"経過情報"，可以检索该专利的法律状态信息，如图 3-1-4-11 所示。该页面中显示的是该专利的基本项目，由此能够了解该专利基本的著录数据以及案卷大致的审批过程。

出願記事	特許 平10-296982 (平10.10.19) 出願種別(通常)
公開記事	2000-123456 (平12.4.28)
発明の名称	ディスクドライブ装置
出願人	アルプス電気株式会社 <ALPS ELECTRIC CO.,LTD.>
発明・考案・創作者	田中 正宣、山下 龍磨
公開・公表IPC	国際分類 第6版 G11B 17/04 413 L G11B 17/04 413 V G11B 21/12 F
出願細項目記事	査定種別(査定無し) 最終処分(取下) 最終処分日(平17.7.6)

[基本項目] [出願情報]

图 3–1–4–11　发明・实用新型公报数据库检索结果显示（法律状态之基本项目）

点击图 3–1–4–11 页面下部的"出願情報"，能够获得该专利的申请信息。如图 3–1–4–12 所示。

出願記事	特許 平10-296982 (平10.10.19) 出願種別(通常)
公開記事	2000-123456 (平12.4.28) 総通号数(71272) 年間通号数(1235) 部門別通号数(2377) 部門別年間通号数(38) 発行区分(0604)
出願人・代理人記事	出願人 東京都大田区雪谷大塚町1番7号<1-7,Yukigaya-Otsukacho,Ota-ku,Tokyo 145-8501 JAPAN> (000010098) アルプス電気株式会社<ALPS ELECTRIC CO.,LTD.> 代理人 対象出願人人数(1) 代理人全何名(3) 代理人(国内) 弁理士 (100078134) 武 顕次郎 代理人 代理人全何名(1) 代理人(国内) 弁理士 (100087354) 市村 裕宏 代理人 代理人全何名(1) 代理人(国内) 弁理士 (100099520) 小林 一夫
発明者・考案者・創作者記事	東京都大田区雪谷大塚町1番7号 アルプス電気株式会社内 田中 正宣 東京都大田区雪谷大塚町1番7号 アルプス電気株式会社内 山下 龍磨
公開・公表IPC記事	国際分類 第6版 G11B 17/04 413 L G11B 17/04 413 V G11B 21/12 F
テーマコード記事	5D046 5D076 5B089
FI記事	4G11B17/04,413L 4G11B17/04,413V 4G11B21/12F 4G06F13/00,354D
Fターム記事	5D046 CB02 5D046 CC04 5D046 CC05 5D046 CD05 5D046 FA01 5D046 HA05

[基本項目] [出願情報]

图 3–1–4–12　发明・实用新型公报数据库检索结果显示（法律状态之申请情报）

英文版的检索与日文版类似，具体的检索过程不再赘述。值得一提的是，在英文版的检索结果页面上点击"DETAIL"，能够获得机器翻译的日文专利文献的英文译文。

2. 发明・实用新型文献号索引（特許・実用新案文献番号索引照会）

发明・实用新型文献号索引有日文（特許・実用新案文献番号索引照会）和英文（Patent & Utility Model Concordance）两种检索页面。两种检索页面的文献收录范围一致，如表 3–1–4–2 所示。

表 3-1-4-2　发明、实用新型公报文献号索引收录文献范围

文献種別	照会可能範囲	件数
出願番号（特許）	大 10-003319～2011-700141	13134623 件
公開番号（特許）	昭 46-000001～2011-217607	10919908 件
公表番号（特許）	昭 54-500001～2011-527558	563319 件
公告番号（特許）	大 11-000001～平 08-034772	2097557 件
審判番号（特許）	昭 39-005244～2011-021545	594239 件
登録番号（特許）	0060192～4804100	4034887 件
出願番号（実用）	大 02-002404～2011-600038	5575093 件
公開番号（実用）	昭 46-000001～2006-000001	3727296 件
公表番号（実用）	昭 54-500001～平 10-500001	172 件
公告番号（実用）	大 11-000001～平 08-011090	2117143 件
審判番号（実用）	昭 39-005501～2006-011511	155420 件
登録番号（実用）	0338713～3171424	1603385 件

日文检索页面如图 3-1-4-13 所示。

图 3-1-4-13　发明·实用新型文献号索引日文检索页面

英文检索页面如图 3-1-4-14 所示。

发明·实用新型对照索引日文检索页面上首先设有"特許"和"実用"两个单选钮，英文检索页面为"Patent"和"Utility Model"，供使用者选择专利的种类。

发明·实用新型对照索引检索以申请号或文献号为检索入口，检索页面上设有 5 组相同的检索式输入栏，每组由一个文件类型（日文版"種別"，英文版"Kind code"）输入栏和一个文献号（日文版"文献番号"，英文版"Document Number"）输入栏组成。每个文件类型输入栏内有以下备选项：申请（"出願"，英文版"Application"），公开（"公開"，英文版"Unexamined"），公告（日文版"公告"，英文版"Examined"），诉讼（日文版"審

判",英文版中无该选项)和登记(日文版"登録",英文版"Registration")。

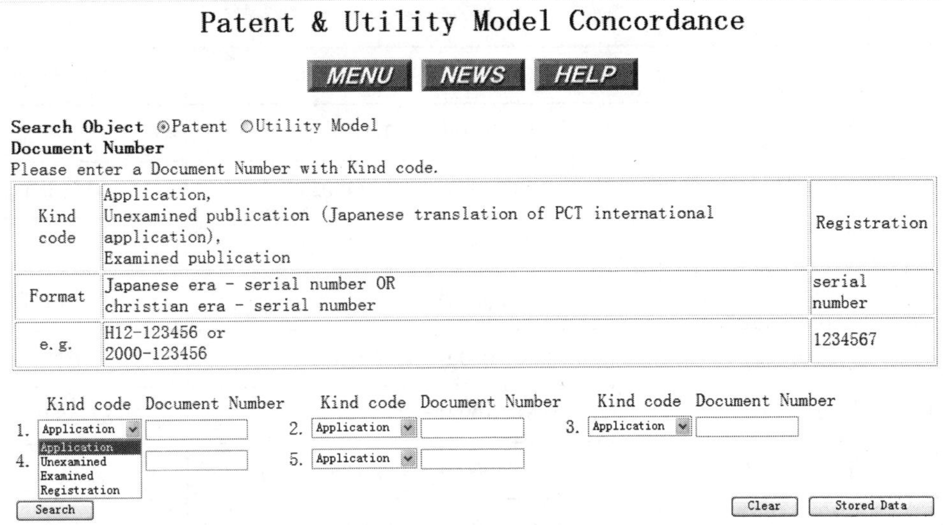

图 3-1-4-14 发明·实用新型文献号索引英文检索页面

发明·实用新型对照索引检索的检索式构成与发明·实用新型公报数据库的检索类似,在此不再赘述。其检索结果页面如图 3-1-4-15 所示,包含了同一申请的出愿番号(申请号)、公开番号(公开号)、公告番号(公告号)、審判番号和特許番号(授权号),根据需要可以选择查看出愿(申请)、公开(公开)、公告(公告)、審判(诉讼)、特許明細或特許的详细信息。

图 3-1-4-15 发明、实用新型文献号索引日文检索结果页面

3. 公报文本检索(公报テキスト検索)

公报文本检索仅有日文版,能够检索的文献范围如表 3-1-4-3 所示。其中,目前所收录的美国发明公开文献、美国发明授权文献及欧洲发明公开文献最晚分别为 2008 年 3 月 27 日、2008 年 6 月 24 日和 2008 年 12 月 31 日。

117

表 3-1-4-3　公报文本检索收录文献范围

文献種別	照会可能範囲	件数
特許公開	平 05-000001～2011-217607	6375600 件
特許公表	平 08-500001～2011-527558	488240 件
特許再公表	92/022643～2009/148059	91326 件
実用公開	昭 61-048201～2006-000001	1336675 件
登録実用	3000001～3171424	171391 件
実用公表	平 08-500001～平 10-500001	7 件
特許公告	昭 61-010921～平 08-034772	822584 件
特許登録	2500001～4804100	2304018 件
実用公告	昭 61-010001～平 08-011090	509982 件
実用登録	2500001～2607899	107893 件
米国特許公開和文抄録	2001/0000001～2008/0078005	1332670 件
米国特許明細書和文抄録	003551956～007392545	1052915 件
欧州特許出願公開和文抄録	000521168～002009979	206642 件

公报文本检索页面如图 3-1-4-16 所示。

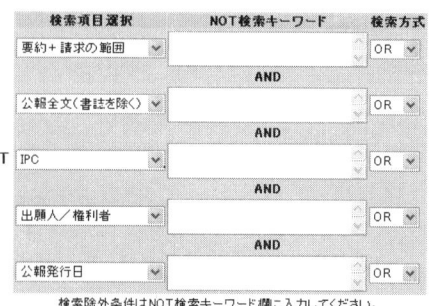

图 3-1-4-16　公报文本检索页面

公报文本检索页面上首先在"公報種別"中设置了"公開特許公報(公開、公表、再公表)"、"特許公報(公告、特許)"、"和文抄録"、"公開実用新案公報(公開、公表、登録実用)"和"実用新案公報(公告、実用登録)"五个选项,供使用者选择专利的种类。

公报文本检索提供了丰富的检索入口及逻辑组配选择方式。具体而言,在该页面左侧蓝色部分默认提供了 5 个检索栏,但通过点击"検索項目追加"最多能够增加到 20 个检索栏,各检索栏之间的逻辑关系为"与"。每个检索栏可以通过左侧的下拉菜单选择检索项目,可选择的检索项目包括摘要、权利要求、全文、IPC、FI、申请人/专利权人等共计 30 个选项(如图 3–1–4–17 所示),每个检索栏可以通过右边的下拉菜单选择检索方式为"或"或"与"。该页面右侧粉红色部分提供了 5 个检索栏,除了不能增加检索栏外,其他功能与左侧蓝色部分相同,左右两侧的逻辑关系为"非",即左侧的检索结果不包含右侧的检索结果。

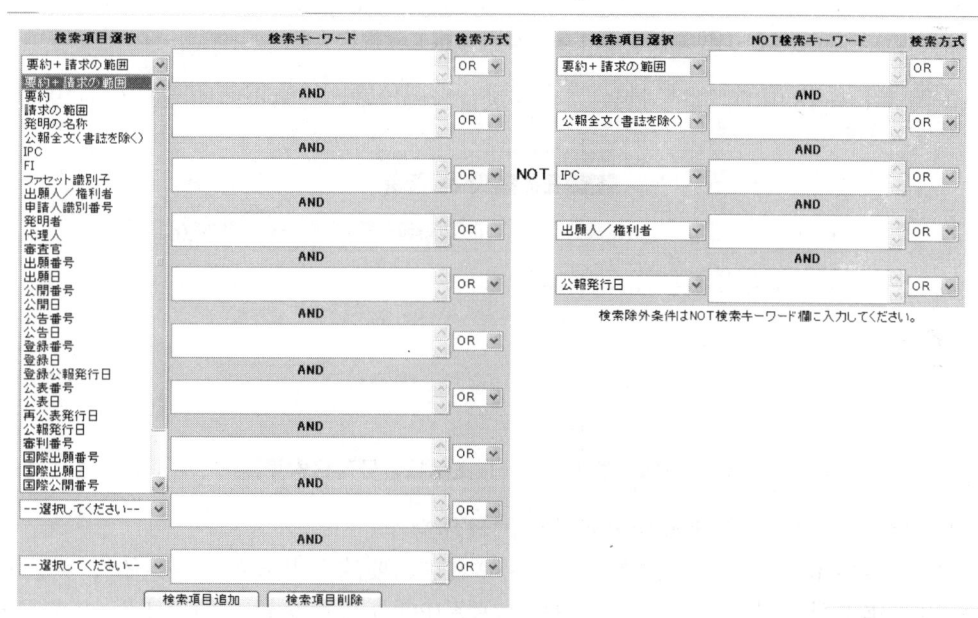

图 3–1–4–17 公报文本检索页面

从上述介绍可以看出,公报文本检索提供了丰富的检索入口以及多样的逻辑组配选择方式,便于用户实现较为精确的检索,并且能够进行全文检索,在专利分析的检索中通过确定适当的检索策略,能够确保检索结果的查全和查准。但是,各检索栏中除了 IPC、FI、公开号等字符类检索项目外,涉及文字的检索项目仅支持日文,这在很大程度上限制了用户的范围。

4. 发明公开公报文摘检索(公開特許公報フロントページ検索)

发明公开公报文献检索仅有日文版,包含的数据范围为 1993 年以来的发明公开文献,仅包含著录项目、摘要、主要附图等信息。

发明公开公报文献检索页面如图 3–1–4–18 所示。分为文本检索和号码检索。默认检索页面为文本检索,提供了"出願人、発明の名称、要約"、"公開日"和"IPC"三组检索项目,各检索项目之间的逻辑关系为"与"。

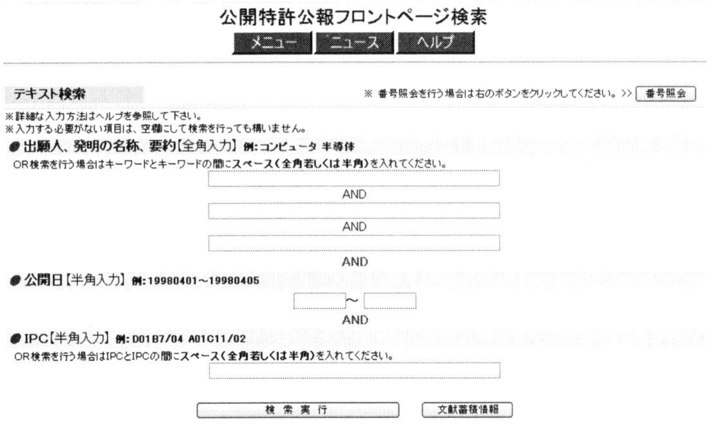

图 3-1-4-18　发明公开公报文献检索页面

点击图 3-1-4-18 中的"番号照会",能够进行号码检索,检索页面如图 3-1-4-19 所示。

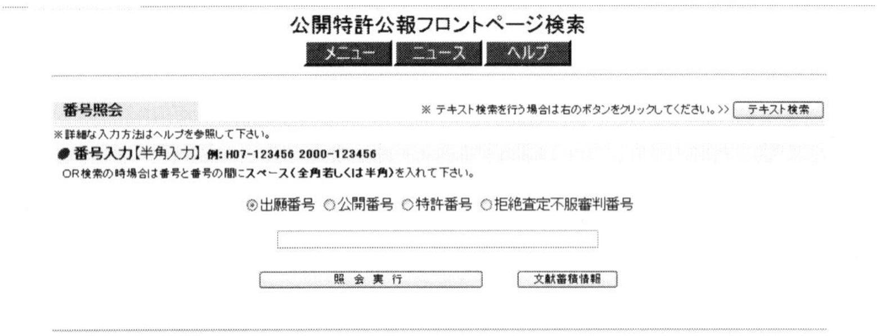

图 3-1-4-19　发明公开公报文献检索号码检索页面

下面通过一个检索实例来介绍文本检索的具体操作。

如图 3-1-4-20 所示,在"出願人、発明の名称、要約"中输入"半導体",将公开日限定在 2011 年 1 月 1 日至 2011 年 1 月 31 日,将 IPC 分类号限定为"H01L",共获得 669 件结果。

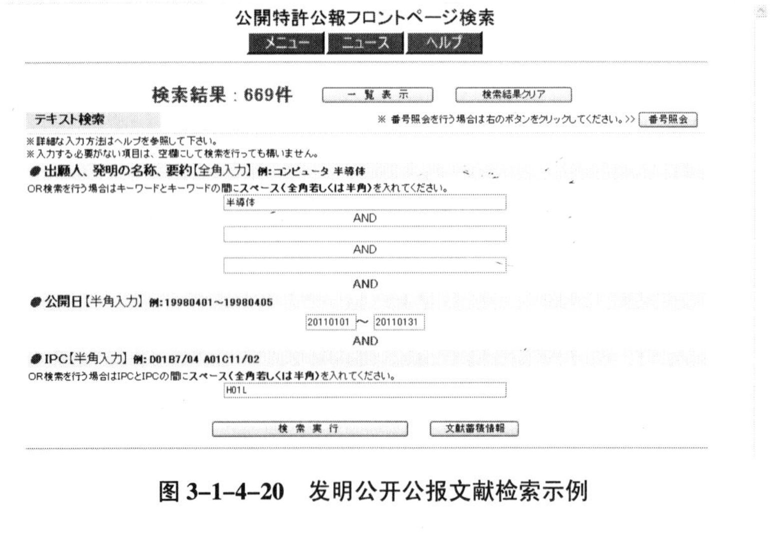

图 3-1-4-20　发明公开公报文献检索示例

点击“一覧表示”，显示如图 3–1–4–21 所示的页面。需要注意的是，超过 1000 篇无法一览显示。

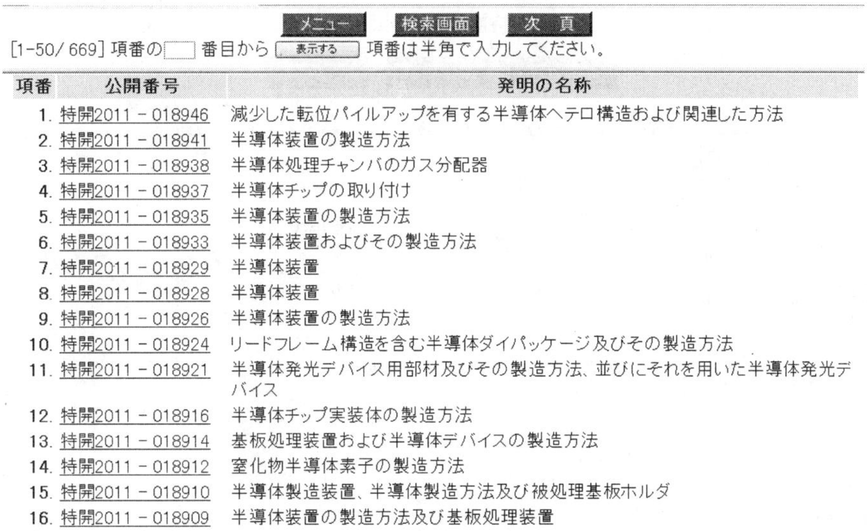
メニュー　検索画面　次 頁

[1-50/ 669] 項番の□番目から 表示する 項番は半角で入力してください。

項番	公開番号	発明の名称
1.	特開2011－018946	減少した転位パイルアップを有する半導体ヘテロ構造および関連した方法
2.	特開2011－018941	半導体装置の製造方法
3.	特開2011－018938	半導体処理チャンバのガス分配器
4.	特開2011－018937	半導体チップの取り付け
5.	特開2011－018935	半導体装置の製造方法
6.	特開2011－018933	半導体装置およびその製造方法
7.	特開2011－018929	半導体装置
8.	特開2011－018928	半導体装置
9.	特開2011－018926	半導体装置の製造方法
10.	特開2011－018924	リードフレーム構造を含む半導体ダイパッケージ及びその製造方法
11.	特開2011－018921	半導体発光デバイス用部材及びその製造方法、並びにそれを用いた半導体発光デバイス
12.	特開2011－018916	半導体チップ実装体の製造方法
13.	特開2011－018914	基板処理装置および半導体デバイスの製造方法
14.	特開2011－018912	窒化物半導体素子の製造方法
15.	特開2011－018910	半導体製造装置、半導体製造方法及び被処理基板ホルダ
16.	特開2011－018909	半導体装置の製造方法及び基板処理装置

图 3–1–4–21　发明公开公报文献检索结果一览显示

点击图 3–1–4–21 页面中的公开号，显示该发明公开文献的著录项目、摘要和主要附图等信息，如图 3–1–4–22 所示。

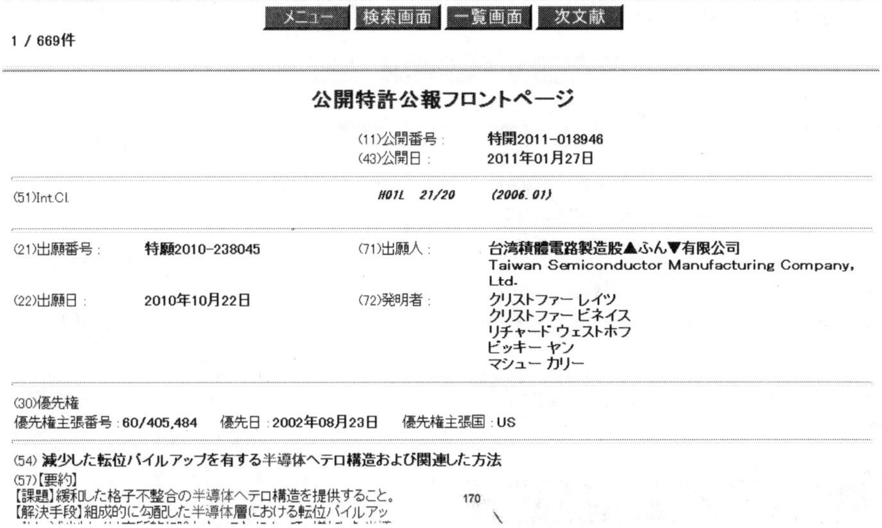

图 3–1–4–22　发明公开公报文献检索结果显示

5. 发明分类检索（特許分類検索）

发明分类检索以 FI/F-term 分类、IPC（最新版）或者 IPC（公报记载）为检索入口对发明及实用新型文献进行检索，其文献收录范围与“发明・实用新型公报数据库”的收录范围基本相同。

发明分类检索页面如图 3–1–4–23 所示。可以分别对分类的类型、资料类型（特許、实用新案、許明細書、実用新案明細書或公開技報）、公开日/发行日进行限定，其检索式支持"或"、"与"、"非"的逻辑运算。

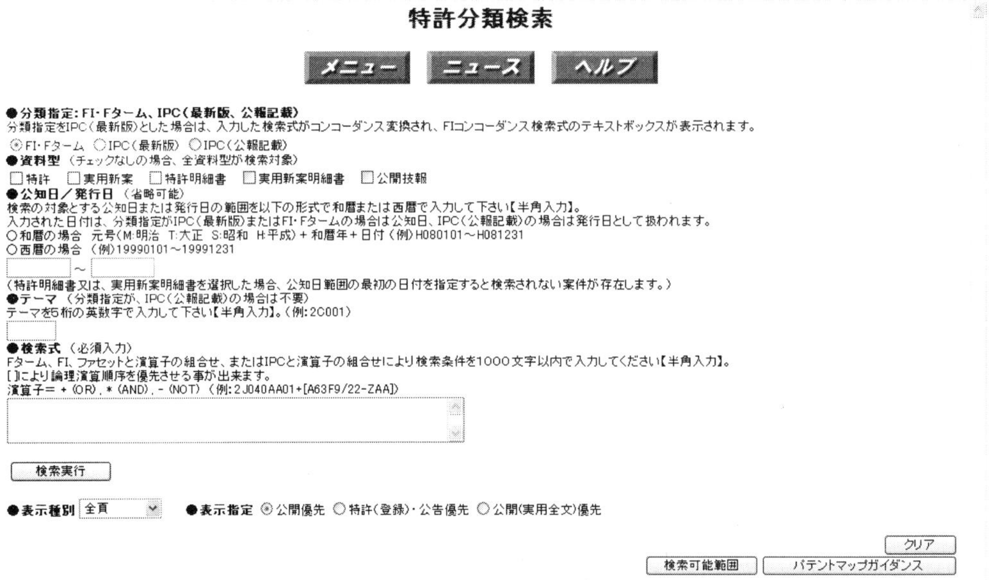

图 3-1-4-23 发明分类检索页面

当检索结果少于 1000 时，能够进行一览显示。例如，选择 IPC（最新版），检索 2011 年 1 月公开的 IPC 分类为 B32B27/00 的发明，共检索到 180 件结果，如图 3-1-4-24 所示。

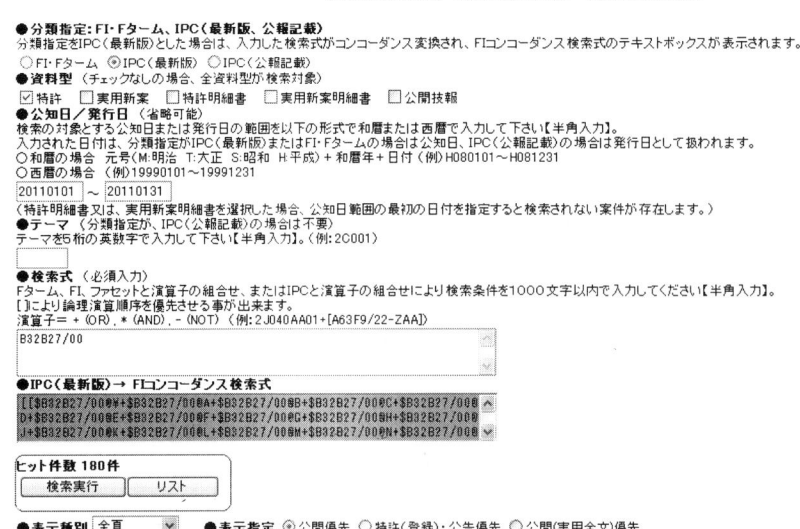

图 3-1-4-24 发明分类检索示例

点击"显示"，能够看到结果一览列表，如图 3-1-4-25 所示。点击其中的文献号能够进一步查看全文的详细信息。

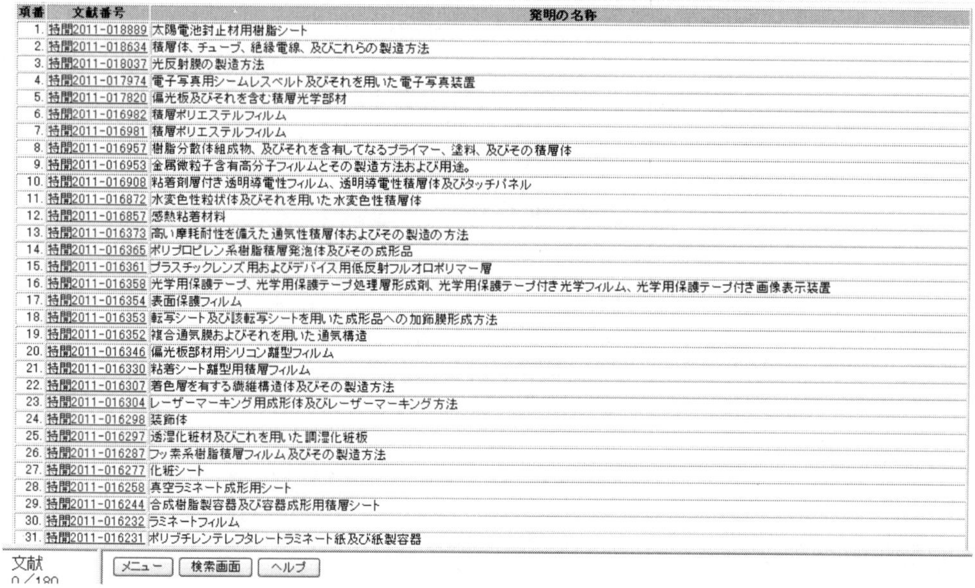

項番	文献番号	発明の名称
1.	特開2011-018889	太陽電池封止材用樹脂シート
2.	特開2011-018634	積層体、チューブ、絶縁電線、及びこれらの製造方法
3.	特開2011-018037	光反射膜の製造方法
4.	特開2011-017974	電子写真用シームレスベルト及びそれを用いた電子写真装置
5.	特開2011-017820	偏光板及びそれを含む積層光学部材
6.	特開2011-016982	積層ポリエステルフィルム
7.	特開2011-016981	積層ポリエステルフィルム
8.	特開2011-016957	樹脂分散体組成物、及びそれを含有してなるプライマー、塗料、及びその積層体
9.	特開2011-016953	金属微粒子含有高分子フィルムとその製造方法および用途。
10.	特開2011-016908	粘着剤層付き透明導電性フィルム、透明導電性積層体及びタッチパネル
11.	特開2011-016872	水変色性粒状体及びそれを用いた水変色性積層体
12.	特開2011-016857	感熱粘着材料
13.	特開2011-016373	高い摩耗耐性を備えた通気性積層体およびその製造の方法
14.	特開2011-016365	ポリプロピレン系樹脂積層発泡体及びその成形品
15.	特開2011-016361	プラスチックレンズ用およびデバイス用低反射フルオロポリマー層
16.	特開2011-016358	光学用保護テープ、光学用保護テープ処理層形成剤、光学用保護テープ付き光学フィルム、光学用保護テープ付き画像表示装置
17.	特開2011-016354	表面保護フィルム
18.	特開2011-016353	転写シート及び該転写シートを用いた成形品への加飾膜形成方法
19.	特開2011-016352	複合通気膜およびそれを用いた通気構造
20.	特開2011-016346	偏光板部材用シリコン離型フィルム
21.	特開2011-016330	粘着シート離型用積層フィルム
22.	特開2011-016307	着色層を有する繊維構造体及びその製造方法
23.	特開2011-016304	レーザーマーキング用成形体及びレーザーマーキング方法
24.	特開2011-016298	装飾体
25.	特開2011-016297	透湿化粧材及びこれを用いた調湿化粧板
26.	特開2011-016287	フッ素系樹脂積層フィルム及びその製造方法
27.	特開2011-016277	化粧シート
28.	特開2011-016258	真空ラミネート成形用シート
29.	特開2011-016244	合成樹脂製容器及び容器成形用積層シート
30.	特開2011-016232	ラミネートフィルム
31.	特開2011-016231	ポリブチレンテレフタレートラミネート紙及び紙製容器

图 3–1–4–25 发明分类检索结果一览

6. 专利导航指南（パテントマップガイダンス［PMGS］）

专利导航指南包括日文版和英文版，提供 FI、F-term 和 IPC 分类的准确查询。日文版（パテントマップガイダンス［PMGS］）具体包括的功能有：已知某一 FI、F-term 或 IPC 分类，查询该分类的具体定义及上下层级关系；直接查看完整的 FI、F-term 和 IPC 分类表；已知关键词，查询涉及的 FI、F-term 和/或 IPC 分类；通过 FI 或 IPC 查询 FI 分类和 IPC 分类之间的相互对应关系。还可以直接查看 FI、F-term 及 IPC 分类的修订情况。パテントマップガイダンス［PMGS］页面如图 3–1–4–26 所示。

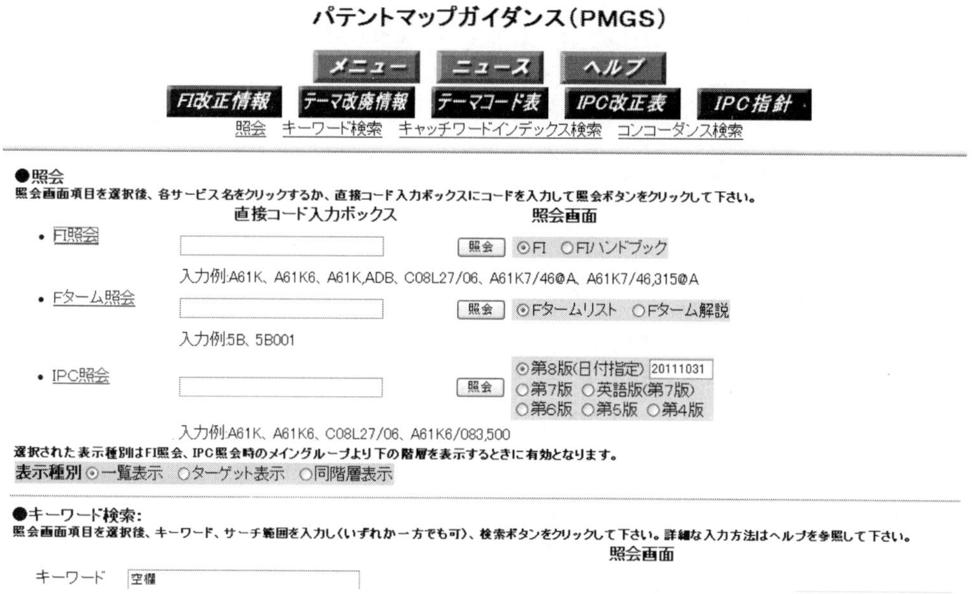

图 3–1–4–26 パテントマップガイダンス（PMGS）页面

英文版（Patent Map Guidance）仅提供以下功能：已知某一 FI 或 F-term 分类，查询该分类的具体定义及上下层级关系；直接查看完整的 FI 和 F-term 分类表；通过 IPC 查询与 FI 的对应关系。Patent Map Guidance 页面如图 3-1-4-27 所示。

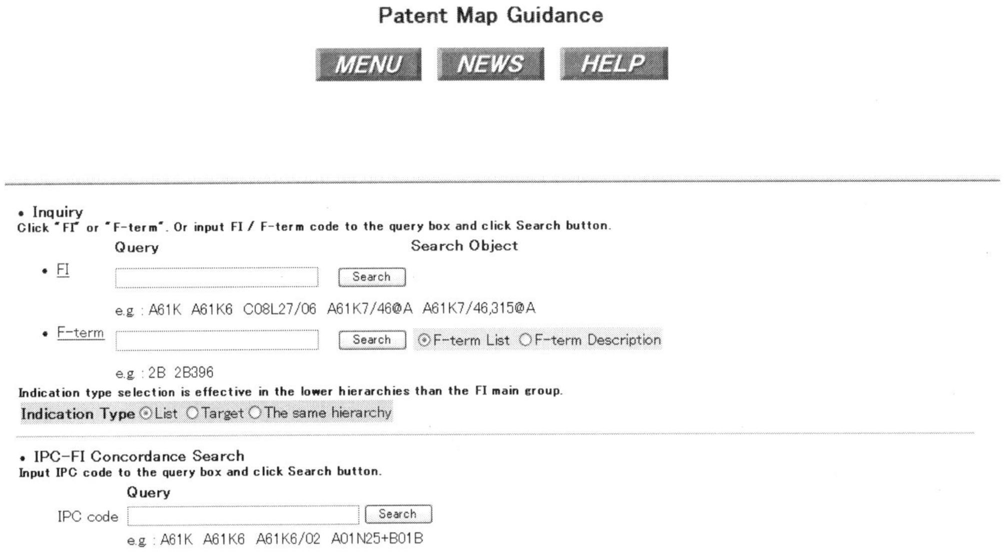

图 3-1-4-27　Patent Map Guidance 页面

7. 专利导航指南（旧）（パテントマップガイダンス（旧））

专利导航指南（旧）提供平成 12 年 10 月（即 2000 年 10 月以前）的 FI、F-term 和 IPC 分类查询，仅有日文版，其页面如图 3-1-4-28 所示。

图 3-1-4-28　专利地图指南（旧）页面

8. PAJ 检索（PAJ 检索）

PAJ 是 Patent Abstracts of Japan（日本专利文摘）的缩写，该数据库是日本专利的英文文摘数据库，收录了自 1976 年以来公布的日本专利申请的著录项目、摘要、主要附图等信息。

PAJ 检索页面如图 3-1-4-29 所示。分为文本检索和号码检索。默认检索页面为文本检索，提供了"Applicant，Title of invention，Abstract"（申请人、发明名称、文摘）、"Date of publication of application"（申请公开日期）和"IPC"三组检索项目，各检索项目之间的逻辑关系为"与"。

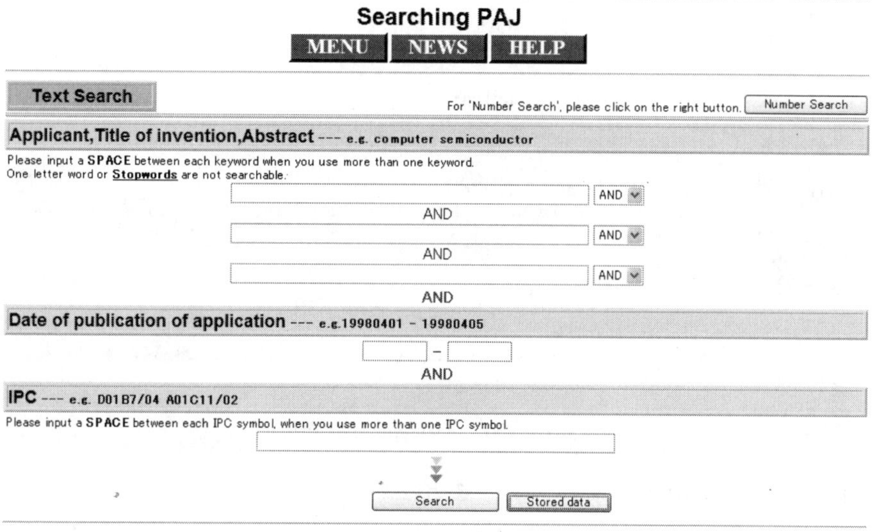

图 3-1-4-29　PAJ 检索页面

点击图 3-1-4-29 中的"Number Search"，能够进行号码检索，检索页面如图 3-1-4-30 所示。

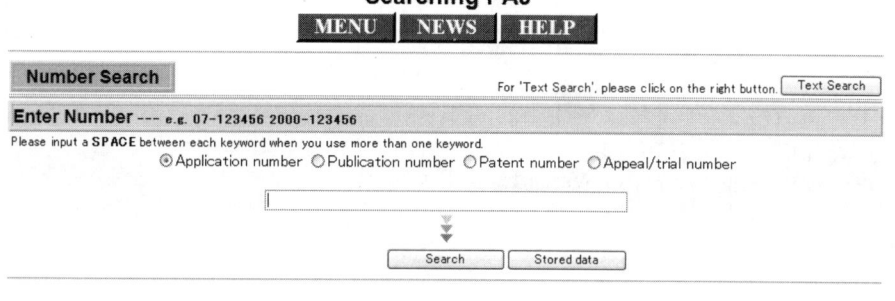

图 3-1-4-30　PAJ 中的号码检索页面

PAJ 检索与发明公开公报文摘检索（公開特許公報フロントページ検索）的检索过程基本相同，主要区别在于，PAJ 检索得到的结果不仅可以查看著录项目、摘要、主要附图等信息，还可以进一步通过点击"JAPANESE"获得日文全文，1993 年以后的文献点击"DETAIL"能够获得机器翻译的英文译文，并可查看法律信息。

9. FI/F-term 检索（FI/F ターム検索）

FI/F-term 检索（FI/F ターム検索）为英文版，与日文版的发明分类检索（特許分類検索）相比，功能有所简化，仅提供 FI 和 F-term 的检索。FI/F-term 检索（FI/F ターム検索）的检索页面如图 3–1–4–31 所示。

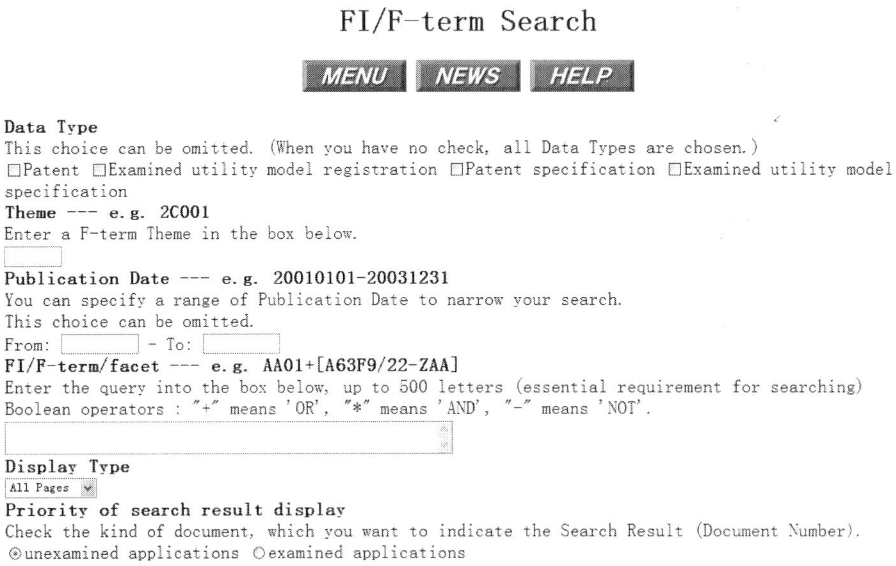

图 3–1–4–31　FI/F-term 检索页面

下面通过一个例子详细介绍具体的检索方法。

如图 3–1–4–32 所示，将文献类型限定为专利及专利说明书，在 F-term 主题中输入 2C001，公开日期限定为 1993 年 1 月 1 日至 1994 年 1 月 1 日，在检索栏中输入"AA01+[A63F9/22-ZAA]"，共获得 124 件结果。

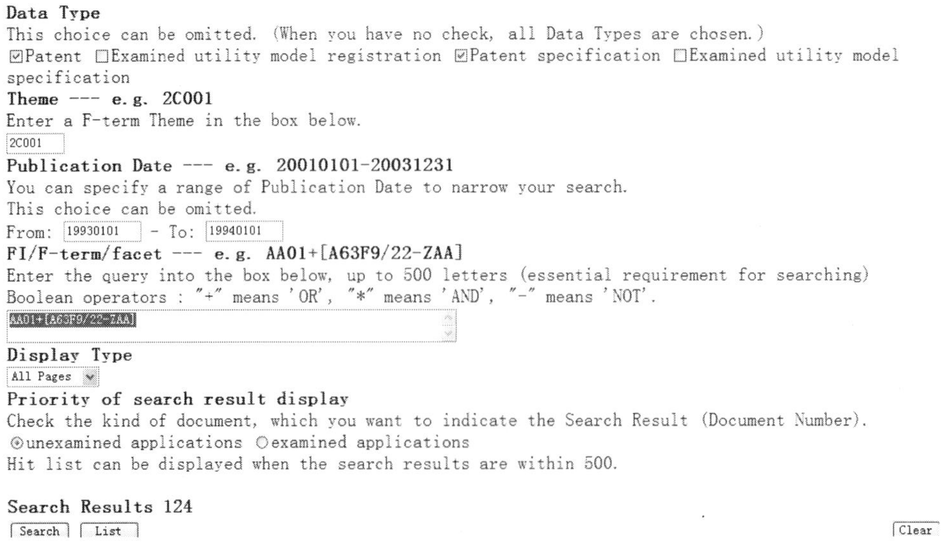

图 3–1–4–32　FI/F-term 检索示例

点击图 3-1-4-32 中的"List",显示页面如图 3-1-4-33 所示。

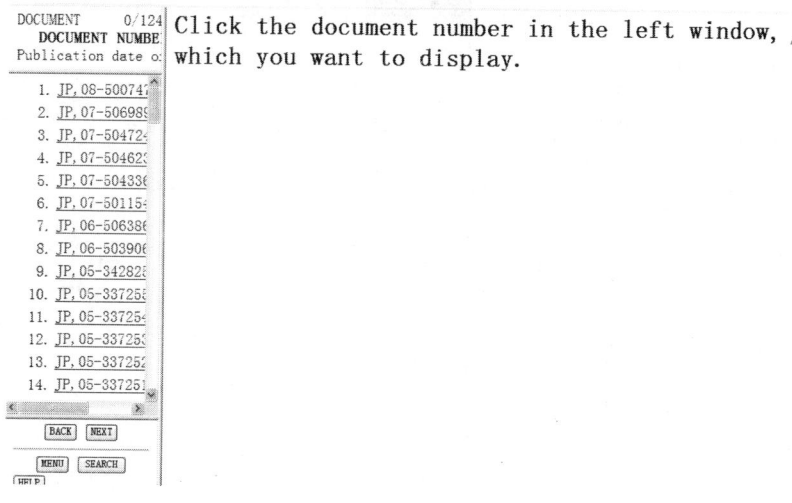

图 3-1-4-33　FI/F-term 检索结果列表

点击图 3-1-4-33 中的一个文献号,显示该文献的英文权利要求,如图 3-1-4-34 所示,还可以点击图中的"DETAILED DESCRIPTION"、"MEANS"、"DRAWINGS"获得相应的英文信息。点击图 3-1-4-34 中的"JAPANESE"能够获得 PDF 格式的日文全文。1993 年以后的文献通过点击"LEGAL STATUS"还能够查看英文的法律信息。

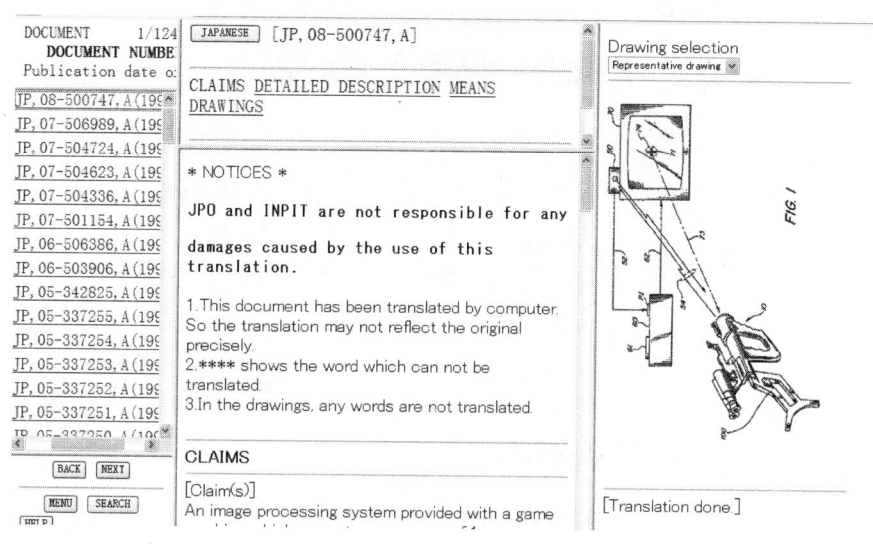

图 3-1-4-34　FI/F-term 检索结果显示

10. 外国公报 DB（外国公报 DB）

外国公报 DB 为日文版,通过文献号为检索入口可以检索美国、欧洲、中国、英国、德国、法国、瑞士、世界知识产权组织、加拿大、韩国等国家、地区或组织的发明专利文献,可以选择的显示方式有项目显示或 PDF 格式显示两种方式。其检索页面如图 3-1-4-35 所示。

127

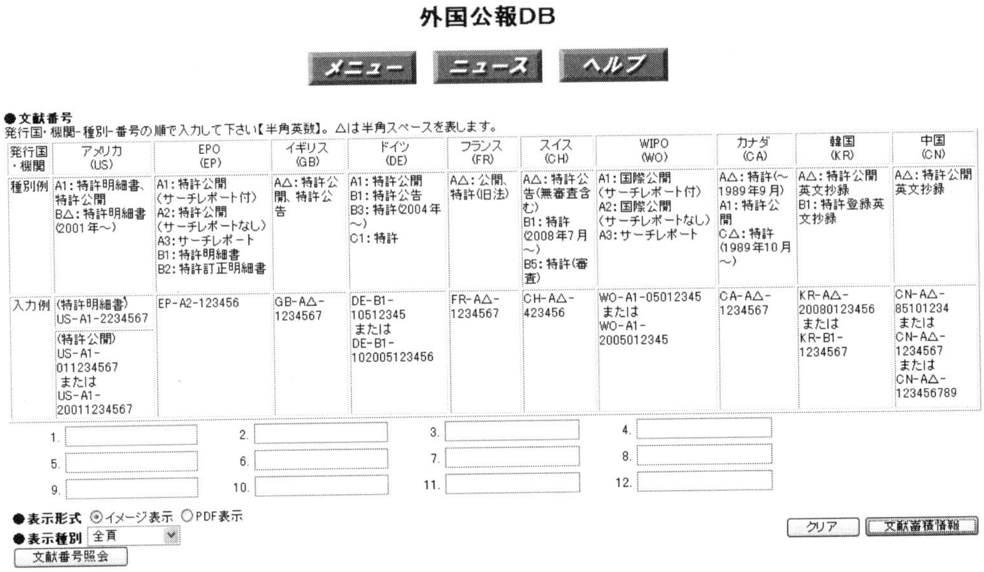

图 3-1-4-35　外国公报 DB 检索页面

11. CSDB 检索（コンピュータソフトウエアデータベース（CSDB）検索）

CSDB 检索提供单行本、技术杂志、会议论文等非专利文献的检索，其检索页面如图 3-1-4-36 所示。

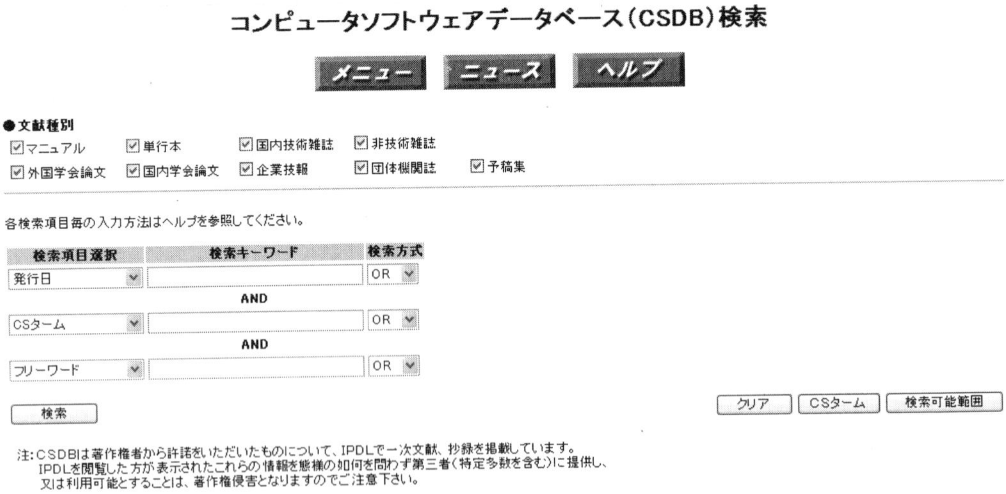

图 3-1-4-36　CSDB 检索页面

3.1.4.3　法律状态检索

专利法律状态包括：专利权的授予，专利申请权，专利权的无效宣告，专利权的终止，专利权的恢复，专利权的质押、保全及其解除，专利实施许可合同的备案，专利实施的强制许可及专利权人名称或姓名、国籍、地址的变更以及与专利法律状态相关的信息。在专利分析尤其是针对技术合作或技术引进进行的分析中，了解重点专利的法律状态具有重要的意义。

专利法律状态检索可以大致分为：专利有效性检索、专利地域性检索和权利人变更检索。

专利有效性检索是指对一项专利或专利申请当前所处的法律状态进行的检索，其目的是了解该项专利申请是否被授权，授权的专利目前是否仍然有效，或者是因何种原因导致失效。

专利地域性检索是指对一项发明创造在哪些国家和地区申请了专利，并获得授权的检索，其目的是确定该项专利获得保护或提交申请的国家范围。

权利人变更检索是指对一项已经获得专利授权的发明创造，在授权之后，权利人是否发生变更的检索，即在当前情况下，该项专利的真正权利人。

日本专利的法律状态检索途径大致有以下几类：

一是通过本章 3.1.4.2 节中提及的特許・实用新案公报 DB 检索、特許・实用新案文献番号索引照会检索、公报テキスト检索、公开特許公报フロントページ检索、特許分类检索、PAJ 检索或 FI/F ターム检索，能够在检索结果浏览页面中查看日本专利的法律状态（日文版点击"经过情报"，英文版点击"LEGAL STATUS"。英文版的法律状态准确性和全面性不如日文版）。

二是通过 JPO 的 Advanced Industrial Property Network（AIPN）进行检索，能够获得英文版的日本专利法律状态。

三是通过"经过情报检索"（经过情报检索）查询对日本专利从申请开始到授权、驳回或者视为撤回等一系列的法律状态。

四是通过"審判檢索"（审判检索）查询经历了复审阶段的专利案卷的复审信息。

五是通过"審查書類情报照会"（审查相关文件检索）查询审查意见通知书等审查相关文件的信息。

本节重点介绍经过情报检索，同时简单介绍 AIPN、审判检索和审查相关文件的检索。

1. AIPN

AIPN 收录的数据范围如表 3-1-4-4 所示。

表 3-1-4-4　AIPN 收录的数据范围

公开国家或组织	申请号
JP：日本特许厅（JPO）	1991-229185～2011-541934
US：美国商标专利局（USPTO）	1991-744102～2010-993175
EP：欧洲专利局（EPO）	1994-926355～2010-773826
WO：世界知识产权组织（WIPO）	1994-GB002773～2010-CN075896

AIPN 的网址为 http://aipn.ipdl.inpit.go.jp，进入首页后点击左上角的"NUMBER SEARCH"，打开如图 3-1-4-37 所示的检索页面。

AIPN 提供文献号作为检索入口，对于日本专利，可以通过"Type"下拉菜单选择文献类型，在"Document Number"检索栏中输入文献号，其规则参见本章 3.14.2 节中关于特許・实用新案公报 DB 的介绍。

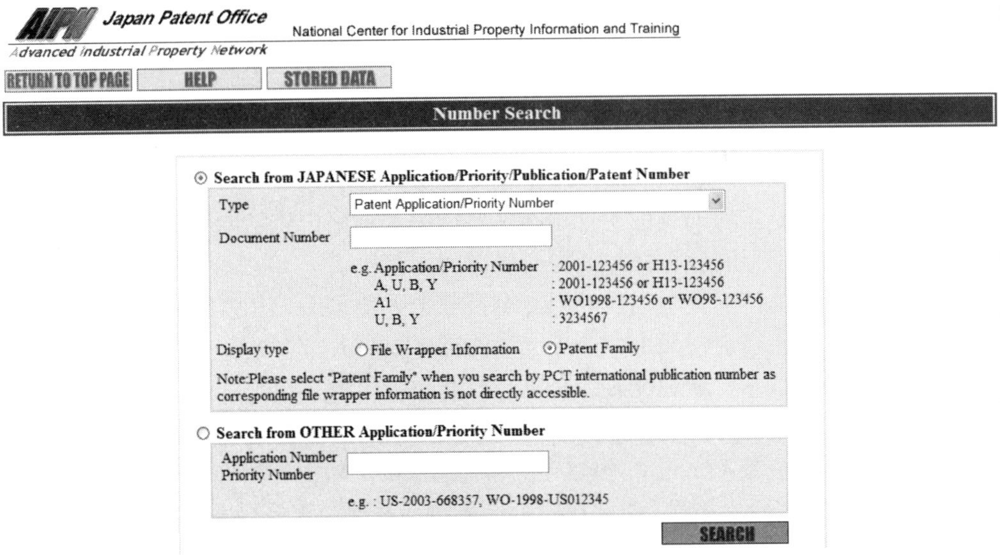

图 3-1-4-37　AIPN检索页面

例如，要查询日本专利特开2001-123456A的法律状态，可以在"Document Number"检索栏中输入2001-123456或H13-123456，点击"SEARCH"，显示如图3-1-4-38和图3-1-4-39所示的检索结果页面。从页面中可以获得英文版的基本法律状态信息和审查员在审查过程中引用的文献及同族信息。

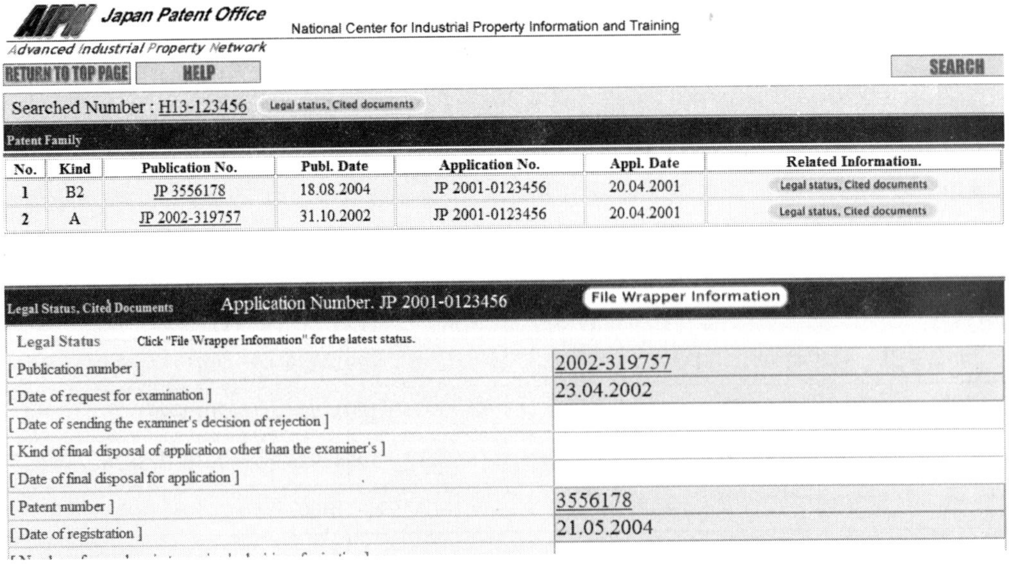

图 3-1-4-38　AIPN检索结果页面一

2. 经过情报检索
（1）简介。
通过点击IPDL主页上的"経過情報検索"（如图3-1-4-40所示），进入经过情报检索界面。

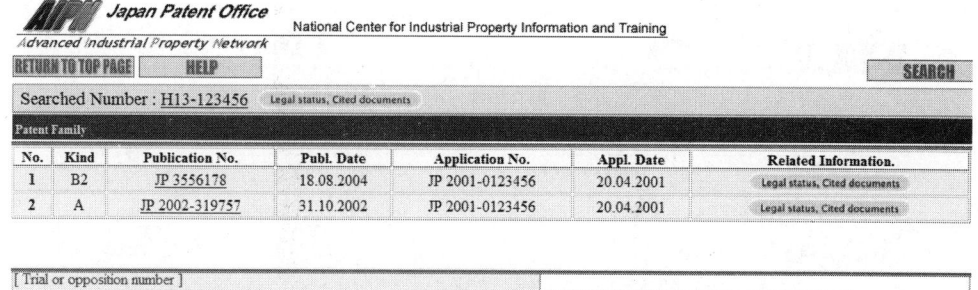

图 3-1-4-39　AIPN检索结果页面二

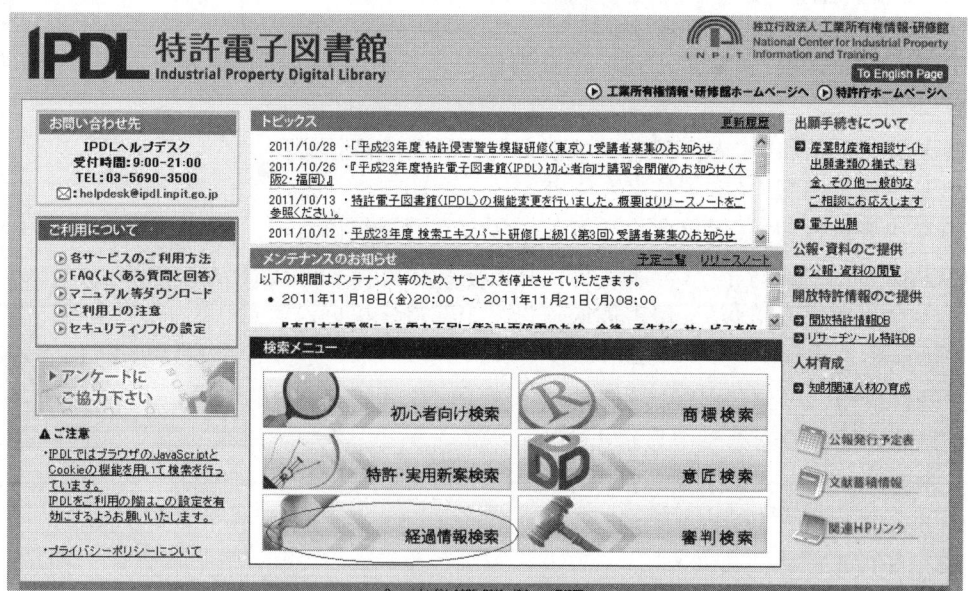

图 3-1-4-40　进入经过情报检索的链接

如图 3-1-4-41 所示，经过情报检索提供三种检索方式：

①"番号照会"（号码索引）：通过申请号、公开号、专利号、复审编号等文献号进行检索；

②"範囲指定検索"（范围指定检索）：提供一段时期（最多 31 天）内的处于某种法律状态的发明专利、实用新型专利、外观设计专利或商标案卷的检索；

③"最終処分照会"（最终处理索引）：提供某件发明专利、实用新型专利、外观设计专利或商标在审批阶段的最终处理结果。

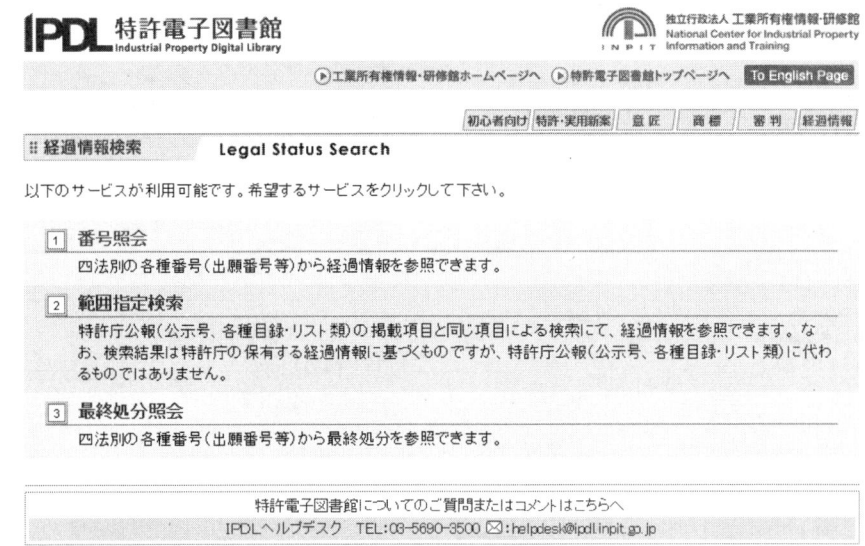

图 3-1-4-41　经过情报检索的三种方式

在经过情报检索结果中能够获得以下主要信息：

① 从"基本项目"（基本项目）中获得该专利基本的著录数据以及案卷大致的审批过程；

② 从"出願情報"（申请信息）中获得该专利的申请信息；

③ 从"審判情報"（审判信息）中获得该专利的审判（复审）信息；

④ 从"登録情報"（授权信息）中获得该专利的授权信息；

⑤ 从"分割出願情報"（分案申请信息）中获得该专利是否有分案申请；

⑥ 从"侵害訴訟情報"（侵害诉讼信息）中获得侵权诉讼信息。

对于能够查询到的专利，"基本项目"和"出願情報"是都存在的显示项目，"審判情報"、"登録情報"、"分割出願情報"和"侵害訴訟情報"只有在经历过相应的阶段并有相应的信息时才会在检索结果中显示出来。

日本专利的法律状态主要包括以下几种：

① 拒絶查定（驳回）；

② 出願放棄（申请放弃）；

③ 取下（撤销）；

④ 登録（授权）；

⑤ 本權利消滅（专利权失效）；

⑥ 全部無效（全部无效）；

⑦ 一部無效（部分无效）。

（2）下面分别对"番号照会"（号码索引）、"範囲指定検索"（范围指定检索）和"最終処分照会"（最终处理索引）进行介绍。

① "番号照会"（号码索引）。

点击图 3-1-4-41 中的"番号照会"，进入如图 3-1-4-42 所示的检索页面。

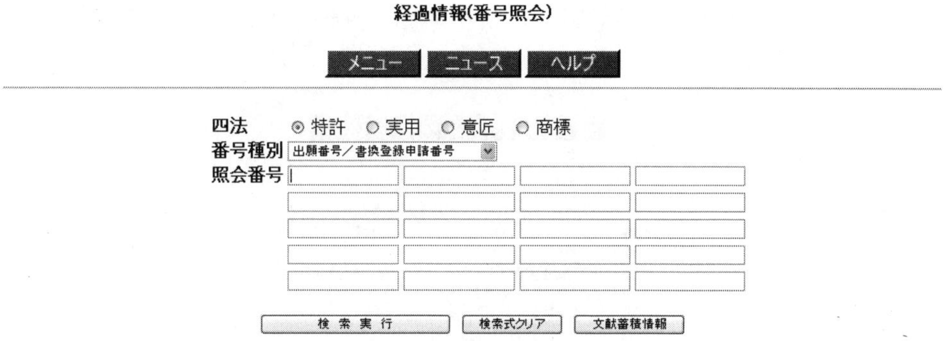

图 3-1-4-42 号码索引检索页面

图 3-1-4-42 所示页面上提供了四个选项，即发明专利、实用新型专利、外观设计专利和商标，用户根据需要选择相应的类型。在"番号種別"下拉菜单中选择文献号类型。"照会番号"中提供了 20 个检索栏，各检索栏之间的逻辑关系为"或"，最多可以同时检索 20 件申请。

下面以公开号为特開平 10-272768A 的发明专利申请为例进行详细介绍。

在图 3-1-4-42 页面中输入"H10-272768"，点击"検索実行"，显示如图 3-1-4-43 所示的检索结果页面。

图 3-1-4-43 号码索引检索结果

点击图 3-1-4-43 中的文献号，显示如图 3-1-4-44 所示的检索结果页面。该页面显示的是该发明专利的基本项目，从中可以看出该发明专利已经被驳回。

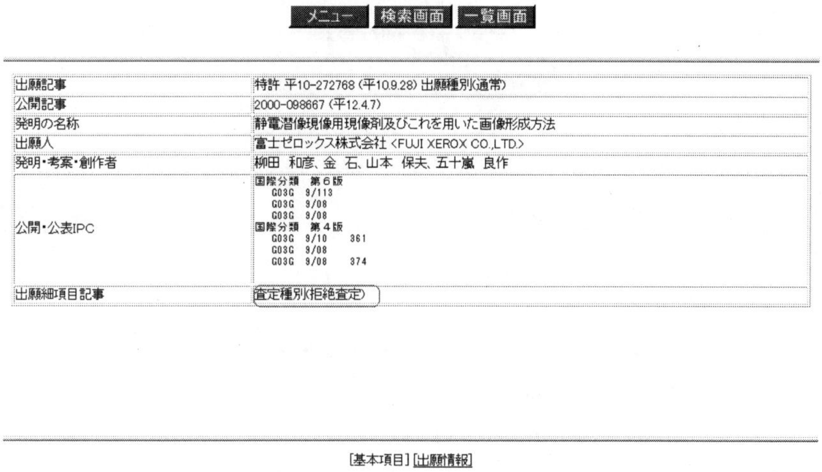

图 3-1-4-44 号码索引检索结果（基本项目）

点击图 3-1-4-44 中的“出願情報”，显示如图 3-1-4-45 所示的页面，从中能够获得该发明专利的申请信息。

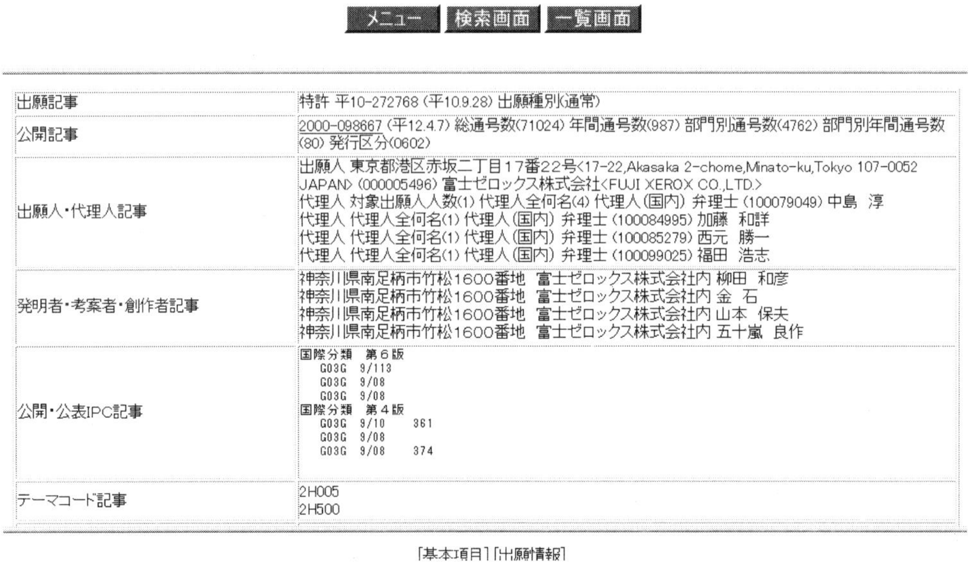

メニュー 検索画面 一覧画面

出願記事	特許 平10-272768（平10.9.28）出願種別(通常)
公開記事	2000-098667（平12.4.7）総通号数(71024) 年間通号数(987) 部門別通号数(4762) 部門別年間通号数(80) 発行区分(0602)
出願人・代理人記事	出願人 東京都港区赤坂二丁目17番22号<17-22,Akasaka 2-chome,Minato-ku,Tokyo 107-0052 JAPAN>（000005496）富士ゼロックス株式会社<FUJI XEROX CO.,LTD.> 代理人 対象出願人人数(1) 代理人全何名(4) 代理人（国内）弁理士（100079049）中島　淳 代理人 代理人全何名(1) 代理人（国内）弁理士（100084995）加藤　和詳 代理人 代理人全何名(1) 代理人（国内）弁理士（100085279）西元　勝一 代理人 代理人全何名(1) 代理人（国内）弁理士（100099025）福田　浩志
発明者・考案者・創作者記事	神奈川県南足柄市竹松1600番地　富士ゼロックス株式会社内 柳田　和彦 神奈川県南足柄市竹松1600番地　富士ゼロックス株式会社内 金　石 神奈川県南足柄市竹松1600番地　富士ゼロックス株式会社内 山本　保夫 神奈川県南足柄市竹松1600番地　富士ゼロックス株式会社内 五十嵐　良作
公開・公表IPC記事	国際分類　第6版 G03G　9/113 G03G　9/08 G03G　9/08 国際分類　第4版 G03G　9/10　361 G03G　9/08 G03G　9/08　374
テーマコード記事	2H005 2H500

[基本項目][出願情報]

图 3-1-4-45　号码索引检索结果（申请信息）

②“範囲指定検索”（范围指定检索）。

点击图 3-1-4-41 中的“範囲指定検索”，进入检索页面。在“種別”下拉菜单中选择要查询的法律状态类型，限定日期，能够检索所限时间范围（最多 31 天）内处于该法律状态的文献列表。

例如，要检索 2002 年 1 月 1 日到 2002 年 1 月 20 日期间处于异议后预告登记状态的发明专利和实用新型专利，则按以下步骤进行操作。

第一步，在“種別”下拉菜单中选择要查询的法律状态类型，将日期限定为 20020101～20020120，如图 3-1-4-46 所示。

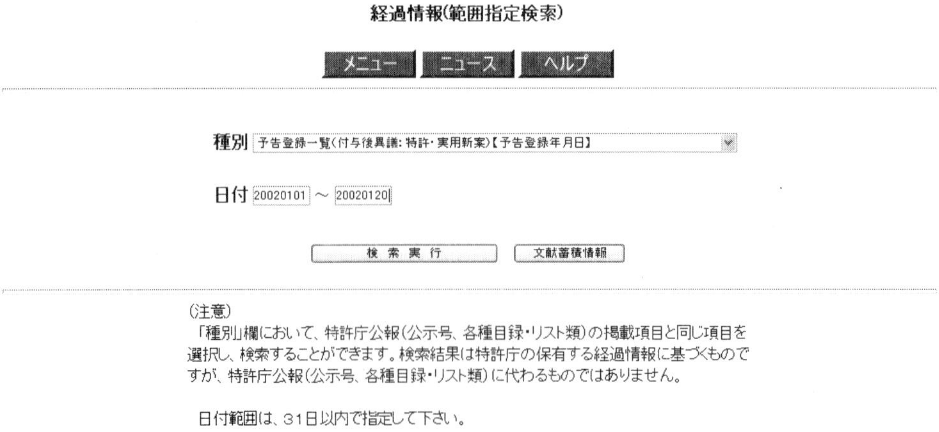

图 3-1-4-46　范围指定示例（第一步）

第二步，点击"検索実行"（如图 3-1-4-47 所示），共有 127 件结果。

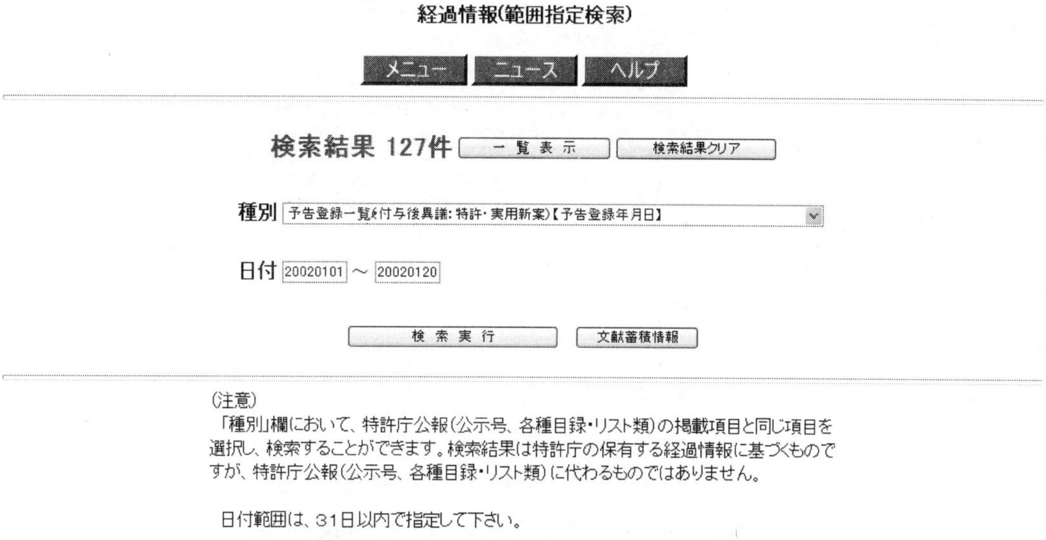

経過情報(範囲指定検索)

図 3-1-4-47　范围指定检索示例（第二步）

第三步，点击"一覧表示"，显示如图 3-1-4-48 所示的页面。

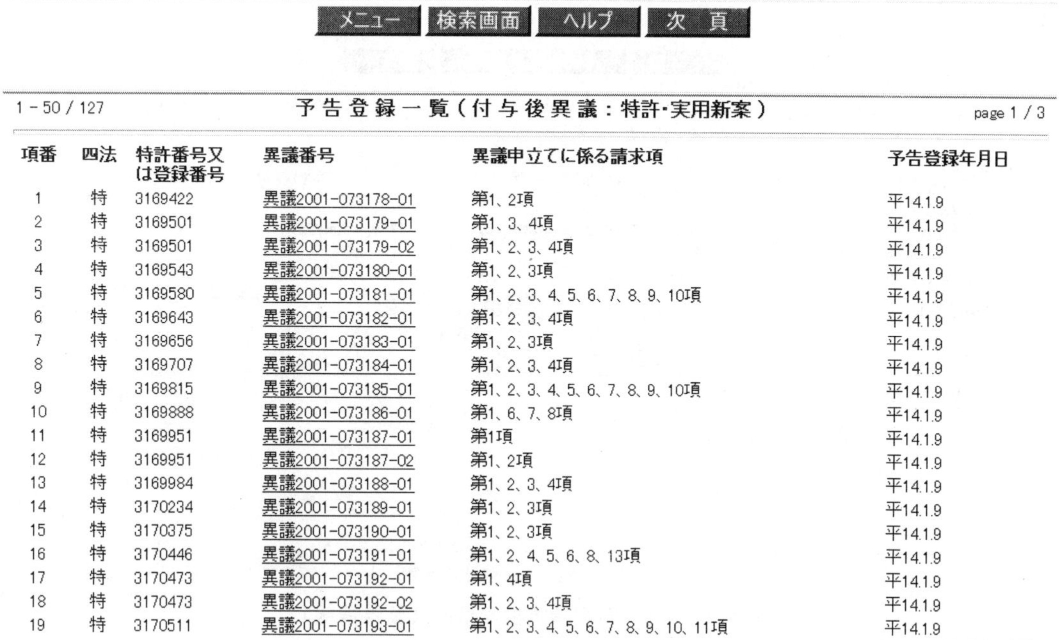

項番	四法	特許番号又は登録番号	異議番号	異議申立てに係る請求項	予告登録年月日
1	特	3169422	異議2001-073178-01	第1、2項	平14.1.9
2	特	3169501	異議2001-073179-01	第1、3、4項	平14.1.9
3	特	3169501	異議2001-073179-02	第1、2、3、4項	平14.1.9
4	特	3169543	異議2001-073180-01	第1、2、3項	平14.1.9
5	特	3169580	異議2001-073181-01	第1、2、3、4、5、6、7、8、9、10項	平14.1.9
6	特	3169643	異議2001-073182-01	第1、2、3項	平14.1.9
7	特	3169656	異議2001-073183-01	第1、2、3項	平14.1.9
8	特	3169707	異議2001-073184-01	第1、2、3、4項	平14.1.9
9	特	3169815	異議2001-073185-01	第1、2、3、4、5、6、7、8、9、10項	平14.1.9
10	特	3169888	異議2001-073186-01	第1、6、7、8項	平14.1.9
11	特	3169951	異議2001-073187-01	第1項	平14.1.9
12	特	3169951	異議2001-073187-02	第1、2項	平14.1.9
13	特	3169984	異議2001-073188-01	第1、2、3、4項	平14.1.9
14	特	3170234	異議2001-073189-01	第1、2、3項	平14.1.9
15	特	3170375	異議2001-073190-01	第1、2、3項	平14.1.9
16	特	3170446	異議2001-073191-01	第1、2、4、5、6、8、13項	平14.1.9
17	特	3170473	異議2001-073192-01	第1、4項	平14.1.9
18	特	3170473	異議2001-073192-02	第1、2、3、4項	平14.1.9
19	特	3170511	異議2001-073193-01	第1、2、3、4、5、6、7、8、9、10、11項	平14.1.9

図 3-1-4-48　范围指定检索示例（第三步）

第四步，点击第一条记录的异议号，显示如图 3-1-4-49 所示的页面。可以看到其专利权全部维持。

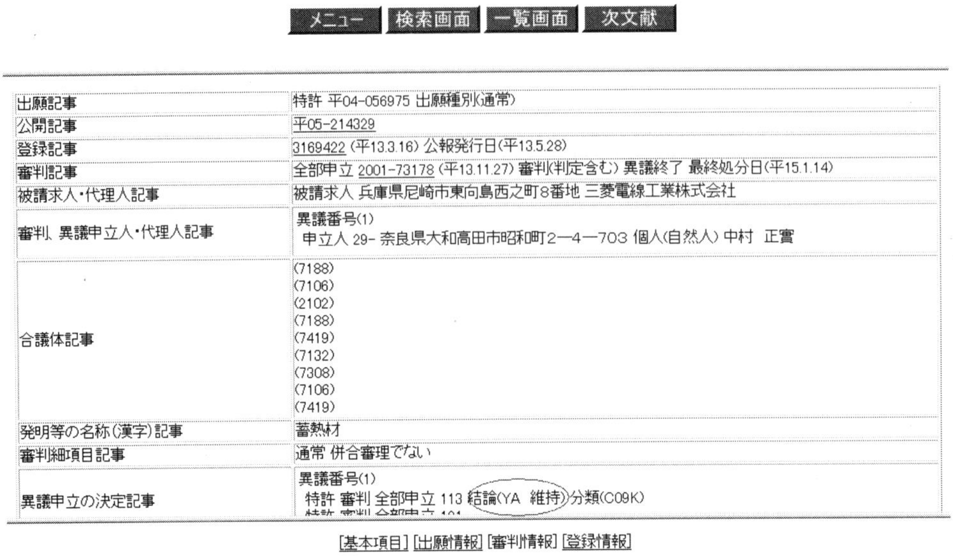

メニュー 検索画面 一覧画面 次文献

出願記事	特許 平04-056975 出願種別(通常)
公開記事	平05-214329
登録記事	3169422 (平13.3.16) 公報発行日(平13.5.28)
審判記事	全部申立 2001-73178 (平13.11.27) 審判(判定含む) 異議終了 最終処分日(平15.1.14)
被請求人·代理人記事	被請求人 兵庫県尼崎市東向島西之町8番地 三菱電線工業株式会社
審判、異議申立人·代理人記事	異議番号(1) 申立人 29- 奈良県大和高田市昭和町2—4—703 個人(自然人) 中村 正實
合議体記事	(7188) (7106) (2102) (7188) (7419) (7132) (7308) (7106) (7419)
発明等の名称(漢字)記事	蓄熱材
審判細項目記事	通常 併合審理でない
異議申立の決定記事	異議番号(1) 特許 審判 全部申立 113 結論(YA 維持) 分類(C09K)

[基本項目] [出願情報] [審判情報] [登録情報]

图 3-1-4-49 范围指定检索示例（第四步）

还可以分别点击图 3-1-4-49 中的“基本項目”、“出願情報”和“登録情報”查看相应的信息。点击“登録情報”，显示如图 3-1-4-50 所示的页面，可以获知由于未交年费，其专利权已经全部失效。

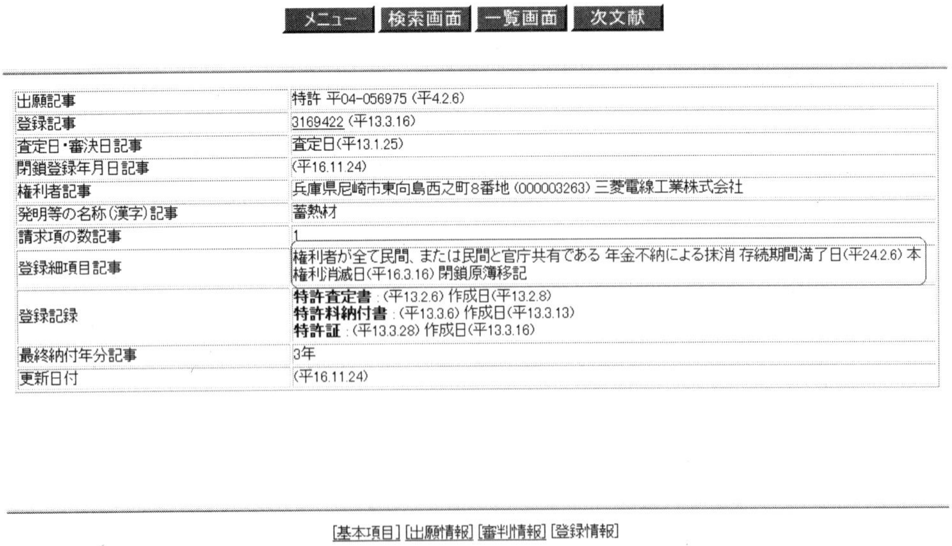

メニュー 検索画面 一覧画面 次文献

出願記事	特許 平04-056975 (平4.2.6)
登録記事	3169422 (平13.3.16)
査定日·審決日記事	査定日(平13.1.25)
閉鎖登録年月日記事	(平16.11.24)
権利者記事	兵庫県尼崎市東向島西之町8番地 (000003263) 三菱電線工業株式会社
発明等の名称(漢字)記事	蓄熱材
請求項の数記事	1
登録細項目記事	権利者が全て民間、または民間と官庁共有である 年金不納による抹消 存続期間満了日(平24.2.6) 本権利消滅日(平16.3.16) 閉鎖原簿移記
登録記録	**特許査定書**：(平13.2.6) 作成日(平13.2.8) **特許料納付書**：(平13.3.6) 作成日(平13.3.13) **特許証**：(平13.3.28) 作成日(平13.3.16)
最終納付年分記事	3年
更新日付	(平16.11.24)

[基本項目] [出願情報] [審判情報] [登録情報]

图 3-1-4-50 范围指定检索示例（登録情報）

③“最終処分照会”（最终处理索引）。

点击图 3-1-4-41 中的“最終処分照会”，进入如图 3-1-4-51 所示的最終処分照会检索页面。该页面上首先提供了四个“検索対象”选项，依次对应发明专利、实用新型专利、外观设计专利和商标。“文献番号”中提供了十二组检索栏，每组检索栏之间的逻辑关系为“或”，最多可以同时检索十二件文献，每组检索栏中包括“種別”和“文献番号”两栏，通过"種別"下拉菜单选择文献类型,在"文献番号"中输入文献号。

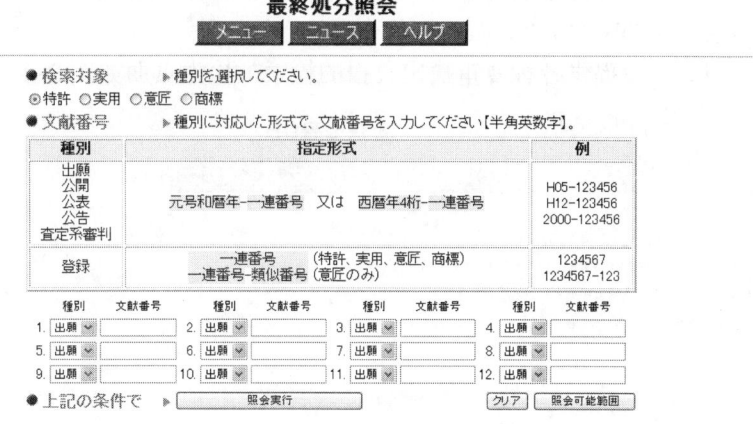

图 3-1-4-51　最終処分照会检索页面

例如,查询公开号为特开平 05-130204A 的发明专利申请的最终处理情况,则在"種別"下拉菜单中选择"公開",在"文献番号"中输入"H05-130204"或"1993-130204",点击"照会実行",显示如图 3-1-4-52 所示的页面。

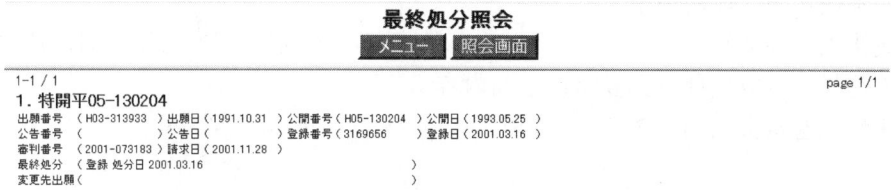

图 3-1-4-52　最終処分照会检索结果页面

3. 审判检索

通过点击 IPDL 主页上的"審判検索"(如图 3-1-4-53 所示),进入审判检索界面。

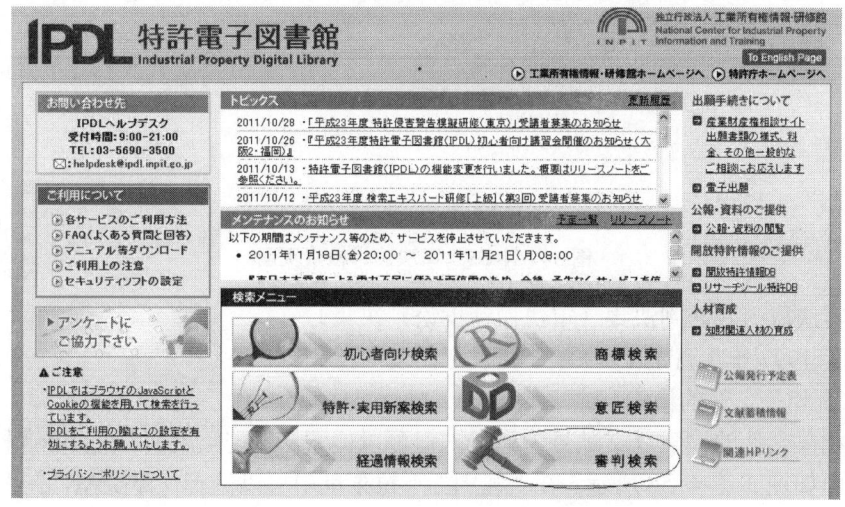

图 3-1-4-53　进入审判检索的途径

审判检索界面上提供了三个检索链接，分别是审决公报DB（审决公报数据库）、审决速报（审决快报）和审决取消訴訟判决集（审决撤销诉讼判决集）。

（1）审决公报DB（审决公报数据库）。

审决公报数据库提供各种复审决定公报的检索，检索页面如图3-1-4-54所示。

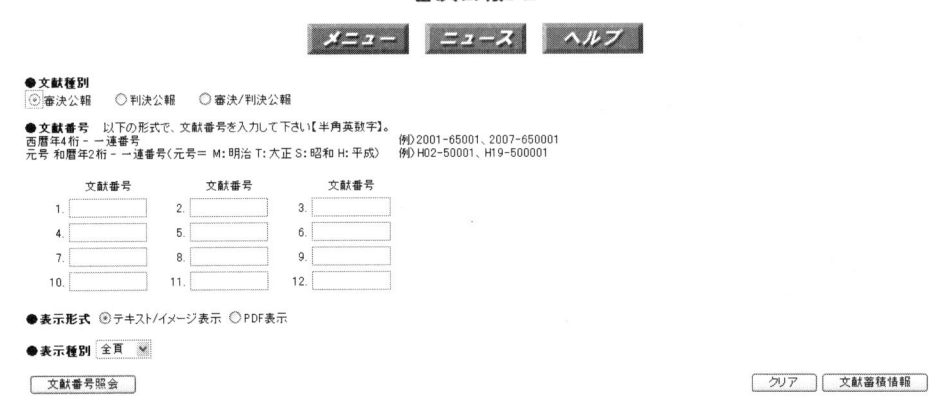

图3-1-4-54　审决公报数据库页面

（2）审决速报（审决快报）。

审决快报提供从复审决定作出后1～2个月，到复审决定公报发行这一时间段的相关信息，也就是说，可以提前看到复审决定的内容。

审决快报检索页面如图3-1-4-55所示。

图3-1-4-55　审决速报检索页面

（3）审决取消訴訟判决集（审决撤销诉讼判决集）。

提供了1997年3月至1999年3月发行的复审撤销判决集。

4. 审查相关文件的检索

审查相关文件的检索以文献号为检索入口可以检索2003年7月以后的审查相关文件。其检索页面如图3-1-4-56所示。在"種別"下拉菜单中可以选择文献类型，在"番号"栏中输入文献号，其检索式的构成与特許・实用新案公报DB的检索相同。

图 3-1-4-56 審查書類情報照会检索页面

3.1.5 上海知识产权（专利信息）公共服务平台
3.1.5.1 平台简介

上海知识产权（专利信息）公共服务平台网址：http://www.shanghaiip.cn/。

上海知识产权（专利信息）公共服务平台是上海市知识产权服务平台的重要组成部分，也是上海市政府促进知识产权保护，推进企业科技创新，实现知识产权优质高效服务的重点工程，于 2009 年 6 月 9 日正式开通。

该平台定位于面向广大中小企业和社会公众，提供专利信息应用服务，通过建立知识产权信息基础数据库群和专题数据库群，开发高效率的知识产权检索工具，既为不同应用层次的用户提供知识产权信息服务，也将支撑和促进上海市知识产权服务行业以及企事业单位、科研机构充分利用知识产权信息，发展知识产权事业。

其中专利检索子系统的目的是既能满足社会公众的专利查询检索需求，又能满足专业信息分析和加工利用人员的需求。面对社会公众它提供了一个界面友好、功能强大、操作简单的检索工具，面对专业人员它提供了深度挖掘、构建检索式、在线分析、加工衍生数据库等功能。

平台的信息资源包括：专利文献（收录范围：专利检索数据库中包含了近 80 个国家、国际组织和地区的专利文摘数据）；集成电路布图设计；知识产权案例；专利交易信息；培训信息。在检索系统主页面的右上角，会显示"数据更新时间"，点击即可获取即时的专利数据收录范围，如表 3-1-5-1 所示（不完全显示）。

表 3-1-5-1 数据统计表

数据统计表			
国家地区代码	国家地区名称	数据起止时间	数据量
WO	世界知识产权组织	1978.10.19—2011.03.31	1663195
EP	欧洲专利局	1978.12.20—2011.03.30	2133995
GB	英国	1859.08.05—2011.03.30	2249881
FR	法国	1902.10.09—2011.03.25	2093921
CH	瑞士	1888.01.09—2011.03.31	706481
DE	德国	1879.01.09—2011.03.31	4901879
US	美国	1845.08.04—2011.03.31	8306068

续表

国家地区代码	国家地区名称	数据起止时间	数据量
JP	日本	1913.02.06—2011.02.10	15990158
CN	中国	1985—2011.08.31	5783441
AP	非洲地区知识产权组织	1985.07.03—2010.12.31	1876
AR	阿根廷	1973.02.08—2011.03.30	76560
AT	奥地利	1902.11.10—2011.03.15	539316
AU	澳大利亚	1928.01.24—2011.03.31	1366487
BE	比利时	1875.09.15—2011.03.01	275890
BG	保加利亚	1973.02.15—2010.01.29	50904
BR	巴西	1973.01.02—2011.03.29	495133
CA	加拿大	1940.06.25—2011.03.31	1068460
CS	捷克斯洛伐克	1964.04.15—1993.03.17	139709
CZ	捷克共和国	1993.01.13—2011.03.30	65947
DK	丹麦	1895.03.25—2011.03.31	338690
EE	爱沙尼亚	1995.01.16—2011.02.15	5996
EG	埃及	1976.01.31—2010.09.29	10995
ES	西班牙	1953.04.16—2011.03.31	791910
FI	芬兰	1933.01.05—2011.03.31	17977
GC	海湾地区阿拉伯国家合作委员会专利局	2002.1030—2007.03.31	410
GR	希腊	1977.07.04—2011.03.31	71050
HK	中国香港	1976.03.05—2011.03.25	68059
HR	克罗地亚	1994.08.11—2011.03.31	10549
HU	匈牙利	1970.03.02—2011.03.28	111178
IE	爱尔兰	1930.01.03—2011.03.30	80806
IL	以色列	1968.01.25—2010.06.30	64007
IN	印度	1975.08.02—2009.02.06	53805
IS	冰岛	1959.08.08—2009.01.26	5324
IT	意大利	1933.07.12—2011.03.31	710127
KR	韩国	1978.02.28—2011.02.28	1151447

图 3-1-5-1 是该检索系统的主页面。

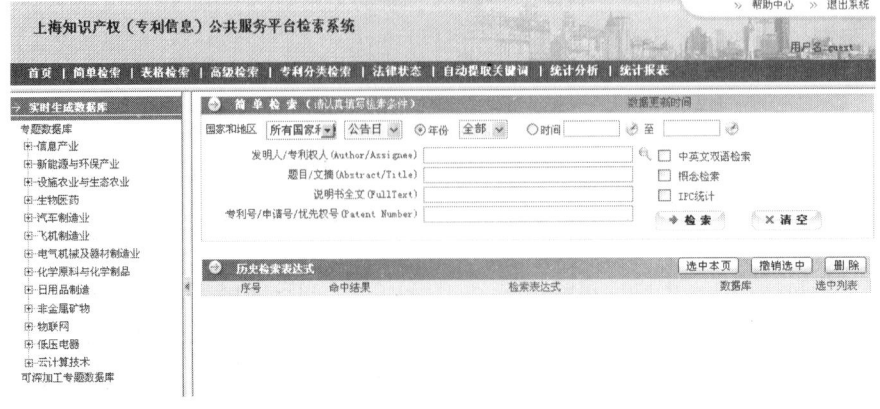

图 3-1-5-1 检索系统主页面

从该首页的布局来看，其中分为以下 8 个部分：（1）简单检索，（2）表格检索，（3）高级检索，（4）专利分类检索，（5）法律状态，（6）自动提取关键词，（7）统计分析和（8）统计报表，同时还有多个专题数据库。

3.1.5.2　检索和分析

该检索系统为常见的格式化检索平台。

1. 简单检索（如图 3-1-5-2）

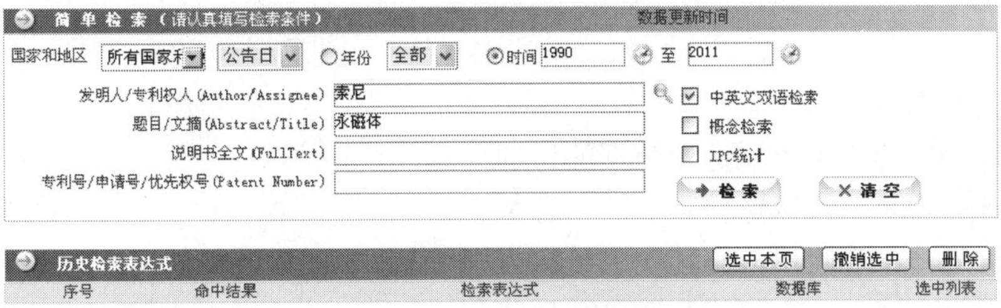

图 3-1-5-2　简单检索输入框

简要使用说明如下：

（1）选择国家和地区。

（2）选择日期限制。

日期限制的种类：公告日、申请日，默认为公告日，

日期年份或起始/终止日期：年、月、日，

日期的输入格式：YYYYMMDD，YYYY，YYYYMM。

注意：必须选择年份前面的复选框后，选择的年才会成为检索的有效条件。

（3）在检索要素输入框中输入相应检索要素。

逻辑算符：每个输入框的检索词之间以及各个输入框之间默认作逻辑（AND）运算；每个输入框的各检索词之间支持逻辑运算符（AND、OR）运算。

例如：磁体 and 矫顽力，索尼 or 佳能。

（4）中英文双语检索。

在专利检索中通常需要同时查询中外专利数据，从而需要在各个数据库之间进行切换，这为检索带来不必要的麻烦。在后台中英文词表的支持下，双语检索功能较好地解决了这一问题。当输入中文时会自动翻译成英文在外国数据库中进行检索，输入英文会自动翻译成中文在中国数据库中进行检索。但应注意的是，如果选择中英文双语检索，系统在后台的中英文词表中查找目前检索条件中的各个检索词，如果中英文词表中存在检索词，则系统可以根据检索词及其中文（英文）翻译进行中英文双语检索；如果检索词不在中英文词表中，则系统只对检索词进行检索，因此中英文双语检索效果受到中英文词表是否完备和准确的限制。

例如：不选择"中英文双语检索"，输入"催化剂 or catalyst"，会显示 515584 条记录；选择"中英文双语检索"，输入"催化剂 or catalyst"，会显示 567221 条记录，检索结果要多出很多。

（5）概念检索。

系统会在同义词词表中查找目前检索条件中的各个检索词。

例如：

选择"概念检索"，输入"电脑"，有 80962 条记录；

不选择"概念检索",输入"电脑",有 28351 条记录。

这是本系统提高检索效率的一个亮点,以往的检索关键词是机械式的匹配,只要发现某个专利文献中有相应的关键词,就将该专利文献作为查询结果返给用户。由于参与匹配的是字符的外在形式,而不是它们所表达的概念,所以经常出现检索不全、答非所问的结果。而概念检索就是指当用户输入一个检索词后,检索工具不仅能检索出包含这个具体词汇的结果,还能检索出包含那些与该词汇同属一类概念的词汇的结果,如"自行车"可表述成"单车"、"脚踏车"、"bicycle"。这样突破了以往关键词局限于表面形式的缺陷,从词所表达的概念意义层次上来认识和处理用户的检索请求,从而提高了检索的查全率。

(6)检索结果显示。

点击"详细内容"可查看选中数据的详细信息;

点击"选中本页"可以选中本页的所有数据;

点击"撤销选中"可以取消选中的数据;

点击"题录文摘下载"可进行题录数据的下载;

点击"全文下载"可一次最多下载 10 条记录;

点击"打印"可以打印数据信息;

点击"统计"可对检索结果进行统计;

点击"排序"可以按照检索结果和输入检索条件的相关度自动进行排序;

点击"IPC 统计"可以在检索结果中对检索词进行 IPC 统计;

点击"科技文献"系统可以直接将检索词发送到 Google 学术搜索引擎上进行检索。

(7)企业代码检索。

在发明人/专利权人一栏支持企业代码检索,这种检索方式可有效防止由于公司更名或存在子公司而漏检,因为企业代码往往是固定不变即唯一对应的。在检索中,用户通常不知道某一公司的企业代码,那如何获得企业代码呢?现以柯达(Kodak)公司为例进行说明:点击"发明人/专利权人"输入框右边的搜索图标,在企业名称表中输入"kodak",然后点击"检索",会在下面检索结果栏中列出所有有关 kodak 公司的企业名称,如伊士曼柯达美国公司(EASTMAN KODAK CO [US])、伊士曼柯达日本公司(EASTMAN KODAK JAPAN LTD)等,点击所列出的任一企业名称,则在企业代码一栏中显示出 KODAK 公司的企业代码为 EAST,如图 3-1-5-3 所示。再点击所列出的其他企业名称时会发现检索结果栏中所有企业的企业代码均为 EAST,这也进一步说明了企业的企业代码往往是固定和唯一的。然后可用企业代码 EAST 进行检索。

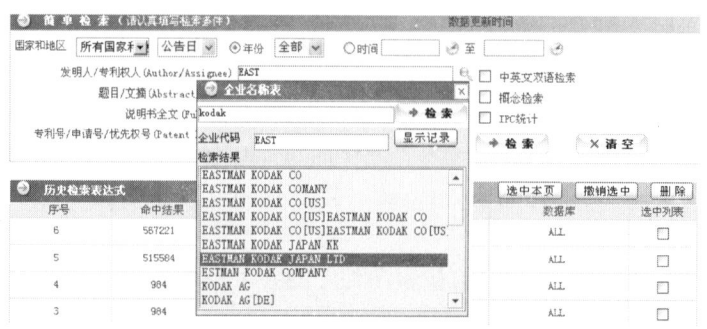

图 3-1-5-3　企业代码检索示例

在上述各种检索方式的检索结果中，点击"题录文摘下载"系统弹出题录文摘下载设置框，用户可以点击要下载字段的值选项，如图3-1-5-4所示。

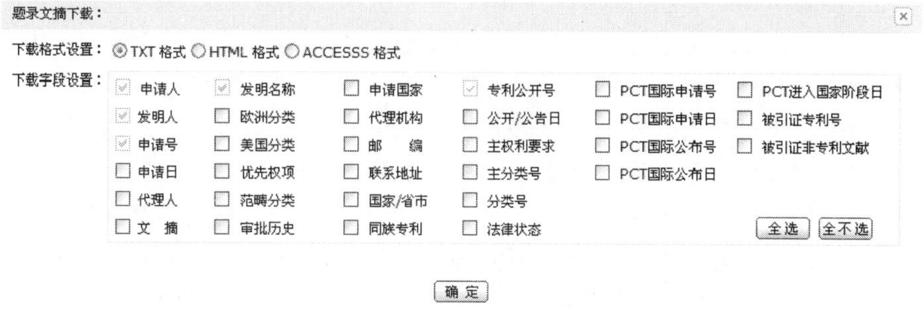

图 3-1-5-4　下载字段选项

用户可以根据统计、编辑的需要选择所需的下载格式和下载字段。

（8）检索示例。

现以举例方式针对"BASF 公司"的"氧化催化剂"进行检索和相关功能的说明，如图3-1-5-5所示。

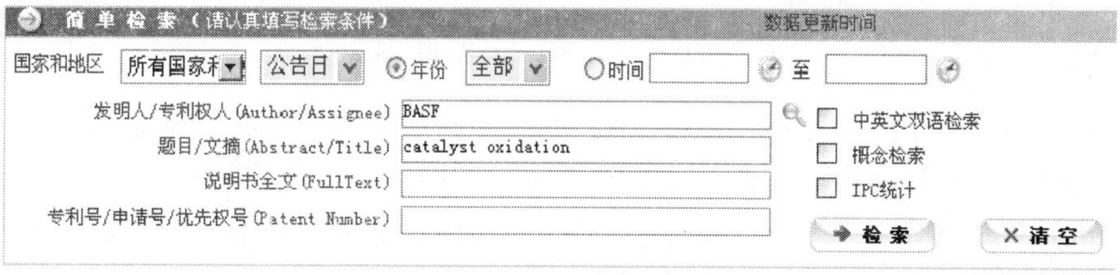

图 3-1-5-5　简单检索示例

在输入框中输入相应的检索要素。点击"检索"按钮，检索结果如图3-1-5-6所示。

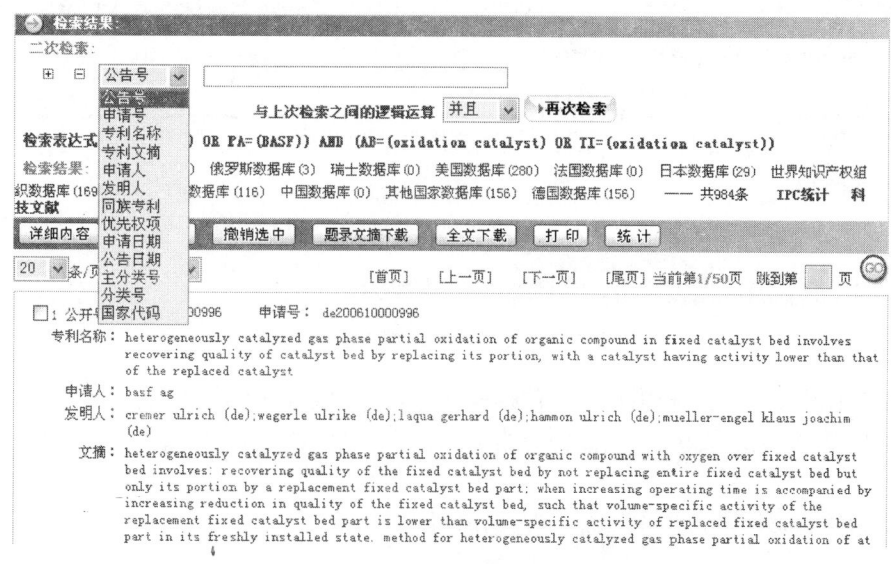

图 3-1-5-6　检索结果显示示例

在该页面中显示了上述检索要素的检索表达式，该表达式可以帮助用户更好地理解检索的执行、检索表达式的构建。同时该页面显示还可以进行二次检索，用户可以根据实际需要作出进一步限定。

在检索结果中，不仅显示了总的检索结果条数，而且给出了在每个数据库中的具体分布，可以帮助用户大致了解某一申请人/专利权人的大体专利区域布局。同时提供了IPC统计，便于对检索结果进行IPC统计，在获得准确的IPC分类号后用该分类号进行检索。此外，检索结果不仅仅局限于专利，还提供了相应的科技文献。

在IPC统计中，点击IPC统计，可得到IPC统计的大类，然后继续逐级点击，IPC分类逐渐更为细化，最终得到大组分类，下面的专利信息也相应地变为该IPC分类号对应的专利信息。另外将鼠标放置在分类号上，还可得到该分类号的详细解释。如图3-1-5-7所示，显示了B01D53大组下的专利信息，共有38条。可以选中所检索到的信息进行下载、打印和统计。

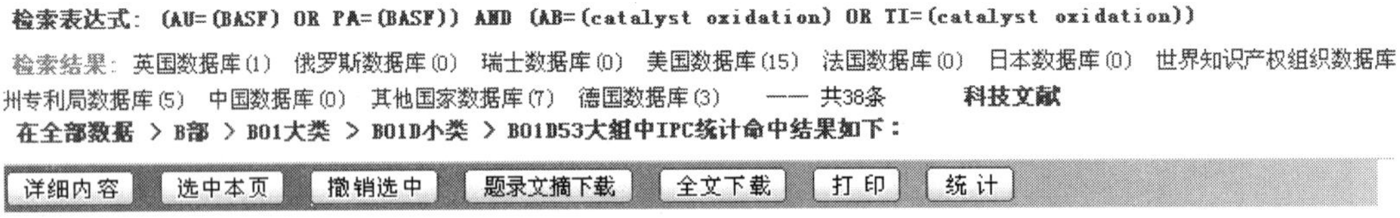

图 3-1-5-7 IPC统计结果示例

在科技文献的检索中，点击"科技文献"按钮，则通过链接直接转至Google学术搜索，如图3-1-5-8。值得注意的是，在上述检索系统平台中检索表达式的构建与Google学术搜索中检索表达式的构造一致，从而避免了单独在Google学术搜索中再次输入检索表达式带来的繁琐。

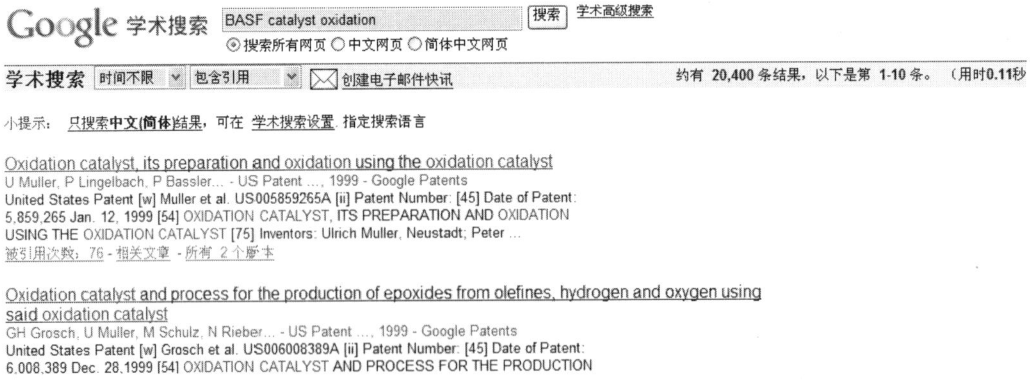

图 3-1-5-8 学术搜索示例

该学术搜索功能主要利用在专利数据库中输入的检索式作为检索条件在互联网上查询相关的科技文献。该关联检索功能为检索人员提供了更为广泛的文献资料，有利于提高检索质量。

在检索结果页面上，点击"统计"按钮，则出现如图3-1-5-9所示的统计项目页面：

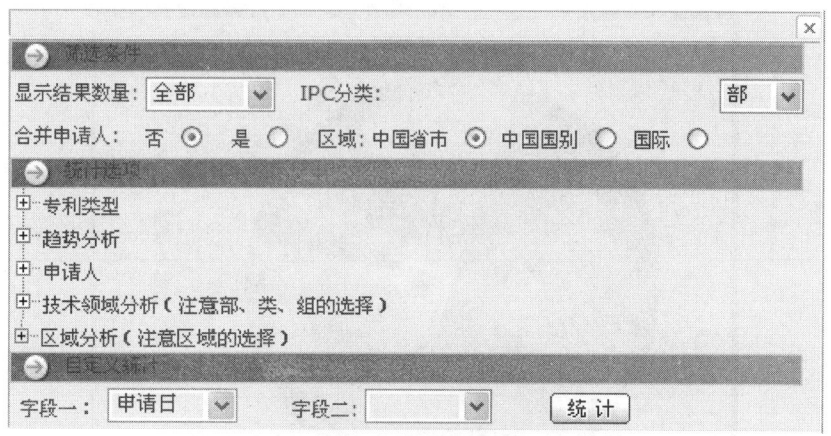

图 3-1-5-9　统计分析选项

统计选项共包括五种类型：专利类型、趋势分析、申请人、技术领域分析和区域分析。针对这五种分析类型，下文将进行详细介绍。

另外，在上述统计中，用户可以进行自定义统计，例如对上述检索结果进行申请日自定义统计。统计结果可以按列表、饼状图、折线图、柱状图四种形式给出，用户可以自行选择。例如：表 3-1-5-2 所示为按列表显示；图 3-1-5-10 所示为按饼状图显示。

表 3-1-5-2　对申请日的统计结果列表

序号	名　　称	值
1	2010	1
2	2009	6
3	2008	6
4	2007	6
5	2006	3
6	2005	2
7	2002	1
8	2001	1
9	2000	2
10	1999	1
11	1997	1
12	1992	1
13	1986	1
14	1977	1
15	1974	1

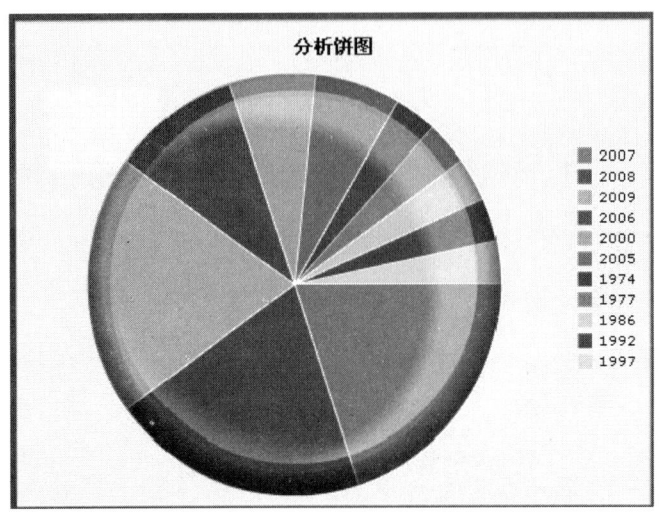

图 3-1-5-10　对申请日的分析饼状图

2. 表格检索

表格检索是格式化的检索界面，包括"中国专利数据库"和"外国专利数据库"，其中"中国专利数据库"提供了四个子库的检索条件，"外国专利数据库"提供了国家和地区列表，一次可以选择一个或多个国家或地区。表格检索的页面如图 3-1-5-11 所示。

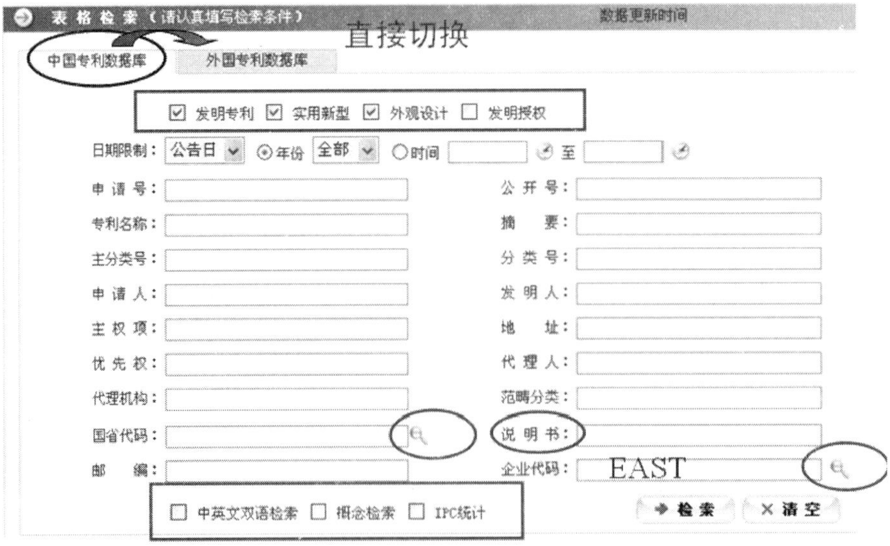

图 3-1-5-11　表格检索输入框

表格检索为用户提供了一种方便快捷的检索方式，用户只需要输入检索词并限定查询范围，系统就会在该范围内搜索包含相应检索词的专利文献信息。这种检索方式简单、直观，易于操作，并且检索结果非常全面。同时，对于专业用户来讲，使用表格检索进行关键词出现频率较低的查询，也会获得很高的效率。

具体检索功能：逻辑运算符；截词运算检索；位置运算检索。各检索入口之间是逻辑

"与"的关系。

可以使用中英文双语检索、概念检索、IPC 统计、二次检索等功能，也可以使用"企业代码"进行检索。将鼠标放置在输入位置，则会显示输入格式示例。在获得检索结果后，相应的操作如统计分析等与简单检索中所示相同，在此不再加以详细描述。

3. 高级检索

在高级检索的界面，会看到非常清晰的逻辑运算符、检索示例和字段代码表，如图 3-1-5-12 所示。

图 3-1-5-12　高级检索输入框

使用说明如下：

（1）算符的使用。

逻辑运算符：AND、OR、NOT（优先级别：NOT>AND>OR，可用（）改变优先级）；

截词运算符：? 代表一个字符，* 代表 0 或多个字符；

位置算符：（nW），（nN），（N），（W）；

英文短语检索运算符：""；

（2）在检索条件输入框中输入检索条件。

字段限制检索运算方式：字段代码=输入字符串。

举例：PA="PLAYTEX PRODUCTS INC"　AND AD=2004*

TI=（LED OR 发光二极管 OR 电致发光）AND IC1=H01L33/00

其他与简单检索相同，在此不再赘述。

4. 专利分类检索

专利分类检索中包含 IPC 检索和外观分类检索，检索页面如图 3-1-5-13 所示。功能包括提供对分类表的浏览、查询服务；可以将 IPC 分类号或外观分类号直接转入"表格检索"和"高级检索"界面进行检索。

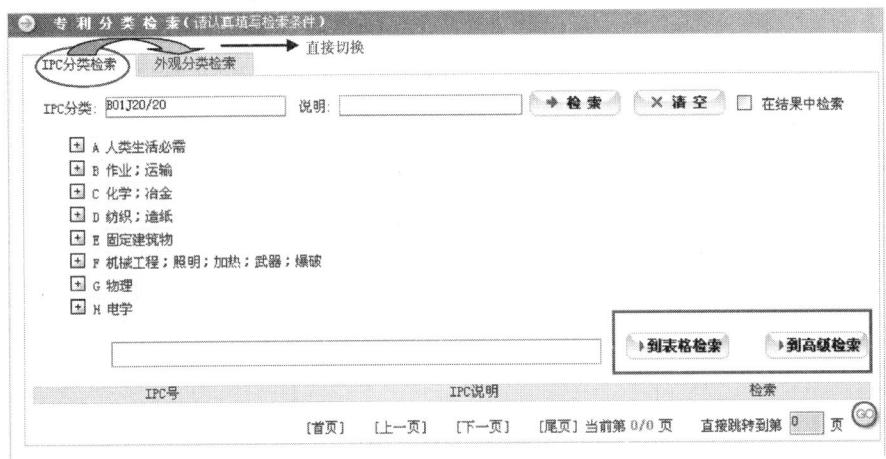

图 3-1-5-13　IPC 分类检索输入框

通过点击分类号前的"+"或"−",可以展开或收缩分类表的详细信息,即展开或收缩分类表树结构。点击分类号具体说明即文字部分,可检索和显示该分类号下的所有专利文献,如图 3-1-5-14 所示。

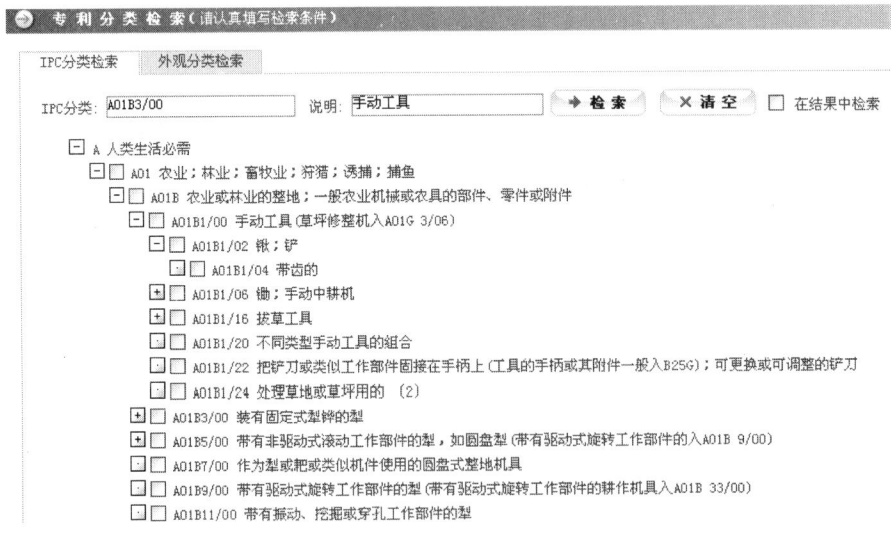

图 3-1-5-14　专利分类检索示例

可以直接使用"IPC 分类"进行检索,也可以使用"说明"进行检索。

外观分类检索界面如图 3-1-5-15,可以使用"外观分类"进行检索,同样也可以使用"说明"进行检索。

5. 法律状态检索

数据范围：1985 年至今公开/公告的中国专利法律状态信息。

法律状态类型：实质审查请求的生效、专利权的无效宣告,专利权的终止,权利的恢复,专利申请权、专利权的转移,专利实施许可合同的备案,专利权的质押、保全及其解除,著录事项变更、通知事项等。

图 3-1-5-15 外观分类检索输入框

检索入口：申请号/专利号、法律状态公告日、法律状态。

可使用"法律状态公告日"进行查询，这种检索方式可以使用户获得在该公告日失效的专利信息。输入的日期类型：YYYY，YYYYMM，YYYYMMDD。

现以专利申请号 CN200520096582 进行举例说明，如图 3-1-5-16 所示。

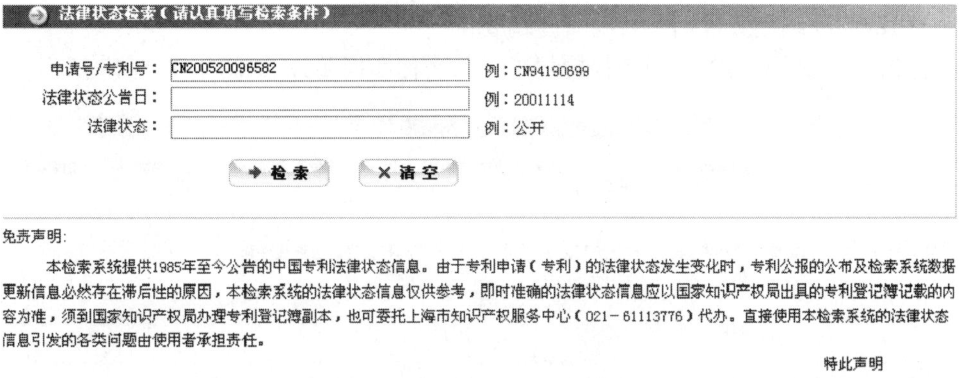

图 3-1-5-16 法律状态检索输入框

应注意，在免责声明中显示了"本检索系统的法律状态信息仅供参考"。

点击"检索"后，显示如图 3-1-5-17 所示的结果。

申请(专利)号	CN200520096582	授权公告号	
法律状态公告日	20110810	法律状态类型	专利权的终止
未缴年费专利权终止 IPC(主分类):F27B 3/08 申请日:20050531 授权公告日:20060719 终止日期:20100531			

申请(专利)号	CN200520096582	授权公告号	
法律状态公告日	20060719	法律状态类型	授权
授权			

图 3-1-5-17 法律状态检索信息示例

该专利在 2006 年 7 月 19 日获得授权，在 2010 年 5 月 31 日因未缴年费而专利权终止。

点击上面的申请（专利）号，可直接链接到该专利的详细信息，如图 3-1-5-18 所示。

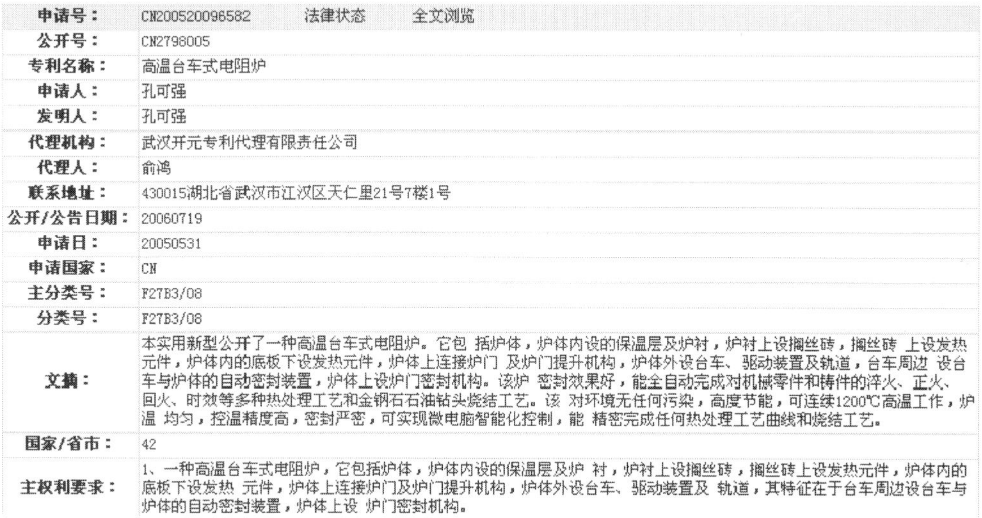

申请号：	CN200520096582　　法律状态　　全文浏览
公开号：	CN2798005
专利名称：	高温台车式电阻炉
申请人：	孔可强
发明人：	孔可强
代理机构：	武汉开元专利代理有限责任公司
代理人：	俞鸿
联系地址：	430015湖北省武汉市江汉区天仁里21号7楼1号
公开/公告日期：	20060719
申请日：	20050531
申请国家：	CN
主分类号：	F27B3/08
分类号：	F27B3/08
文摘：	本实用新型公开了一种高温台车式电阻炉。它包 括炉体，炉体内设的保温层及炉衬，炉衬上设搁丝砖，搁丝砖 上设发热元件，炉体内的底板下设发热元件，炉体上连接炉门 及炉门提升机构，炉体外设台车、驱动装置及轨道，台车周边 设台车与炉体的自动密封装置，炉体上设炉门密封机构。该炉 密封效果好，能全自动完成对机械零件和铸件的淬火、正火、回火、时效等多种热处理工艺和金钢石石油钻头烧结工艺。该 对环境无任何污染，高度节能，可连续1200℃高温工作，炉温 均匀，控温精度高，密封严密，可实现微电脑智能化控制，能 精密完成任何热处理工艺曲线和烧结工艺。
国家/省市：	42
主权利要求：	1、一种高温台车式电阻炉，它包括炉体，炉体内设的保温层及炉 衬，炉衬上设搁丝砖，搁丝砖上设发热元件，炉体内的底板下设发热 元件，炉体上连接炉门及炉门提升机构，炉体外设台车、驱动装置及 轨道，其特征在于台车周边设台车与炉体的自动密封装置，炉体上设 炉门密封机构。

图 3-1-5-18　法律状态链接获得的专利信息示例

6. 自动提取关键词

功能 1：自动编制关键词、自动撰写摘要；

功能 2：使用提取的关键词进行检索（导入名称和摘要），如图 3-1-5-19 所示。

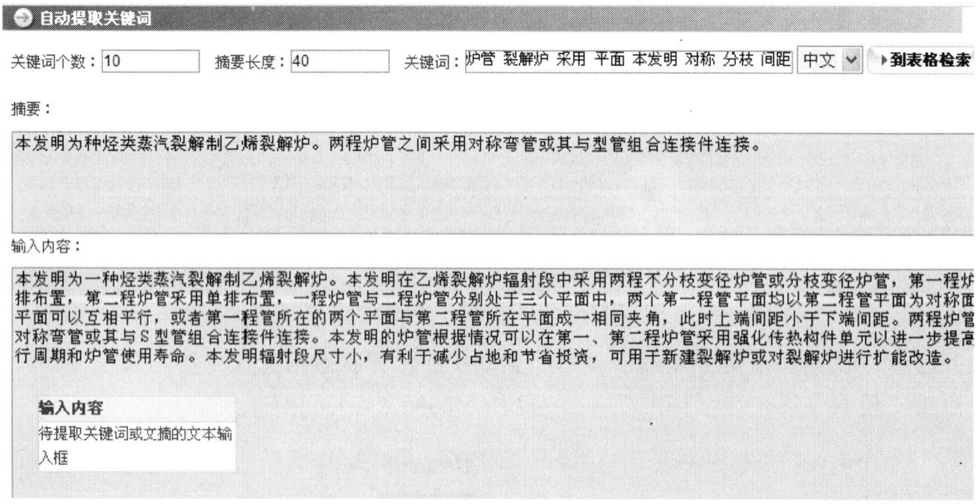

图 3-1-5-19　自动提取关键词示例

在下面的“输入内容”部分粘帖任意文字信息，点击“提取”即可显示出关键词和摘要。可以将这些提取结果直接转到表格检索和高级检索。

7. 统计分析

检索完成后，可进行专利信息在线统计分析。该服务平台可以对大量数据（要求命中结果在 10 万以下）进行统计分析，如图 3-1-5-20 所示。

序号	命中结果	检索表达式	数据库	选中列表
7	12626	(AU=(EAST) OR PA=(EAST))	ALL	⦿
6	567221	(AB=(催化剂 or catalyst) OR TI=(催化剂 or catalyst))	ALL	○
5	515584	(AB=(催化剂 or catalyst) OR TI=(催化剂 or catalyst))	ALL	○
4	984	(AU=(BASF) OR PA=(BASF)) AND (AB=(catalyst oxidation) OR TI=(catalyst oxidation))	ALL	○
3	984	(AU=(BASF) OR PA=(BASF)) AND (AB=(oxidation catalyst) OR TI=(oxidation catalyst))	ALL	○
2	10440	(AU=(BASF) OR PA=(BASF)) AND (AB=(catalyst) OR TI=(catalyst))	ALL	○
1	0	(AU=(BSAF) OR PA=(BSAF)) AND (AB=(acrylic) OR TI=(acrylic))	ALL	○

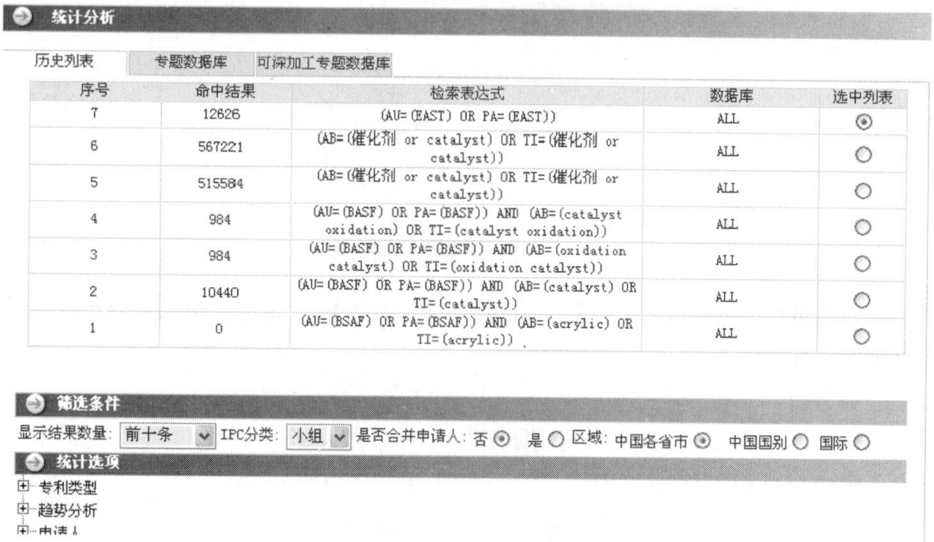

图 3-1-5-20　检索历史列表

统计分析范畴包括：专利类型统计分析、趋势分析统计分析、申请人统计分析、技术领域统计分析和区域统计分析，另外还包括前文述及的自定义统计分析。

在“统计分析”页面会以列表方式显示所有检索历史信息，用户可以选择所需的检索结果进行统计分析。

上述统计分析范畴可以进一步细分为多种类型，树结构展开后显示包括如图 3-1-5-21 所示的内容。

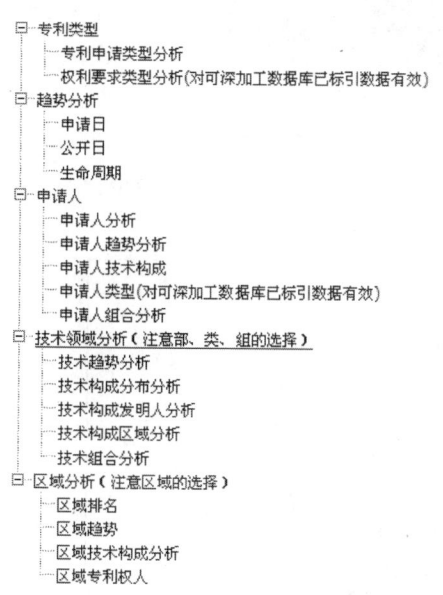

图 3-1-5-21　专利统计分析项目

下面对主要统计分析类型进行介绍。

(1)专利申请类型分析。

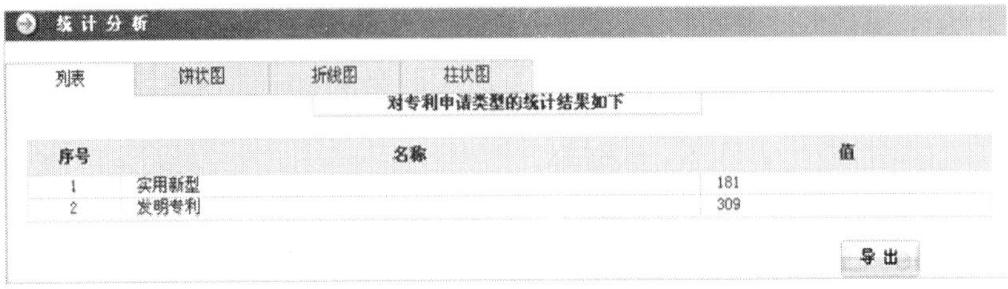

图 3-1-5-22 申请类型统计结果

显示在检索的结果中发明专利和实用新型各自的数量,并且可以按图例格式、饼形图更加直观地加以显示。

(2)趋势分析。

可以进行申请日、公开日和生命周期分析。

例如,申请日分析,如图 3-1-5-23。

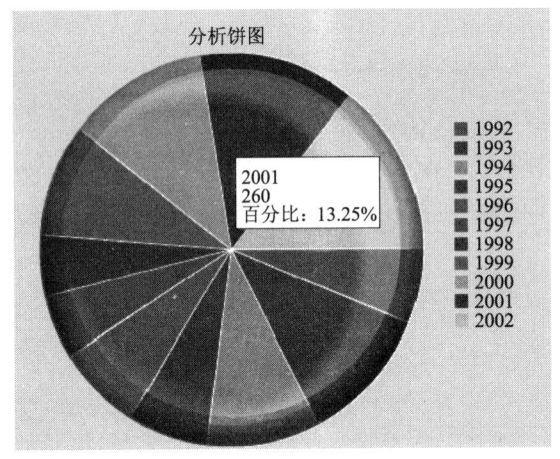

图 3-1-5-23 相对于申请日的趋势分析饼形图

饼形图显示了逐年的申请量,扇形面积的大小代表该年度申请量的多少。

例如,生命周期分析,可以按图例进行显示,如图 3-1-5-24。

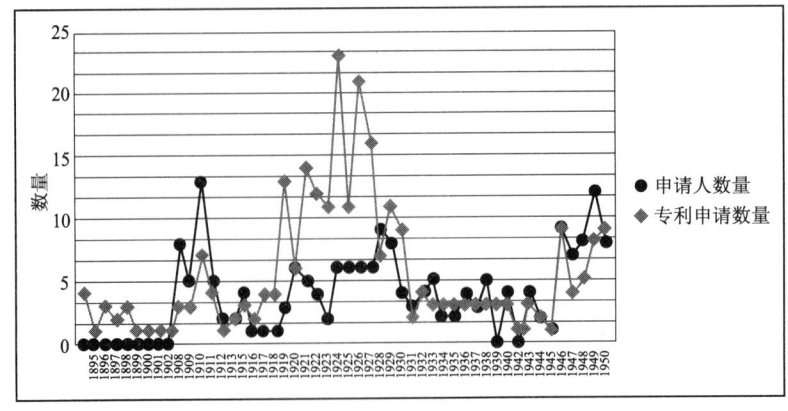

图 3-1-5-24 生命周期分析图

(3) 申请人分析。

可以了解相关申请人的技术水平、经营方向及市场范围,以便决定自己的经营战略与对策。

以申请人技术构成为例,如图 3-1-5-25 显示了各申请人的申请量情况。

	a	g	b	A	c	h	B	f	G	C	F	H	E	e	D	d
eastman kodak co [us]	3	257	58	0	78	22	0	1	0	0	0	0	0	0	0	0
FAR EAST COLLEGE (TW)	0	0	0	141	0	0	66	0	37	3	24	15	20	0	4	0
walbro far east	2	2	6	0	0	0	0	220	0	0	0	0	0	0	0	0
mac gregor far east	1	0	204	0	0	0	0	4	0	0	0	0	0	14	0	0
FAR EAST COLLEGE	0	0	0	79	0	0	45	0	32	4	21	10	7	0	3	0
nor'east miniature roses, inc. (rowley, ma)	196	0	0	0	0	0	0	0	0	0	0	0	0	0	0	0
VOLODYMYR DAL EAST UKRAINIAN N	0	0	0	10	0	0	60	0	20	2	48	8	2	0	0	0
board of trustees of michigan state university (east lansing, mi)	22	8	10	0	64	2	0	2	0	0	0	0	0	0	0	0
EAST UKRAINIAN VOLODYMYR DAL N	0	0	0	2	0	0	45	0	6	8	38	1	1	0	0	0
EAST UKRAINIAN NAT VOLODYMYR D	0	0	0	7	0	0	45	0	4	1	34	4	6	0	0	0
univ east carolina [us]	70	7	1	0	14	0	0	0	0	0	0	0	0	1	0	0
john mezzalingua associates, inc. (east syracuse, ny)	0	2	0	0	0	0	86	0	0	0	0	0	0	0	0	0
bristol-myers squibb company (princeton, nj)	35	0	0	0	44	0	0	0	0	0	0	0	0	0	0	0
UNIV EAST CAROLINA	0	0	0	67	0	0	0	0	2	10	0	0	0	0	0	0
united technologies corporation (hartford, ct)	0	4	26	0	2	0	36	0	0	0	0	0	0	0	0	0

图 3-1-5-25　申请人技术构成统计结果

(4) 技术领域分析。

以技术趋势分析为例,数据的显示方式可以有多种。例如对检索结果进行技术趋势分析时,有矩阵图、三维柱状图和三维折线图三种显示方式,用户可根据实际需要进行选择。

矩阵图如图 3-1-5-26 所示,显示了每年专利申请的 IPC 分类号归属。

	2010	2009	2008	2007	2006	2005	2004	2003	2002	2001	2000	1999	1998	1997	1996	1995	199
c	0	0	0	7	15	21	79	38	26	24	37	32	24	21	9	7	8
b	0	0	5	14	15	20	25	14	6	10	11	5	6	11	7	6	5
B	17	19	15	22	12	8	8	3	2	2	3	3	6	8	1	4	2
C	5	3	11	16	13	14	8	6	8	2	4	7	3	7	0	0	0
F	6	4	3	5	0	2	0	0	0	0	0	0	0	0	0	0	0
f	0	0	0	1	2	0	0	0	0	0	0	0	0	0	0	0	0
d	0	0	0	0	0	0	0	0	0	0	0	0	0	1	0	0	0
h	0	0	0	0	0	0	0	1	0	0	0	0	0	0	0	0	0
D	0	0	0	0	0	0	0	0	0	0	0	0	0	0	0	0	0

图 3-1-5-26　技术领域分析矩阵图

三维柱状图如图 3-1-5-27 所示。

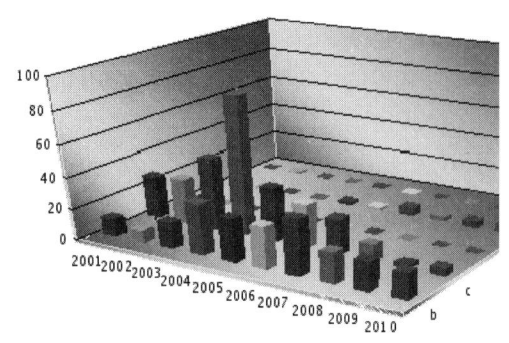

	b	c	d	f	h
2001	12	27	0	0	0
2002	8	29	0	0	1
2003	17	46	0	0	0
2004	33	87	0	0	0
2005	28	55	0	2	0
2006	27	28	0	0	0
2007	36	25	0	6	0
2008	20	11	0	3	0
2009	19	3	0	4	0

图 3-1-5-27　技术领域分析三维柱状图

三维折线图如图 3-1-5-28 所示。

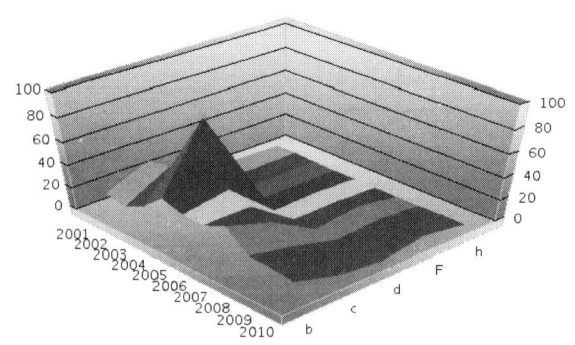

图 3-1-5-28　技术领域分析三维折线图

后两种显示方式更为直观。

（5）区域分析。

该分析有利于获得有关产品及技术的销售规模和潜在市场等有关经济情报。

对区域和申请日的矩阵图结果如下

	2011	2010	2009	2008	2007	2006	2005	2004	2003	2002	2001	2000	1999	1998	1997	1996
美国	0	0	0	2	100	447	950	1358	983	550	322	170	76	42	53	59
美国	0	17	46	111	259	317	339	181	88	33	28	4	3	0	0	0
日本	0	0	0	1	5	49	37	27	48	48	34	33	14	14	18
TW	0	0	0	0	21	116	200	177	124	39	20	6	11	6	0	0
欧洲专利局	0	0	0	0	12	13	16	19	14	13	14	16	13	7	18	12
德国	0	0	0	0	7	11	8	33	11	27	18	22	12	4	10	9
乌克兰	0	0	0	0	68	76	72	66	76	31	0	0	0	0	0	0
英国	0	0	0	0	3	5	8	6	4	7	10	5	6	2	0	8
澳大利亚	0	0	4	5	0	2	3	5	28	14	38	32	28	13	11	19
世界知识产权组织	0	0	0	5	16	38	33	21	29	22	23	16	16	6	10	11
加拿大	0	0	2	3	1	3	8	2	8	6	9	14	11	8	9	9
韩国	0	0	15	29	11	19	13	16	6	12	11	0	0	0	0	0
奥地利	0	0	1	0	0	2	4	4	8	12	10	7	2	4	2
世界知识产权组织	0	22	43	25	2	1	0	0	0	0	0	0	0	0	0
欧洲专利局	0	3	18	18	11	3	13	3	1	1	2	0	0	0	0
香港	0	6	1	1	2	3	8	4	16	3	1	1	3	0	0
德国	0	1	14	23	18	1	5	0	1	1	2	0	0	0	0

图 3-1-5-29　区域趋势分析矩阵图

图 3-1-5-29 显示了柯达公司在各个国家或地区的专利申请分布矩阵图。因为是在"外国专利数据库"中采用企业代码"EAST"进行检索，所以上述区域趋势分析矩阵图中不包

括在中国的专利申请情况。

（6）统计报表。

定时对长三角有关省市和上海市的区县等区域专利统计信息进行显示。例如，图 3-1-5-30 显示了上海市的专利统计信息。

显示的时间：根据年、月自行确定。

显示的内容：包括三种专利公开情况、公开专利的申请人排名情况、公开专利技术构成（IPC）情况等。

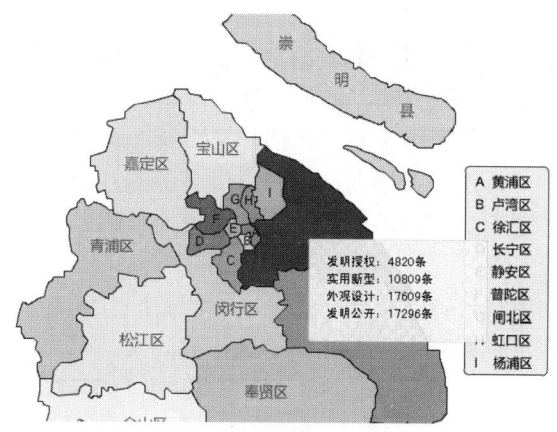

图 3-1-5-30　上海市各区县专利统计信息

3.1.5.3　其他功能

在该平台的首页，还提供了其他相关功能：

（1）企业知识产权管理系统（该功能需要注册才能使用）。

（2）信息服务。下载、业务委托、专题数据库、专利信息平台、分析咨询，其为定制收费项目。

（3）专利交易、专利价值评估。供应专利、求购专利、展位区、专利评估，其为定制收费项目。

（4）教育培训。课程信息、培训资料。

（5）案例检索。收录了我国的大量知识产权案例，可供用户参考。

（6）专题数据库。专题数据库只显示中国专利数据。其主页面如图 3-1-5-31 所示。

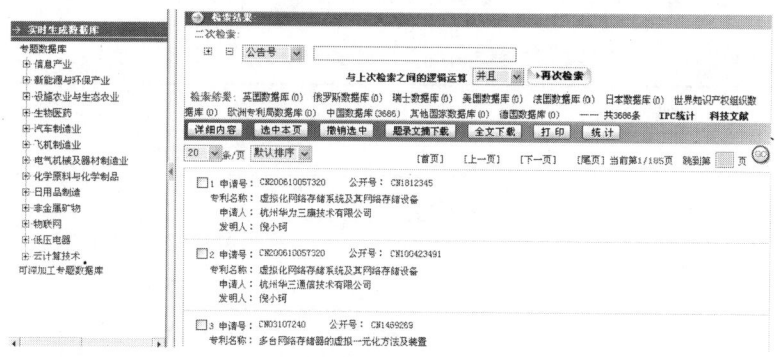

图 3-1-5-31　专题数据库主页面

3.1.6 中国国家知识产权局检索与服务系统
3.1.6.1 平台简介

专利检索与服务系统是落实国家知识产权战略要求的重要举措，也是国家知识产权局"十一五"规划建设的重大信息化项目，是国家知识产权局为方便公众了解专利的相关信息，为更好地向公众提供专利信息服务而建设的一套集专利检索与分析于一体的综合性专利服务系统。

专利检索与服务系统目前包含了全球 98 个国家和地区的专利文献，共计 8000 多万条文摘数据、1300 多万条全文数据，另外还有大量的辅助检索数据。国家知识产权局专利局自动化部在现有资源基础上，建立了一套数据定期更新维护机制，同时也在不断扩充系统数据来源，今后还有更丰富的数据资源不断补充到系统中。

专利检索与服务系统共包含四个子系统：门户子系统、检索子系统、分析子系统和管理子系统。其中，前三个子系统是直接面向用户提供服务的，检索子系统和分析子系统是系统核心功能模块，通过它们，用户不仅可以全面快速地了解专利文献信息，还可以有针对性地进行各项专利分析工作。

检索子系统可以帮助用户快速定位到一篇或一组相关的专利文献，还支持用户使用不同的方式浏览检索结果，了解专利文献的相关信息，如同族、引文、法律状态等。分析子系统在利用检索结果构建分析库的基础上，可向用户提供丰富多样的分析手段，并支持用户生成分析报告。

中国国家知识产权局专利检索与服务系统的网址为：http://www.pss-system.gov.cn。

（1）组织架构，如图 3-1-6-1。

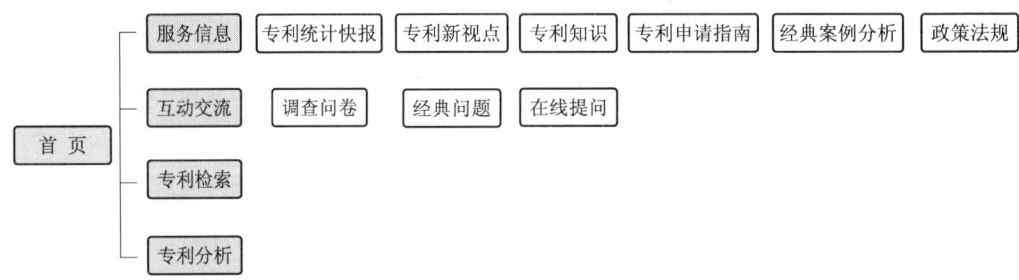

图 3-1-6-1 组织架构

（2）收录范围，如表 3-1-6-1。该收录范围在不断更新扩充。

表 3-1-6-1 收录范围

国　　别	数　据　范　围
CN	1985～20110727
US	1836～20110707
JP	1913～20110526
KR	1973～20110429
GB	1817～20110713
FR	1898～20110708

续表

国　　别	数　据　范　围
DE	1861～20110616
CH	1888～20110630
RU	1993～20110420
EP	1978～20110713
WO	1978～20110707
其他	1827～20110714

3.1.6.2　检索

检索部分分为常规检索和表格检索两种方式。

1. 常规检索

（1）检索方式。

进入检索系统后，显示如图3-1-6-2所示的界面。

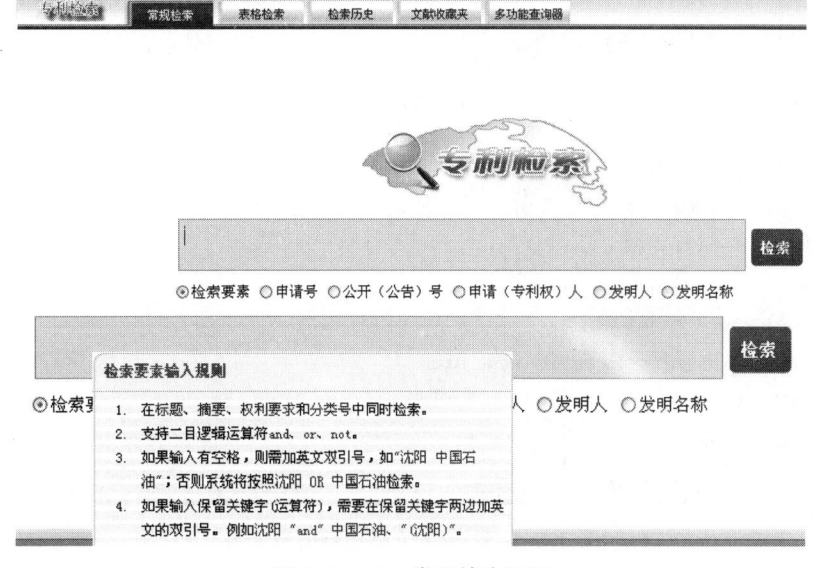

图3-1-6-2　常规检索页面

当鼠标移动到检索输入框中时，提示框给出了检索要素输入规则，用户可按提示输入来进行检索，如图3-1-6-3所示。

图3-1-6-3　常规检索输入框

点击"检索"后会出现如图 3-1-6-4 所示的页面。

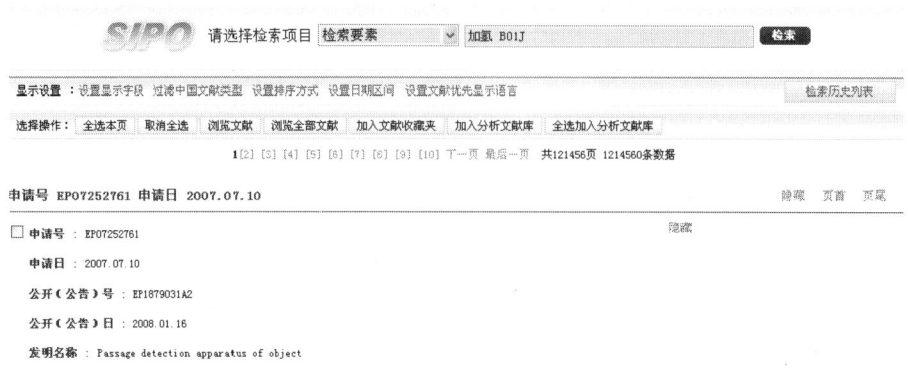

图 3-1-6-4 常规检索结果显示页面

该检索命令检索出在标题、摘要和/或权利要求中包含要素"加氢"并同时在 IPC 分类号中包含 B01J 的专利文献。共检索到 3670 条专利文献数据，检索的专利文献之一如图 3-1-6-4 所示。

图 3-1-6-5 专利文献显示信息示例

（2）检索结果的处理和显示。

在每条文献的下方有该文献的各种信息项，例如"查看文献详细信息"、"查看同族信息"等，其中包含了在专利文献分析中非常重要的信息如"查看法律状态"。

在网页的最上面或最下面，显示了可对所检索到的专利文献进行处理的方式，例如设置排序方式和是否选择加入文献收藏夹、分析文献库等。如果要将检索到的某篇文献加入文献收藏夹、分析文献库用于进行分析，则可选中该文献左上方的复选框并点击上述相应按钮，对新建立的文献收藏夹、分析文献库进行命名，例如，我们可以将选中的专利文献加入文献收藏夹并将该收藏夹命名为"catalyst"用于以后分析，如果需要加入检索到的所有文献，则可以点击"全选加入分析文献库"按钮。此处应说明的是，在下次利用同样的用户名登录后，所述文献收藏夹、分析文献库仍然存在，从而在需要时可方便地再次调取使用。

图 3-1-6-6 检索结果处理方式

在网页的最上面，还有显示设置，显示设置包括设置显示字段、过滤中国文献类型、设置排序方式、设置日期区间和设置文献优先显示语言 5 个选项。

① 设置显示字段，如图 3-1-6-7 所示。

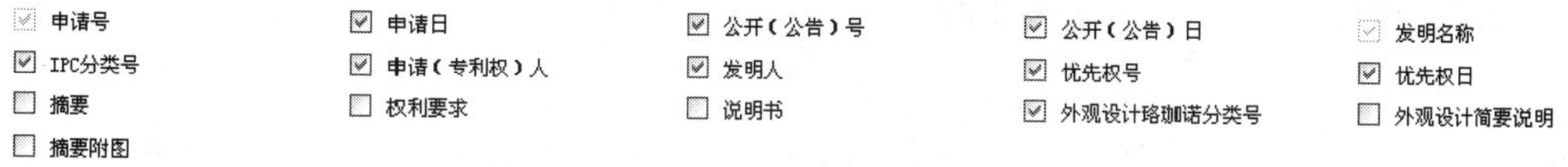

图 3-1-6-7 显示字段

可以选择所需选项，例如在进行有关是否涉及侵权的专利文献检索时，可重点关注权利要求，而适当忽略其他项目。

② 过滤中国文献类型。

该功能非常有用，可选择所需的文献类型，从而使用户更有针对性地进行专利文献分析和利用。点击该按钮后显示图 3-1-6-8 所示的内容。

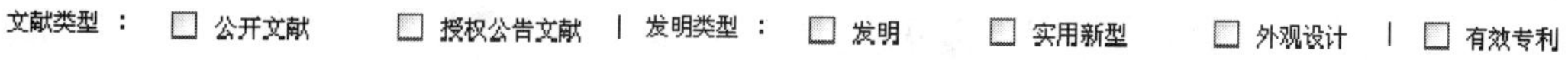

图 3-1-6-8 专利文献类型

其中可选择显示授权公告文献，更加准确地了解现有专利布局状况。通过发明类型的选择，可分析出相应领域、申请人/专利权人的技术分布和技术水平高低。更重要的一个显示功能是可以仅显示有效专利，这对专利价值的判断、避免专利侵权和安全使用专利信息技术非常重要。

③ 设置排序方式，如图 3-1-6-9 所示。可以按照申请日或公开（公告）日选择升序或降序排列。

图 3-1-6-9 专利文献排序方式设置

④ 设置日期区间，如图 3-1-6-10 所示。可输入所需时间段，从而仅显示在该时间内的专利文献。另外应注意，此处仅能够进行年份之间的限定，而不能限定到月和日。

图 3-1-6-10 专利文献日期区间设置

⑤ 设置文献优先显示语言。

当用户在特定字段中输入中文或英文两种语言中的一种,选择进行跨语言检索。例如,在表格检索中选择"中外专利联合检索"时,可选择优先显示的语言。

上述设置也适用于"表格检索"方式。

另外,对于申请人检索,该检索系统具有重要的提示功能。当不太确切知道申请人的名字,或者申请人的名字由于不同时期发生更改或者存在名称不同的子公司等时,该功能非常有用。例如,输入申请人名称"利安德"时,可显示申请人名称中包含"利安德"的所有申请人信息,其中"利安德巴塞尔高级聚烯烃美国有限公司"是"利安德"和"巴塞尔"的合资公司,因此也是我们的所要检索的相关申请人(专利权人)信息,从而在一定程度上既降低了检索噪音又避免了漏检,如图3-1-6-11。

图 3-1-6-11　申请人模糊输入示例

对于其他检索入口,例如申请号、公开号等,按照输入框提示输入即可。

2. 表格检索

在表格检索(检索页面如图3-1-6-12所示)中,分为"中外专利联合检索"、"中国专利检索"和"外国及中国港澳台专利检索"三个数据库,可以根据需要进行选择。该检索入口与常规检索的主要区别在于其包含逻辑检索式的编辑,并且支持截词符。

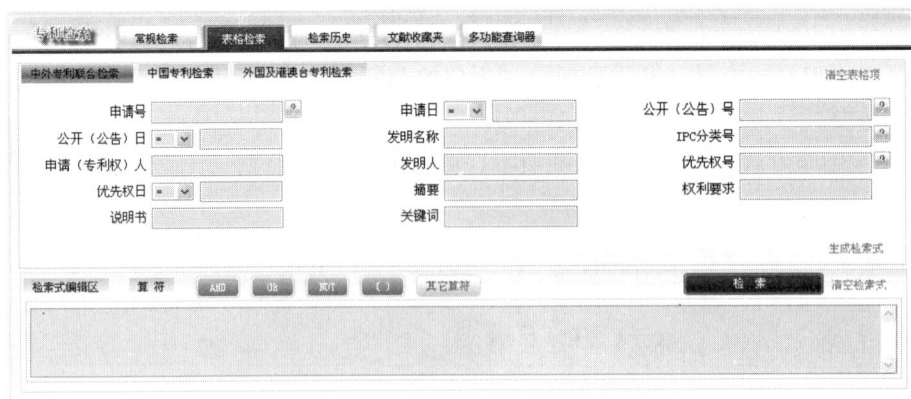

图 3-1-6-12　表格检索页面

表 3-1-6-2　表格检索的检索字段及检索示例

序号	检索字段	数据库	检索示例及说明
1	申请号	中外专利联合检索 中国专利检索 外国及中国港澳台专利检索	1. 申请号格式:文献的申请国+申请流水号。例如:CN123456789 2. 输入 CN123456789 CN987654321,系统会按照 CN123456789 OR CN987654321 进行检索

续表

序号	检索字段	数据库	检索示例及说明
1	申请号	中外专利联合检索 中国专利检索 外国及中国港澳台专利检索	3. 输入 ZL123456789，系统会按照 CN123456789 进行检索。 4. 支持模糊匹配，如果输入 12345，系统会按照 CN12345 OR 123456789 进行检索 5. 不支持所有临近同在运算符：F，P，S，W，D，NOTF，NOTP，NOTS，nW，nD
2	申请日	中外专利联合检索 中国专利检索 外国及中国港澳台专利检索	1. 可以限定在某个日期之前，例如选择＜输入 2007-01-01 2. 也可限定在一个日期区间内，例如选择":"再输入 20070101 20080101，中间仅限一个空格 3. 日期支持年月日无分隔（月日两位）；支持间隔符-、.；可以只输入年份或年月，如 YYYY-MM-DD、YYYY.MM.DD、YYYYMM、YYYY 4. 不支持所有临近同在运算符：F，P，S，W，D，NOTF，NOTP，NOTS，nW，nD
3	公开号	中外专利联合检索 中国专利检索 外国及中国港澳台专利检索	与"申请号"检索方式类似
4	公开日	中外专利联合检索 中国专利检索 外国及中国港澳台专利检索	与"申请日"检索方式类似
5	发明名称	中外专利联合检索 中国专利检索 外国及中国港澳台专利检索	1. 如果输入有空格，则需要加英文的双引号。例如："手机 电脑"，若不加引号系统会按照手机 OR 电脑检索 2. 如果输入保留关键字（运算符），需要在保留关键字两边加英文的双引号。例如手机"and"电脑"（电视）" 3. 不支持所有临近同在运算符：F，P，S，NOTF，NOTP，NOTS
6	IPC 分类号	中外专利联合检索 中国专利检索 外国及中国港澳台专利检索	1. 输入 F24F13/08 F24F1/00，系统会按照 F24F13/08 OR F24F1/00 进行检索 2. 不支持所有临近同在运算符：F，P，S，W，D，NOTF，NOTP，NOTS，nW，nD
7	申请（专利权）人	中外专利联合检索 中国专利检索 外国及中国港澳台专利检索	1. 如果输入有空格，则需加英文双引号，如"沈阳 中国石油"；否则系统将按照沈阳 OR 中国石油检索 2. 如果输入保留关键字（运算符），需要在保留关键字两边加英文的双引号。例如：沈阳"and"中国石油、"（沈阳）" 3. 不支持所有临近同在运算符：F，P，S，NOTF，NOTP，NOTS
8	发明人	中外专利联合检索 中国专利检索 外国及中国港澳台专利检索	与"申请人"检索方式类似

续表

序号	检索字段	数据库	检索示例及说明
9	优先权号	中外专利联合检索 中国专利检索 外国及中国港澳台专利检索	1. 输入 CN123456789 CN987654321，系统会按照 CN123456789 OR CN987654321 进行检索 2. 不支持所有临近同在运算符：F，P，S，W，D，NOTF，NOTP，NOTS，nW，nD
10	优先权日期	中外专利联合检索 中国专利检索 外国及中国港澳台专利检索	与"申请日"检索方式类似
11	摘要	中外专利联合检索 中国专利检索 外国及中国港澳台专利检索	1. 如果输入有空格，则需要加英文的双引号。例如："手机 电脑"，若不加引号系统会按照手机 OR 电脑检索 2. 如果输入保留关键字（运算符），需要在保留关键字两边加英文的双引号。例如手机"and"电脑"（电视）"
12	权利要求	中外专利联合检索 中国专利检索 外国及中国港澳台专利检索	与"摘要"检索方式类似
13	说明书	中外专利联合检索 中国专利检索 外国及中国港澳台专利检索	与"摘要"检索方式类似
14	关键词	中外专利联合检索 中国专利检索 外国及中国港澳台专利检索	1. 在发明标题、摘要和权利要求中同时检索 2. 如果输入有空格，则需要加英文的双引号。例如："手机 电脑"，若不加引号系统会按照手机 OR 电脑检索 3. 不支持所有临近同在运算符：F，P，S，NOTF，NOTP，NOTS
15	外观设计珞珈诺分类号	中国专利检索	1. 输入 00-00 11-11，系统会按照 00-00 OR 11-11 进行检索 2. 不支持所有临近同在运算符：F，P，S，NOTF，NOTP，NOTS
16	外观设计简要说明	中国专利检索	与"摘要"检索方式类似
17	申请（专利权）人所在国（省）	中国专利检索	1. 如果输入有空格，如中国 美国，系统会按照中国 OR 美国进行检索 2. 不支持所有临近同在运算符：F，P，S，NOTF，NOTP，NOTS
18	申请人地址	中国专利检索	1. 如果输入有空格，例如北京 上海，系统将按照北京 OR 上海检索 2. 如果输入保留关键字运算符，需要在保留关键字两边加英文的双引号。例如，北京"and"上海、"（惠州）" 3. 不支持所有临近同在运算符：F，P，S，NOTF，NOTP，NOTS
19	申请人邮编	中国专利检索	1. 如果输入有空格，如：322100 32411，系统会按照 322100 OR 32411 进行检索 2. 不支持所有临近同在运算符：F，P，S，NOTF，NOTP，NOTS

例如，对于为检索申请人/专利权人为"浙江大学"、在权利要求中包含字段"光催化剂"并且申请日为 2008 年 1 月 1 日之前的专利文献，一种简单的检索式编辑如下：

在相应的入口分别输入上述信息，然后点击"生成检索式"，在下面的检索式编辑区中显示：申请日<2008-01-01 AND 申请（专利权）人=（浙江大学）AND 权利要求=（光催化剂），如图 3-1-6-13 所示。

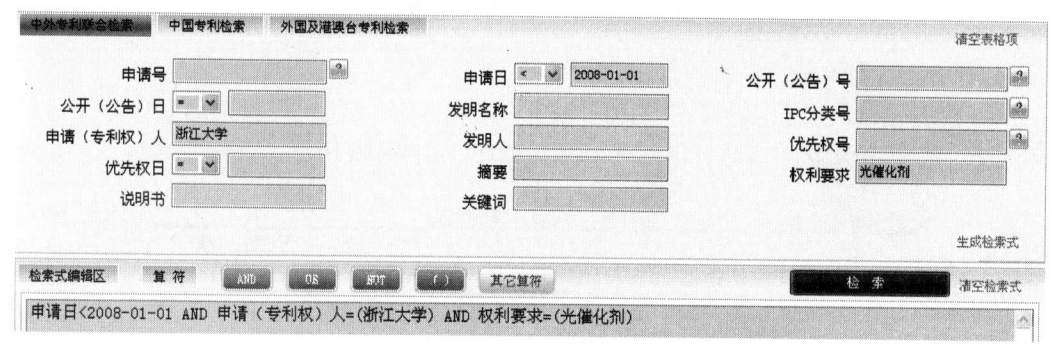

图 3-1-6-13 表格检索输入框

再点击"检索"按钮即可得到相应检索结果。

当然也可以在检索式编辑区中直接进行编辑。对于复杂的检索式，应注意可以用"（ ）"来控制逻辑优先级。

3. 检索历史

检索历史记录了用户所有检索过程的信息，并且可以导出，便于对检索过程进行分析和改进。另外在检索历史中，可以将具体检索命令对应的检索结果通过勾选前面的复选框加入到分析文献库中。例如对其先前的检索历史，显示如图 3-1-6-14 所示。

图 3-1-6-14 检索历史

4. 文献收藏夹

如果在前述检索中，将关注的文献加入了文献收藏夹，则可以在该文献收藏夹中调取和查看，例如在此处可以看到先前建立的名为"catalyst"的文献收藏夹，可以点击后面相应按钮进行查看以及进行文件收藏夹名称和描述信息的修改，如图 3-1-6-15 所示。

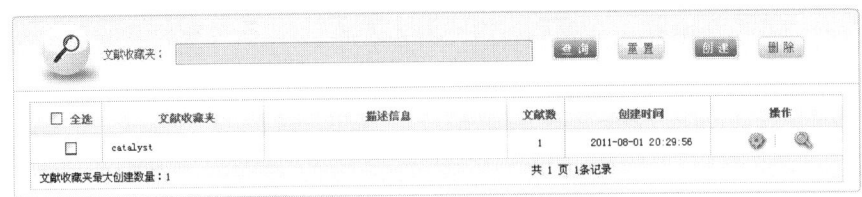

图 3-1-6-15 专利文献收藏夹

5. 多功能查询器

多功能查询器类似于一个专利文献知识"百宝箱",在这里可以查询到 IPC 分类信息、专利同族信息、法律状态信息、国别代码等,如图 3-1-6-16 所示。

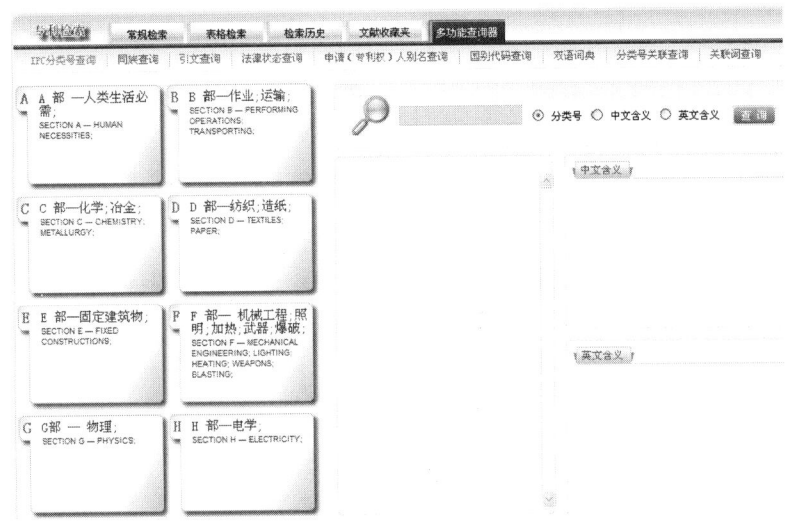

图 3-1-6-16 多功能查询器

例如,对于申请(专利权)人别名查询,在输入申请人中文名称时,可以显示该申请(专利权)人的英文名和所有包含所述中文名称的申请(专利权)人。以"巴斯夫"公司为例,如图 3-1-6-17。

图 3-1-6-17 申请(专利权)人别名查询示例

但应注意的是，该检索方式并不能够完全获得国外专利申请进入国家阶段时的其他可能的申请（专利权）人的翻译名称。例如对于申请（专利权）人"巴斯夫"，早期翻译为"巴斯福"，而"巴斯福"并未显示在上述结果中。对此，申请人可在欧洲专利局检索平台中得到弥补，这在上文进行了详述。

3.1.6.3 专利分析

以 IPC 分类号 C10G 技术领域的含铂加氢催化剂为例进行专利分析的具体阐述。

检索式为：IPC 分类号=（C10G）AND 摘要=（（加氢 or 氢化）and（Pt or 铂）），共检索到 78 条数据，将这些数据全部加入分析文献库（在分析文献库中显示申请数量为 54，数据不一致的原因是，在注册用户检索文献库详细信息页面，分页控件是针对检索来源的，而不是针对某个来源下的文献进行分页的，某个来源下的文献并没有分页），点击所需分析项目进行分析。

（1）快速分析。

快速分析可以满足大众用户对专利分析的基本需求，从区域、申请人、发明人、技术领域、中国专项五大方面的分析出发，帮助用户快速直观地定位常用的分析需求。表 3-1-6-3 列出了可进行分析的项目。

表 3-1-6-3　快速分析项目

区域分析	区域构成分析
	区域趋势分析
	区域技术领域分析
	区域申请人分析
	区域发明人分析
技术领域分析	技术领域趋势分析
	技术领域构成分析
	技术领域申请人分析
	技术领域发明人分析
	技术领域区域分布情况分析
申请人分析	申请人趋势分析
	申请人技术分析
	申请人区域分布分析
	申请人有效专利数量分析
	申请人相对研发实力分析
	申请人技术重心指数分析
发明人分析	发明人趋势分析
	发明人技术分析
	发明人区域分布分析
	发明人有效专利数量分析
	发明人相对研发实力分析
	发明人技术重心指数分析

续表

中国专项分析	专利类型分析
	年代趋势分析
	法律状态分析
	机构属性分析
	各省市专利申请量分析

(2) 定制分析。

其中包括技术衍变趋势、地域性信息分布、核心申请人统计、核心发明人统计和核心技术统计 5 项分析内容。

(3) 高级分析。

其中包括列表分析和矩阵分析两项分析内容。

上述分析与 3.1.1.3 部分的数据分析方法类似，在分析网页上点击上表所列的分析项目即可按各种图表形式显示出分析图表。另外应注意，在上述分析中，定制分析和高级分析为收费项目，尚未全面开放。

3.1.7 国家重点产业专利信息服务平台

3.1.7.1 平台简介

国家重点产业专利信息服务平台是为配合国务院十大重点产业调整和振兴规划的实施，发挥专利信息对经济社会发展和企业创新活动的支撑作用，由国家知识产权局牵头建设的公益性专利信息服务平台。

国家重点产业专利信息服务平台的网址为 http://www.chinaip.com.cn，该服务平台采用全文检索引擎，主要提供对专利的检索和分析。其数据收录范围以及主要功能均与中外专利数据库服务平台相同。其中十大重点产业是汽车产业、钢铁产业、电子信息产业、物流产业、纺织产业、装备制造产业、有色金属产业、轻工业产业、石油化工产业和船舶产业。

输入网址，点击进入，其主页面如图 3-1-7-1 所示。该页面提供快速检索框和十大产业按钮检索。

图 3-1-7-1 国家重点产业专利信息服务平台主页

3.1.7.2 专利检索

1. 快速检索框

用快速检索框进行检索时,首先在"选择产业分站点"下拉框中选择需要检索的"产业",例如石油化工产业,接着在"检索项目"下拉框中选择在什么字段进行检索,例如名称,随后在"关键词"后的输入框内输入待检索的关键词,点击"检索"按钮,实施检索。以在石油化工产业中,检索"名称"中含"催化裂化"的专利为例,选择产业分站点"石油化工产业",并选择检索项目为"名称",在"关键词"一栏中输入"催化裂化",点击"检索",进入如图3-1-7-2所示的页面。

图 3-1-7-2 国家重点产业-石油化工产业专利信息简单检索结果页面

该检索结果为766篇,其中发明专利655篇,实用新型100篇。但应注意该检索仅能检索中国专利,而不能检索外国专利,且不能采用全文检索。

由图3-1-7-2可以看出,界面左侧还设有中外混合专利检索、行业分类导航、IPC分类导航、中国专利法律状态检索;右侧上面设有分析按钮,这些检索系统和分析系统的使用可参见3.1.1中关于中外专利数据库服务平台的介绍。

2. 十大产业按钮检索

点击石油化工产业按钮快速进入该产业的行业分类导航,如图3-1-7-3。

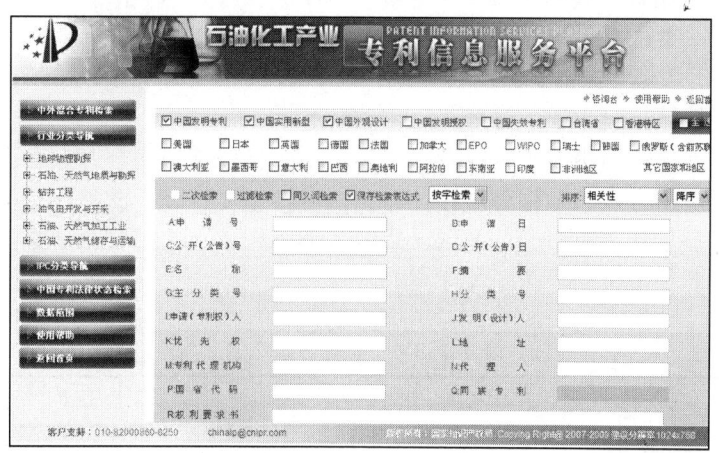

图 3-1-7-3 国家重点产业-石油化工产业专利信息服务平台页面

由石油化工产业专利信息服务平台的检索页面可知，该检索功能与中外专利数据库服务平台的检索功能相似，因此可参见 3.1.1 中关于中外专利数据库服务平台的检索方法的介绍。

其他重点产业的检索方法同石油化工产业的检索。

3.1.8　湖南省专利智能检索服务平台

3.1.8.1　平台简介

湖南省专利智能检索服务平台是由湖南省知识产权局主办、湖南省知识产权信息中心负责管理、保定市大为计算机软件开发有限公司负责维护的基于互联网为企业和社会公众提供专利检索服务的信息平台。

输入湖南省专利信息公共服务平台的网址为 http://www.hnipo.net/，点击图 3-1-8-1 中"进入平台"的链接即可进入湖南省专利智能检索服务平台。

图 3-1-8-1　湖南省专利智能检索服务平台登录页面

该平台可以直接以客人（guest）身份登录，也可以注册登录，注册时分个人用户和企业用户，需通过认证获得相应的用户名和密码后才能使用。默认的登录状态为客人身份，所有用户均免费。客人身份与注册登录用户享有的权限基本一致，都能够进行专利数据检索，主要区别在于数据导出时客人身份一次仅能导出 50 条记录，个人用户则能导出 100 条记录，企业用户能够导出 500 条记录。

湖南省专利智能检索服务平台收录的专利数据包括中国发明公开专利、中国发明授权专利、中国实用新型专利、中国外观设计专利，支持全文下载；此外还包括美国、日本、欧洲专利局、世界知识产权组织、英国、法国、德国和瑞士等国家、地区或组织的发明专利。目前收录的数据范围如表 3-1-8-1 所示。

表 3-1-8-1　数据收录范围

序号	国家/地区/组织	数据年代
1	瑞士	1978～2010

续表

序号	国家/地区/组织	数据年代
2	德国	1976～2010
3	英国	1978～2010
4	法国	1978～2010
5	美国	1970～2010
6	日本	1976～2010
7	欧洲专利局	1976～2010
8	世界知识产权组织	1976～2010
9	中国专利（发明公开、授权，实用新型，外观设计）	1985至今

以下分别从专利数据检索和专利分析两个方面对湖南省专利智能检索服务平台的功能进行介绍。

3.1.8.2 专利数据检索

如图3-1-8-3所示，湖南省专利智能检索服务平台的专利数据检索包括表格检索（中国）、表格检索（外国）、表达式检索（中国）、表达式检索（外国）和相似专利检索。

1. 表格检索（中国、外国）

表格检索分为中国、外国两个检索页面，是简捷、迅速获取专利信息的一种检索途径，提供名称、摘要、申请（专利）号、公开（公告）号和申请/发明人等多种检索功能，两种检索页面提供的检索字段不尽相同，中国专利的检索字段多于外国专利，两种页面分别如图3-1-8-2和图3-1-8-3所示。

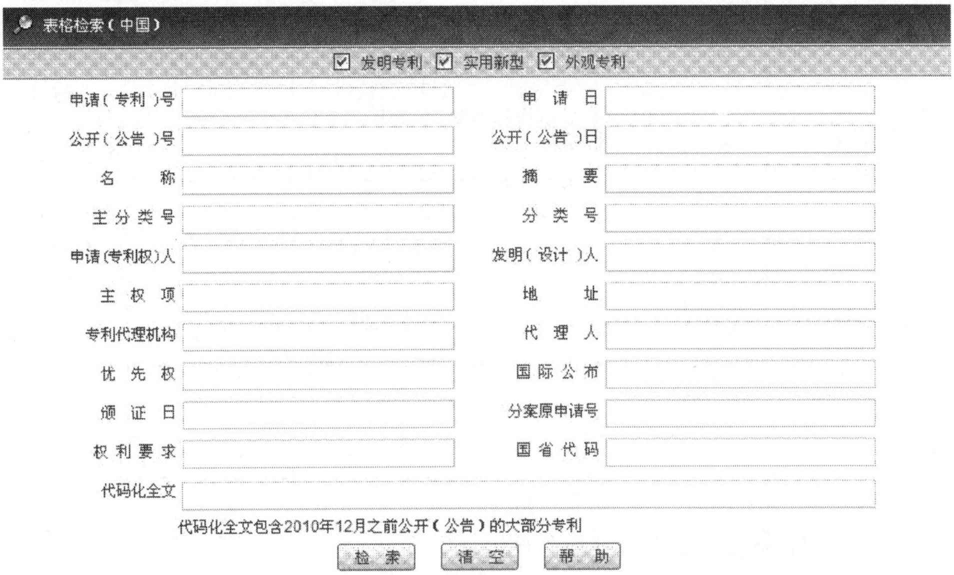

图3-1-8-2 表格检索（中国）页面

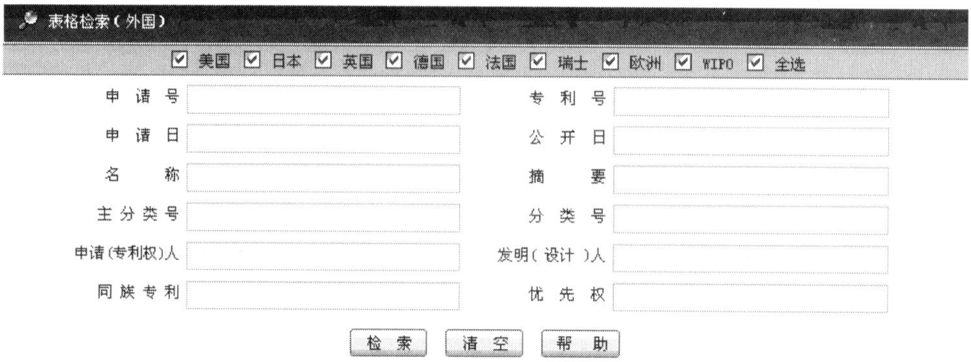

图 3-1-8-3 表格检索（外国）页面

鼠标指向图 3-1-8-2 和图 3-1-8-3 中任意检索字段时，鼠标下方会出现该检索字段的使用方法和检索示例。表格检索（中国、外国）的检索字段及检索示例汇总如表 3-1-8-2 所示。

表 3-1-8-2 表格检索（中国、外国）的检索字段及检索示例

序号	检索字段	数据库	检索示例及说明
1	公开（公告）日	中国专利库 外国专利库	该字段为日期型字段，支持后通配检索，用"to"连接两个日期，表示查询在此日期范围之间检索，日期输入格式为"yyyymmdd"或"yyyy.mm.dd" 示例：2000 年 1 月 10 日，则输入"20000110"或"2000.01.10"；2000 年 1 月，则输入"200001"或"2000.01"。范围检索示例：检索 2000 到 2005 年公开或公告的专利，"2000 to 2005"
2	申请日	中国专利库 外国专利库	与"公开（公告）日"的检索类似
3	名称	中国专利库 外国专利库	支持全文检索和逻辑检索。"%"表示任意字符。"and（&）"表示逻辑"与"，"or（+）"表示逻辑"或"，"not（-）"表示逻辑"非"。"括号"表示具有较高的运算优先级，"括号"必须成对出现在表达式中。 中国专利示例：预防+治疗&尼古丁。已知名称中包括"碳纳米管"和"纯化"，且"碳纳米管"在"纯化"之前，则输入"碳纳米管%纯化"。 外国专利示例：PREVENTION+TREATMENT & NICOTINE?
4	摘要	中国专利库 外国专利库	与"名称"的检索类似
5	主权项	中国专利库 外国专利库	与"名称"的检索类似
6	申请（专利权）人	中国专利库 外国专利库	支持全文检索和逻辑检索。"%"表示任意字符。"and（&）"表示逻辑"与"，"or（+）"表示逻辑"或"，"not（-）"表示逻辑"非"。 中国专利示例：辉瑞；马丁；辉瑞&爱尔兰。已知申请人为北京某材料研究院，则输入"北京%材料研究院"。 外国专利示例：pfizer；martin；pfizer & product

续表

序号	检索字段	数据库	检索示例及说明
7	发明（设计）人	中国专利库 外国专利库	与"申请（专利权）人"的检索类似
8	优先权	中国专利库 外国专利库	已知专利的优先权日为 2000 年 12 月 31 日，则输入"2000.12.31"。已知专利的优先权为美国专利，则输入"US"。已知专利的优先权号为 327963/94，则输入"327963？94"
9	主分类号	中国专利库 外国专利库	支持后通配检索和逻辑检索，"and（&）"表示逻辑"与"，"or（+）"表示逻辑"或"，"not（-）"表示逻辑"非"。分类号中间的"/"可以用"？"或者"%"代替。 示例：已知主分类号为 C01B25/027，则输入"C01B25？027"。已知主分类号中含 C01B25，则输入"C01B25"。已知主分类号中含 25/027，则输入"%25？027"。已知主分类号中含 01 和 25，且 01 在 25 之前，则输入"%01%25"
10	分类号	中国专利库 外国专利库	与"主分类号"的检索类似
11	申请号	外国专利库	支持后通配检索和逻辑检索，"and（&）"表示逻辑"与"，"or（+）"表示逻辑"或"，"not（-）"表示逻辑"非"。"%"表示任意字符。 示例：已知申请号为 WO1999EP04401，则输入"WO1999EP04401"。已知申请号前几位，如 WO1999，则输入"WO1999"。已知申请号中间几位，如 EP044，则输入"%EP044%"。已知申请号中包含 EP 和 44，且 EP 在 44 之间，则输入"%EP%44"
12	专利号	外国专利库	与"申请号"的检索类似
13	申请（专利）号	中国专利库	与"申请号"的检索类似
14	公开（公告）号	中国专利库	与"申请号"的检索类似
15	地址	中国专利库	支持地址和邮编检索。 示例：已知申请人地址为北京市海淀区西土城路，则输入"北京市海淀区西土城路"。已知申请人邮编为 100088，则输入"100088"。已知道申请人邮编和部分地址，则输入"100088%西土城路"（邮编在前）
16	专利代理机构	中国专利库	与"申请人"的检索类似
17	代理人	中国专利库	与"申请人"的检索类似
18	国际公布	中国专利库	支持后通配检索和逻辑检索。 示例：已知国际公布语言为英文，则输入"英"。已知国际公布号为 WO2005/054123，则输入"WO2005/054123"。已知国际公布日为 2005 年 6 月 16 日，则输入"2005.06.16"
19	颁证日	中国专利库	与"公开（公告）日"的检索类似
20	分案原申请号	中国专利库	与"申请号"的检索类似

续表

序号	检索字段	数据库	检索示例及说明
21	权利要求	中国专利库	与"名称"的检索类似
22	国省代码	中国专利库	已知省市名称或代码，直接输入。如"北京"或"11"
23	代码化全文	中国专利库	与"名称"的检索类似

值得一提的是，代码化全文包括2010年12月31日以前的大部分中国专利，支持全文检索。

2. 表达式检索（中国、外国）

表达式检索分为中国、外国两个检索页面，根据数据库可检索字段按照表格方式设置的检索功能，用户可以按照一定的输入要求在检索框中输入检索式，还可对各检索字段进行逻辑组配。利用表达式检索，用户可以更精确地检索到所需要的专利信息，相对于表格检索而言，表达式检索功能更为强大，适合于有一定检索经验的用户。

表达式检索提供了申请（专利）号、名称、摘要、地址、分类号等字段的检索入口，并且支持模糊检索。其中，字符"？"（半角问号），代表1个字符；模糊字符"%"（半角百分号），代表0~n个字符。支持"and"、"or"、"not"逻辑运算符，并且"and"、"or"、"not"分别可以用"&"、"+"、"-"符号代替。

默认关键词范围：名称、摘要、主权项。如果直接输入关键词，默认在名称、摘要、主权项三项字段内进行检索。如果输入多个关键词，默认为他们之间用逻辑运算符"or"连接。

两种检索页面提供的检索字段不尽相同，中国专利的检索字段多于外国专利，两种页面分别如图3-1-8-4和图3-1-8-5所示，从两图中可以看到相应的检索字段和运算符。

图3-1-8-4 表达式检索（中国）

3　常用专利信息服务平台

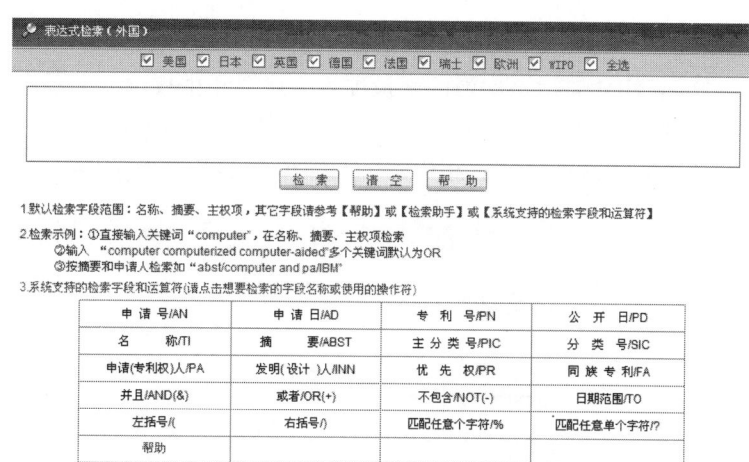

图 3-1-8-5　表达式检索（外国）

在检索时可以选择要检索的专利文献所属的国家、地区或组织。首先点击或者在检索栏中直接输入想要检索的字段名称，然后输入相应的检索内容。

3. 检索示例

要在"摘要"字段中检索"薄膜太阳能电池"，则首先点击图 3-1-8-4 或图 3-1-8-5 表格中的"摘要/ABST"，或者直接输入"ABST/"，接着在其后输入"薄膜太阳能电池"或者"薄膜太阳能电池"。需要注意的是，如果要进行逻辑检索或使用通配符，操作符应为半角符号，并且在检索词和操作符号之间应有半角空格，例如，"薄膜 and（太阳 or 光伏）and 电池"。

4. 二次检索及结果显示

对于表格检索或表达式检索得到的结果，可以进行二次检索，即在前次检索结果的范围内再次进行检索，以便获得更精确的检索结果。二次检索提供的检索方式以及检索字段与表达式检索相同，点击"检索助手"会弹出检索字段及操作符。还可以对结果进行重新检索。对中文检索结果进行处理的页面如图 3-1-8-6 所示。对外文检索结果的处理与中文检索结果类似。

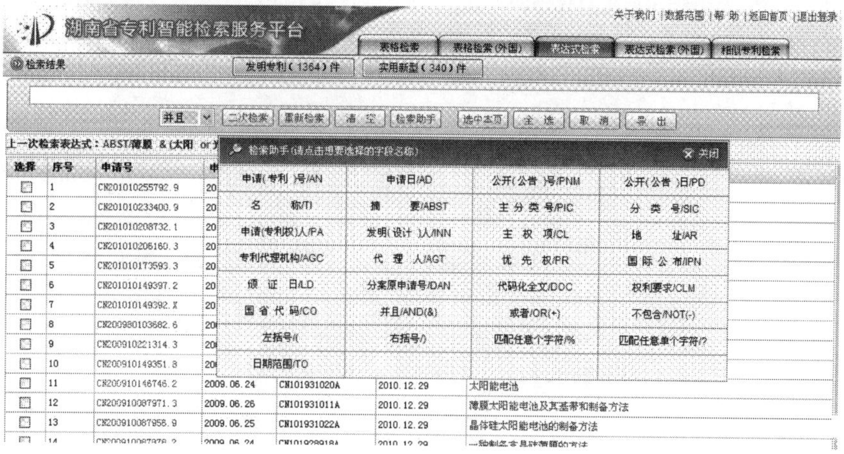

图 3-1-8-6　二次检索的检索页面

对于检索结果可以选择多项检索记录，导出后进行进一步的处理。还可以单击检索结果中的任意申请号或名称会显示该申请的著录项目、摘要和主权项（即独立权利要求 1），可以点击下载说明书和权利要求书的 PDF 全文，也可以选择下载代码化全文。还可以点击“法律状态”查看该申请的法律状态。相应的页面如图 3-1-8-7 所示。

申请（专利）号	CN201010149397.2	申请日	2010.03.31
名称	太阳能电池的制造方法		
公开（公告）号	CN101931026A	公开（公告）日	2010.12.29
主分类号	H01L31/18(2006.01)I	分案原申请号	
分类号	H01L31/18(2006.01)I;C23C14/34(2006.01)I		
颁证日		优先权	2009.06.26 JP 2009-152017
申请(专利权)人	三洋电机株式会社		
地址	日本大阪		
发明（设计）人	兼子一重	国际申请	
国际公布		进入国家日期	
国省代码	日本;JP	范畴分类	
专利代理机构	北京尚诚知识产权代理有限公司 11322	代理人	龙淳

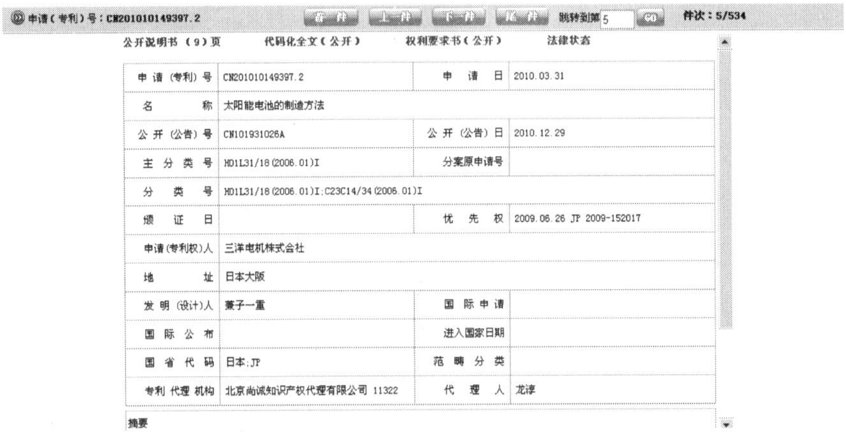

图 3-1-8-7　显示单个记录的信息

5. 相似专利检索

相似专利检索是根据用户输入的词语自动进行关键词扩展，然后进行检索。当用户输入短语时，系统会通过自然语言处理技术，将用户输入的短语先进行拆词，然后再根据拆分后的关键词，再进行相似专利检索，例如：用户输入“电脑”进行相似专利检索时，系统会将名称、摘要、主权项中包含“电脑”、“计算机”、“微机”等关键词的专利检索出来。通过这样的检索能够在一定程度上能够减少关键词不全造成的漏检。目前该平台还不支持用户手工追加同义词的功能。

相似专利检索的页面如图 3-1-8-8 所示。相似专利检索所得到的结果只能查看单个记录的信息及进行下载，不支持多条记录的导出。

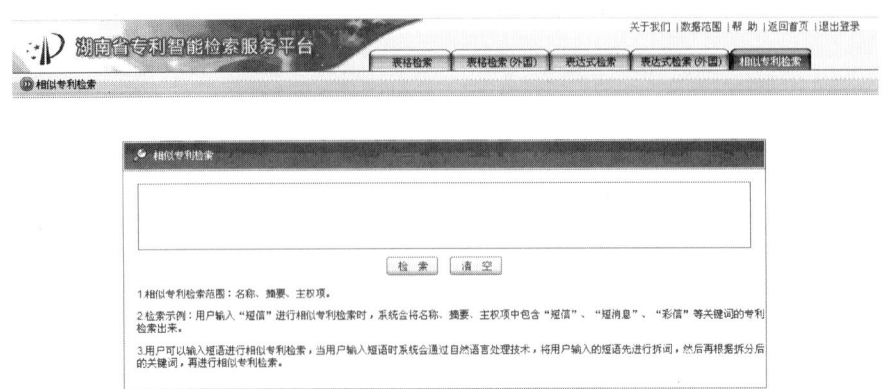

图 3-1-8-8　相似专利检索的页面

3.1.8.3　专利分析系统

湖南省公共信息平台上提供了面向企业的大为 iPatentNet 专利下载分析系统，提供专利下载、检索、分类、标引、分析、翻译、导出等功能，可以按照用户需求建立主题数据库；可以方便研发人员、专利管理人员、专利分析人员之间实现数据共享，高效利用专利信息，提高创新主体的研发起点，提高技术创新能力。

目前该系统尚未与湖南省专利智能检索服务平台整合，需要重新申请用户名才能使用。进入该系统的登录页面有两种方式，一是从湖南省公共信息平台（http://www.hnipo.net/）首页左下方的链接"iPatentNet专利分析系统"进入；二是直接输入网址 http://ex.daweisoft.com/ipatentnetdawei/进入。大为 iPatentNet 专利下载分析系统的登录页面如图 3-1-8-9 所示。

图 3-1-8-9　大为 iPatentNet 专利下载分析系统的登录页面

1. 库内检索

系统登录后的默认页面为库内检索，在该页面有两种检索方式，分别为表格检索和表达式检索，检索对象为企业内部数据库中的数据，检索方式与检索服务平台中的表格检索和表达式检索有相近之处，但也有所区别。目前库内提供的数据仅有 354209 篇专利，其中中国专利 188962 篇，外国专利 165247 篇，收录明显不全，无论是中国专利还是外国专利均仅能起到示范作用。对于企业用户而言，如果能够建立企业的内部数据库，并做好数据的及时更新和维护，通过在内部数据库中进行库内检索，能够实现高效率的精确检索。

（1）表格检索。

页面如图 3-1-8-10 所示。

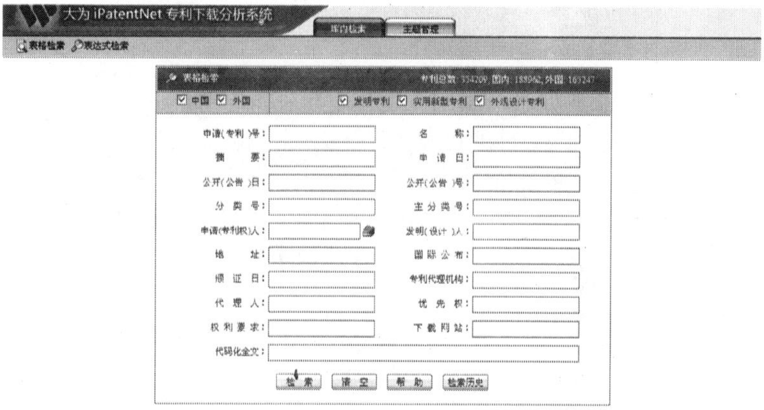

图 3-1-8-10　库内检索（表格检索）页面

点击"表格检索"按钮进入表格检索页面,在要检索的项目中输入要检索的内容,然后点击"检索"按钮进行检索,表格检索是迅速、简捷获取专利信息的一种检索途径,提供名称、摘要、申请(专利)号、公开(公告)号和申请/发明人等多种检索功能。用户可用申请(专利)号、公开(公告)号、申请人名称、发明人名称或名称、摘要中的关键词,直接输入检索框中进行检索。

系统提供的检索字段及检索示例如表 3-1-8-3 所示。

表 3-1-8-3 表格检索的检索字段及检索示例

序号	检索字段	检索示例及说明
1	申请(专利)号	该字段可对申请号和专利号进行检索。申请号和专利号的检索输入的数字不能少于7位。 申请(专利)号可实行模糊检索。模糊部分位于申请号(或专利号)末尾时模糊字符可省略。 检索实例: ① 已知申请号为 99120331.3,可键入"CN99120331"或"CN99120331.3";如申请号为 CN200410016940.6,应键入"CN200410016940"或"CN200410016940.6"; ② 已知申请号前七位为 9912033,应键入"CN9912033"
2	申请日	申请日由年、月、日三部分组成,各部分之间可用圆点隔开;"年"为 4 位数字,"月"和"日"为 2 位数字。 检索实例: ① 已知申请日为 1999 年 10 月 5 日,应键入"19991005"; ② 已知申请日在 1999 年 10 月,应键入"199910"; ③ 已知申请日在 1999 年,应键入"1999"; ④ 如需检索申请日为 1998 到 1999 年之间的专利,应键入"1998 to 1999"
3	公开(告)号	公开(告)号不能少于 7 位。 公开(告)号可实行模糊检索。模糊部分位于公开(告)号末尾时模糊字符可省略。 检索实例: ① 已知公开号为 1219642,应键入"CN1219642"; ② 已知公开号的前几位为 12192,应键入"CN12192%"
4	公开(告)日	公开(告)日由年、月、日三部分组成,各部分之间可用圆点隔开;"年"为 4 位数字,"月"和"日"为 2 位数字。 检索实例: ① 已知公开日为 1999 年 10 月 5 日,应键入"19991005"; ② 已知公开日在 1999 年 10 月,应键入"199910"; ③ 已知公开日在 1999 年,应键入"1999"; ④ 如需检索公开日为 1998 到 1999 年之间的专利,应键入"1998 to 1999"
5	申请(专利权)人	申请(专利权)人可为个人或团体,键入字符数不限。 申请人可实行模糊检索,模糊部分位于字符串起首或末尾时模糊字符可省略。 检索实例: ① 已知申请人为吴学仁,应键入"吴学仁"; ② 已知申请人姓吴,应键入"吴"; ③ 已知申请人名字中包含"仁",应键入"仁"; ④ 已知申请人姓吴,且名字中包含"仁",应键入"吴 and 仁"; ⑤ 已知申请人为北京某电子遥控开关厂,应键入"北京 and 电子遥控开关厂"

续表

序号	检索字段	检索示例及说明
6	发明（设计）人	发明（设计）人可为个人或团体，键入字符数不限。 发明人可实行模糊检索，模糊部分位于字符串起首或末尾时模糊字符可省略。 检索实例： ① 已知发明人为李志海，应键入"李志海"； ② 已知发明人姓李，应键入"李"； ③ 已知发明人为深圳某实业有限公司，应键入"深圳 and 实业有限公司"；也可键入"深圳 and 实业 and 公司"或"深圳 and 实业"
7	地址	地址可实行模糊检索，模糊部分位于字符串起首或末尾时模糊字符可省略。 检索实例： ① 已知申请人地址为香港新界，应键入"香港新界"； ② 已知申请人地址邮编为100088，应键入"100088"； ③ 已知申请人地址邮编为300457，地址为某市泰华路12号，应键入"300457 and 泰华路12号"（注意邮编在前）； ④ 已知申请人地址为陕西省某县城关镇某街72号，应键入"陕西省 and 镇 and 72号"；也可键入"陕西省 and 72号"、"城关镇 and 72号"或"72号"
8	名称	专利名称的键入字符数不限。 专利名称可实行模糊检索，模糊检索时应尽量选用关键字，以免检索出过多无关文献。模糊部分位于字符串起首或末尾时模糊字符可省略。字段内各检索词之间可进行 and、or 的逻辑运算。 检索实例： ① 已知名称中包含"照相机"，应键入"照相机"； ② 已知名称中包含"汽车"和"化油器"，应键入"汽车 and 化油器"； ③ 已知名称中包含"汽车"或者"化油器"，应键入"汽车 or 化油器"； ④ 已知名称中包含"汽车"，但不包含"化油器"，应键入"汽车 not 化油器"
9	摘要	专利摘要的键入字符数不限。 专利摘要可实行模糊检索，模糊检索时应尽量选用关键字，以免检索出过多无关文献。模糊部分位于字符串起首或末尾时模糊字符可省略。字段内各检索词之间可进行 and、or 的逻辑运算。 检索实例： ① 知专利摘要中包含"网络"，应键入"网络"； ② 已知名称中包含"闸瓦"和"摩擦系数"，应键入"闸瓦 and 摩擦系数"； ③ 已知名称中包含"闸瓦"或者"摩擦系数"，应键入"闸瓦 or 摩擦系数"； ④ 已知名称中包含"闸瓦"，但不包含"摩擦系数"，应键入"闸瓦 not 摩擦系数"
10	分类号	专利申请的分类号可由《国际专利分类表》查得，键入字符数不限（字母大小写通用）。 分类号可实行模糊检索，模糊部分位于分类号末尾时模糊字符可省略。输入的分类号数字不得少于3位。 检索实例： ① 已知分类号为G06F15/16，应键入"G06F15/16"； ② 已知分类号起首部分为G06F，应键入"G06F"
11	主分类号	同一专利申请中具有若干个分类号时，其中第一个称为主分类号。 主分类号的键入字符数不限（字母大小写通用）。 主分类号可实行模糊检索，模糊部分位于主分类号末尾时模糊字符可省略。 检索实例： ① 已知主分类号为G06F15/16，应键入"G06F15/16"； ② 已知主分类号起首部分为G06F，应键入"G06F"

续表

序号	检索字段	检索示例及说明
12	颁证日	颁证日由年、月、日三部分组成，各部分之间可用圆点隔开；"年"为4位数字，"月"和"日"为1或2位数字。 检索实例： ① 已知颁证日为1999年10月5日，应键入"19991005"； ② 已知颁证日在1999年10月，应键入"199910"； ③ 已知颁证日在1999年，应键入"1999"； ④ 如需检索颁证日为1998到1999年之间的专利，应键入"1998 to 1999"
13	专利代理机构	专利代理机构的键入字符数不限。 专利代理机构可实行模糊检索，模糊部分位于字符串起首或末尾时模糊字符可省略。 检索实例： ① 已知专利代理机构为广东专利事务所，应键入"广东专利事务所"，也可键入"广东"； ② 已知专利代理机构名称中包含"贸易"和"商标"，应键入"贸易 and 商标"
14	代理人	专利代理人通常为个人。 专利代理人可实行模糊检索，模糊部分位于字符串起首或末尾时模糊字符可省略。 检索实例： ① 已知专利代理人为张李三，应键入"张李三"； ② 已知专利代理人姓张，应键入"张"； ③ 已知专利代理人名字中包含"三"，应键入"三"； ④ 已知专利代理人姓张，且名字中包含"三"，应键入"张 and 三"
15	优先权	优先权信息中包含表示优先权日、国别的字母和优先权号。 优先权可实行模糊检索，模糊部分位于字符串末尾时模糊字符可省略。 检索实例： ① 已知专利的优先权日为1994年12月28日，应键入"1994.12.28"； ② 已知专利的优先权号为DE19992009803U，应键入"DE19992009803"
16	国际公布	国际公布信息中包括国际公布号、公布的语种和公布的日期。 检索实例 ① 已知国际公布的语种为日文，应输入"日"； ② 已知PCT公开号为wo94/17607，应输入"wo94/17607"； ③ 已知公布日期为1999年3月25日，应输入"1999.3.25"
17	权利要求	权利要求默认支持模糊查询；支持AND、OR、NOT。 检索示例： ① 已知权利要求中包含"设备"，应该输入"设备"； ② 已知权利要求中包含"计算机"和"电脑"，应该输入"计算机 and 电脑"
18	代码化全文	代码化全文默认支持模糊查询；支持AND、OR、NOT。 检索示例： ① 已知代码化全文中包含"设备"，应该输入"设备"； ② 已知代码化全文中包含"计算机"和"电脑"，应该输入"计算机 and 电脑"

续表

序号	检索字段	检索示例及说明
19	下载网站	各下载网站检索代码对应：国家知识产权局（中国知识产权网）CN、美国专利商标局 US、欧洲专利局 EP、欧洲外观设计 EPD、日本特许厅 JP、世界知识产权组织 WIPO、英国知识产权局 GB、韩国知识产权局 KR。 检索示例： ① 已知专利从中国下载，可以键入"CN"； ② 已知专利从美国下载，可以键入"US"

（2）表达式检索。

表达式检索的页面如图3-1-8-11所示。

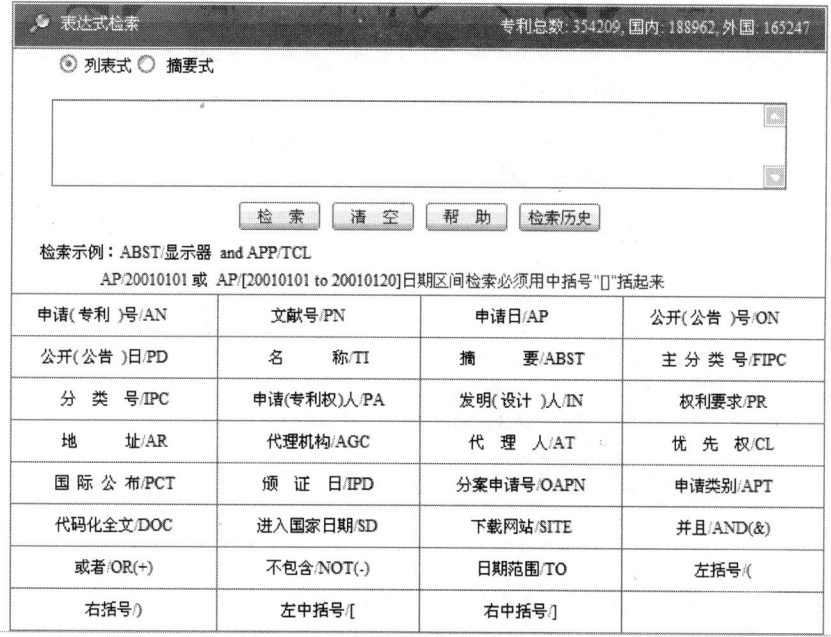

图 3-1-8-11 表达式检索页面

表达式检索提供的检索字段及检索示例如表3-1-8-4所示。

表 3-1-8-4 表达式检索的检索字段及检索示例

序号	检索字段	检索示例及说明
1	申请号 （AN、APN）	申请号字段检索支持模糊检索，但是输入申请号必须大于7位数字。 检索示例： ① 输入完整申请号，如键入：APN/CN02115131.8； ② 已知申请号前七位，应键入：APN/CN0211513
2	专利号（PNO）	专利号字段检索支持模糊检索，但是输入专利号必须大于7位数字。 检索示例： ① 输入完整专利号，如键入：PNO/US6250095； ② 已知专利号前七位，应键入：PNO/US62500

续表

序号	检索字段	检索示例及说明
3	名称（TI、TTL）	名称默认支持模糊查询；支持 AND、OR、NOT。 检索示例： ① TTL/显示器； ② TTL/设备 AND TTL/（计算机 OR 电脑）
4	摘要（AB、ABST）	摘要默认支持模糊查询；支持 AND、OR、NOT。 检索示例： ① ABST/显示器； ② ABST/（设备 AND（计算机 OR 电脑））
5	权利要求（PR、ACLM）	权利要求默认支持模糊查询；支持 AND、OR、NOT。 检索示例： ① ACLM/设备 或者 PR/设备； ② ACLM/设备 AND ACLM/（计算机 OR 电脑）或者 PR/设备 AND PR/（计算机 OR 电脑）
6	申请类别（APT）	申请类别默认精确查询；支持 AND、OR、NOT。 申请类别与数字之间的转换如下： 1：发明专利 2：实用新型 3：外观设计 4：集成电路 PCT8：PCT 发明 PCT9：PCT 实用新型 AI：Additional Improvements H：Statutory Invention Registration PP：Plant Patents RE：Reissue Patents SIRs：SIRs T：Defensive Publications 检索示例： ① 查询发明专利，应键入：APT/1； ② 查询实用新型专利，应键入：APT/2
7	文献号（PN）	文献号字段检索支持模糊检索，但是输入文献号必须大于 7 位数字。 检索示例： ① 输入完整文献号，如键入：PN/CN02115131.8； ② 已知文献号前七位，应键入：PN/CN0211513
8	公开（告）号（ON、PNM）	公开（告）号字段检索支持模糊检索，但是输入公开（告）号必须大于 7 位数字。 检索示例： ① 输入完整公开（告）号，如键入：ON/CN101237654； ② 已知公开（告）号前七位，应键入：ON/CN1012376
9	优先权（CL、PRIR）	优先权字段检索支持模糊检索；但是输入优先权必须大于 7 位数字。 检索示例： ① 输入完整优先权，如键入：PRIR/CN02115131.8； ② 已知优先权前七位数字，应键入：PRIR/CN0211513

续表

序号	检索字段	检索示例及说明
10	主 IPC（FIPC）	主 IPC 字段检索支持模糊检索；支持 AND、OR、NOT。 检索示例： ① 如果输入一个主 IPC 大类，可以键入：FIPC/H04； ② 如果输入一个主 IPC 小类，可以键入：FIPC/H04L
11	IPC（IPC）	IPC 字段检索支持模糊检索；支持 AND、OR、NOT。 检索示例： ① 如果输入一个 IPC 大类，可以键入：IPC/H04； ② 如果输入一个 IPC 小类，可以键入：IPC/H04L
12	申请人（PA、APP）	申请人字段检索默认支持模糊检索。 检索示例： ① 已知申请人为：深圳 TCL 新技术有限公司，如键入：APP/深圳 TCL 新技术有限公司； ② 已知申请人为：TCL，如键入：APP/TCL
13	申请人地址（AR、APPA）	申请人地址字段默认检索支持模糊检索。 检索示例： 已知申请人地址为：深圳市，如键入：APPA/深圳市
14	发明人（IN）	发明人字段检索默认支持模糊检索。 检索示例： ① 已知发明人为：黄凯华，如键入：IN/黄凯华； ② 已知发明人的姓：黄，如键入：IN/黄
15	代理人（AT、AGT）	代理人字段检索支持模糊检索。 检索示例： ① 已知代理人为：王全喜，如键入：AT/王志强； ② 已知代理人的姓：王，如键入：AT/王
16	代理机构（AGC、LREP）	代理机构段检索默认支持模糊检索。 检索示例： 如果想查询深圳市永杰专利商标事务所，如键入：LREP/深圳市永杰专利。 也可以键入：LREP/深圳市永杰专利商标事务所
17	分案申请号（OAPN、DAN）	分案申请号字段检索支持模糊检索。 检索示例： 如果知道一个完整的分案申请号为：200580002255.0，可以键入：OAPN/200580002255.0 或者 OAPN/2005800022
18	国际公布 PCT（PCTP）	国际公布 PCT 字段检索支持模糊检索。 检索示例： 如果知道一个完整的 PCT 国际公布号为 WO0128156，可以键入：PCTP/WO0128156
19	申请日（AP、APD）	申请日字段检索是有年、月、日组成，输入格式为 YYYYMMDD 或者 YYYY-MM-DD；区间符号用 to 表示。 检索示例： ① 申请日为：2005 年 1 月 1 日到 2005 年 12 月 31 日，可以键入：APD/[20050101 to 20051231]； ② 申请日为：2005 年 1 月，可以键入：APD/200501； ③ 申请日为：2005 年，可以键入：APD/2005； ④ 如果检索申请日从 2005 年到 2006 年的信息，可以键入：APD/[2005 to 2006]

续表

序号	检索字段	检索示例及说明
20	公开（告）日（PD、OD）	公开（告）日字段检索是有年、月、日组成，输入格式为 YYYYMMDD 或者 YYYY-MM-DD；区间符号用 to 表示。 检索示例： ① 公开（告）日为：2005年1月1日到2005年12月31日，可以键入：OD/［20050101 to 20051231］； ② 公开（告）日为：2005年1月，可以键入：OD/200501； ③ 公开（告）日为：2005年，可以键入：OD/2005； ④ 如果检索公开（告）日从2005年到2006年的信息，可以键入：OD/［2005 to 2006］
21	授权公告日（ISD）	授权公告日字段检索是有年、月、日组成，输入格式为 YYYYMMDD 或者 YYYY-MM-DD；区间符号用 to 表示。 检索示例： ① 授权公告日为：2005年1月1日到2005年12月31日，可以键入：ISD/［20050101 to 20051231］； ② 授权公告日为：2005年1月，可以键入：ISD/200501； ③ 授权公告日为：2005年，可以键入：ISD/2005； ④ 如果检索授权公告日从2005年到2006年的信息，可以键入：ISD/［2005 to 2006］
22	颁证日（IPD、AD）	颁证日字段检索是有年、月、日组成，输入格式为 YYYYMMDD 或者 YYYY-MM-DD；区间符号用 to 表示。 检索示例： ① 颁证日为：2005年1月1日到2005年12月31日，可以键入：AD/［20050101 to 20051231］； ② 颁证日为：2005年1月，可以键入：AD/200501； ③ 颁证日为：2005年，可以键入：AD/2005； ④ 如果检索颁证日从2005年到2006年的信息，可以键入：AD/［2005 to 2006］
23	进入国家日期（SD）	进入国家日期字段检索是有年、月、日组成，输入格式为 YYYYMMDD 或者 YYYY-MM-DD；区间符号用 to 表示。 检索示例： ① 进入国家日期为：2005年1月1日到2005年12月31日，可以键入：SD/［20050101 to 20051231］； ② 进入国家日期为：2005年1月，可以键入：SD/200501； ③ 进入国家日期为：2005年，可以键入：SD/2005； ④ 如果检索进入国家日期从2005年到2006年的信息，可以键入：SD/［2005 to 2006］
24	代码化全文（DOC）	代码化全文默认支持模糊查询；支持 AND、OR、NOT。 检索示例： ① DOC/设备； ② DOC/设备 AND DOC/（计算机 OR 电脑）
25	下载网站（SITE）	各下载网站检索代码对应：国家知识产权局（中国知识产权网）CN、美国专利商标局 US、欧洲专利局 EP、欧洲外观设计 EPD、日本特许厅 JP、世界知识产权组织 WIPO、英国知识产权局 GB、韩国知识产权局 KR 检索示例： ① 已知专利从中国下载，可以键入：SITE/CN； ② 已知专利从美国下载，可以键入：SITE/US

(3) 二次检索及结果的处理。

在表格检索和表达式检索得到检索结果后，用户可以在二次检索输入框内继续输入检索条件，在检索结果范围内进一步检索，同样也可以进行重新检索，使用方法和表达式检索一样。

将检索结果选中导出到本地，分四种格式导出 Excel、Word、Html 以及导出专利信息。选中要导出的数据（可通过"选中本页"按钮、"撤销选择"按钮对数据进行选中或取消专利数据，也可以通过鼠标点击专利序号前的选择框选中或取消专利数据）点击"导出到本地"按钮选择要导出的格式。

弹出对话框提示：是否下载到本地？选择"确定"按钮，程序会将相关选中数据的下载文件压缩包下载到指定位置。请注意，为了保证导出的速度，导出数据不能超过 500 件。

选中想要导出到其他主题中的数据，点击"导出到主题"按钮，此时将打开导出到主题窗体，如下图所示，在窗体中选择主题组和主题组中的主题，点击"导出"按钮，导出完成后提示导出成功。

用户在库内检索和数据管理的检索自动记录检索式及检索结果，检索历史页面可以进行组合检索、删除、锁定、解锁等操作。

2. 主题管理

新建一个数据库后，程序自动建立一个主题组，名称为：我的收藏，在"我的收藏"主题组中有一个主题，名称为：我的专利。主题管理分为两部分，左边为主题组树，右边为主题列表，如图 3-1-8-12 所示。

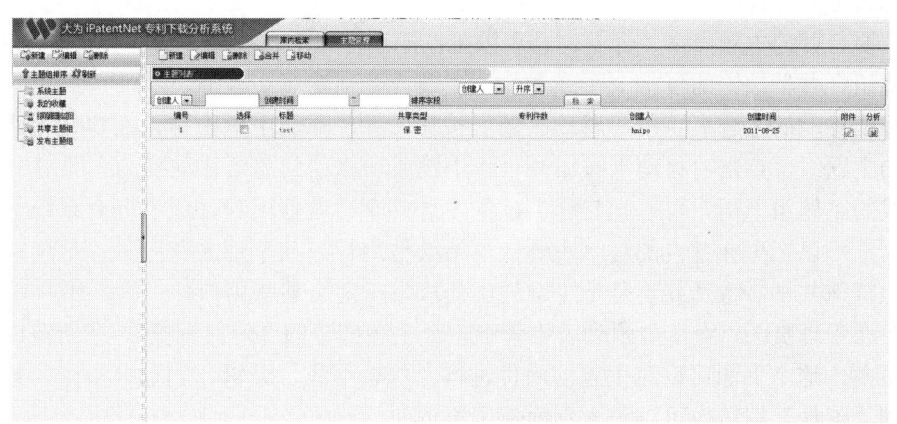

图 3-1-8-12　主题管理页面

为了对主题更好地进行管理，需要先建立主题组。可以对主题组进行编辑、删除、上移、下移等操作。每个主题组下可以建立多个主题，点击左边树形结构上的"主题组"，右边画面按照列表方式显示相应该主题组下的所有主题。

为了将下载的专利数据进行分组，更方便、更有效地进行管理，需要在主题组下新建主题；主题可以进行编辑、删除、合并、移动等操作；可以在主题管理页面方便地查看各个主题的主题名称、主题中的专利件数、管理员、创建时间等相关信息；也可以对单个主题中的数据进行统计分析。

点击左边树形结构上的"新建"按钮，弹出新建主组窗体，输入主题组名称，点击"保存"按钮，提示主题组新建成功。为了方便用户查看，新建的主题组默认排在主题列表的第一位。如图 3-1-8-13 所示。

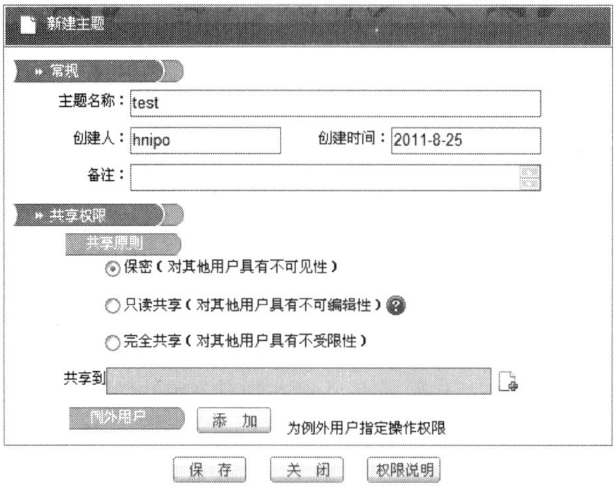

图 3-1-8-13 新建主题页面

选中要编辑的主题（一次只能对一个主题进行编辑），点击"编辑"按钮，打开编辑页面，可以修改主题的名称、备注信息以及共享，点击"保存"按钮，编辑主题完成。

选中要删除的主题点击"删除"按钮，打开输出页面，点击"确认删除"按钮，主题将被删除。可同时选中多个主题一次性删除。

选中要合并的主题点击"合并主题"按钮，打开合并主题页面，选择要合并到的主题，点击"确认合并"按钮即可将一个或者几个主题合并到其他主题中。

选择要移动的主题后点击"移动主题"按钮，弹出移动主题窗体，在窗体上选择需要移动到的主题组，点击"移动"按钮，可将主题成功移动到需要移动到的主题组中。

在我的主题组下用户可以把自己创建的主题共享给其他用户，或者拥有系统主题管理权限的用户可以把事业部内的任一主题共享给其他用户。共享形式有三种：只读共享、完全共享、特殊共享，特殊共享是把主题的某些权限指定给某些用户。

在主题管理页面，点击主题列表中其中一个主题部分的"附件浏览"，在新窗口打开附件浏览页面，这个页面可以对主题的附件进行上传、下载、编辑、删除等操作。数据管理模块中的"附件"按钮也可以进入到附件浏览页面。

3. 下载管理

打开一个没有任何数据的主题，直接跳转到下载管理页面，或者打开主题后切换 TAB 页到下载管理页面。下载管理分为两部分，左边为检索条件树，右边为专利列表，如图 3-1-8-4 所示。

（1）添加专利。

添加专利有两种方式。一种是输入专利号检索实现添加专利，具体操作是点击"输入专利号"按钮直接输入要下载的专利号，一行只能输入一个专利号，然后单击"确定"按钮添加成功，输入专利号添加的专利数据会添加到下载管理页面中左边的树上一个名称为"其他"的结点中。

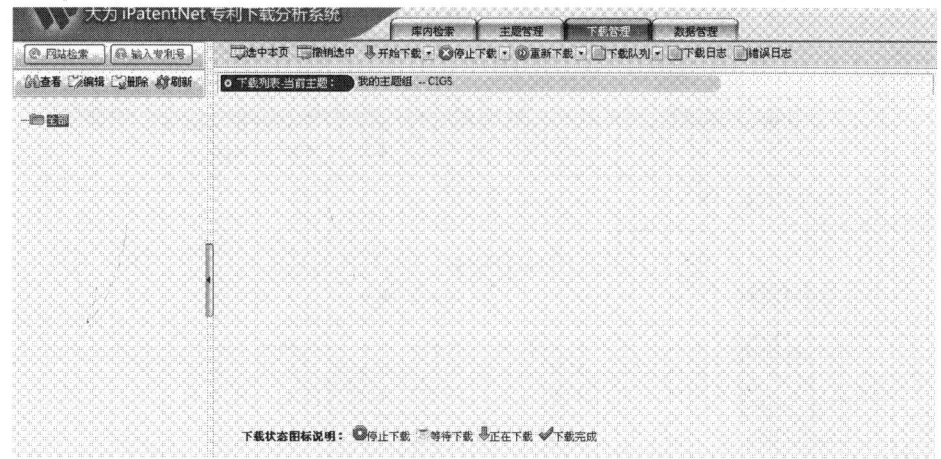

图 3-1-8-14　下载管理页面

另一种是通过网站添加操作来添加下载所需要的专利，点击"添加"按钮输入检索条件，检索您要下载的专利，然后将检索条件进行保存即可；选择检索条件点击"查看"还可以查看检索条件；如果想删除该检索条件，点击"删除"将检索条件以及检索条件中的数据进行删除。注意：检索条件支持多级树结构，可以在任何检索条件的节点添加新的检索条件。

添加检索条件示例：

① 选中需要添加检索条件的节点，点击下载管理中的"网站添加"按钮，如果没有下载安装客户端，可根据客户端下载安装说明进行下载安装，如果已安装客户端，会弹出 ActiveX 控件提示，点击"是"，则出现如图 3-1-8-15 所示的网站检索页面。

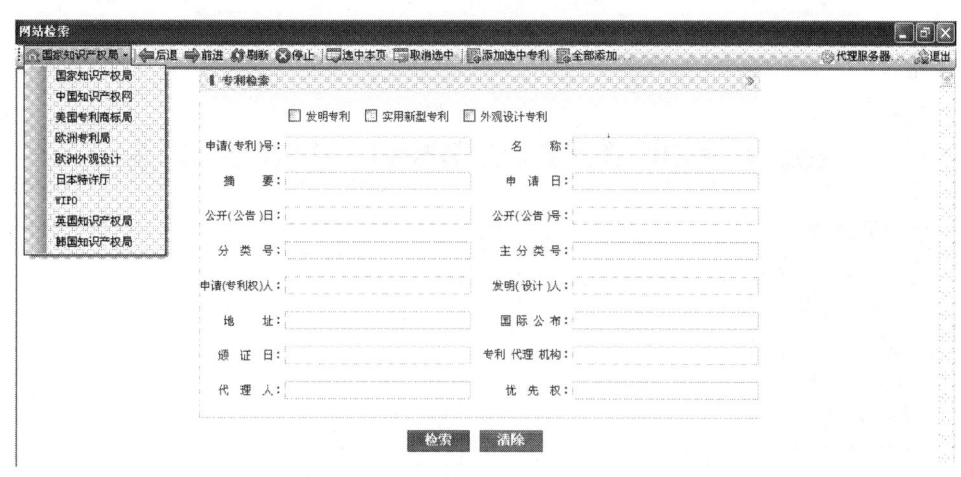

图 3-1-8-15　网站检索页面（国家知识产权局）

还可以在图 3-1-8-15 中左上角的第一个按钮中选择不同的网站节点,具体包括国家知识产权局、中国知识产权网、美国专利商标局、欧洲专利局、欧洲外观设计、日本特许厅、WIPO、英国知识产权局和韩国知识产权局。

② 在检索页面输入检索条件，点击"检索"按钮，检索出符合条件的专利数据，例如，

在摘要中检索"薄膜 and（太阳 or 光伏）and 电池"，并将专利类型限定为发明专利，能够获得如图 3-1-8-16 所示的结果。

图 3-1-8-16　网站检索结果页面（国家知识产权局）

③ 在检索结果页面点击页面上的"全部添加"按钮，将检索结果全部添加下载，如果想选择几件专利进行下载，请选择"添加选中专利"按钮，弹出保存检索条件窗体，如图 3-1-8-17 所示。

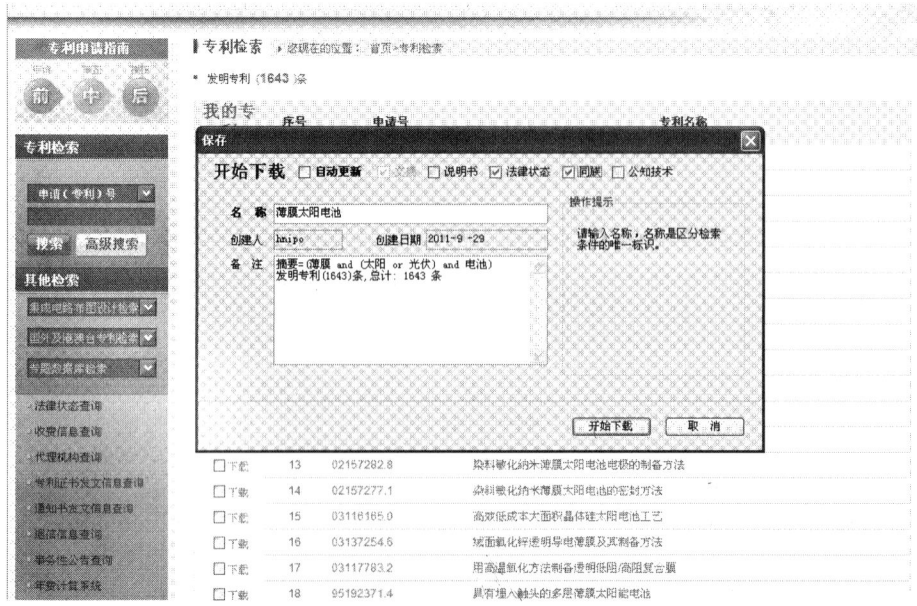

图 3-1-8-17　保存检索条件窗体

④ 选择要下载的内容，输入名称后，点击"保存"按钮，保存检索条件。保存检索条件后，可以通过查看日志来查看下载状态和下载进度。注意：当前如果有其他的下载条件正在下载，需要等待其他下载条件下载完毕后，才能开始下载本次保存的检索条件。

（2）检索条件的查看、编辑或删除。

选中检索条件点击"查看"按钮，打开检索条件窗体，可以查看检索条件的信息。

选中检索条件点击"编辑"按钮，打开编辑检索条件窗体，这里只能修改检索条件名称，点击"修改"按钮，修改检索条件成功。

选中检索条件点击"删除"按钮，打开删除检索条件窗体，点击"删除"按钮，删除检索条件成功。注意：删除检索条件后，检索条件下的专利数据也将会被删除。

4. 数据管理

在数据管理页面可以方便、快捷、有效地对下载的专利数据进行检索、分类、标引、导出等操作。进入数据管理页面，页面分为左右两部分，左边为分类，按照系统默认分类进行显示，如主申请人、主发明人、检索条件、主 IPC 大类、主 IPC 小类等，用户还可以新建自定义分类，右边为专利列表。如图 3-1-8-18 所示。

图 3-1-8-18　数据管理主页面

（1）分类。

① 自定义分类。

首先进行自定义分类设置，具体操作如下：点击数据管理中的"分类设置"按钮，打开如图 3-1-8-19 所示的分类设置窗体，在此可以新建、删除、编辑自定义分类，上移、下移同一级的自定义分类，全部展开、全部收缩自定义分类的树形结构。注意：自定义分类可以建立多层的树形结构。

同属是指某一分类中，同一件专利可以属于多个分类节点；互斥是指某一分类中，同一件专利只属于一个分类节点。建立自定义分类时选择同属互斥关系，以后再也不能修改。

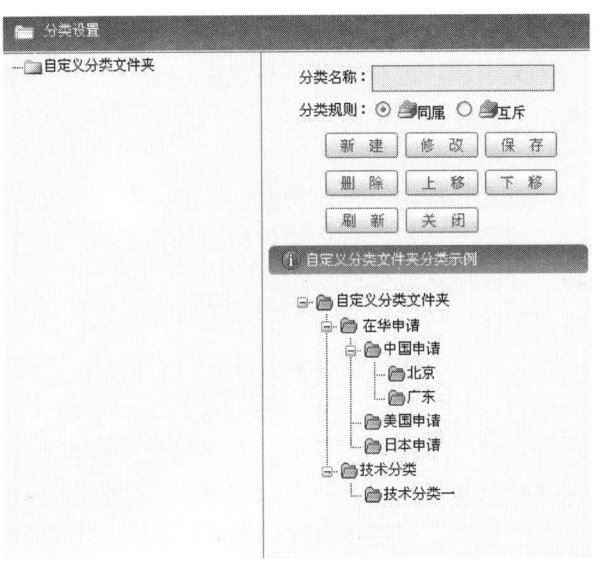

图 3-1-8-19　分类设置窗体

保存模板：将对左边树上的结点新建、编辑完成以后，可以将其保存成模板，以备以后使用，这样点击"保存模板"即可，保存模板的名称是左边树第一个结点的名称。

删除模板：选择"删除模板"，将无用的模板进行删除。"删除模板"只有在选择智能分类模板时才会显示。

预检：选择左边树结点，在右边输入框中输入检索式，点击"预检"，可以预检出检索结果，可显示检索结果列表。左边树的第一个结点不允许输入检索式。

开始分类：在左边树操作完成后，并且每个结点都对应有相应的检索式，点击"开始分类"，专利按照左边树的结构进行分类。在分类时会有相应的提示信息。

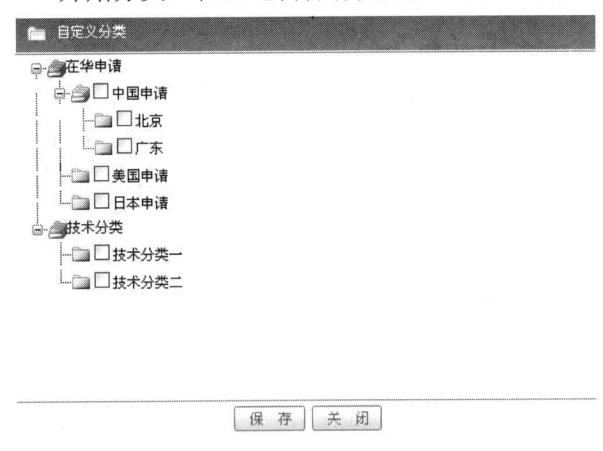

图 3-1-8-20　自定义分类窗体

选中专利列表中的数据（可通过"选中本页"按钮、"全部选中"按钮、"撤销选择"按钮对数据进行选中或取消，也可以通过鼠标点击专利序号前的选择框选中或取消专利数据），点击"分类"按钮，打开自定义分类文件夹窗体（如图 3-1-8-20 所示），选择分类前面的选择框，点击"保存"按钮，选中的专利会自动分类到所选分类中。

② 智能分类。

点击数据管理中的"智能分类"按钮，打开智能分类窗体如图 3-1-8-21 所示。

选择自定义分类，则右边下拉框出现自定义分类树的结构，可以选择将其修改并保存成为模板；选择智能分类模板，则右边下拉框出现本系统中所有智能分类的模板，可以选择对其进行修改等操作。

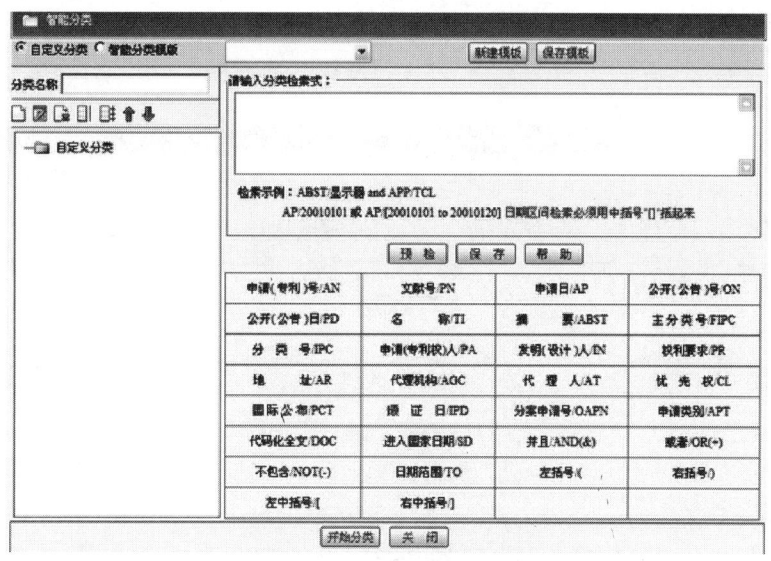

图 3-1-8-21 智能分类窗体

新建模板：点击智能分类窗体上的"新建模板"，左边树会出现一个空模板的结点，此时可以在左边树上进行新建、编辑、删除结点等操作。

（2）检索。

数据管理中的检索指的是在数据清理及数据标引过程中对已有数据进行的检索，主要分为：表格检索、表达式检索、自定义检索、评论检索。其中表格检索及表达式检索与库内检索中的功能一致，在这里不再重复陈述。自定义检索是对专利的详细页面的自定义项及专利详细页面的翻译进行检索，包括所有的自定义项、名称翻译、说明翻译、权利要求翻译、摘要翻译，如图 3-1-8-22。评论检索是对标引中的所有评论内容进行检索。自定义检索中的翻译检索及评论翻译支持模糊检索，同时注意翻译的内容必须在专利的详细页面翻译后点击"保存"才能入库，才可以在自定义检索中对该翻译的内容进行检索，如图 3-1-8-23。

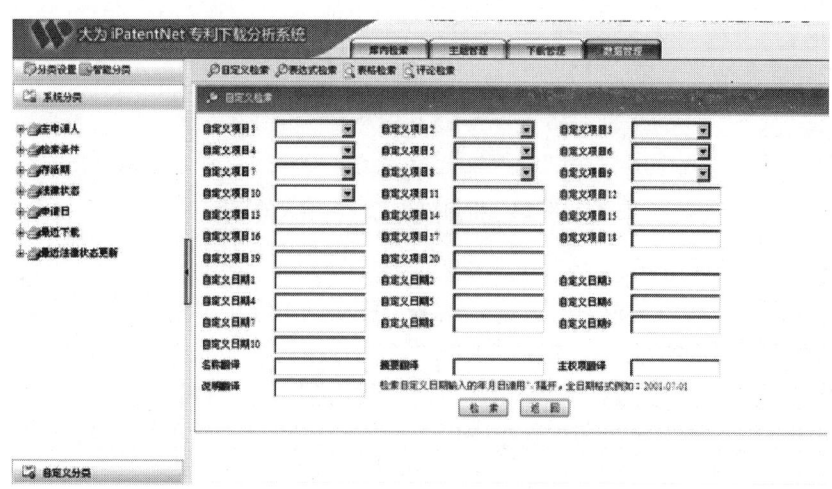

图 3-1-8-22 数据管理中的自定义检索页面

图 3-1-8-23　数据管理中的评论检索页面

（3）批量修改。

对当前主题所有数据或者当前检索结果的数据某个著录项目信息，如第一申请人、主分类号、自定义项等，进行批量更改和标引。如图 3-1-8-24 所示。

图 3-1-8-24　批量修改第一申请人的页面

（4）数据的移动及导出。

选中想要移动到其他主题中的数据，点击"移动到主题"，将会打开移动到主题窗体，在窗体中选择主题组和主题组中主题，点击"移动"按钮，移动完成后提示移动成功。

选中想要导出到其他主题中的数据，点击"导出到主题"按钮，此时将打开导出到主题窗体，在窗体中选择主题组和主题组中的主题，点击"导出"按钮，导出完成后提示导出成功。

将检索结果选中导出到本地，分四种格式导出，即 Excel、Word、Html 以及导出专利信息。选中要导出的数据(可通过"选中本页"按钮、"撤销选择"按钮对数据进行选中或取消,也可以通过鼠标点击专利序号前的选择框选中或取消专利数据)点击"导出到本地"按钮选择要导出的格式。

(5)收录同族。

在数据管理中,所下载的专利同族在默认情况下不当作主题中的专利,如果想让同族专利当作主题中的专利,请选择专利,然后单击"收录同族",则选中专利的同族专利也被收录到该主题中,能够参与分析、标引等操作。

点击专利列表中专利文献号或者名称,打开一个新窗口显示此件专利的详细画面,在详细画面可方便地通过按钮"上一件"、"下一件"对列表中专利的详细页面依次查看,选择页面左边的自定义分类,将打开的专利添加到所选分类中。通过点击工具条上的"著录项目"、"摘要"、"权利要求"、"代码化全文"、"公开说明书"、"授权说明书"、"法律状态"、"自定义设置"、"外观图形"、"导出专利信息"、"说明书下载"查看该专利的所有信息。详细页面左侧导航栏,第一个是显示当前专利所在主题的分类树;第二个显示专利同族列表,如果同族有中国专利,中国专利公开号和申请号显示在一条记录中;第三个显示引证专利列表(仅限美国专利);第四个显示被引证专利列表(仅限美国专利)。

(6)自定义设置。

在专利数据的详细页面点击"自定义设置"按钮,打开自定义设置窗体,如图 3-1-8-25 所示,画面分为 20 个自定义项目,10 个自定义日期。窗体上半部分 20 个自定义项目和 10 个自定义日期的输入框是对自定义项目的标题进行设置,前 10 个自定义项目为下拉选择框,通过窗体下面的 10 个自定义项目对这 10 个自定义下拉框的选项进行添加、删除、编辑。

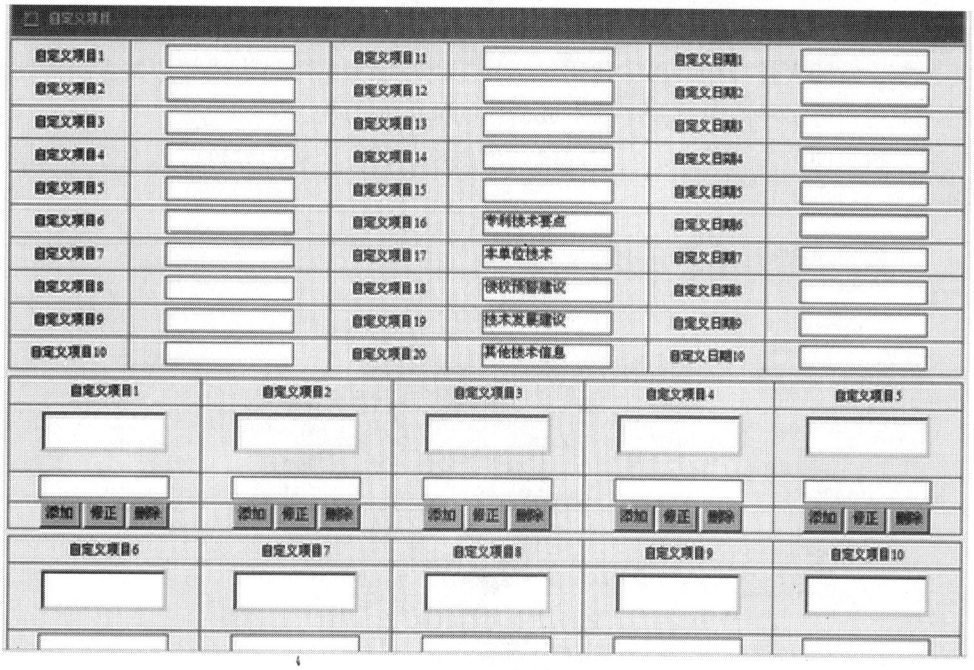

图 3-1-8-25 自定义设置的页面

(7) 导入标引专利。

对系统导出的 excel 文件中的专利进行标引后，可以重新导入本系统。点击"导入标引专利"按钮，弹出导入标引专利窗体。点击"浏览"按钮，选中标引好的 excel 文件，点击"保存"按钮，完成后提示导入成功。页面如图 3-1-8-26 所示。

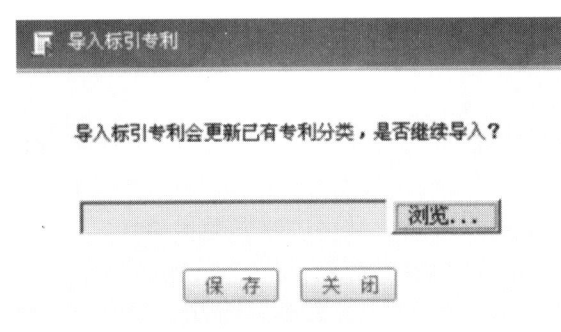

图 3-1-8-26 导入标引专利窗体

5. 统计分析

系统可以对检索结果和主题下的专利数据进行统计分析。点击主题管理页面上的"分析"按钮或者数据管理页面上的"专利分析"按钮，在新窗口打开统计分析页面。其中，在主题管理页面点击打开统计分析页面时，分析对象是专利列表中的所有专利数据。在数据管理中专利分析分三种情况：主题分析、结果分析、引证分析，每一种分析的分析对象不一样。主题分析所分析的对象为当前主题的所有数据。结果分析所分析的对象为数据列表中的所有数据。引证分析只针对美国数据进行分析，选中某一条美国数据，选中"引证分析"按钮，打开相应的分析页面（一次只能分析一条数据）。

可以在统计分析页面选择要分析的项目进行分析，如年度申请量、申请类型件数、申请人排行榜、发明人排行榜、国省代码排行榜等。按照分析项目生成相应的点折线图、三维饼图、雷达图等多种图表，并可以生成相应的分析数据表。

统计分析页面分为两部分：左边为统计分析项目树，右边为分析图表和分析数据表，如图 3-1-8-27 所示。

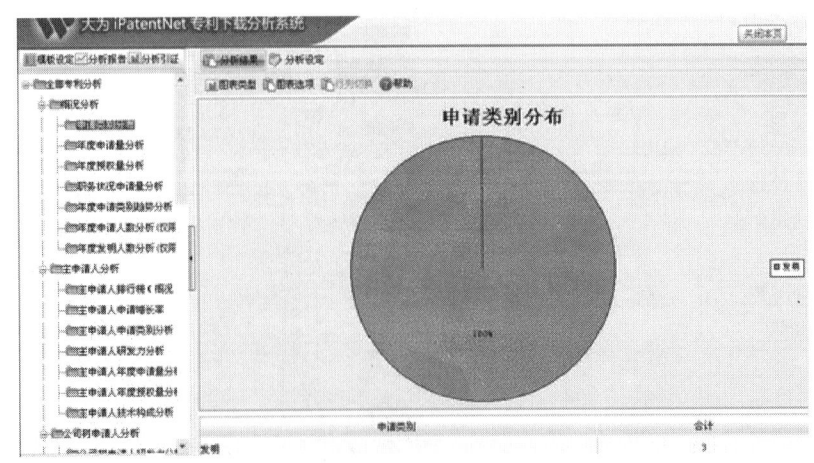

图 3-1-8-27 统计分析页面

(1) 模板设定。

模板设定功能给提供了增加新的模板，修改、删除现有模板的操作，用户可以通过该功能增加更多的专利分析模板，或修改现有模板分析的 X 轴或 Y 轴，或删除用户不需要的专利分析模板。用户进行了误操作后，还可以通过恢复默认的方式恢复到系统默认的模板下。模板设定页面如图 3-1-8-28 所示。

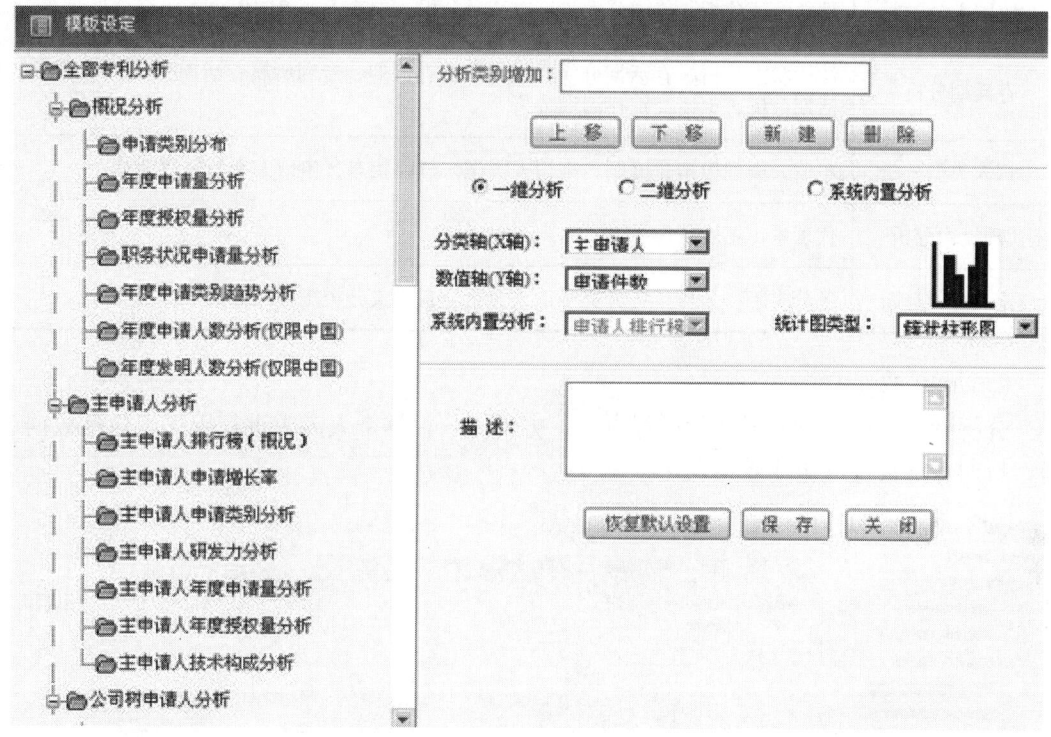

图 3-1-8-28　模板设定页面

系统中提供的默认分析模板如表 3-1-8-5 所示。

表 3-1-8-5　系统中提供的默认分析模板

分析类型	具体分析模板
概况分析	申请类别分布、年度申请量分析、年度授权量分析、职务状况申请量分析、年度申请类别趋势分析、年度申请人数分析、年度发明人数分析
主申请人分析	主申请人排行榜（概况）、主申请人研发力分析、主申请人申请类别分析、主申请人申请增长率、主申请人年度申请量分析、主申请人年度授权量分析、主申请人技术构成分析
公司树分析	公司树申请人研发力分析
主发明人分析	主发明人研发力分析、主发明人年度申请量分析、主发明人年度授权量分析、主发明人技术构成分析、主发明人技术构成分析、主发明人申请量趋势分析

续表

分析类型	具体分析模板
主 IPC 分析	主 IPC 技术构成分析、主 IPC 技术申报趋势分析（申请日）、主 IPC 技术申请人分析、主 IPC 年度授权量分析
美国主分类	件数统计分析、美国分类年度申请量分析、申请人与美国主分类组合分析
存活期分析	法律状态分析、存活期分析、法律状态存活期、专利所属存活期分析、申请人存活期分析、申请类别存活期分析
申请人类型分析	申请人类型申请量比例、申请人类型×法律状态、申请人类型×存活期
代理机构分析	代理量、年度代理量
自定义分类分析	各分类趋势分析、各分类申请人分析、自定义分类矩阵分析等

（2）分析设定。

分析设定主要是对分析结果进行设定，方便用户根据个人需求进行操作。包括数据选择、日期范围设定、统计方式设定。

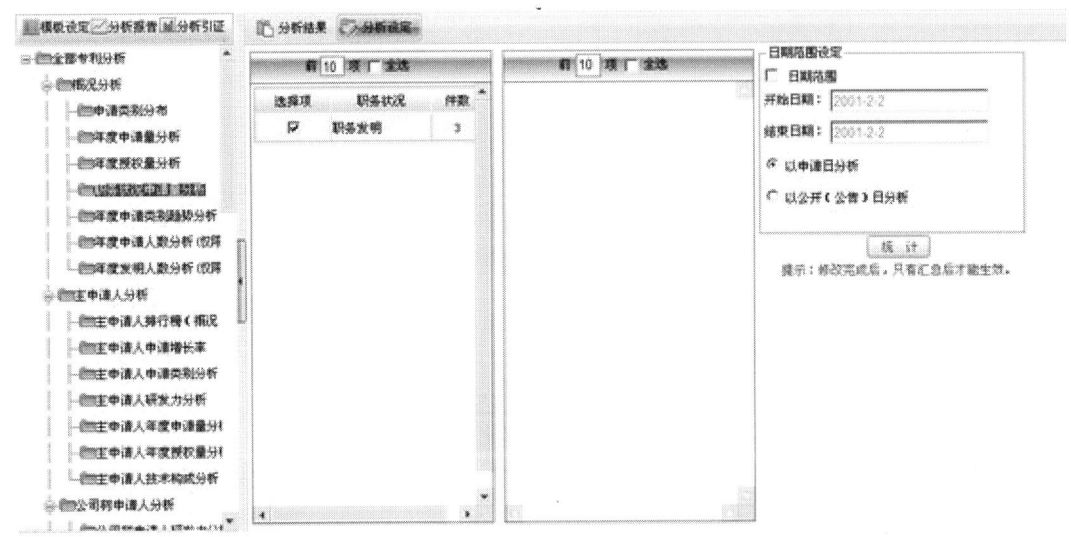

图 3-1-8-29 分析设定页面

数据选择：主要是显示统计过程中分析项目与专利件数，此区的数据不能编辑，"选择项"列可以手动控制；

日期范围设定：设定主题内统计的日期范围；

统计方式设定：统计方式主要有两种，"只统计选择项目"、"未选择项目按其他处理"。

修改分析设定，只有保存后才能生效。

（3）图表类型选择。

图表显示类型有多种如点折线图、三维饼图、雷达图等，通过点击"图表类型"打开图表类型选择窗口，如图 3-1-8-30 所示，可在此选择自己认为看起来更清楚直观的图表类型。

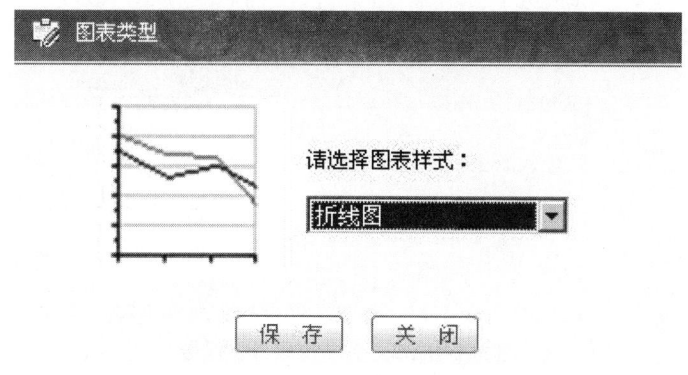

图 3-1-8-30　图表类型选择窗体

（4）图表选项。

可以通过点击"图表选项"按钮按照需求去设置图形显示的标题和数据标签，如图 3-1-8-31 所示。

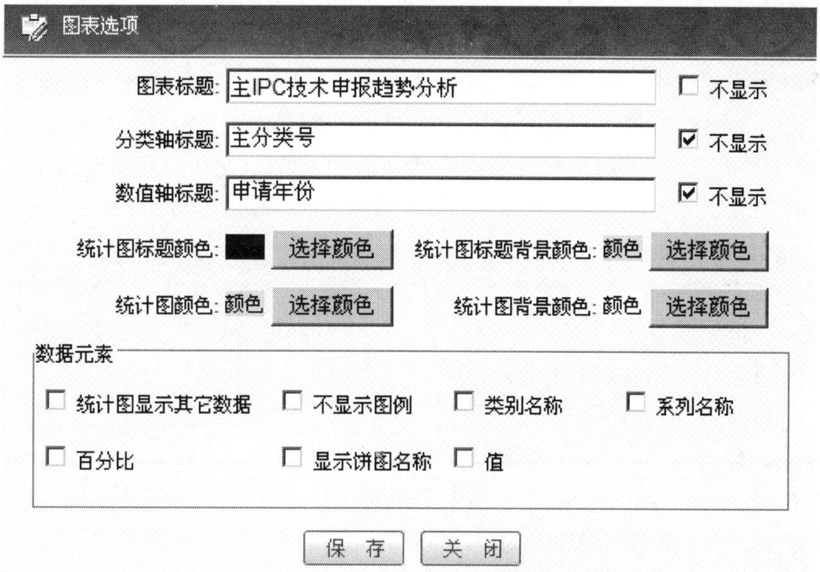

图 3-1-8-31　图表选项窗体

（5）自动生成分析报告。

分析报告自动生成器是系统专门用于自动生成专利分析报告的一个功能模块，方便用户进行专利战略研究分析，节省用户撰写专利分析报告的时间。在模块中集成了一些用于生成专利分析报告的系统模板，用户可以直接利用这些模板生成专利分析报告，也可以自己建立分析模板，在模板中插入一些需要的专利分析图表，设置专利分析报告的固定内容及格式，生成专利分析报告，页面如图 3-1-8-22 所示。用户可以将统计分析图表导出到分析报告中，分析表导出格式支持 Word 等格式。

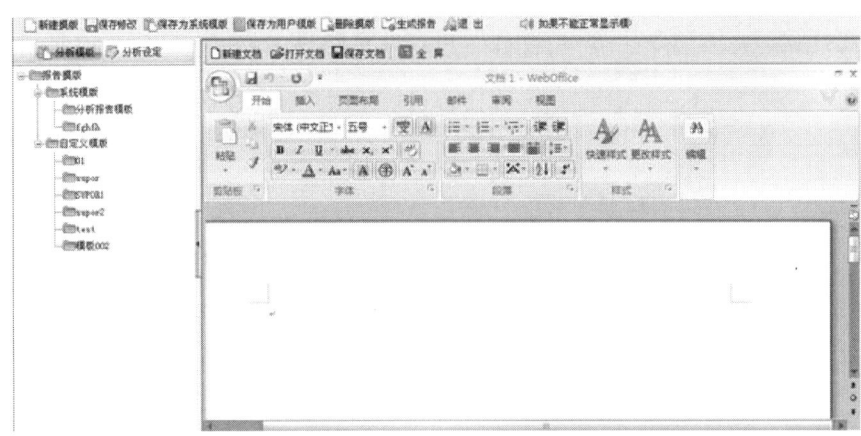

图 3-1-8-32 自动生成分析报告

3.2 商业专利信息服务平台

3.2.1 INNOGRAPHY

Innography 于 2007 年推出了知识产权领域可视化检索分析平台,它的总部设在得克萨斯州的奥斯汀。Innography 采用的是一种私营模式。中国目前主要由广州奥凯信息咨询有限公司提供相关业务代理。Innography 提供全球 78 个国家和地区的专利检索、美国诉讼和商标检索。其中美国诉讼信息包含 PACER(美国联邦法院电子备案系统)在内的全部专利诉讼和其他地区专利诉讼;商标信息为全美商标注册信息。另外,还提供来自 D&B(邓白氏)以及美国证券交易委员会规整的专利权人数据,便于进行公司查询。

3.2.1.1 数据库简介

1. 收录数据范围

Innography 的数据涵盖专利、专利诉讼、公司及商标等四方面,四者可以单独检索分析,下面对这四部分数据分别作说明。

(1)专利数据。

Innography 包含来自美国专利商标局专利、欧专局专利、PCT/世界专利组织(WO)专利、日本专利和 DOCDB/INPADOC 专利数据资源。用户可以快速访问来自美国(US)、欧洲专利组织(EP)、英国(GB)、法国(FR)、德国(DE)、日本(JP)的专利申请和授权全文。Innography 专利数据每周更新,数据来源如表 3-2-1-1。

表 3-2-1-1 Innography 专利数据覆盖及说明

来　　源	覆盖范围	备　　注
美国专利商标局专利	目录、标题、摘要、权利要求、全文	Innography 提供 1900 年至今的授权专利和 2001 年至今的申请专利。从 1976 年至今的专利提供目录信息和全文信息。Innography 每周直接从美国专利商标局获取全部更新信息
欧洲专利局专利	目录、标题、摘要、权利要求、全文	

续表

来源	覆盖范围	备注
PCT/WO 专利	目录、标题、摘要、权利要求、全文	
Questel 专利	目录、标题、摘要、权利要求、全文	获得更新数据的途径是订阅 Innography 更新数据，如果想增加最新的专利，可与 Innography 平台联系。 专利数据每周更新，这些数据来源于 Questel，这是一个国际 IP 数据的提供者
DOCDB/INPADOC 专利	目录、标题、摘要（个别国家没有）	通过每周的更新，保证 Innography 的专利数据和 INPADOC 完全一致
日本专利	目录、标题	全文信息只有在官方翻译公布之后才可以获得

Innography 提供的更为详细的全球各个国家和地区的专利覆盖范围，如表 3-2-1-2，"√"表示全部覆盖（95%以上），"√*"表示低密度覆盖（88%~94%），"o"表示部分覆盖（70%~87%），"~"表示零星覆盖（69%~40%）。"n/a"表示不能获得 WIPO 授权专利，因为 WIPO 无权授予专利权。

表 3-2-1-2　Innography 专利详细数据来源

国家代码	国家/地区	专利信息构成			申请	Translation Collection
		标题	目录	关键词		
AP	非洲地区知识产权组织 African Regional Intellectual Property Organization（ARIPO）	√	√			
AR	阿根廷 Argentina	√	√	~		
AT	奥地利 Austria	√	√		√	
AU	澳大利亚 Australia	√	√		√	
BA	波斯尼亚 Bosnia	√	√			
BE	比利时 Belgium	√	√			
BG	保加利亚 Bulgaria	√	√			
BR	巴西 Brazil	√	√	~		
BY	白俄罗斯 Belarus	√	√			
CA	加拿大 Canada	√	√	~	√	
CH	瑞士 Switzerland	√	√			
CL	智利 Chile	√	√			
CN	中国 China	o	√	~	√	Asia
CO	哥伦比亚 Colombia	√	√	√	√	

续表

国家代码	国家/地区	专利信息构成			申请	Translation Collection
		标题	目录	关键词		
CR	哥斯达黎加 Costa Rica	√	√	o		
CS	捷克斯洛伐克 Czechoslovakia	√	√			
CU	古巴 Cuba	√	√			
CY	塞浦路斯 Cyprus	√	√			
CZ	捷克共和国 Czech Republic	√	√			
DD	德国（东）Germany（East）	√	√			
DE	德国 Germany	√	√			
DK	丹麦 Denmark	√	√		√	
DO	多米尼加共和国 Dominican Republic	√	√	√		
DZ	阿尔及利亚 Algeria	√	√			
EA	欧亚专利局 Eurasian Patent Office（EAPO）	√	√	√		
EC	厄瓜多尔 Ecuador	√	√	o		
EE	爱沙尼亚 Estonia	√	√			
EG	埃及 Egypt	√	√			
EP	欧洲专利局 European Patent Office（EPO）	√	√	√	√	
ES	西班牙 Spain	√	√	～	√	
FI	芬兰 Finland	√	√		√	
FR	法国 France	√	√		√	
GB	英国 United Kingdom	√	√	√	√	
GC	海湾合作委员会（海合会）Gulf Cooperation Council（GCC）	√	√			
GR	希腊 Greece	√	√		√	
GT	危地马拉 Guatemala	√	√	√		
HK	香港 Hong Kong，China	√	√			
HR	克罗地亚 Croatia	√	√			
HU	匈牙利 Hungary	√	√			
ID	印尼 Indonesia	√	√			
IE	爱尔兰 Ireland	√	√	√	√	
IL	以色列 Israel	√	√		√	

续表

国家代码	国家/地区	专利信息构成			申请	Translation Collection
		标题	目录	关键词		
IN	印度 India	√	√			
IS	冰岛 Iceland	√	√			
IT	意大利 Italy	√	√			
JP	日本 Japan	√	o	~	√	Asia
KE	肯尼亚 Kenya	√	√			
KR	韩国 Republic of Korea	√	o	~	√	Asia
KZ	哈萨克斯坦 Kazakhstan	√	√			
LT	立陶宛 Lithuania	√	√	~		
LU	卢森堡 Luxembourg	√	√			
LV	拉脱维亚 Latvia	√	√			
MA	摩洛哥 Morocco	√	√			
MC	摩纳哥 Monaco	√	√			
MD	摩尔多瓦 Moldova	√	√	o		
MN	蒙古 Mongolia	√	√			
MT	马耳他 Malta	√	√			
MW	马拉维 Malawi	√	√			
MX	墨西哥 Mexico	√	√	o	√	
MY	马来西亚 Malaysia	√	√			
NI	尼加拉瓜 Nicaragua	√	√	~		
NL	荷兰 Netherlands	√	√		√	
NO	挪威 Norway	√	√		√	
NZ	新西兰 New Zealand	√	√	√	√	
OA	非洲知识产权组织African Intellectual Property Organizatio（OAPI）	√	√			
PA	巴拿马 Panama	√	√	√		
PE	秘鲁 Peru	√	√	√	√	
PH	菲律宾 Philippines	√	√			
PL	波兰 Poland	√	√		√	
PT	葡萄牙 Portugal	√	√		√	

续表

国家代码	国家/地区	专利信息构成			申请	Translation Collection
		标题	目录	关键词		
RO	罗马尼亚 Romania	√	√			
RU	俄罗斯 Russia	√	o	~	√	
SE	瑞典 Sweden	√	√		√	
SG	新加坡 Singapore	√				
SI	斯洛文尼亚 Slovenia	√	√			
SK	斯洛伐克 Slovakia	√	√			
SU	苏联 USSR	√	√			
SV	萨尔瓦多 El Salvador	√	√	√		
TJ	塔吉克斯坦 Tajikistan	√	√		√	
TR	土耳其 Turkey	√	√	~	√	
TW	中国台湾 Taiwan，China	√	√	~		
UA	乌克兰 Ukraine	√	√	√		
US	美国 USA	√	√	√	√	
UY	乌拉圭 Uruguay	√	√	√*		
VN	越南 Vietnam	√	√			
WO	世界知识产权组织 World Intellectual Property Organization（WIPO）	n/a	n/a	n/a	√	
YU	南斯拉夫/塞尔维亚和黑山 Yugoslavia/ Serbia & Montenegro	√	√		√	
ZA	南非 South Africa	√	√			
ZM	赞比亚 Zambia	√				
ZW	津巴布韦 Zimbabwe	√	√			

根据不同国家和地区摘要信息收录时间不同，1980年以后的专利数据基本都有收录。Innography 和 INPADOC 的专利数据收录范围是一致的，下面的链接可以访问 EPO 的网站，获得专利收录范围的详细信息：http://www.epo.org/searching/essentials/data/tables.html。

Innography 专利法律状态数据来源，包括转让、撤销、过期等，都是从 INPADOC（包括美国专利授权和申请信息）收集来的，每周更新一次。下面的链接可以查到所有的 INPADOC 法律状态代码：http://documents.epo.org/projects/babylon/rawdata.nsf/0/D2104A09A7F63C18C1257706003DD656/$File/le-codes-or1016.txt。

（2）专利诉讼数据。

Innography 收录美国法院电子记录数据库（PACER）提供的专利诉讼案件信息。PACER 的信息每晚更新，最近两周内的专利诉讼信息都是可以获得的。经过 Innography 的整合，PACER 的信息在 Innography 网站内是可以检索的。Innography 还增加了未决案件的历史查询。如果未决案件在立案后一个月、三个月、六个月内发生案件诉讼信息变化，这些变化都可以查到。

（3）公司数据。

Innography 的公司数据来源主要有以下几个途径：证券市场数据（Yahoo! Finance or Google Finance）、邓白氏、美国证券交易委员会、欧专局专利权人数据库。Innography 还通过其他途径获得相关信息对公司并购信息、分支信息、错误拼写和其他公司信息进行补充和修正。Innography 的公司数据最少每年更新一次，根据具体情况，有的信息更新频率可能高于每年一次。在每次更新资料时都会对公司名称的拼写错误和分支机构进行重新审查。

（4）商标数据。

Innography 收录了 1884 年至今的所有商标数据，并且每周更新（更新时间一般为美国时间的周日），方式为直接从美国商标专利局获取 XML 格式的信息进行更新。

2. 功能模块

Innography 提供公司名称（Company Name）、诉讼关键词（Litigation Keywords）、专利关键词（Patent Keywords）、专利号（Patent Numbers）、专利语义（Patent Semantics）和商标关键词（Trademark Keywords）等六种功能检索模块，其中专利语义检索为非基本功能模块，需要用户专门购买。如图 3-2-1-1 所示。

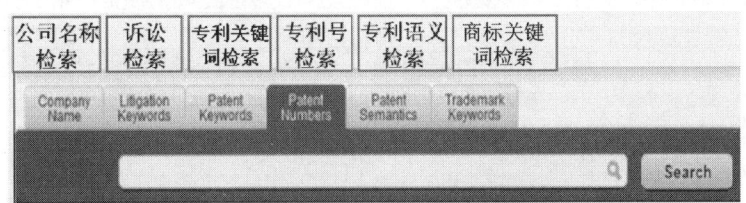

图 3-2-1-1　Innography 的功能模块

公司名称检索，输入公司名称，可直接进入公司概览；

诉讼关键词检索，支持多字段对诉讼信息进行检索；

专利关键词检索，支持多字段对专利文献进行检索；

专利号检索，输入专利号，直接进入该篇专利详细信息页面；

专利语义检索，输入专利号或者一段文字，获得 100 篇最相关的专利结果；

商标关键词检索，支持多字段对商标信息进行检索。

每个检索模块提供了导航条、检索区、最近操作（Resent Activity）、快速启动（Quick Start）、公告（Announcements）等栏目。几个功能模块在 Innography 界面中的位置如图 3-2-1-2。

检索区提供每个 Innography 模块的简单检索服务，可以选择高级检索进行精确检索。

最近操作提供本次登录最近操作的历史记录。

快速启动提供快速访问常用的操作模块，体验最新的 Innography 功能。

公告显示最新的 Innography 的公告信息。

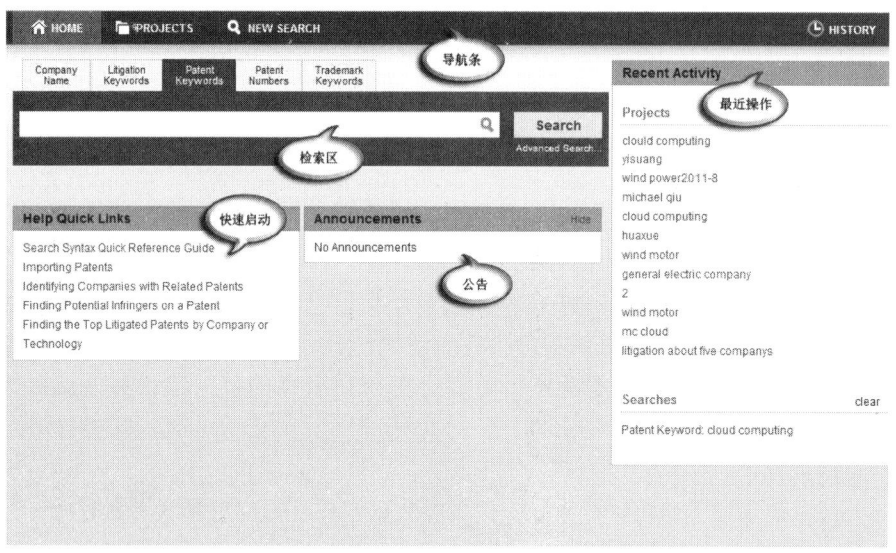

图 3-2-1-2　Innography 功能模块图

Innography 提供的检索结果的视图中主要包括五个功能模块，分别是：检索结果摘要（Results）、显示选项（Display Options）、检索历史（History）、二次检索功能（Refine）以及分析结果和可视化显示。如图 3-2-1-3 所示。

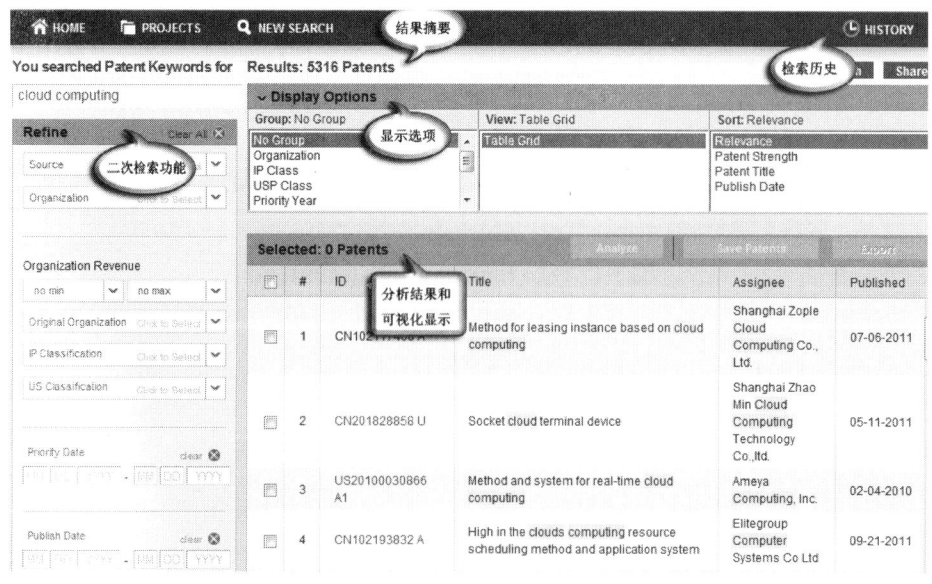

图 3-2-1-3　Innography 检索结果页面功能图

3. 主要特点

Innography 提供了多种检索工具和分析功能，使得专利检索结果更加全面和准确，分析手段多样。

(1) 专利强度与核心专利。

专利强度（Patent Strength）是 Innography 独创的专利评价新指标。通常检出大量专利文献，阅读困难。通过专利强度工具可以快速找到核心专利和有价值的专利。Innography 专利强度是基于美国加州大学伯克利分校和乔治梅森大学的研究成果开发出来的，用于对专利重要性指标的分析。经过长时间大批量的专利跟踪，发现高质量的成功专利有共同的特点，Innography 使用 12 个参数帮助寻找成功专利，包括：向前和向后的引证数量、审查时间（申请到授权的间隔时间）、权利要求的数量、诉讼数量、其他因素等。专利强度是一个非常有用的分析工具，可以用来决定是否继续维持该专利，并测试诉讼风险，优选专利结果，进行专利比较。

(2) 专利分类分析与相似专利。

分类分析是将被分析的专利的 IPC 分类，使用每个子类和组分类建立一个"word bank"（例如，分类号 A10B059000 会产生 A10B 和 A10B059 两个，一个专利最多可以分为 30 个）。用户可以选择相似度（范围是 1~10），系统将检索结果中的 IPC 与 "word bank" 中的 IPC 按相似度高低进行统计匹配，获得相应程度的相似专利。利用专利号检索单篇专利时，Innography 提供分类分析、引证分析、无效分析和侵权分析。其中引证分析提供前后三级引用专利，无效分析提供前三级被引专利，侵权分析提供后三级施引专利。滑动相似度进行结果匹配，可获得最为相似的专利。如图 3-2-1-4 所示。

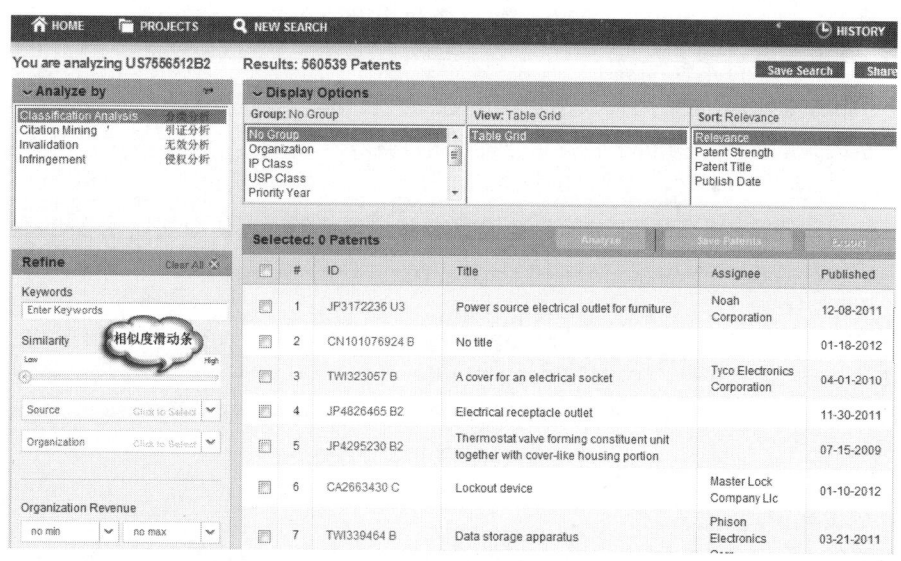

图 3-2-1-4　相似专利分析

将专利分类分析和引证检索的结果结合起来时，就可以利用引证挖掘方法，对目标专利的前后 3 级引证专利进行分析，来找到最为相关的专利，作为专利无效或侵权的依据。

(3) 语义检索与相关专利。

Innography 语义检索仅向购买了此项功能的用户提供。Innography 语义检索创立了一个专利文本的多语义和多概念的检索句法表达方式。这个表达方式包含有大量的文本信息，包括单词、短语、单词列表（元数据）、短文（附图描述）、全文文本，并且通过加权对这些数据进行几千个语义分析。Innography 语义检索技术是一种自动生成的字典，可以通过语义分析对每个单词提供解释，不像其他的数据库通过手工对字典、词库或者是文本库进行维护。在 Innography 语义检索界面的检索框中，输入一个专利号码或者一组文本信息（例如专利摘要，一项特别的权利要求）可进行相近专利的检索。Innography 就会自动对文本进行估值，确定最有价值的单词和概念，然后自动检索出 100 篇最相关的专利。在这 100 篇的基础上可以再进行引证扩展、同族整理、二次检索等处理和分析。

（4）标准与专利的对应。

Innography 的标准是作为专利的参考文献，可以指定标准获得对应的专利，或者查看专利背后的标准。参考文献检索仅向购买了此项功能的用户开放。Innography 的标准数据直接来自以下机构：欧洲电信标准协会（ETSI）、国际标准化组织（ISO）、美国国家标准协会（ANSI）、国际电工委员会（IEC）、国际电信联盟（ITU）、互联网工程任务组（IETF）、美国电气和电子工程师（IEEE）、万维网联盟（W3C）、开放移动联盟（OMA）。

（5）专利数据导入。

Innography 允许用户导入专利列表，这样用户就可以使用 Innography 的搜索、可视化和分析工具。

Innography 支持 XLS，XLSX 或 CSV 文件格式，导入多达 10000 项一次，并进行错误专利号的诊断，显示用户的公开号码输入有问题，导入用户标签和用户价值/评级以及允许自定义，分级分类或分类。允许多个标签，同一专利可以同时拥有多个标签（如持牌、诉讼、优先级等，都在同一时间）。每个标签必须包含在一个单独的行。

3.2.1.2 数据库检索与分析

Innography 提供了完备的检索语法和丰富的检索字段，并可通过多种检索方式进行检索，在检索结果的显示、分析上也提供了不错的功能。

1. 检索语法

Innography 最常用运算符主要有：逻辑算符和位置算符，具体用法如图 3-2-1-5 所示。

参数	等价符号	符号说明	例子
AND	<space>, &	完全匹配所有的单词、短语或组词。	graphical programming
NOT	-, !	显示不含任一被排除的单词、短语或组词的搜索结果。	cellular -biology
OR	|	显示含有任何一个单词、短语或组词的搜索结果。	toothpaste OR polish
()		组合单词或短语。布尔逻辑搜索中常用。	cats NOT (dogs OR mouse)
""		短语。显示结果中必须严格匹配引号中的内容。	"lip balm"
~n		约等符号，仅在给定单词数的范围内显示搜索结果。	"blue car"~3
=n		等号。搜索结果中必须至少含有指定个数的单词、短语或组词。	"firewall router voip"=2

图 3-2-1-5　常用检索算法

（1）逻辑算符。

逻辑算符，是用于表达式各部分之间的逻辑关系。常用的逻辑算符有 AND、OR、NOT。

AND，表示"和"的关系，可用 & 代表 AND。Innography 支持自动用 "and" 联接搜索短语，即默认两个单词之间的 "空格" 为 AND。

OR，表示"或"的关系，|代表 OR。

NOT，表示"否"的关系，减号（-）和惊叹号（!）代表 NOT。

优先级为：NOT>AND>OR，同级运算从左到右。值得注意的是，布尔逻辑连接符必须大写。

（2）位置算符。

位置算符也叫全文查找逻辑算符或相邻度算符，是用来规定符号两边的词出现在文献中的位置的运算符。用于表示词与词之间的相互关系和前后次序。通过对检索词之间位置关系的限定，可以进一步增强选词指令的灵活性，提高检索的查全率与查准率。

Innography 支持的位置算符有：" "、~n、=n，下面给大家介绍这三个位置算法的用法：

" "，在使用短语检索时，通过加引号的方式，我们可以得到检索结果的精确匹配的短语检索，这也是高级检索的默认检索方式。

~n，表示仅在给定单词数的范围内显示检索结果。我们可在检索框中短语关键词两边加入引号，在引号后面加入波浪符，波浪符后面加关键词之间的单词数量，例如当我们检索"blue car"~3 的时候，我们可以在两个到五个单词的词组中出现 blue 和 car 时都可以被检索到，检索结果为：*blue electric car*、*blue protective cover for car*、*car is blue* 和 *blue car*。

=n，表示搜索结果中必须至少含有指定个数的单词、短语或组词。我们在检索时，为得到相关度更高的检索结果，可通过限定关键词出现的频率来实现。在检索框中，我们可以用引号把关键词括起来然后用一个等号，然后加上最少出现的单词个数。在高级搜索中我们需要输入多个单词作为关键词，然后在下拉框中选定 *as a Word Bank*，输入一个最少出现单词的个数。例如当我们输入了"firewall router voip"=2 的时候，检索结果中最少会含有字母组合中的 2 个单词。

（3）特定检索域的检索语法。

Innography 为用户提供了从特定的检索域中检索专利的方法。如@检索语法、+检索语法、检索前缀。如表 3-2-1-3 所示：

表 3-2-1-3　常用检索域、检索前缀

搜索域	说　　明	前缀/范围/搜索域	说明 2
@*	全部检索域	Ipc_	10 位代码的 IPC 分类号
@body	专利说明书要求+fulltext	Usc_	9 位代码的美国专利分类号（USC）
@inventor	发明人名字	ecla_	12 位代码的 ECLA 分类号
@normOrgName	权利人通用名	kind_code_	种类号
@organizationName	最近权利人	wc_	2 个字母的国家代码
@patentNumber	专利号（如：US7053576）	+fulltext	把搜索范围扩展到专利说明书
@claims	权利要求	+litigated	把检索范围限制在涉诉专利
@title	专利题名	+opposition	把检索范围限制在提出过异议的专利
@Ultimateparent	母子集团公司中最顶端的公司	+xref（add-on）	扩展范围到引证信息
@legalstatus	检索法律状态信息	@xref（add-on）	在引证信息中检索
@abstract	专利摘要	+exact	不包括相近似的词（有相同词干的词，实现精确检索）
@applicationID	美国专利申请的 ID（开始两位必须是 5~12 之间）		

以下分别对其作相应介绍。

第一，@检索语法。

通常在检索框中键入@，可获得如图 3-2-1-6 所示的相关检索域。

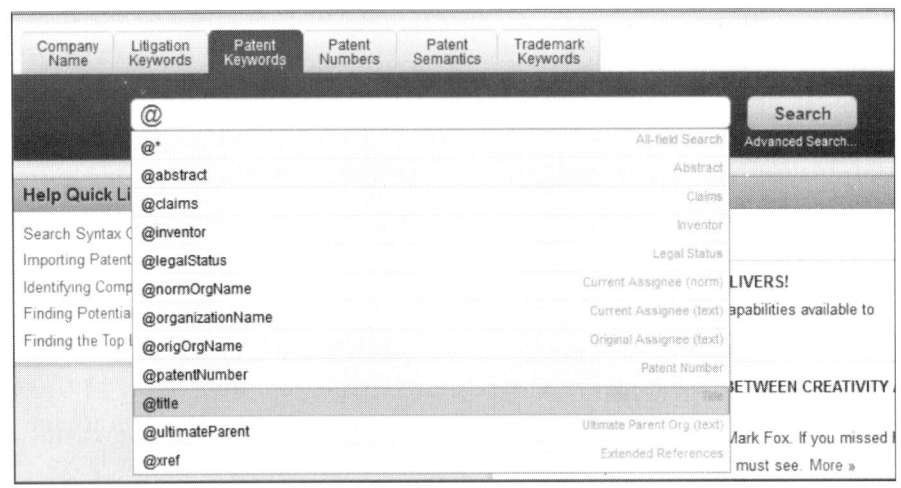

图 3-2-1-6　特定检索域的检索语法

@* 表示 all fields Search，即全部检索域。

@abstract 专利摘要。

@claims 专利权利要求。

@inventor 所有发明人的名字。

@legalstatus 在 INPADOC 法律状态中检索。查看 INPADOC website 获得完整代码。

@normOrgName 规范专利所有人的名字（专利文本以及转让记录上登记的名字）。

@organizationName 专利所有人的名字（专利文本以及转让记录上登记的名字）。

@origOrgName-original assignee（as listed on the face of the patent document）原始权利人（在专利文档的首页中显示。）

@patentNumber 专利号码。

@title 专利标题。

@ultimateParent 母子集团公司中最顶端的公司。

@xref 在 Innography 的扩展数据资源（国际诉讼、技术标准以及药物数据）中检索。这个检索句法只对购买了该功能的用户有效。

@body 专利说明书全文，必须同时使用+fulltext 范围设置，本功能才起作用。

@applicationID 美国专利申请号，严格遵守句法"USxx/xxxxxx"，开始的两位必须是 05 到 12。

特定检索域可以在某一领域进行关键词检索，使用@*可以对所有领域实行检索。当指定检索域之后，下一个检索要重新指定。例如：@title yellow submarine @* beatles 将会在标题中检索 yellow 和 submarine 以及在全部文本中检索 beatles。注意：当你利用检索句法检索域检索时，请确保在+scope 前输入@*。否则，+scope 只会在最后一个@检索域中检索。

另外，Innography 还提供否定检索域的方法，在检索过程中，可能要排除某个检索域进行检索,这时需要在@和检索域名字之间输入!。例如,除了摘要检索其他数据,使用@!abstract。

注意:使用了检索域限定@的,不能进行布尔逻辑嵌套运算。

第二,+检索语法。

通常在检索框中键入+,可选择在全文、精确检索、诉讼、异议、参考文献中检索,如图3-2-1-7所示。

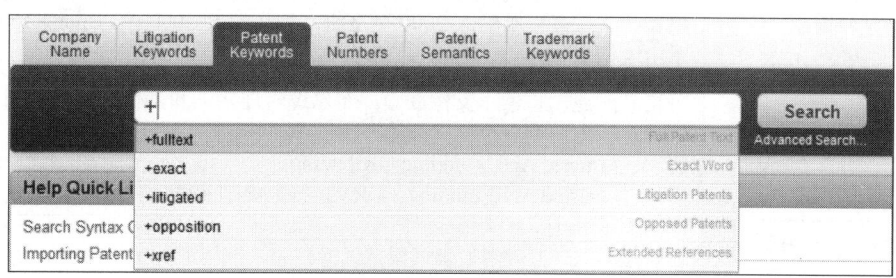

图3-2-1-7 +检索语法

当默认的检索范围(使用关键词)是专利标题、摘要、公司名、发明人名字、专利号、专利同族以及在先引证技术时,以下+检索语法描述了专利检索的不同范围。

+fulltext 添加专利说明书到检索范围。

+exact 不包括相近似的词(有相同词干的词),实现精确检索。

+litigated 把检索范围限制在有诉讼信息的专利上。

+opposition 把检索范围限制在异议专利上。

+xref 把检索范围限制在相关的扩张参考内容上(只对购买了扩展参考功能模块的用户有效)。

第三,检索前缀。

Innography可以添加某些特征前缀对一组专利实行过滤,常用检索前缀如下:

usc_是美国专利分类号码的前缀,九位代码,0可用作填充符。例如usc_428035700将会检索美国专利分类号为USC 428/35.700 "Polymer or resin containing"(高分子或者含有树脂)的专利。同时也支持残码检索,例如检索美国最顶级分类428,用户可以输入usc_428。

ipc_是国家专利分类代码(IPC)的前缀,十位代码,0可作为填充符。例如,ipc_C08F010000将会检索IPC C08F 10/00 "Homopolymers or copolymers"(均聚物和共聚物)中的专利。同时也支持残码检索,例如检索H部,只需要输入ipc_H既可。

ecla_是欧洲专利分类号码(ECLA)的前缀,十二位代码,0可用作填充符。例如ecla_C08F01000000将会在欧洲专利分类号ECLA C08F 10/00中检索。

kind_code_是种类号代码的前缀。例如,kind_code_A1将会检索所有含有种类号为A1的专利文献。

wc_是发明人所在国家的代码前缀,两位代码。例如,wc_AU检索的是澳大利亚发明人的专利。

第四,检索语法注意事项,如表3-2-1-4所示。

表 3-2-1-4　关键词检索条件

条　件	解　释
最少两个字母	如果一个关键词检索中单词是单个字母组成的,请用同义词替代 例如：r Vitamic C 用 ascorbic acid 代替
关键词数量限制	Innography 一次检索最多可以含有 200 个单词的关键词
总字符限制	在关键词检索中没有总字符限制,但是浏览器本身会限制字符总数。IE 浏览器一次最多可以输入 2000 个字符,如果超过 2000 个,Innography 会提示出现错误
嵌套限制	严格布尔逻辑检索不支持嵌套,布尔逻辑连接词和其他形式会限制嵌套。 例如： 错误：（trusted AND (binding OR sealing)） 正确：（trusted AND binding）OR (trusted AND sealing)
短语和检索域的 布尔逻辑检索限制	含有引号（""）或者检索域限定（@）的,不能进行布尔逻辑嵌套运算
引号和括号的使用	引号和括号必须成对出现。否则系统提示出现错误
限制检索不能超过 32 个关键词	限制检索不能超过 32 个关键词
美国专利商标局的停词	Innography 限制使用美国专利商标局的停词表格。你可以在美国专利商标局的网站上下载停词表的全文。

（3）检索方式

Innography 提供了多种检索方式,包括专利关键词检索、专利号检索、专利语义检索、公司名称检索、诉讼关键词检索、商标关键词检索等 6 种常用的检索。考虑到本书为专利检索,以下将介绍专利关键词检索、专利号检索、专利语义检索的功能以及应用。

Innography 提供了丰富的信息字段。Innography 检索不区分大小写,所有的字母都默认为小写字母。

（1）专利关键词检索。

第一,快速检索。

Innography 每个检索界面都提供快速检索入口,如图 3-2-1-8 所示。

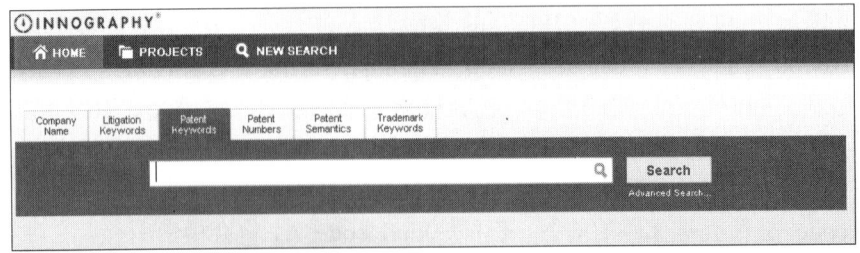

图 3-2-1-8　快速检索入口

用户根据上述检索语法,一方面可以利用逻辑算法和位置算法直接在检索框中输入要检索的关键词。值得注意的是,Innography 提供了同义词的自动匹配和去除特定关键词的快速搜索功能。同义词自动匹配,Innography 检索结果既包括我们输入的关键词的对应形式，还包括其他变化形式，例如当检索 microelectronics refinement processes 时，Innography 也同时会自动提供 microelectronic refining proces 和其他形式的检索结果，在短语检索中也是如此。这等同于其他专利检索系统中提供的截词算符功能。如果用户不需要此功能，可以通过加+exact 关闭该功能。去除特定关键词的快速搜索，当检索的关键词含有多个意思（例如 cellular，可以表示生物学上的细胞，也可以表示通讯领域的移动电话），这时候可以通过在某些关键词前加负号来进行去除。例如，只在通讯领域不在生物领域检索 cellular 就可以输入 cellular-biology。

另一方面可利用特定检索域检索语法进行相关检索。字段检索是最常用的检索方式，用户在检索框中，输入"@"会显示字段提示，参见图 3-2-1-6。输入"@+字段名称+关键词"，即可进行相应检索，如在标题字段中检索 computer firewall 相关专利时，在检索框中直接输入@title computer firewall。Innography 还可将多个字段运用布尔逻辑运算符连接，从而完成一个或多个字段限定的检索策略。

第二，高级检索。

高级检索页面，可以通过点击专利检索页面中的 Advanced Search（高级检索）链接进入。高级检索是通过多重布尔逻辑关系的限制来检索专利信息的，这与主页和新建检索中的快速检索框不一样，如图 3-2-1-9 所示。

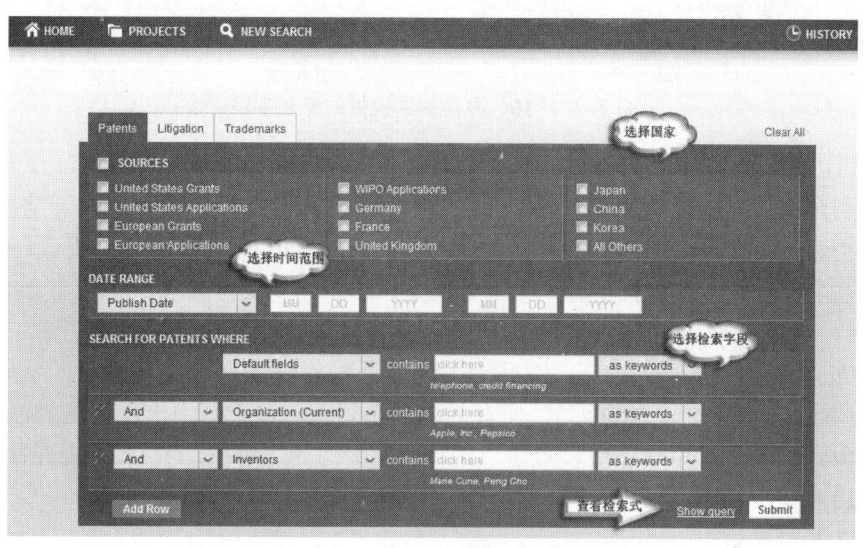

图 3-2-1-9 高级检索页面

高级检索设有专利、诉讼和商标三个标签，可以分别用来进行设定。专利检索标签有对专利数据来源进行分类的功能，分别提供了数据来源（国别）、时间范围、检索字段等三种功能选择。

首先，用户可以选择专利数据的来源，即选择专利的申请和授权国家与地区，具体包括美国授权专利、美国申请专利、欧洲授权专利、欧洲申请专利、WIPO 申请专利等数据，还包括德国、法国、英国、日本、中国、韩国及其他国家的专利数据，来限定所要检索的专利的来源范围。

其次，用户可选择专利数据的时间范围（Date Range），包括公开日、优先权日、到期日等,以缩小检索的范围。

再次,用户在专利检索区域(Search For Patent Where),可输入多种的字段限制,如图3-2-1-10所示。

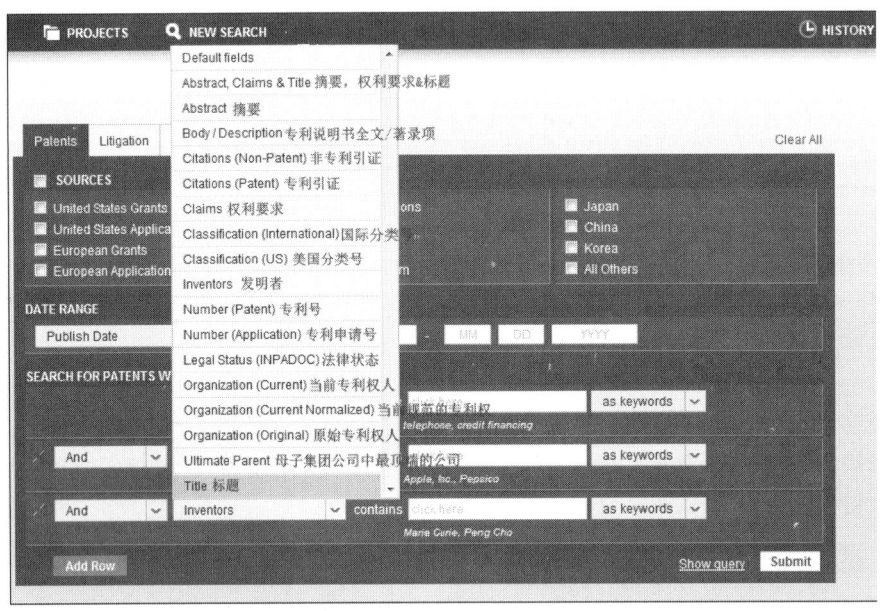

图 3-2-1-10 高级检索提供的专利字段

用户可以通过点击 Add 来添加其他的文本检索框。注意:当检索 Any Field 时,Innography 检索除专利全文信息以外的所有数据。如果要检索专利全文,需添加+fulltext 前缀。

高级检索的每个字段可以用布尔逻辑连接词 AND,OR,AND NOT,或者 OR NOT 来连接。如果在一个文本检索框中输入多个单词,Innography 支持这些单词的组合方式变化:常用的组合方式有:As a phrase(作为短语),将多个单词作为一个短语按照输入顺序严格匹配。Within n words of each other(在几个单词显示),单词必须在特定数量的单词中出现。As a word bank(作为一个单词库),所有的单词必须在一篇文献中出现,这类似于逐个添加单词的限定。此外,用户还可以点击"Submit"旁边的"Show Query"来查看检索式,这对于导出和保存检索策略很有用。

(2)专利号检索。

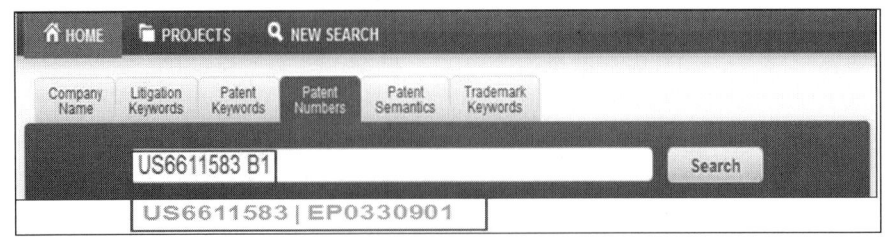

图 3-2-1-11 专利号检索入口

专利号检索仅提供快速检索,不设高级检索。专利号检索支持单个专利号和一组专利号码的检索。专利号格式如图3-2-1-11所示,"US6611583"或者"US6611583 B1",多

个专利号中间用竖线"|"或者分号";"间隔。当输入一组专利号的时候，每个专利号码之间用分号或者换行符隔开。Innography 自动给检索结果文档中的检索词加亮显示。

（3）专利语义检索。

专利语义检索是 Innography 提供的一项新功能，限单独购买此功能的用户使用。专利语义检索方法，直接在检索框中输入一个专利号码或者一组文本信息（例如专利摘要，一项特别的权利要求），进行相近专利的检索，如图 3-2-1-12 所示。当输入的是一个专利号，Innography 将会对该专利的全文文本进行检索，包括权利要求；当输入的是一组文本信息时，Innography 就会自动对文本进行估值，确定最有价值的单词和概念。两种检索方式都会自动检索出 100 篇最相关的专利。事实上专利文本信息检索有 1000 个字符的限制（大约 150 个单词），Innography 会自动截短超过 1000 个字符的单词。用户如果想要以一个专利文本为基础检索相关专利，可以使用专利号来进行检索，这和输入包括全部权利要求的专利全文检索是一样的。

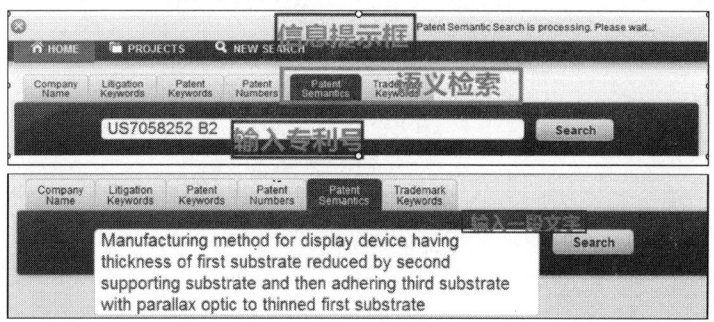

图 3-2-1-12　专利语义检索

3. 检索结果显示及处理

根据上述检索方法的不同，以下分别对专利关键词检索、专利号检索、专利语义检索的检索结果显示及处理进行介绍。

（1）专利关键词检索结果显示及处理。

Innography 提供了人性化的结果显示和处理功能，用户能在友好的显示环境下浏览检索结果。如图 3-2-1-13 所示，将页面分成 4 个部分。

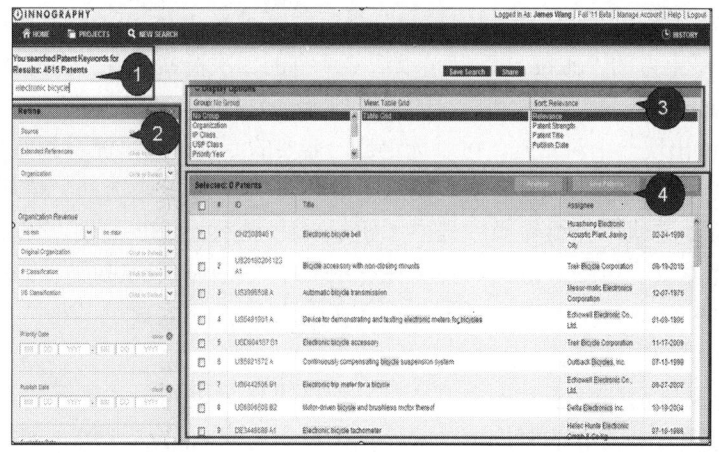

图 3-2-13　检索结果显示界面

标号1：检索结果摘要及检索式显示区，显示检索的结果以及检索式，便于用户及时调整检索策略。

标号2：检索结果筛选（Refine）区，提供了审查国家/组织、参考文献、专利权人、专利权人资产、初始专利权人、IPC分类、美国专利分类、优先权日期、公开日期、失效日期、发明人、发明人地区、专利强度等二次检索工具，如图3-2-1-14所示。

图3-2-1-14 二次检索工具

点击检索结果筛选区的每一个特定检索分类后的"clear all"，可清除其对应的检索分类，点击二次检索框最上方的"clear all"就可以清除所有的二次检索设置。当过滤显示大于20个条目的时候，Innography就会在过滤结果的上端显示一个"View All"的标志，点击"View All"之后，Innography出现一个对话框，可以选定自己需要的专利，比只能看到前20条进步很大。

标号3：检索结果的显示选项区，提供了分组聚类、可视化选择、排序等功能，可进行单项过滤或组合过滤。分组聚类中提供了组织、IP类别、USP类别、优先权日期等选择项；可视化选择提供了树图（tree）、热力图（heat）、气泡图（bubble）、饼图（pie）、线图（line）、世界地图（world）、列表（table grid）等选择；排序区提供了相关度、专利强度、专利标题、公布日期等选择。

标号4：结果显示列表区，该窗口是对检索结果以列表的形式展示给用户，用户可以点击所需要的每项专利前面的复选框，然后点击右上方"Analyze"等按钮来进行相应的专利分析。

（2）专利号检索结果的显示及处理。

Innography 自动给检索结果文档中的检索词加亮显示。如果多个专利号检索，会显示结果列表界面。如果只有一个号码符合，会直接跳转到专利详细信息页面。

单篇专利页面提供：专利号、标题、摘要、权利要求、项目信息❶、参考文献❷、著录信息、说明书首页图、IPC 分类等，如图 3-2-1-15 所示，并提供链接至全文下载和法律状态。单篇专利分析提供引证图，专利分析，下载该篇、专利报告等。扩展检索至：同族专利、诉讼信息、相关商标。单篇专利著录信息如图 3-2-1-16 所示。

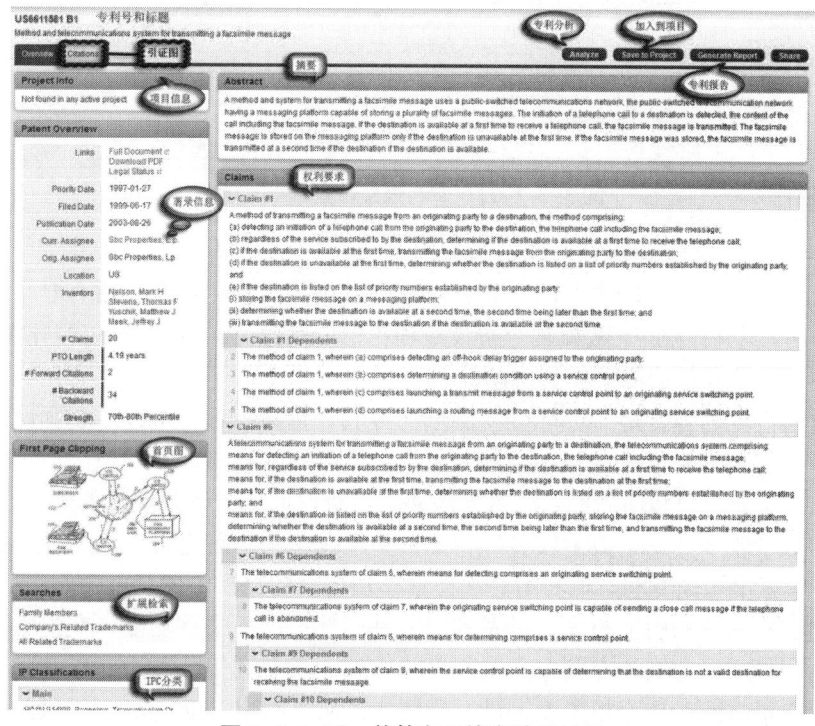

图 3-2-1-15　单篇专利检索结果显示

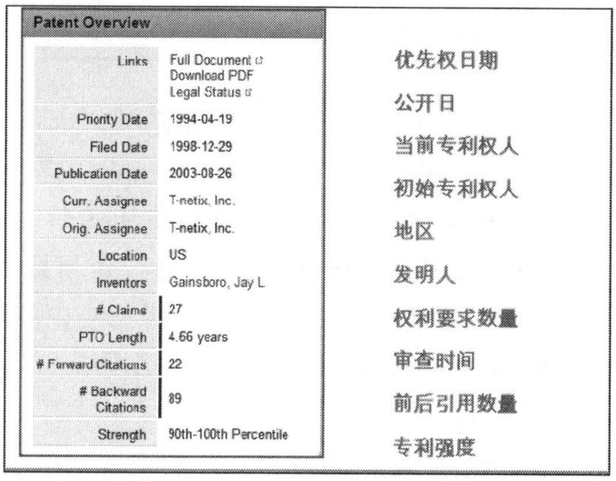

图 3-2-1-16　单篇专利著录信息

---

❶ 项目信息是指该专利如果被用户加入一个或多个 project，会显示相关项目名称和标签，并提供链接至项目。
❷ 参考文献是指本专利涉及的科技文献、国际诉讼、标准、药物文献。

（3）专利语义检索结果的显示及处理。

专利语义检索结果显示如图 3-2-1-17 所示，可以对结果进行引证扩展、同族整理、二次检索、分析和导出，以及可视化显示，当使用分类扩展或者引证扩展时，refine 会出现相似度滑动条，可以进行相似度匹配。

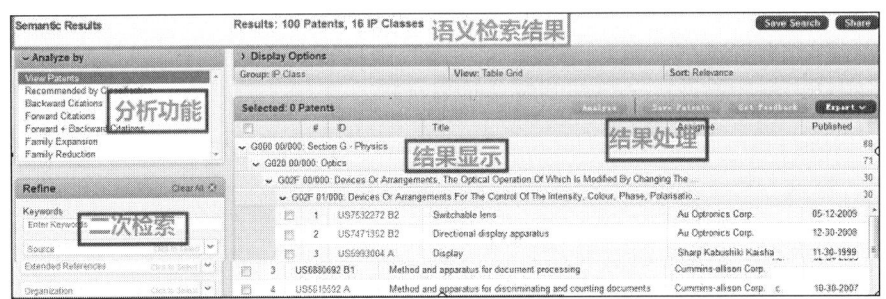

图 3-2-1-17　专利语义检索结果显示

4. 专利分析与专利地图

Innography 提供了比较丰富的专利分析工具，包括：专利强度与核心专利筛选分析、专利引证分析、专利侵权/无效检索分析（专利相似度对比）、专利信息可视化图形分析等。

（1）专利强度与核心专利筛选分析。

如前所述，专利强度是 Innography 独创的专利评价新指标。通过专利强度工具可以快速找到核心专利和有价值的专利。经过长时间大批量的专利跟踪，发现高质量的成功专利有共同的特点，如向前和向后的引证数量较多、审查时间（申请到授权的间隔时间）较长、权利要求的数量较多、诉讼数量较多等特点。基于此，用户首先可以利用专利关键词快速检索功能，检索出相关专利，再利用二次检索模块提供的二次检索功能，如引证分析功能，进行专利向前和向后的引证检索，以及利用专利同族扩展与去重功能，在检索结果中快速扩展相似专利号或保存同族专利中专利强度最大的一条专利等。其次，结合利用专利检索结果界面的显示功能，按照相关度等进行排序。再次，利用 Innography 提供的诉讼关键词检索界面进行相关专利诉讼检索，以检索出诉讼数量较多的专利。结合上述检索结果，进行综合分析，进而得出专利强度较大和具有核心价值的专利。

（2）专利引证分析。

每次技术的革新，都是对现有研究成果的改进和完善，因此，由此而形成的专利不可避免地要引用在此之前的专利和研究成果。Innography 提供的引证挖掘（Citation Mining）分析工具，为我们更好地检索目标专利的向前和向后引证信息提供了便利。引证挖掘是利用专利分类分析和引证检索的检索结果，通过对目标专利的前后 3 级引证专利来找到最为相关的专利。可以通过一条专利来检索其三层内的向前和向后引证信息，如图 3-2-1-18 所示。有些相关专利利用关键词检索无法发现，但是通过引证关系可以找到这些专利。

通常来说，将利用引证挖掘方法检索的专利保存到项目，跟通过关键词检索、专利号分析、句法检索的结果放在一起建立一个综合分析视图，可以通过添加标签到每组专利（引证、分类号、关键词等）进行更深层次的分析。标签重叠部分的专利可以通过"searching on label combinations"（检索标签重叠专利）轻松实现。

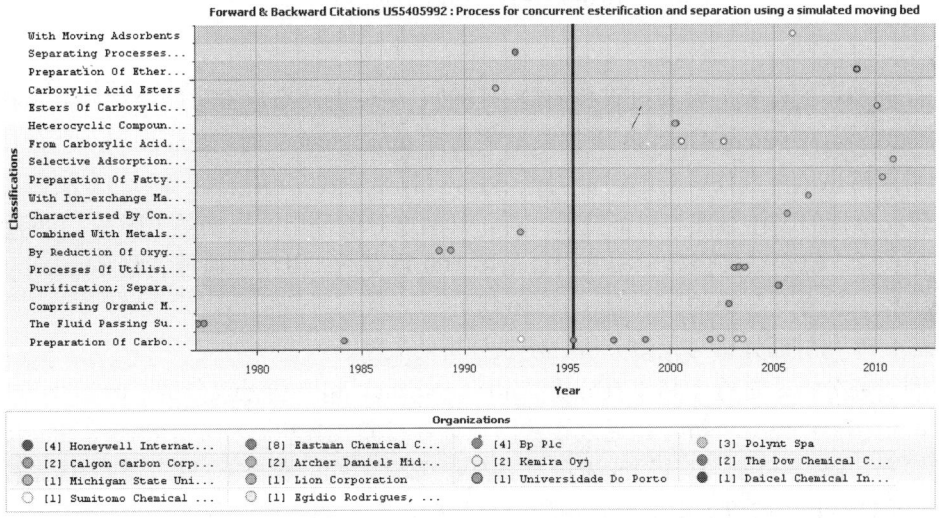

图 3-2-1-18　向前与向后的专利引证分析

（3）专利侵权、无效检索分析（专利相似度对比）。

专利侵权、无效检索分析，事实上是对相关专利进行专利相似度的对比。其中专利优先权是影响一件专利的无效和侵权风险的重要因素。检索到在优先权之前的引证专利包含着无效的潜在可能性；在公开日之后的引证信息往往可以查到潜在的侵权信息。

注意：Innography 不能在引证地图里直接显示无效和侵权结果，因为他们超过了引证地图的分析范围。

第一，无效分析。

Innography 的无效分析通过查找向后引证的专利分析，来检索可能会使目标专利无效的专利。

当在 Patent Analysis 下拉菜单中选择 Invalidation 时，Innography 会查找优先权日之前的专利向后引证信息，再查找所有的向后引证信息，最后查上一层引证专利的专利引证信息，如图 3-2-1-19 所示。

图 3-2-1-19　专利无效检索图

无效分析的工作原理与引证挖掘一样，只不过对最晚申请日期做了限制。Innography 查找优先权日之前的专利引证信息，再查找所有的向后引证专利信息，最后查找上一层引证专利的专利引证信息（3 层），检索结果会显示相关引证最多 500 篇专利。用户可以通过调整 Similarity 功能条（如图 3-2-1-20）来调整引证专利号码的匹配度（0~10 级）。

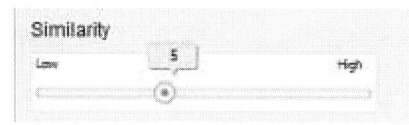

图 3-2-1-20 相似度功能条

第二,侵权分析。

Innography 的侵权分析通过查找向前引证的专利分析,来检索可能会对目标专利构成侵权的信息。当在 Patent Analysis 下拉菜单中选择 Infringement 时,Innography 会查找向前的专利引证信息,再查找所有的向前引证信息,最后查找上一层引证专利的专利向前引证信息。侵权分析的工作原理与引证挖掘一样,只不过对最早申请日期做了限制。Innography 经过三层检索,检索结果会显示相关引证最多 500 篇专利。用户可通过调整 Similarity 功能条,来调整引证专利号码的匹配度(0~10 级)。

第三,专利引证分析与无效分析、侵权分析的关系。

专利引证分析是进行专利侵权分析(Infringement)和专利无效分析(Invalidation)的基础。区别在于:无效分析,是通过设置附加条件检索优先权日期早于目标专利的优先权日期的专利。侵权分析,是通过设置附加条件检索优先权日期晚于目标专利的优先权日期的专利。引证分析,可以对引证信息进行向前向后各三层的分析。图 3-2-1-21 说明了引证挖掘、侵权和无效分析的区别。

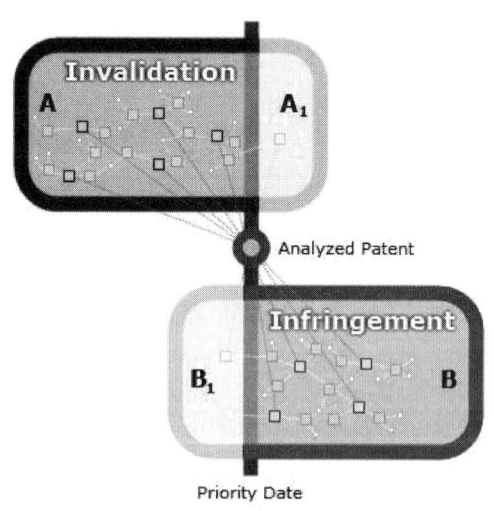

图 3-2-1-21 专利引证、无效分析、侵权分析关系

无效分析,主要是对向后三级引证信息的查看(A 组),但是不包括专利数据的优先权日期在目标专利之后的专利(A1 组)。

侵权分析,主要是对向前三级引证信息的查看(B 组),但是不包括专利数据的优先权日期在目标专利之前的专利(B1 组)。

引证分析,不论优先权日期在先还是在后,包含所有的在先和在后的三级引证信息(A、A1、B、B1)。

(4)专利可视化图形分析。

第一，热力图。热力图显示了离散数据（事件或事物）的分布及其相互关系，常常以一张具备显著颜色差异图片的方式呈现最终结果，颜色代表事件发生频率或事物分布密度。Innography 的专利权人热力图，矩形的面积与检索结果中该专利权人的专利量成正比，矩形的颜色由该专利权人的总收入多少决定，如图 3-2-1-22。

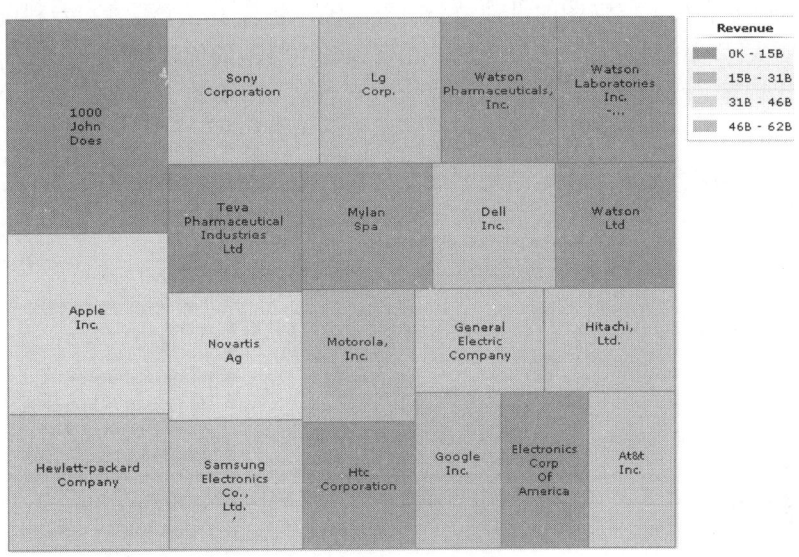

图 3-2-1-22　热力图

第二，矩形树图。Treemaps 显示分层的数据（树作为一个嵌套矩形集结构）。每个分支树中给出一个矩形，然后用次一级分支矩形平铺。最后一级矩形为树叶节点，矩形的面积和指定的数据维度成正比。树叶节点矩形的颜色显示一个单独的数据维度。树图的优势是在有限空间内显示大量的数据，甚至上千项。

Innography 的 IPC 矩形树图，分层的数据是 IPC 级别，最后一级树叶矩形是 IPC 小组，矩形的面积与检索结果中分布在该小组的专利量成正比，矩形的颜色由该小组的全球专利总量决定，如图 3-2-1-23。

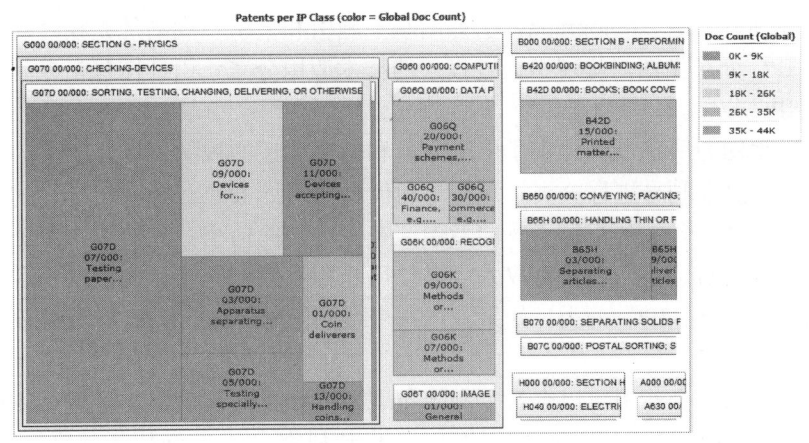

图 3-2-1-23　矩形树图

第三，气泡图。气泡图是散点图的变体，在气泡图中，使用气泡代替了数据点，并且用气泡的大小表示另一个数据维度。和散点图一样，气泡图不使用分类轴，水平轴和垂直轴都是数值轴。除了在散点图中绘制的 x 值和 y 值之外，气泡图还绘制 z 值（气泡大小）。

Innography 专利权人气泡图的纵轴是公司资源轴，包含了三个要素：专利权人总收入，诉讼量和发明人区域相对数量。一般来说，在资源轴中气泡的位置越向上，说明该公司利用专利的能力就越强。横轴是公司视点轴，包含三个要素：专利权人专利总量，IPC 分类号数量，单篇引用的相对数量。在视点轴中越靠右边，说明目标公司越关注和参与到你所检索的技术领域中。气泡的大小表示检索结果中该专利权人的专利量，如图 3-2-1-24。

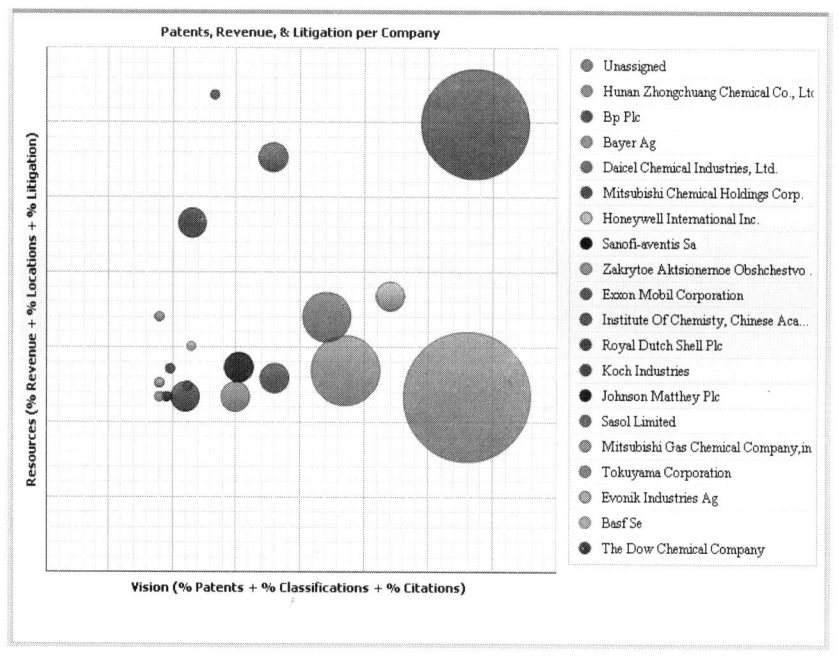

图 3-2-1-24　气泡图

第四，专利引证图。Innography 引证图基于施引和被引专利的优先权时间，和施引和被引专利的 IPC 分布做图，呈现引证过程中的技术应用分布。引证图包括专利权人统计、引证时间和 IPC 分布。

专利引证地图为所选专利提供了一个向前和向后引证的视图，以及相关的专利和它们的引证情况，按照专利号进行分类。每行专利代表着同一 IPC 分类号。选定的专利在引证地图的最上边，垂直轴被加粗显示。向后引证在左边，向前引证在右边。每个专利以带颜色的圆点表示，最右边是专利所有权人。可以用光标悬停在一个专利上，查看具体的公开时间、专利号和标题、IPC 分类。如果点击一个专利，Innography 会在新的窗口或者页面打开专利概览页面。

引证地图的另一个作用可以查看专利聚集现象。如果专利聚集在一起往往预示着新兴的技术领域，可以通过分析专利聚集现象填补专利空白或者查找新的竞争领域，如图 3-2-1-25。

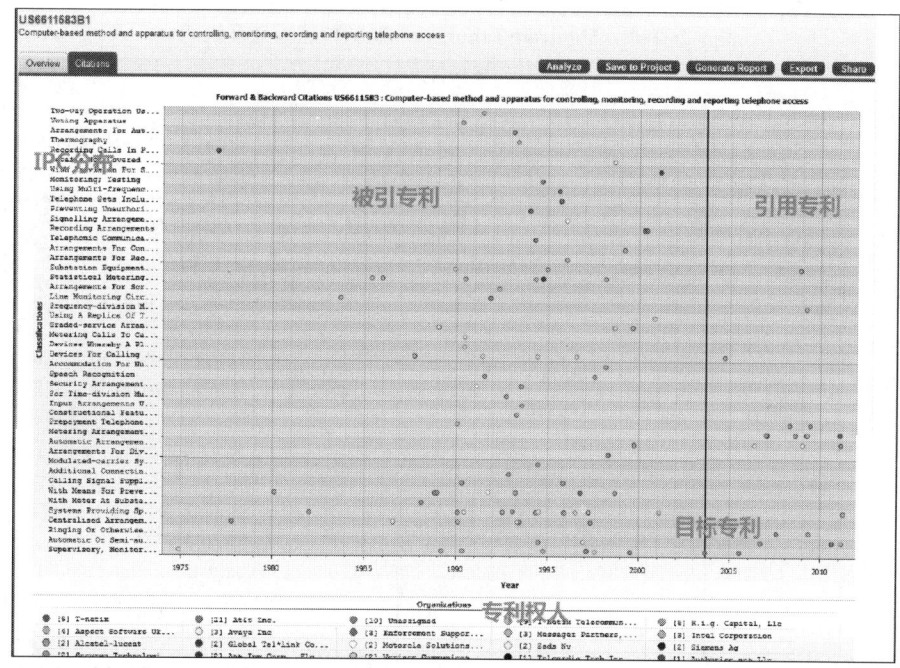

图 3-2-1-25 专利引证图

3.2.2 INNOVATION

Thomson Innovation 是由来自全球领先的专业信息供应商汤森路透集团旗下汤森科技信息集团提供，一个集专利、科技文献和商业新闻于一体的检索分析平台。它整合了重要的专利、科技文献和商业信息并辅以强大灵活的检索功能，帮助用户快速得到所需要的信息，而不是将时间浪费在检索本身。同时，系统提供强大的工作文件夹管理功能，用户可以利用此功能根据企业自身需要，分别对竞争对手的专利、技术领域专利和企业自身的专利进行分类，建立符合企业特定需要的专利和科技文献数据库，方便公司领导、研发人员、专利工程师和律师等有效地工作协同。此外，Thomson Innovation 还拥有独一无二的分析工具，如：ThemeScape 专利地图，专利引证树聚类等，帮助用户从纷繁复杂的数据中快速提取出有价值的信息，从而帮助用户作出更快更好的决定。

3.2.2.1 数据库简介

1. 收录数据范围

Thomson Innovation 的数据涵盖专利、科技文献和商业信息三方面，三者可以单独检索分析，也可交叉检索，下面对这三部分数据分别作说明。

（1）专利。

Thomson Innovation 包含全球最全面的专利信息：来自各主要国家专利机构及汤森路透集团独有数据资源。用户可以快速访问来自美国（US）、欧洲专利组织（EP）、世界专利组织（WO）、英国（GB）、法国（FR）、德国（DE）、日本（JP）、韩国（KR）以及中国（CN）的专利申请和授权全文；专利审查历史文档；INPADOC 专利信息和德温特世界专利索引数据库（Derwent World Patents Index®，简称 DWPI 或德温特数据库）。各个数据库的名称、内容、特点、收录时间、更新频率、语种以及说明，请参见表 3-2-2-1。

表 3-2-2-1　Thomson Innovation 专利数据覆盖及说明

数据名称	内容	特点	收录时间	更新	语种	说　明
Derwent World Patents Index® (DWPISM)*	德温特数据库	深加工改写数据源	1963~present	每三天	英文	经过深加工改写的高附加值专利信息库，覆盖了来自全球42个国家和地区近30个语种的专利；由300多位各领域专家对原始专利全文进行阅读，根据专利全文中的内容，特别是从权力要求中，从技术的角度，提炼出有针对性的约250~500个英文单词的摘要和标题，用户可以克服语言障碍，并进行精确检索。德温特文摘重点突出了专利的发明点、新颖性、实用性及其优势，同时包含同族专利信息，一条专利代表一个专利族，无重复专利，避免重复工作，从而大大节约——阅读专利原文和重复阅读同族专利文献的时间
DOCDB (INPADOC)	INPADOC 数据库	覆盖范围最广	1920~present	每周	英文	包括在96个国家和专利组织发布的专利目录。每一条记录都包括了目录，有标题、发明者、专利应用日期和法律状态信息。目前提供56个国家的专利法律状态信息
US Granted	美国专利授权数据		1836~present	每周	英文	收录2000年前文献代码为A的部分，2000年后收录文献代码为B1和B2的部分
US Applications	美国专利申请数据		2001~present	每周	英文	收录2001年3月迄今，文献代码为A1和A2的部分
European Granted	欧专局专利授权数据		1980~present	每周	60%英文文献，30%德文文献，10%法语文献	收录31个国家的授权专利
European Applications	欧专局专利申请数据		1978~present	每周	60%英文文献，30%德文文献，10%法语文献	收录31个国家的专利申请
German Granted	德国专利授权数据		1968~present	每周	德语	2004年之前收录文献代码为C1及C2的部分，2004年之后还收录了文献代码为B3、B4及C5的部分
German Applications	德国专利申请数据		1968~present	每周	德语	文献代码为A1，尚未审查的申请文件

续表

数据名称	内容	特点	收录时间	更新	语种	说　明
German Utility Models	德国实用新型数据		1983～present	每周	德语	文献代码为U1；2004年之前的文献仅有书目信息，无文摘及全文
WIPO/PCT Applications	PCT申请数据		1978～present	每周	70%英文文献，15%德文文献，5%法语文献，1%西班牙语文献，9%其他语种	收录内容的91%有全文信息，约9%只包括书目信息
British Applications	英国专利申请数据		1916～present	每周	英文	国家代码为GB的文摘1999年迄今
French Applications	法国专利申请数据		1971～present	每两周	法语	收录文献代码为A1（专利申请）、A3（实用新型申请）以及其他A字部分
Japanese Applications（full text）	日本专利申请数据	对亚洲文献的特别处理	1976～present	每周	全文英文（机器翻译加人工纠错）	收录2003年迄今的全文部分，1976年迄今的书目部分
Japanese Utility Models	日本实用新型数据		1979～present	每周	全文英文（机器翻译加人工纠错）	收录2008年迄今的全文部分，1979年迄今的书目部分
Japanese Granted	日本专利授权数据		1998～present	每周	全文英文（机器翻译加人工纠错）	收录2005年迄今的全文部分，1998～2004年部分收录
Korean Applications（unexamined）	韩国专利申请数据（未审查）		1978～present	每周	全文英文（机器翻译）	收录2008年迄今的英文全文部分，1978年迄今的书目部分及未审查文件
Korean Applications & Grants（examined）	韩国专利申请授权数据（已审查）		1978～present	每周	全文英文（机器翻译）	收录2008年迄今的英文全文部分，1978年迄今的书目部分
Korean Utility Models	韩国实用新型数据		1979～present	每周	全文英文（机器翻译）	收录2008年迄今的英文全文部分，1979年迄今的书目部分
Chinese Applications	中国专利申请数据		1985～present	每周	全文英文（人工翻译）	收录2007年迄今的英文全文部分，1985年迄今的书目部分
Chinese Utility Models	中国实用新型数据		1985～present	每周	全文英文（人工翻译）	收录2007年迄今的英文全文部分，1985年迄今的书目部分

注：共收录专利总量为8087多万（截至2011年9月）。

（2）科技文献。

包含来自于Inspec®（Ination Service in Physics，Electronics Technology and Computer and Control，是全球著名的科技文摘数据库之一，是理工学科最重要、使用最为频繁的数据库

之一,是物理学、电子工程、电子学、计算机科学及信息技术领域的权威性文摘索引数据库),Web of Science®(大型综合性、多学科、核心期刊引文索引数据库,包括科学引文索引、社会科学引文索引和艺术与人文科学引文索引以及两个化学信息事实型数据库、科学引文检索扩展版和科技会议文献引文索引、社会科学以及人文科学会议文献引文索引三个引文数据库),Current Contents Connect®(期刊题录快讯数据库),ISI Proceedings[SM](学术会议录文献索引)的科技文献和期刊、会议信息等。

(3)商业信息。

从著名的 Gale 商业数据库中搜索重要的公司、市场、新闻、产品和研发信息。商业数据库包括:TableBase[TM],新产品发布和研发中心目录等。

2. 功能模块

Thomson Innovation 主要包括 5 个功能模块,以功能菜单的形式罗列在页面的左边,分别是:信息检索模块(Search)、保存工作模块(Saved Work)、账号管理模块(My Account)、个性设置模块(Preferences)以及技术支持模块(Support),该 5 个功能模块均可通过树状形式展开下面的子功能目录,点击该目录后工作区自动跳转到相应的内容。

Thomson Innovation 信息检索模块包含专利检索、科技文献检索、商业信息检索、交叉信息检索四种内容的检索,可分别通过工作区上部 Select Search Style 后面的选项选择,工作区内容会发生相应的跳转。如图 3-2-2-1 所示,当前工作区处于专利检索模块下的字段检索方式。

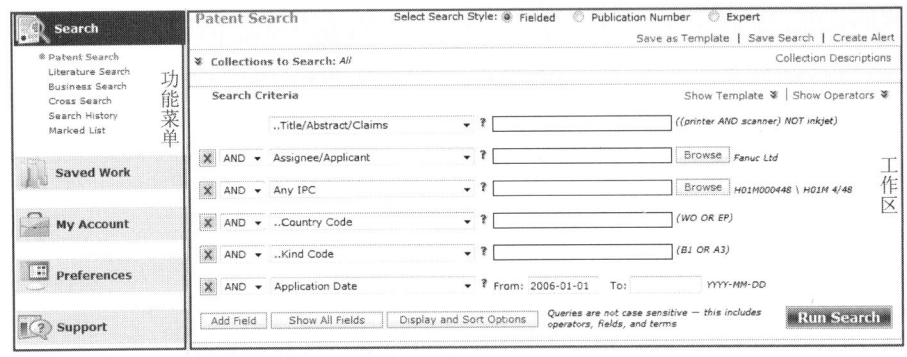

图 3-2-2-1 Innovation 工作区

3. 主要特点

Thomson Innovation 整合了原始数据以及二次加工数据,并提供了多种检索工具和分析功能,使得专利检索结果更加全面和准确,分析手段多样化。

(1)全面的专利收录数据源。

Thomson Innovation 包含了全球主要国家的原文数据,包括了 INPADOC 超过 90 个国家的专利信息以及德温特数据库 41 个国家和中国台湾地区的专利,收录的数据既包含如美国、中国等免费公开的专利,也包含如印度、巴西、阿根廷等专利收费国家的专利,以及某些在免费网络资源上无法找到的专利信息,从而保证了在 Thomson Innovation 进行专利检索范围的全面性。

(2)专利标题和摘要的改写。

Thomson Innovation 的核心之一德温特数据库提供了专利标题和摘要的英文人工改写,

改写后的标题和摘要将专利中的技术还原出来，凸显在标题和摘要这两个最常用的检索字段中，从而为准确全面的检索以及更好的阅读提供了有力的支持。

例如，日本佳能株式会社在申请的一篇墨盒专利（US6702427B2，请参见图 3-2-2-2）标题为：液体容器及记录设备；摘要部分是一段采用大量上位词汇且没有主次区分的段落，这样的专利极容易在检索的时候漏检，也会在阅读理解的时候带来很大的障碍；经过德温特改写的标题，还原了该技术点，将原文中的上位概念液体容器（Liquid container）具体到墨盒（Ink container），并且在摘要部分分成三部分进行改写描述：新颖性（Novelty）、用途（Use）和优势（Advantage）。因此，这样的描述能在还原技术要点基础上突出重点，从而避免因专利撰写方面的原因产生的漏检和阅读困难等问题。

原文标题	德温特改写标题
Liquid container and recording apparatus	Ink container for serial type inkjet recording apparatus, has memory medium holder to change position and direction with respect to fluid connection aperture based on position and direction of connector
原文摘要	德温特改写摘要
The invention is to connect a liquid container, having a fluid connecting portion and an information memory medium, to the main body of a recording apparatus without generating stress in both connecting portions. An information memory medium is fixed on the internal wall of a connection aperture of an information memory medium holder, which is contained in a space defined by an information memory medium holder containing portion and a bottom cover. The space is of a size capable of containing the information memory medium holder without contact thereto, and the information memory medium holder can change its position and direction in the space. The changes in the position and direction of the information memory medium holder allow to achieve fluid connection and connection of the information memory medium without generating stress in the connecting portions thereof, even if the fluid connecting portion and the connecting portion for the information memory medium in the main body of the recording apparatus have certain aberration in the relative position and relative direction.	Novelty: An information memory medium (9) holds information relating to ink container (6). A memory medium holder (8) guides memory medium to a position capable of communicating with recording apparatus. The memory medium holder changes position and direction with respect to fluid connection aperture based on position and direction of wireless antenna or connector. Detailed Description: An INDEPENDENT CLAIM is included for inkjet recording apparatus. Use: For serial type inkjet recording apparatus (claimed). Advantage: By changing the position and direction of memory medium holder, the fluid connection and connection of the memory medium can be achieved in a satisfactory manner without causing unnecessary stress in the connecting portions, even if the fluid connecting portion and the connector of the recording apparatus have mutual aberration in position and direction. Hence enhances satisfactory recording.

图 3-2-2-2　Derwent 改写示例

（3）专利同族去重。

Thomson Innovation 提供对专利检索结果的同族去重功能，目的是将检索结果中一个家族的专利只显示一条数据，从而避免了由于专利同族带来的大量的额外数据量，减轻工作负担，提升工作效率。

如图 3-2-2-3 所示，在专利标题中检索风力发电机（wind turbine），得到 8058 篇专利文献，经过 Thomson Innovation 去重后剩下 3738 篇专利，减少了文献量，从而大大减轻阅读专利的工作量。

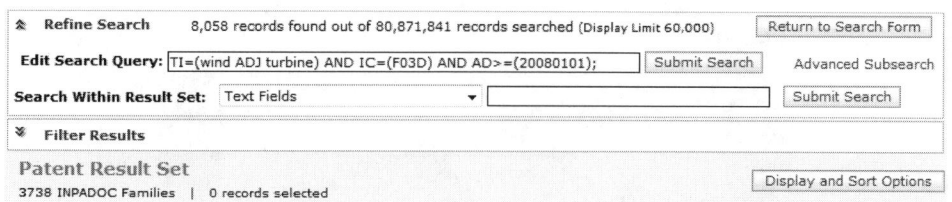

图 3-2-2-3　专利检索结果同族去重

Thomson Innovation 提供的去重方式有三种，分别是按照 INPADOC 家族法则去重、DWPI（德温特）家族法则去重以及按照专利申请号去重。

（4）专利权人整理。

Thomson Innovation 提供公司树对在美国、欧洲专利组织（EP）和世界专利组织（WIPO）专利申请量居前 2500 名的企业进行专利权人整理，整理的内容包括归纳企业的架构，梳理分公司、子公司、收购、并购的公司，以及公司名称拼写错误等的情况，并采用树状结果显示出来，帮助用户针对专利权人的检索更加全面。

如图 3-2-2-4 所示，在 Thomson Innovation 公司树中查询英特尔公司（Intel），结果显示出英特尔公司其下有两个收购、并购过来的企业：McAfee 和 Wind River Systems Inc.，展开十字符号后可以查看下面的分公司、子公司。例如在 Intel Corporation 展开下面的情况，同时发现里面有一些名称的拼写错误的规整：INTEE CORP。

图 3-2-2-4 Intel 公司的架构整理

（5）德温特手工代码。

德温特手工代码是 Thomson Innovation 中提供用于检索的多种专利分类号之一，目前 Thomson Innovation 提供国际专利分类（IPC）、欧洲专利分类（ECLA）、美国专利分类（US Class）、日本专利分类（JP FI Codes、JP F Terms）以及德温特分类（DWPI Class）、德温特手工代码（Manual Codes）等用于专利分类号的检索。德温特手工代码的特点是覆盖德温特收录的 41 个国家和 1 个地区专利，且从建立开始就是面向专利应用的分类。

（6）专利引证地图和专利地图。

引证专利是指由申请人在说明书中写明的或者由审查员在审查过程中确认的与该篇专利文献技术内容相关的其他专利文献，在 Thomson Innovation 中包含了十几个国家的专利引证信息。通常情况下，专利越重要，被引证的次数就越多。在某领域内被引证次数最多的专利文献，很可能涉及的就是该领域内的核心技术。换一个角度说，如果某项专利引证其他专利的数量越少，说明该项专利技术更基础；如果某项专利引证其他专利的数量越多，说明该项专利技术已比较成熟，主要是对先前技术的改进。

在 Thomson Innovation 中根据上述引证信息可以做出直观的引证树，如图 3-2-2-5 所示。

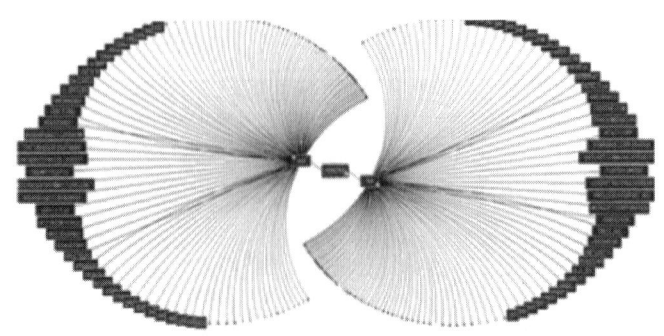

图 3-2-2-5 专利引证地图

Thomson Innovation 的专利地图可以将大量专利文本数据自动归类成不同的技术主题，并以直观地形图的形式显示，如图 3-2-2-6 所示，其具体原理和应用在下文中有详细说明。

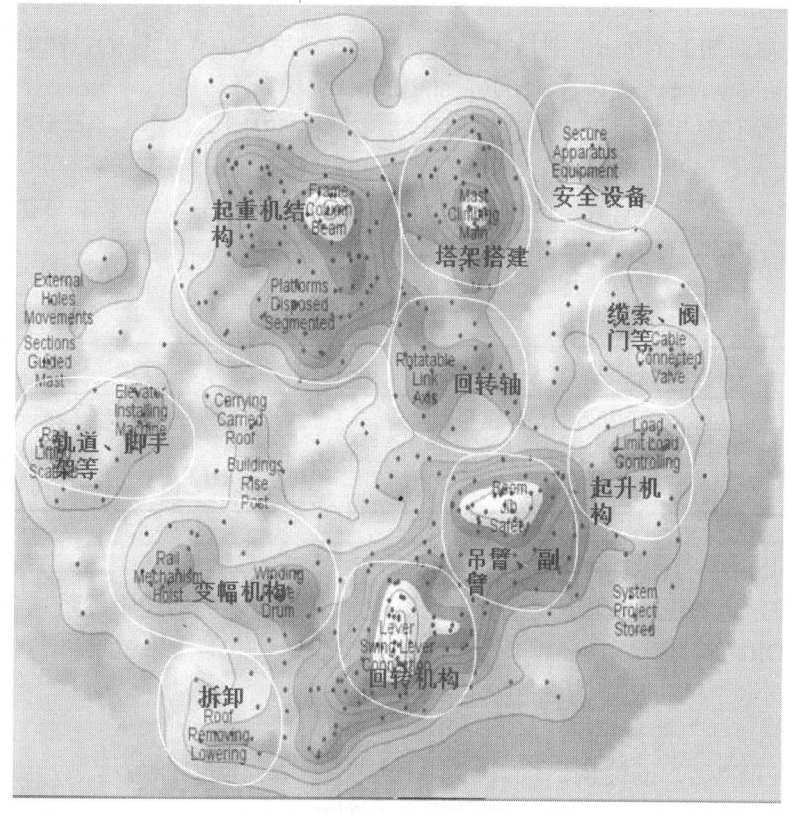

图 3-2-2-6　专利地图

（7）专利导出下载。

Thomson Innovation 可以一次性下载 500 件专利的 pdf 格式原文，但是有部分国家的专利原文是收费的。Thomson Innovation 还可以一次性导出 3 万件专利的题录信息，包括原文题录、Derwent 改写的标题和摘要、专利家族信息、专利引证信息以及美国、欧洲、PCT 等专利的权利要求等，方便用户对数据进行更加自由的处理。

3.2.2.2　数据库检索与分析

Thomson Innovation 提供了完备的检索语法和丰富的检索字段，并可通过多种检索方式进行检索，为检索结果的显示、分析提供了不错的功能。

1. 检索语法

介绍最常用到的三种运算符：截词符、逻辑算符和位置算符。

（1）截词符。

在关键词中使用截词符是预防漏检提高查全率的一种常用检索手段，截词是指在检索词的合适位置进行截断，然后使用截词符进行处理，这样既可节省输入的字符数目，又可达到较高的查全率。尤其在西文检索系统中，使用截词符处理自由词，对提高查全率的效果非常显著。

Thomson Innovation 支持的截词符有 "？" 和 "*" 两个，其中：

* 代表任意的多个字符（包括0个字符），放在词的前面或后面都可以。但是请注意，如果是放在前面的话，会使检索耗时很长。

*n 在*号后面加上数字n，则是代表最多n个任意字符（从0到n），例如 carbo*2，结果中会包括 carbons，carboxy，carbody，and carbony。

？代表一个任意字符，可以放在词的开始、末尾、中间。注意：不能代表标点符号和空格；不能代表数字开头的0。

截词有多种用途。词尾截断可得到该单词所提及的所有词语（单数和复数）；词间截断或通配符可找到该单词的所有变化形式或不同拼法。参见表3-2-2-2。

表3-2-2-2 截词用途

右端截断		词间截断（通配符）	
Diseas*	Disease Diseases Diseased	Lap*roscop*	Laparoscopic Laproscopic Laparoscopy

（2）逻辑算符。

逻辑算符，也称逻辑布尔运算符，用于表达式各部分之间的逻辑关系。常用的逻辑算符有 AND、OR、NOT。

AND，表示"和"的关系。

OR，表示"或"的关系。

NOT，表示"否"的关系。

优先级为：NOT>AND>OR，同级运算从左到右。

三种逻辑算符的运算举例，参见图3-2-2-7：

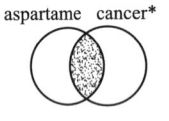

检索结果中必须出现所有的检索词
TOPIC: aspartame AND cancer*
检索到的文献既包含 *aspartame* 也包含 *cancer**

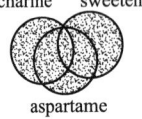

检索结果必须出现任一检索词，当检索词有多种拼法或有几个同义词时，使用OR运算符。
TOPIC: aspartame OR saccharine OR sweetener*
检索到的文献至少包含其中的一个词。

检索结果中不应该出现包含某一检索词的文章
TOPIC: aids NOT hearing
检索到的文献包含 *aids*，但都不包含 *hearing* 的文件。

图3-2-2-7 逻辑运算图例

（3）位置算符。

位置算符也叫全文查找逻辑算符或相邻度算符，是用来规定符号两边的词出现在文献中的位置的运算算符。用于表示词与词之间的相互关系和前后次序，通过对检索词之间位置关系的限定，可以进一步增强选词指令的灵活性，提高检索的查全率与查准率。

Thomson Innovation 支持的位置算符有：ADJn、NEARn 和 SAME，下面介绍这三个位置算符的用法。

ADJn，表示前后连接的两个对象中间隔了 n 个字符，并且按固定的顺序，可以跨越句子的界限进行检索，系统中默认的空格就是代表 ADJ，例如您要检索 wind turbine，系统会认为您是检索 wind ADJ turbine，即按照一个词组来检索（如果 ADJ 后没有给出具体的数字，系统默认为 1）。

NEARn，表示前后连接的两个对象中间间隔了 n 个字符，可以按任意的顺序，可以跨越句子的界限进行检索（如果 NEAR 后没有给出具体的数字，系统默认为 1）。

SAME，表示前后连接的两个对象在同一个段落中。

2. 检索字段与含义

Thomson Innovation 提供了丰富的信息字段，这些信息字段除了可以用在检索上，还可以用在数据的导出上，从而为专利的检索和分析提供了非常丰富的要素。表 3-2-2-3 列出了字段名与对应的中文含义。

表 3-2-2-3　检索字段与含义

字段名	中文含义	字段名	中文含义
Text Fields	所有的文本字段	Priority Year	优先权年份
All Text Fields-DWPI	德温特所有文本字段	Earliest Priority Year	最早的优先权年
Title/Abstract	原文标题、摘要以及德温特标题摘要	Related Applications	相关申请
Title/Abstract/Claims	原文标题、摘要、权利要求以及德温特标题摘要	Related Application Number	相关的申请号
Title	标题	Related Application Date	相关申请日期
Title（Original）	标题（原件）	Related Publication Number	相关的公告号
Title（English）	题目（英文）	Related Publication Date	相关公告日期
Title（French）	标题（法文）	PCT App Number	PCT 申请号码
Title（German）	标题（德文）	PCT App Date	PCT 申请日期
Title（Spanish）	标题（西班牙文）	PCT Pub Number	PCT 公告号码
Title-DWPI	标题—DWPI	PCT Pub Date	PCT 公告日期
Title Terms-DWPI	标题规范叙词—DWPI	IPC-Current	IPC—第八版

续表

字段名	中文含义	字段名	中文含义
Abstract	摘要	IPC Class	IPC 大类
Abstract（English）	摘要（英文）	IPC Class Group	IPC 类、组
Abstract（French）	摘要（法文）	IPC Section	IPC 部
Abstract（German）	摘要（德文）	IPC Subclass	IPC 小类
Abstract（Original）	摘要（原件）	IPC Subgroup	工控机分组
Abstract（Spanish）	摘要（西班牙文）	IPC Class First	第一 IPC 大类
Abstract-DWPI	摘要—DWPI	IPC Class Group First	第一 IPC 大类、组
Abstract-DWPI Novelty	摘要—DWPI 新颖性	IPC Section First	第一 IPC 部
Abstract-DWPI Detailed Description	摘要—DWPI 详细说明	IPC Subclass First	第一 IPC 分部
Abstract-DWPI Use	摘要—DWPI 用途	IPC Subgroup First	第一 IPC 分组
Abstract-DWPI Advantage	摘要—DWPI 优势	ECLA	欧洲专利分类号
Abstract-DWPI Activity	摘要—DWPI 生物活性（化学或生物领域）	ECLA-main	欧洲专利分类号—主类
Abstract-DWPI Mechanism	摘要—DWPI 结果（化学或生物领域）	US Class	美国分类
Abstract-DWPI Drawing Description	摘要—DWPI 图例说明	US Class-Main	美国类—主要
Claims	权利要求	US Class-Original	美国类—原件
Claims Count	权利要求计数	Locarno Class	国际工业设计分类系统
Claims（English）	权利要求（英文）	DWPI Class	DWPI 分类
Claims（French）	权利要求（法文）	DWPI Manual Codes	DWPI 手工代码
Claims（German）	权利要求（德国）	Cited Refs-Patent	引证文件—专利
Claims（Spanish）	权利要求（西班牙文）	Count of Cited Refs-Patent	引证文件计数—专利
First Claim	第一项权利要求	Cited Refs-Non-patent	引证文件—非专利
Description w/ Pub Language	说明书	Count of Cited Refs-Non-patent	引证文件计数—非专利

续表

字段名	中文含义	字段名	中文含义
Assignee/Applicant	专利权人/申请人	Citing Patents	被引证情况
Assignee/Applicant First	第一专利权人/申请人	Count of Citing Patents	被引证次数
Assignee-Docdb	专利权人—Docdb	Citing Pat 1st Assignee	被引证专利第一权属人
Assignee-Original	专利权人—原件	INPADOC Legal Status	INPADOC 法律状态
Assignee-Original w/address	专利权人—地址	INPADOC Legal Status Code	INPADOC 法律状态代码
Assignee-DWPI	专利权人—DWPI	INPADOC Legal Status Date	INPADOC 法律状态日期
Assignee Code-DWPI	专利权人代码—DWPI	INPADOC Legal Status Impact	INPADOC 法律状态的影响
Assignee Count	专利权人计数	INPADOC Legal Status Assignee	INPADOC 法律状态专利权人
Inventor	发明人	INPADOC Legal Status Remarks	INPADOC 法律状态备注
Inventor First	第一发明人	INPADOC Legal Status Text	INPADOC 法律状态文本
Inventor-Original	发明者—原件	Maintenance Status（US）	专利状态（美国）
Inventor-w/address	发明人—地址	Reassignment（US）	专利权转让（美国）
Inventor-DWPI	发明者—DWPI	Reassignment（US）—Assignee	专利权转让（美国）—受让人
Inventor Count	发明人计数	Reassignment（US）—Assignor	专利权转让（美国）—转让人
Attorney/Agent	代理人	Reassignment（US）—Date	专利权转让（美国）—日期
Correspondent	通讯地址	Designated States	指定国家
Examiner	审查员	Litigation（US）	诉讼（美国）
Publication Number	公告号码	Opposition（EP）	专利异议（EP）
DWPI Accession Number	DWPI 入藏号	Opposition（EP）—Opponent	专利异议（EP）—异议人
Publication Country Code	国家代码	Opposition（EP）—Date Filed	专利异议（EP）—日期存档

续表

字段名	中文含义	字段名	中文含义
Publication Kind Code	文献种类代码	Opposition（EP）—Attorney	专利异议（EP）—代理机构
Publication Date	公告日期	License（EP）	许可程序（EP）
Publication Month	公告月份	License（EP）—Licensee name	许可程序（EP）—许可人的名称
Publication Year	公告年份	License（EP）—License date	许可程序（EP）—许可日期
Application Number	申请号	EPO Procedural Status	欧专局审查状态
Application Country	申请国家	Gov't Interest（US）	政府投资信息（美国）
Application Date	申请日期	Language of Publication	公告语言
Application Month	申请月份	DWPI Update	DWPI 更新
Application Year	申请年份	DWPI Family Members	DWPI 同族专利成员
Priority Number	优先权号码	INPADOC family ID	INPADOC 同族编号
Priority Country	优先权国家	INPADOC Family Members	INPADOC 同族专利成员
Priority Date	优先权日期	Front Page Image	专利第一图例
Priority Month	优先权月份	Front Page Drawing	专利首页图片

4. 检索方式

Thomson Innovation 提供了多种检索方式，包括快速检索、字段检索、公开公告号检索、专家检索等几种常用的检索，下面分别介绍这些检索的功能以及应用。

（1）快速检索。

Thomson Innovation 每个页面工作区的顶端，都有一个快速检索入口（Quick Search），提供了五种内容的快速检索：全部文本内容中快速检索（All Content），专利关键词快速检索（Patents），专利公开公告号快速检索（Publication Number），科技文献关键词快速检索（Literature）以及商业信息关键词快速检索（Business），如图 3-2-2-8 所示。

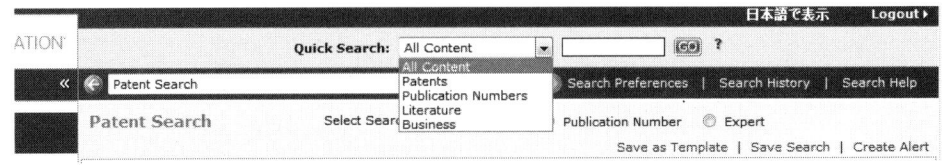

图 3-2-2-8　快速检索入口

（2）字段检索。

字段检索是 Thomson Innovation 提供的最常用的检索方式，用户通过选择字段并在内容输入框中输入相应的关键词，且可将多个字段运用逻辑布尔运算符连接，从而完成一个或多个字段限定的检索策略，如图 3-2-2-9 所示。

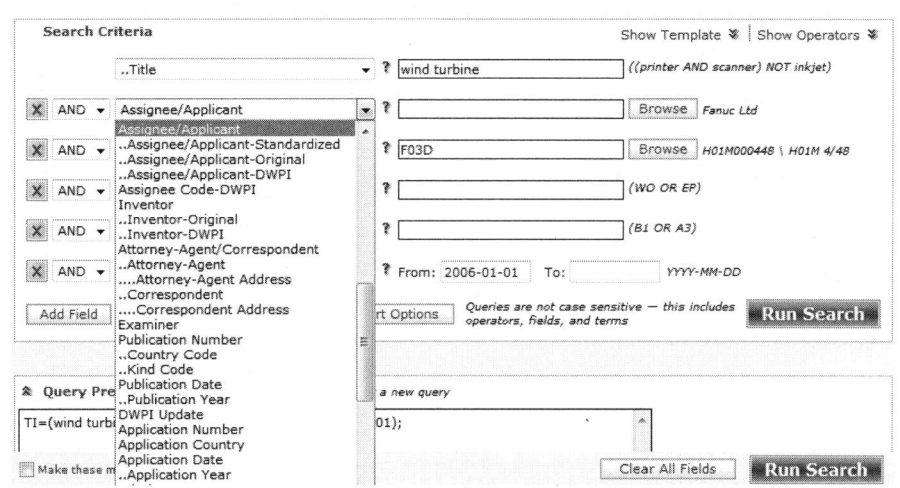

图 3-2-2-9　布尔检索入口

点击字段名的下拉箭头，在下拉框中选择字段，在字段后面的输入框中输入对应的关键词或具有逻辑关系的表达式；多个字段之间可以选择布尔逻辑运算符 AND、OR、NOT 来调整运算级别；如果要人工调整运算优先级，可以点击"Query Previewer"展开自动显示当前输入字段、关键词以及布尔逻辑运算符之间组成的表达式，用户可对该检索式人工修改，或者通过加减括弧的方式来调整运算先后顺序（最内层括弧最先运行）。如果调整了检索式，用户可以点击右下方的"Test Syntax"按钮来检测语法是否正确，如果不正确，可以点击"Undo Edits"按钮，恢复到未修改的状态。如图 3-2-2-10 所示。

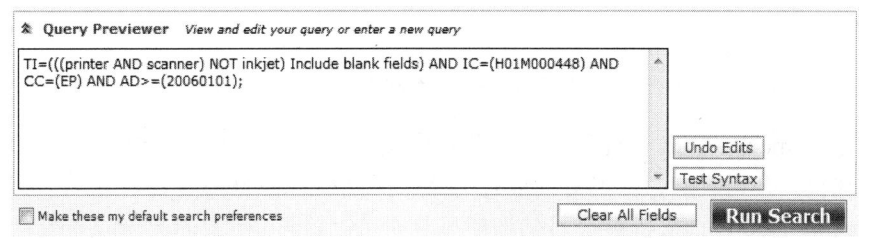

图 3-2-2-10　高级检索入口

在字段列表中输入好关键词或修改好 Query Previewer 中的检索式，点击各自右下方的"Run Search"按钮，运行各自的检索策略。

在字段检索中，对某些字段提供的查询功能，例如 Assignee/Applicant、Any IPC、DWPI Manual Codes 等，下面以 Assignee/Applicant 为例介绍此类查询功能。当字段选择为 Assignee/Applicant 时，内容输入框后面会显示一个"Browse"的浏览按钮，点击该按钮，会弹出一个新的查询页面 Corporate Tree（公司树），这是在字段检索功能中调用到 Thomson

Innovation 的专利权人整理功能，如图 3-2-2-11 所示，输入要检索的专利权人/申请人的名称，点击"Submit"进行查询。

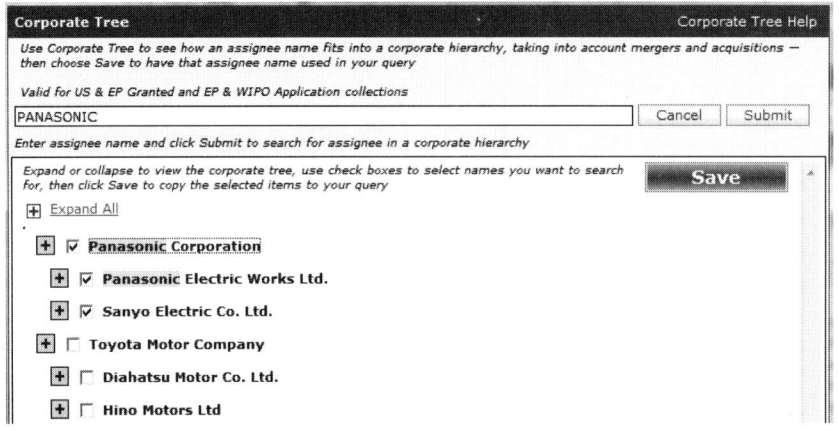

图 3-2-2-11 专利权人查询

在输入框中输入 Panasonic（松下），查询松下公司架构，得到两个根公司目录，分别是 Panasonic Corporation 和 Toyota Motor Company，其中 Toyota Motor Company 是因为其下的子公司名称中含有 Panasonic 的关键词被命中，从而确定了 Panasonic Corporation 是想要查询的松下公司。在 Panasonic Corporation 前的选项框中打上勾，点击"Save"按钮，系统会自动跳转至字段检索页面，并将查询到的结果自动填入 Assignee/Applicant 对应的内容框中，如图 3-2-2-12 所示：

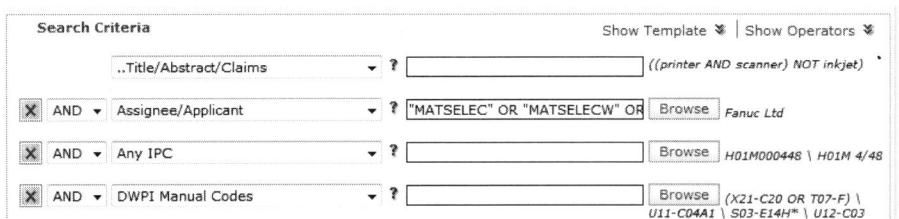

图 3-2-2-12 专利权人检索

通过将 Corporate Tree 查询到的目标专利权人公司架构信息加入到检索中，能够有效降低因为专利权人公司收购、并购等商业行为带来的漏检。但该功能目前有一个不足，如果使用 Corporate Tree 查询来扩展公司架构信息从而进行检索，检索的数据源系统自动限定在美国、欧洲专利组织和国际专利组织这三个地方公开的专利。

（3）公开公告号检索。

将 Select Search Style 选项选中 Publication Number，工作区检索页面跳转到公开公告号检索页面，该页面下，用户可以直接在输入框中输入或复制专利的公开公告号，或者通过 Upload 按钮导入以 txt 格式保存的公开公告号文件实现批量数据的检索，且系统会自动对输入或导入号码做机械的识别和校正，一次最多可批量检索 30000 个专利公开公告号。界面如图 3-2-2-13 所示。

图 3-2-2-13　公开公告号检索界面

公开公告号检索还提供了特殊检索功能，点开 Specialized Search 隐藏菜单，有四个选项，分别是 None，Patent Citations，Family Lookup 和 Record Updates，默认选项为 None，这四个选项的意思如下。

None：表示当前不做特殊操作；

Patent Citations：表示对输入的公开公告号进行引证扩展检索，该选项包括向前（Forward，这里指被引证）和向后（Backward，这里指引证）。如果选中两项，则表示对输入的公开公告号进行前后一层的专利引证扩展，并将结果全部返回到结果集合中。

Family Lookup：表示对输入的公开公告号进行专利同族扩展检索，该选项包括 INPADOC 同族和 DWPI 同族，即客户可以选择用其中一种同族法则对输入公开公告号进行同族扩展，把所获得的同族专利结果返回到结果集合中。

Record Updates：表示对输入的公开公告号在设定日期之后规定的内容做检索，如有符合要求的信息则返回到结果集合中。

（4）专家检索。

专家检索是 Thomson Innovation 为检索水平达到一定程度，能够手动编辑复杂逻辑关系表达式的用户提供的高级检索方式。选择 Expert 后，跳转到专家检索页面，出现了一个检索式输入框，点击 Show Fields & Tags and Operators 显示字段和运算符的工具箱，用于帮助用户编辑检索式。如图 3-2-2-14 所示。

在页面的下部，Browse to Add Resources 下提供了丰富的检索工具查询字典，包括 Corporate Tree，US Class，IPC，ECLA，JP FI Codes，JP F Terms，JP FI Facet，Locarno，DWPI Class，Manual Codes，DWPI Assignee Code，点击链接即可弹出查询页面进行查询。

5. 检索结果显示及处理

Thomson Innovation 提供了人性化的结果显示和处理功能，用户能在友好的显示环境下浏览检索结果。图 3-2-2-15 为 Thomson Innovation 检索结果页面截图。

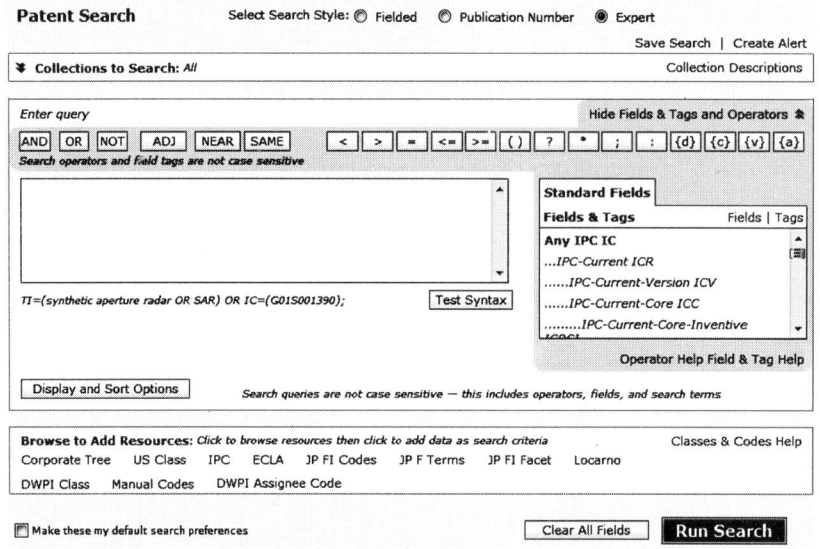

图 3-2-2-14 专家检索界面

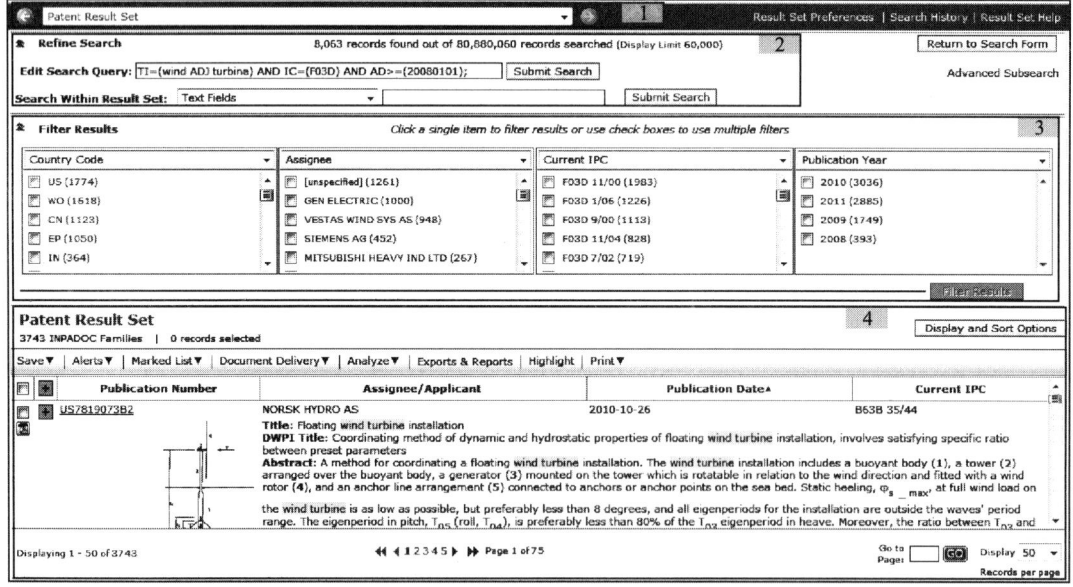

图 3-2-2-15 检索结果显示界面

在检索结果页面，Thomson Innovation 提供了浏览和处理的多种功能，如图 3-2-2-15 所示，将页面分成四个部分：

标号 1，检索过程记录框，点击该框的下拉箭头，会列出此次登陆的每一个操作步骤，用户如果想跳转到中间某个步骤的结果或页面，只需要点击该记录框中的记录，即可实现跳转。该功能可以帮助用户在反复调整检索式或查看各部分结果的时候，能够实现快速跳转。

标号 2，二次检索窗口（Refine Search），在该窗口中会显示本次检索结果命中的数量，并列出数据库中总的数据量。Edit Search Query 是当前命中结果对应的检索式，并允许用户手动编辑该检索式，点击 Submit Search 重新运行检索式；Search Within Result Set 则允许用户对检索结果添加新的限定条件，在字段选项框中选择字段，并填写相应的关键词，点击 Submit Search 即可，新添加的限定条件会被自动加入到 Edit Search Query 中显示的检索式中。

标号 3，结果过滤框（Filter Results），该窗口对检索结果的 5 个字段进行了统计并按照数量从高到低排序，前 20 位显示出来，用户可以点击单项内容进行过滤，也可选择多项内容前的单选框，再点击右下角的 Filter Results 按钮进行组合过滤。

标号 4，结果显示列表（Patent Result Set），该窗口是对检索结果以列表的形式展示给用户，用户可以点击右上方 Display and Sort Options 按钮来设置显示的方式和要素，点击该按钮，弹出设置窗口，如图 3-2-2-16 所示。

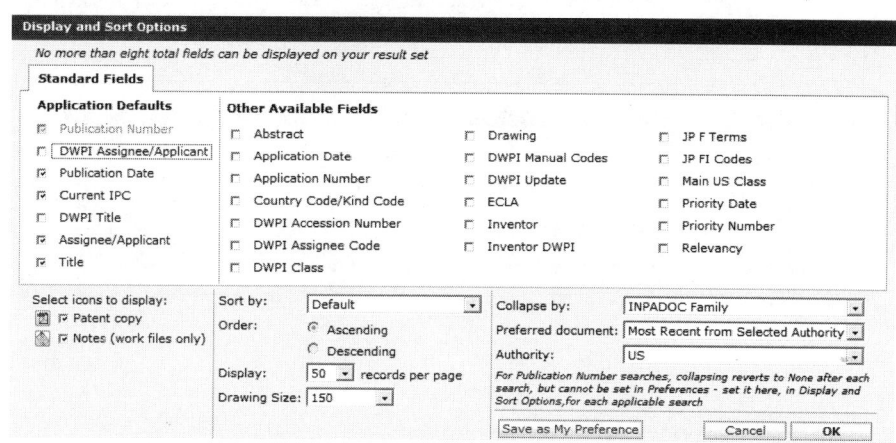

图 3-2-2-16　检索结果自定义设置界面

用户可在 Standard Fields 中选择需要显示的字段，包括可以显示德温特的标题、摘要和附图等。在下方的选项中，用户可以设置结果排序规则、每一页显示的结果条数、附图显示的尺寸等，另外在 Collapse by 选项中可以设定专利去重原则，选项包括 None（不去重）、INPADOC Family（INPADOC 家族去重）、DWPI Family（德温特家族去重）和 Application Number（专利申请号去重）。设置好后，点击 OK 即可应用该设置。

在结果列表页面，用户可以浏览设置显示的内容，每条记录的最前方均有一个 PDF 的图标"📄"，点击该图标会打开该专利的 PDF 原文，点击记录的专利号链接，即可链接到该专利详细页面。

关于页面中的菜单功能以及进入专利详细页面提供的分析功能，将在下文专利分析中另外介绍。

6. 专利分析与专利地图

Thomson Innovation 提供了比较丰富的专利分析工具，包括常规的专利结构化分析、专利引证树分析和专利地图分析等。

（1）结构化分析。

Thomson Innovation 中预设了常见的图表分析，可以对检索结果进行一键操作，直观展示对相应一个或多个字段的直接统计。图 3-2-2-17 是 Thomson Innovaion 中预设的分析图表，用户根据需求直接点击图表即可得到相应的结构化分析结果。

Charts	分析图表类型
Patent Publishing Trends	专利公开公告趋势
Top Assignees	主要专利权人
Top IPCS	主要IPC分类
Top Countries	主要国家分布
Tip Assignees by Year	主要专利权人年度分布
Top Technologies by Assignee	主要专利权人的技术侧重
Top Assignees Codes	主要专利权人代码
Top Countries by Assignee	主要专利权人申请国家分布
Top Inventors	主要发明人
Top DWPI Classes	主要Derwent分类
Top DWPI Manual Codes	主要Derwent手工代码
Top DWPI Manual Codes by Year	主要Derwent手工代码年度分布
Top DWPI Manual Codes by Assignee	主要专利权人Derwent手工代码分布
Top DWPI Manual Codes by Country	主要Derwent手工代码国家分布
Top Technologies by Year	主要技术的年度分布
Top Technologies by Country	主要技术的国家分布
Top Countries by Year	主要申请国家的年度分布

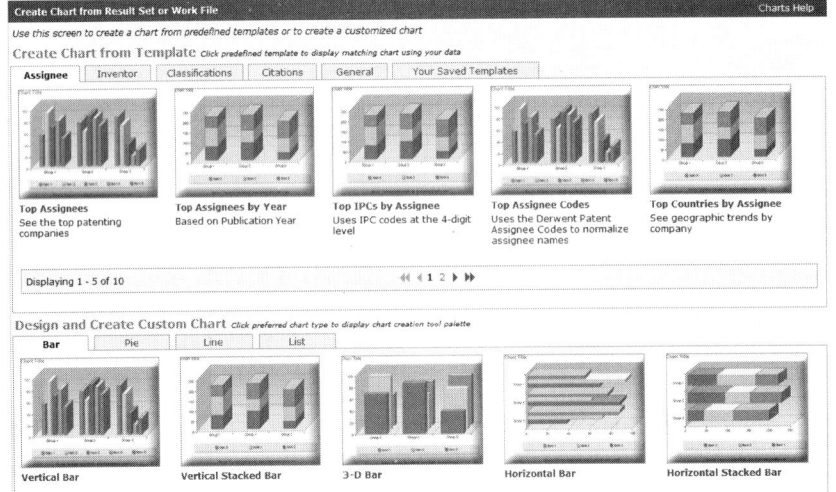

图 3-2-2-17 结构化分析图表

例如，用户要针对检索结果进行 IPC 的技术分布分析，可选择 Classification 标签下的 Top IPCs，即可得到如图 3-2-2-18 所示的 IPC 分析柱状图。

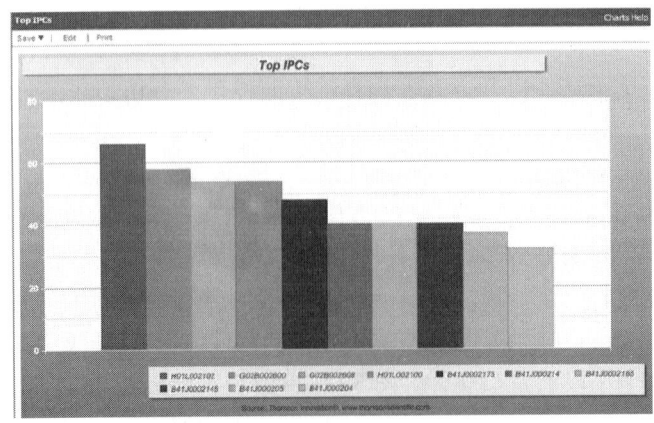

图 3-2-2-18 主要 IPC 分析

(2) 专利引证树分析。

Thomson Innovation 中包含 17 个国家的引证数据，用户可以查看到专利前后引证的情况，并可以利用引证树图直观地分析引证专利的专利权人以及技术分类，如图 3-2-2-19 所示。

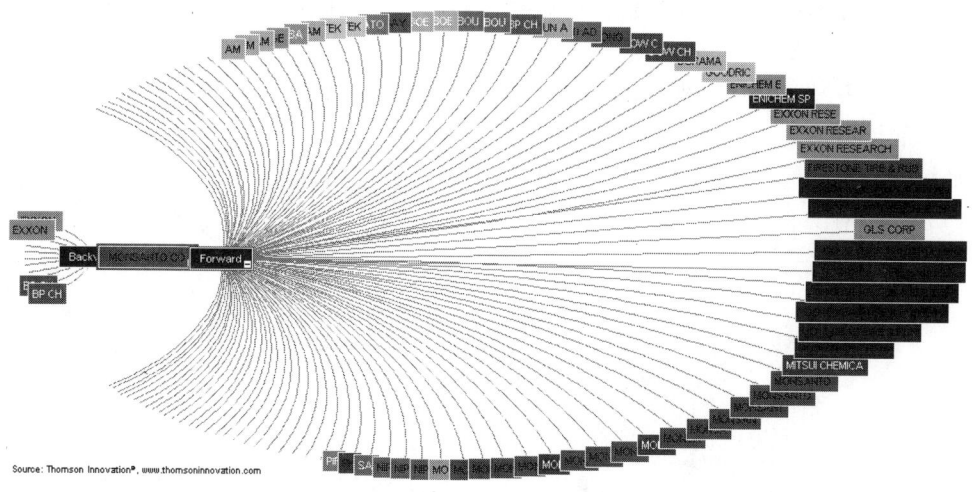

图 3-2-2-19　专利引证树

(3) 专利地图。

Thomson Innovation 的 Themescape maps 将大量复杂晦涩难懂的专利和非专利信息文献，自动归类成不同的主题，并以二维地形图直观显示，如图 3-2-2-20 所示。

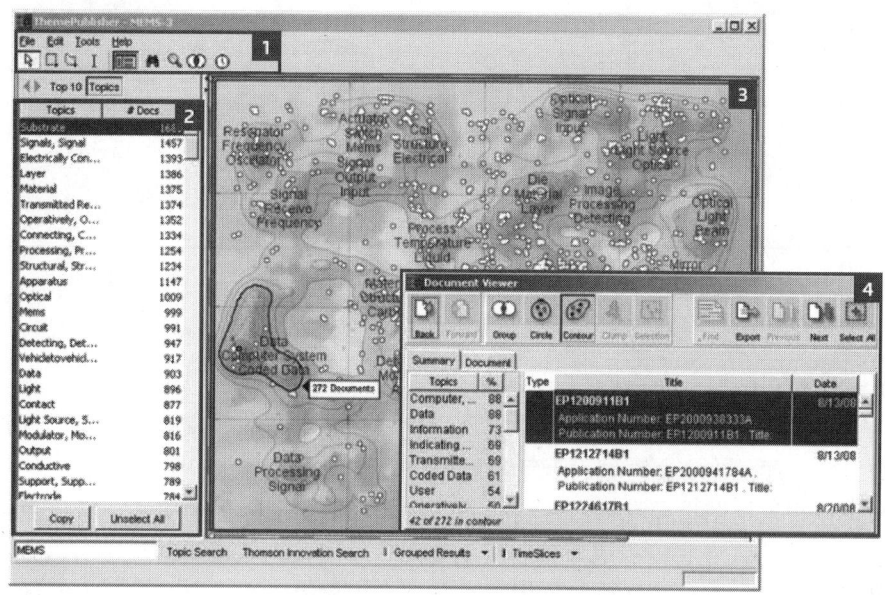

图 3-2-2-20　专利地图

在地图显示页面，Thomson Innovation 提供了浏览和处理的多种功能，如图 3-2-2-20 所示，将页面分成四个部分：

标号 1，专利地图工具栏。在这里可以对地图进行圈选，修改地图山峰显示标签，对地图中的数据进行检索、归类等。

标号 2，专利地图关键词集。这里显示了形成专利地图所采用基础词汇，词汇右边的数字代表了包含该词汇的专利文献数量。

标号 3，专利地图主视图。用户可以直观地看到专利技术的分布、专利权人的技术布局侧重点等。

标号 4，专利文件浏览视图。在该视图中，用户可以根据在地图中圈选的数据来查看具体专利的详细信息，如标题、摘要、专利权人等。

通过专利地图，能帮助用户迅速了解：

（1）竞争对手或行业技术总体分布。

例如，图 3-2-2-21 为空气净化器技术领域主题分布。

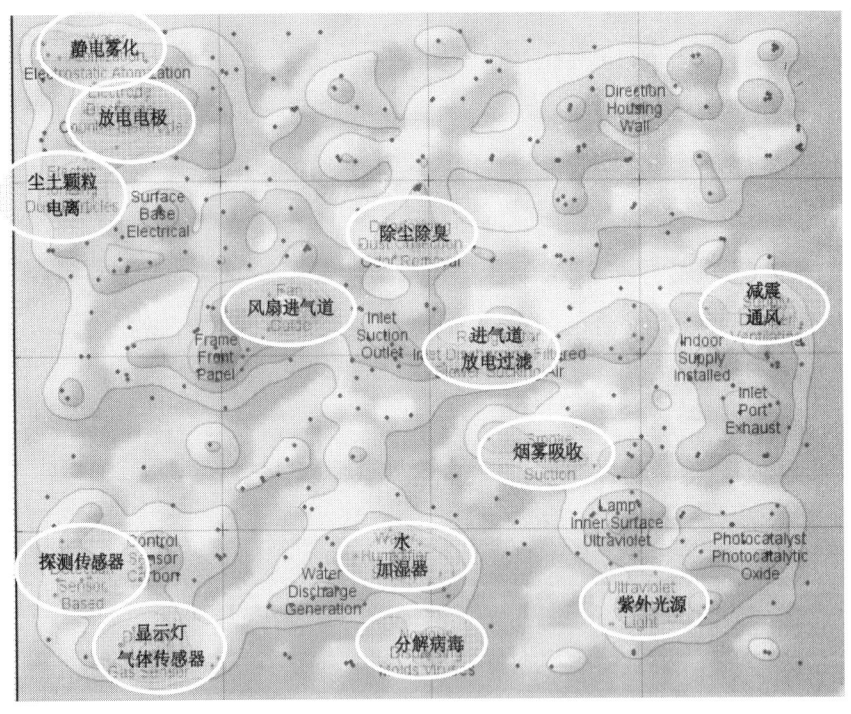

图 3-2-2-21　专利地图——技术点分布

（2）竞争对手的专利布局。

如图 3-2-2-22 所示，用户可以将空气净化器领域主要的四家专利权属人分别用四种颜色区分。同种颜色点密集区域表示竞争对手公司专利技术占优势的区域。

用户可以根据地图指导具体的专利战略。例如，地图左上部和中部，红色点表示的区域 LG 公司占优势，专利较多地分布在灰尘电离、风扇、进气过滤以及显示等方面。其余公司要采用的对策是避开其优势，是否寻求其技术授权等。左上方及左下方，绿色部分显示了松下公司的专利，较多地集中在静电雾化、除尘除臭、探测传感器以及加湿器等方面。黄色的三星公司专利分布相对比较分散，在除尘除臭、灰尘电离、进气排气方面均有涉及。蓝色的三洋公司专利则集中在内置紫外光源、加湿器、放电电极和排气方面。

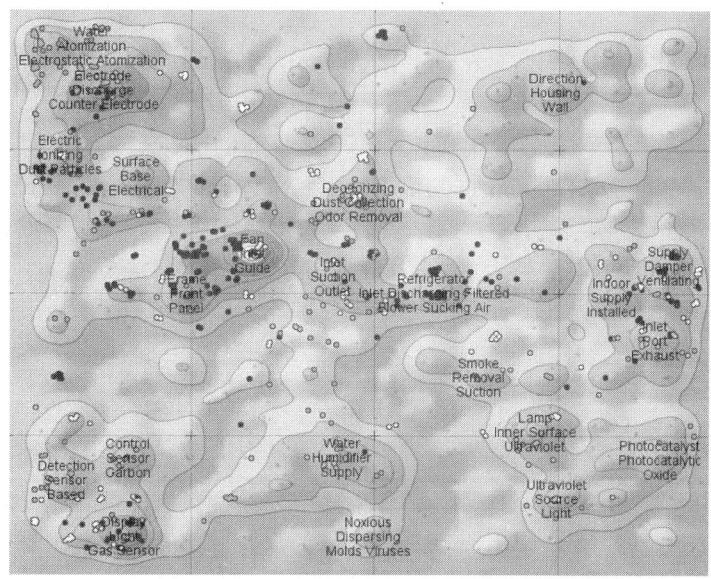

图 3-2-2-22 专利地图——公司技术分布

（3）了解技术发展方向与热点。

如图 3-2-2-23 所示，用户可以用两色分别代表不同的技术发展时期。

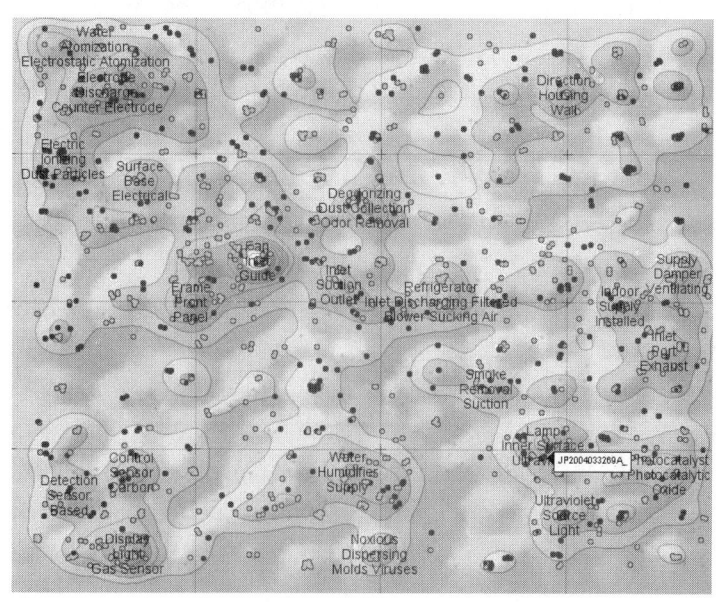

图 3-2-2-23 专利地图——年份分布

从图 3-2-2-23 可以发现，2001 年左右，很多领域均有专利分布；到 2005 年，开始有许多专利集中在放电过滤气体、加湿器、显示灯、气体传感器以及病毒分解等技术点上。通过这样的分析，用户可以了解到最新的技术方向和热点，为公司决定研发方向提供决策支持。

3.2.2.3 实例

下面以一个检索实例来演示 Thomson Innovation 的具体功能。

1. 数据库选择

如图 3-2-2-24 所示，检索之前可以先确认数据库的选择。可以看到有两个标签栏可供选择，分别是"Enhanced Patent Data-DWPI"和"Patent Collections by Authority"，前者代表只在 Derwent 数据库中进行检索，后者代表可以自由选择原文数据库搭配 Derwent 数据库进行检索，一般来说选择后者，即同时在原文数据和 Derwent 改写后的数据中进行检索。需要注意的是，只在 Derwent 库中检索的结果，每条记录是一个 Derwent 家族；在原文和 Derwent 数据库中综合检索的结果，每条记录是一个专利，专利去重在此时才有意义。

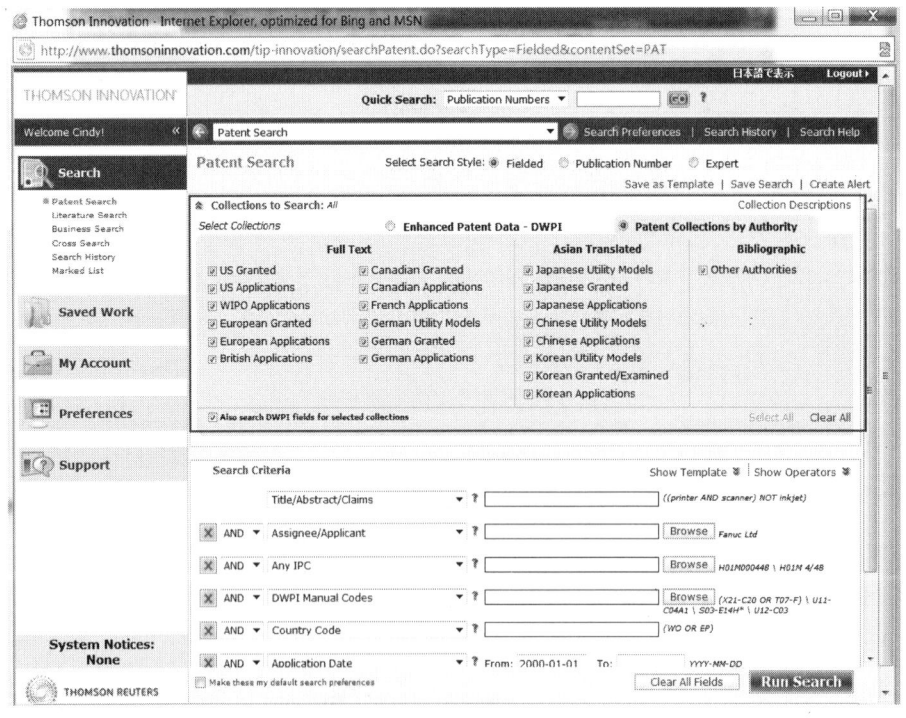

图 3-2-2-24　数据库选择

2. 检索策略

确认完数据库选择之后，如图 3-2-2-25 所示，点击检索字段后面的空白栏，按照前文所述的逻辑算符输入检索策略，本例中在"标题，摘要，权利要求"字段输入"((printer AND scanner) NOT inkjet)"，在"申请时间"字段输入"2000-01-01"，然后点击右下角"Run Search"按键。

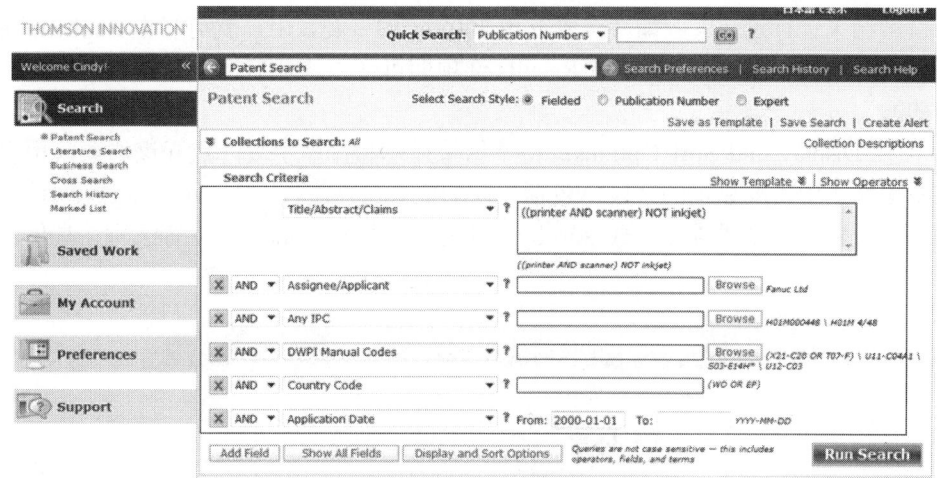

图 3-2-2-25　检索策略输入

3. 检索结果显示及设置

如图 3-2-2-26 所示为检索结果显示和设置界面。

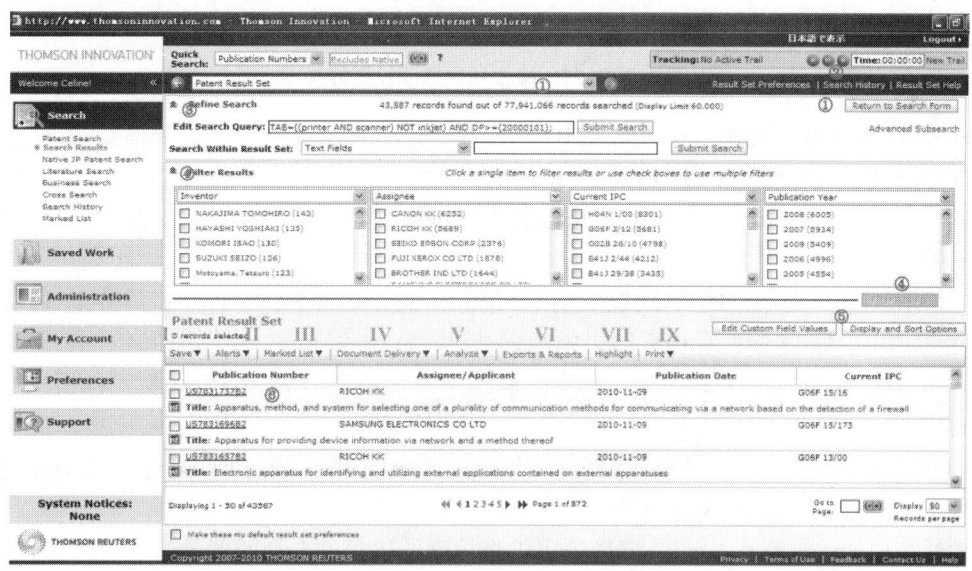

图 3-2-2-26　检索结果显示界面

标号① Return to Search Form：该功能用于返回用户的检索式构造页面，查看或修改用户的检索式。

标号② Search History：检索历史选项，点击该选项可以进入用户的检索历史界面，查看用户账号下所构造的所有检索式。

标号③ Refine Search：重新设置用户的检索式，用户可以在 Edit Search Query 界面中直接来编辑修改用户的检索式；用户也可以在 Search Within Result Set 中，对用户的检索结果，选择检索字段，输入检索词进行二次精炼检索。用户可以点击选项前方的小图标来展开该选项。

标号④ Filter Results：过滤检索结果，在该选项中用户可以针对不同检索字段的具体内容对检索结果进行过滤。例如，需要查找2008年的专利，用户就可以在Publication Year选项下勾选2008，点击下方的Filter Results选项即可（未选任何字段时，该选项是灰化无法点击的）。

标号⑤ Display and Sort Options：检索结果显示和排序字段，点开该选项，用户可以设置在检索结果中需要显示的字段，包括：DWPI德温特题名、Drawing专利图示等内容；用户也可以设置检索结果排序方式Sort by，专利家族归并Collapse by等选项。具体示例如图3-2-2-27所示。

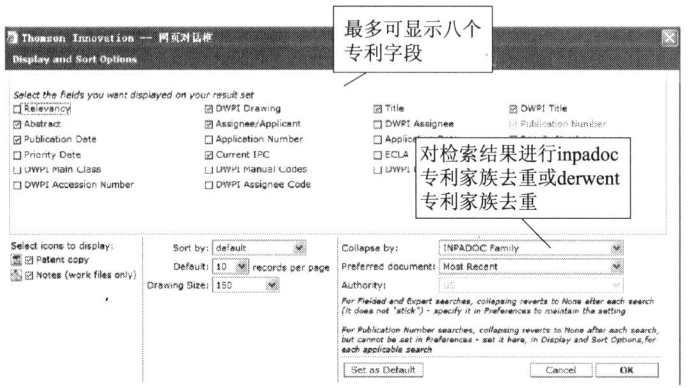

图3-2-2-27 检索结果显示设置界面

标号⑥ 一条专利记录：在该结果中包括：专利号、题名、专利权人等信息，点击蓝色的专利号超链接可以进入一条专利的全记录页面。

标号 I Save：在该选项下，用户可以将自己的检索结果保存到已有文件夹，或新建的文件夹中。

标号 II Alert：对用户的检索式创建预警跟踪，或者针对个别专利创建预警跟踪。

标号 III Marked List：对检索结果中的记录进行标记识别。

标号 IV Document Delivery：下载检索结果中选中的专利PDF全文，Order Patent Documents。

标号 V Analyze：对检索结果进行分析，包括三种分析功能：Charts图表分析，Themescape专利地图，Text Clustering文本聚类。

标号 VI Exports & Reports：该选项用于将检索结果中的专利的题录信息导出，包括专利号、题名、摘要、图示等字段的信息。

标号 VII Highlight：用于在检索结果中标亮用户所设定的关键词，提高阅读检索结果的效率。

标号 IX Print：打印检索结果获选中的专利。

在检索结果中，选中某条专利，进入其全记录的页面中，如图3-2-2-28所示。

标号① Add to Work File：将该条专利记录保存到已有文件夹中；

标号② Mark Record：对该条专利记录进行标记，标记完后，会在检索结果集中显示黄色标记；

标号③ Watch Record：对该条专利记录创建预警跟踪，跟踪该专利法律状态变化、专利家族变化、专利转让等信息；

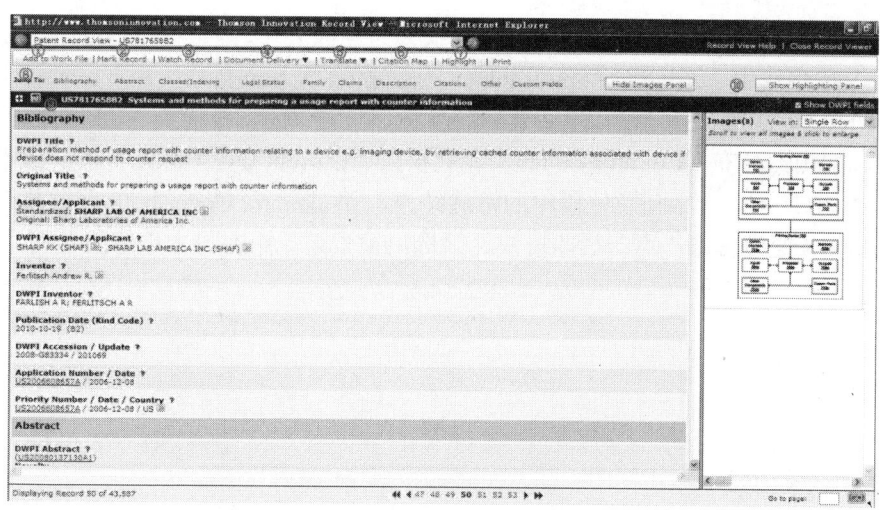

图 3-2-2-28　单篇专利显示界面

标号④ Document Delivery：点击下载该篇专利 PDF 全文的选项，订购专利文献；

标号⑤ Translate：翻译选项，将英文专利的全记录页面翻译成中文；

标号⑥ Citation Map：专利引证图，将单篇专利的引证关系以可视化的方式展现出来，用以追踪技术发展、竞争情报；

标号⑦ Highlight：用于在检索结果中标亮您所设定的关键词，提高对关键词的读取效率；

标号⑧ Jump to：用于快速跳跃到需要阅读的专利全记录具体信息上（而不需要拖动右侧的滑块来寻找需要阅读的信息），例如：当需要了解专利的法律状态时，可直接点击"Legal Status"；

标号⑨ PDF 图标：点击该图标可以直接获取该篇专利的全文；

标号⑩ Show Highlighting Panel：选择需要显示或隐藏的 Highlight 面板。

4. 二次检索

在检索结果中可以进行二次检索，如图 3-2-2-29 所示的"Refine Search"，用户可进

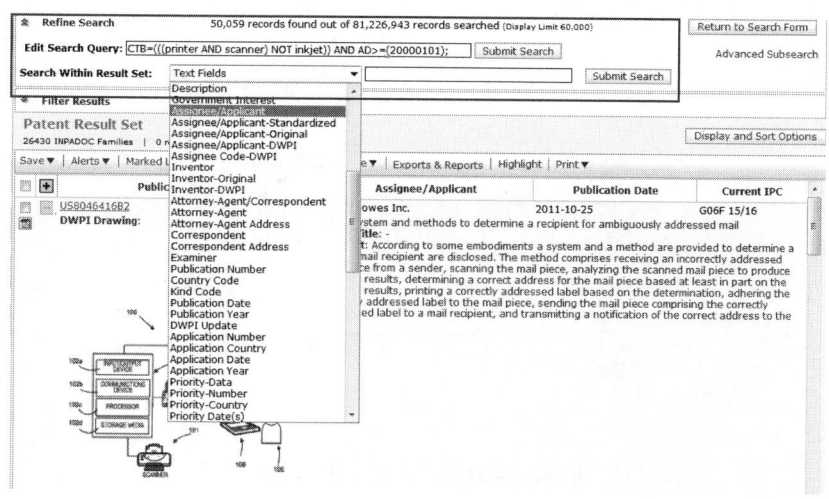

图 3-2-2-29　二次检索入口

一步选择限定条件进行二次检索,如限制专利权人为佳能公司,则可在"Search Within Result Set"下拉菜单中选中"Assignee/Applicant",然后输入"Canon"。

进行快速二次检索还可展开 Filter Results(快速过滤)的下拉箭头,这时可以看到如下过滤结果,如国家分布(Country Code)、专利权人、Current IPC（IPC 分类)、发明人等,如图 3-2-2-30 所示。选中任意字段中的筛选结果,如 Country Code 下 JP 前的复选框,可令 Filter Results 变为可选,点击后即可快速筛选出检索结果中在日本申请的专利。

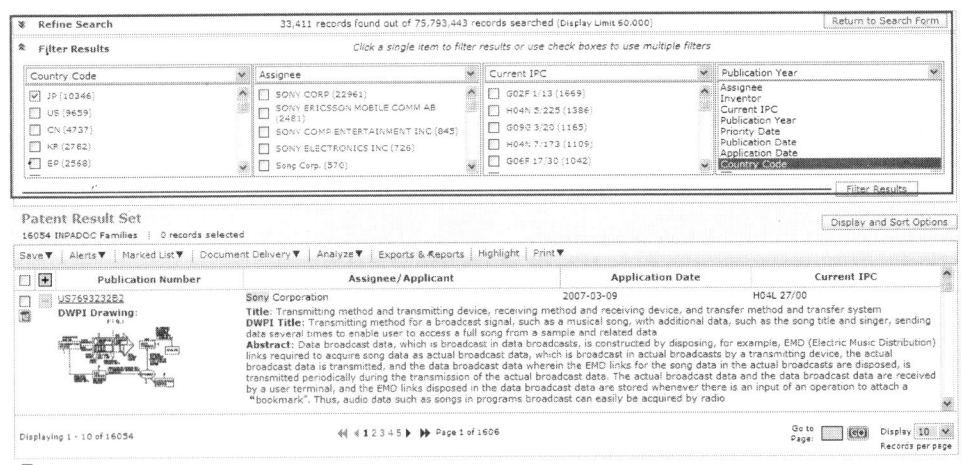

图 3-2-2-30　快速过滤

5. 检索结果统计与分析

要进行检索结果统计分析,可在功能区的"Analyze"下拉箭头中选择"Chart"按键,即可进入专利结果统计分析预设图表页面,如图 3-2-2-31 所示。

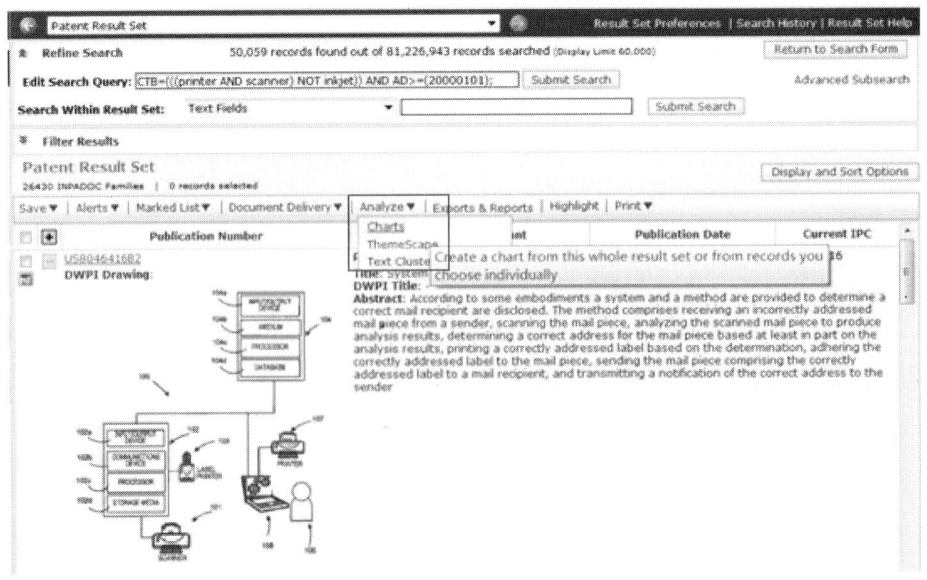

图 3-2-2-31　检索结果统计分析

如图 3-2-2-32 所示,Thomson Innovation 已经预设了多种统计分析图表,用户根据需要直接点击选择的图表即可,如要进行专利权人分析,点击"Assignee"标签下的"Top Assignees"即可直接生成分析图形。

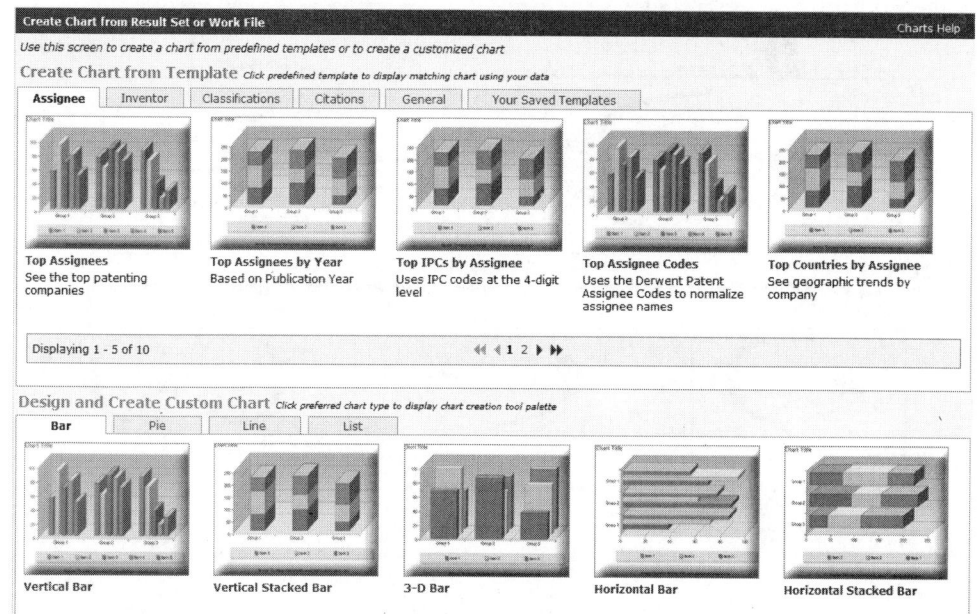

图 3-2-2-32　预设的统计分析图表

6. 绘制引证地图与专利地图

如要绘制专利引证地图,则要确保该件专利具有前后引证信息。在单篇专利显示页面点击 Citation Map,如图 3-2-2-33 所示。

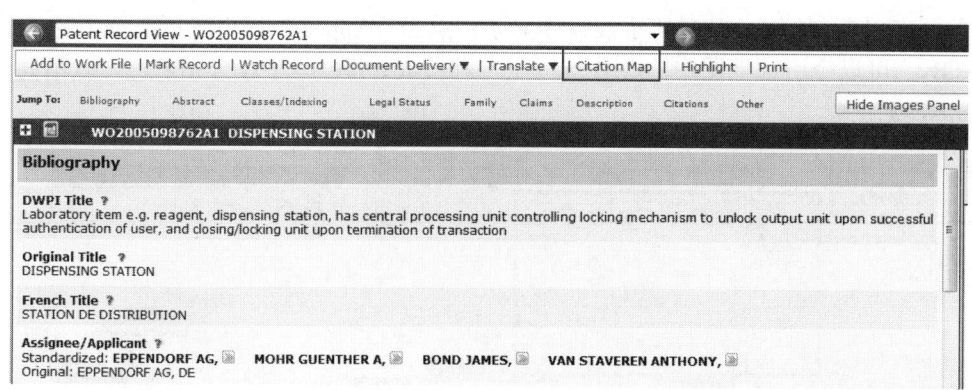

图 3-2-2-33　绘制引证地图

点击绘制按钮之后即可进入引证地图参数选择界面,如图 3-2-2-34 所示,在该页面中可以选择做前引证地图、后引证地图、前后引证地图,以及引证的级数,可以按照实际需要来进行选择。

标号 1:选择引证地图模式:按照层数(By Generation)或者时间(By Time);

标号 2:选择引证方向,向前引证(Forward)、向后引证(Backward)或者向前向后引证(Forward and Backward);

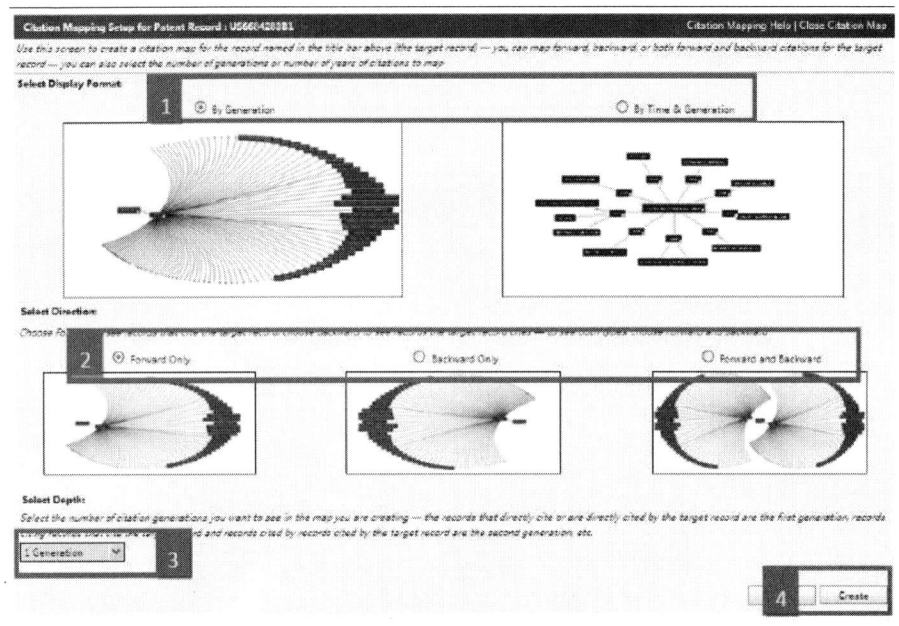

图 3-2-2-34 引证地图参数选择

标号 3：选择引证层数；

标号 4：点击 Creat，生成引证地图。

生成引证地图之后，可以将引证地图进行自定义设置，如图 3-2-2-35 所示，在生成引证地图界面上，点击"Appearance"下拉菜单中的"Order Nodes By"可以令引证地图中的各分支以专利权人、IPC 等字段排序显示；点击"Appearance"下拉菜单中的"Color Nodes By"可以令引证地图中的各分支按照专利权人、IPC 等字段分别着色，以不同颜色显示。

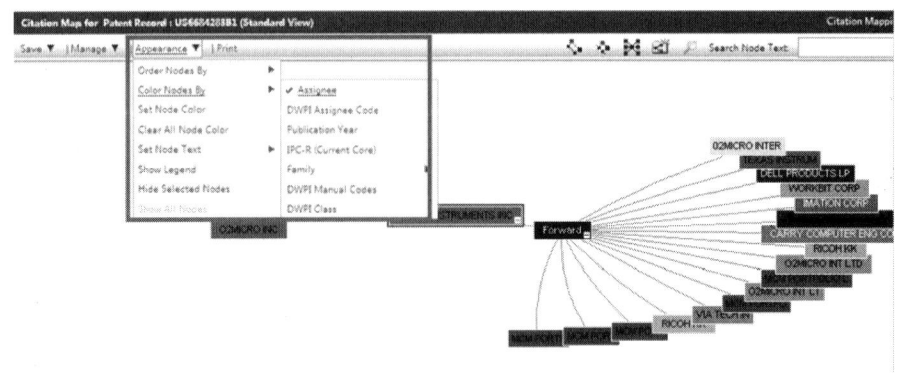

图 3-2-2-35 引证地图自定义设置

绘制专利地图，则是在检索结果显示界面，选中全部或部分要分析的专利，通过"Analyze"进入"Themescape"来创建专利地图，如图 3-2-2-36 所示。

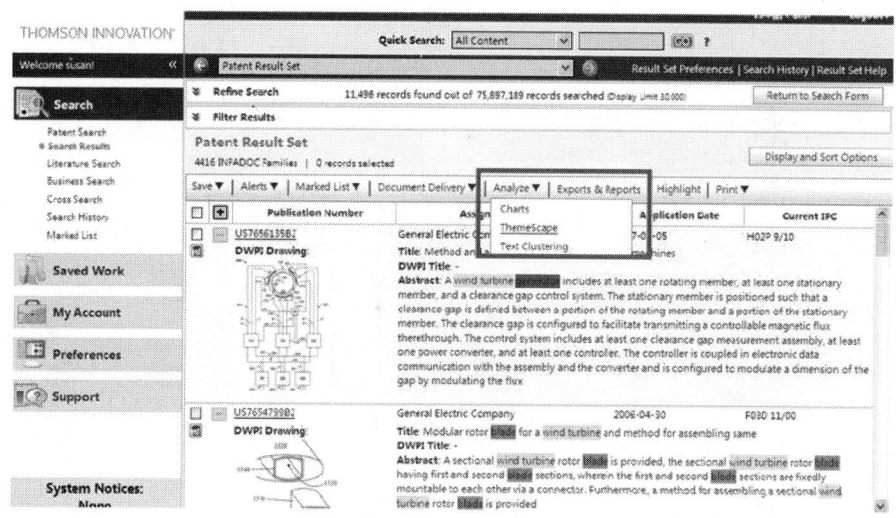

图 3-2-2-36　绘制专利地图

随后进入专利地图参数选择界面，如图 3-2-2-37 所示。

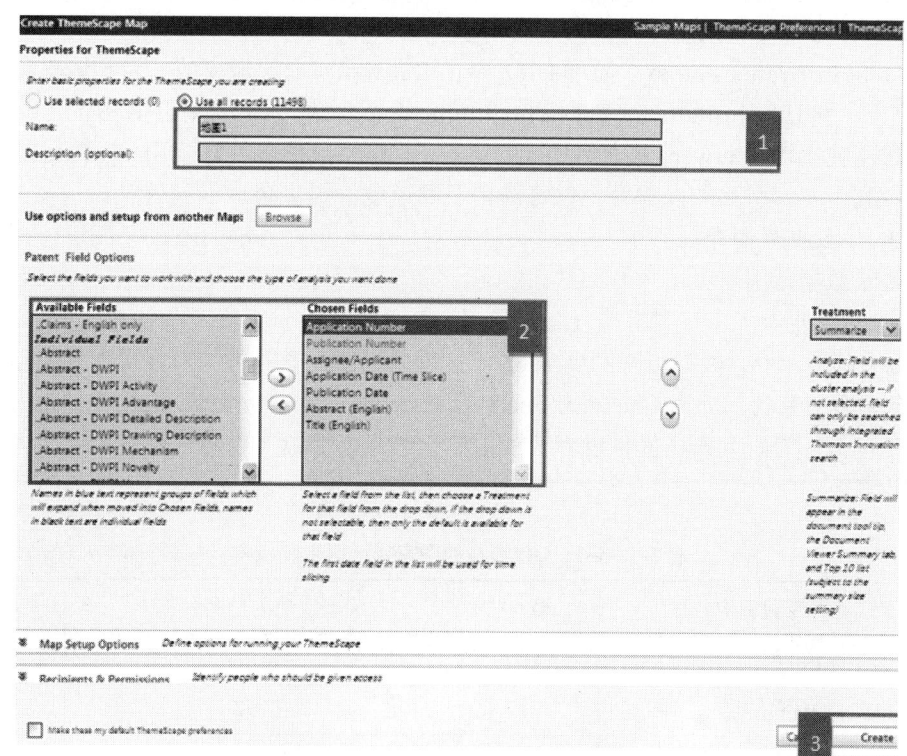

图 3-2-2-37　专利地图参数选择

标号 1，为地图命名，支持中文名称；
标号 2，选择生成地图需要分析的字段，如标题、文摘、权利要求等；
标号 3，点击"Creat"创建地图，即可得到如图 3-2-2-38 所示的专利地图。

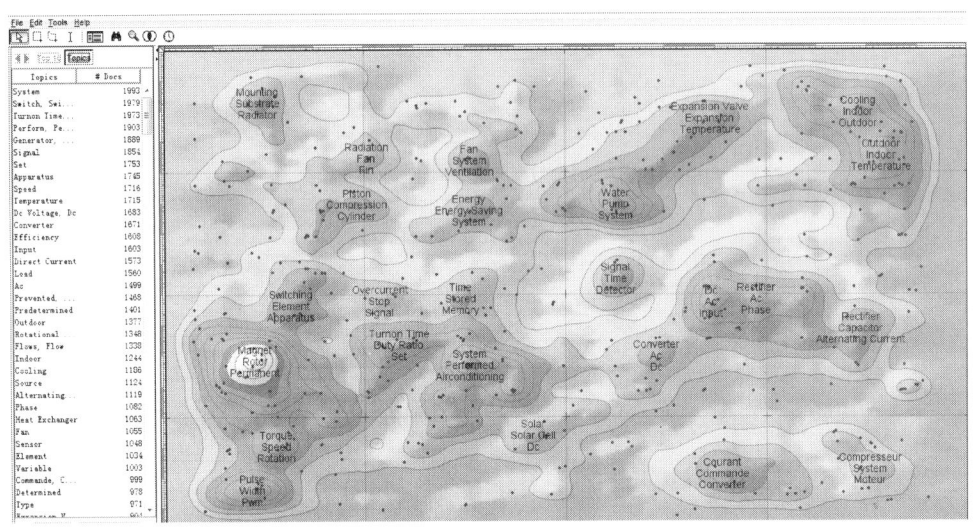

图 3-2-2-38 专利地图

3.2.3 德温特专利数据库（DII）

Derwent Innovations Index（简称 DII）是由 Derwent（全球最权威的专利情报和科技情报机构之一）和 ISI（Institute for Scientific Information）共同推出的基于 Web 的专利信息数据库，这一数据库对 Derwent 最著名的 World Patent Index（世界专利索引）与 Patent Citation Index（专利引文索引）加以整合，以每周更新的速度，提供全球专利信息。

3.2.3.1 数据库简介

1. 收录数据范围

DII 收录了四十多个专利机构（具体见表 3-2-3-1）的一千多万个基本（发明）专利，二千多万个其他专利，数据可回溯到 1963 年。每周更新，每周增加来自四十多个专利机构的二万五千多个专利。分为 Chemical Section，Electrical & Electronic Section，Engineering Section 三部分，为研究人员提供世界范围内的化学、电子电气以及工程技术领域内综合全面的发明信息。

表 3-2-3-1 DII 涉及的国家或地区专利机构

国家或地区专利机构名称	缩写	国家或地区专利名称	缩写
Australia	AU	Austria	AT
Belgium	BE	Brazil	BR
Canada	CA	China	CN
Czechoslovakia	CS	Czech Republic	CZ
Denmark	DK	European	EP
Finland	FI	France	FR
Germany	DE	Germany, Democratic Rep.	DD

续表

国家或地区专利机构名称	缩写	国家或地区专利名称	缩写
Great Britain	GB	Hungary	HU
India	IN	Ireland	IE
Israel	IL	Italy	IT
Japan	JP	Korea, Republic of	KR
Luxembourg	LU	Mexico	MX
Netherlands	NL	Norway	NO
New Zealand	NZ	Patent Co-operation Treaty	WO
Philippines	PH	Portugal	PT
Research Disclosure	RD	Romania	RO
Russian Federation	RU	Singapore	SG
Slovakia	SK	South Africa	ZA
Soviet Union	SU	Spain	ES
Sweden	SE	Switzerland	CH
Taiwan	TW	United States Of America	US

Derwent Innovations Index 目前是基于 ISI Web of Knowledge 平台检索的数据库，首先通过网址 http://www.isiknowledge.com 进入如图 3-2-3-1 所示的界面，然后选择数据库 Derwent Innovations Index。

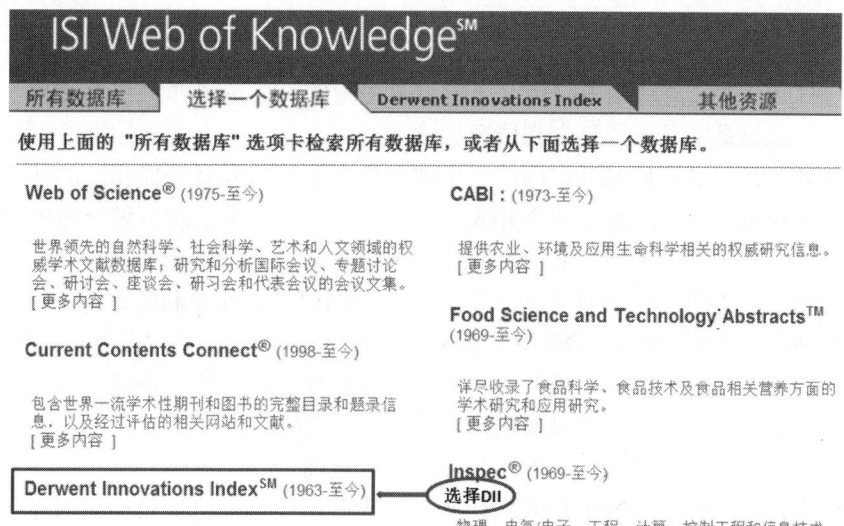

图 3-2-3-1　ISI Web Knowledge 界面

2. DII 的特点

(1) 描述性的标题和文摘。

专利文献所具有的法律性质,以及专利申请人为了有效地保护其发明创造,在专利文献中往往会用一些繁复晦涩、意义含混的专用术语(或法律术语),与一般科技论文中的通用技术用词不同,因此用习惯的常用词检索时,很难找全相关的技术专利文献,了解某项技术的全貌。Derwent 的技术专家会用通俗的语言按照技术人员平常用词、行文的习惯重新用英文书写每一篇文献的标题和摘要,重新书写的标题、摘要会从范围(标明权利主张的范围)、应用(专利产品的主要用途是什么)和新颖性(技术的创新性在哪里)几个方面对专利加以描述(参见表 3-2-3-2),即使用习惯的常用词检索,也不会有问题。

表 3-2-3-2 描述性的标题和文摘

专利文献原标题	Derwent 描述性标题
Setting machine	Seedling setting machine-has transportation unit for using vacuum to suck withdrawn seedling into predetermined position
专利文献原摘要	Derwent 描述性摘要
The present invention relates to capsules encapsulating antibody-producing cells, and to the use of such capsules and encapsulated cells	Capsule (A) comprises a core containing antibody-producing cells (B), surrounded by a porous wall that is permeable to antibodies (Ab) produced by the cells. USE-Ab may bind to and block the receptors essential for viral infection, or they bind to viruses or other circulating antigens. The capsules are implanted for treatment or prevention of disease, particularly cancer, autoimmune disease (including multiple sclerosis …. ADVANTAGE-respectively, for implantation in vivo for long term delivery or sustained delivery of antibodies of therapeutic interest.

同时,Derwent 将所有英语以外的其他语种出版的专利文献第一页翻译成英文并编制英文索引与摘要,对于克服语言障碍,了解世界各国的科技进展非常有用。

(2) 在一条记录中显示同族专利情况。

由于专利的保护具有地域性,因此会出现同族专利,这样就造成相同的技术文献多次重复出版。Derwent 会将同族专利合并成一条记录,在同一条记录页里会列出同族专利中不同国家授予给同一项技术的不同的专利号,从而对某一个具体专利的全球专利授权情况一目了然(如图 3-2-3-2)。对于非英文的专利,可以通过同族专利的记录,找到同一项技术的英文专利,了解技术细节。DII 中专利家族的规模大小,会反映出某一项技术的重要程度。同时,专利家族的区域分布情况可以反映出专利权属机构的市场发展计划。这种区域分布的变化,也可以反映出专利权属机构市场战略的改变。

(3) 设有专利权人机构代码,方便分支机构的查询。

专利权人指有权享受专利的个人或团体;许多跨国公司或机构设在不同地区、国家的分支机构有可能会使用截然不同的名称,DII 中对这些机构的名称作了标准化处理,即专利权属机构代码。可用专利权人名称或 Derwent 机构代码检索。

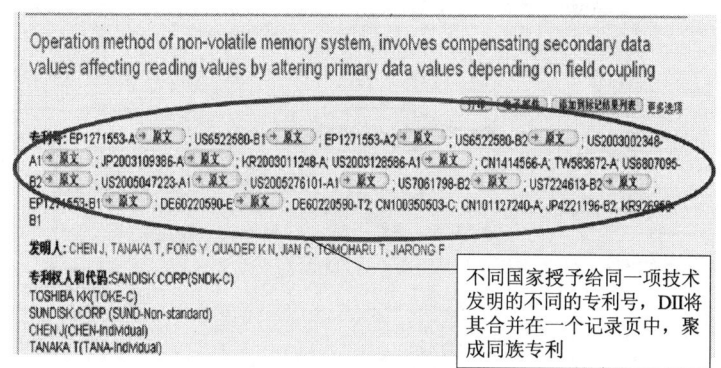

图 3-2-3-2　专利家族全记录

（4）有完整的德温特分类系统，统一的分类标准。

自然语言常常有一词多义的现象，经常会造成输入一个关键词，会查到上万条的记录，其中混杂了大量不相关的条目。这个时候如果有一个统一完整的分类系统帮助限定词义的范围，会提高检索的准确度，节约时间。德温特分类系统就是一个统一完整的分类系统。德温特专利分类系统与世界专利分类系统的不同之处在于：德温特专利分类系统从应用的角度进行分类，有利于从应用的角度进行检索；对于世界专利分类系统，不同的专利授权机构在使用时会有各自的理解，造成世界专利分类系统使用上的不统一。DII 中的专利记录项都是由德温特的专家重新用德温特专利分类系统重新统一标引过，利于检索时的一致性。当然，DII 同时也保留了每一项专利中各专利机构原有的世界专利分类记录。

（5）德温特手工代码——从专利的发明点及用途加以描述。

Derwent 手工代码又称指南代码，比德温特分类代码更为详细，Derwent 手工代码相当于一个广义的同义词表，将具有相似含义的不同词汇归入一个单一的代码。其是根据专利文献的文摘和全文对发明的应用和发明的重要特点进行独家标引。Derwent 手工代码能提高检索的全面性和准确性，因为其标引的一致性很高，适应于科研人员的习惯和应用。如 3G 的 Derwent 手工代码是 W02-C03C1G，也就是说无论专利文献中出现了什么样的词，甚至并没有出现任何相关的词汇，只要涉及 3G 某一个方面的研究如数据压缩、打包、传输等，DII 都会给这篇文献相同的代码：W02-C03C1G。这样只需要用这样一个代码，就可以很容易地查全这方面的文献，而不用去考虑各种复杂的主题词组合。

（6）可链接全文。

（7）提供独特的被引用专利检索以及与 ISI Web of Science 的双向链接。

3.2.3.2　DII 检索

DII 包括普通检索（Search）、被引专利检索（Cited Reference Search）、化合物检索（Structure search）和高级检索（Advanced search），另外还可以查看检索历史（search history）和标记结果列表（marked list）。

1. 普通检索

DII 的普通检索界面如图 3-2-3-3 所示。

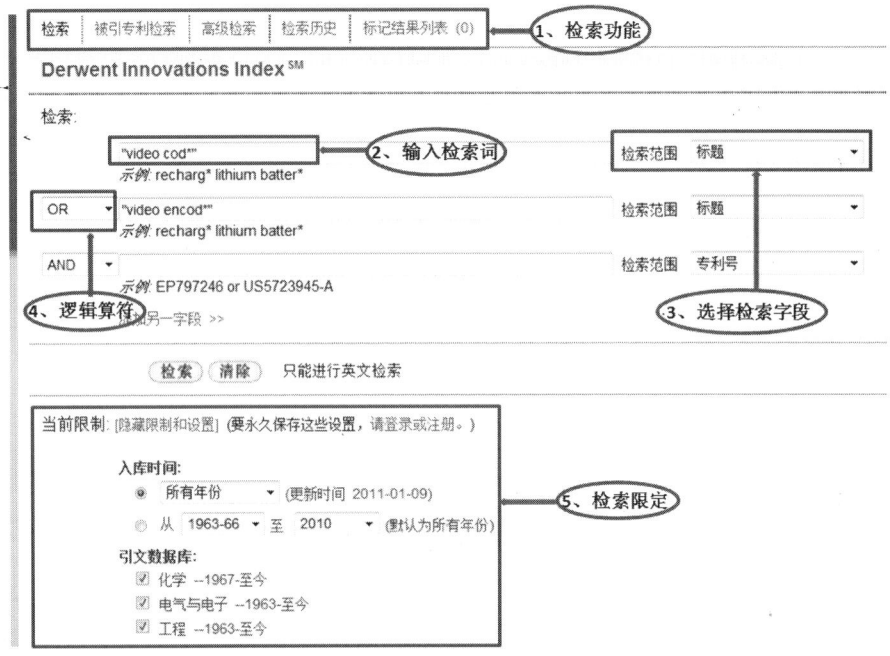

图 3-2-3-3 DII 普通检索界面

（1）选择"检索"，进行简单检索。

（2）输入检索词，如在检索框输入"video code"，检索"视频编码"（video code）的专利。如果编写复杂的检索式，一定要注意检索算符的用法，了解每一个检索算符的意义。DII 检索算符意义如表 3-2-3-3 所示。

表 3-2-3-3　Derwent Innovations Index 检索算符列表

检索算符	意　义	举　例
AND 逻辑算符	检索同时包含多个关键字的记录	"stem cell*" AND lymphoma 检索含有"stem cell"或者"stem cells"同时含有词语"lymphoma"。等效于检索"stem cell*" lymphoma
OR 逻辑算符	检索包含多个检索词中任一个检索词的记录	aspartame OR saccharine OR sweetener* 检索至少含有一个关键字的数据
NOR 逻辑算符	检索不包含其后面检索词的记录	aids NOT hearing 检索含有"aids"的数据，排除含有"hearing"的文献
*通配符	零个或多个字符	gene*——gene，genetics，generation
$通配符	零或一个字符	colo$r——color，colour
?通配符	只代表一个字符	en? oblast——entoblast，endoblast
""词组检索	如果希望精确地检索某个短语，应将其放置在引号内	"emitting diode"
Same 近似检索	检索同时包含多个检索词且检索词之间相隔较近的纪录，其连接的检索词必须同时出现在一句话中	stem SAME cell 检索在标题或者摘要的一句话中同时包含 stem 及 cell 的专利

（3）选择检索范围。DII 提供了 13 个检索途径，包括主体、标题、发明人、专利号、国际专利分类、德温特分类代码、德温特手工代码、德温特主入藏号、专利权人（仅限名称）、环系索引号、德温特化合物号、德温特注册号、DCR 编号。

（4）用布尔逻辑算符将检索词连接。不同字段之间自动使用 AND 逻辑算符。

（5）检索限定。第一，选择具体某数据库进行限定，DII 按所属领域将其收录的专利文献划分为三个数据库：化学（Chemical）、电气与电子（Electrical and Electronic）、工程（Engineering），用户根据检索需要，可通过复选框选择数据库范围。第二，选择专利信息进入数据库的时间范围，时间范围还可选择最近一、二、四次更新的数据范围（数据库每周更新）。这样限定既可以精确检索，又可以节省检索时间。

（6）点击"检索"，得到检索结果界面如图 3-2-3-4 所示。

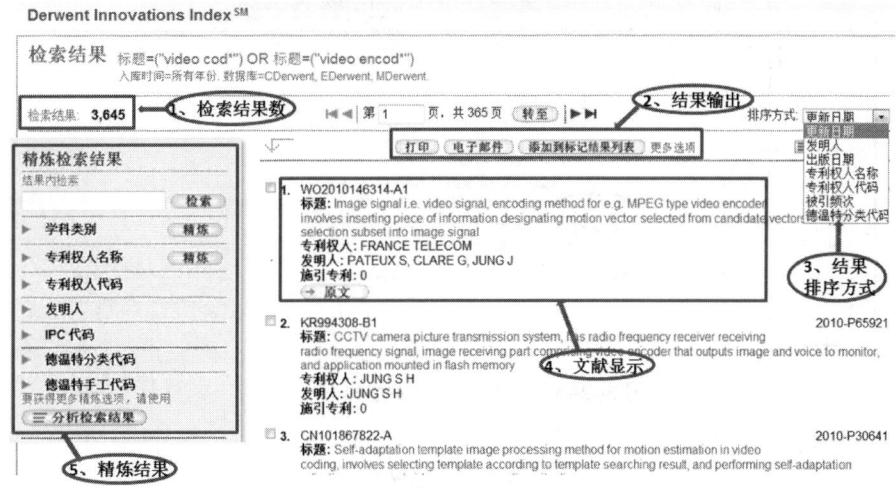

图 3-2-3-4　普通检索结果界面

① 显示结果数。由图 3-2-3-4 可知有关视频编码的专利共有 3645 件。

② 对显示结果的输出。此处可以对显示结果进行打印、发邮件、添加到标记列表、保存到参考文献软件。DII 对标记列表中的数据可以批量下载著录、附图等数据，下载的数据格式可以选择为 HTML 格式，也可以为被数据库及专用程序读取的格式，便于以后对数据进行处理分析。

③ 对显示结果进行排序。可选择的排序方式有更新日期、发明人、出版日期、专利权人名称、专利权人代码、被引频次、德温特分类代码。

④ 文献显示。包括显示专利号、专利文献的标题、专利权人、发明人和施引专利，点击文献标题可以查看此文献的详细信息。点击"原文"按钮，可以查看专利文献原文。单条结果界面如图 3-2-3-5 和图 3-2-3-6 所示。

单条记录详细界面内容包括：第一，记录结果输出。可对每条记录进行打印、发电子邮件、添加到标记结果列表、查看原文等处理。第二，文献的详细信息。页面中显示的著录项目内容主要包括：专利号和同族专利号、发明人、专利权人和代码、德温特主入藏号、摘要、附图、国际专利分类号、德温特分类代码、德温特手工代码、专利详细信息、申请详细信息、优先权申请详细信息和日期，若是 WO 或 EP 专利，还提供指定国家及地区等信息。此外，页面中还提供专利的引文及被引用信息，列出该专利引用的专利、文章的链接以及引用该专利的专利链接，通过这些链接可以查看该专利的引文及引用专利，了解该专利技术和其他专利技术与科学之间的联系。

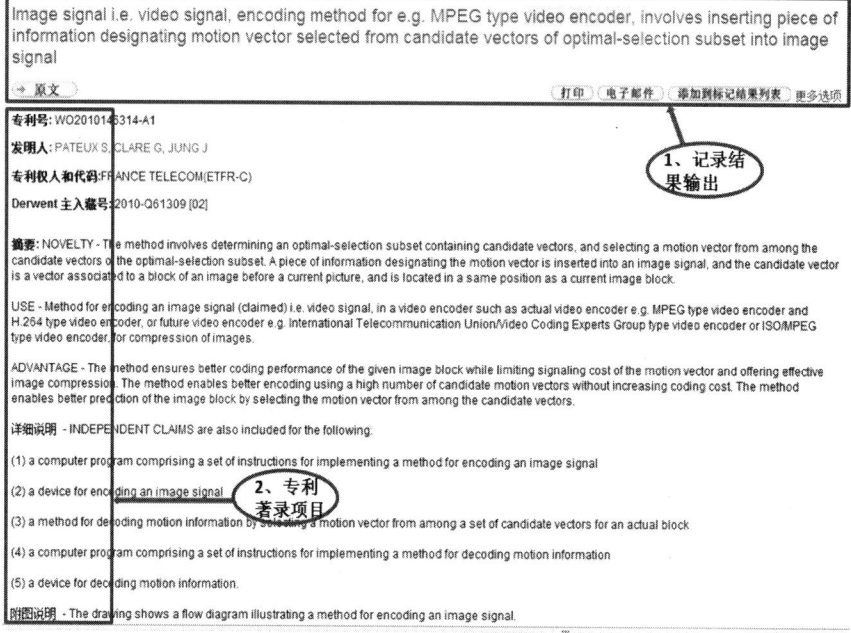

图 3-2-3-5　单条专利详细界面（1）

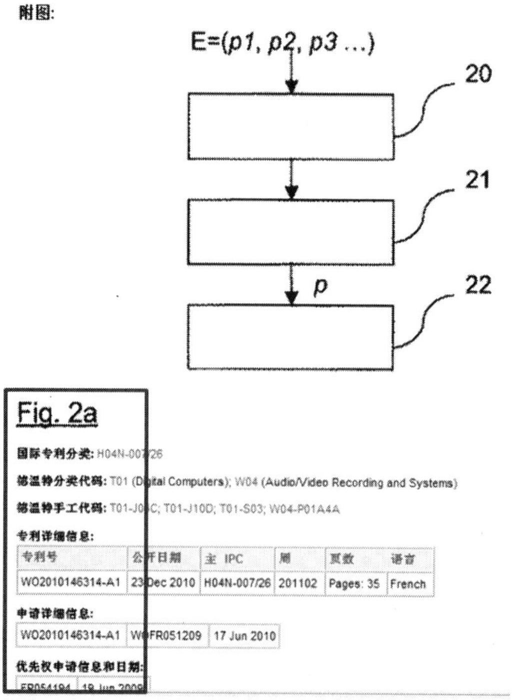

图 3-2-3-6　单条专利详细界面（2）

⑤ 精练结果。有两种方式可以对检索结果进行精练：一是可直接在检索框输入检索词，然后点击"检索"按钮，只是系统将这个检索范围限定在主题字段，即只能通过标题、文摘、关键词检索。二是系统已经将结果按照学科类别、专利权人名称、专利权人代码、发明人、IPC 代码、德温特分类代码和德温特手工代码等方式分类和统计，需要哪些类别或者专利权人的文献，只要选定相应的复选框再点击"精练"即可。例如选择 SAM SUNG ELECTRONICS COLTD 公司的专利，得到该公司有 235 件"视频编码"方面的专利文献，精练检索结果界面如图 3-2-3-7 所示。

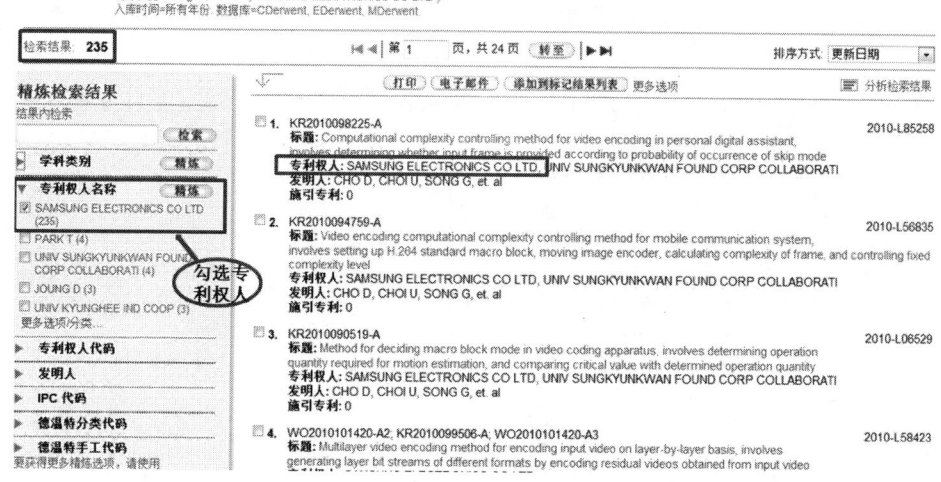

图 3-2-3-7　精练结果界面

2. 被引专利检索

许多专利发明人在提交专利申请说明书时，会列出自己发明过程中所参考过的论文及已有专利；同时有的专利授予机构的专利审查员也会列出自己审查某一项专利授予权过程中所参考过的文献及已有专利。DII 中会有专门的链接，显示有关某一项专利的参考文献及参考专利情况（来自于发明者和专利审查员）。同时，DII 中还会有 Citing Patent 的链接，显示某一项专利发明以来，被哪些专利引用过。

（1）选择检索方式——被引专利检索，进入如图 3-2-3-8 所示界面。在被引专利检索界面的右上角有"查看被引专利检索教程"标志，点击可以查看该检索方式的教程。

（2）在被引专利检索中，可供检索的字段包括被引专利号（Cited Patent Number）、被引专利权人（Cited Assignee）、被引专利发明人（Cited Inventor）、被引专利德温特入藏号（Cited Derwent Primary Accession Number）。例如查找所有引用了专利权人 SAMSUNG ELECTRONICS CO LTD 的专利的那些专利，在"被引专利权人"栏输入关键词"STANLEY ELECTRIC CO LTD"，点击"检索"，得到如图 3-2-3-9 所示的界面。

（3）点击检索结果中某条专利标题，得到其详细信息如图 3-2-3-10 所示。由图可知，引用该专利的专利数为 365 件，审查员审查该专利时引用的专利数为 95 件，引用的论文是 27 篇。

图 3-2-3-8 被引专利检索

图 3-2-3-9 被引专利检索结果界面

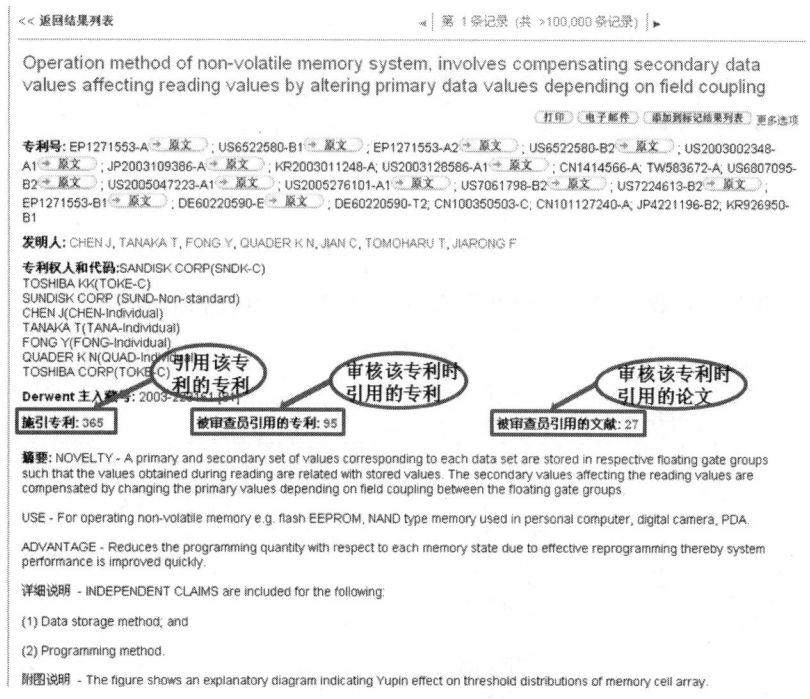

图 3-2-3-10　被引专利检索单条记录

3. 高级检索

高级检索主要供有经验的用户使用，高级检索使用两个字母的字段标识、布尔逻辑运算符、括号和检索式引用来创建检索式，结果显示在页面底部的"检索历史"中，高级检索界面如图 3-2-3-11 所示。

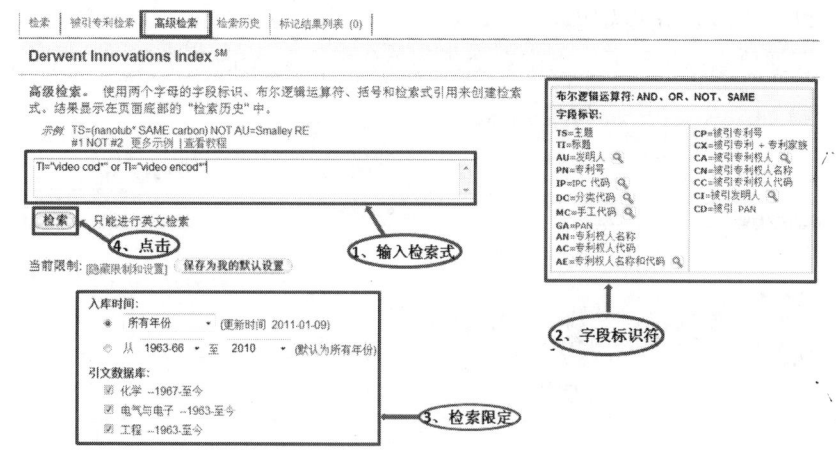

图 3-2-3-11　高级检索界面

（1）在输入框中输入高级检索式。如 TI="video cod*" or TI="video encod*"。

（2）字段标识符和布尔逻辑运算符显示，供检索者编写检索式时参考。

（3）检索限定。同 DII 普通检索。

（4）点击"检索"按钮，得到如图 3-2-3-12 所示的界面，共有 3645 件相关专利。

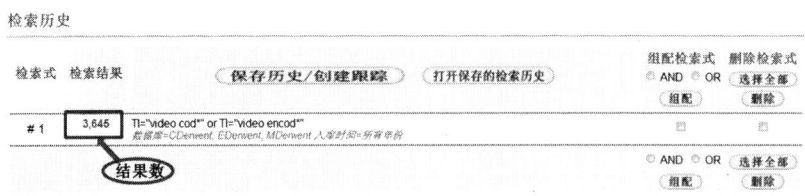

图 3-2-3-12 高级检索

通过点击检索结果数，得到检索结果列表，如图 3-2-3-13 所示。

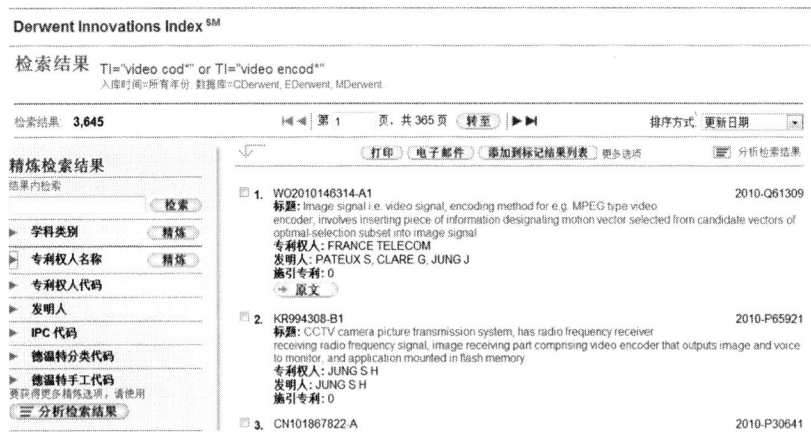

图 3-2-3-13 高级检索结果列表

3.2.3.3 分析功能

DII 可以对普通检索结果、被引用专利检索结果、高级检索结果进行分析，具体分析步骤如下（以普通检索结果为例）：

（1）在普通检索结果界面，点击右上角的"分析检索结果"，如图 3-2-3-14 所示。

图 3-2-3-14 DII普通检索结果界面（分析功能）

（2）选择分析字段。可选择的字段有专利权人名称、专利权人代码、发明人、国际专利分类代码、德温特分类代码、德温特手工代码、学科类别。如选择"专利权人名称"，对3645件专利进行分析，对显示选项和排序方式进行选择，然后点击"分析"。如图3-2-3-15所示。

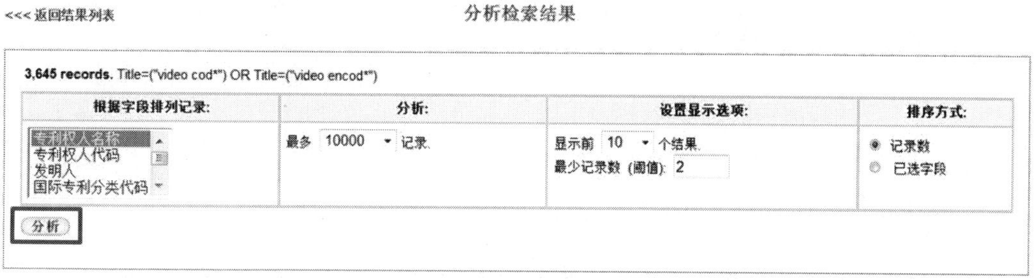

图3-2-3-15　DII普通检索分析结果设置界面

（3）通过步骤（2），得到如图3-2-3-16所示的分析结果界面。从分析结果中我们可以发现在视频编码领域主要有哪些专利权人以及研究的进展如何等。同时，还可以在复选框中选定某专利权人，点击"查看记录"，可以浏览该专利权人拥有专利的详细信息。如需排除某些专利权人，可以通过复选框勾选该专利权人，然后点击"删除记录"。分析结果如需保存，可点击界面的"将分析数据保存至文件"按钮。

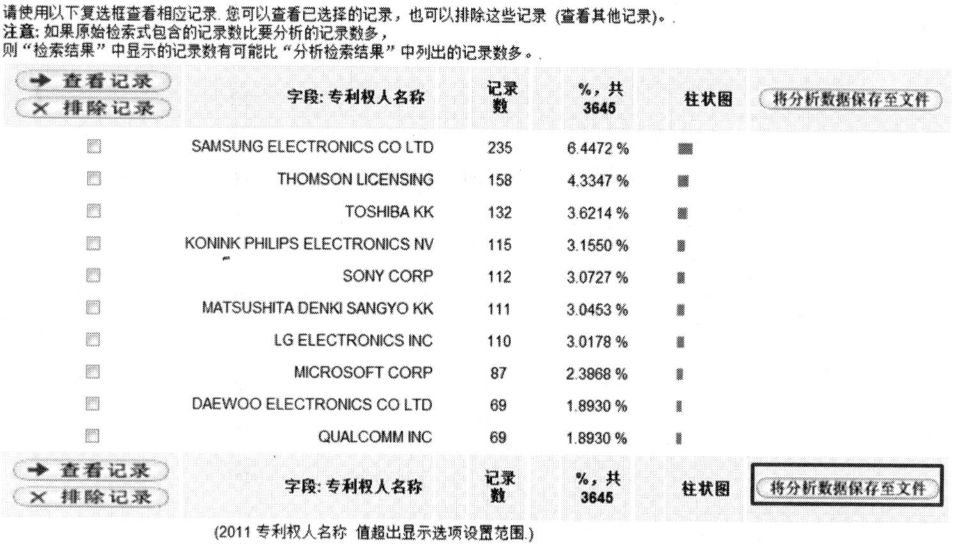

图3-2-3-16　DII普通检索分析结果界面

3.2.3.4　个性化服务

在数据库的主页注册后就可以创建个性化服务，包括检索式的保存以及定题跟踪服务等，主要步骤有：在DII数据库的主界面点击"登录"按钮，进入注册界面，然后填写好个人的基本信息，最后点击"提交"即可。如图3-2-3-17至图3-2-3-20所示。

图 3-2-3-17　DII 注册步骤 1

图 3-2-3-18　DII 注册步骤 2

图 3-2-3-19　DII 注册步骤 3

图 3-2-3-20　DII 注册步骤 4

注册后，就可以创建个性化服务，对个性化服务可以通过 DII 主页右边的"我的 Web of Knowledge"了解，如图 3-2-3-21 所示。其中主要有引文跟踪、检索式保存、期刊跟踪等服务。

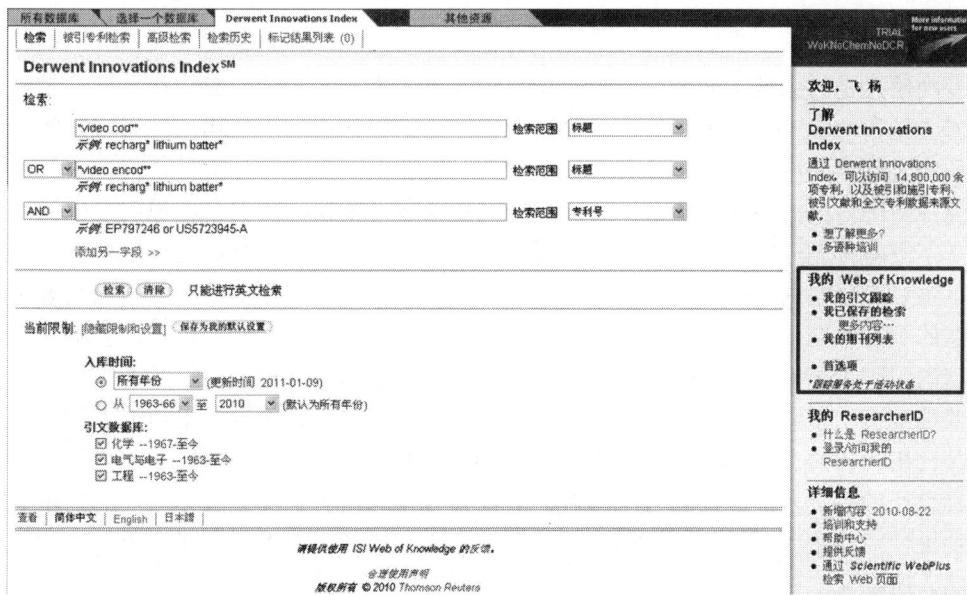

图 3-2-3-21　个性化服务

4 专利信息分析

专利信息是社会技术创新活动的产物,记载着人类发明创造的成就和轨迹,是最重要的技术文献和知识宝库。专利信息包含结构化和非结构化信息。结构化信息就是指专利申请文件中著录项的内容,例如专利号、申请人、发明人、名称、分类号、代理人等,这些内容随各国国内法的不同而要求不同;非结构化信息是指权利要求书、说明书中的文字,这些文字没有预先分类,很大程度上需要人工进行辨析。专利信息通过著录事项集中反映了以下主要竞争性内涵:谁,什么时候,在哪里,就什么技术,提出了哪些权利要求。这些信息的不同组合,反映了申请人以产品或技术参与市场竞争的各种目的。譬如,申请人所申请的国别不同,反映了其市场地域的扩张范围;申请人所申请的技术类别,反映了其产品或技术上的差别优势。如果把这两方面内容综合考虑,就可以看出申请人欲以哪种特性产品开拓哪国的市场。比较多个申请人的上述申请特点,就可以分析出各自的目标市场、各目标市场的目标客户群,因为产品特性的设计开发总是为了满足细分市场的需求而进行的。如果针对竞争对手进行这样的分析,可以准确把握竞争对手的市场竞争战略和技术创新策略。所以说,专利信息分析就是指在检索到的专利数据的基础上利用各种方法对这些信息进行识别和分析,从而得到所需的竞争性情报。

4.1 专利分析方法、指标与类别

专利分析方法主要有定量分析和定性分析两种。

定量分析即对专利文献的外部特征(专利文献的各种著录项目)按照一定的指标(如专利数量)进行统计,并对有关的数据进行解释和分析。主要有技术类别分析、专利权人分析、专利年度分布、专利国别分布等。

定性分析也称技术分析,是以专利的技术内容或专利的"质"来识别专利,并按技术特征来归并有关专利使其有序化。换言之,是运用归纳、演绎、分析与综合以及抽象与概括等方法,对专利内容的考察。这和统计分析仅依靠专利文献外表特征是有很大区别的。常见的定性分析有专利性分析、专利法律状态分析、专利侵权分析、同族专利分析等。定性分析一般用来获得技术动向、企业动向、特定权利状况等方面的情况。可以从发明的用途、原理、材料、结构和方法等五个方面来考虑重要专利的内容,并将重要专利按照内容的异同分类:(1)如果专利内容以原理为主,说明这项技术尚未成熟;(2)如果专利内容以用途的多样性为主,则说明技术已能实用;(3)将某技术领域各主要公司的专利按专利内容列表分析可以看出各公司的技术特色及开发重点;(4)将有关专利按技术内容的异同分成各个专利群,对某一公司拥有的不同专利群或对不同时期专利群变化情况进行分析,可以对某项技术或产品发展过程中的关键问题、今后发展趋势及应用动向、与其他技术的关系等进行分析与预测。

事实上,定性分析与定量分析是很难截然划分开来的。现代定性分析方法同样要采用数学工具进行计算，而定量分析则必须建立在定性预测基础上，二者相辅相成，定性是定量的依据，定量是定性的具体化，二者结合起来灵活运用才能取得最佳效果。

4.1.1 专利分析的指标

专利分析的定量指标较多，不同的指标从不同的角度揭示专利信息。美国知识产权咨询公司 CHI 与美国国家科学基金会一起研发出全球第一个科学成果指标，美国国家科学基金会编写出版的《美国科学与工程指标》报告了采用 CHI 的专利指标体系。CHI 一些主要指标及其他一些常用的指标如表 4-1-1-1 所示。

表 4-1-1-1 CHI 常用指标

指标名称	含义	应用
专利数量	一段时间内各技术领域、各国家、各公司、个人所获得的专利数量	通过组合对比可评估当年或历年某一技术领域、国家、公司或个人的技术活动程度和水平，演变过程和发展趋势
专利相对产出指数（activity index）	公司在某技术领域的专利申请量与产业专利申请量的比例	评估公司在整个竞争环境中的相对位置
同族专利指数	某专利权人在不同国家或地区申请、公布的具有共同优先权的一组专利数量	反映专利权人申请的地域范围及其潜在的市场战略
专利成长率	某权利人在某段时间获得的专利数量/上一阶段的专利数量	计算当前较前阶段增减的幅度，可显现技术创新随时间的变化是增加还是迟缓
引证指数	某专利被后继专利引用的绝对总次数	引证次数高，代表该技术属于基础性或领先技术，处于核心技术或位于技术交叉点
即时影响指数（current impact index，CII）	某产业或企业前五年专利的当年被引次数/系统中所有专利前五年专利的当年被引用次数的平均值	如果实际被引用数与平均值相等，当前影响指数即为 1。指数大于 1，说明该技术有较大影响，小于 1，则说明影响较小
技术强度（total technology strength，TTS）	专利数量×当前影响指数（CII）	专利数量在质方面的加权，评估公司专利的技术组合力量
相对专利产出率	某权利人在某一领域的专利申请量/全部竞争者的申请量	判断权利人的竞争位置，产出率越高，竞争力越强
技术重心指数	权利人在某技术领域的专利申请量/其全部申请量	判断某一国家和公司的研发重点
科学关联性（science linkage，SL）	某公司专利平均所引证的科研学术论文或研究报告数量	评估某专利技术创新和科学研究关系
技术生命周期（technology cycletime，TCT）	企业专利所引证专利之专利年龄的中位数	评估企业创新的速度或科技演化速度。TCT 较低，代表该技术较新且创新速度快
科学力量（Science strength，SS）	专利数目×科学关联性	评估一家公司使用基础科学建立该公司专利组合的程度和公司在科学上的活跃强度

4.1.2 专利分析的主要类别

当前实践中常用的专利分析主要有如下几类：专利年度分布与趋势、专利类型、专利申请人、技术生命周期、专利发明人、专利分类、专利申请国家分布、专利族、专利引证和专利强度分析等。

（1）专利年度分布与趋势分析。

通过统计每一年的专利申请量，可以看出一个国家、产业或者企业专利申请的年度变化趋势，并可依此大致判断，在该特定技术领域内，该主体在哪一年度专利技术的研发投入较多，从而可看出该主体的技术市场的布局和发展。

通过统计每一年的专利授权量，可以看出一个国家、产业或者企业专利申请的质量。专利申请只有符合专利申请国的专利审查标准才可以得到授权，因此，专利授权的数量越多，表明主体在特定技术领域内的创新性越高，即专利申请的质量越高。同时，从另外一个角度上看，专利授权量也反映了一个国家或地区对于该特定技术领域的专利保护的政策和所执行的专利审查的标准。

（2）专利类型分析。

通过统计特定技术领域的发明、实用新型和外观设计的申请量，可以得知国家、产业或企业的专利类型分布情况。不同的专利类型，不仅仅代表着不同的审查标准、授权条件、保护期限和内容，更体现着不同类型专利本身所代表的各自不同的技术创新程度、技术价值和技术市场的影响力和重要性。

通常认为，与实用新型和外观设计相比，发明专利审查标准和授权条件更高，也代表着更高的创新程度和技术重要性。因此，发明专利越多，即可判断该主体在特定技术领域内可能投入了更多的研发经费，从而实现了较高的创新程度和较强的专利竞争力。如果结合年度趋势分析，则可以看出该主体研发投入和创新程度的发展变化。

（3）专利申请人分析。

① 专利申请人申请量。

通过统计各申请人的专利申请量，可以看出在特定技术领域内的专利技术竞争态势，结合年度分析，则可以看出某申请人的研发创新能力及其的发展变化。

② 特定技术领域内的申请人数量。

通过统计申请人数量，可以看出在特定技术领域内，主体对于该技术活动的热衷程度或参与程度，换个角度也说明该技术领域对于主体参与的吸引力。专利申请人数越多，说明关注该技术领域的人越多，或者说该技术领域有吸引力。结合年度分析，则可以看出主体对该技术领域热衷和参与程度的发展变化趋势。

③ 专利权人竞争力。

Innography 专利分析系统中的专利权人成长气泡图可以用来预测专利权人的未来发展，从中找出哪些专利权人更具成长性。成长性高的专利权人在特定技术领域取得新突破的可能性大，关注成长性高的专利权人，可以帮助我们了解特定技术领域的发展趋势，把握技术的发展方向。

专利权人成长气泡图的横轴由专利权人专利数量、分类和引证量三个指标构成，代表专利权人的专业性；纵轴由专利权人的收入、位置和诉讼情况三个指标构成，代表专利权人在市场的活跃性。从理论上讲，横轴越往右，意味着专利权人持有的专利越专业（相对于特定技术领域越重要），纵轴越往上，意味着专利权人在市场上越活跃。每一个气泡代表一个专利权人，因而，在成长气泡图上气泡越往右上方，该气泡所代表的专利权人的成长潜力越大，越应被关注。

从图 4-1-2-1 我们可以看出，美国通用电气的气泡图远远抛离其他气泡位于右上角，说明在风电领域其成长性最高。维斯塔斯风电技术公司、三菱重工的专业性较强，但市场活跃性略显不够。日立公司、西门子公司、三菱电气公司、ABB 公司专业性虽不够强，但在市场上较活跃。

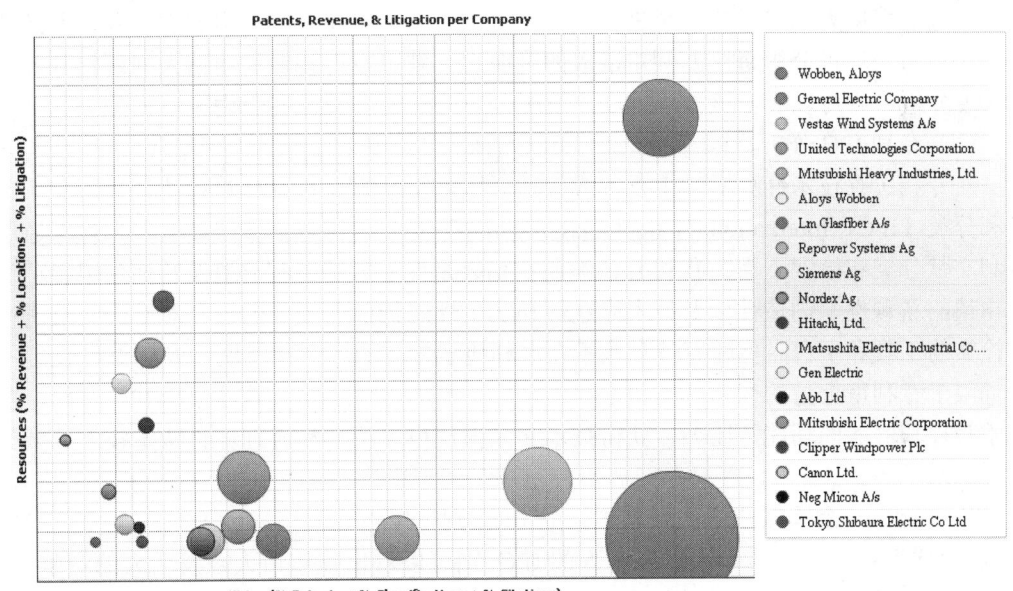

图 4-1-2-1　专利权人成长气泡图

值得注意的是，艾劳埃斯·乌本（Wobben·Aloys）的气泡图最大且最靠右，意味着其专业化程度非常高，但紧帖着横轴，是因为 Wobben 是 Enercon 公司创始人，Enercon 公司的专利基本上都是以 Wobben Aloys 和 Aloys Wobben 作为申请人来申请的，所以应该将 Wobben 理解为 Enercon，该成长图中作为个人的艾劳埃斯·乌本的成长性与其他公司没有可比性，因此没有参考性。

需要指出的是，单从专利持有量和资产拥有量来分析权利人的技术实力和专利转化能力会存在局限，因为专利持有量仅从数量上佐证专利权人在风电领域的排名，不能反映其专利的重要程度和影响力；在资产占有量的比较上，综合性的全球性企业与专业性的区域性企业应该区别对待，在风电领域，专门的风电企业与综合性的跨国企业来比，其专利转化为收入的能力的强弱不完全取决于其资产总量的比较。专利权人的竞争力分析还需综合考虑其他因素，尤其是其所持有专利的各项质量评价指标和相关影响因素。

（4）技术生命周期分析。

将专利申请人的数量和年度专利申请量结合，则可以分析该特定技术领域的技术生命周期。已有的研究发现，跟产品一样，技术有自身的生命周期，并同样可以分为萌芽期、成长期、成熟期、衰退期四个阶段。在萌芽期,专利申请人的数量和专利申请的数量都较少;在成长期,专利申请人的数量和专利申请的数量都有较大幅度的增长和较快的增长速度;在成熟期,专利申请人数保持一定的数量,但是专利申请量却有所减少,或者专利申请量保持一定数量,而专利申请人数却有所下降;在衰退期,无论是专利申请人的数量还是专利申请的数量,都呈现下降的态势。通过对技术生命周期进行分析,可以判断出该技术领域的发展现状,从而在研发和市场推广中制订和执行科学的发展策略。

(5) 专利发明人分析。

通过对发明人的专利申请量进行分析,可以看出特定技术领域内的主要发明人及其研发创新能力,通过分析每个专利申请人的发明人,则可以得知专利申请人的研发阵容。结合年度分析,则可以看出该技术领域内发明人或研发阵容的发展变化趋势。

(6) 专利 IPC 分析。

对专利进行技术性分析的主要方式就是对技术领域的专利 IPC 进行统计性研究。国际专利分类(IPC,International Patent Classification)是目前国际上惟一在全世界各国通用的专利文献分类和检索工具。专利 IPC 编制的初衷是便于各国专利局以及其他使用者评价专利申请的新颖性、创造性以及技术先进性和实用性的价值而提供的一种对专利文献进行有效检索的工具和平台。但随着信息技术在专利检索领域的应用和发展,专利 IPC 已经不仅仅局限于专利审查员的专利分类和专利"三性"评价,而且还可通过专利 IPC 分析,实现技术管理和服务的功能,比如,获得技术和法律情报、科学和合理评价特定技术领域的现有技术水平等。

通过统计一个国家或地区专利申请的 IPC,则可以看出该国家或地区的主要技术创新领域。而通过统计专利申请人和发明人的 IPC,则可以看出该申请人或发明人的竞争现状、技术优势、技术发展方向及其侧重点。通过统计特定产业专利申请的 IPC 分布,可以大致判断该产业在研发和创新活动中,比较关注于哪些技术领域;换个角度也可以依此判断,哪些技术领域是该产业的关键技术。结合年度分析,可以判断特定技术的应用和发展态势。

(7) 专利申请国家分布。

通过对特定技术领域的国家专利申请量进行统计,可以看出该国在技术领域内的创新能力,结合年度分析,则可以看出其创新能力的发展变化趋势。

(8) 专利引证。

专利引证的研究是由 Seidel 在 1949 年提出的,但由于缺乏合适的数据库,所以直到最近几年,该研究才得到了较多的关注和应用。专利引证量是一项专利被后来的专利或非专利文献引用的数量。专利引证的根本原理是:一件专利被引证的次数越多,其越有可能代表着该技术领域的发展趋势。

通过统计专利引证量,即可以判断该技术领域内,哪些国家、企业和哪些专利技术处于技术的尖端位置。通过专利引证分析,可以评价申请人专利技术的质量和影响力,并依此可以判断其技术研发的独立性和相似度,从而可以看出申请人的自主创新能力。

通过引证分析,可以发现专利被其他申请人的引用情况,也可以从中寻求许可机会,追踪技术发展及识别专利权人的专利保护策略。图 4-1-2-2 和图 4-1-2-3 是 Aureka 专利分析系统的专利引证图,这两张引证图分别反映了有关公司的专利围剿和专利防御意图和策略。

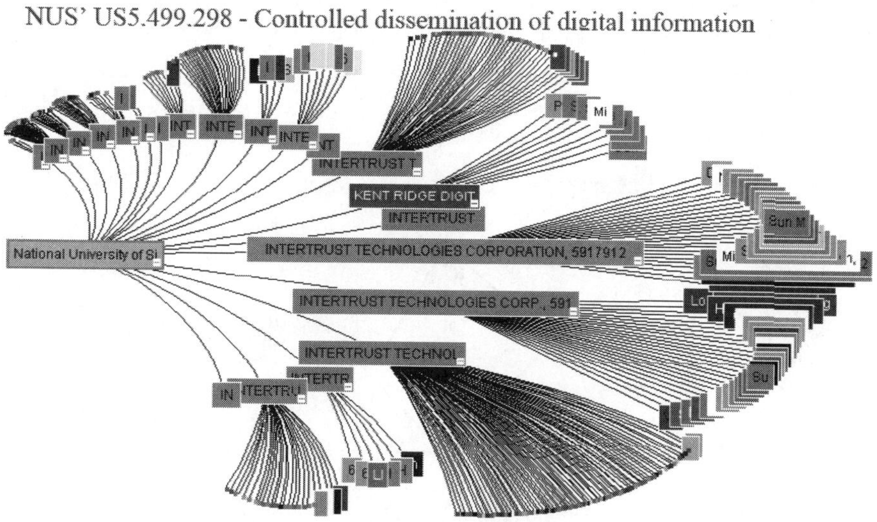

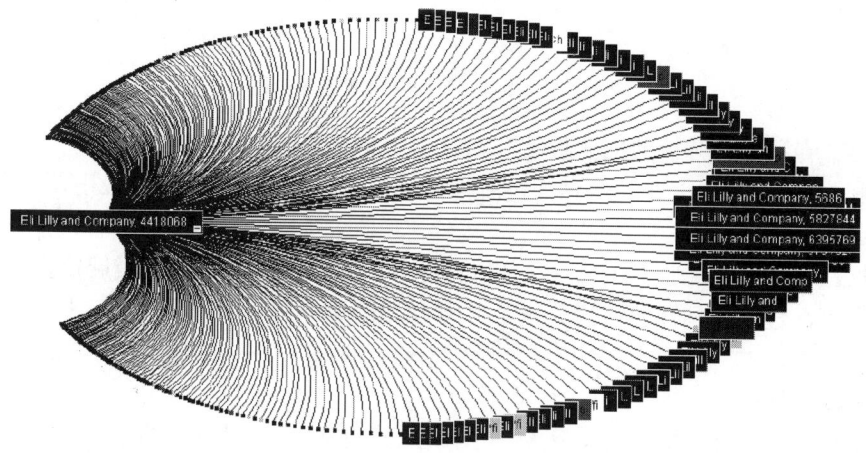

图 4-1-2-2　专利引证图 1

图 4-1-2-3　专利引证图 2

（9）专利族的规模。

专利家族的规模大小（同族专利的多少），会反映出某一项技术被重视的程度；同时，专利家族的区域分布情况可以反映出专利权属机构的市场发展规划；这种区域分布的变化，也可以反映出专利权属机构市场战略的改变。所以，通过同族专利分析，可以获知某技术的区域保护范围，了解专利权人的市场动向，同时得到这一技术的区域分布的空白点等信息。

（10）专利强度分析。

专利强度（PS）是美国加州大学伯克利分校与乔治梅森大学的研究成果。专利强度是参考了诸多价值参数（包括专利引证次数和被引证次数、专利从申请到公开的时间长度、权利要求项的数目、专利涉及诉讼案件的数目、专利涉及诉讼案件的赔偿金额、专利涉及诉讼案件审判法院级别和时间长度等），由 Innography 独创专利强度运算法则得到的，可以有效地量化分析和表征一个专利的重要程度（专业性和市场性），是有效地从海量的专利数据中找到重磅专利数据的手段，❶专利权重的模拟如图4-1-2-4所示。

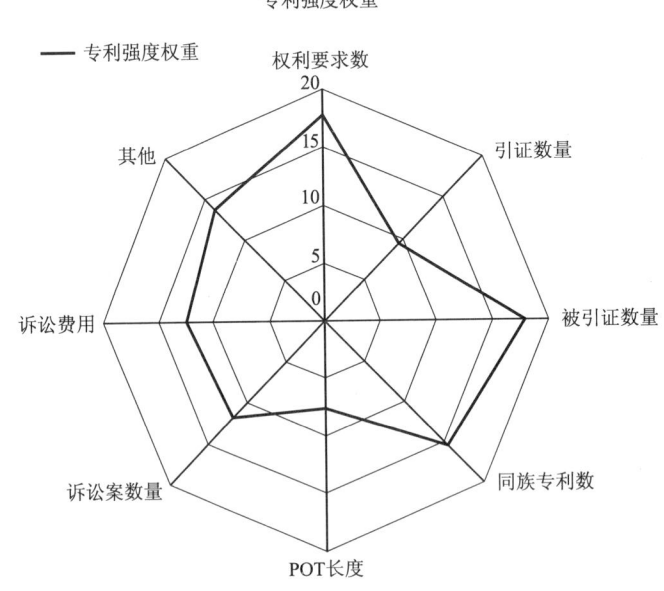

图4-1-2-4 专利强度权重模拟图

4.1.3 专利信息分析的主要阶段

陈燕、方建国认为，专利信息分析流程通常分为准备期、分析期和应用期三个阶段（如图4-1-3-1）。❷

根据三一重工的经验，针对不同分析目标如产品参加国外工程机械展览会、产品出口、国外投资等，进行专利预警信息分析，并将专利信息分析分为三个阶段：检索期、分析期及应用期。

（1）检索期。

根据具体的分析目标组建分析队伍，分析队伍包括研发工程师、专利工程师、技术专家，必要的时候，聘请外部的专利律师或专利审查员参与。在与项目组深入沟通并研究透彻背景材料之后，拟定专利检索策略并进行检索。专利检索过程可以从初步检索（通常选择某一时间范围，按检索策略进行检索）开始。研发工程师与专利工程师对初步检索结果一起进行分析，找出误检或漏检原因，调整已经编制的检索策略，确定最终的检索策略，再次进行检索，建立专利检索数据集。应当注意的是，检索方案有时需要重复多次修正才能最终确定。

---

❶ 2003年，美国加州大学伯克利分校法学院的 John R. Allison, Mark A. Lemley 和乔治梅森大学法学院的 Kimberly A. Moore, and R. Derek Trunkey 联合发表了一份名为《Valuable Patents》的论文，公布了他们在专利价值方面的研究成果。Innography 购买了此项研究成果，建立了专利强度计算模型，使用 Patent Strength 表征专利的价值，并将之实现在 Innography 平台上。

❷ 陈燕，方建国：专利信息分析方法与流程[J]．中国发明与专利，2005（12）．

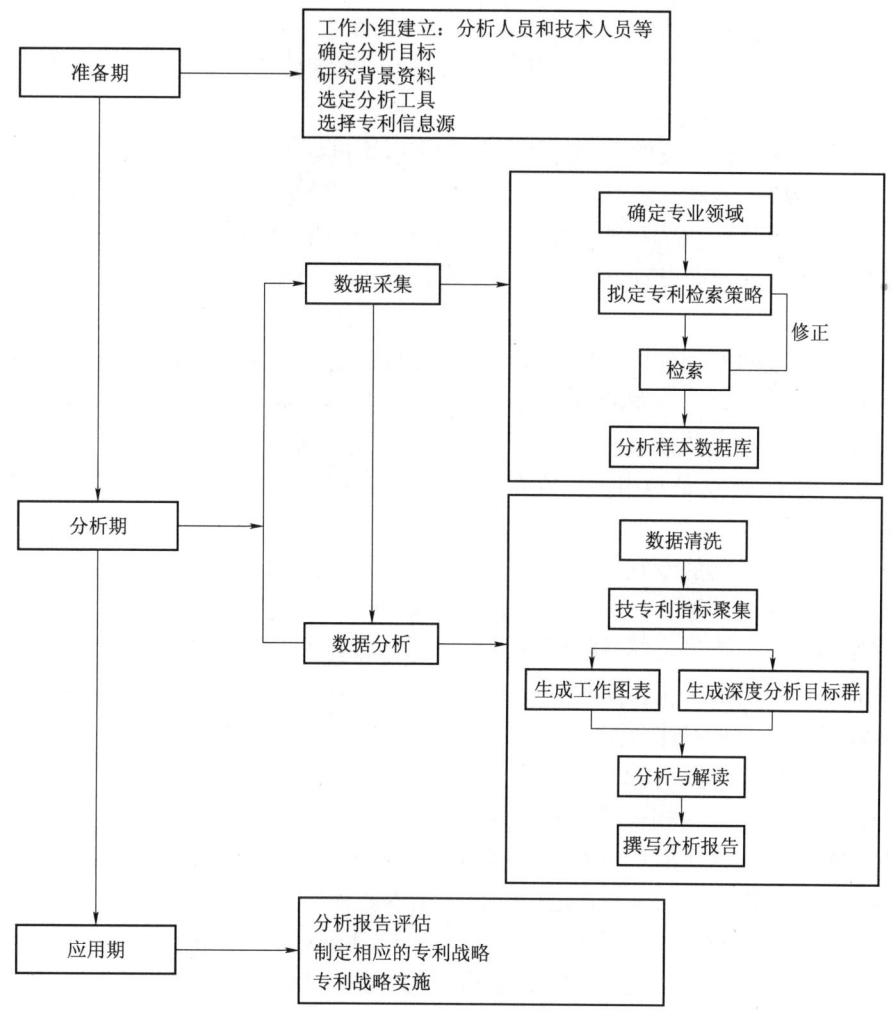

图 4-1-3-1　专利信息分析流程图

（2）分析期。

首先，由专利工程师根据技术主题、专利国别、专利发明人、专利受让人、专利分类号、专利申请日、专利授权日、专利引证等技术内容初步定量分析并做出专利图，分析出宏观趋势；

然后，由研发工程师进行筛选，筛选出侵权嫌疑或有参考价值的专利；

最后，对侵权嫌疑或有参考价值的专利，主要由专利工程师进行引证分析、法律状态分析及同族分析，并采取相应的应对措施，如根据分析目的到展览会所在国进行外观设计、实用新型侵权分析，因为有些国家外观设计单独立法，而实用新型在我们选取的数据库中并没有体现，最后将上述所有分析过程进行总结，出具专项专利分析报告。

专利分析报告通常包括项目的分析目标、技术背景、专利信息源与检索策略、分析方法和分析工具、专利指标定义、专利信息的聚集及解析、建议、附录等主要内容。

（3）应用期。

主要对分析报告进行评估、制定相应的专利战略以及专利战略的实施等。专利信息分析的最终目的在于将专利情报应用于实际工作中。同时，定期进行重新检索与分析，确保分析报告定期更新相关内容，这样，锻炼了分析队伍，积累了分析经验，达到推动自主创新、规避侵权风险的目的。

当然，不同的工作阶段的专利分析目标会有所不同。

（1）立项阶段的专利分析目标，主要是掌握本行业各类产品宏观状态，明确行业发展动态及趋势；确定目标产品及掌握目标产品的专利分布情况、技术难点和热点以及各企业对于技术的掌控情况及研发动态；开发目标产品所面临的专利风险及技术难度，提出有关策略建议。

（2）设计阶段的专利分析目标，针对立项阶段的分析结果进行具体的应用，在研发过程中，研发人员需要就所研发的技术点进行全面的具体专利风险规避，分析现有的专利公开能否为本企业所利用，如果可以，则根据该专利或专利申请的实际情况（如申请国家、有效期限等信息），确认是利用还是放弃，或是采取规避设计，同时，定期跟踪专利公开情况，更新专利分析报告。

（3）产品上市之前的专利分析基本上是将所有进行过的专利分析工作进行一个必要的整理，发现其中缺漏的地方，并且结合立项前阶段所进行的专利分析，重新审视产品市场拓展中可能遇到的问题以及存在的风险，并且进行必要的补救或者预先的风险防范。❶

具体到不同目的的分析，工作程序和内容也会有所区别。譬如专利预警分析一般包括数据检索和筛选、数据对比分析、专利侵权分析以及风险规避和应对。

根据北京市知识产权局的《企业海外知识产权预警指导规程》，数据检索和筛选是指基于企业产品所含技术，对相关国家或地区存在的专利进行收集、整理和分类，以筛选出与企业产品的技术方案高关联的专利。数据检索和筛选工作是预警工作的基础环节，也是最重要的步骤之一。数据对比分析，是指以数据检索和筛选的结果为基础，从技术发展趋势、专利技术分类、专利权利人、技术生命周期、主要竞争对手、专利区域分布等多角度开展分析工作。专利侵权分析，是指基于检索所得的高关联专利，根据相关国家或地区的法律以及国际条约对企业产品进行侵权分析。❷

4.2 专利侵权判定及对比文件检索

4.2.1 专利权利要求书的保护范围

保护专利权是专利法的核心。专利权是一种无形财产权，他与有形财产权一样受到国家法律保护。国家对专利权的法律保护主要是针对制裁专利侵权而言的，如果对专利侵权行为不实施有效的法律制裁，专利权人合法权益的维护将无从谈起。而要确定某一行为是否构成专利侵权，其提前就是确定专利权的保护范围。

4.2.1.1 专利权保护范围的概念、意义及其确定原则

专利权的保护范围，是专利权的权利边界，是专利法上重要的基础性概念。我国 2008

---

❶ 三一重工股份有限公司.运用专利信息构建企业专利预警系统, 载 http://www.sipo.gov.cn/ztzl/zxhd/ ztxxbhzscqbjayh/dxjy/qysdsf/200807/t20080730_413475.html, 最后访问日期 2011-11-8。

❷ 北京市知识产权局. 北京有关部门制定企业海外知识产权预警指导规程, 载 http://www.gov.cn/gzdt/ 2011-08/29/content_1935562.htm, 最后访问日期 2011-11-5。

年《专利法》第 59 条第 1 款规定，专利权的保护范围以权利要求的内容为准。因此，权利要求内容的解释过程，就是专利权保护范围的确定过程。权利要求解释尺度的宽严直接决定专利权保护范围的大小，影响专利权人与社会公众之间的利益关系。

一般而言，专利权的保护体现为对专利侵权的制裁，而判断某一具体实施行为是否为专利侵权，关键是判断和确定专利权的保护范围，实施行为落在保护范围之内时才构成侵权。

2009 年 12 月 21 日最高人民法院审判委员会第 1480 次会议通过、2010 年 1 月 1 日起施行的《关于审理侵犯专利权纠纷案件应用法律若干问题的解释》作为审理专利侵权案件最新司法解释。最高人民法院在制定该司法解释时遵循的基本原则之一即为："严格专利权利要求的解释，准确确定专利权保护范围，充分尊重权利要求的公示性和划界作用，防止不适当地扩张专利权保护范围、压缩创新空间、损害创新能力和公共利益。"❶

4.2.1.2 发明与实用新型专利权的保护范围的确定及解释原则

各国专利法一般都规定，发明和实用新型受专利保护的技术范围以权利要求的内容为准。权利要求决定了专利保护范围，集中地体现了专利权的实质内容。权利要求中各个技术特征的总和构成了一个不可分割的整体，相应地限定了一个明确的保护范围。因此，权利要求集中体现了专利权的实质内涵。权利要求中技术特征越多，限定的保护范围就越小；反之亦然。权利要求中各个技术特征的总和构成了一个不可分割的整体，相应地限定了一个明确的保护范围。在确定专利权的保护范围时，对权利要求如何理解，各国主要有以下三种不同的解释原则。

一是周边限定论。这一原则要求专利保护范围完全由权利要求来确定，应严格地按照权利要求书中的文字进行解释，不允许作任何扩大解释，权利要求书所记载的范围是专利保护的最大限度。其优点在于采用"周边限定"原则，可以通过权利要求书相对清晰了解专利权的保护范围。其缺陷在于：该原则对权利要求书的撰写提出了更高要求，要求权利要求应写得足够宽而确切，设法用尽可能少的技术特征和尽可能一般化的语言撰写。但在实际中权利要求的撰写总是会有缺陷的，这就难以给予专利权人充分的保护。

二是中心限定原则。他是以权利要求书的内容为核心，向外作一定幅度的扩展来确定专利保护范围。按照这一原则，权利要求书说明专利保护范围，但在解释权利要求时可以超出权利要求的直观字面上的解释。也就是说，应以权利要求为中心，全面考虑发明创造的目的、性质以及说明书和附图，把中心四周一定范围内的技术也包括在专利保护范围内，不必拘泥于权利要求书中的文字记载。采用这一原则时，常通过说明书对权利要求作出解释，不过它一般适用于说明书所公开的技术特点未列入权利要求书而权利要求书又似乎包含这些技术特点的场合。以德国为代表的大陆法系国家采用这一原则。这一原则把权利要求书看成是一个总的发明构思，保护范围可以扩大到本专业一般技术人员仔细研究说明书和附图后认为可以包括的范围。这种做法使得专利权的范围不局限于权利要求书的字面含义，可以较好覆盖专利方案的实质性特征，能够较好地给予专利权人以保护。因为即使再丰富的专利权人撰写的权利要求书，也难以天衣无缝，申请人难以预测可能出现的所有侵权行为，他人也能够从中找到缺陷；并且要求申请人或代理人在技术刚诞生时就发现技

---

❶ 《人民法院报：加强专利权保护 促进自主创新和科技进步——最高人民法院知识产权庭负责人就〈关于审理侵犯专利权纠纷案件应用法律若干问题的解释〉答记者问》，载 http://www.sipo.gov.cn/sipo2008/mtjj/2009/200912/t20091229_486469.html，最后访问日期 2010-01-05。

的前景显然不现实。以权利要求书为中心向外适当扩大解释，可有效防止他人利用权利要求书在撰写方面的缺陷规避相应法律责任。因此，中心限定原则对专利权人的保护较为充分和有利，但由于这种解释会使专利权边界相对模糊，会使第三人感到专利保护范围不确定。

三是主题内容限定原则。他实际上是上述两个原则的折中。按照该原则，专利保护范围应当根据权利要求的内容来确定，说明书和附图应当用来解释权利要求。也就是，专利保护范围按照权利要求所表示的实质内容来确定，不严格按照权利要求的文字进行解释，对权利要求中有含糊不清之处可以引用说明书和附图来解释权利要求列举的权项。这一原则在确定专利保护范围上既照顾专利权人的利益，又照顾社会公众的利益，因而是比较合理的。欧洲专利公约及参加该公约的各国都采用了这一原则。我国专利法也不例外。2008年《专利法》第59条规定："发明或者实用新型专利权的保护范围以其权利要求的内容为准，说明书及附图可以用于解释权利要求的内容。"

4.2.1.3 我国专利权利要求保护范围的确定

1. 发明与实用新型专利权的保护范围

关于发明与实用新型专利权的保护范围，2000年《专利法》第56条规定："发明或实用新型专利权的保护范围以其权利要求的内容为准，说明书和附图可以用于解释权利要求。"2008年《专利法》则将上述第56条改为第59条，并将之修改为："发明或者实用新型专利权的保护范围以其权利要求的内容为准，说明书及附图可以用于解释权利要求的内容。"该修改涉及的内容是将"说明书及附图可以用于解释权利要求"变为"说明书及附图可以用于解释权利要求的内容"。这一变化旨在更加明确说明书和附图的目的，是对权利要求内容的解释，而不仅仅解释权利要求。这一修改也强化了发明与实用新型专利权的保护范围是"权利要求的内容"，有助于在专利申请和专利诉讼实践中准确把握发明与实用新型专利权的保护范围。

在确定发明或实用新型专利保护范围时，应把握以下几个方面：

（1）人民法院应当根据权利人主张的权利要求，依据2008年《专利法》第59条第1款的规定确定专利权的保护范围。权利人在一审法庭辩论终结前变更其主张的权利要求的，人民法院应当准许。这表明：

第一，在专利侵权纠纷中，权利人应该明确自己主张的是哪一项权利要求。

第二，在一审法庭辩论结束前，权利人可以变更其主张的权利要求。这在专利侵权诉讼中有时对权利人至关重要。专利权人在维权过程中，应注意法庭辩论结束前这一时间节点，否则可能导致维权失败。而对被诉的涉嫌侵权方而言，则应抓住这一时间节点可能带来的预期利益（如专利权人在辩论结束时或之后提出变更权利要求），可提出抗辩。

第三，一审宣判前，权利人主张的权利要求被宣告无效了。在专利侵权诉讼里，被告在一般情况下启动专利无效程序。无效决定是在一审宣判前做出，权利要求一被宣布无效，此时，权利人请求以其他权利要求确定专利权的保护范围的应当允许。

第四，一审宣判后，二审宣判前，专利的某些权利要求宣告无效，那么权利人主张以一审未主张的权利要求确定专利权保护范围的，二审法院可先调解，调解不成，权利人另行起诉。这一点对权利人总体来说是有利的。[1]因此，在专利侵权诉讼中，权利人为避免二

---

[1] 此时要另行起诉而非发回重审，符合诉讼法原理，在程序上保障了权利人的上诉权等救济权。如果发回重审，则由二审发回的重审属于二审，实质上将剥夺权利人的上诉权。

审时被法院告知应另行起诉，在一审程序中似乎主张所有的权利要求为更适宜选择。这也是公众在涉嫌侵权的诉讼中可以采取的诉讼策略。

第五，对权利人已经主张的权利要求一审没有漏审，二审首先调解，调解不成的发回重申。❶

因此，将权利人变更其主张的权利要求的时间界定为一审法庭辩论终结前。即，对于一审法庭辩论终结后的变更，不予准许。但是，这并不影响权利人根据其他权利要求另行提起诉讼。

（2）权利人主张以从属权利要求确定专利权保护范围的，人民法院应当以该从属权利要求记载的附加技术特征及其引用的权利要求记载的技术特征确定专利权的保护范围。

（3）权利保护范围的解释规则。第一，人民法院应当根据权利要求的记载，结合本领域普通技术人员阅读说明书及附图后对权利要求的理解，确定 2008 年《专利法》第 59 条第 1 款规定的权利要求的内容；第二，人民法院对于权利要求，可以运用说明书及附图、权利要求书中的相关权利要求、专利审查档案进行解释。说明书对权利要求用语有特别界定的，从其特别界定；第三，以上述方法仍不能明确权利要求含义的，可以结合工具书、教科书等公知文献以及本领域普通技术人员的通常理解进行解释。❷

可见，如果权利要求里面的术语不清楚，首先要看说明书、附图、权利要求、专利档案，如果还不清楚，可以结合工具书、教科书等常识，以及本领域技术人员理解的通常含义来进行解释。

（4）功能性权利要求的解释规则：对于权利要求中以功能或者效果表述的技术特征，人民法院应当结合说明书和附图描述的该功能或者效果的具体实施方式及其等同的实施方式，确定该技术特征的内容。

（5）对于仅在说明书或者附图中描述而在权利要求中未记载的技术方案，权利人在侵犯专利权纠纷案件中将其纳入专利权保护范围的，法院不予支持，不应判定侵权。

此时，对于专利权人在权利要求中未记载而在说明书或附图中有所描述的技术方案无异于公有技术，第三人可以自由使用，并不侵权。

上述判定是否侵权的法律适用规则对涉嫌侵权的第三人非常重要，可采用不同的抗辩策略应对专利权人的诉讼威胁。

2. 外观设计专利权的保护范围

外观设计专利申请文件没有权利要求书和说明书，只有用该外观设计的图片或照片即可以达到确认其权利内容的要求。我国 2000 年《专利法》第 56 条第 2 款规定："外观设计专利权保护范围以表示在图片或照片中的该外观设计专利产品为准。"也就是说，外观设计专利权的保护范围是表示在图片或照片中的该外观设计，并限于在申请专利时指定的产品

---

❶ 参见《聚焦〈关于审理侵犯专利权纠纷案件应用法律若干问题的解释〉》，载 http://www.chinaipmagazine.com/journal-show.asp?id=417，最后访问日期 2010-11-02。

❷ 关于何时适用或运用"说明书、附图及结合工具书、教科书等常识解释权利保护范围"的更为形象的说法是：这种运用有如学习中文时查汉语字典，并非任何时候都需要查阅，而是在碰到生僻字、疑难字时才需要查字典。因此，并非任何时候均可以说明书、附图及常识解释，其前提仅仅在于权利要求书本身不清楚时才适用。否则，可能扩大专利权的保护范围，第三人涉嫌侵权诉讼中应注意此种抗辩。

上使用。❶外观设计需要以图片或者照片的形式表现出来,其保护范围限于外观设计专利申请人申请专利时使用在指定产品上的外观设计。在界定外观设计专利的保护范围时,需要与产品紧密结合,单纯图片或者照片不能确定专利权的保护范围。

2008年《专利法》关于外观设计专利保护范围的完善体现为除了维持上述规定外,还增补了以下规定,"简要说明可以用于解释图片或者照片所表示的该产品的外观设计"。❷该规定与该法在第27条增补的申请人提交的外观设计专利申请应包括该外观设计的简要说明这一规定是一脉相承的。这一增补更是对实践需要的回应。在外观设计专利实践中,图片或照片往往反映了外观设计的诸多细节,如果要求被控侵权产品再现外观设计专利产品所有细节时才构成外观设计专利侵权,则不利于充分保护外观设计专利权人的合法权益。但如果允许忽略其中的一些细节,则需要对允许忽略哪些细节建立必要的规则,以避免审查中的主观随意性,确保公众对外观设计专利保护范围的可预见性。❸基于以上考虑,2008年《专利法》作出了上述修改,以利于专利申请和处理专利纠纷实践中外观设计专利权的保护范围的明确与确定。

4.2.2 专利侵权判定原则
4.2.2.1 判断发明专利与实用新型专利侵权判定
1. 全面覆盖原则的优先适用与多余指定原则的否定

最高人民法院《关于审理侵犯专利权纠纷案件应用法律若干问题的解释》第7条规定:人民法院判定被诉侵权技术方案是否落入专利权的保护范围,应当审查权利人主张的权利要求所记载的全部技术特征。被诉侵权技术方案包含与权利要求记载的全部技术特征相同或者等同的技术特征的,人民法院应当认定其落入专利权的保护范围;被诉侵权技术方案的技术特征与权利要求记载的全部技术特征相比,缺少权利要求记载的一个以上的技术特征,或者有一个以上技术特征不相同也不等同的,人民法院应当认定其没有落入专利权的保护范围。该条明文确立了"全部技术特征原则"(全面覆盖原则)。同时,也宣告了"多余指定原则"在实践上的终结,人民法院将不再适用该原则。

可见,在判定专利侵权时优先适用的是全面覆盖原则,即如果被控侵权的技术全部覆盖专利保护的发明创造的全部必要技术特征,就构成专利侵权。在下述几种情况下,将视为被控物全面覆盖了专利的权利要求。

第一,字面侵权。即从字面上分析比较就可以认定被控物的技术特征与专利的必要技术特征相同。

例如,专利权利要求为:一种托盘,由托板和支撑立柱组成,托板为夹层板,其表面为薄木板或玻璃板,中间夹层为蜂窝芯。

而被控侵权物为:一种托盘,由托板和支撑立柱组成,托板为夹层板,其表面为玻璃板,中间夹层为蜂窝芯。

再如,专利"替代木制品的屋顶预制件"的权利要求为,带有预应力钢筋和减重孔的混凝土模块,混凝土模块包括置于建筑物相邻承重墙体上的平底面和与之相对的斜顶面。

---
❶ 如果是在不属于指定范围内的产品上使用相同或相似的外观设计,就不会落在外观设计专利保护范围之内。不过,为防止外观设计在其他产品上的使用会冲淡外观设计产品的魅力,可以利用商标或著作权保护来弥补。
❷ 参见2008年《专利法》第59条。
❸ 参见《送审稿》第54页。

而被控侵权物某水泥制品厂的产品的特征为：包括带有预应力钢筋和减重孔的混凝土模块，有一个平底面和与之相对的斜顶面。

此时，通过字面分析就可发现必要技术特征相同而适用全面覆盖原则，从而认定侵权。

第二，专利权利要求中使用的是上位概念，被控物公开的结构属于上位（一般）概念的下位（具体）概念，亦属于技术特征相同。

例如，专利权利要求为，一种带护套挂锁，金属锁体上套有护套。而被控物的权利要求为，一种带护套挂锁，黄铜锁体上套有黑色乙烯基树脂护套。此时，黄铜是金属的下位概念，黑色乙烯基树脂护套是护套的具体概念。

再如，一项专利的权利要求为，一种新型机器人行走机构，其特征在于：电机接传动机构，传动机构的输出轴上装有驱动轮。而被控物的结构为，电机经齿轮传动，输出轴上装有驱动轮。被控物采用齿轮传动。齿轮传动的结构属于"传动机构"的具体概念，因此，被控物属于侵权。

第三，被控物的技术特征多于专利的必要技术特征，也就是说被控物的技术特征与权利要求相比，不仅包含了专利权利要求的全部必要技术特征，而且还增加了新的技术特征。

人民法院判定被诉侵权技术方案是否落入专利权的保护范围，应当审查权利人主张的权利要求所记载的全部技术特征。这也表明，法院在审判过程不能再将已写入独立权利要求中的非必要技术特征作为多余特征或条款。而从技术本身去判断技术特征的构成而不考虑权利要求书，人为地扩大专利权的范围，这对公众也不公平。这必然要求提高专利申请文件的撰写水平，否则将给公众提供规避侵权而自由使用该技术的机会。

2. 等同侵权原则的适用

在侵权诉讼中，被告所实施的技术往往是经过改头换面的，侵权人常常采取偷梁换柱的方法对专利技术进行修改，以所属技术领域普通技术人员不经过创造性的劳动即可以联想到的技术手段加以替换或改变，实现专利技术能够达到的优点、目的或积极效果。这种"修改"与技术解决方案无关，其结构变化、形状变化、参数变化或尺寸变化不会影响专利技术的必要技术特征。如机器的结构基本相同，只是将皮带转动改为齿轮转动。此时就不能仅以权利要求的文字严格解释专利保护范围，而必须借助说明书和附图来解释权利要求，将专利法上认为完全等同或者说实质上相同的东西包括在专利保护范围之内。这就是"等同原则"，具体规则如表 4-2-2-1 所示。

所谓等同原则，是指侵权人以实质上相同的方式或手段，替换属于专利保护的部分或者全部必要技术特征，产生实质上相同的效果。按照等同论，当某一可能侵权物以一个或者一个以上的等效手段替代独立权利要求中的相应技术特征，起到了实质上相同的作用，获得了实质上相同的效果时，它仍会落在专利权的保护范围之内，构成专利侵权。这里的等效手段是指，所属技术领域的普通专业人员在研究说明书、附图和现有技术后，不经过创造性构思就能够联想到功能和效果相同的不同技术手段。例如，在化合物中，氯化钾通常等效于氯化钠；在机械上，铆钉和螺丝钉是把两个部件紧固在一起的等效手段。等同论的实质是把没有记载在专利文件里，但符合专利技术特征的实施例扩展到本技术领域普通专业人员不经创造性劳动就可以设想到的范围。

等同原则是在专利司法实践中产生的法律原则，我国专利法没有等同原则的规定。法院适用等同原则的条件是：被控侵权的技术构成与专利权利要求书中记载的相应技术特征在目的、功能和效果上相同或基本相同，而且这种替换或变更是所属领域的普通技术人员借助于说明书、附图、权利要求书，不经创造性的智力劳动所能够想到的。据此，被告的同等替换，部件之间的移位，分解或合并原告权利要求中的某些技术特征，或略去权利要求中的个别非必要技术特征等变换手段的实施，并实现原告专利的发明目的和积极效果的，人民法院将适用等同原则确认侵权。

在2008年《专利法》修改过程中，关于专利侵权的判定与类型，涉及等同侵权问题在法条中并未明文体现❶，但在《关于审理侵犯专利权纠纷案件应用法律若干问题的解释》得以确立，其第7条第1款规定："人民法院判定被诉侵权技术方案是否落入专利权的保护范围，应当审查权利人主张的权利要求所记载的全部技术特征。"该司法解释在明确等同侵权原则的同时，采纳了"限制多余指定的规则"，其第7条第2款规定，"被诉侵权技术方案的技术特征与权利要求记载的全部技术特征相比，缺少权利要求记载的一个以上的技术特征，或者有一个以上技术特征不相同也不等同的，人民法院应当认定其没有落入专利权的保护范围"。

表4-2-2-1 专利侵权认定适用原则示意表

侵权认定原则	原告专利要求技术特征	被告实施的技术特征	是否侵权
全面覆盖原则	A+B+C+D	A+B+C+D+……+……	是
等同侵权原则	A+B+C+D	A+B+C+D' 其中 D=D'	是
多余指定原则	A+B+C+D+E， E是附加技术特征	A+B+C+D	是

3. 禁止反悔原则

（1）禁止反悔原则及其在我国专利立法中的沿革。

在专利侵权判定中，从权利要求字面含义判断不侵权的情况下，即侵权物与专利权利要求书记载的必要技术特征不一致、有变化的情况下，就要运用等同原则判定是否构成侵权。在运用等同原则时，通常就会遇到禁止反悔原则的适用。所谓"禁止反悔原则"是指在专利申请的审批过程中，申请人对一专利申请做出的修改和针对专利局审查的通知作出的意见陈述有可能会对起专利权保护范围产生一定的限制作用。他体现在禁止专利权人将其在审批过程中通过修改或者意见陈述所表明的不属于该专利权保护范围之内的内容重新纳入专利权保护范围。

禁止反悔原则旨在防止专利权人采用出尔反尔的策略，即在专利审批过程中为了获得

---

❶ 在国家知识产权局提交《送审稿》之前，向社会各界发布了《征求意见稿》。征求意见稿中明确规定了判断专利侵权的等同原则、禁止反悔原则等。对该规定，国内外的反应则不同。很多中国公司、专利代理机构表示赞同；而国内司法机构和一些专家学者表示反对。理由是：在技术领域，目前外国专利权人仍然占主导地位，而适用等同原则实际上扩大了专利权要求的文字内容所确定的专利权保护范围，明显对外方有利，对国内的创新和发展不利；同时，在专利司法实践中，等同原则并非判断专利侵权的普遍原则，而是例外情况，即使是创建该原则的美国专利法也没有规定这一原则。何况，我国最高人民法院2001年制定的《关于审理专利纠纷案件适用法律问题的若干规定》已经有关于等同原则的解释，在专利法中不予规定也不影响在司法实践中适用该原则。2008年《专利法》采纳了这些意见，未涉及对等同原则的规定。

专利权而对其保护范围进行了某种限制，或者强调权利要求中某个技术特征对于确定其新颖性、创造性如何重要；而到了侵权诉讼时又试图取消所作的限制，或者强调该技术特征可有可无，试图扩大其保护范围。

如前所述，等同原则成为专利侵权判定的主要原则，但等同原则的适用却会在一定程度上扩大专利权利的保护范围，随之而来的是一些专利权人在申请专利时为躲避现有技术成果和专利"三性"的要求而放弃或限制权利要求以顺利通过专利局的实质审查。而在侵权诉讼中又利用等同原则来扩大自己的权利保护范围，把自己以前放弃或限制的范围又提出来。这无疑违反了民法中的诚实信用原则和公平原则。因此，需要明确禁止反悔原则来限制这种行为，即专利权人在专利申请文件中或申请人与专利局之间的来往信函中，已经确认为已有技术或明确表示放弃请求的保护技术内容，在以后指控第三人侵权时不得反悔。如果专利权人在专利侵权诉讼中反悔，将其已经认为不属于其权利要求保护的技术内容扩大解释为属于其专利保护范围，受诉法院将不予支持。

可见，禁止反悔原则与等同原则的作用相反，是对等同原则的限制；但两者也是相辅相成的，共同确保对专利权人提供充分又适度的法律保护。

禁止反悔原则在许多国家的专利诉讼中得到了广泛应用，如在美国专利侵权诉讼中禁止反悔原则被称为"审批过程导致的禁止反悔"。在我国，一些地区的法院和专利行政部门在专利侵权纠纷案件的审判和处理实践中都已经作出了一些适用禁止反悔原则的判例，在专利法第三次修改草案中也明确的规定了禁止反悔原则，尽管专利法最终未采纳。但最高人民法院颁布的《关于审理侵犯专利权纠纷案件应用法律若干问题的解释》采取了禁止反悔原则，其第6条规定："专利申请人、专利权人在专利授权或者无效宣告程序中，通过对权利要求、说明书的修改或者意见陈述而放弃的技术方案，权利人在侵犯专利权纠纷案件中又将其纳入专利权保护范围的，人民法院不予支持。"

（2）禁止反悔原则与等同原则的冲突。

在《关于审理侵犯专利权纠纷案件应用法律若干问题的解释》中，等同原则与禁止反悔原则存在冲突。例如，一发明专利的权利要求中有A、B、C三个特征，在说明书里面描述该技术时，C有两个等同的特征，一个是C，一个是D，由于这两个是一个等同的特征，最终写权利要求时，D特征没有被写进权利要求书里，而仅仅记载了A、B、C三个特征，此时，是适用禁止反悔原则不保护A、B、D，还是因C和D实际上等同而适用等同原则？如果适用等同原则，此时专利权的保护范围既包含了ABC，也包含了ABD。这值得进一步明确。因为如果对禁止反悔原则理解过于绝对，可能对权利人的保护不利。

（3）从"金色笔"案看禁止反悔原则的运用与侵权抗辩策略。

原告沈福根在1985年4月23日向中国专利局申请"变色笔"发明专利，1989年6月7日取得专利权。该专利权利要求为：一种涉及变色的书写工具——变色笔、由笔杆、能容纳彩色液体的笔芯和数支同笔芯相通的笔尖所组成，其特征在所述的数支笔尖集中固定地装一只笔头上，使笔尖之间互相靠近而互不接触，而与所述的笔尖相通的容纳各色液体而又不混流在笔杆之中。

原告在市场上发现有被告生产的"多彩笔"（该多彩笔由笔杆、笔座、笔芯组成，笔杆内有数根储芯，储水芯一端与笔芯接触，笔芯另一端为笔尖，笔尖互不接触，笔尖间由粘胶物填充间隙和互相固定），认为被告生产的"多色笔"侵犯了其专利权。

被告列举了原告在其专利案件审理过程中向知识产权局递交的一份函件,在该函件中,原告称其申请的"变色笔"与中国专利局之前公告的另一专利的现有技术"多头笔"有着本质的区别:多头笔的优点在于多个笔头相互靠近,多头笔写出的字迹的颜色是固定的、稳定的标准色。原告发明的"变色笔"的一个笔头上的几个笔尖相互靠近,这种结构功能是能在书写中使用两只相邻的笔尖双双着纸而使两种颜色重合成一种新的色彩,这是变色笔专利申请的目的。

经过法庭调查,被告"多色笔"与"多头笔"的相应特征一致,作用和功能也一致,但不能像"变色笔"那样使笔尖同时着纸从而组合出新的颜色。因此,根据禁止反悔原则,不能够允许专利权人将其已明确限定的保护范围运用等同原则予以扩大,被告"多色笔"未落入原告专利保护范围。❶

对于被告,一旦被专利权人以侵犯专利权为由起诉,除在充分利用专利无效程序、现有技术抗辩等事由外,也可通过密切关注、查阅、利用该专利在审查程序以及之前的专利无效程序的中间程序文件,包括答复审查员意见书、放弃权利要求的声明等文件。

审查及无效程序中等中间文件依《政府信息公开条例》的相关规定,属于依申请公开的范畴。根据《专利审查指南》的相关规定,公众(包括利害关系人)可依申请向国家知识产权局专利审查部门获取中间文件,以了解、分析该专利的相关状况,进而决定在维权及诉讼中所采取的策略。

4.2.2.2 外观设计设计专利的侵权判定

外观设计专利权的保护范围以表示在图片或者照片中的该产品的外观设计为准,简要说明❷可以用于解释图片或者照片所表示的该产品的外观设计。

司法机关应该把简要说明作为参考,我觉得这是确切的。因为一个复杂的外观设计是无法表达的,必须回归到图纸和照片当中。全世界所有外观设计的审理都必须遵照用照片和图纸来对比的原则。

这里所说的产品,是指申请时指定的产品,外观设计中的形状是指与该产品结合在一起的;图案和色彩则是以该产品为载体。因而,产品与受保护的外观设计是不可分离的。

对外观设计侵权的判断,一般是进行外观设计相同或相似性比较,还应结合外观设计应用的产品相比较。在具体判断上,应先作相同性比较,再作相似性比较。

对于外观设计侵权的判断,具体应注意以下问题。

1. 侵权产品与外观设计专利产品的相同或相近种类的判断

对外观设计专利侵权的判断,也应将被指控侵权的外观设计产品与外观设计专利产品相比较。

在与外观设计专利产品相同或者相近种类产品上,采用与授权外观设计相同或者近似

---

❶ 参见上海市中级人民法院(1992)沪中经字第199号判决书。

❷ 由于2008年《专利法》规定简要说明可用于解释图片或照片所示的外观设计。因此,实际上,在一定情况下,简要说明可能会起到发明专利或实用新型专利中权利要求书的意义,其解释或说明可能决定外观设计的保护范围。因此,简要说明的写法值得谨慎推敲,可采用以下方法:一是采用开放式的写法,应外观设计的要点包括什么,而不说是什么;第二,应该有上位的写法,即写明设计思路是什么,而不是具体的结构是什么。其好处是有一定弹性,在将来侵权诉讼中会有回旋余地。

的外观设计的，人民法院应当认定被诉侵权设计落入 2008 年《专利法》第 59 条第 2 款规定的外观设计专利权的保护范围。

根据最高人民法院颁布的《关于审理侵犯专利权纠纷案件应用法律若干问题的解释》，对于产品的种类是否相同或相似，人民法院应当根据外观设计产品的用途来判定；而确定产品的用途，可以参考外观设计的简要说明、国际外观设计分类表、产品的功能以及产品销售、实际使用的情况等因素综合考察。

2. 外观设计相同或近似的判断

（1）主体判断标准：一般消费者。

人民法院应当以外观设计专利产品的一般消费者的知识水平和认知能力判断外观设计是否相同或者近似。当然，这个"一般消费者"与专利审查中的"普通技术人员"类似，是一个虚拟的主体，而不是具体、实在的个体，他代表一般消费者的知识水平和认知能力，不是某领域的专家。

在《关于审理侵犯专利权纠纷案件应用法律若干问题的解释》草案中，对外观设计相同或相似的判断主体写的是"相关公众"。2003 年 3 月，北京高院曾向专利复审委员会发出过司法建议函。建议函中指出《专利审查指南》所规定的判断侵权的"一般消费者"应当改为普通专业人员。也有观点认为，应该由"购买者"判断可能更准确。但《关于审理侵犯专利权纠纷案件应用法律若干问题的解释》最终采取与《专利审查指南》一致的做法，仍坚持"一般消费者"标准。

这主要是因为"相关公众"同样存在争议，最主要在于哪些是相关公众也需要明确，这一争议带来了适用的难题。譬如，在市场中，要认定外观设计侵权就要在市场中搜取证据，究竟是谁去判断侵权，是否由设计人员去判断？设计人员当然有比较高级的技艺，或者以他的地位，肯定判断得很清楚。此时，设计人员是否可算作相关公众？

此外，什么是消费者也是看似简单但却非常困难的问题。比如用一个治牙的工具给病人治牙，病人是消费者，还是医生是消费者？患者要去治牙时，很少说要挑某个牌子的钻头钻牙，一般的消费者都不具备这样的技术背景和知识。而往往是医生或者采购人员最清楚这些。此时，消费者是医生、采购人员还是患者，这可能直接影响到是否相似的判断结果。

（2）以外观设计整体视觉效果进行综合判断的标准。

人民法院认定外观设计是否相同或者近似时，应当根据授权外观设计、被诉侵权设计的设计特征，以外观设计的整体视觉效果进行综合判断。对于主要由技术功能决定的设计特征以及对整体视觉效果不产生影响的产品的材料、内部结构等特征，应当不予考虑。

通常，下列两种情形下对外观设计的整体视觉效果更具有影响：一是产品正常使用时容易被直接观察到的部位相对于其他部位；二是授权外观设计区别于现有设计的设计特征相对于授权外观设计的其他设计特征。

被诉侵权设计与授权外观设计在整体视觉效果上无差异的，人民法院应当认定两者相同；在整体视觉效果上无实质性差异的，应当认定两者近似。

3. 外观设计相同或近似的判断规则的适用

（1）必须以产品为载体。

我国外观设计专利权所保护的外观设计必须以产品为载体，而非脱离产品的外观设计。专利权人通过消费者对其专利产品的认可而获得利益回报。因此，关于侵权诉讼中外观设计近似性的判断,应当基于一般消费者的知识水平和认知能力,根据外观设计的全部设计特征,以外观设计的整体视觉效果进行综合判断。

(2) 外观设计的全部设计特征都应予以考虑。

判断外观设计是否相同或近似时,对外观设计的全部设计特征,都应予考虑。但因外观设计专利保护的是外观,故将功能性特征以及视觉无法直接观察到的非外观特征排除在外。

在"综合判断"的考虑因素中,通常情况下,主视部分及设计创新部分对外观设计的整体视觉效果更具有影响。综合判断的标准是在考察设计特征对外观设计整体视觉效果影响程度的基础上,综合判断不同外观设计的整体视觉效果有无实质性差异。若授权外观设计与被诉侵权设计的整体视觉效果没有实质性的差异,则认为两外观设计构成近似。

(3) 应审查一般消费者对不同外观设计的整体视觉效果是否混同。

外观设计专利实质上保护的是授权图片所显示的产品的外观,而非发明或实用新型专利权所保护的技术方案。因此,判断外观设计是否相似,不能简单地套用发明或实用新型专利侵权判定的规则,而应审查一般消费者对不同外观设计的整体视觉效果是否混同。为与商标法上的混淆概念相区别,《关于审理侵犯专利权纠纷案件应用法律若干问题的解释》中采用"整体视觉效果无实质性差异"的措辞。

4.2.3 专利侵权检索、分析与侵权规避策略

4.2.3.1 专利侵权规避的前提:全面的检索与完备的分析

专利侵权规避建立在对现有技术和他人专利权的分析基础上,通过技术领域、分类号、技术要素、部件、组件或步骤等组配,形成合理的检索式,全面收集现有相关专利的文献。无论是立项中的可行性分析与研发中的技术进展分析,还是经营中的侵权分析,都依赖全面的专利文献,包括摘要、权利要求书与说明书。只有建立于完全的专利文献的基础上,才可能有准确的分析报告,否则,可能给立项、研发及经营等活动带来误导,带来巨大损失。

收集全面的专利文献与信息后,专利分析的步骤如下:

第一,整理专利文献。譬如通过合并同族专利、删减非目标专利等减少、简化专利分析的文献量。

第二,通过阅读摘要(如有 Innography 等商业性专利分析软件,则可通过关联度、相似度来找到最相近的专利)查找最相关的专利技术,进而找到最可能的竞争对手或最佳的合作伙伴。

第三,找到最相关的专利技术后,通过技术方案的对比,特别是将使用的技术方案或完成的发明与专利的权利要求书的对比,找出相同技术特征与区别技术特征。

第四,确定特定的相关专利文献后,运用专利授权的"三性"(新颖性、创造性与实用性)条件,分析、考察该专利的权利稳定性。如果该专利稳定性强,则进一步考虑下一步规避的问题;如果稳定性值得怀疑,则可启动无效程序或另行制定使用后的应对策略。

第五,对特定的相关专利文献进行授权"三性"考察后,应考察该专利的市场适应性、技术替代性与政策准入性等,以确定该专利技术是否值得引入、规避或部分使用。

第六,运用全面覆盖原则或等同侵权原则考量,使用行为或完成的发明是否落入专利权人的范围,如果落入专利权的保护范围,则需要考虑另行转产、中止使用,以避免更大的损害赔偿额;或者实施改变技术特征或实现新的技术效果等策略,从而实现对等同侵权原则的规避。

4.2.3.2 比专利要求相比，增加技术特征仍构成侵权

（1）基于全面覆盖原则，增加技术特征仍构成侵权。

被控侵权物的技术特征与权利要求相比，不仅包含了专利权利要求的全部特征，而且还增加了特征，此时，被控侵权物的技术特征多于专利的必要技术特征，应适用全面覆盖原则，此种情况仍属侵权，只要被控物具备专利权利要求的全部特征，就算侵权，而不问被控侵权物的技术特征是否比权利要求多。

例如，一项专利，其权利要求为，一种电褥子，其特征在于：具有绝缘性能好的电阻丝。被控侵权物的结构具有绝缘好的电阻丝，而且还具备一个电阻丝短路保护装置，或者包含与电阻丝相连的指示装置。尽管被控物的特征多于专利权利要求，而且可能还具有一定的创造性。但是被控物的结构覆盖了权利要求的全部特征，所以被控物侵权。

（2）在现有专利权利要求基础上，增加具有创造性的技术特征，即使申请专利仍存侵权风险，此时不能使用。

这种情形典型的便是改正发明或基于基础专利的后续专利，发明人将优于原专利的新产品或方法作出创造性改进后，性能更优，同时自己申请了专利权。此时，尽管被控侵权物的特征多于权利要求，而且性能可能还要优于专利产品，依然属于侵权。因为专利保护的是智力成果，在后的发明或后续改进如果是在专利产品的基础上进行完善，尽管性能可能优于专利产品，但由于使用了他人的专利，就必须获得专利权人的许可，否则就是侵权行为。

此时，后续发明人或改进发明的专利申请尽管自己实施该技术方案，即使自己生产该产品也存在侵权风险，但其申请专利还是有意义的。作为专利权人，其他人包括基础专利的权利人同样不能实施、使用改进专利的技术方案，在该方案上实现排他。因此，可以实现双方的交叉许可。

例如，梁某2002年申请了实用新型专利"手枪式直角直线往复锯"（专利号ZL02226665.8），其特征在于包括：前外套、后外套、直角接头套、前轴、后轴和安装在前轴端部的刀具夹持装置，其中前外套和直角接头套一头首尾嵌安装在一起，后外套与直角接头套另一关首尾嵌套案卷在一起，后轴安装在后外套里面，后轴尾部设置有软轴接口，后轴的顶端面上设置有偏心轴，偏心轴位于直角接头套里面，偏心轴通过轴承安装在曲轴的一端，曲轴的另一端外铰接在前轴的尾部，前轴安装在前外套里面。被告胡某经过考察、研究，发现上述往复锯容易发热，通过在前轴到后轴的中间设置一个过水的细管，从而实现降温、防止发热的目的，在包括上述技术特征的基础上，申请了CN200730071516"往复锯（枪式）"实用新型专利。此后，胡某依自己专利生产、销售该产品，被梁某以专利侵权为由诉到法院，要求停止生产，赔偿损失。该案就是典型的作出改进发明，自己生产仍构成侵权的案例。

4.2.3.3 研发时或生产产品时，与现有专利相比，减少其技术特征仍能实现相同技术时，可规避侵权

（1）基于全面覆盖原则，减少现有专利的技术特征实现相同技术不侵权。

在做专利检索、分析后，发现他人专利权比较稳定而又确实符合市场需要时，此时可总结、归纳该发明的技术特征，在充分与技术人员沟通交流后，看能否在减少该专利的权利要求的技术特征的同时，实现相同或更好的技术效果。

例如，一项消防栓保护筒专利，其权利要求为：一种消火栓保护筒，具有进水管、出水管，其特征在于：筒体为透明铝合金制成，筒体和进水管和出水管之间通过钢圈连接在一起。

另一消防保护筒的方案则为：筒体由透明铝合金制成，也具有进水管和出水管，但是筒体和进水管和出水管之间直接连在一体。由于没有钢圈这个结构，该方案缺少权利要求中的一个特征，❶此时，该方案有效规避了该专利。如果在减少一个技术特征后，仍能实现相似的技术效果，并能接受市场需求、成本等市场挑战，则该方案将成为技术规避策略的实施典范。

（2）基于等同侵权原则，通过技术特征的替代，实现新的效果。

在运用等同原则判定专利侵权时，我国法院主要有整体效果说与主要组成要素说。前者侧重于发明创造的整体上的功能、特征和效果。后者是将权利要求分解为若干技术特征，并把这些技术特征分为必要技术特征和非必要技术特征，同时把被控侵权的技术特征也分解为必要技术特征与非必要技术特征，然后对两者的必要技术特征进行比较，如果相同，就构成专利侵权；如果有一个必要技术特征不同，就不构成侵权。司法实践中多采用后一种学说。即如果实施行为的技术特征与专利必要技术特征完全相同，或者缺少独立权利要求中的非必要技术特征，则构成侵权；如果有一个或者一个以上必要技术特征不相等，或者缺少专利一个或一个以上必要技术特征，则不构成侵权。

法院在判断代替手段与被代替的必要技术特征是否效果相同时，一般还从所属技术领域、技术解决方案、技术经济效果等方面综合考虑，如机械领域发明中部件的目的、该部件与其他部件组合后具有的性质和该部件本来的功能不一样或有更好的效果。如果新方案的技术特征有实质性的进步，所使用的代替手段形成了新的技术，产生了较好的经济或社会效果，且所属技术领域的普通专业人员不容易想到，则该方案不应视为侵权。

正如理解产品专利中的"使用权"一样，使用应作广义理解，专利产品中一些出人意料的新用途和效果十分显著的新用途对所属技术领域的普通技术人员来说不是显而易见的，就不能列入产品专利的保护范围。❷

（3）基于多余指定原则已被否定，将非必要技术特征写入独立权利要求，将导致侵权指控失败的风险。

如前所述，多余指定原则在专利法修改中已被否定，将不再适用。一方面，这对发明人撰写专利申请提高了要求，另一方面，公众特别是使用者如果发现他人专利中的权利要求中存在非必要技术特征，则可在减少该特征的基础上继续实施该专利而不构成侵权。

多余指定原则在实践中典型案例为"频谱治疗仪"案。专利权人的专利为"人体频谱匹配效应场治疗装置"，其独立权利要求包括了七项技术特征：① 效应场发生基体；② 基体上的换能层；③ 换能控制电路；④ 加热部件的机械支撑和保护系统；⑤ 机械部件；⑥ 换能层上的由十四种包括金属氧化物、金属铬和氧化铜等混合稀土的组分及含量制成的模拟人体频谱发生层；⑦ 立体声放音系统和音乐电流穴位刺激器及其控制电路。

被告某公司生产的"WSPA波谱治疗仪"全部包括了原告专利技术方案中的前6个技术特征，但没有"音乐治疗装置"这一技术特征。但是专利的说明书中记载："为了增加本发明装置的治疗功能，在本装置中加入了音乐治疗装置，使治疗者在接受频谱匹配治疗的同时，接受音乐治疗，有助于恢复大脑神经系统机能，推迟脑的衰老，消除紧张、疲劳感，

---

❶ 此时，减少的技术特征可以是"钢圈"这个区别特征部分的特征，也可以是前序部分的特征，如"进水管"、"出水管"，仍不构成侵权。

❷ 也有人认为在上述情况下，不构成侵权的前提是行为人没有利用专利技术，而是自己独立完成的。

使精神和躯体状态得到改善，还可以对某些身心疾病具有疗效。如此一机多功能，既节省时间，又让患者在愉快、舒适的治疗环境中治疗多种疾病。"

北京市高级人民法院认为，上述技术特征①～⑥确定了频谱治疗仪专利的保护范围，技术特征⑦虽被写入独立权利要求，但结合专利说明书中的阐述，就该专利整体技术方案的实质看，技术特征⑦不能产生实质性的功能和作用，明显是由申请人理解上的错误及撰写申请文件缺少经验所致，应视为附加技术特征。被控侵权产品 WSPA 波谱治疗仪含有技术特征①～⑤，不含技术特征⑦，WSPA 波谱治疗仪的核心部分滤光层有别于专利技术特征⑥。

在模拟人体频谱发生层配方中组份的差异及组份含量的差异实质上仅是一种在技术上等效手段的替换。由于被控侵权产品 WSPA 波谱治疗仪与周林的频谱治疗仪专利第二项独立权利要求所限定的技术方案，在发明目的和技术效果上相同或一致，并且前者对于后者在个别技术特征上进行了等效置换，二者应属等同的技术方案，从而认定侵权。❶

该案判决在当时引发了较大争议，值得探讨。在专利法否定多余指定原则后，类似的技术实施与规避策略有了发展空间。

4.2.3.4 被指控侵权时，通过检索对比文献，找到现有技术，进行侵权抗辩

1. 现有技术抗辩策略在诉讼中的实施

2008 年《专利法》第 62 条引入现有技术抗辩制度："在专利侵权纠纷中，被控侵权人有证据证明其实施的技术或者设计属于现有技术或者现有设计的，不构成侵犯专利权。"

被告在诉讼中利用现有技术抗辩时，主要有三个步骤和关键点：首先应在全面检索专利技术相关的对比文献，找到现有技术；其次，要证明自己指控的产品或技术所使用的是现有技术；然后，需要证明自己使用的技术与专利技术不同，因为如果相同，将适用等同侵权原则，而不能再用现有技术抗辩。这一证明过程实质上就是三者对比原则，即专利技术与现有技术对比（从技术方案、技术特征对比，找到最相关现有技术）、使用的技术与现有技术对比（从技术方案、技术特征对比，证明相同）、使用的技术与专利技术对比（证明不相同）。

就现有技术抗辩中所使用的对比对象而言，可以是使用公开、出版物公开、抵触申请中的公开技术。就对比标准而言，可以是现有技术与公知常识的组合，也可以是两项现有技术的结合或者多项现有技术的结合。

2. 现有技术抗辩的司法实践

现有技术抗辩策略较代表性的案例是"一种水烟筒"案。原告 2003 年 2 月 26 日获得"一种水烟筒"的实用新型专利（专利号为 ZL02226804.9）。后指控被告艾格尔公司产品侵犯专利权，起诉至法院。被告辩称：被控侵权产品不存在空腔，所使用的是原告专利技术申请日之前的现有技术，没有落入涉案专利权的保护范围，没有侵犯原告专利权。

被告提供的现有技术是一份名称为"一种可调节吸烟浓度之水烟壶"的新型专利，该专利由发明人洪淑美于 2000 年 8 月 25 日向中国台湾申请，授权公告日为 2001 年 5 月 11 日，申请案号为 089214702，公告编号为 435088；于 2001 年 9 月 24 日向国家专利局申请实用新型专利，授权公告日为 2002 年 7 月 24 日，专利号为 ZL01249775.4。庭审中，双方均认可被控侵权产品由烟锅、烟锅座、烟筒、烟管、烟嘴和盛水容器等部分组成，各部分

---

❶ 参见北京市中级人民法院（1993）中经知初字第 704 号判决书、北京市高级人民法院（1995）高知终字第 22 号判决书。

的连接方式与涉案专利相同,但对烟筒下端是否设有一个空腔存在争议。被告公司认为,被控侵权产品烟筒下端与盛水容器的连接处没有形成空腔,而是一个吸烟孔,与洪淑美专利公开的技术方案相同。

法院判定被控侵权产品属于现有技术,被告制造、销售行为不构成对"一种水烟筒"实用新型专利权的侵犯。❶

现有技术抗辩策略是涉嫌侵权人在被指控侵权时,在诉讼过程中所采用的程序对抗策略,用以规避侵权责任特别是损害赔偿责任的较好抗辩手段。与专利无效、证据效力或管辖异议等抗辩相比,具有程序节约、诉讼经济之特点,同时能一劳永逸地解决侵权相关问题,从而使自己的使用行为获得正当性。

4.3 专利无效检索

4.3.1 专利权的无效

专利权的无效是指被授予的专利权因其不符合专利法的有关规定,而由有关单位或个人请求专利复审委员会通过行政审理程序宣告为无效。

进行产品开发前、专利申请前或判断一个已经申请的专利的有效性时,一项非常重要的工作就是搜索专利数据库寻找相关专利。这些相关专利很有可能使某项专利发明无效。通常称这种目的的专利检索为专利无效检索。然而对于专利发明者、申请者、专利审查员来说,在庞大的数据库中找出相关专利并不容易。网络上有许多免费专利检索系统,这些系统大多使用布尔型检索进行简单的匹配,即没有采用有效的检索算法,又没有考虑专利文本的结构特征,检索效果低下。

无效检索的目的是找出与某一专利权利要求相关的专利,通过这些专利使该权利要求无效,甚至使整个专利无效。他是一种专利对专利的检索方式,通常由知识产权部门专利审查员进行。在检索中采用时间进行检索限制可以达到技术新颖性和专利侵权性检索。因此,随着企业对专利的重视,企业内部也逐渐开始进行相关的检索,以达到实施自己专利战略的目的。❷

2008年《专利法》第45条规定,自国家知识产权局公告授予专利权之日,任何人认为该专利权的授予不符合专利法有关规定的,可以请求专利复审委员会宣告该专利权无效。《专利法实施细则》第64条规定,无效宣告请求的理由包括被授予专利的发明创造不符合《专利法》第22条(新颖性)、第23条(创造性)、第26条第3款(公开不充分)、第26条第4款(不支持)、第33条(修改超范围)或者《专利法实施细则》第2条(专利的定义)、第13条第1款(重复授权)、第20条第1款(不清楚)、第21条第2款(缺必要技术特征)的规定;或者属于《专利法》第5条(违反国家法律等)、第25条(客体范围)的规定;或者依照《专利法》第9条(先申请原则)规定不能取得专利权。

2008年《专利法》第45条规定,请求宣告专利权无效或者部分无效的,应当向专利复审委员会提交专利权无效宣告请求书和必要的证据。无效宣告请求书应当结合提交的所

---

❶ 参见武汉市中级人民法院(2009)武知初字第305号民事判决书、湖北省高级人民法院〔2010〕鄂民三终字第15号判决书。

❷ 刘玉琴,汪雪锋,吕琳.基于权利要求结构信息的中文专利无效检索模型.计算机应用研究,2008(7).

有证据，具体说明无效宣告请求书的理由，并指明每项理由所依据的证据。

《专利法实施细则》规定的十二项无效理由❶主要包括所请求专利技术不具备专利性条件（主要是新颖性和创造性条件）、重复授权情形、违反"同样发明创造只能被授予一项专利"、违反"在先申请"原则（《专利法》第9条）。

依照《专利法》第45条规定，请求宣告专利权无效或部分无效的，应向专利复审委员会提交请求书和必要的证据。上述无效理由中，关于所请求专利技术不具备专利性条件这几个理由的成立需要通过专利检索、分析以获得有力的证据。

Innography 专利分析系统的无效分析机理是基于对该专利进行前三代引证专利进行检索，并通过相似度来过滤，实现快速查找可能使该专利无效的证据。

4.3.2 专利无效检索

专利无效检索主要是通过检索专利文献、非专利文献发现破坏该授权专利新颖性、创造性的过程，对《专利法实施细则》其他无效理由较少涉及。根据"检索无穷尽原则"，可以大胆设想，除极少数的开创性发明外，只要是数据库合适、检索策略适当，通过检索使一件普通的专利申请无效是关键。当然，审查员或者无效请求人都会考虑花费的人力、物力等"检索成本"以及经济负担能力等因素，可能会适时中止专利检索，而通过创造性或者其他无效理由提起无效主张。

4.3.2.1 施耐德电器与正泰专利无效案

施耐德电器发明专利 CN1618110 的无效：

本专利 CN1618110，是通过 PCT 申请进入中国的。该 PCT 国际检索报告是由欧洲专利局做出，检索报告中没有 X、Y 类对比文件。CN1618110 同时具有一个美国同族是：US2005122117。该申请在中国也被授权。

在中国国家知识产权局专利复审委员会无效复审中给出了对比文件：CN1207200，影响了本案的新颖性和创造性。

通过检索 patentics 系统，能够很快检索出上述对比文件 CN1207200，也可以获得其美国同族 US6225807。此次检索非常容易地获得了中国和欧洲审查员都没有获得的对比文件，

---

❶《专利法实施细则》第64条第2款详细列举了"无效宣告请求书的理由"，共十二项，可分为六类，分述如下：

（1）被授予专利的发明创造①不符合《专利法》第22条关于发明和实用新型专利"三性"规定；②或不符合《专利法》第22条关于外观设计专利的专利性条件。

（2）专利申请文件不符合法律规定：
① 说明书及摘要不符合《专利法》第26条第3款规定，说明书披露及公开不充分；
② 权利要求书不符合《专利法》第26条第4款规定，权利要求书应当以说明书为依据，说明要求专利保护的范围；
③ 权利要求书不符合《专利法实施细则》第20条第1款规定，权利要求书应当说明发明或实用新型的技术特征，清楚、简要地表述请求保护的范围。
④ 独立权利要求不符合《专利法实施细则》第21条第2款规定，独立权利要求应当从整体上反映发明或者实用新型的技术方案，记载解决技术问题的必要技术特征。
⑤ 专利申请文件的修改不符合《专利法》第23条规定：对发明、实用新型专利申请文件的修改不得超出原说明书的权利要求书记载的范围，对外观设计专利申请文件的修改不得超出原图片或者照片表示的范围。

（3）分类不明确，被授予专利的发明创造不符合《专利法实施细则》第2条有关发明、实用新型、外观设计的定义的规定。

（4）属于不授予专利权范围。即属于《专利法》第5条、第25条规定的范畴，不授予专利权。

（5）重复授权情形。违反"同样发明创造只能被授予一项专利"《专利法实施细则》第13条第1款）。

（6）违反"在先申请"原则（《专利法》第9条）。

提高了知识产权局的审查质量。

（1）检索 CN1618110 的对比文件过程：选择"中国专利"数据库。检索式为：C/CN1618110 and DI/20011221。

其中 20011221 是本案的优先权日，DI/20011221 表示需要获得的对比文件的公开日要早于 20011221。执行搜索，中国专利复审委员会给出的对比文件 CN1207200 出现在第 2 位，如图 4-3-2-1 所示。

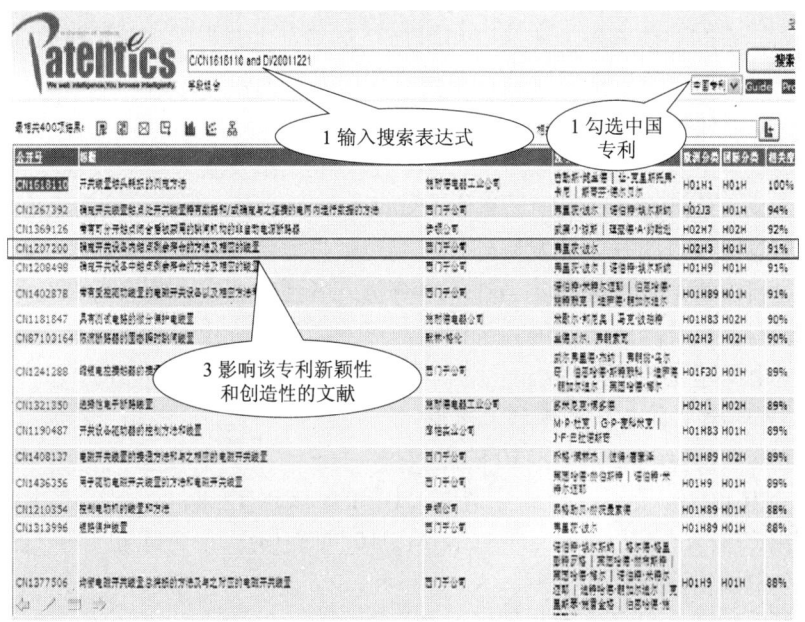

图 4-3-2-1　patentics 系统无效检索

4.3.2.2　三氯蔗糖 337 案——专利无效检索

三氯蔗糖 337 案的基本情况如图 4-3-2-2。

申请人	Tate & Lyle
诉由	生产工艺专利侵权
涉案产品	三氯蔗糖及含有三氯蔗糖的甜味剂
涉案专利	US4980463 US5470969 US5034551 US5498709 US7049435
国内被申请人	广东省食品工业研究所等 12 家

图 4-3-2-2　三氯蔗糖 337 案基本情况

Innography 无效检索基于专利引证回溯和专利分类相似度统计，能够有效集中密切相关专利，显著减少文献阅读量，非常容易就可以获得对比专利。在 Innography 中，对相似度自高向低调整，可获取密切相关专利。

（1）专利 US4980463 的无效检索。

① 先在专利号检索框输入"US4980463"，得到专利 US4980463。

② Patent Analysis 下拉菜单中选择 Invalidation，得到相关专利 1347 个，如图 4-3-2-3。

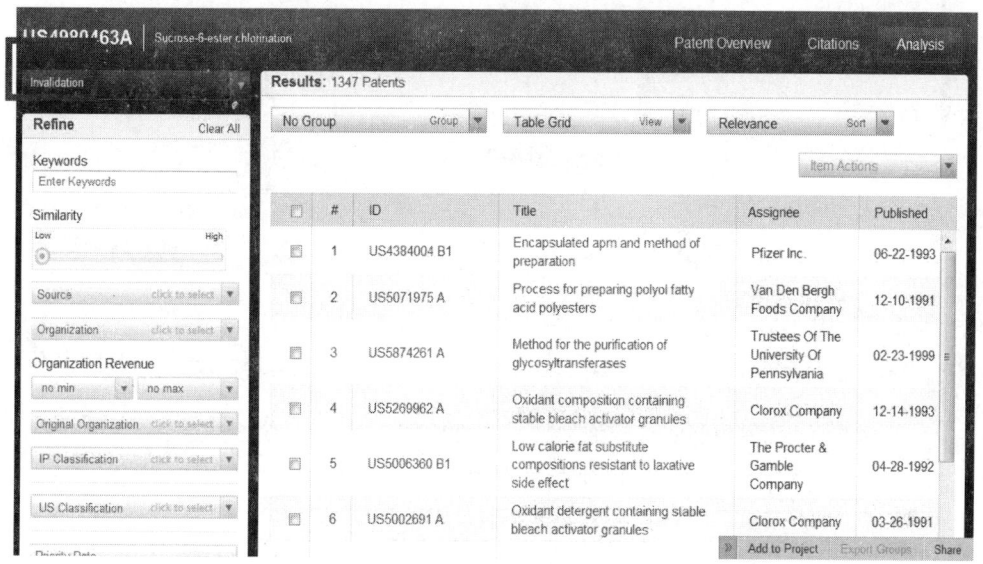

图 4-3-2-3

③ 把相似度度调整为 2，得到相关专利 87 篇，这意味着与 US4980463 相似度为 2 的专利有 187 篇，合并同族后仅 118 篇，如图 4-3-2-4，非创造性证据 US4617269 和 US4362869 相继找到。

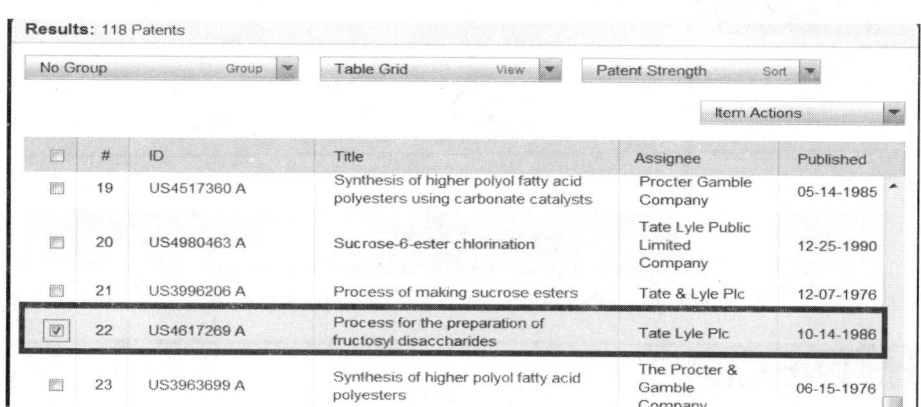

图 4-3-2-4

④ 相似度调整至 4（如图 4-3-2-5），得到相关专利 17 个，无效证据 US4380476 位列其中，如图 4-3-2-6。

（2）专利 US5470969 的无效检索。

① 对专利 US5470969 作无效分析，得到相似专利 483 篇如图 4-3-2-7。

图 4-3-2-5

图 4-3-2-6

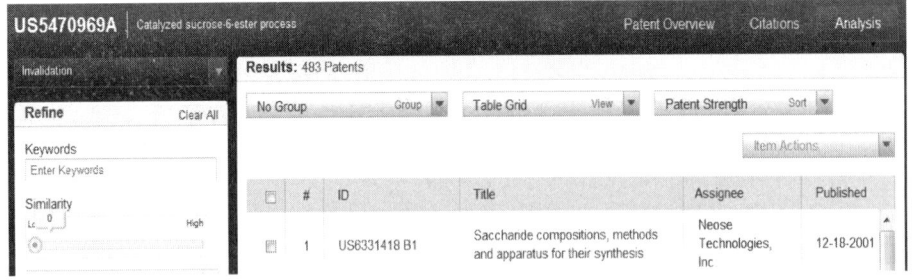

图 4-3-2-7

② 相似度调整为 5 的时候，如图 4-3-2-8，相似专利从 438 篇减少到 30 篇专利。

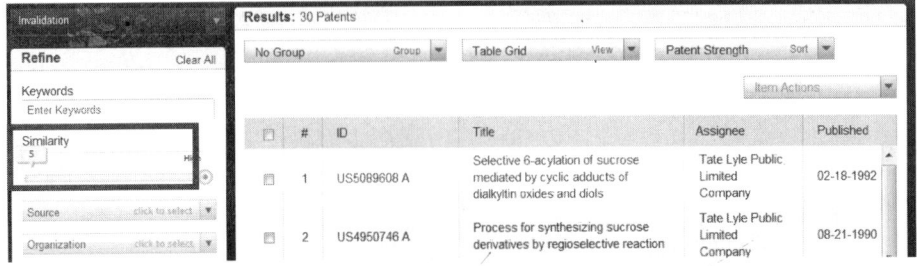

图 4-3-2-8

③ 再合并同族，仅剩 8 篇，专利 US5470969 的非创造性证据 US4950746、US5034551 在其中，如图 4-3-2-9。

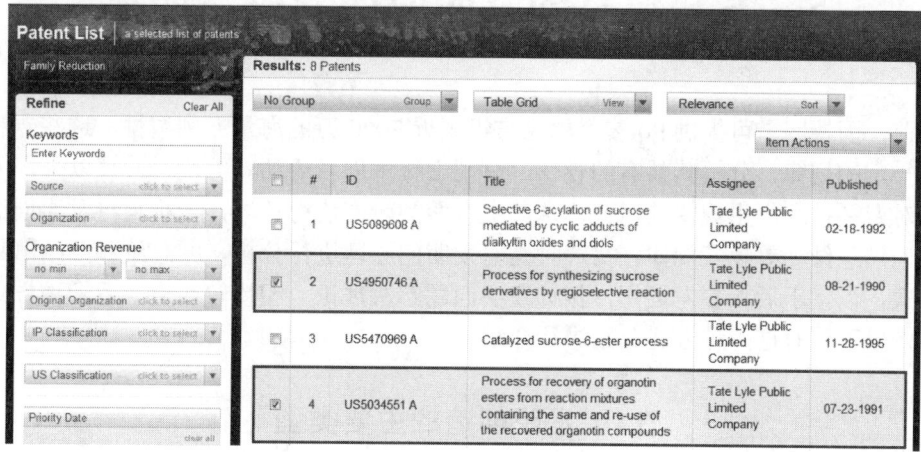

图 4-3-2-9

5 专利信息的发明原理分析与创新

目前,因特网上可提供 90 多个国家与组织近 7000 万的海量专利数据,这些专利的产生存在一定的规律,分析其共有的规律,有利于技术创新活动。因此,一直以来,人们从未停止对专利技术产生规律的研究,这其中有两类研究值得关注,一种是将发明创造的类型进行归纳总结,寻找其规律;另一种是对发明的原理进行分析,并总结和归纳出某些固定的模式,以便于后人参考运用,例如发明问题解决理论。相比较而言,后一种方式更具操作性,以下将对这两种方式分别进行介绍。

5.1 发明创造的主要类型

专利审查实践证明多数发明属于以下几种类型[1],分析发明创造类型的特点,可知什么类型的组合、什么类型的替代等可以产生新的发明,开拓发明思路,有利于科研人员有意识地利用这些方式产生新的发明创造。

发明创造按照创新的程度主要包括以下几种类型。

5.1.1 开拓性发明

开拓性发明,是指一种全新的技术方案,在技术史上未曾有过先例,它为人类科学技术在某个时期的发展开创了新纪元。

开拓性发明同现有技术相比,具有突出的实质性特点和显著的进步,具备创造性。例如,中国的四大发明——指南针、造纸术、活字印刷术和火药。此外,作为开拓性发明的例子还有:蒸汽机、白炽灯、收音机、雷达、激光器、利用计算机实现汉字输入等。

5.1.2 组合发明

组合发明,是指将某些技术方案进行组合,构成一项新的技术方案,以解决现有技术中客观存在的技术问题。

组合后的各技术特征在功能上是否彼此相互支持、组合的难易程度、现有技术中是否存在组合的启示以及组合后的技术效果等,往往会影响发明的高度。

(1)显而易见的组合。

如果要求保护的发明仅仅是将某些已知产品或方法组合或连接在一起,各自以其常规的方式工作,而且总的技术效果是各组合部分效果之总和,组合后的各技术特征之间在功能上无相互作用关系,仅仅是一种简单的叠加,则这种组合发明虽然比较简单,但有时也能带来使用方便的特点。

例如,一项带有电子表的圆珠笔的发明,发明的内容是将已知的电子表安装在已知的圆珠笔的笔身上。将电子表同圆珠笔组合后,两者仍各自以其常规的方式工作,在功能上没有相互作用关系,只是一种简单的叠加,这种组合发明比较容易。

---

[1] 参见知识产权出版社《专利审查指南 2010》第二部分第四章。

此外，如果组合仅仅是公知结构的变型，或者组合处于常规技术继续发展的范围之内，而没有取得预料不到的技术效果，则这样的组合发明只是一种新型的实用发明。

（2）非显而易见的组合。

如果组合的各技术特征在功能上彼此支持，并取得了新的技术效果；或者说组合后的技术效果比每个技术特征效果的总和更优越，则这种组合具有突出的实质性特点和显著的进步，发明具备创造性。

例如，一项"深冷处理及化学镀镍－磷－稀土工艺"的发明，发明的内容是将公知的深冷处理和化学镀相互组合。现有技术在深冷处理后需要对工件采用非常规温度回火处理，以消除应力，稳定组织和性能。本发明在深冷处理后，对工件不作回火或时效处理，而是在80℃±10℃的镀液中进行化学镀。这不但省去了所说的回火或时效处理，还使该工件仍具有稳定的基体组织以及具有耐磨、耐蚀的性能，并有与基体结合良好的镀层。这种组合发明的技术效果，对本领域的技术人员来说，预先是难以想到的，因而，该发明高度较高。

5.1.3 选择发明

选择发明，是指从现有技术中公开的宽范围中，有目的地选出现有技术中未提到的窄范围或个体的发明。

在进行选择发明高度的判断时，选择所带来的预料不到的技术效果是考虑的主要因素。

（1）如果发明仅是从一些已知的可能性中进行选择，或者发明仅仅是从一些具有相同可能性的技术方案中选出一种，而选出的方案未能取得预料不到的技术效果，则该发明高度不高。

例如，现有技术中存在很多加热的方法，一项发明是在已知的采用加热的化学反应中选用一种公知的电加热法，该选择发明没有取得预料不到的技术效果，因而该发明高度不高。

（2）如果发明是在可能的、有限的范围内选择具体的尺寸、温度范围或者其他参数，而这些选择可以由本领域的技术人员通过常规手段得到并且没有产生预料不到的技术效果，则该发明高度不高。

例如，一项已知反应方法的发明，其特征在于规定一种惰性气体的流速，而确定流速是本领域的技术人员能够通过常规计算得到的，因而该发明高度不高。

（3）如果发明是可以从现有技术中直接推导出来的选择，则该发明高度不高。

例如，一项改进组合物Y的热稳定性的发明，其特征在于确定了组合物Y中某组分X的最低含量，实际上，该含量可以从组分X的含量与组合物Y的热稳定性关系曲线中推导出来，因而该发明高度不高。

（4）如果选择使得发明取得了预料不到的技术效果，则该发明具有突出的实质性特点和显著的进步，发明高度较高。

例如，在一份制备硫代氯甲酸的现有技术对比文件中，催化剂羧酸酰胺和／或尿素相对于原料硫醇，其用量比大于0、小于等于100%（mol）；在给出的例子中，催化剂用量比为2%（mol）～13%（mol），并且指出催化剂用量比从2%（mol）起，产率开始提高；此外，一般专业人员为提高产率，也总是采用提高催化剂用量比的办法。一项制备硫代氯甲酸方法的选择发明，采用了较小的催化剂用量比（0.02%（mol）～0.2%（mol）），提高产率11.6%～35.7%，大大超出了预料的产率范围，并且还简化了对反应物的处理工艺。这说明，该发明选择的技术方案，产生了预料不到的技术效果，因而该发明具备创造性。

5.1.4 转用发明

转用发明，是指将某一技术领域的现有技术转用到其他技术领域中的发明。

转用的技术领域的远近、是否存在相应的技术启示、转用的难易程度、是否需要克服技术上的困难、转用所带来的技术效果等，会影响到发明的高度。

（1）如果转用是在类似的或者相近的技术领域之间进行的，并且未产生预料不到的技术效果，则这种转用发明高度不高。

例如，将用于柜子的支撑结构转用到桌子的支撑，这种转用发明高度不高。

（2）如果这种转用能够产生预料不到的技术效果，或者克服了原技术领域中未曾遇到的困难，则这种转用发明具有突出的实质性特点和显著的进步，发明高度较高。

例如，一项潜艇副翼的发明，现有技术中潜艇在潜入水中时是靠自重和水对它产生的浮力相平衡而停留在任意点上，上升时靠操纵水平舱产生浮力，而飞机在航行中完全是靠主翼产生的浮力浮在空中，发明借鉴了飞机中的技术手段，将飞机的主翼用于潜艇，使潜艇在起副翼作用的可动板作用下产生升浮力或沉降力，从而极大地改善了潜艇的升降性能。将空中技术运用到水中需克服许多技术上的困难，且该发明取得了极好的效果，所以该发明高度较高。

5.1.5 已知产品的新用途发明

已知产品的新用途发明，是指将已知产品用于新的目的的发明。

在进行已知产品新用途发明的发明高度判断时通常需要考虑：新用途与现有用途技术领域的远近、新用途所带来的技术效果等。

（1）如果新的用途仅仅是使用了已知材料的已知的性质，则该用途发明高度不高。

例如，将作为润滑油的已知组合物在同一技术领域中用作切削剂，这种用途发明高度不高。

（2）如果新的用途是利用了已知产品新发现的性质，并且产生了预料不到的技术效果，则这种用途发明具有突出的实质性特点和显著的进步，发明高度较高。

例如，将作为木材杀菌剂的五氯酚制剂用作除草剂而取得了预料不到的技术效果，该用途发明高度较高。

5.1.6 要素变更的发明

要素变更的发明，包括要素关系改变的发明、要素替代的发明和要素省略的发明。

在进行要素变更发明的发明高度判断时通常需要考虑：要素关系的改变、要素替代和省略是否存在技术启示、其技术效果是否可以预料等。

5.1.6.1 要素关系改变的发明

要素关系改变的发明，是指发明与现有技术相比，其形状、尺寸、比例、位置及作用关系等发生了变化。

（1）如果要素关系的改变没有导致发明效果、功能及用途的变化，或者发明效果、功能及用途的变化是可预料到的，则发明高度不高。

例如，现有技术公开了一种刻度盘固定不动、指针转动式的测量仪表，一项发明是指针不动而刻度盘转动的同类测量仪表，该发明与现有技术之间的区别仅是要素关系的调换，即"动静转换"。这种转换并未产生预料不到的技术效果，所以这种发明高度不高。

（2）如果要素关系的改变导致发明产生了预料不到的技术效果，则发明具有突出的实质性特点和显著的进步，发明高度较高。

例如，一项有关剪草机的发明，其特征在于刀片斜角与公知的不同，其斜角可以保证刀片的自动研磨，而现有技术中所用刀片的角度没有自动研磨的效果。该发明通过改变要素关系，产生了预料不到的技术效果，因此发明高度较高。

5.1.6.2　要素替代的发明

要素替代的发明，是指已知产品或方法的某一要素由其他已知要素替代的发明。

（1）如果发明是相同功能的已知手段的等效替代，或者是为解决同一技术问题，用已知最新研制出的具有相同功能的材料替代公知产品中的相应材料，或者是用某一公知材料替代公知产品中的某材料，而这种公知材料的类似应用是已知的，且没有产生预料不到的技术效果，则该发明高度不高。

例如，一项涉及泵的发明，与现有技术相比，该发明中的动力源是液压马达替代了现有技术中使用的电机，这种等效替代的发明高度不高。

（2）如果要素的替代能使发明产生预料不到的技术效果，则该发明具有突出的实质性特点和显著的进步，发明高度较高。

5.1.6.3　要素省略的发明

要素省略的发明，是指省去已知产品或者方法中的某一项或多项要素的发明。

（1）如果发明省去一项或多项要素后其功能也相应地消失，则该发明高度不高。

例如，一种涂料组合物发明，与现有技术的区别在于不含防冻剂。由于取消使用防冻剂后，该涂料组合物的防冻效果也相应消失，因而该发明高度不高。

（2）如果发明与现有技术相比，发明省去一项或多项要素（例如，一项产品发明省去了一个或多个零部件或者一项方法发明省去一步或多步工序）后，依然保持原有的全部功能，或者带来预料不到的技术效果，则具有突出的实质性特点和显著的进步，该发明高度较高。

5.2　发明问题解决理论

5.2.1　概述

发明问题解决理论是由前苏联发明家根里奇·阿奇舒勒（G. S. 阿奇舒勒）于 1946 年创立的。以根里奇·阿奇舒勒为首的数百名专家经过多年的系统性研究，从 250 万件高水平发明专利中归纳提炼出的一整套体系化的、实用的发明创新理论，在中国一般称为 TRIZ 理论❶，也音译为"萃智理论"。TRIZ 是俄文 теории решения изобреательских задач 的英文音译 Teoriya Resheniya Izobreatatelskikh Zadatch 的缩写，其英文全称是 Theory of the Solution of Inventive Problems。

TRIZ 理论大致成形于 20 世纪 70 年代，但在东西方冷战时代，TRIZ 理论的研究一直被作为苏联的国家机密，西方国家知之甚少。直到苏联解体后，大批 TRIZ 理论研究者移居美国等西方国家，TRIZ 理论的研究与实践得以迅速普及和发展，在军事、工业、航空航天等领域的技术创新中发挥巨大作用，被人们称为"超级发明术"。

---

❶　以下若无特殊说明，将对发明问题解决理论以其俄文名称的英文音译的首字母缩写的简称来表述，即称 TRIZ 理论。

在传统创新理论诸如试错法、头脑风暴法、形态分析法中，头脑风暴法流传最广。头脑风暴法可用于任何领域解决任何问题，其创新结果依赖于参与者的知识和经验以及其想象力和灵感，解决问题的方法没有规律可循。对发明创造类型的归纳虽然有利于寻找发明创造的规律，但是缺乏可操作性。与之形成明显对照的是，TRIZ 理论既强调解决问题的规律性，又提供了具体的操作工具。具体地说，与传统创新方法相比，TRIZ 理论认为一切技术系统的进化都是有规律可循的，并从技术系统演进的规律研究技术系统中出现的问题的解决方案，同时，TRIZ 理论还为技术问题的解决提供了问题分析和解决工具。与传统创新方法不同，目前 TRIZ 理论主要用于工程技术领域来解决技术问题。

近几年来，TRIZ 理论在欧洲、美国、日本、韩国等国家和地区迅速普及，也不乏成功的案例。如韩国的三星集团公司（包括三星电子 SEC、三星视界 SDI、三星先进技术研究院 SAIT、三星机电 SEM）在 2003 年成立 TRIZ 协会，当年在 67 个研究开发项目中应用 TRIZ 理论，节约经费 1.5 亿美元，产生了 52 项专利技术。2004 年以 1604 项专利超过 Intel，名列第 6，领先于竞争对手日立、索尼、东芝和富士通等。

在我国，也有越来越多的企事业单位和科研院所开始重视并研究 TRIZ。如中国航天、中国船舶、中国兵器等集团，以及清华大学、浙江大学、西南交通大学等高校。截至 2011 年 5 月，黑龙江省试点企业应用 TRIZ 理论产生专利 824 项，授权 669 项，其中发明专利 219 项，授权 123 项，解决核心技术难题 89 项；出版高校教材 3 部，编写、翻译培训教材、简易读本等 14 部，发放各种 TRIZ 理论图书教材资料 4 万多本。❶

5.2.2 TRIZ 理论体系的核心思想及主要内容

现代 TRIZ 理论的核心思想主要体现在三个方面。首先，无论是一个简单产品还是复杂的技术系统，其核心技术的发展都是遵循客观规律发展演变的，即具有客观的进化规律和模式。其次，各种技术难题、冲突和矛盾的不断解决是推动这种进化过程的动力。最后，技术系统发展的理想状态是用尽量少的资源实现尽量多的功能。

现代 TRIZ 理论体系主要包括以下几个方面的内容：

（1）创新思维方法与问题分析方法。

TRIZ 理论中提供了如何系统分析问题的科学方法，如多屏幕法等；而对于复杂问题的分析，则包含了科学的问题分析建模方法——物—场分析法，它可以帮助快速确认核心问题，发现根本矛盾。

（2）技术系统进化法则。

针对技术系统进化演变规律，在大量专利分析的基础上，TRIZ 理论总结提炼出八个基本进化法则。利用这些进化法则，可以分析确认当前产品的技术状态，并预测未来发展趋势，开发富有竞争力的新产品。

（3）技术矛盾解决原理。

不同的发明创造往往遵循共同的规律。TRIZ 理论将这些共同的规律归纳成 40 个创新原理，针对具体的技术矛盾，可以基于这些创新原理、结合工程实际寻求具体的解决方案。

（4）创新问题标准解法。

针对具体问题的物—场模型的不同特征，分别对应有标准的模型处理方法，包括模型

---

❶ 参见黑龙江省政府网站，网址：http://www.hlj.gov.cn/zwdt/system/2011/10/19/010243519.shtml。

的修整、转换、物质与场的添加等。

（5）发明问题解决算法 ARIZ。

主要针对问题情境复杂、矛盾及其相关部件不明确的技术系统。它是一个对初始问题进行一系列变形及再定义等非计算性的逻辑过程，能实现对问题的逐步深入分析、问题转化，直至问题的解决。

（6）基于物理、化学、几何学等工程学原理而构建的知识库。

基于物理、化学、几何学等领域的数百万项发明专利的分析结果而构建的知识库可以为技术创新提供丰富的方案来源。

5.2.3 TRIZ 理论的 40 个发明原理

系统矛盾冲突是 TRIZ 理论的一个核心要领，其表示隐藏在问题背后的固有矛盾。TRIZ 理论认为创造性问题的解决至少要解决一对矛盾冲突。在 TRIZ 理论中，主要有两类冲突，一类是技术矛盾冲突，一类是物理矛盾冲突。技术矛盾冲突是指系统某一个方面得到改进时，另一方面就会出现不希望得到的结果。如增加飞机发动机的功率，发动机的重量就要相应增加，这是不希望得到的结果。在传统西方方法中一般采取折中的方法来解决技术矛盾冲突。但是，折中的方法并不能完全消除矛盾冲突，而 TRIZ 采用创造性的方法可以完全消除冲突。物理矛盾冲突是指系统同时表现出的两种相反状态，比如对于高空跳水，水必须是"硬"的来支撑跳水者，而同时水又要是"软"的，这样才不会伤害跳水者。要求水在同一时间既是"硬"又是"软"两种状态就是物理冲突。TRIZ 理论采用时间空间的分离来解决物理冲突。

然而，系统矛盾冲突的分析并不意味着技术问题必然会得到解决，还需要找到解决技术问题的手段。在对专利研究中，阿奇舒勒发现，仅有 39 项工程参数在彼此相对改善和恶化，而这些专利都在不同的领域解决这些工程参数的冲突与矛盾。这些技术矛盾不断地出现，又不断地被解决。由此他总结出了解决技术冲突和矛盾的 40 个创新原理。之后，将这些冲突与冲突解决原理组成一个由 39 个改善参数与 39 个恶化参数构成的矩阵，矩阵的横轴表示希望得到改善的参数，纵轴表示某技术特性改善引起恶化的参数，横纵轴各参数交叉处的数字表示用来解决系统矛盾时所使用创新原理的编号。这就是著名的技术矛盾矩阵。阿奇舒勒矛盾矩阵为问题解决者提供了一个可以根据系统中产生矛盾的两个工程参数，从矩阵表中直接查找化解该矛盾的发明原理来解决问题。

考虑到技术矛盾矩阵的复杂性，为了便于理解和阅读，本书在下文中仅对 40 个发明原理及其在专利技术方案中的运用加以重点解析，其中案例解析部分基本涵盖了全部 40 个发明原理在专利技术创新中的运用。需要说明的是，本书的关注重点在于剖析 40 个发明原理在专利技术方案中的运用，但是，这并不意味着运用了 40 个发明原理的技术方案必然应当授予专利权，专利权的获得还需要符合专利法的相关规定。

原理是获得冲突解决所应遵循的一般规律，阿奇舒勒通过对 250 万件发明专利的分析研究，抽出了 40 个发明创新所遵循的原理[1]，这些原理成为 TRIZ 理论解决技术矛盾的关键。这些原理反映了 TRIZ 理论对创新性问题的认识和冲突处理过程。实际上，这 40 个发明原理是阿奇舒勒团队在 20 世纪 70 年代对 250 万件发明专利的分析成果。随着科技发展

---

[1] 本书对全部 40 个原理的介绍主要选编自《发明是这样诞生的——TRIZ 理论全接触》，杨清亮编著，机械工业出版社，2006 年 7 月第 1 版第 1 次印刷。

的日新月异,这些发明原理并不能完全覆盖全部专利技术,因此,有报道称,国外学者在40个发明原理基础上又新增了部分原理和矛盾参数,[1]但是,目前还没有比较权威的著作问世,这项研究应当还在探索之中。

表 5-2-3-1　TRIZ理论的40个发明原理

序号	原理名称(中/英)	释　义	举　例
1	分割 segmentation	(1)将物体分割成相互独立的部分。 (2)将物体分成容易组装和拆卸的部分。 (3)增加物体的分割程度	(1)用卡车加拖车的方式代替大卡车;用烽火传递信息(分割信息传递距离)。 (2)组合式家具;可利用快速拆卸接头将橡胶软管连接成所需要的长度。 (3)用活动的百叶窗代替整体的窗帘
2	抽取 extraction	(1)从物体中抽出产生负面影响的部分或属性。 (2)从物体中抽出必要的部分或属性	(1)由于压缩机用于压缩空气,所以将嘈杂的空调空气压缩机放在室外。 (2)榨取水果的果汁做成饮料,而不是使用整个水果
3	局部质量 (局部特性)[2] localconditions	(1)从物体或外部介质(外部作用)的一致结构过渡到不一致结构。 (2)物体的不同部分应当具有不同的功能。 (3)物体的每一部分处于最有利于其运行的条件下	(1)采用温度、密度、压力的梯度,而不用恒定的温度、密度、压力。 (2)带橡皮的铅笔,起订锤,安装有剪子、螺丝刀、修甲剪、瓶起子等工具的瑞士军刀。 (3)快餐饭盒中设置不同的间隔区来分别存放热、冷食物和汤,防止串味
4	非对称性 (增加不对称性) asymmetry	(1)物体的对称形式转为不对称形式。 (2)如果物体已经是不对称的,则加强它的不对称程度	(1)用不对称搅拌叶片可以加强搅拌效果;两脚插头再增加一脚后提高稳定性。 (2)为增强防水保温性,建筑上采用多重坡屋顶;将圆形的垫片改成椭圆形或者其他的不对称形状来提高密封度
5	合并(组合) consolidation	(1)在空间上把相同或相近的物体或操作加以合并。 (2)把时间上相同或类似的物体或操作加以合并	(1)集成电路板上的电子芯片;并行计算的多个CPU;火车车厢。 (2)通过转动水龙头完成调温的冷热水混水的水龙头;百叶窗的窄条连接起来;电话的拿起与接通
6	普遍性(多用性) universality	(1)一个物体执行多种不同功能,因而不需要其他物体	(1)可打印复印扫描的一体机;内部装有牙膏的牙刷柄

---

[1] http://wenku.baidu.com/view/ac83ea4be45c3b3567ec8be8.html.
[2] 括号内是另一种常见的中文表述方式,下同。

续表

序号	原理名称（中/英）	释义	举例
7	嵌套（套叠）nesting	（1）一个物体位于另一物体之内，而后者又位于第三个物体之内，等等。 （2）一个物体通过另一个物体的空腔	（1）俄罗斯套娃，一筒纸杯 （2）伸缩式天线，伸缩式镜头，雨伞柄，液压装置
8	配重 anti-weight	（1）将物体与具有上升力的另一物体结合以抵消其重量。 （2）将物体与介质（气动力、液动力、浮力等）相互作用以抵消其重量	（1）氢气球悬挂条幅；圆木中添加泡沫材料使其更好地漂浮。 （2）水翼使船浮出水面减小阻力；风筝利用风产生升力；液压千斤顶；用气球撑起故障大飞机，再用拖车运走
9	预先反作用 prior counteractio	（1）实现施加反作用，用来消除不利影响。 （2）如果一个物体处于或即将处于受拉伸状态，预先施加压力	（1）给树木刷漆防止腐烂；在溶液中加入缓冲剂防止高 PH 值带来的危害。 （2）在灌混凝土之前对钢筋施加压力
10	预先作用 prior action	（1）预先完成要求的动作或功能（整个的或部分的）。 （2）预先将物体安放妥当，使它们能在现场和最方便地点立即完成所需要的作用	（1）不干胶纸，超市卷状保鲜袋，食品袋的小切口。 （2）停车场的咪表，建筑物里的灭火器
11	事先防范 cushionin advance	（1）以事先准备好的应急手段补偿物体的较低可靠性	（1）降落伞备用伞包；应急消防通道；汽车的安全气囊
12	等势原则 equipotentiality	（1）在势能场内应避免位置的改变	（1）电子线路设计中，应避免电势差大的线路相邻。 （2）在两个不同高度水域之间的运河上的水闸
13	逆向思维 inversion	（1）用与原来相反的动作达到相同的目的。 （2）使物体或外部介质的活动部分成为不动的，而使不动的成为可动的。 （3）将物体（或过程）颠倒	（1）为了松开粘连在一起的部件，不是加热部件，而是冷冻内层物体使两个嵌套的物体分开。 （2）跑步机；旋转部件而不是旋转刀具。 （3）将杯子倒置，从下面冲入水来冲洗；切割机器人与工作台全部倒置，防止碎屑落到机器里边产生故障
14	曲面化 spheroidality	（1）从直线部分过渡到曲线部分，从平面过渡到球面，从立方体结构过渡到球形结构。 （2）利用滚筒、球体、螺旋状等结构。 （3）从直线运动改成旋转运动，利用离心力	（1）在建筑中采用拱形或圆屋顶来增加强度。或者，在结构设计中，用圆角过渡避免应力集中。 （2）圆珠笔的球状笔尖使得书写流利，而且提高了寿命。 （3）用洗衣机甩干衣物，代替原来拧干的方法

续表

序号	原理名称（中/英）	释 义	举 例
15	动态化 dynamicity	（1）物体（或外部介质）的特性的变化应当在每一工作阶段都是最佳的。 （2）将物体分成彼此相对移动的几个部分，各部分之间可相对改变位置。 （3）使不动的物体成为动的	（1）汽车的可调节式方向盘（或可调节式座位、后视镜等） （2）折叠椅/笔记本电脑。 （3）医疗检查中用到的柔性结肠镜
16	不足或超额行为 partial or excessive action	（1）如果难于取得百分之百所要求的功效，则应当取得略小或略大的功效，此时可能把问题大大简化	（1）滚筒上无法完全均匀喷漆，可以先喷涂过多的油漆，然后再甩掉多余的部分
17	一维变多维 shift to a new dimension	（1）将物体从一维变到二维和三维空间。 （2）利用多层结构替代单层结构。 （3）将物体倾斜或侧置。 （4）利用指定面的反面	（1）螺旋梯可以减少所占用的房屋面积。 （2）多碟 CD 机可以增加音乐的时间，丰富选择。 （3）自动装卸车。 （4）设计两面都能穿的衣服
18	机械振动 mechanical vibration	（1）使物体能够振动。 （2）如果已在振动，则提高它的振动频率（达到超声波频率）。 （3）利用共振频率。 （4）用压电振动器替代机械振动器。 （5）利用超声波振动同电磁场配合	（1）如电动筛。 （2）如振动送料器。 （3）用超声波共振来粉碎胆结石或肾结石。 （4）用石英晶体振荡驱动高精度的钟表。 （5）无锯末断开木材的方法，为减少工具进入木材的力，使用脉冲频率与被断开木材的固有振动频率相近的工具
19	周期作用 periodic action	（1）从连续作用过渡到周期作用（脉冲）。 （2）如果作用已经是周期的，则改变周期性。 （3）利用脉冲的间歇完成其他作用	（1）松开生锈的螺母时，用间歇性猛力比持续拧力有效。 （2）通过调整档位来改变按摩椅的振动频率。 （3）通过调整档位来改变按摩椅按摩方式，例如在揉转的间歇进行锤打
20	连续有效作用 continuity of useful action	（1）连续工作（物体的所有部分均应一直满负荷工作）。 （2）消除空转和间歇运转	（1）工厂中的连续生产作业。 （2）加工两个相交的圆柱形的孔如加工轴承离环的槽的方法，为提高加工效率，使用在工具的正反行程均可切削的钻头
21	紧急行动 rushing through	（1）高速跃过某过程或其个别阶段（如有害的或危险的）	（1）生产胶合板时用烘烤法加工木材，为保持木材的本性，在生产胶合板的过程中直接用 300℃～600℃的燃气火焰短时作用于烘烤木材

续表

序号	原理名称（中/英）	释义	举例
22	变害为利 convert a harm into a benefit	（1）利用有害因素（特别是介质的有害作用）获得有益的效果。 （2）通过有害因素与另外几个有害因素的组合来消除有害因素。 （3）将有害因素加强到不再有害的程度	（1）用废弃的热能发电。 （2）在腐蚀性的溶液中添加缓冲剂。 （3）恢复冻结材料的颗粒状的方法，为加速恢复材料的颗粒和降低劳动强度，使冻结的材料经受超低温作用
23	反馈（反向联系）feedback	（1）通过引入反馈或者进行反向联系。 （2）如果已经引入了反馈原理或者进行了反向联系，则改变其大小或者作用	（1）倒车雷达。 （2）汽车副驾驶座位如果没有系安全带会报警，通过增强报警声音或者持续报警，以使副驾驶人员系上安全带
24	中介物 mediator	（1）利用可以迁移或有传送作用的中间物体。 （2）把另一个（易分开的）物体暂时附加给某一物体	（1）木匠的冲钉器。 （2）机场利用传送带传送行李
25	自我服务 selfservice	（1）物体应当具有自动补充和自动恢复的功能以完成自我服务。 （2）利用废料（资源、能量或物质）	（1）饮水机。 （2）麦秸或玉米杆等直接填埋做下一季庄稼的废料
26	复制 copying	（1）用简单而便宜的复制品代替难以得到的、复杂的、昂贵的、不方便的或易损坏的物体。 （2）用光学拷贝（图像）代替物体或物体系统。此时要改变比例（放大或缩小复制品）。 （3）如果已经利用可见光的复制品，则转为红外线的或紫外线的复制	（1）虚拟驾驶游戏机。 （2）通过测量照片来测量一个对象。 （3）用红外图象来检测热源，例如对于农作物疾病，或者安保系统中的入侵者
27	一次性用品 disposable objects	（1）用廉价物体代替一个昂贵物体，放弃某些品质（如持久性）	（1）一次性的捕鼠器是一个带诱饵的塑料管；老鼠通过圆锥形孔进入捕鼠器，孔壁是可伸直的，老鼠只能进，不能出
28	机械系统的替代 replacement of mechanical system	（1）用光学、声学等感官刺激的方法代替机械手段。 （2）用电场、磁场和电磁场同物体相互作用。 （3）由恒定场转向不定场，由时间固定的场转向时间变化的场，由无结构的场转向有一定结构的场。 （4）利用铁磁颗粒组成的场	（1）在天然气中加入气味难闻的混合物，警告用户发生了泄漏。 （2）用磁铁吸引金属粉末。 （3）早期通信中采用全方位的发射，现在使用有特定发射方式的天线。 （4）在热塑材料上涂金属层的方法是将热塑材料同加热到超过它的熔点的金属粉末接触，为提高涂层与基底的结合强度及密实性，在电磁场中进行此过程

续表

序号	原理名称（中/英）	释 义	举 例
29	气体与液压结构 pneumatics or hydraulic construction	（1）用气体结构和液体结构代替物体的固体部分，这些零部件可使用气体或水的膨胀，或空气或液体静压缓冲的功能	（1）充气和充液的结构，如气枕
30	柔性外壳或薄膜 flexible "shells" or thinfilms	（1）利用软壳和薄膜代替一般的结构。 （2）用软壳和薄膜使物体同外部介质隔离	（1）充气儿童城堡。 （2）充气混凝土制品的成型方法是在模型里浇注原料，然后在模中静置成型，为了提高膨胀程度，在浇注模型里的原料上罩以不透气薄膜
31	多孔材料 porous materials	（1）把物体作成多孔的或利用附加多孔元件（镶嵌、覆盖，等等）。 （2）如果物体是多孔的，事先用某种物质填充空孔	（1）机翼用泡沫金属。 （2）电机蒸发冷却系统的特征是，为了消除给电机输送冷却剂的麻烦，活动部分和个别结构元件由多孔材料制成，例如渗入了液体冷却剂的多孔粉末钢，在机器工作时冷却剂蒸发，因而保证了短时、有力和均匀的冷却
32	改变颜色 change the color	（1）改变物体或其周围环境的颜色。 （2）改变物体或外部介质的透明度。 （3）为了观察难以看到的物体或过程，利用染色添加剂。 （4）如果已采用了颜色添加剂，则采用借助发光迹线追踪物质	（1）在冲洗照片的暗房中使用红色暗灯。 （2）感光玻璃。 （3）为了研究水流，给水加入颜料
33	同质（一致性） homogeneity	（1）同指定物体相互作用的物体应当用同一（或性质相近的）材料制成	（1）获得固定铸模的方法是用铸造法按芯模标准件形成铸模的工作腔，为了补偿在此铸模中成型的制品的收缩，芯模和铸模用与制品相同的材料制造
34	抛弃与再生 rejecting and regenerating parts	（1）已完成自己的使命或已无用的物体部分应当剔除（通过溶解、蒸发等手段）或在工作过程中直接变化。 （2）消除的部分应当在工作过程中直接再生	（1）在药品中使用消溶性的胶囊。 （2）检查焊接过程的高压区的方法是向高温区加入光导探头，为改善在电弧焊和电火花焊接过程中检查高温区的可能性，利用可熔化的探头，它以不低于自己熔化速度的速度被不断地送入检查的高温区
35	物理/化学状态变化 transform the physical/ chemicalstate	（1）改变物体的物理/化学状态，浓度/密度，柔性，温度。这里包括的不仅是简单的过渡，例如从固态过渡到液态，还有向"假态"（假液态）和中间状态的过渡，例如采用弹性固体	（1）将氧气、氮气或石油气从气态转化为液态，以减小体积

5 专利信息的发明原理分析与创新

续表

序号	原理名称（中/英）	释 义	举 例
36	相变 phase transformation	（1）利用相变时发生的现象，例如体积改变，放热或吸热。	（1）密封横截面形状各异的管道和管口的塞头，为了规格统一和简化结构，塞头制成杯状，里面装有低熔点合金。合金凝固时膨胀，从而保证了结合处的密封性
37	热膨胀 thermal expansion	（1）利用材料的热膨胀（或热收缩）。 （2）利用一些热膨胀系数不同的材料	（1）过盈配合装配中，冷却内部件使之收缩，加热外部件使之膨胀，装配完成后恢复到常温，内外部件就实现了紧配合装配。 （2）温室盖用铰链连接的空心管制造，管中装有易膨胀液体，温度变化时，管子重心改变，因此管子自动升起和降落
38	加速氧化 strengthen oxidation	（1）用富氧空气代替普通空气。 （2）用氧气替换富氧空气。 （3）用电离辐射作用于空气或氧气。 （4）用臭氧替换电离的空气	（1）水下呼吸器中存储浓缩空气，以保持长久呼吸。 （2）用高压氧气处理伤口，既杀灭厌氧细菌，又帮助伤口愈合。 （3）空气过滤器通过电离空气来捕捉污染物。 （4）利用在氧化剂媒介中化学输气反应法制取铁箔，为了增强氧化和增大铁箔的均一性，该过程在臭氧媒质中进行
39	惰性环境 inertenvironment	（1）用惰性介质代替普通介质。 （2）在真空中进行某过程	（1）用氩气等惰性气体填充灯泡，防止发热的金属灯丝氧化。 （2）真空包装
40	复合材料 composite materials	（1）由同种材料转为混合材料	（1）复合的环氧树脂/碳素纤维高尔夫球杆更轻，强度更好，而且比金属更具有柔韧性。用作航空材料也是相同情况

5.3　40个发明原理在技术创新中的运用解析

5.3.1　建筑材料

5.3.1.1　案例1：制备高性能混凝土的方法

（1）现有技术。

一种高效能混凝土的制备方法，属建筑材料领域。该混凝土由标号大于525号（含525号）硅酸盐类水泥加入改性材料、超塑化剂、膨胀性材料配合而成。其配方为标号大于525号（含525号）硅酸盐类水泥65%～80%，改性材料10%～25%，超塑化剂1.5%～2.5%，膨胀性材料7%～15%制成水泥，然后再按一般混凝土配制方法按不同配比加入普通砂子、

301

石子、水制备成混凝土。改性材料为磨细高炉矿渣、粉煤灰、沸石岩粉、硅灰中的任一种。超塑化剂为微沫剂。膨胀性材料为一般混凝土膨胀剂如 U 形混凝土膨胀剂，复合膨胀剂，明矾石膨胀剂。

高效能混凝土（High Performance Concrete，HPC）是法国、美国、日本、加拿大等国家最近几年研究开发的一种新型混凝土，它在配合比设计思路上较传统的混凝土有了一个新的突破。与传统的混凝土相比，高效能混凝土具有高施工性（满足泵送或微振要求）、高强度（28 天强度不低于 50MPa）、低干缩、高抗渗性、高耐久性等特点，适用于高层建筑、桥梁、高塔、核反应堆保护壳以及抗爆工程等有较高耐久性要求的混凝土工程。

（2）技术问题。

现有技术中，提高混凝土强度需要加入三种物质：改性材料、超塑化剂、膨胀性材料。既有粉状物质，又有液体状物质，在施工现场需要同时或者依次加入这些物质，存在操作不方便、原材料运输不方便等问题；而且"制备高性能混凝土的方法"不是一种能在市场上销售的产品，无法在市场上销售。

（3）矛盾分析。

上述三种材料中，作为改性材料，磨细高炉矿渣、粉煤灰、沸石岩粉、硅灰中的任一种都是粉状；作为膨胀性材料，混凝土膨胀剂如 U 形混凝土膨胀剂、复合膨胀剂或明矾石膨胀剂，也是粉状；而微沫剂是一种液体材料。问题是要想将三种材料混合成可以使用水泥包装袋包装的混合物，就必须将微沫剂变成粉状物质。存在的技术矛盾：纸袋包装外加剂组合物与液体微沫剂的矛盾。

改善的参数：粉状外加剂可以使用纸袋包装，便于运输，即适用性增强。

恶化的参数：微沫剂成液体状，将液体变成粉状，方便程度降低，即可制造性变差。

（4）TRIZ 原理应用。

针对上述矛盾，适用原理 1 和原理 35。即采用分割原理，将物体分割成独立的部分，本发明将提高混凝土强度的一部分材料分割出来，克服其缺点，制成一种可以单独销售的添加剂。

将加入水泥中的改性材料、超塑化剂、膨胀性材料单独分离出来，按照所述的比例：改性材料 10%～25%：超塑化剂 1.5%～2.5%：膨胀性材料 7%～15%配置组成新的外加剂，作为新的单独外加剂产品，可以方便使用，但是由于这种外加剂中含有粉状、液体状，无法单独包装。

（5）解决思路和关键步骤。

通过查找专利：石灰晶由三乙醇胺、碳酸钙、微沫剂等原料组成，其特征在于：①把三乙醇胺用 5 倍清水稀释，再分别与微沫剂、碳酸钙混合搅拌均匀，烘干即得成品石灰晶。②石灰晶加入砂浆中搅拌，能产生大量的微沫，改变砂浆两相界面的活力，提高砂浆的和易性和保水性，对砂浆起塑化作用。

关键的步骤是将液体微沫剂变成粉状产品，同时保持其原有特性。

（6）实际解决的技术方案或结论。

石灰晶专利正是将液体微沫剂通过加入其他物质转化为粉状物质石灰晶，其作用是对水泥砂浆起塑化作用，同样对混凝土起塑化作用。虽然在石灰晶中加入了三乙醇胺和碳酸钙，但是三乙醇胺是混凝土常用的早强剂，碳酸钙是一种填料，不会引起外加剂性能大的变化，因此，先将微沫剂变为粉状材料，然后再与改性材料和膨胀剂混合，制成粉状外加剂，既方便运输，也方便使用，同时也不会降低其性能。

5.3.1.2　案例2：水泥熟料和含有该水泥熟料的水泥

（1）背景技术。

随着建筑、施工技术合理化和省力化的推进，对水泥的需求也多样化和复杂化起来，而且在高层钢筋混凝土和充填钢管混凝土（CFT）等构件上开始应用高强度和高流动性混凝土，并在混凝土大坝和大构件尺寸混凝土构件等上开始应用所谓的大体积混凝土。

要进一步提高高强度和高流动性混凝土的强度，必须提高包含水泥粘合料在内物料全体的流动性，并保持混凝土流动性不变，同时进一步降低单位水量，或者抑制包含水泥在内的粘合料整体所产生的水合发热量，提高粘合料强度显现性。

但是，流动性和强度是性质相反的两种性质，具有一方提高、另一方降低的关系。因此，同时解决这两个课题并不容易。此外，要完成降低水合热这个课题十分困难，而已有技术难以解决这些课题。

（2）技术问题。

问题在于如何进一步增大高强度和高流动性混凝土的强度，即在提高水泥流动性的同时，维持长期强度以及抑制水合热。因此需要发明一种低水灰比下显示高流动性和低粘性，即使经历受热过程的场合下也能显示出高强度，而且自收缩量低的高强度和高流动性混凝土使用的水泥。同时发明一种对于温度裂纹和自收缩作用而产生裂纹的抑制作用优良的大体积混凝土使用的水泥。

（3）矛盾分析。

为了使混凝土高强度化必须降低水灰比，其结果是混凝土粘性增大使流动性丧失，从而使泵的输送性能恶化和施工性能降低。

此外，降低水灰比将导致水泥量增加，结果在水合反应时发热量增大，进而导致经历高温加热过程的实际构件的强度明显降低。

运用TRIZ理论分析技术问题可以得出如下技术矛盾：

改善的参数是降低水灰比，即混凝土强度改善；恶化的参数是输送性能和施工性能降低，即可制造性变差。

改善的另一个参数是增加水泥量，即施工性能改善；恶化的参数是反应热增大，应力增加，导致混凝土强度降低。

（4）TRIZ原理运用。

针对上述技术矛盾，至少使用如下原理：

① 第一个矛盾适用原理11、3、10、32；

② 第二个矛盾适用原理35、19、1、37、10、32。

由此可见，要想解决这些矛盾，经过分析可以采用原理3、10、11、35、37。

发明原理3：局部质量原理，使物体的每一部分处于最有利于其运行的条件下，即改变水泥的部分成分，使其反应热处于合理的范围之内。

发明原理10：预先作用原理，预先完成部分或者全部的动作或功能，即改变水泥的成分或增加其他物质，预先让水泥不产生热应力，从而导致混凝土不产生热应力，导致强度下降。

发明原理11：事先防范原理，针对物体相对较低的可靠性，预先准备好相应的应急措施,要想使混凝土不产生不利的热应力或者消除热应力,可以改变水泥的成分结构或者加入其他物质改善其性能。

发明原理35:物理/化学状态变化原理,改变物体的物理/化学状态、浓度/密度、柔性、温度,本发明改变水泥的化学成分使水泥的物理状态发生变化。

发明原理37:热膨胀原理,本发明利用热膨胀或热收缩的材料,改变水泥成分,使热膨胀性能发生变化,有利于混凝土强度。

(5)解决思路和关键步骤。

为了解决上述问题,要求所说的水泥熟料中的 Al_2O_3 和 Fe_2O_3 之比值,即 Al_2O_3/Fe_2O_3(以下记作 IM 值)处于 0.05~0.62 之间。

已知水泥中的 $3CaO \cdot Al_2O_3$(以下记作 C_3A)水合反应活性高,水合热大,而且自收缩量也高,在制造中等热波特兰水泥和低热波特兰水泥的情况下,使 C_3A 含量从普通波特兰水泥的 9 重量%左右减少到 2~4 重量%的程度。

当水泥熟料中的 IM 处于 0.62 附近时,用伯格公式计算出的间隙物质,仅形成斜硅钙石(C_4AF),而在计算上不形成 C_3A。

在制造水合反应活性高、水合热也大的混凝土时,通过使混合料中吸水量高且自收缩最大的 C_3A 降低到零,可以提高流动性和降低自收缩作用。

此外,随着 IM 的降低,斜硅钙石的组成也从 C_4AF 转变成 C_6AF_2,水泥的水合热降低,流动性提高。

而且,由于自收缩作用 C_3A 最大,C_4AF 次之,C_6AF_2 最小,所以上述的组成变化将导致进一步降低自收缩性。

因而本发明查明,除了仅使 C_3A 降低到零产生的效果之外,再通过降低水泥熟料的 IM 使斜硅钙石组成产生变化,是解决本课题的有效手段。

不仅如此,当间隙物质是 C_2F 组成的斜硅钙石(IM=0 附近)时,由于砂浆压缩强度提高不充分,所以将 IM 值设定在 0.05 附近。除了微量成分在 $2CaO \cdot SiO_2$(以下记作 C_2S)中固溶量变化的影响之外,由于水泥熟料中 Al_2O_3 量减少,使 C_2S 结晶增大,水泥粉碎过程中 C_2S 粉碎难也是 IM 值设定在 0.05 附近的原因之一。

本发明中最好使 C_2S 含量处于 35~75 重量%范围内。

水泥熟料中的 C_2S 含量,若低于 35 重量%,则 C_3S 含量就会相对增大,混凝土的发热量加大,经历加热过程情况下的强度显现性低,与低热波特兰水泥相比混凝土的绝热温度上升比强度(与绝热下温度每上升 1℃相当的强度)不增大。

反之,超过 75 重量%时,强度显现速度减缓,不能得到预定的强度。而且,与低热波特兰水泥相比,混凝土的绝热温度上升比强度并不增大。

这种混凝土的温度上升比强度,是混凝土温度裂纹抵抗性指标。

混凝土对温度裂纹的抵抗性,随着混凝土的拉伸强度与相应应力之比的增大而增加。也就是说,若强度相同而相应应力越小,或者若相应应力相同而拉伸强度越大,则对温度裂纹的抵抗性越高。

此外,在构件的各种条件相同的情况下,相应应力随混凝土发热量的增大而增大。

关于混凝土对温度裂纹抵抗性的详细评价,虽然必须采用有限因素法等温度应力解析法进行,但是在比较混凝土本身的温度裂纹抵抗性时,可以简单地利用与绝热下温度上升

1℃相当的强度（压缩）作为指标。

这是因为拉伸强度与抗压强度之间具有相关关系的缘故。而且，在本发明中还可以在含有 Al_2O_3 和 Fe_2O_3 且 IM 处于 0.05～0.62 之间的水泥熟料的水泥组合物中，配入 2～25 重量%、粒径 20μm 以下的飞灰。之所以配入粒径 20μm 以下的飞灰，是因为若粒径处于 20μm 以下，则飞灰可以充填到水泥颗粒之间，因填料的效果可以在不提高粘度的条件下来提高流动性。而且，之所以配入 2～25 重量%飞灰，是因为若飞灰配入量低于 2 重量%，则得不到充分的填料效果，反之若超过 25 重量%，则强度的出现速度减慢，不能得到预定强度。

此外，作为这种飞灰的代用品，也可以配入 10～60 重量%的布莱恩比表面积为 5000～10000cm^2/g 的高炉炉渣细粉。

高炉炉渣细粉的布莱恩比表面积若高于 5000cm^2/g，则在水泥颗粒之间充填高炉炉渣。由于具有填料的效果，能够在粘度不上升的条件下提高流动性。但是若超过 10000cm^2/g，则为了在混凝土中获得预定加工性能，必须增加分散剂使用量，因而不经济。

当高炉炉渣的配入量不足 10 重量%时，得不到充分的填料添加效果，反之若超过 60 重量%，则强度显现速度减慢，不能得到预定强度。

（6）实际解决的技术方案或结论。

本发明提供一种水泥熟料，所说的水泥熟料中的 IM 值处于 0.05～0.62 之间。一种水泥，含有 Al_2O_3 和 Fe_2O_3 且 IM=0.05～0.62 的水泥熟料，$2CaO·SiO_2$ 含量为 35～75 重量%。其用于大体积混凝土中，用于高强度和高流动性混凝土中。该水泥中混有 2～25 重量%的粒径为 20μm 以下的飞灰、10～60 重量%布莱恩比表面积为 5000～10000cm^2/g 的高炉炉渣细粉。还提供一种高强度和高流动性混凝土，含有该水泥和分散剂，且水灰比处于 30%以下。

5.3.1.3 案例3：一种泡沫混凝土

（1）技术背景或现有技术。

泡沫混凝土是利用机械方式将发泡剂（水溶液）制作成泡沫，再将泡沫混入到硅质材料（砂、粉煤灰）、钙质材料（水泥、石灰）等以及各种外掺料和水组成的混合料中，搅拌均匀浇筑成各种所需的规格，经养护而成的含有大量封闭气孔的轻质混凝土。泡沫混凝土中具有大量封闭的细小孔隙，具有很好的保温隔热性能，可以用作墙体保温隔热材料。泡沫混凝土中可大量使用粉煤灰、矿渣、氧化铝赤泥等工业废料做填充材料。

（2）要解决的技术问题。

如何通过添加骨料和调整配比制成一种泡沫混凝土，使其兼具轻质、防水、耐火、保温、抗冻、抗裂和抗震等功能，并能特别适合在寒区工程保温层和地下工程堵水及抗震层使用。

（3）矛盾分析。

泡沫混凝土产品普遍存在收缩大、吸水、易开裂等缺陷。试验和工程实际统计数据表明，几种典型的水泥基材料的收缩率波动为：水泥净浆（1500～3000）×10^{-6}，水泥砂浆（900～1500）×10^{-6}，水泥混凝土（600～900）×10^{-6}，泡沫混凝土（2500～3500）×10^{-6}。可见，普通水泥混凝土的收缩率最小，水泥净浆收缩率较大，泡沫混凝土的收缩率最大，同时泡沫混凝土抗拉强度又最低，一旦泡沫混凝土收缩受到限制，则非常容易开裂，影响泡沫混凝土正常使用。

吸水率高，反而不易保温；孔隙率高，保温效果好，但是强度往往比较低，易开裂。

改善的参数是减轻混凝土质量，混凝土质量轻，体积增加；恶化的参数是混凝土强度降低，易开裂。

改善的参数是减轻混凝土质量，产生轻质效果；恶化的参数是水吸收率变大，影响保温性能。

（4）TRIZ 原理运用。

移植法是将某一个领域中已经发现的新原理、新技术、新方法移植、应用或者渗透到其他学科、技术领域中去，为解决其他学科、技术领域中的疑难问题提供启动或帮助，从而使它得到新发展的一种发明创造方法。

最早的发泡技术是从做面包和蒸馒头开始的。由于面包和馒头在做熟的过程中，内部产生大量的气体而使其体积膨胀，变得松软可口。将发泡技术用于水泥，就发明了泡沫混凝土。

第一个矛盾适用原理 28、2、10、27；第二个矛盾适用原理 21、36、39、31。结合本案例分析，采用原理 31、10。

发明原理 31（多孔材料）体现在两个方面：① 使物体多孔或添加多孔元素；② 如果一个物体已经是多孔的，则利用这些孔引入有用的物质或功能。此发明引入了多孔物质闭孔珍珠岩，以及加入发泡剂，使混凝土形成很多孔。

发明原理 10（预先作用）体现在两个方面：① 预先完成要求的动作或功能；② 预先将物体安放妥当，使它们能在现场和最方便地点立即完成所需要的作用。此发明为了抵消引入气泡导致混凝土易开裂的后果，而加入纤维，提高了泡沫混凝土的抗裂、抗渗、抗震和抗冻性能，增加了泡沫混凝土的韧性和耐磨性。

（5）解决思路和关键步骤。

技术方案中，轻集料为闭孔珍珠岩，具有强度高、轻质、保温隔热、电绝缘性能好、纯度高、颗粒均匀、吸水率低等显著特点。该方案有效地解决了传统膨胀珍珠岩吸水率高的缺点，并且选用了硅烷基憎水剂作为防水剂，该憎水剂的防水原理是：硅烷中亲水的有机官能团水解形成高反应活性的硅烷醇基团，该基团能和水泥水化产物中的羟基基团进行不可逆反应形成化学结合，从而使通过交连作用连接在一起的硅烷牢固地固定在水泥砂浆中孔壁的表面。由于憎水的有机官能团朝向孔壁的外侧，使得孔隙的表面获得了憎水性，由此为砂浆带来了整体的憎水效果。选用该憎水剂作为本产品的防水剂，成功地解决了传统防水剂通过填充混凝土孔隙来达到防水目的而与泡沫混凝土相矛盾的问题。按上述配方生产出来的泡沫混凝土具有良好的防水效果。

所采用的方案中，加入了改性聚丙烯束状 19mm 单丝纤维或改性聚丙烯束状 6mm 单丝纤维，该纤维经搅拌后，因受到水泥的冲击，形成一根根束状单丝或互相牵扯乱向分布纤维，减少了泡沫混凝土早期的塑性收缩裂级和应力裂级，极大地提高了泡沫混凝土的抗裂、抗渗、抗震和抗冻性能，增加了泡沫混凝土的韧性和耐磨性。

（6）实际解决的技术方案或结论。

技术方案如下：

所述的泡沫混凝土成分包括胶凝材料、轻集料、水、外掺料和发泡剂。一种泡沫混凝土由以下重量百分比原料组成：

① 胶凝材料：

水泥 100 份；
粉煤灰 10～30 份。
② 轻集料：
珍珠岩 5～20 份。
③ 水 30～60 份。
④ 外掺料：
防水剂 0.5～2 份；
防冻剂 1～2.5 份；
减水剂 0.8～1.2 份；
促凝剂 2～5 份；
纤维 0.09～0.12 份。
⑤ 发泡剂：体积（升）占水泥重量（公斤）的百分比为 100%～170%。

所述的水泥为强度等级 42.5 级或 52.5 级的普通硅酸盐水泥；所述的粉煤灰为一级粉煤灰；所述的珍珠岩为闭孔珍珠岩；所述的防水剂为硅烷基憎水剂；所述的防冻剂为复合型防冻剂；所述的减水剂为聚羧酸减水剂；所述的纤维为改性聚丙烯束状 19mm 单丝纤维或改性聚丙烯束状 6mm 单丝纤维，该纤维经-75℃实验纤维性能无变化；所述的促凝剂为 HSA 高效速凝剂；所述的发泡剂为 HT 复合发泡剂。

5.3.2 日用品

5.3.2.1 案例 1：可调节镜片屈光度的视力纠正眼镜

（1）背景技术。

现有的眼镜以视力的纠正功能可分为近视镜、远视镜和平光镜三种，若配以不同色泽的镜片则可成为滤色镜，可作为一种时装眼镜和太阳眼镜。由于这些眼镜的镜片是玻璃、塑料材料制作的，所以其镜片的屈光度是固定不变的。在加工工艺上也有严格的规定和要求。由于人们在日常生活中掌握眼保健知识和营养知识方面的差别，或是生理上的原因，为数不少的人必须戴上眼镜来纠正视力。其中除平光镜外，近视镜和远视镜都会随戴镜时间的延长而不断地加深镜片的度数，因此也就不得不定时更换眼镜，以适应日常生活所需。据有关眼睛医学知识得知，如果患者能对视力下降的眼睛及时地根据循序渐进的原则和生物体的适应性特征戴上合适的纠正度数的眼镜，再配合适当的营养和眼保健措施，即可每隔五天或七天把镜片的度数降低一点，并长期坚持，则可在不影响工作和学习的情况下，使眼睛的视力自然而然地恢复正常，最后脱掉眼镜。

但是在生活现实中，人们不可能采用上述办法来达到纠正视力的目的。因为，人们无法花费那么多的钱去购买数十副眼镜来满足纠正视力的需要。于是人们采用各种光、磁、电的保健眼镜或装置来追求纠正视力的目的。但至今未见有可由患者自己自由调整眼镜镜片屈光度的眼镜。

（2）要解决的技术问题。

要解决的技术问题是如何才能使患者自己自由调整眼镜镜片屈光度。

使用时，作为近视镜，可将调节钮移向镜脚细管的后部；作为远视镜，可将调节钮移向细管的前部；如正好移至细管的中间部位，即为平光镜。液体介质为深色，可作太阳镜；液体介质是流行色彩，则可作时装镜。

当镜片间注入液体介质后，推动镜脚内的活塞，即可使液体介质的张力发生变化，里侧的镜片在液体介质与大气压力的作用下，以镜片的四周为支点，使作用力作用至镜片中心点的力臂最长，所以里侧的镜片中心的形变最大，而镜面从中心点向镜面四周的形变程度是递减的，这样就保持了镜面呈一定的弧度，并可使镜片焦点投射准确。

若将两镜片框对折重叠，即可作为望远镜使用。

（3）矛盾分析。

要制作不同度数的眼镜，需要制成不同度数的镜片，以适应不同的人员。增加眼镜的数量势必会使眼镜的适应性或多用性变差，因此主要矛盾是眼镜数量与适应性或多用性之间的矛盾。

（4）TRIZ 原理运用。

针对此矛盾，可以采用原理 3、15、29。

发明原理 3：局部质量原理，将物体或外部环境的同类结构转换成异类结构，本发明将镜片变成不同类的结构，即镜片由不同材料组成。

发明原理 15：动态化原理，使物体或其环境自动调节，以使其在每个动作阶段的性能达到最佳；把物体分成几个部分，各部分之间可相对改变位置；将不动的物体改变为可动的，或具有适应性。本发明将镜片变成由注入液体调节成不同度数的镜片。

发明原理 29：气体与液压结构原理，使用气体或液体代替物体的固体零部件，这些零部件可使用气体或水的膨胀，或空气或液体静压缓冲功能。本发明使用液体代替部分镜片，达到多用途目的。

（5）解决思路和关键步骤。

镜片框的一侧按常规配上镜脚。两个镜片框间的跨梁是可以对折的，对折部分制成转轴状的，由轴销固定。这样的镜片框对折时应保持两镜片的焦距中心点重叠。在两个镜片之间可通过进液孔注入透明液体介质，这种液体介质的密度应与制作镜片的聚酯材料的密度相近似。如采用三氟氯乙烯——乙烯共聚物或三甘醇二脂作镜片材料，则可用无水酒精作为充实两镜片之间的液体介质。

镜脚按常规装配在镜片框上，并在与镜片框的最近处的镜脚下端开一个小孔，小孔内可固定一根进液软管，此软管的另一端固定在镜片框边上的小孔上，使镜脚与两镜片之间相通。则液体介质可在镜脚与两镜片间流动。

镜脚是管状的，将镜脚的全长分成均等的两段，与镜片框相近的一段粗些，另一段细一些。在粗管中内设一个活塞，其活塞杆从粗管引向细管，细管内加工有螺纹槽；活塞可在粗管内移动，活塞杆随活塞的移动可在粗细两管中移动。

活塞杆的末端与一个调节钮相接，调节钮与固定器相连。调节钮的手动钮暴露在镜脚里侧的滑槽外部，推动调节钮，也可移动活塞。当推动调节钮时，与调节钮相连的固定器即在镜脚细管内移动。由于固定器是加工成木鱼状的，所以在推动调节钮时，固定器的开口可在细管的螺纹顶峰处受顶峰的挤压而闭合，在进到螺纹底谷时，固定器的开口受压消除则又张开，即可卡在螺纹的底谷内，起到固定调节钮的作用。为了对活塞移位作出移位指示，则在镜脚细管里侧的滑槽边标出刻度，此刻度可由近视与远视的度数表示，则患者在移动调节钮时，可通过所刻的度数作有目的的调整。

活塞到调节钮的总长度应保证调节钮的移动位置正好在镜脚的细管长度的控制范围

内。即细管内的调节钮推至细管最前端,可使活塞刚好推至粗管的最前端,即靠近镜片框的一端。

在眼镜制作完成后,将活塞移至镜脚的粗管最后端。再在镜脚的活塞前部开一个洞,向镜片间与镜脚的粗管内注满液体介质,然后熔闭此加液洞孔,即成为成品眼镜。这种眼镜的镜脚可按常规弯折,而不会使进液软管曲折。

制作时装眼镜和太阳镜时,在注入的液体介质中染色即成。

(6) 实际解决的技术方案或结论。

一种可调节镜片屈光度的视力纠正眼镜,是由特制的镜片、镜脚、跨梁构成的。其镜片框与镜片是一体的,它是由两层聚酯类透明薄膜制成的带有进液孔的镜片框和镜片组成的。外侧镜片的厚度应比里侧镜片的厚度厚约一倍;外层镜片框具有凹槽密封圈,在近镜脚的一侧开有凹槽;内层镜片框具有凸边密封圈,在近镜脚的一侧开有小孔,此凹凸两圈应能形成密闭扣合。

(7) 附图(如图 5-3-2-1 至图 5-3-2-3)。

图中,1:镜片框,2:跨梁,3:销钉,4:进液软管,5:小孔,6:镜脚,7:加液小孔,8:滑槽,9:活塞,10:活塞杆,11:螺纹,12:固定器,13:调节钮,14:另一小孔,15:密封圈,16:进液孔,17:镜片,18:镜片,19:外层镜片框,20:内层镜片框。

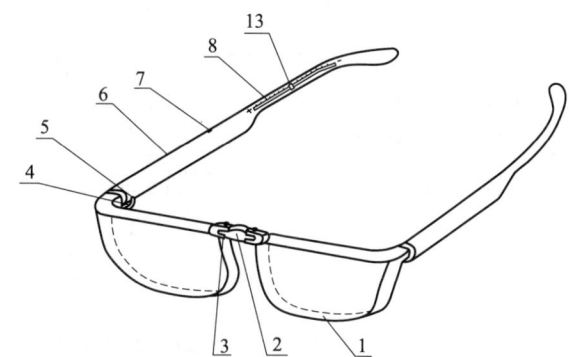

图 5-3-2-1 可调节镜片屈光度的视力纠正眼镜的结构示意图

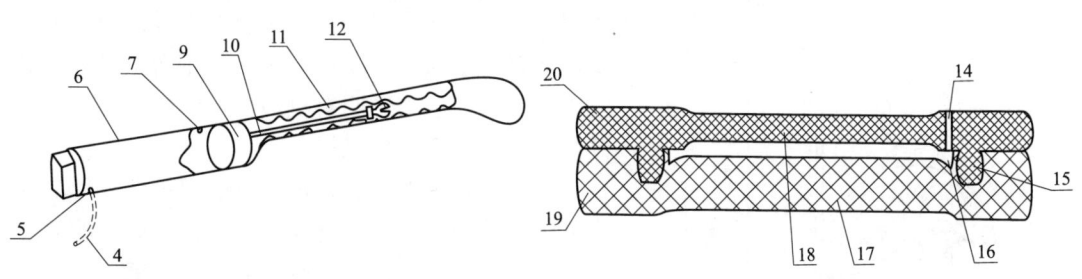

图 5-3-2-2 镜脚结构示意图　　图 5-3-2-3 镜片结构示意图

5.3.2.2 案例2:一种检验视力的国际标准视力表

(1) 背景技术。

医务人员检验人的视力时把国际标准视力表置于一定的地方,让被检者在距离视力表一定的远处辨认视力表上 E 字的方向以确定人眼视力正常与否。现有的视力表一般为箱式。箱内装有日光灯源,配上印有国际标准视力表 E 字的乳白半透明面板,乳白半透明面板衬托E字,清晰不刺眼,是一种较好的检验人眼视力的主要工具。然而,这种视力表尚存在不足之处。

(2)技术问题。

由于印刷在视力表上的E字不多又不变动,所以对一些需要重复检验视力,记忆力强的人来说,此视力表失去了意义。这些人在多次检验视力后会形成确定E字位置就知道E字方向的条件反射,从而造成不能正确检验视力的情况。使用对数型视力表检验人眼视力,比较科学,然而终因其复杂不常使用。需要改进现有的箱式国际标准视力表,设计将其设计成可转动任意角度的E字块,使被检者能比较正确地检验出自己的视力。

(3)矛盾分析。

要想解决上述问题,必须制作多种具有不同"E"字朝向的视力表,但势必增加视力表的数量,即改善的参数是每张视力表的稳定性,而恶化的参数是视力表数量增加很多。

(4)TRIZ原理运用。

要解决这一矛盾,适应原理15。

发明原理15:动态化原理,使物体或其环境自动调节,以使其在每个动作阶段的性能达到最佳;或把物体分成几个部分,各部分之间可相对改变位置;或者将不动的物体改变为可动的或具有自适应性。本发明就是将不动的"E"字改变为可动的"E"字。

(5)解决思路和关键步骤。

改变现有事物的形状、材料、结构、位置、颜色、气味等,可能使其产生新的特性,且能成为一种更科学、更优秀的产品。要想使记忆力强的人背诵不出视力表,就需要将视力表制作成不确定方向的"E"字,使"E"字转动是其中方法之一。

使用改进后的视力表可克服因重复检验记忆E字方向而产生视力检验不准的缺点;也可避免有些医务人员徒手操作的麻烦和光亮度不均匀的不足。改进后的视力表可供有电源的任何单位检验人的视力。

(6)实际解决的技术方案或结论。

一种检验视力的国际标准视力表,包括箱壳、电源日光灯、乳白半透明有机玻璃或塑料面板、国际标准E字表和说明,其特征是乳白半透明有机玻璃或塑料面板上所有E字或部分E安的位置上有可嵌入可转动的E字块的锥台形圆孔和相应的锥台形乳白半透明有机玻璃或塑料E字块,面板背后紧贴有透明玻璃板。

其中,乳白半透明有机玻璃或塑料锥台形E字块可以是单个E字的,也可是部分E字集体的E字块。乳白半透明有机玻璃或塑料锥台形集体E字块上E字的位置上有可嵌入可转动的单E字块的锥台形圆孔和相应的锥台形乳白半透明有机玻璃或塑料单E字块。

(7)附图,如图5-3-2-4。

图中,1:箱壳,2:日光灯源,3:塑料面板,4:透明玻璃板,5、6:锥台形圆孔,7:说明。

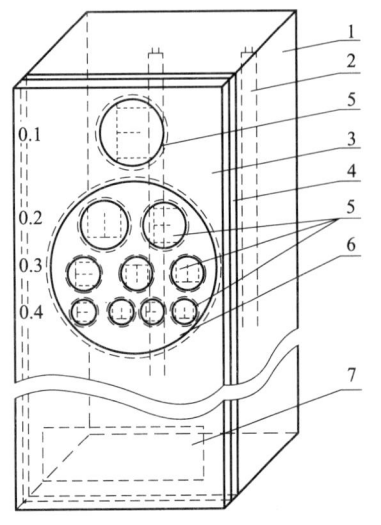

图5-3-2-4 国际标准视力表的结构示意图

5.3.2.3 案例3：抽取式纸巾的折叠方法[1]

（1）技术背景。

本发明涉及一种纸巾的折叠方法，尤其涉及一种抽取式纸巾的折叠方法。

近两年，随着经济的持续发展，人们生活水平的迅速提高以及消费者卫生习惯和生活方式的改变，越来越多的家庭开始使用抽取式餐巾纸，它一次只能抽取一张，避免了浪费；同时，因为每张是独立的，所以抽取时，只需要一只手轻轻一抽，非常省时、省力。它们的折叠方法是：正方形纸张之间，边对平行齐，第一、三、五张纸巾位于下方，第二、四、六张位于上方；其中第二张压在第一、三两张上，第四张压在第三、五两张上，以此类推；然后沿纸张中线，将位于下方的纸张向上折叠，位于上方的纸张向下折叠；两纸张的重叠面呈长方形，面积为纸张面积的二分之一到三分之一。但是，在这种抽取纸巾的方式中，纸巾过多地暴露于空气中。

（2）要解决的技术问题。

现有技术中的纸巾抽取方式使纸巾较多地暴露于空气中，容易造成污染，因此，本发明要解决的技术问题是改进纸巾的折叠方法，使待抽取的纸巾较少地暴露于空气中，以减少污染。

（3）矛盾分析。

虽然抽取式餐巾纸是独立的，但抽取纸巾的时候，重叠部分会自动带出下一个半张，直到纸巾抽完。使用起来非常方便省力，但是因为抽取式餐巾纸被抽取时，每次要把下一张纸至少三分之一带出纸盒，使其暴露在空气中，造成了纸质的污染，不利于人们的身体健康。

分析上述技术问题可以得出如下技术矛盾：不改变现有的便捷的纸巾抽取方式，但要使纸巾较少暴露于空气中。

因此，需要改善的参数是物体外部有害因素作用的敏感性，可能恶化的参数是产品的形状。

（4）TRIZ原理运用。

针对上述矛盾参数，查找阿奇舒勒表获得原理22、1、3、35，经分析比较，变害为利原理（原理22）、分割原理（原理1）、物理/化学状态变化原理（原理35）并不适用于本发明，因此，选择使用原理3，即局部质量原理（local conditions）。该原理主要体现为以下三个方面：

① 将物体或外部环境的同类结构转换成异类结构。
② 使物体的不同部分实现不同的功能。
③ 使物体的每一部分处于最有利于其运行的条件下。

本发明通过改变纸张的折叠方式，即将物体或外部环境的同类结构转换成异类结构，从而使纸巾较少地暴露于空气中，减少了污染。

（5）解决思路和关键步骤。

如图5-3-2-5所示，为传统的纸巾折叠方法：正方形纸张1之间，边平行对齐，第一、三、五张纸巾位于下方，第二、四、六张位于上方；其中第二张压在第一、三两张上，第

---

[1] 本案例来源于CN2008101068241。

四张压在第三、五两张上,以此类推;然后沿纸张中线 2,将位于下方的纸张向上折叠,位于上方的纸张向下折叠;两纸张的重叠面呈长方形,长方形重叠 3 面积为纸张面积的二分之一到三分之一。

现有技术中的纸巾抽取方式比较便捷,因此,无需改变现有的纸巾抽取方式,结合对纸巾抽取原理的分析可知,如果要纸巾较少地暴露于空气中,最佳方式是改变纸巾的折叠方式,因此,根据局部质量原理,改变现有的纸巾折叠方式,将现有技术中纸巾的平行折叠改为对角折叠。

(6) 实际解决方案或实际解决的技术方案或结论。

本发明的具体技术方案如图 5-3-2-6 所示:将正方形纸张 1 之间,边垂直对齐,第一、三、五张纸巾位于下方,第二、四、六张位于上方,其中第二张压在第一、三两张上,第四张压在第三、五两张上;然后沿纸张对角线 4,将位于下方的纸张向上折叠,位于上方的纸张向下折叠;两纸张的重叠面呈正方形,正方形重叠 5 面积为纸张面积的四分之一。通过上述技术方案的实施,使纸巾较少地暴露于空气中,减少了污染。

(7) 附图,如图 5-3-2-5 和图 5-3-2-6。

图 5-3-2-5 为原纸巾折叠方法示意图。

图 5-3-2-6 为本发明的纸巾折叠方法示意图。

图中,1:纸巾,2:中线,3:长方形重叠,4:对角线,5:正方形重叠。

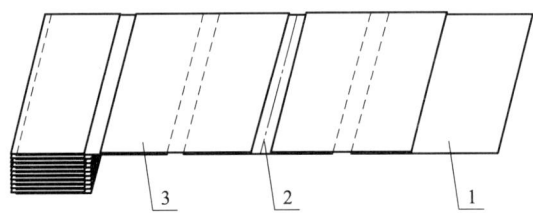

图 5-3-2-5　原纸巾折叠方法示意图　　　图 5-3-2-6　本发明的纸巾折叠方法示意图

5.3.2.4　案例 4:荧光灯❶

(1) 技术背景或现有技术。

绿色家电是当今家电产业的发展趋势之一。所谓绿色家电是指家电的生产和消费能够降低对生态环境的破坏,减少资源浪费。白炽灯由于具有耗电量大,耐久性低,使用寿命短等缺点,已经不符合这种发展趋势。小型荧光灯是白炽灯良好的替代产品。它具有省电,使用寿命长,易回收再利用和环保的优点。

荧光灯的发光原理是,荧光灯管里充满了水银蒸气,灯管内壁涂有荧光剂,水银蒸气受高压电激发使电子跳脱出来,部分电子撞击荧光剂后发出白光。长期使用的情况下,荧光灯往往亮度变弱。这是由于真空玻璃管吸收水银蒸气,造成管中的水银蒸气不断减少。这不仅削弱了荧光灯的亮度,而且缩短了荧光灯的寿命。由此可见,如果管内水银蒸气量过少,会降低荧光灯工作的可靠性,使产品在市场上缺乏竞争力。由于对真空玻璃管的水银吸收率缺乏确实的统计数据,加上不精确的制造技术,便传统的荧光灯往往填充过量的水银蒸气,造成物质浪费。如果荧光灯管破损,大量的水银蒸气释放出来,对环境和人体

---

❶　该案例载于 http://www.sntriz.cn/htm/column61.htm。

的损害是非常大的。但是，降低管内的水银蒸气量会增加电能的耗费。因为为了保证亮度，需要增加能量以激发出更多的电子。

（2）要解决的技术问题或要达到的技术效果。

目前市场上所售的荧光灯长期使用时能耗高、亮度低，亟需对荧光灯进行技术改进，以得到低电能、亮度好并且寿命长的荧光灯。

（3）矛盾分析。

改善的参数：物质或事物的数量；作用于物体的坏的因素。

恶化的参数：可靠性；能量损失；静止物体的能量。

这样，得到三组技术矛盾：

① 减少水银蒸气的量（物质或事物的数量），但荧光灯工作的可靠性降低（可靠性）。

② 减少水银蒸气的量（物质或事物的数量），但需要耗费更多的电能（能量损失）。

③ 有利于环境保护（作用于物体的坏的因素），但荧光灯使用的能量增加了（静止物体的能量）。

为了保证荧光灯亮度的稳定性，就不得不增加水银蒸气的量；减少水银蒸气的量，有利于环境保护，但降低了荧光灯工作的可靠性；减少水银蒸气的量，有利于环境保护，但增加了能量的耗费。

（4）TRIZ 原理运用。

原理 28，即机械系统的替代原理（用感官刺激的方法代替机械手段；采用与物理相互作用的电、磁或电磁场；场的替代：从恒定场到可变场，从固定场到随时间变化的场，从随机场到有组织的场）；原理 7，即嵌套原理（将一个物体嵌入另一个物体；让物体穿过另一个物体的空腔）；原理 37，即热膨胀原理（利用热膨胀或热收缩的材料；组合使用多种具有不同热膨胀系数的材料）。

（5）解决思路和关键步骤。

对这三组技术矛盾分别利用阿奇舒勒冲突矩阵的方法，得到三个创新原理提示以开拓思路：

① 减少水银蒸气的量（物质或事物的数量），但荧光灯工作的可靠性降低（可靠性）。由技术矛盾矩阵得到原理 28，即机械系统的替代原理。

② 减少水银蒸气的量（物质或事物的数量），但需要耗费更多的电能（能量损失）。由技术矛盾矩阵得到原理 7，即嵌套原理。

③ 有利于环境保护（作用于物体的坏的因素），但荧光灯使用的能量增加了（静止物体的能量）由技术矛盾矩阵得到原理 37，即热膨胀原理。

最终结果：在创新过程中应用了原理 7、28、37。

（6）实际解决的技术方案或结论。

① 应用嵌套原理。

解决方案：在真空管的里面内嵌一个玻璃囊。

② 应用机械系统的替代原理。

解决方案：用高频的电磁场来打破这个玻璃囊。

③ 应用热膨胀原理。

解决方案：利用金属线和玻璃囊的热膨胀系数的不同释放水银蒸气。

经过计算得到的满足性能要求的最小剂量的水银蒸气被密封在玻璃囊中。在玻璃囊的内壁上嵌着金属线圈。该玻璃囊被内嵌在真空管的一端。荧光灯被制造出来后，通过一个高频的电磁场来加热玻璃囊。由于玻璃囊和金属线圈的热膨胀系数不一样，使得金属线圈能够切断玻璃囊，释放出水银蒸气。同一般的荧光管相比，用这种新的制造技术，至少可以减少75%的水银含量，减少了对环境的污染。

5.3.3 包装业

5.3.3.1 案例1：一种以不干胶纸为基纸的转移喷铝纸

（1）背景技术。

现有的转移喷铝不干胶纸产品，是先制作转移喷铝面纸，然后与防粘纸进行贴合而成。这种工艺技术不能适应多品种、多批次的供货要求，而且由于普通粘合剂的生产工艺及其所使用的原材料等因素，不可避免地会在粘合剂溶液中残存微量的有机溶剂，从而使喷铝纸的挥发性有机化合物（VOCs）超标。开发和使用绿色环保材料是大势所趋。随着物质生活水平的改善和环境保护意识的提高，人们对包装的认识也发生了较大变化。以往人们对包装考虑较多的是它对商品的保护性以及其本身的经济性，而现在人们考虑更多的是包装的生态特征，包括包装对人类健康和社会环境的影响。目前，国际国内都在制定相关法规，严格控制和减少VOCs的排放。

（2）技术问题。

本发明的目的是针对现有技术的不足而提供一种以不干胶纸为基纸的转移喷铝纸，它直接以不干胶纸为基纸进行转移复合，在保留原有的转移喷铝纸及不干胶纸的各种理化性能的基础上，不但解决了多品种、多批次的供货要求，而且解决了因粘合剂中残留有微量有机化合物而致使VOCs超标的问题，使产品的生产更加环保，产品的使用更加安全、健康。

（3）矛盾分析。

现有技术存在不环保的因素VOCs，即恶化的参数是物体产生有害因素；改善的参数是现有技术没有考虑对环境影响因素，监控和测试的困难程度反而比较容易，甚至不需要测试和监控。

（4）TRIZ原理应用。

针对这一矛盾，使用发明原理2。

发明原理2，即抽取原理，将物体中"负面"的部分或特性抽取出来，或者只从物体中抽取必要的部分或特性。本发明是将影响环保的粘结剂抽取出来进行改进。

（5）解决思路和关键步骤。

关键步骤是使粘结剂中不含有害的VOCs成分。本发明设计新颖，制作方便，与现有技术相比不仅具备了通常转移喷铝纸的各种表观及理化性能，满足多品种、多批次的供货要求，而且保证了转移喷铝产品的VOCs指标完全符合国家和行业标准，产品的生产和使用更加环保、安全。

（6）实际解决的技术方案或结论。

实现本发明目的的技术方案是：一种以不干胶纸为基纸的转移喷铝纸，包括：基纸、粘合剂层、铝层、离型层，其特点是基纸为不干胶纸。离型层为聚酯薄膜上涂布离型剂而成；铝层为离型层上真空喷铝而成；粘合剂层为水溶性粘合剂均匀涂布在铝层上经100℃～110℃的温度干燥后与不干胶纸进行干式复合，固化后揭去聚酯薄膜而成转移喷铝纸。

离型层和铝层是以干式复合的方式转移到不干胶的基纸上。

（7）附图，如图 5-3-3-1。

图中，1：基纸，2：粘合剂层，3：铝层，4：离型层。

5.3.3.2 案例 2：一种上胶轮带刀式糊盒机（专利申请号：2009200339867）

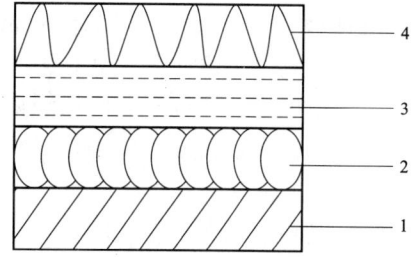

图 5-3-3-1 转移喷铝纸结构示意图

（1）技术背景。

本发明涉及一种糊盒机，特别涉及一种上胶轮带刀式糊盒机。

随着包装纸盒的大批量使用，越来越多的印刷企业纷纷投资购进自动糊盒机设备，以期尽早占领这块市场。而且人们对于包装纸盒的质量要求日益提高，要求包装纸盒始终粘贴牢固，不易开胶；同时，还要求糊盒的工艺操作简单，粘贴快速，糊盒容易。

目前，大部分糊盒机中均采用上胶轮装置来进行糊盒。上胶轮中心固定在胶壶上，下面 1/3 部分浸在胶壶胶液中，以一定机速定向旋转。糊盒时，印品从上胶轮上方输入，上胶轮旋转带出胶液，给糊口处上胶，完成糊盒过程。

但采用现有的设备糊盒时，若印品已经经过上光、覆膜等处理或印品表面平滑，糊口处就会太光滑以致使印品不易上胶，从而造成粘贴不牢的质量问题。有的印刷企业在糊盒机走纸过程中，配置糊盒机附带的磨边装置将糊口的表层磨破，以利于胶黏剂的渗入，使糊盒牢度提高。但这需要另外配置附加装置；同时要能准确判定磨边的位置恰好是涂胶的位置；并且不能根据待磨边印品的厚薄进行调整，若磨得太深，就会使痕迹过于粗糙，不利于涂胶；若太浅，则起不到效果。另外，磨边装置带来的噪音较大。

（2）要解决的技术问题。

由以上对现有技术的介绍和分析可以看出，如果要使光滑的纸容易上胶，就需要将糊口的表层磨破，这需要增加装置，而且磨损的厚度不容易控制，容易产生噪音，因此，本发明要就需要发明一种使印品易上胶、易控制、噪音小的糊盒机，以解决上述问题。

（3）矛盾分析。

如果不对光滑印品进行表层磨破，就不利于胶黏剂的渗入，粘贴牢固，如果对使用现有技术中的磨边装置将糊口的表层磨破，虽然有利于胶黏剂的渗入，但是，需要额外配置设备，不易于定位，噪音较大。由此形成以下矛盾：既要对光滑印品进行表层磨破，又不增加附带装置；既要使磨边装置能够准确定位，又要具有较低的噪音。

因此第一组需要改善的参数是适应性及多用性，即通过设置一个设备，使其能够适应磨破不同厚度印品的需要，而且能够准确定位，又不需要增加附带装置。可能恶化的参数是装置的复杂性，即由于需要不增加装置而实现多个功能，因此，可能导致装置更加复杂。

为了准确定位，降低噪音，就需要增加设备控制磨边设备的磨破效果，因此，第二组需要改善的参数是装置的复杂性，而可能恶化的参数是系统的操作性。

（4）TRIZ 原理运用。

针对上述第一组矛盾，查找阿奇舒勒表获得原理 15、29、37、28，经分析比较，排除动态化原理（原理 15）、气体与液压结构原理（原理 29）、热膨胀原理（原理 37），选择使用机械系统的替代原理（原理 28）。

机械系统的替代原理（replacement of mechanical system）主要体现在以下四个方面：

① 用光学、声学等感官刺激的方法代替机械手段。

② 用电场、磁场和电磁场同物体相互作用。

③ 由恒定场转向不定场，由时间固定的场转向时间变化的场，由无结构的场转向有一定结构的场。

④ 利用铁磁颗粒组成的场。

本发明通过使用嵌套的磨刀替代现有的磨损装置，实现对磨边印品的磨损。

针对上述第二组矛盾，查找阿奇舒勒表获得原理 27、9、26、24。经分析比较，排除一次性用品原理（原理 27）、复制原理（原理 26）、中介物原理（原理 24），选择使用预先反作用原理（原理 9）。

预先反作用（prior counteraction）主要体现为以下两个方面：

① 预先施加反作用。

② 如果物体处于受拉伸的工作状态，则预先施加力。

本发明通过设置偏心轮，是磨刀能根据印品的厚薄调整磨边的力度，准确定位，降低噪音。

（5）解决思路和关键步骤。

根据上述对技术问题和矛盾的分析，发明一种上胶轮带刀式糊盒机。在该糊盒机给上胶轮配有四个相同的刀，这四个刀沿着上胶轮圆周方向均匀排布，并通过位于滑动导向槽中的螺丝纵向嵌入固定在上胶轮中间，螺丝可以顺着滑动导向槽的导引来回移动然后固定。根据预先反作用原理，紧靠每个刀的下方分别设置有一个小的偏心轮。在上胶轮上还设置有比偏心轮最大径稍微大些的孔，使偏心轮能嵌入该孔中，并以螺丝通过比孔大的垫片固定于上胶轮上；由于设置了偏心轮，先松开固定刀和偏心轮的螺丝，就可以根据待磨边印品的厚薄自由旋调偏心轮。

糊盒时，先松开固定刀 1 和偏心轮 3 的螺丝 2 和 6，根据待磨边印品 7 的厚薄旋调偏心轮 3，使刀 1 沿着胶轮 4 的半径方向伸长或缩短。调整好后，印品 7 从上胶轮 4 上方输入，上胶轮 4 旋转，此时上胶轮 4 中夹的刀 1 就可以把纸盒糊口处的纸张 7 表面磨破，以利于胶黏剂的渗入，该磨破位置就是涂胶位置。同时，上胶轮 4 旋转带出胶液，给糊口处上胶，完成糊盒过程。

（6）实际解决的技术方案或结论。

本发明的实际解决方案如下：

一种上胶轮带刀式糊盒机，包括有设置在胶壶 5 的上胶轮 4，上胶轮 4 上设有导向槽 9，导向槽 9 内的螺丝 2 将刀 1 设置在沿上胶轮 4 圆周方向上，刀 1 的下方的上胶轮 4 上设置有偏心轮 3。上胶轮 4 下部 1/3 浸在胶壶 5 胶液中。刀 1 纵向设置在上胶轮 4 上。刀 1 数量为四个，且均匀分布在沿上胶轮 4 圆周方向上。螺丝 2 可在导向槽 9 内移动，调整刀 1 在上胶轮 4 圆周方向外的长度。偏心轮 3 嵌入在上胶轮 4 上的孔 8 内。

（7）附图，如图 5-3-3-2。

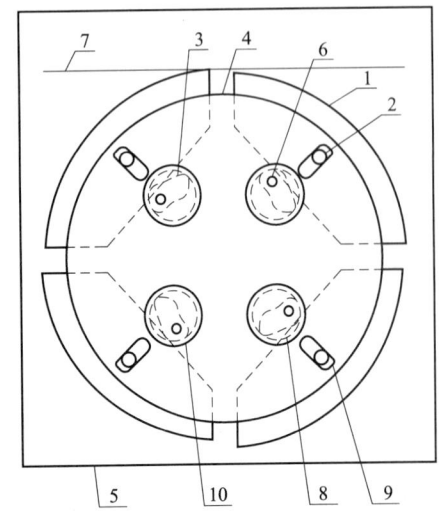

图 5-3-3-2　糊盒机结构示意图

本发明通过提供上述不需要附加的磨边装置的上胶轮带刀式糊盒机，该糊盒机上的刀能沿着胶轮的半径方向稍微伸长或缩短，具有伸缩性，这样就能准确控制住磨边的深度，从而避免了溢胶或开胶现象；由于刀纵向夹在上胶轮中间，这可以使磨边的位置恰好是涂胶的中心位置，不需另外确定位置，具有能够准确判定磨边的位置恰好是涂胶的位置，同时能根据待磨边印品的厚薄进行调整，并降低噪音。

5.3.4 服饰用品

案例：一种带有刻度的皮带。

（1）背景技术。

现有的着装皮带基本结构是只带有皮带扣和皮带本身，在皮带上只有皮带扣眼用于扣紧皮带，而没有检测人体腰围的功能。

（2）技术问题。

本发明要解决的是如何使皮带能够方便地检测出自身腰围。

（3）矛盾分析。

现有技术中的皮带不能测量腰围，但皮尺只能测量腰围，不能作皮带用。现有皮带不能测量腰围，其复杂程度较低，所以改善的参数是复杂性低，而其恶化的参数是不具备多用性或适应性。

（4）TRIZ 理论应用。

针对这一矛盾，使用原理 6 和原理 29。

发明原理 6：普遍性原理，使得物体或者物体的一部分实现多种功能，以代替其他部分功能。本发明使皮带上带有刻度，使其同时具备测量功能，实现一物二用。

（5）解决思路和关键步骤。

一物二用，使皮带具有腰带和测量的作用。带有刻度的皮带能让使用者每时每刻了解自己的腰围情况，以便调整自己的饮食、运动等生活习惯，保持健美的体态。

（6）技术方案。

在现有皮带结构的基础上，增加刻度尺。可以是用钢印压制在皮带的正面、反面或者适当的位置，也可以用带刻度尺的膜片粘贴在皮带的表面。

（7）附图，如图 5-3-4-1。

图中，1：皮带扣，2：皮带，3：刻度尺。

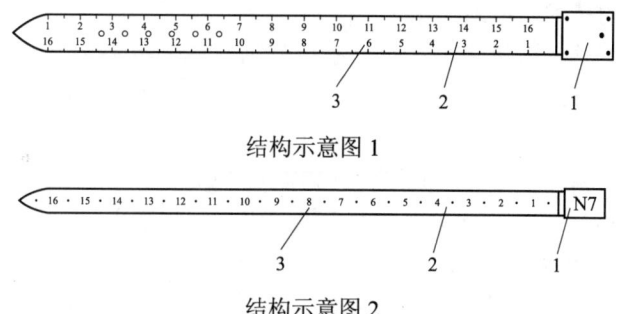

图 5-3-4-1 带有刻度的皮带结构示意图

5.3.5 计算机

5.3.5.1 案例1：一种使用触摸屏输入五笔字型编码

（1）背景技术。

目前，部分手机、PDA等掌上设备没有数字键盘，只能使用手写输入汉字，主要有拼音和手写识别两种方法，输入不太方便。PC机上的五笔字型输入法快捷方便，而且拥有大量的用户，但是由于键盘面积的限制，PC机上的五笔字型输入法无法简单地移植到手机上。

（2）技术问题。

基于上述局限性，发明人要解决的是如何在手机上快速输入汉字的问题，即提出了一种利用触摸屏进行五笔字型输入的方法。一般情况下，点击屏幕2～4次即可输入一个汉字。本输入法方便快捷，适用于有触摸屏的手机、PDA等掌上设备。涉及一种使用触摸屏输入五笔字型编码，进行汉字输入的输入法。此输入法可以提高手写输入的汉字输入速度。基于有触摸屏的手机、PDA等掌上设备，一般情况下只能使用手写识别和拼音等输入汉字等缺点，为了使使用者能够更加快捷方便地输入汉字，本发明提出将五笔字型输入法移植到手机上，从而极大地提高输入汉字的速度。

（3）矛盾分析。

由于手机比电脑键盘小很多，面积越来越小，改善的参数是面积变小，精致；即恶化的参数是适应性或多用性不足。

（4）TRIZ理论应用。

针对这一矛盾，适用原理15和原理16。

发明原理15：动态化原理，把物体分成几部分，各部分之间可相对改变位置，发明人将键盘的五笔字型输入法，分成几个步骤输入。

发明原理16：不足或超额行动原理，如果用现有的方法很难完成对象的100%，可用同样的方法完成"稍少"或"稍多"一点，问题可能变得相当容易解决。本发明按照五笔字型输入法先完成部分功能，逐步完成所有功能，即达到快速输入汉字的目的。

（5）解决思路和关键步骤。

将键盘五笔字型输入法，使用触摸屏将五笔字型编码分步骤输入并显示在屏幕上供选择，关键在于分部输入编码，分部显示在屏幕上，汉字的显示位置与PC标准键盘的按键位置相同。

（6）实际解决的技术方案或结论。

主要使用触摸屏输入五笔字型编码。根据当前输入的五笔字型编码，在屏幕上按PC标准键盘布局显示下一级编码对应的汉字。点击对应的位置，即可输入相应的汉字和五笔字型编码。没有输入编码时，所谓的下一级编码是指一级简码，如图5-3-5-1所示。输入一个编码时，下一级编码是指二级简码。例如输入"g"时，屏幕的显示内容如图5-3-5-2所示。输入二个编码时，下一级编码是指三级简码，例如输入"gg"时，屏幕的显示内容如图5-3-5-3所示。输入三个编码时，下一级编码是指四级编码。

第（2）屏幕上显示各级编码的对应汉字，汉字的显示位置与PC标准键盘的按键位置相同。例如：五笔字型中一级简码"g"对应的汉字是"一"，则汉字"一"的显示位置是PC标准键盘上字母"g"的位置，如图5-3-5-2所示。

(7) 附图，如图 5-3-5-1 至图 5-3-5-3。

我	人	有	的	和
工	要	在	地	一
经	以	发	了	民

主	产	不	为	这
上	是	中	国	
同				

图 5-3-5-1

列	珍	表	物	玫	玉	平	不	来
开	天	末	于	五	下	理	事	画
互	到	妻	屯	与	与		一	g

图 5-3-5-2

琴				珏	环
				王	五
琵	琶		瑟	一	五	gg

图 5-3-5-3

5.3.5.2 案例2：具有可拆卸显示器的便携式计算机

（1）技术背景或现有技术。

便携式计算机包括计算机主体，从该计算机主体接收图像信号并形成图像的显示器以及连接二者的铰链，铰链可以使显示器相对于计算机主机可倾斜地连接。但是便携式计算机的显示器与主机连接紧密，尺寸固定，不易轻易分离，用途单一，只能用于该计算机。当显示器与计算机主体分离时，不能作为其他显示器。鉴于液晶显示屏价格较贵，更新换代快，不能一机多用造成资源浪费。

（2）要解决的技术问题或要达到的技术效果。

市场上存在的便携式计算机显示器与主机连接紧密，不易轻易分离，用途单一，造成浪费。需要进行技术改进，使便携式计算机的显示器一机多用，既可以作为台式机的显示屏，也可以作为电视机的显示屏，并可以根据需要更换便携式计算机的显示器大小，以节约资源，并迎合消费者的求变心理。

（3）矛盾分析。

改善的参数：适应性及多用性。

恶化的参数：可制造性。

计算机显示器的容易更换并可单独作为显示器使用，增强了便携式笔记本电脑的适用性，减少了资源浪费（适应性及多用性增强）；但是为了提高适应性，在制造过程中，显示器和主机的连接处结构就要变得复杂，显示器的兼容性也要提高（可制造性变差）。

（4）TRIZ原理运用。

技术系统的进化法则之动态性和可控性进化法则，其路径为向移动性增强的方向转化的路径（本路径反应了下面的技术进化过程：固定的系统——可移动的系统——随意移动的系统）。推荐的发明原理为原理1，即分割原理，使物体成为可组合的，易于拆卸和组装。

（5）解决思路和关键步骤。

利用阿奇舒勒冲突矩阵，推荐的发明原理为原理 1，分割原理；原理 13，逆向思维原理（使物理的活动部分改变为固定的，让固定的部分变为活动的）；原理 31，多孔材料原理（使物体多孔或添加多孔元素）。根据各原理的含义可知，分割原理适用于本案例。

（6）实际解决的技术方案或结论。

目前市场上常见的便携式计算机，显示器屏幕与主机采用两个圆铰的连接方式，显示器屏幕仅能以连接处为轴做转动，利用分割原理和逆向思维原理，考虑改变便携式计算机的显示器与主机的连接方式，将其改成灵活可拆卸的方式。技术方案如下：

在显示器与主机的连接处增加一个具有分离单元的锁定部分，该分离单元在连接位置和分离位置之间移动，在连接位置处，锁定部分将不与铰轴连接的主体托架和显示器托架中的一个与铰轴连接，从而经由该铰轴使主体托架和显示器托架连接并使显示器相对于计算机主体倾斜；而在分离位置处，锁定部分将不与铰轴联结的主体托架和显示器托架中的一个与铰轴分离，从而使显示器与计算机主体分离。

该技术已经被韩国三星公司运用到 M70 笔记本电脑产品中，产品一经上市，受到消费者青睐，获得巨大成功。

（7）附图，如图 5-3-5-4 和图 5-3-5-5。

图 5-3-5-4 三星笔记本电脑 M70 实例图（联接）　图 5-3-5-5 三星笔记本电脑 M70 实例图（分离）

5.3.6 农产品加工

5.3.6.1 案例 1：利用真空快速调节颗粒物料着水的装置❶

（1）技术背景。

我国是一个农业大国，粮食的产量巨大，储存不好，就会变质，因此需要在储存前降低其水分的含量，但是这样又会使粮食出库时出现亏吨，造成经济损失；另外粮食在进一步加工前需要着水，以增加粮食的柔韧性，并减少在加工过程中的破碎率，同时改善碾磨效果，提高面粉质量和出粉率。因此粮食出库后加工前需要着水，目前国内外通常采用的着水方法是往粮食上喷水，其通常所用的设备是喷雾着水机，该喷雾着水机含有一个带有进出料口的集料腔，位于进料口下方的集料腔体壁上设置有一个匀料伞，该匀料伞下方设置一个喷头，在使用时，粮食自进料口经均料伞流下，同时喷头喷出雾状水对粮食进行着水。

（2）要解决的技术问题。

本发明要解决的技术问题是提高粮食的水浸速率，并使粮食着水均匀。

（3）矛盾分析。

现有技术中的喷水方法和设备是常压下进行和使用的，水雾浸入粮食的速度慢，一般粮食着水后需要 20～30 小时才能达到完全浸润的效果，时间长、效率低，并且浸润效果不理想。如果要加大水量，效率虽然可能提高，但是，过高的水量会导致粮食变质；而且，要增加后序的除水负荷。另外，如果要着水均匀，则需要对粮食进行搅拌，这就可能增加生产成本，而且也很难实现最大量的着水均匀。

由于水的增加会使粮食变质，因此第一组需要改善的参数是降低物体产生的有害因素，即降低水的使用量，由此导致恶化的参数是生产率的降低。

为保证系统的密封性，第二组需要改善的参数是保证系统的制造精度，由此可能恶化的参数是改变系统的形状（该参数的产生是在解决第一组矛盾参数之后）。

---

❶ 本案例来源 CN200710054805.4。

为使系统生产出更多合格的产品,第三组需要改善的参数是系统的生产率,由此恶化的参数是装置的复杂性。

为保证喷水润湿的效果,需要重复进行多次喷淋,因此,第四组需要改善的参数是系统的可靠性,由此恶化的参数是装置的复杂性。

(4) TRIZ 原理运用。

针对第一组矛盾参数,查找阿奇舒勒表获得适用原理 22、35、18、39,经分析比较,选择使用原理 39,惰性环境(inert environment)原理。该原理主要体现为以下两个方面:

① 用惰性气体环境代替通常环境;
② 在真空中完成。

本发明通过在真空下给粮食喷水,会大大提高水的浸润率。

针对第二组矛盾参数,查找阿奇舒勒表获得的原理为:32、30、40,经分析比较,选择使用原理 30,柔性外壳和薄膜(extraction)原理,该原理主要体现为以下两个方面:

① 使用柔性外壳和薄膜替代传统的结构;
② 用柔性外壳和薄膜把对象和外部环境隔开。

本发明通过使用柔性外壳提高装置的密封效果,保证粮食可以在真空的条件下浸湿。

针对第三组矛盾参数,查找阿奇舒勒表获得原理 12、17、28、24,经分析比较,选择使用原理 24,中介物原理,该原理主要体现在以下两个方面:

① 采用中介体传递或完成所需动作;
② 把一个物体和另一个物体临时结合在一起(随后能比较容易地分开)。

本发明通过在装置内设置旋流板,增加粮食在下落过程中的旋动,起到翻动粮食,提高粮食后续加工的品质,即采用中介体完成所需动作。

针对第四组矛盾参数,查找阿奇舒勒表获得原理 13、35、1,经分析比较,选择使用原理 1,分割(segmentation)原理,该原理主要体现在以下三个方面:

① 将物体分割成独立的部分;
② 使物体成为可组合的(易于拆卸和组装);
③ 增加物体被分割的程度。

本发明通过设置多层喷淋设备,即增加物体被分割的程度,实现对粮食的多次喷淋,以提高颗粒物料的着水效果。

(5) 解决思路和关键步骤。

① 经过专利信息检索,发现某项专利技术在真空状态下对介质喷水,会使水更快地进入到介质中。因此,根据惰性环境原理,利用真空技术使经过喷雾着水后的粮食等颗粒物料处于真空状态,在真空条件下,粮食等颗粒物料内部的空气被快速抽出颗粒物料外部,粮食等颗粒物料表面着附的水分快速渗透到其内部,达到粮食等颗粒物料里外完全湿润的目的,其浸润效率高,一般只需要 10~30 分钟即可达到完全浸润,并且能够实现连续工作,这相应地降低了能耗,提高了企业的经济效益。

② 根据柔性外壳和薄膜原理,本发明中空筒仓的上下两端分别设置两个高气密性关风器,并且上下相邻的两个高气密性关风器串联式连接且连通,其串联处设置有抽真空管,这样增加中空筒仓的气密性,降低抽真空的功率,能耗低。

③ 根据中介物原理,本发明的分料器外表面上设置有旋流板,在旋流板的作用下,粮

食籽粒或其他颗粒物料在下落过程中被改变流动方向，实现旋流，便于和水雾喷头喷出的水雾结合，提高着水程度和着水效果；另外，分料器下方的壳体内壁上设置有二次旋流板，并且二次旋流板可以处于多层，不同层的旋流板的旋向可以相同，也可以不相同，增加粮食籽粒在下落过程中的旋动，起到翻动粮食籽粒的作用，使所有的粮食籽粒均能和水雾接触，进行均匀、彻底的着水，因此着水效果好，大大提高粮食后续加工的品质。

④ 根据分割原理，本发明可以在壳体内安装多层分料器和水雾喷头，并且，相邻分料器和水雾喷头之间的壳体的内壁上设置有导流板，使颗粒物料在下落过程中经过多次分流、聚流，充分和水雾接触，更能提高颗粒物料的着水效果。

（6）实际解决的技术方案或结论。

本发明具体技术方案如下：

一种利用真空快速调节颗粒物料着水的装置，含有中空筒仓、高气密性关风器和粮食喷雾着水机构，中空筒仓的上端通过至少一个高气密性关风器与粮食喷雾着水机构的壳体下端连通，粮食喷雾着水机构的壳体上端与进粮仓段的下端连通，中空筒仓的下端通过至少一个高气密性关风器与出粮仓段的上端连通，中空筒仓的体壁上设置有抽真空管。粮食喷雾着水机构含有壳体、分料器和水雾喷头，分料器为伞状，通过支架安装在壳体内腔上部，水雾喷头安装在分料器内腔下端，水雾喷头的进水管的外端贯穿壳体的侧壁而出。分料器和水雾喷头为一层或为两层以上，并且，相邻分料器和水雾喷头之间的壳体内壁上设置有导流板，便于物料聚流到中央。分料器的外表面上设置有旋流板，使粮食均匀旋转下落。旋流板为连续的螺旋状倾斜板，从分料器的外表面下端绕到上端，其数量至少为三个，沿圆周均布在分料器的外表面上，并且所有旋流板均和分料器的轴线有一个夹角，便于改变粮食的流动方向。

通过使用本发明的装置，使粮食的浸湿效率大大提高，着水更加均匀。

（7）附图。

图5-3-6-1为利用真空快速调节颗粒物料着水的装置的结构示意图之一。

图中，1：出粮仓段，2：高气密性关风器分料器，3：中空筒仓，4：抽真空管，5：壳体，6：分料器，7：水雾喷头，8：粮仓段。

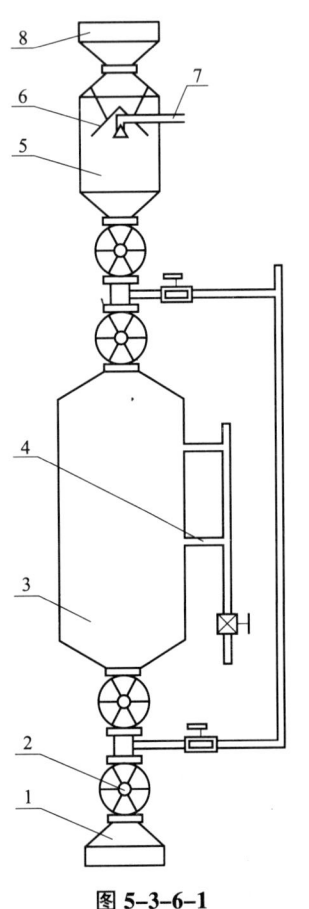

图5-3-6-1

5.3.6.2 案例2：亚麻籽脱皮分离方法及设备[1]

（1）技术背景。

亚麻籽是一种油料作物的果实。籽粒中含油率很高，并且油中含有48%左右的σ-亚麻酸，在大宗油脂作物中，它的α-亚麻酸含量最高。在壳皮中含有10%左右的亚麻

---

[1] 本案例来源于CN2006100129380。

胶，是油脂作物中唯一可利用的植物胶资源。亚麻皮中含有大量的亚麻木脂素，作为一种植物雌激素，它的含量是其他作物的800倍左右。迄今为止，上述各有益成分的加工利用都是在未经脱皮或未经有效的籽、皮分离的基础上进行的。因此，上述各种有益成份的收率很低。由于亚麻籽含油率高且形状特殊，常用的碾压或磨擦脱皮方法会使籽粒与壳皮粘在一起，使得脱皮后的籽、皮分离非常困难。现有技术中的一种分离方式是将干燥后的亚麻籽送入一个装有粗磨旋转器的分离仓通过磨擦使亚麻籽去壳，形成亚麻籽壳皮与籽仁，然后经筛网和/或重力分离方式使壳皮与籽仁分离。为了控制亚麻籽在分离仓内的流动速度，还需向仓内通入气流并加入轻质材料。

（2）要解决的技术问题。

本发明要解决的技术问题是如何提高亚麻籽的分离效率，并使其易于控制。

（3）矛盾分析。

目前的分离方法太过复杂而且难以控制。首先亚麻籽在分离仓内不断受到磨擦与挤压，脱壳后的籽仁内的油脂会溢出使壳皮之间或壳皮与籽仁之间发生粘连而难以进一步分离。其次，采用向分离仓内送入气流的方式控制亚麻籽在仓内的流动速度比较困难，尤其是发生油脂粘连的情况下会更加困难。另外，采用筛网加重力分离的方式分离纯度不高，通常还需采取进一步的分离措施。由于采用如上方法比较复杂，因此导致该分离设备也比较复杂。

根据以上分析可知，需要改善的参数是系统的可操作性，即，使用更为简单的方法或者工具来提高亚麻籽的分离效率，可能恶化的参数是系统的生产率以及装置的可制造性。

（4）TRIZ原理运用。

根据需要改善的参数为系统的可操作性，恶化的参数为系统的生产率，查找阿奇舒勒表获得如下原理：15、1、28。经过分析比较，排除动态化原理（原理15）和分割原理（原理1），选择使用原理28，即机械系统的替代（replacement of mechanical system）原理，该原理主要体现为以下三个方面：

① 用感官刺激的方法代替机械手段；
② 采用与物体相互作用的电、磁或电磁场；
③ 场的替代：从恒定场到可变场，从固定场到随时间变化的场，从随机场到有组织的场。

本发明通过采用静电分离方法，使得壳皮与籽仁分离的较为彻底。

根据需要改善的参数为系统的可操作性，恶化的参数为系统的可制造性，查找阿奇舒勒表获得如下原理：2、5、12，经过分析比较，抽取原理（原理2）和等势原则原理（原理12）不适用于本发明，因此，选择使用原理5，即合并（consolidation）原理，该原理主要体现为以下两个方面：

① 合并空间上的同类或相邻的物体或操作；
② 合并时间上的同类或相邻的物体或操作。

本发明通过在离心脱皮机的出料侧接有筛网设备，在筛网设备的出料侧接有输送带，在输送带前部落料端的上方设置静电吸附装置，实现亚麻籽脱皮分离的目的。

（5）解决思路和关键步骤。

依据机械系统的替代和合并原理，发明了一种实现上述亚麻籽脱皮分离方法的设备，包括离心脱皮机，在离心脱皮机的出料侧接有筛网设备，在筛网设备的出料侧接有输送带，在输送带前部落料端的上方有静电吸附装置。

（6）实际解决的技术方案或结论。

具体方案如下：

一种亚麻籽脱皮分离方法的设备，该设备包括离心脱皮机 2，在离心脱皮机的出料侧接有筛网设备，在筛网设备的出料侧接有输送带 10、13，在输送带前部落料端的上方有静电吸附装置，静电吸附装置为一个辊筒输送带，其中端部静电辊筒 16 通过电缆与静电发生器 19 相连。筛网设备为两层，其中上层筛网 7 采用 10～15 目网孔筛网，筛网出料侧对应第一输送带 10，下层筛网 8 采用 24～40 目网孔筛网，筛网出料侧对应第二输送带 13。

本发明的设备通过采用静电分离，使分离效率提高，在离心脱皮机的出料侧接有筛网设备，从而使得整个设备系统变得十分简单，效率提高了 3～4 倍。

（7）附图，如图 5-3-6-2 和图 5-3-6-3。

图中，1：干燥箱，2：离心脱皮机，3：料斗，4：加速转筒，5：转速调节器，7：上层筛网，8：下层筛网，9：粉末收集器，10：第一输送带，11：第一主动轮，12：第二从动轮，13：第二输送带，14：第二主动轮，15：第二从动轮，16：静电辊筒，17：籽仁收集器，18：未破碎籽粒收集器，19：静电发生器，20：电缆，21：驱动轮，22：传输带，23：壳皮收集器。

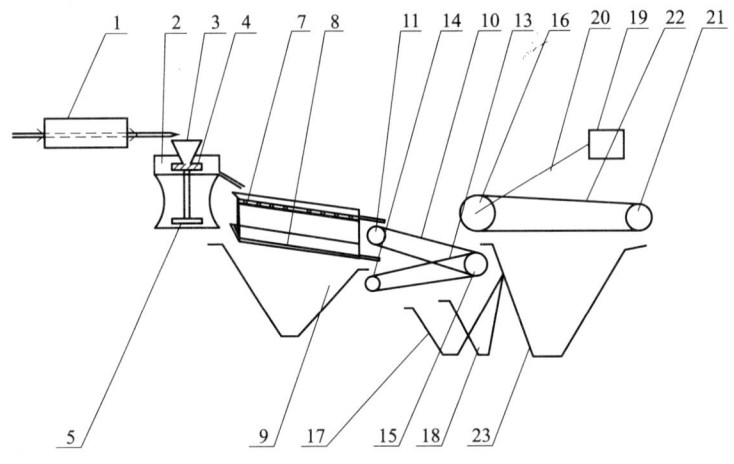

图 5-3-6-2　亚麻籽脱皮分离设备流程图

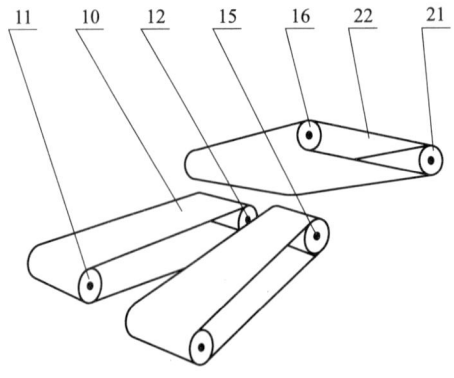

图 5-3-6-3　静电吸附装置作业示意图

5.3.7 机械加工

5.3.7.1 案例1[①]：一种回转式自动铆接机械手及其使用方法

（1）技术背景。

本发明属于自动铆接设备领域，具体涉及一种回转式自动铆接机械手及其使用方法。

飞机装配是飞机制造环节中极其重要的一环。飞机装配由于产品尺寸大、形状复杂、零件以及连接件数量多，其劳动量占飞机制造总劳动量的一半甚至更多。因此，飞机的装配质量直接决定飞机的最终质量、制造成本和周期。在大型飞机装配过程中，特别是机身段对合中，对合部位蒙皮铆接的工作量很大，使用自动化铆接代替人工铆接可以大大降低飞机制造成本，全面提高飞机铆接质量。

美国早在20世纪50年代初就已经在飞机铆接装配生产线上应用了自动铆接机。现在世界各航空制造业发达的国家都已经广泛采用该项技术。目前民用飞机的机铆率高达90%以上，例如：美国波音767机身的机铆率为97%。

（2）要解决的技术问题。

现有技术中的自动铆接设备成本较高，因此，本发明要解决的技术问题是通过制备一种相对简易的自动铆接设备，降低设备成本。

（3）矛盾分析。

飞机装配中的自动铆接技术在我国航空制造业中起步较晚，在20世纪90年代初期才开始引进、应用该项技术。目前，国内仅有少数几家航空制造公司拥有开发、应用该技术的实力，而且在装配生产中也只是部分应用，使用面还不是很广泛，铆接结构的机铆率仅为10%。目前我国的自动铆接技术水平与国际航空制造先进水平十分悬殊。而且国外自动铆接设备价格高昂，很难大量进口。

由以上分析可知，需要改善的参数是系统的自动化程度，如果采用国外的自动铆接技术，则会增加成本，若不期望增加成本，则可能导致恶化的参数是系统的精度降低。

（4）TRIZ原理运用。

针对上述矛盾参数，查找阿奇舒勒表获得如下原理：28、26、18、23，经过分析比较，复制原理（原理28）、机械振动原理（原理18）、反馈/反向联系原理（原理23）不适用于本发明，因此，选择使用原理28，即机械系统的替代（replacement of mechanical system），原理该原理主要体现为以下3个方面：

① 用感官刺激的方法代替机械手段；

② 采用与物体相互作用的电、磁或电磁场；

③ 场的替代：从恒定场到可变场，从固定场到随时间变化的场，从随机场到有组织的场。

（5）解决思路和关键步骤。

根据机械系统的替代原理，采用回转式自动铆接机械手，该机械手包括周向驱动电机、旋转支架、伸缩气缸、自适应工具头、Y向驱动电机、连接件、万向轮、小车、线性导轨、空心套筒、控制器，小车下设有连接件，小车上设有线性导轨和控制器，线性导轨上设有空心套筒，并与Y向驱动电机相连接，空心套筒端部设有旋转支架，旋转支架下端与空心套筒端部连接处设有周向驱动电机，旋转支架上端依次设有伸缩汽缸、自适应工具头。通

[①] 本案例来源于CN200810161659X。

过这些部件,实现飞机航向、机身周向、机身径向三个运动,以满足大型飞机机身对合时周向大范围铆接的要求;与飞机机身外部钻孔、锪窝、自动放铆钉、顶铁、铣平面组合机床配合使用,能够高效率解决飞机机身对接装配中的自动铆接和连接问题。

(6) 实际解决的技术方案或结论。

本发明的具体技术方案如下:一种回转式自动铆接机械手,包括周向驱动电机 1、旋转支架 2、伸缩汽缸 3、自适应工具头 4、Y 向驱动电机 5、连接件 6、万向轮 7、小车 8、线性导轨 9、空心套筒 10、控制器 11,小车 8 下设有连接件 6,小车 8 上设有线性导轨 9 和控制器 11,线性导轨 9 上设有空心套筒 10,并与 Y 向驱动电机 5 相连接,空心套筒 10 端部设有旋转支架 2,旋转支架 2 下端与空心套筒 10 端部连接处设有周向驱动电机 1,旋转支架 2 上端依次设有伸缩汽缸 3、自适应工具头 4。周向驱动电机 1 与周向驱动蜗杆 12 相连,周向驱动蜗杆 12 与周向驱动蜗轮 13 配合,实现旋转支架 2 的旋转运动。Y 向驱动电机 5 与 Y 向驱动齿轮 15 相连,Y 向驱动齿轮 15 与 Y 向驱动齿条 14 配合,实现空心套筒 10 的 Y 向运动。

本发明的回转式自动铆接机械手结构简单、铆接准确,可以替代人工完成大型飞机机身直段装配时所需的大量铆接工作,不但价格便宜,而且具有高可靠性、高效率的飞机铆接装配专用设备,可望在飞机装配生产线中得到广泛应用,全面提高飞机铆接装配质量和效率。

(7) 附图,如图 5-3-7-1 至图 5-3-7-3。

图中,1:驱动电机,2:旋转支架,3:伸缩气缸,4:自适应工具头,5:Y 向驱动电机,6:连接件,7:万向轮,8:小车,9:线性导轨,10:空心套筒,11:控制器,12:驱动蜗杆,13:驱动蜗轮,14:驱动齿条,15:驱动齿轮。

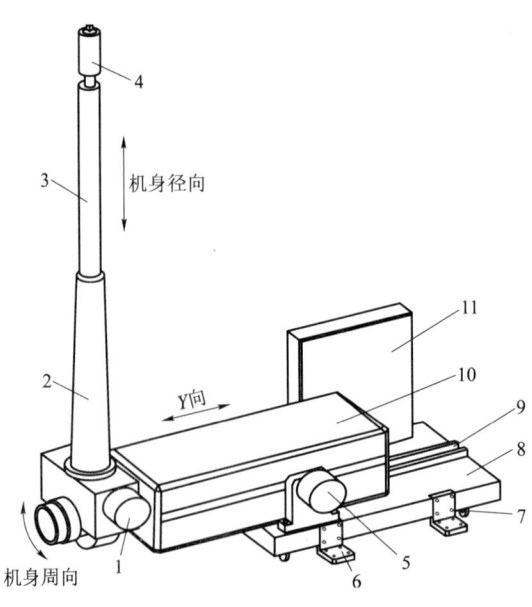

图 5-3-7-1 整体结构示意图

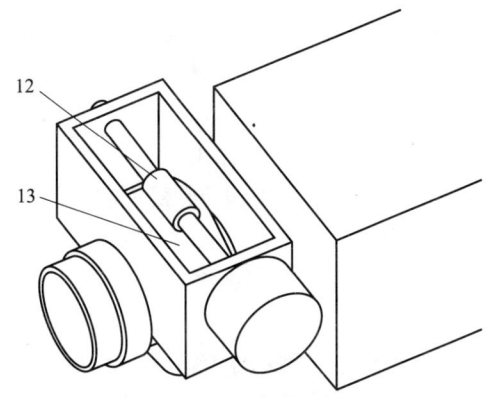

图 5-3-7-2 周向驱动机构结构示意图

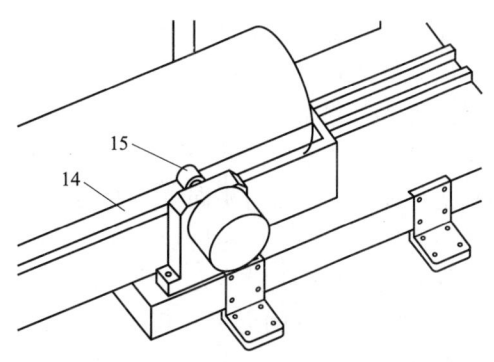

图 5-3-7-3 Y 向驱动机构结构示意图

5.3.7.2 案例 2：用于电火花线切割的非对称切割方法[1]

（1）技术背景。

本发明涉及一种广泛应用于工业制造中的电火花线切割机床，尤其涉及电火花线切割机床的切割方法，可加工模具、异型精密零件等。

电火花线切割机床分为快走丝、中走丝和慢走丝机床。快走丝电火花线切割机床采用双向走丝机构，钼丝绕在丝筒上，往复运动切割，用电脉冲来切割工件，排渣主要在电源脉冲间隔期间进行，走丝方向从上往下时利于排渣，走丝方向从下往上时不利于排渣。现有的电火花线切割机床的电脉冲的宽度和间隔在不同的走丝方向设置是一样的，对于厚的工件，为了在走丝方向不利于排渣时能顺利排渣，电脉冲要设置较大的脉冲间隔，而该脉冲间隔对于利于排渣的走丝方向又太大了，这样整体切割速度就受到影响。对于普通厚度的工件，电火花线切割平均电流约为 3A 左右，而厚的工件进行切割时，由于设置了较大的电脉冲间隔，其平均电流只有 1～2A，其切割速度大大下降，工件越厚对切割速度的影响越大。

（2）需要解决的技术问题。

本发明要解决的技术问题是如何提高快走丝电火花线切割的加工速度。

（3）矛盾分析。

根据发明要解决的技术问题可知，要提高切割速度，就会影响到排渣。为了提高切割速度而不影响排渣，就需要改变脉冲频率，但是，如果每次重新调整脉冲频率就会影响加工速度。因此，需要改善的参数是提高自动化程度，而由此可能恶化的参数是设备的适应性及多用性。

（4）TRIZ 原理运用。

针对上述矛盾参数，查找阿奇舒勒表获得如下原理：1、16、7、4，经分析比较，分割原理（1）、不足或超额行为原理（原理 16）和嵌套/套叠原理（原理 7）并不适于本发明，因此，选择使用原理 4，即非对称（asymmetry）原理，该原理体现在以下两个方面：

① 用非对称形式代替对称形式；

② 如果对象已经是非对称，增加其非对称的程度。

---

[1] 本案例来源于 CN2008101243664。

本发明通过更改电源放电脉冲参数,生成不同脉冲宽度和脉冲间隙进行加工,既满足自动化加工的要求,又有利于排渣。

(5) 解决思路和关键步骤。

运用非对称原理,本发明采用双向走丝、电源脉冲放电进行切割加工,在电源脉冲间隔期间排渣,在走丝的两个不同方向,更改电源放电脉冲参数,生成不同脉冲宽度和脉冲间隙进行加工。通过对不同走丝方向产生不同参数的放电脉冲,有利于顺利排渣,并且适用于不同厚度工件的快速切割,提高了快走丝电火花线切割的效率和速度。

(6) 实际解决的技术方案或结论。

通过上述原理的运用,获得本发明的具体技术方案为:一种用于电火花线切割的非对称切割方法,将钼丝绕在丝筒上,采用双向走丝、电源脉冲放电进行切割加工,在电源脉冲间隔期间排渣,其特征是:在走丝的两个不同方向,更改电源放电脉冲参数,生成不同的电源放电脉冲间隔和脉冲宽度进行加工;具体包括如下步骤:① 检测走丝运动方向。② 在利于排渣的走丝方向,减小电源放电脉冲间隔,增加或不改变脉冲宽度,调整使得钼丝的平均电流不超过 5A,并且保持切割进给量在前进;如果切割进给量在倒退,则需增加电源放电脉冲间隔,直到切割进给量在前进。③ 在不利于排渣的走丝方向,增加电源放电脉冲间隔,减小或不改变脉冲宽度,调整使得切割进给量在前进,钼丝的平均电流在 1~3A 之间;如果切割进给量在倒退,则需增加电源放电脉冲间隔;直到切割进给量在前进;如果工件厚度增加,则需减小钼丝的平均电流。④ 重复上述步骤①、②、③,直到加工完毕。

本发明通过上述用于电火花线切割的切割方法,可以通过控制不同走丝方向的电脉冲参数来提高快走丝电火花线切割的加工速度。

5.3.7.3 案例3: 爆炸切割阀[1]

(1) 技术背景。

本发明涉及一种用于气体或液体的阀门,特别涉及一种爆炸切割阀。

目前,气体(或液体)罐或管路所使用的自动控制阀为电磁阀,在紧急状况下需要打开阀门时,由手动开关或控制器给出电信号,向电磁阀的线圈供电,产生磁性,吸动阀芯,从而使电磁阀打开。上述过程需要数秒钟的时间,对一般气体(或液体)罐或管路可以满足要求,但对一些特殊化工场所的反应器或急剧升压气罐而言,数秒钟的时间就可能使罐体或管路压力升高超过其强度而引起爆裂。

(2) 需要解决的技术问题。

由以上对现有技术的分析可知,本发明要解决的技术问题是如何提高切割阀的导通速度。

(3) 矛盾分析。

分析技术问题可以得出如下技术矛盾:

快速打开管路阀门以释放系统压力与现有阀门反应迟缓之间的矛盾。因此需要改善的参数是速度。但是,提高阀门打开的速度,可能对设备产生损害。因此,可能恶化的参数是物体产生的有害因素。

(4) TRIZ 原理运用。

---

[1] 本案例来源于 CN200820221979。

根据上述矛盾的参数，查找阿奇舒勒表获得如下原理：2、24、35、21，经分析比较，抽取原理（原理2）和物理/化学状态变化原理（原理35）显然不适于本发明，因此，选择使用原理21和原理24。

原理21：紧急行动（rushing through）。该原理体现在：快速地执行一个为吸纳或有害的作业。

原理24：中介物（mediator）。该原理主要体现在以下两个方面：

① 采用中介体传递或完成所需动作；

② 把一个物体和另一个物体临时结合在一起（随后能比较容易地分开）。

本发明通过使用一个带雷管的装置引爆炸药实现紧急行动，以实现紧急情况下卸压保安全。

（5）解决思路和关键步骤。

根据紧急行动原理和中介物原理，本发明在工作时由控制机构给出触发电流触发电雷管11，电雷管11引爆凹槽8内的炸药，在聚能罩10作用下，依靠炸药的爆炸能量切断阀芯6，隔板7失去阻隔作用，通过阀芯导孔9使设置在左壳体1和右壳体2上的接口连通，从而使罐体或管路内的气体（或液体）导通或泄放，达到降压保安全之目的。

（6）实际解决的技术方案或结论。

下面结合附图对本发明的实际解决方案作进一步的描述。如图5-3-7-4所示，本发明包括连接套管3和通过连接套管3相互连通的左壳体1与右壳体2，位于左壳体1与右壳体2内设置有带通孔5的阀芯6；通孔5的左右两端分别与设置在左壳体1和右壳体2上的接口相连接，通孔5内设置有隔板7，位于隔板7一侧阀芯6的外壁上设置有充填炸药的凹槽8，位于隔板7另一侧的阀芯6上设置有与通孔5相连通的阀芯导孔9；阀芯6上对应于凹槽8设置有环形聚能罩10，聚能罩10上装有电雷管11。左壳体1与阀芯6之间设置有阀芯压环14。左壳体1与阀芯6之间设置有阀芯密封圈12。左壳体1与连接套管3之间设置有套管密封圈13。

本发明设计合理，结构简单，阀体可在数毫秒之内快速导通，从而大大缩短了导通时间。本发明应用在化工等一些特殊领域，在紧急情况下能够快速释放或泄放气体（或液体），从而达到降压保全设备之目的。

（7）附图，如图5-3-7-4。

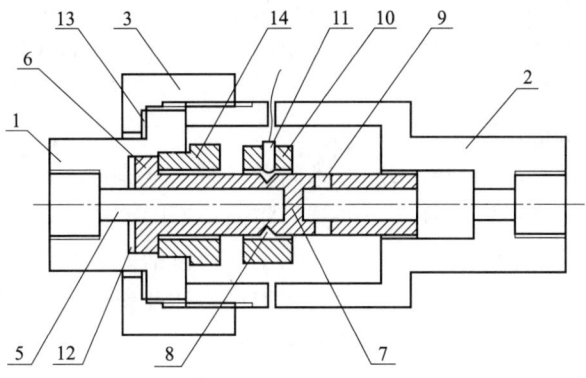

图5-3-7-4 爆炸切割阀的结构示意图

5.3.8 工具

5.3.8.1 案例1：攻牙刀杆装置[1]

（1）技术背景。

本发明是有关一种攻牙刀杆装置，图 5-3-8-5 是现有技术的攻牙刀杆装置。一般攻牙刀杆，主要是在一刀杆本体 5 中装设一丝攻夹头 6，丝攻夹头 6 具有一特定规格大小的接孔 60，再以此接孔 60 夹固一仅能对应此预设规格的螺丝攻钻 7，以实施攻牙作业。

（2）需要解决的技术问题。

现有攻牙刀杆装置中的单一丝攻夹头仅能对应单一螺丝攻钻。本发明要解决的技术问题是如何使丝攻夹头可以对应多种规格螺丝攻钻。

（3）矛盾分析。

特定规格的螺丝攻钻必须对应至特定规格的丝攻夹头方能插置结合，若想使用其他规格的螺丝攻钻，则必须配置与其对应的其他规格的丝攻夹头，这样势必得增加丝攻夹头的采购数量，从而造成加工成本的增加。更甚者，如果临时要以特定规格的螺丝攻钻实施攻牙作业，因当下没有可匹配的丝攻夹头，就可能导致无法实施的窘境。如此不但造成极大的困扰，还延误工作时效，影响产能效率。

由以上分析可知需要改善的参数是系统的适应性及多用性，如果通过增加设备来改善设备的适应性及多用性，则可能导致恶化的参数是可维修性及可靠性。

（4）TRIZ 原理运用。

根据欲改善的参数是系统的适应性及多用性，恶化的参数是可维修性，查找阿奇舒勒表获得如下原理：1、16、7、14。经分析比较，选择使用原理 7，即嵌套（nesting）原理，该原理主要体现为以下两个方面：

① 将第 1 个物体嵌入第 2 个物体，然后将这 2 个物体一起嵌入第 3 个物体；

② 让物体穿过另一个物体的空腔。

根据欲改善的参数是系统的适应性及多用性，恶化的参数是可靠性，查找阿奇舒勒表获得如下原理：35、13、8、24。经分析比较，选择使用原理 24，即中介物原理，该原理主要体现为以下两个方面：

① 采用中介传递或完成所需动作；

② 把一个物体和另一个物体临时结合在一起（随后能比较容易分开）。

本发明通过一个多功能套筒为中介物对夹头及刀杆嵌套，可免于传统丝攻夹头仅能对应单一规格的螺丝攻钻所产生的弊端，便于实时更换其他规格的螺丝攻钻；且无须再配置许多不同规格的丝攻夹头。

（5）解决思路和关键步骤。

通过以上矛盾分析，结合要解决的技术问题，对文献信息进行检索，发现某项专利技术中公开了通过一种具有不同管径接口的阀门将两个不同管径的管路连接在一起，由此得到启示，并运用嵌套原理和中介物原理，发明了一种包括如下结构的攻牙刀杆装置，其主要包含一丝攻夹头及一刀杆，刀杆大致包含有刀杆本体及套筒，刀杆本体中段设有呈轴向贯穿刀杆本体外缘表面的定位槽，定位槽中设置有抵制块。丝攻夹头于第一端的外缘表面，

---

[1] 本案例来源于 CN201120011146。

设有对应抵制块且呈轴向凹陷的定位槽壁；丝攻夹头于第二端设有一接合段，于接合段端部开设有一内侧壁面呈向内渐束状的锥面槽口；于接合段外部设有一可对应锁固的锁合螺套，锁合螺套中央开设有一贯穿口，贯穿口的内缘是形成向内渐扩的锥抵面；于丝攻夹头与锁合螺套间设有一弹性筒夹，弹性筒夹大致为一两端渐缩的锥形体，弹性筒夹一端设有接孔。

实施时，使弹性筒夹置于丝攻夹头的锥面槽口，可将一螺丝攻钻插置在弹性筒夹的接孔，再以锁合螺套包覆弹性筒夹并锁固至丝攻夹头的接合段，由锁合螺套的锥抵面抵固弹性筒夹临于接孔的该端，迫使接孔周缘向轴心收缩，进而夹持固定螺丝攻钻。

本发明通过增加中介物并对其进行嵌套，实现一种丝攻夹头夹持多种规格的螺丝攻钻。

（6）实际解决的技术方案或结论。

具体技术方案为：如图 5-3-8-1 至图 5-3-8-4 所示，本发明攻牙刀杆 1 装置，主要包含一呈长直中空杆体的丝攻夹头 2 及一用以容置丝攻夹头 2 的刀杆 3，刀杆 3 则大致包含一刀杆本体 30、一结合环 31 及一套筒 32，其中，刀杆本体 30 一端是开设有一容置丝攻夹头 2 的开口 300，结合环 31 是通过弹性元件而设置于刀杆本体 30 该端外部，以控制丝攻夹头 2 与刀杆本体 30 间的契合或脱离；刀杆本体 30 中段成形有多个呈轴向贯穿刀杆本体 30 外缘表面的定位槽 301，定位槽 301 中并设置有抵制块 302，套筒 32 则置于刀杆本体 30 中段外部，用以包覆及压掣抵制块 302。

丝攻夹头 2 于其第一端（上段）的外缘表面，设有对应刀杆本体 30 的抵制块 302 且呈轴向凹陷的定位槽壁 20，可供穿置定位槽 301 的抵制块 302 抵制，形成攻牙的切削阻力。

丝攻夹头 2 于第二端（底段）延伸成形出一接合段 21，接合段 21 的外缘表面设有螺牙结构，接合段 21 端部，开设有一连通丝攻夹头 2 内部且内侧壁面呈向内渐束状的锥面槽口 210。

接合段 21 外部设有一锁合螺套 22，锁合螺套 22 中央是开设有一贯穿口 220，贯穿口 220 的内缘是形成向内渐扩的锥抵面 221；锁合螺套 22 内侧壁面则设置有可与接合段 21 的螺牙结构对应螺合的螺纹结构。

在丝攻夹头 2 的锥面槽口 210 中，设置有一弹性筒夹 23；弹性筒夹 23 大致为一朝两端渐缩的锥形体，弹性筒夹 23 二端分别开设有接孔 230 以及大于接孔 230 的通孔 231，弹性筒夹 23 外缘表面并开设有延伸至接孔 230 的第一裕度缝 232 以及与第一裕度缝 232 等间相隔且延伸至通孔 231 的第二裕度缝 233，以使弹性筒夹 23 具有一弹性夹持力；弹性筒夹 23 外缘表面临近于接孔 230 处，形成一个可供卡掣定位的环槽 234。

实施时，将弹性筒夹 23 置于丝攻夹头 2 的锥面槽口 210 中，也可以将各式规格的螺丝攻钻 4，插置在弹性筒夹 23 的接孔 230 中，再利用锁合螺套 22 将弹性筒夹 23 包覆并螺接至丝攻夹头 2 的接合段 21，由锁合螺套 22 内侧的锥抵面 221 抵固弹性筒夹 23 临于接孔 230 该端，据以定位弹性筒夹 23，以形成图 5-3-8-4 所示的结合态样；同时，锥抵面 221 会迫使接孔 230 周缘向轴心收缩，进而夹固螺丝攻钻 4，使结合的螺丝攻钻 4 不易因震动而松脱，且不会产生空转，从而确保攻牙作业的精密性与产品优良率。

本发明的有益效果是，本发明的设备能与至少一种规格的螺丝攻钻对应插置，可免于传统丝攻夹头仅能对应单一规格的螺丝攻钻所产生的弊端，便于实时更换其他规格的螺丝攻钻；且无须再配置许多不同规格的丝攻夹头，能降低相关构件的采购成本，进而减少原物料的使用。

（7）附图，如图 5-3-8-1 至图 5-3-8-5。

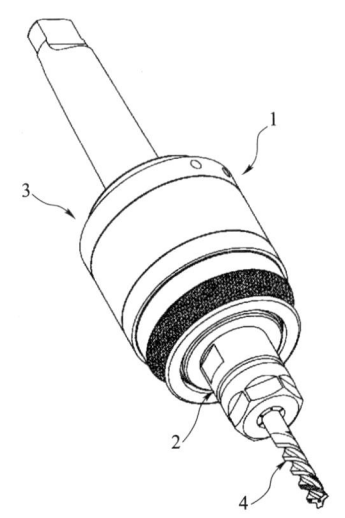

图 5-3-8-1　攻牙刀杆装置立体图

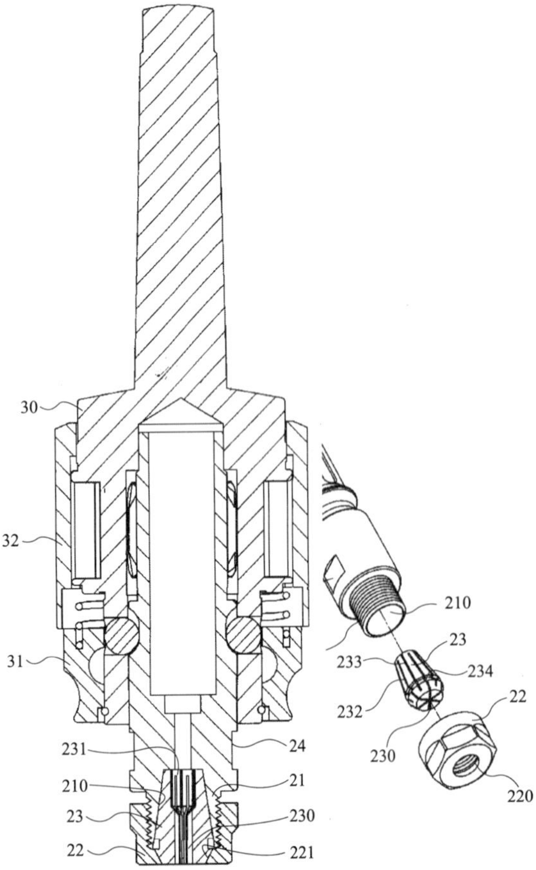

图 5-3-8-2　攻牙刀杆装置组设图 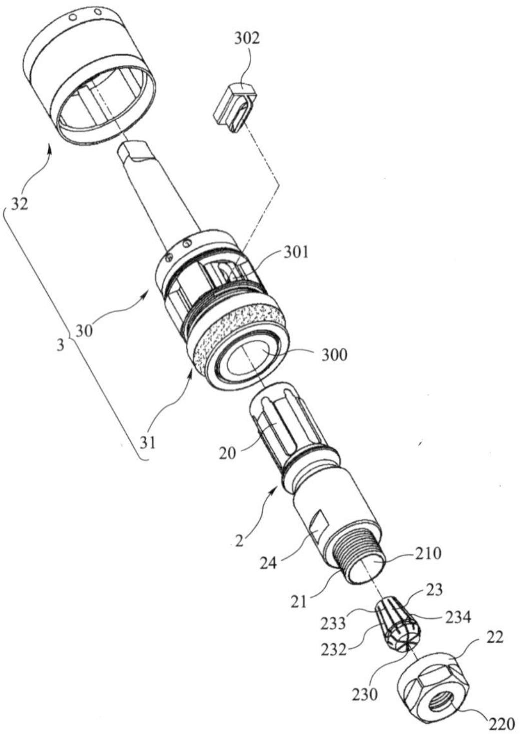　　　图 5-3-8-3　攻牙刀杆装置剖面示意图

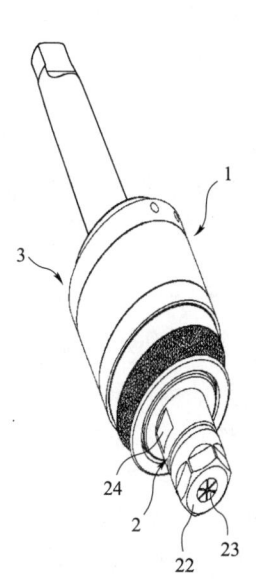 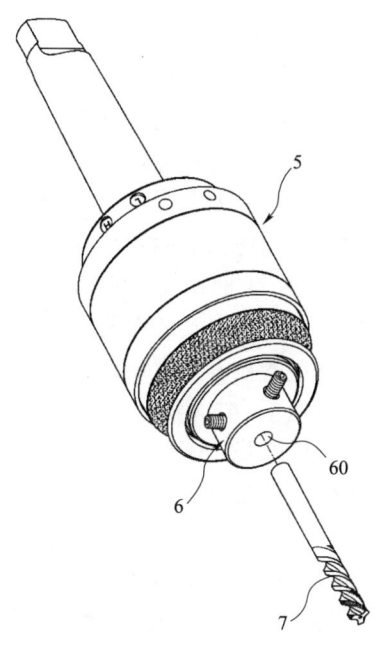

图 5-3-8-4　攻牙刀杆装置螺丝攻钻的示意图　　图 5-3-8-5　攻牙刀杆装置的立体示意图

5.3.8.2　案例 2：一种从内侧夹持坩埚的高温坩埚钳[1]

（1）技术背景。

本发明涉及一种高温坩埚钳，属于坩埚操作工具技术领域。坩埚是企业、科研机构从事各种材料冶炼和熔融生产、科学研究中经常使用的设备。在使用过程中，由于高温需要用坩埚钳夹持坩埚进行入炉和出炉的操作。现在坩埚钳一般都是从坩埚外侧进行夹持，适用于马弗炉。对高温管式炉则不适用，管式炉的内径与坩锅的外径间隙不大，如果仍然从外侧夹持比较费力，也会发生危险。

（2）需要解决的技术问题。

本发明需要解决的技术问题是如何使高温坩埚钳更加稳定、方便省力、安全可靠。

（3）矛盾分析。

通过以上技术背景和技术问题的介绍可知，管式炉的内径与坩锅的外径间隙不大，由此形成了稳定、方便省力、安全可靠的夹持坩埚与管式炉的内径与坩锅的外径间隙不大而导致很难夹持之间的矛盾。

由此可见，需要改善的参数是高温坩埚钳的可靠性，因此可能恶化的参数是装置的复杂性。

（4）TRIZ 原理运用。

针对上述矛盾参数，查找阿奇舒勒表获得原理 13、35、1，经分析比较，分割原理（原理 1）和物理/化学状态变化原理（原理 35）不适合于本发明。因此，选择使用原理 13，即逆向思维（inversion）原理。该原理主要体现为以下三个方面：

① 颠倒过去解决问题的办法；

② 使物体的活动部分改为固定的，让固定的部分改为活动的；

---

[1] 本案例来源于 CN2010202430707。

③ 翻转物体（或过程）。

本发明通过改变坩锅钳通常从外向内夹持的方式，改为由内向外夹持，即颠倒过去解决问题的办法，这样会更加安全可靠。

（5）解决思路和关键步骤。

一般认为夹持是从外向内实施，而本发明根据逆向思维原理，发明了一种从内侧夹持坩埚的高温坩埚钳，他由手柄、销轴、夹头和弹簧组成，其改进之处是，每一侧的手柄和夹头为一整体结构，手柄和夹头的结合部向内弯折，两侧的手柄和夹头的弯折结合部重叠，销轴安装在重叠处，弹簧安装在两侧手柄之间。

（6）实际解决的技术方案或结论。

本发明由手柄1、4，销轴3，夹头2、6和弹簧7组成。本发明采用这种结构后，在使用时两侧手柄向内合拢，两侧夹头同时向外扩展，从高温坩埚的内侧向外夹持住坩埚，这样在需要从内侧夹持坩埚时就可以避免使用现有的坩埚钳向外打开手柄的不便，更加方便省力、安全可靠。

具体技术方案如图5-3-8-6显示，一侧的手柄1和夹头2为一整体结构，另一侧的手柄4和夹头6也为一整体结构，销轴3安装在两侧手柄1、4和夹头2、6的结合部，弹簧7安装在两侧手柄1、4之间。采用这样的结构，夹持方式与一般的坩埚钳有很大的不同：一般的坩埚钳在手柄向内合拢时，夹头也向内合拢，夹持坩埚的外侧；而本发明在两侧的手柄向内合拢时，夹头就会向外张开，用以向外夹持坩埚的内侧。

使用本发明时，双手或者单手握住手柄1、4，将夹头2、6伸入到高温坩埚内部，然后握紧手柄1、4，提出坩埚，最后松开手柄1、4，弹簧7将会使坩埚钳恢复原状。

（7）附图，如图5-3-8-6。

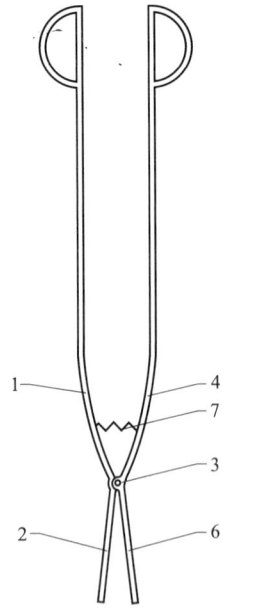

图5-3-8-6 高温坩埚钳结构示意图

5.3.8.3 案例3：制样锤[1]

（1）技术背景。

本发明涉及一种制样工具，具体的是涉及一种制样锤，应用于无机非金属材料试验时对试验材料的制取。

对无机非金属材料进行物理化学分析时通常对试样粒度有一定的规定，一般情况下是控制最大值、控制最小值或控制在最大值与最小值之间。

例如，对焦炭结构强度测定时，取3mm～6mm干燥试样50ml，并称重，然后进行焦炭结构强度（SSI）测定，对焦炭显微强度测定时，称取0.6mm～1.25mm的焦样2g，然后进行焦炭显微强度（MSI）测定，此时对试样粒度要求是控制在两值之间。

当试样粒度要求是控制在最大值与最小值之间时，制备试样需用铁锤对试样进行锤制，然后用相应粒度的两个试样筛进行筛分，大于粒度上限的试样再进行锤制、筛分，最后取两层筛子中间样作为试样。

---

[1] 本案例来源于CN2009202290751。

（2）需要解决的技术问题。

本发明要解决的技术问题是如何改进制样锤制样的精确性。

（3）矛盾分析。

实际操作过程中，由于对试样粒度控制不仅有上限要求，而且还有下限要求，制样时最小粒度比较难把握，锤制时间和力度存在一定随意性。由于锤头是平面，制样后小于粒度控制范围的（甚至是粉末）量有很大差别，使试样代表性产生差别，致使试验结果不能稳定反映试样的真实质量指标，从而影响试验结果的准确性。

因此，需要改善的参数是产品的制造精度；而为了获得尽可能多的符合要求的颗粒样品，可能恶化的参数是物体产生的有害因素增加，即不合格产品可能增加。

（4）TRIZ原理运用。

针对上述矛盾参数，查找阿奇舒勒表获得原理4、原理17、原理34、原理26。经分析比较，排除非对称性/增加不对称性原理（原理4）、复制原理（原理26）和抛弃与再生原理（原理34），选择使用原理17，即一维变多维（shift to a new dimension）原理，该原理主要体现为以下四个方面：

① 将物体从一维变到二维或三维空间；
② 用多层结构代替单层结构；
③ 使物体倾斜或者倾向放置；
④ 使用给定表面的另一面。

本发明通过改变锤面的一维结构，即一维变多维，使其更易于获得合适粒度的产品。

（5）解决思路和关键步骤。

根据上述技术问题，结合一维变多维的原理，将现有技术中平面的锤头改变为由多个小锥体组成，这样可减轻锤击力量。

（6）实际解决的技术方案或结论。

本发明实际解决的方案如下：

一种制样锤，包括有锤柄1和锤头2，锤柄的顶部安插在锤头的安装孔内，锤头的一端设置有一组锥形体3。锥形体与锤头螺纹连接。锥形体为圆锥或棱锥。锥形体的高度、锥形体的间距为分析样品粒度控制范围的上限。

通过使用上述制样锤，解决了制样中存在的小于粒度控制范围的（甚至是粉末）量有很大差别的问题，应用后减少了小于粒度控制范围的（甚至是粉末）量，使在粒度控制范围内的量大大增加，提高了制样的成材率。增强了试样代表性，从而降低了制样环节对试验结果产生的不稳定影响，提高了试验结果的准确性。

（7）附图，如图5-3-8-7。

5.3.9 交通运输

5.3.9.1 案例1：带有风冷装置的汽车轮毂[1]

（1）技术背景。

本发明涉及汽车轮毂技术领域，汽车轮毂是一种常见的汽车基础配件，目前，汽车轮毂仅能实现车胎与车轴的

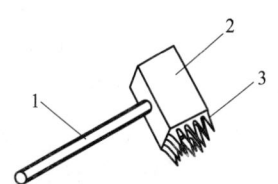

图5-3-8-7 制样锤的结构示意图

---

[1] 本案例来源于2008200291007。

连接功能；喷水降温器是一种主动的刹车片降温装置，但是，只适用于大型的载重车辆，由于其体积、外观等问题，无法在家用商用汽车上使用，而且水降温会对轮毂造成损害。

（2）需要解决的技术问题。

本发明要解决的技术问题一是改进刹车片冷却方式，使其既要保证降温效果，又能避免对刹车片的损害；二是改进的刹车制冷方式既要保证上述的效果，又要尽可能减小汽车轮毂的体积，便于其在小型车上使用。

（3）矛盾分析。

刹车片在制动时温度会升高，为了给刹车片降温而采用水降温的方式，但是，该方式的缺点十分明显，首先，突然在刹车片上浇冷水可能导致刹车片有可能在温度骤变中发生组织变化，进而引发机械性能的衰退；其次，在刹车盘上产生水膜，制动时卡钳不能像干燥的时候有效铰合盘片，延长停车距离；再次，在行车过程中无法保证足够的水源。而且喷水降温装置体积较大，不利于在小型车上使用。运用 TRIZ 理论分析技术问题可以得出如下技术矛盾：

为了避免对刹车片的损害，需要改善的参数是物体外部有害因素作用的敏感性，由此可能导致恶化的参数则是系统的操作性。

为了减小汽车轮毂的体积，则需要改善的参数是静止物体的体积，此可能导致恶化的参数则是设备的形状。

（4）TRIZ 原理运用。

针对第一组需要改善和恶化的矛盾参数，查找阿奇舒勒表获得原理 2、25、28、39，经分析比较，选择使用原理 28，即机械系统的替代（replacement of mechanical system）原理。该原理主要体现为以下三个方面：

① 用感官刺激的方法代替机械手段；

② 采用与物体相互作用的电、磁或电磁场；

③ 场的替代：从恒定场到可变场，从固定场到随时间变化的场，从随机场到有组织的场。

本发明通过使用风冷替代水冷，既能保证对刹车片降温，又能降低对刹车片的损害。

针对第二组需要改善和恶化的矛盾参数，查找阿奇舒勒表获得原理 7、2、35，经分析比较，选择使用原理 7，即嵌套（nesting）原理。该原理主要体现为以下两个方面：

① 将第一个物体嵌入第二个物体，然后将这两个物体一起嵌入第三个物体；

② 让物体穿过另一个物体的空腔。

本发明通过使风冷设备嵌套在汽车轮毂的连接件上，减小设备体积。

（5）解决思路和关键步骤。

通过以上对技术问题和矛盾的分析，运用机械系统替代的原理和中介物的原理，使用一种风冷装置对汽车刹车片进行冷却，这样，既能保证对刹车片降温，又能降低对刹车片的损害。

为了便于该带有风冷装置的汽车轮毂能够应用于小型车，运用嵌套原理，将鼓风机嵌套在汽车轮毂内的连接件上，以减小设备体积。

（6）实际解决的技术方案或结论。

为了实现上述目的，本发明采用的技术方案是：一种带有风冷装置的汽车轮毂，包括一轮毂本体 1，轮毂本体 1 内设置有中空轮辐 6，中空轮辐 6 末端固定有导气元件 3，导气元件 3 与中部连接件 2 相连,中部连接件 2 嵌套鼓风机 4。

所说的中空轮辐 6 中部设有通向刹车片的导向孔 5。

所说的中部连接件 2 中央设有凹槽 7,凹槽 7 内嵌套鼓风机 4,凹槽 7 内壁设置有孔 8,孔 8 与导气元件 3 的端口(图中未示出)相连通。

本发明由于采用了风冷方式对刹车片进行降温,所以不会引起刹车片机械性能衰退;由于鼓风机嵌套于轮毂内,所以外形美观、设备体积小、重量轻、应用范围广。

(7)附图,如图 5-3-9-1 至图 5-3-9-3。

图 5-3-9-1 为本发明的结构示意图,其中(a)为仰视图;(b)为(a)的内部结构图;(c)为主视图。

图 5-3-9-2 为本发明的透视图。

图 5-3-9-3 为本发明的工作时空气流向示意图。

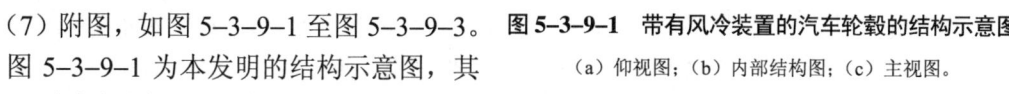

图 5-3-9-1 带有风冷装置的汽车轮毂的结构示意图
(a)仰视图;(b)内部结构图;(c)主视图。

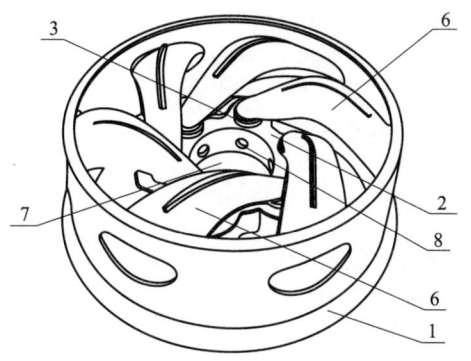

图 5-3-9-2 带有风冷装置的汽车轮毂的透视图

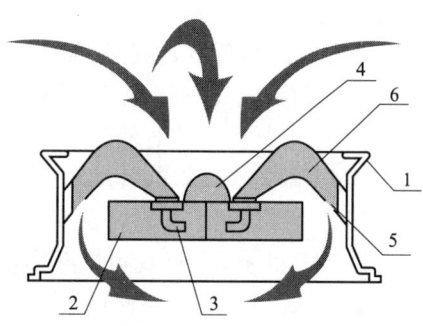

图 5-3-9-3 带有风冷装置的汽车轮毂工作时空气流向示意图

5.3.9.2 案例 2:小型水面漂浮物自动清理船[1]

(1)技术背景。

本发明涉及水面清洁设备,具体说是一种小型水面漂浮物自动清理船。为清理水面上漂浮的各种漂浮物,如矿泉水瓶、可乐瓶、垃圾、剩菜剩饭、排泄物等,已经发明了清洁能力强且机动灵活的水面漂浮物清理装置,该装置包括左右船体、船体动力机构、船体转向机构以及漂浮物收集机构,漂浮物收集机构设于两船体之间,分别为船头的转轮和船尾的垃圾箱,转轮由转轴和叶片构成,转轴左右横置于两船体之间,叶片在转轴上沿径向均匀分布,在水面下叶片的转动方向自船头向船尾,垃圾箱的入口朝向叶片,其入口底部前伸至水面下叶片的最低转动半径位置处;转轮同时也为船体的动力机构。

(2)需要解决的技术问题。

---

[1] 本案例来源于 CN2008201134747。

本发明要解决的技术问题是如何使自动清理船能够快速移动、作业时间长且能远程遥控。

(3) 矛盾分析。

该清理船首先是叶片不可以反转,反转的叶片会将垃圾箱中的垃圾带出;兼作动力的转轮由于受转速的限制,导致水面漂浮物清理装置的行程速度不够,转弯半径较大,工作效率较低;遥控工作只能在人眼观测的范围内进行,工作范围受到限制;蓄电池的功率有限,持续提供电力的时间短。由此形成了提高清理船效率与反转叶片会将垃圾箱中的垃圾带出之间的矛盾;远距离作业与遥控半径短之间的矛盾;长时间作业与电池续航时间有限之间的矛盾等。

因此,第一组需要改善的参数是适应性及多用性;可能恶化的参数是系统的可靠性。

第二组需要改善的参数是时间损失,可能恶化的参数是运动物体的作用时间。

第三组需要改善的参数是自动化程度,可能恶化的参数是能量损失。

第四组需要改善的参数是能量损失,而可能恶化的参数是物质或事物的数量。

(4) TRIZ 原理运用针对上述技术矛盾,至少运用如下原理:

为解决第一组矛盾,查找阿奇舒勒表获得原理 35、13、8、24,经分析比较,选择使用原理 24,即中介物(mediator)原理,该原理主要体现在以下两个方面:

① 采用中介体传递或完成所需动作;

② 把一个物体和另一个物体临时结合在一起(随后能比较容易地分开)。

本发明通过使用双螺旋桨结构作为船体的动力机构,增加船的推进力。

为解决第二组矛盾,查找阿奇舒勒表获得原理 20、10、28、18,经分析比较,选择使用原理 20,即连续有效作用原理,该原理主要体现在以下两个方面:

① 持续采取行动,使对象的所有部分都一直处于满负荷工作状态;

② 消除空闲的、间歇的行动和工作。

通过使螺旋桨既可以正转,又可以反转运行,实现灵活作业的目的。

为解决第三组矛盾,查找阿奇舒勒表获得原理 23、28,经分析比较,选择使用原理 23,即反馈(feedback)原理,该原理主要体现在以下两个方面:

① 通过引入反馈来改善性能;

② 如果已经引入了反馈,则改变其大小和作用。

通过图像采集和反馈,满足使用者随时了解其所在的地点方位及观察水面情况的要求。

为解决第四组矛盾,查找阿奇舒勒表获得原理 7、18、25,经分析比较,选择使用原理 25,即自服务(self-service)原理,该原理主要体现在以下两个方面:

① 物体具有自补充和恢复功能以完成自服务;

② 利用废弃的资源、能量或物质。

本发明采用太阳能电池,可以在不同作业地点充电,进而满足较长时间作业要求。

(5) 解决思路和关键步骤。

针对要解决的技术问题和矛盾分析的结果,在进行现有技术检索时,发现 A 国专利公开了在轮船上装备图像采集和传送、接受装置,图像采集和传送装置以及卫星定位模块,既可以通过图像采集系统观察水面情况,又可以满足在实施远程遥控作业时,使用者随时了解其所在的地点方位的要求。

据此，根据中介物原理和有效作用的连续性原理，设置动力驱动的双螺旋桨结构作为船体的动力机构，双螺旋浆的设置方式是将单个螺旋浆设于每个船体尾部，双螺旋浆正转推动船体前进的同时反转推动船体后退。双螺旋浆在一个正转一个反转时，船体可以实现转弯和原地掉头，因此双螺旋浆还作为船体转向机构。

根据反馈原理，为清理船装备图像采集和传送、接受装置，图像采集和传送装置由安装在船体上的摄像头、与摄像头连接的远程无线图像、数据传输模块和发射天线构成。船体上还可以安装卫星定位模块，遥控装置中配备卫星定位监测器，适时对其到达的地点进行监控和实施调整。

根据自服务原理，采用太阳能蓄电池，天气条件好时利用太阳能极板给蓄电池充电，保证蓄电池有足够的电能。可以满足较长时间作业要求。

（6）实际解决的技术方案或结论。

本发明的具体技术方案为：

一种小型水面漂浮物自动清理船，包括左右双置船体 1、船体动力机构、船体转向机构、漂浮物收集机构及控制各机构的遥控装置，各机构的运转由蓄电池 12 提供电能，漂浮物收集机构设于两船体 1 之间，分别为船头的转轮和船尾的垃圾箱 3，转轮包括由电机驱动的转轴 4 和叶片 2，转轴 4 左右横置于两船体 1 之间，叶片 2 在转轴 4 上沿径向均匀分布，水面下的叶片 2 的转动方向自船头向船尾，垃圾箱 3 为网筛结构，其进口朝向叶片 2，其进口底部伸至水面下叶片 2 的最低转动半径位置处，船体动力机构为动力驱动的两个螺旋桨 8，每个螺旋桨 8 设于每个船体 1 尾部，两个螺旋桨 8 还兼作船体转向机构。该船还装备了图像采集和传送、接受装置，图象采集和传送装置，由安装在船体 1 上的摄像头、与摄像头连接的远程无线图象、数据传输模块和发射天线构成，图像接受装置由配置在遥控装置中的远程无线图象、数据接收模块和视频采集卡构成。船体 1 上还安装了卫星定位模块，遥控装置中配备卫星定位监测器。船体 1 上还设置了给蓄电池 12 充电的太阳能极板。每个螺旋桨 8 的动力机构包括前进电机 6、联轴器 7、传动轴 9 和套筒 13，前进电机 6 设于船头，通过联轴器 7 与传动轴 9 的一端连接，传动轴 9 的另一端与螺旋桨 8 同轴固连，套筒 13 套装在传动轴 9 上。垃圾箱 3 进口设有袋口提升装置，提升装置包括框架 14、曲柄 15、连杆 16 和提升电机 17，框架 14 两侧安装于垃圾箱 3 进口两侧垂直滑道中，框架 14 顶部中央铰接连杆 16 的一端，提升电机 17 置于框架 14 正上方，其水平纵向输出轴与曲柄 15 的一端固连，曲柄 15 的另一端与连杆 16 的另一端铰连；曲柄 15 转动至最低点时框架 14 底部与垃圾箱 3 进口底部平齐，曲柄 15 转动至最高点时框架 14 底部由垃圾箱 3 进口底部向上提升，提升的最大距离等于曲柄 15 和连杆 16 的长度之和。

本发明采用上述原理对清理船进行装备，提供了独立的动力机构兼转向机构，使本发明的机动性能得以提高，可以快速到达指定地点作业，在作业过程中轻松完成前进、后退、转弯和原地掉头等动作，特别适合遥控操作。本发明装备了 CCD 图像传感器，远程图像传输模块和远程数据传输模块，具有图像功能和远程控制功能；可以观察水面的情况，并且具有远程图像传输和远程控制功能，方便使用者在岸上和在值班室实施远程垃圾清理。本发明安装卫星定位模块，无论它走到哪里，控制中心都能够找得到它。本发明运用太阳能技术给蓄电池充电，关键时刻能够保证 GPRS 和无线通讯畅通，保证指挥中心了解船只的状况和地点位置。

（7）附图。

图 5-3-9-4 是本发明一种实施方式的立体结构示意图，其视角为由船尾向船。

图 5-3-9-5 是图 5-3-9-4 视角由船头向船尾的立体结构示意图。

图 5-3-9-6 是图 5-3-9-4、图 5-3-9-5 实施方式的俯视图。

图 5-3-9-7 是图 5-3-9-4、图 5-3-9-5 实施方式中转轮的立体图。

图中：1：船体，2：叶片，3：垃圾箱，4：转轴，5：工作电机，6：前进电机，7：连轴器，8：螺旋浆，9：传动轴，10、导水边，11：导水孔，12：蓄电池，13：套筒，14：框架，15：曲柄，16：连杆，17：提升电机，18：转轮盖。

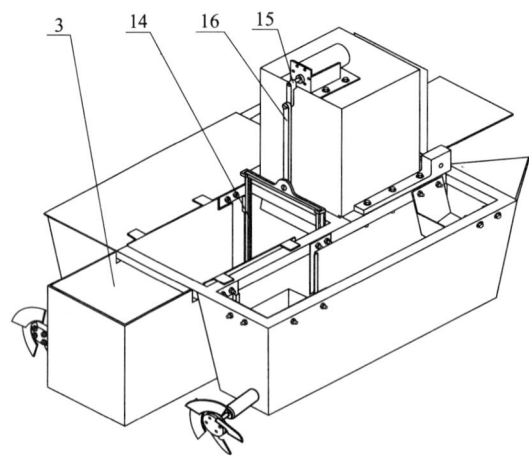

图 5-3-9-4 小型水面漂浮物自动清理船立体结构示意图（视角为由船尾向船头）

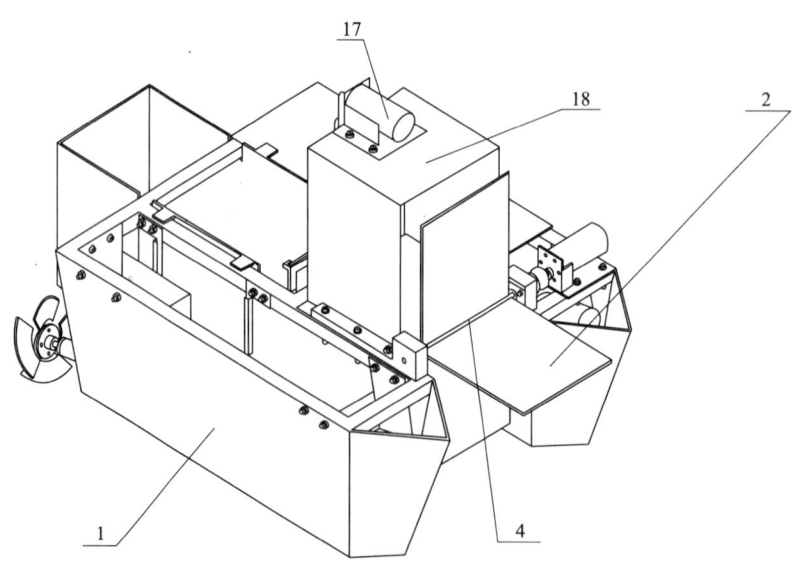

图 5-3-9-5 视角由船头向船尾的立体结构示意图

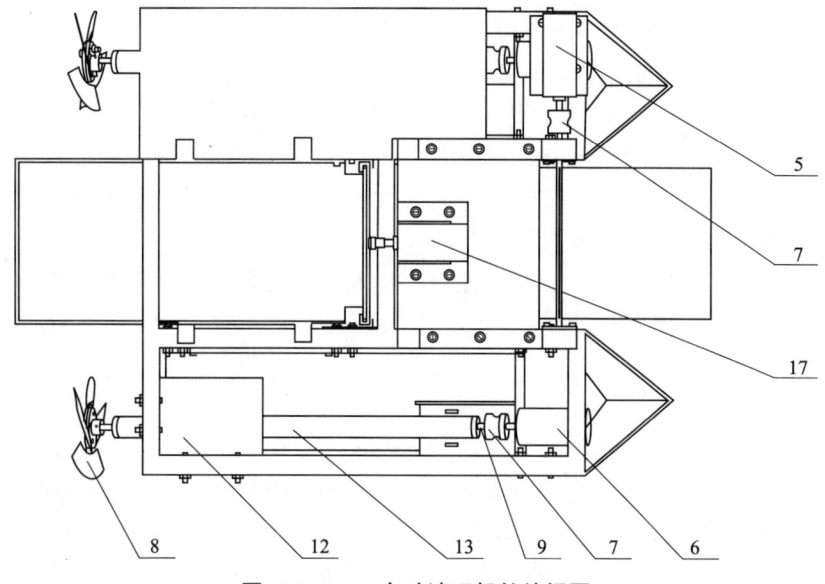

图 5-3-9-6 自动清理船的俯视图

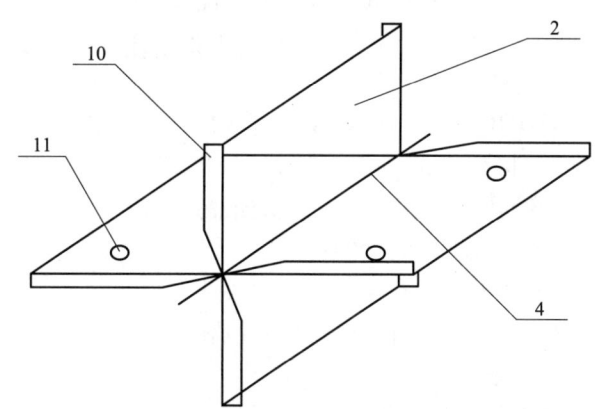

图 5-3-9-7 自动清理船转轮立体图

5.3.9.3 案例 3：多功能折叠自行车❶

（1）技术背景。

近年来，随着城市化建设和城市人口的增加，停车空间变得十分有限，自行车携带也不方便。如果居住在高层，要乘坐电梯出入，则自行车的大小还要受到电梯大小的限制。因此，减小自行车的占地空间，并使其携带方便，就显得十分必要。另外，如果自行车放置较长时间不用，不但占用了空间，而且显得浪费。

（2）需要解决的技术问题。

提供一种占地空间小、携带方便，最好兼具其他功能的多用途便捷自行车。

（3）矛盾分析。

如果将自行车制造得太小，虽然可以节省空间，但是，其本身所应当具有的便利交通的功能就要大打折扣。如果要使自行车兼具其他功能，则使制造成本上升，制造复杂。因

---

❶ 本案例来源于 CN2008201652290。

此，运用 TRIZ 理论分析技术问题可以得出如下技术矛盾：

① 减少占地空间、携带方便与实现自行车自身的交通功能的矛盾；

② 使自行车兼具其他功能与制造复杂、成本增加之间的矛盾。

根据对第一组矛盾的分析可知，若要减少占地空间，则需要改善的参数是自行车的适应性及多用性。当自行车的占地空间缩小时，就要求更加多的操作步骤来实现交通功能，因此，可能导致恶化的参数是装置的复杂性。

根据第二组的矛盾分析可知，若要使自行车兼具其他功能，则需要改善的参数是自行车的适应性及多用性，由此可能导致自行车需新增必要的部件，因此，恶化的参数是物质或事物的数量。

（4）TRIZ 原理运用。

根据上述第一组矛盾参数，查找阿奇舒勒表获得原理 15、29、37、28，经比较分析，选择使用原理 15，即动态化（dynamicity）原理，该原理体现在以下三个方面：

① 使物体或其环境自动调节，以使其在每个动作阶段的性能达到最佳；

② 把物体分为几个部分，各部分之间可以相对改变位置；

③ 将不动的物体改变为可动的，或具有自适应性。

本发明通过将自行车设计为可折叠式，使自行车各部件可以改变相对位置，进而既节省空间，又不影响其交通功能。

根据上述第二组矛盾参数，查找阿奇舒勒表获得原理 3、35、15，经比较分析，选择使用原理 3，即局部质量（local conditions）原理，该原理主要体现为以下三个方面：

① 将物体或外部环境的同类结构转换成异类结构；

② 使物体的不同部分实现不同的功能；

③ 使物体的每一部分处于最有利于其运行的条件下。

本发明通过改变自行车的结构，使其兼具多种功能。

（5）解决思路和关键步骤。

根据发明要解决的技术问题和矛盾分析的结果，运用动态化原理，将自行车改变为可折叠式，减小占地空间，便于携带；运用局部质量原理，使自行车还可以实现小拖车的功能。进而提出以下解决技术问题的思路：

自行车车架的横杆中设置有可使横杆垂直向上折叠的折叠部，横杆两端与车架的连接部分别设有转轴，车架与后车轮支撑架通过转轴连接的设计，是本发明的技术特征之一。这样做的目的在于：一是车架的横杆中设置有可使横杆垂直向上折叠的折叠部，横杆两端与车架的连接部分别设有转轴，就可使横杆垂直向前旋转，达到折叠的目的。二是车架与后车轮支撑架通过转轴连接，可使整个后轮支撑架以及后车轮以转轴为中心旋转 90 度，通过将上述手段结合，整辆车就能折叠成一辆小拖车。传动带连接驱动车轮的传动轮和连接踏板的传动轮、接驱动车轮的传动轮安装在从动轮上。以上部件组成了自行车的传动机构的设计，是本发明的技术特征之二。这样做的目的在于：车轮传动系统的简化，既减轻了重量，又能使折叠更加方便且不影响自行车的使用，给生活带来方便。车架与前车轮和后车轮支撑架的连接处设有伸缩件，是本发明的技术特征之三。这样做的目的在于：车架的可伸缩，减小了自行车折叠后的体积，方便携带。

（6）实际解决的技术方案或结论。

本发明采用以上设计构思，得到如下具体的技术方案：一种多功能折叠自行车，他包括车把和车凳、车座前轮、后轮以及连接两个轮子车架和横杆，其上面安装有驱动前轮的传动机构，其特征是：自行车车架中的横杆由两根短横杆及U形卡套构成，两根短杆的一端分别与U形卡套铰接且构成可折叠的横杆，两短杆的另一端分别通过U形铰接套与车架的前轴及后轴铰接且可折叠。横杆向前折叠，车架连接的车轮的转轴沿中心线为垂直线旋转90°且折叠成一辆小拖车。车架与前车轮和后车轮支撑架的连接处设有伸缩件。

本发明通过简化自行车的结构，减轻了重量。通过巧妙设计自行车结构，不仅能使折叠更加方便且不影响自行车的使用，还能增加小拖车的功能，给生活带来方便。

（7）附图如图 5-3-9-8 和图 5-3-9-9。

图中，1：自行车车架，2：车把，3：车凳，4：伸缩件，5：前轮，6：传动机构，7、9：U形铰接套，8：横杆，10、18：支撑架，11：折叠部，12、19：转轴，13：从动轮，14：主动轮，15：链条，16：轮胎，17：孔。

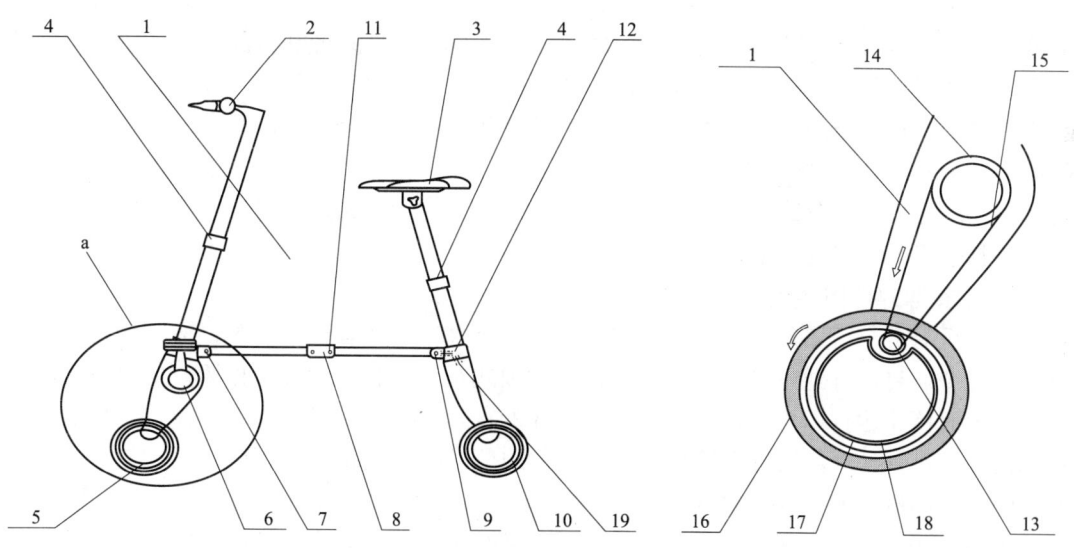

图 5-3-9-8 多功能折叠自行车的整体结构示意图

图 5-3-9-9 多功能折叠自行车传动机构的结构示意图

5.3.9.4 案例4：解决电动车BLDC中传感器易损问题[1]

（1）技术背景。

电动车的核心驱动系统由无刷电机和无刷电机控制器组成，为电动车的核心部件。目前电动车行业中遇到的最大问题是电机磁极的位置检测元件——传感器容易损坏，导致一年内返修率居高不下。根据目前电动车维修市场的反馈情况得知，电动车用三相无刷直流电机，因为霍尔损坏造成电机故障的年内返修率是1%。电机霍尔返修导致行业运行成本居

---

[1] 李宇，电动车BLDC中传感器易损问题应用TRIZ理论解决方案，日用电器，2001，第1期：41-45。

高不下，影响行业的健康发展。

（2）需要解决的技术问题。

霍尔传感器容易损坏，导致返修率据高不下。需要改进技术，减少电动车因传感器原因造成的返修次数。

（3）矛盾分析。改善的参数：结构的稳定性。恶化的参数：适应性及多样性。

采用高温度等级的霍尔传感器，利用其稳定性特点来增加霍尔传感器的可靠性（结构的稳定性增强），但是由于采用高温度等级的霍尔造成采购困难，通用性差（适应性及多样性差）。

（4）TRIZ 原理运用。

推荐发明原理 34，即抛弃或者再生原理（抛弃或改变物体中已经完成其功能和无用的部分；在过程中迅速补充物体所消耗和减少的部分）。在电机中安置备用霍尔，运行过程中把损坏的霍尔及时检测出来而抛弃掉，在多个霍尔都损坏的情况下才进行保护性停机。

（5）解决思路和关键步骤。

从阿奇舒勒冲突解决矩阵得到推荐的发明原理 35，物理/化学状态变化原理（改变物体的物理/化学状态，浓度/密度，柔性，温度）；原理 30，柔性外壳和薄膜原理（使用柔性外壳和薄膜替代传统的结构，用柔性外壳和薄膜把对象和外部环境隔开）；原理 34，抛弃或者再生原理（抛弃或改变物体中已经完成其功能和无用的部分，在过程中迅速补充物体所消耗和减少的部分）；原理 2，抽取原理（将物体中"负面"的部分或特性抽取出来，只从物体中抽取必要的部分或特性）。其中采用技术原理为原理 34，抛弃或者再生原理，成本最低并且技术改进难度最小。

根据原理 34，抛弃或再生原理，解决思路：由于三相无刷电机有三个霍尔传感器、五相无刷电机有五个霍尔传感器。这些霍尔传感器不会三个或者五个同时损坏，经常是一次只损坏一个。目前行业中采用的无刷电机控制模式是只要有一个霍尔损坏，电机就会因为自我保护而停止运行。可在运行过程中把损坏的霍尔及时检测出来并抛弃掉，不再对损坏霍尔的信号进行处理，通过算法来把损坏霍尔的信号冗余控制。

（6）实际解决的技术方案或结论。

采用传感器冗余方案，在几个霍尔中，一旦有 1 个或者 2 个损坏的时候，可以通过软件算法，用其他状况良好的霍尔信号对损坏位置的霍尔信号进行推算和补偿后，保持电机驱动和运行的正常状态。即，三相无刷电机，在损坏一个霍尔时候，采用另外两个霍尔信号对损坏霍尔位置进行综合计算，通过预判后进行正常控制而运行。只有同时损坏 2 个霍尔后才进行保护性停止电机运行；而五相无刷电机是在同时损坏 3 个霍尔后才保护性停机。这样就可以大大降低整车的返修率。该方案采用现有硬件技术方案，只是软件算法处理上进行冗余控制。成本控制和实际测试的效果都比较显著。

本来五相比三相无刷电机增加多两个霍尔多元件，将会导致故障率增加。但是最终得到的技术方案为在不增加任何硬件成本的基础上，在软件算法上采取突破，把劣势转化为优势，即由于多了两个霍尔元件后，整体的障率可以由以前的百分之一降低到百万分之一。

5.3.10 建筑机械

案例：一种小型自行式振动压实辊❶。

（1）技术背景。

目前在房屋基础的压实以及在狭窄区段土方工程如路缘、沟槽等施工中，仍大量使用蛙式打夯机、电动夯实机、振动平板夯等小型振动压实设备，这些设备受其工作原理和结构特点的限制，在施工过程中都不能随被压介质的厚度、压实遍数等工况调整其前进速度，因此压实效率低。

（2）需要解决的技术问题。

针对现有技术存在的缺陷或不足，本发明的目的在于，提供一种小型自行式振动压实辊，其在施工过程中至少能随被压介质的厚度、压实遍数等工况调整其前进速度。

（3）矛盾分析。

如上，现有设备受其工作原理和结构特点的限制，在施工过程中都不能随被压介质的厚度、压实遍数等工况调整其前进速度，因此，运用 TRIZ 理论分析技术问题可以得出如下技术矛盾：

使压实辊随被压介质的厚度、压实遍数等工况调整其前进速度与提高压实效率，并且不影响其安全性能之间的矛盾。

如果通过反复压实的方式，自动化程度就比较低，由此可以推知第一组需要改善的参数是自动化程度，自动化程度提高后，对于不同的路面可能压实的效果不同，因此，可能恶化的参数是制造精度。

为了使各种路面均达到预期的压实效果，就需要改善制造精度的参数，因此可能需要增加力，即力的参数被恶化。

为了使振动压实辊在压实不同的路面时能保持前进的速度，则第三组需要改善的参数是系统的适应性及多用性，由此可能恶化的参数是装置的复杂性。

（4）TRIZ 原理运用。

针对上述第一组矛盾参数，查找阿奇舒勒表获得原理 28、26、18、23。经比较分析，选择使用原理 18，即机械振动（mechanical vibration）原理，该原理体现在以下五个方面：

① 让物体处于振动状态；
② 对于有振动的物体，则增加振动的频率（甚至超声波）；
③ 使用物体的共振频率；
④ 用压电振动器代替机械振动器；
⑤ 使用超声波和电磁振荡耦合。

本发明通过机械振动的方式压实路面，效果更好。

针对上述第二组矛盾参数，查找阿奇舒勒表获得原理 28、19、34、36。经比较分析，选择使用原理 19，即周期作用（periodic action）原理，该原理体现在以下三个方面：

① 用周期性动作或脉动代替连续动作；
② 如果行动已经是周期性的，则改变其频率；
③ 利用脉动之间的间隙来执行另一动作。

---

❶ 本案例来源自 CN2007100177567。

本发明通过压实辊在不同的频率下振动，实现根据路面的不同情况改变压实力量的目的。

根据上述第三组矛盾参数，查找阿奇舒勒表获得原理15、29、37、28，经比较分析，选择使用原理15，即动态化（dynamicity）原理，该原理体现在以下三个方面：

① 使物体或其环境自动调节，以使其在每个动作阶段的性能达到最佳；

② 把物体分成几个部分，各部分之间可相对改变位置；

③ 将不动的物体改变为可动的，或具有自适应性。

本发明通过改变系杆上制动力的大小，可以有效改变辊筒向前滚动速度，也可以使辊筒一边向前滚动一边振动压实或者使辊筒在原地振动。

（5）解决思路和关键步骤。

为实现压实功能，运用机械振动原理，压实辊继续采用振动压实的方式。运用周期性动作原理，以辊筒作为振动输出体，利用惯性激振力进行滚动压实，压实效率高；利用定轴轮系机构的传动原理驱动辊筒向前滚动，驱动力大，行走速度稳定。运用动态化原理，通过改变系杆上制动力的大小，可以有效改变辊筒向前滚动速度，也可以使辊筒一边向前滚动一边振动压实或者使辊筒在原地振动；同时，支架与辊筒通过减振器联结，减少了机架受到的冲击、振动，因而结构强度高。

（6）实际解决的技术方案或结论。

本发明实际解决的技术方案如下：一种小型自行式振动压实辊，他包括电机 3、辊筒 10、传动机构，其特征是：在辊筒 10 上设置有偏心轴 11 或固结有两个偏心块 23 的传动轴 22；偏心轴 11 或传动轴 22 与传动机构相连，偏心轴 11 或传动轴 22 两端安装在回转支承 16 上，偏心轴 11 或传动轴 22 上固联有主齿轮 15，主齿轮 15 和内齿圈 12 均与中间齿轮 13 啮合，该主齿轮 15、中间齿轮 13 和内齿圈 12 构成齿轮传动机构，内齿圈 12 与辊筒 10 固联在一起，中间齿轮 13 通过回转副 19 联结在系杆 17 上，该系杆 17 上装有一个制动器 18，制动器 18 上设置有制动器操纵杆 20 和制动器手柄 21。电机 3 通过橡胶减振块 4 固联在支架 8 上。系杆 17 上带有系杆端盖 14，系杆端盖 14 固联在支架 8 上。传动机构是由小皮带轮 5、皮带 6 和大皮带轮 7 组成的三角皮带传动。传动机构是同步齿形带传动。

本发明的压实辊工作时能进行振动压实并自行前进。本发明械噪声小、工作安全稳定、压实效率高、压实工作适应范围广。

（7）附图，如图 5-3-10-1 和图 5-3-10-2。

图 5-3-10-1 是本发明设置有偏心轴 11 的结构示意图。

图 5-3-10-2 是本发明设置有传动轴 22 上固结两个偏心块 23 的结构示意图。

图 5-3-10-2 中各件序号为：

1：扶手，2：开关，3：电机，4：橡胶减振块，5：小皮带轮，6：皮带，7：大皮带轮，8：支架，9：减振器，10、辊筒，11：偏心轴，12：内齿圈，13：中间齿轮，14：系杆端盖，15：主齿轮，16：回转支撑，17：系杆，18：制动器，19：回转副，20、制动器操纵杆，21：制动器操纵手柄。

图 5-3-10-2 中各件序号为：

1：扶手，2：开关，3：电机，4：橡胶减振块，5：小皮带轮，6：皮带，7：大皮带轮，8：支架，9：减振器，10：辊筒，12：内齿圈，13：中间齿轮，14：系杆端盖，15：主齿轮，16：回转支撑，17：系杆，18：制动器，19：回转副，20、制动器操纵杆，21：制动器操纵手柄，22：传动轴，23：偏心块。

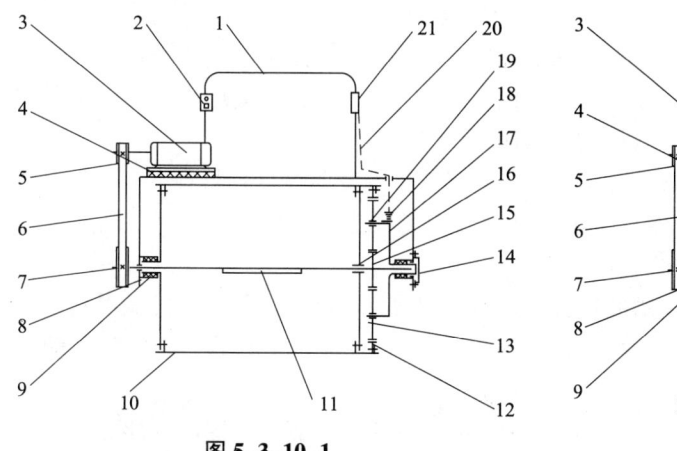

图 5-3-10-1

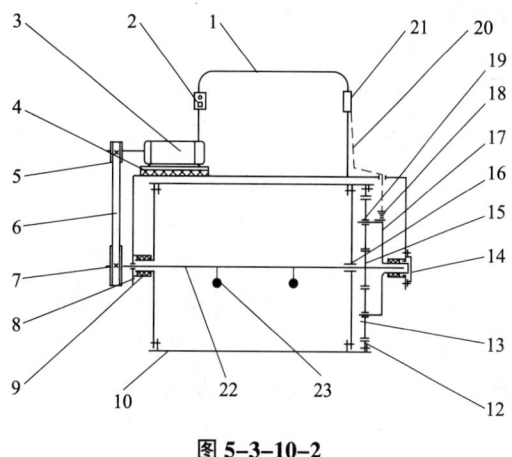

图 5-3-10-2

5.3.11 电子产品

5.3.11.1 案例1：便携式球形插座❶

（1）技术背景。

本发明涉及一种携带方便且可以旋转插座方位的便携式球形插座，属于插座制造领域。

目前，市场上的插座几乎都是千篇一律的方形设计，插座的插孔暴露在外，安全性方面存在较大隐患；其次，插座的电源线及插头无处存储，拖在插座外，携带极为不便。

（2）需要解决的技术问题。

本发明要解决的技术问题是设计一种插座，使其既携带方便，又可以将插座电源线储存。

（3）矛盾分析。

分析技术问题可以得出如下技术矛盾：

既携带方便，又将插座电源线储存，并且避免插孔外露与影响其使用功能之间的矛盾。

因此，需要改善的参数是插座的可靠性。如果将插座用容器包装起来，则可能恶化的参数就是运动物体的体积。

（4）TRIZ原理运用。

针对上述矛盾参数，查找阿奇舒勒表获得原理 3、10、14、24。经分析比较，排除局部质量/局部特性原理（原理3）、预先作用原理（原理10）和中介物原理（原理24），选择使用原理14，即曲面化（spheroidality）原理，该原理体现在以下三个方面：

① 将直线、平面用曲线、曲面代替，立方体结构改成球体结构；

② 使用滚筒、球体、螺旋状等结构；

③ 从直线运动改为旋转运动，利用离心力。

本发明通过将插座置于圆球状容器内，既能将电源线储存，避免插孔外露，又方便携带。

（5）解决思路和关键步骤。

为了实现上述设计目的，运用曲面化原理，作出如下设计：

① 插座体设计成球缺体结构且与下空心半球体的内壁呈销轴连接的设计，是本发明设

---

❶ 本案例来源自 CN2008201651512。

计的特征之一。这样做的目的在于：既可以有效地定位球缺体插位，又可以使球缺体插座通过旋转满足用电器插头的插接要求，从而避免用电器插头连线打折。

② 上空心半球端面的凸点与下空心半球端面凹槽的匹配设计，是本发明设计的特征之二。这样做的目的在于：可以使上、下空心半球体在不用时，通过插接形成球体，从而防止灰尘等杂质进入插孔内部；用时，则可以随意打开。

③ 上半空心球体腔设计为电源线及插头的储存腔，是本发明设计的特征之三。这样做的目的在于：不用插座时，可以方便地将电源插头及电源线方便地储存在上半空心球体腔内，不仅便于携带，而且美观大方。

④ 下空心球体的内壁电源线卡槽的设计，是本发明设计的特征之四。这样做的目的在于：既可以方便地将电源线卡在其槽内，又不影响球缺体插座在下空心球体腔内的转动。

（6）实际解决的技术方案或结论。

本发明的实际解决方案为：一种便携式球形插座，电源线与插座连接，插座分为上、下空心半球体 1、2，球缺体插座两侧与下空心半球体的内壁销轴 3 连接且可转动，上空心半球体端面设有凸头 4 且与下空心半球体端面的凹槽 5 插接配合且可拔下。当使用的时候接通电源，揭开上半球，旋转下半球内的方形插座体，就可以方便地使用插座；其次，由于上半空心球体腔为电源线及插头的储存腔，因此在不使用的时候，可以方便地将电源线及插头置入上空心球体内，方便用户携带，也确保插座的安全。

本发明与背景技术相比，一是既实现球缺插座的转插动，方便电器插头的插接，又实现安全可靠的储存和携带；二是既避免了灰尘、水对插座的侵蚀，又确保了插座的安全使用。

（7）附图，如图 5-3-11-1 和图 5-3-11-2。

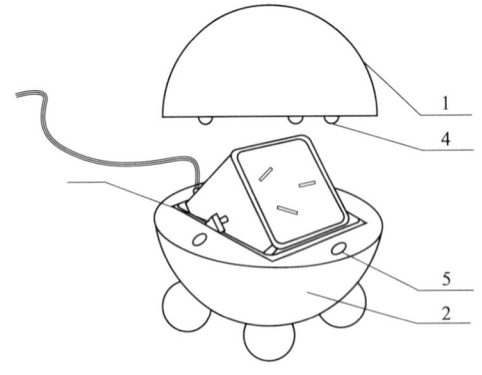

图 5-3-11-1　便携式球形插座分解示意图

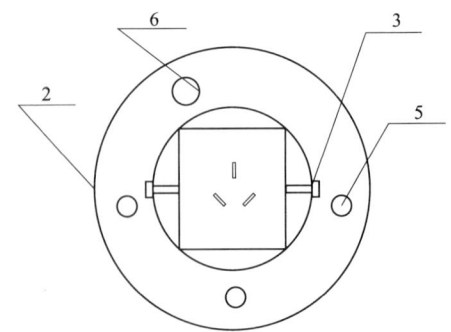

图 5-3-11-2　便携式球形插座俯视图

5.3.11.2　案例 2：曲面太阳能电池的设计[1]

（1）技术背景。

目前飞机采用航空燃油作为动力能源，因此飞机上需装载大量的燃料。如此不仅增加飞机重量，还降低了飞机载重量和缩短了飞机飞行时间。太阳能的零污染和取之不尽的优点，因此，将其作为飞机的能源可大大提升飞机的续航能力，并且符合低碳经济和未来能

---

[1] 本案例来源于 CN2009101860979。

源的发展方向。但是由于现有太阳能技术的限制，目前硅太阳能电池板的形状只能是平板形，因此太阳能电池板只能运用在平整的物体上，这样就限制了太阳能电池板在许多曲面物体上的运用，例如飞机机翼。

（2）需要解决的技术问题。

目前没有适用于飞机机翼这种曲面物体上的太阳能电池。

（3）矛盾分析。

改善的参数：生产率。

恶化的参数：装置的复杂性。

太阳能电池的效率（生产率）与飞机结构的复杂性（装置的复杂性）之间的矛盾，即太阳能电池既要能提供足够的电能使飞机起飞和续航，又不增加飞机结构的复杂性。

（4）TRIZ 原理运用。

发明原理为原理 17，即一维变多维原理（将物体从一维变为二维或三维空间）；原理 24，即中介物原理（采用中介体传递或完成所需动作，把一个物体和另一个物体临时结合在一起）。

（5）解决思路和关键步骤。

利用阿奇舒勒冲突矩阵，推荐的发明原理为原理 12，即等势原则原理（在势能场中，避免物体位置的改变）；原理 17，即一维变多维原理（将物体从一维变为二维或三维空间）；原理 28，即机械系统的替代原理（用感官刺激的方法代替机械手段；采用与物理相互作用的电、磁或电磁场；场的替代：从恒定场到可变场，从固定场到随时间变化的场，从随机场到有组织的场）；原理 24，即中介物原理（采用中介体传递或完成所需动作；把一个物体和另一个物体临时结合在一起）。其中将一维变多维原理和中介物原理相结合而得到的技术方案最简单。

所以利用一维变多维原理和中介物原理，将太阳能电池片根据飞机机翼的曲面要求切割成若干块不同规格的小片，使太阳能电池片之间通过焊条串并联成太阳能电池板，太阳能电池板上覆盖一层减反射膜，减反射膜与飞机机翼曲面一致。

（6）实际解决的技术方案或结论。

选用平面太阳能电池，但由于机翼是曲面的，因此太阳能电池片根据飞机机翼的曲面要求切割成若干块不同规格的小片，切割后的若干块太阳能电池片按曲率变化均匀覆盖在飞机机翼表面，太阳能电池片之间通过焊条串并联成太阳能电池板，太阳能电池板上覆盖一层减反射膜，减反射膜与飞机机翼曲面一致。

（7）附图，如图 5-3-11-3。

图中，1：飞机机翼，2：太阳能电池片。

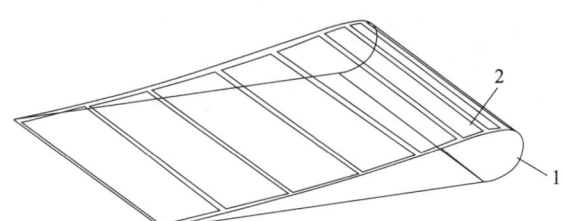

图 5-3-11-3　发明结构示意图

5.3.11.3 案例3：如何提高动力电池检测设备恒流源模块散热系统效率❶

（1）技术背景。

电池开发与生产机构通常利用电池检测柜来批量测试电池的性能。通常，电池检测设备恒流源模块一般安装10个功率管（负载电阻），可以同时检测10个电池的充放电性能。功率管都贴装在散热器外壁上。在检测电池充放电性能时，功率管产生的热量目前通过铝合金散热器散热，同时采用风机强迫风冷。对充放电电流较大的动力电池进行测试时，功率管放热量较大，每个功率管耗散功率为100W，整个模块（10个功率管）耗散功率一般1000W，散热器散热效果不足（检测同样数量的普通二次充电电池，耗散功率为500W，散热器基本能满足散热要求）。目前结构的铝合金材质散热器的散热效果难以满足散热要求，造成恒流源模块周围温度过高，PCB板上的模块元件容易受热损坏。在恒流源模块的检测功率管数量不宜变动的情况下，目前采取在散热器另一端加装1个风机加强空气对流的办法，但散热效果仍不理想，同时带来较大的风机噪音。

（2）需要解决的技术问题。

改善目前动力电池检测设备恒流源模块散热系统的低效率，以获得效率高的恒流源模块散热系统。

（3）矛盾分析。

改善的参数：物质或事物的数量。

恶化的参数：静止物体的面积。

散热器的散热面积（静止物体的面积）要大，以增强散热效果；散热器叶片数量（物质或事物的数量）要少，以降低散热器占用面积。理想状态是散热气散热面积很大，散热速度快。但同时要求散热器制作方便，体积较小。

（4）TRIZ原理运用。

发明原理为原理40，即复合材料原理（从单一材料改成复合材料）。

（5）解决思路和关键步骤。

利用阿奇舒勒冲突矩阵，推荐的发明原理为原理2，即抽取原理（将物体中"负面"的部分或特性抽取出来；只从物体中抽取必要的部分或特性）；原理18，即震动原理（使物体处于震动状态）原理；原理40，即复合材料原理（从单一材料改成复合材料）；原理18，即非对称（用非对称形式代替对称形式；如果对象已经是非对称，增加其非对称的程度）原理。其中原理2和18并不适用于恒流源模块散热系统，原理4的非对称改进对结构的改变较大。根据目前的技术认知，对散热系统的效率提高有限。

因此选择原理40，即复合材料原理：选择具有高比表面积和小尺寸的材料作为散热片。

（6）实际解决的技术方案或结论。

从现有专利中，查找到有关微孔陶瓷散热片技术（US6705939A）采用微孔结构的陶瓷散热片。如同传统的金属散热器一样，冷气流以强制对流的形式吹散热片的表面。不过，散热片的微孔结构比相同尺寸的固体金属散热片拥有大得多的散热面积，因而，微孔结构增强了散热器的强制热对流效应而不增加散热片的尺寸。

---

❶ 胡乐晖，赖静. 创新方法"TRIZ理论"在解决动力电池检测设备恒流源模块散热系统效率问题中的应用[J]. 日用电气，2011（2）：45-53.

5.3.11.4 案例 4：安全型移动插座[1]

（1）技术背景。

传统移动插座需要适合各种插销的形状，常态下插孔带电，插孔设计过大且无任何外壳保护装置。移动插座插孔的深浅也是良莠不齐。过深，会造成接触不良；过浅，会造成触电事故。

传统移动插座中的金属片起到缩合与导电的作用，是移动插座的核心部件。弹簧片之间的距离过大，不能夹住插头的插销，拔出力过小甚至自动脱落，其后果是引起使用时接触不良，使电器无法正常工作，甚至还会引起温升超标，严重发热导致火灾；如果弹簧片距离过小，会导致插头不容易插入和拔出。移动插座是带电的物品，在接触时会对人造成心理影响，甚至触电。

在使用过程中，插座外表的塑料包裹层易附着污垢，桌面上以插座为中心的四周总是最脏的地方，布满脏物，不易清洁。

（2）需要解决的技术问题。

传统的插座安全性较差，不易清洁。市场上需要更安全的移动插座，其安全、空置状态不带电，使用时才带电，并且使用过程中更方便、容易清洁。

（3）矛盾分析。

改善的参数：自动化的程度。

恶化的参数：装置的复杂性。

改变移动插座形状和结构以提高其自动化程度，空置状态不带电，使用时才带电（自动化的程度），以增强使用的方便性和稳定性，但是改变移动插座的形状和结构可能带来插座结构的复杂性（装置的复杂性）。

（4）TRIZ 原理运用。

推荐的发明原理为原理 15，即动态化原理（事先完成部分或全部的动作或功能；在方便的时候预先安置物体，使其在第一时间发挥作用，避免时间的浪费）；原理 24，即中介物原理（采用中介体传递或完成所需动作；把一个物体和另一个物体临时结合在一起）；原理 10，即预先作用原理（事先完成部分或全部的动作或功能；在方便的时候预先安置物体，使其在第一时间发挥作用，避免时间的浪费）。

（5）解决思路和关键步骤。

利用阿奇舒勒冲突矩阵，推荐的发明原理为动态化原理、中介物原理、预先作用原理。利用动态化发明原理将传统移动插座内部通过弹簧固定的导电接触弯曲铜片结构（>|<型结构），动态化改进为可以通过中介物挤压移动的面状铜片结构（|||型结构）。利用中介物和预先作用原理指导在两个插孔中导电铜片内侧加上一个中介物，再在活动模块的尾部分别安装两块导电的铜片。

（6）实际解决的技术方案或结论。

利用动态化发明原理将传统移动插座内部通过弹簧固定的导电接触弯曲铜片结构（>|<型结构），改进为可以通过中介物挤压移动的面状铜片结构（|||型结构）。插孔内置导电可动铜片与插头进行的是面接触，对比传统插座与插头线接触的方式，提供了更大的接触面积。

---

[1] 詹伟国，杨明朗，许灵. 安全型移动插座创新设计 [J]. 包装工程，2009，30（7）：106-107.

利用动态化原理将移动插座固定插孔改成活动结构，改变移动插座的插孔位置及形状，易于插拔。

利用中介物原理和预先作用原理，在两个插孔中导电铜片内侧加上一个中介物，再在活动模块的尾部分别安装两块导电的铜片。插座空置时，插座两块导电片分离，插孔不带电。使用状态下，两块导电的铜片相互接触，插孔带电。在插孔向下运动的过程中，插孔的内侧金属片由中介物（突出小球）向中心挤压，完成孔内金属片与插头金属片接触与锁合，同时尾部的导电金属片接触通电。整个过程中，增加了导电与锁合的相互独立性。这样可以解决因锁合的原因而导致的接触不良的安全问题。

用户把插头铜片完全插入后，压下的过程中，中介物挤压铜片卡紧插头铜片后，预先内置在插孔模块上的导电片与母体带电的导电片接触通电。整个过程安全方便。

（7）附图，如图5-3-11-4。

5.3.11.5　案例5：电子书[1]

（1）技术背景或现有技术。

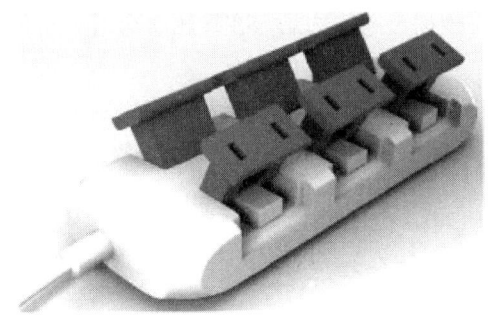

图 5-3-11-4　安全插座示意图

近年来，在市场上出现了允许将图书等显示在便携式显示设备上以进行阅读的电子显示设备，即所谓的电子书。这是因为电子显示介质的硬件功能例如分辨率和对比度方面有所改善，设备的价格下降，并且由于不使用纸张，电子书节约资源并且方便，因此受到消费者的喜爱。

然而，目前市场上使用的电子书需要用户调节屏幕的对比度和亮度。如果用户长时间持续观看屏幕而不调节亮度等，就会逐渐地造成眼睛疲劳，并且累积物理疲乏（视觉疲乏）。因此，例如，即使是屏幕的亮度没有改变，用户也会感觉到屏幕暗并且难以阅读字符，或者由于累积的疲劳而导致睡意，使得用户不能专注于阅读。此外，不仅是在用户持续观看电子书时，而且在用户持续观看电视或者观看诸如个人计算机或者移动电话之类的电子显示介质的屏幕时，眨眼的频率通常会降低，以避免丢失视觉信息。由此，如果用户长时间持续观看屏幕，就会造成眼睛疲劳，并且累积视觉疲乏，进而影响用户的视力。

（2）需要解决的技术问题。

长时间阅读电子书，容易影响用户的视力。亟需一种电子显示介质，可以根据用户的眼睛状况，执行显示控制，例如自动调节对比度和亮度控制，有利于保护眼睛。

（3）矛盾分析。

改善的参数：自动化程度。

恶化的参数：装置的复杂性。

电子书显示屏幕对比度亮度必须手动调节，用户长期观看电子书会忘记调节，不利于用眼健康；采用根据用户眼睛的状况自动调节显示屏的对比度和亮度（自动化程度），可以保护眼睛，但是需要实时监控用户眼睛的疲劳状态，因此使得电子显示屏幕的复杂性增强（装置的复杂性）。

---

[1] 本案例来源于 CN200680006480.6。

（4）TRIZ 原理运用。

推荐的发明原理为原理 10，即预先作用原理（事先完成部分或全部的动作或功能；在方便的时候预先安置物体，使其在第一时间发挥作用，避免时间的浪费）。

（5）解决思路和关键步骤。

利用阿奇舒勒冲突矩阵，推荐的发明原理为原理 15，即动态化原理（事先完成部分或全部的动作或功能；在方便的时候预先安置物体，使其在第一时间发挥作用，避免时间的浪费）；原理 24，即中介物原理（采用中介体传递或完成所需动作；把一个物体和另一个物体临时结合在一起）；原理 10，即预先作用原理（事先完成部分或全部的动作或功能；在方便的时候预先安置物体，使其在第一时间发挥作用，避免时间的浪费）。考虑到人像分析技术的日益成熟，因此选择预先作用原理 10。

采用预先作用原理，先获取用户的面部图像，分析得出人的生理信息，并根据生理信息调节电子书的屏幕亮度和对比度。

（6）实际解决的技术方案或结论。

实际的解决方案为：显示系统，包括：屏幕，用于显示内容，采用预先作用原理，设置视频图像获取部分，用于拍摄用户的面部图像；分析部分，用于从所述视频图像获取部分所拍摄的面部图像中，获取人的生理信息，并分析所述生理信息，从而推定所述用户的生理状况；以及显示控制部分，用于根据由所述分析部分所推定的生理状况，控制显示所述内容的屏幕的显示状态，其中：所述分析部分在视觉信息处理任务完成的时间点开始获取所述生理信息，并且根据所取得的生理信息进行所述分析。由于通过分析与眼球和眼球周围肉体部分中的活动或变化有关的信息来推定所述用户的生理状况，因此可以准确地推定所述用户的感兴趣程度、疲乏和睡意。同时能够根据所述用户的生理状况，对显示进行适当控制。

5.3.11.6 案例 6：电流互感器的设计❶

（1）技术背景或现有技术。

由于继电保护、电力系统检测和系统分析的需要，出现了电流互感器，这是系统的第一阶段。开发高性能、高绝缘强度的绝缘材料；低电阻率、高磁导率的铁芯及导线；外观简单、质量轻便等属于第二阶段。虽然高压电器生产厂家对影响电流互感器性能的各个环节进行了大量的研究，取得了一定的进展，但未能更有效地解决其中存在的问题。

（2）需要解决的技术问题。

以干式电流互感器为例，基于生产和装配的需要，外观简单，质量轻便，能有效地提高生产率和节约成本。但同时因为缩减绝缘子厚度会影响到互感器的绝缘性；互感器一次线圈要通过很大的电流，同时在电磁转化过程中能量损失也增大，导致效率的降低。

（3）矛盾分析。

技术矛盾 1：电流互感器的生产率和安全性能的矛盾。改善的参数：生产率。恶化的参数：稳定性。

技术矛盾 2：功率和效率的矛盾。改善的参数：功率。恶化的参数：能量损失。

（4）TRIZ 原理运用。

推荐的发明原理为原理 35，即物理/化学状态变化原理（改变物体的物理/化学状态，

---

❶ 李果，张宇，李勃，董涛. 基于 TRIZ 理论的电流互感器的创新设计 [J]. 中国制造业信息化，39（3）：35-38.

浓度/密度，柔性，温度），原理3，即局部质量原理（将物体或外部环境的同类结构转换成异类结构；使物体的不同部分实现不同的功能；使物体的每一部分处于最有利其运行的条件下），原理39，即惰性环境原理（用惰性气体环境代替通常环境；在真空中完成过程），原理10，即预先作用原理（事先完成部分或全部的动作或功能；在方便的时候预先安置物体，使其在第一时间发挥作用，避免时间的浪费）。

（5）解决思路和关键步骤。

技术矛盾1：

从阿奇舒勒冲突解决矩阵得到推荐的发明原理：原理35，即物理/化学状态变化原理（改变物体的物理/化学状态，浓度/密度，柔性，温度）；原理3，即局部质量原理（将物体或外部环境的同类结构转换成异类结构；使物体的不同部分实现不同的功能；使物体的每一部分处于最有利其运行的条件下）；原理22，即变害为利原理（利用有害的因素；"以毒攻毒"，用另一个有害作用来中和以消除物体所存在的有害作用；加大有害因素的程度，使之不再有害）；原理39，即惰性环境原理（用惰性气体环境代替通常环境；在真空中完成过程）。

技术矛盾2：

从阿奇舒勒冲突解决矩阵得到推荐的发明原理：原理10，即预先作用原理（事先完成部分或全部的动作或功能；在方便的时候预先安置物体，使其在第一时间发挥作用，避免时间的浪费）；原理35，即物理/化学状态变化原理（改变物体的物理/化学状态，浓度/密度，柔性，温度）；原理38，即加速氧化原理（使用富氧空气代替普通空气；使用纯氧代替富氧空气）。

（6）实际解决的技术方案或结论。

由于根据现有认知，原理22和原理38没有合适的技术构思。因此，根据原理35，即物理/化学状态变化原理，采用高介电强度绝缘材料以及结构简单的外形设计；根据原理3，即局部质量原理，在互感器内部电场最强的地方加大绝缘强度，不必整体加强互感器的绝缘强度；根据原理39，即惰性环境原理，可将电流互感器置于真空或SF_6气体中使用；根据原理10，即预先作用原理，电流互感器的绕组在绕线时使其尽量均匀，预先处理铁芯，使其表面光滑，没有裂纹、棱角等；根据原理35，即物理/化学状态变化原理，使用磁导率高而电阻率低的材料来做互感器的铁芯和绕线。

5.3.12 家电

5.3.12.1 案例1：家用小型豆浆机❶

（1）技术背景或现有技术。

现今市场上流通的豆浆机种类很多，它们能够方便、快捷、经济地为家居生活提供豆浆，但是目前市场上销售的豆浆机存在以下缺点：使用时，研磨速度低，产生的噪声比较大；不易拆卸，不易清洗；容积固定，水位线固定，每次做出的豆浆量不能随意调节。

（2）要解决的技术问题或要达到的技术效果。

减小豆浆机研磨时的噪音，使豆浆机的容积可调，内部结构得以简化，从而有效地解决上述的噪声大、适应人群不广、不易清洗等问题。

---

❶ 李宝华，洪尉尉，朱亚东. 基于TRIZ创新理论的家用小型豆浆机的改进设计［J］. 中国制造业信息化，2009，38（23）：63-66.

(3)矛盾分析。

研磨速度的改进：改善的参数：时间损失；恶化的参数：可制造性。

外形结构的改进：改善的参数：形状；恶化的参数：可靠性。

研磨速度的改进：如果缩短该操作完成的时间（时间损失），必然需要提高碎豆的速率，就会对部件的体积、质量、材料有更高要求，会增加部件或改变局部结构，并且会降低其可制造性。

外形结构的改进：如果改变杯体的外形整体性（形状），那么其各部分的连接和密封性能都将会降低（可靠性）。

(4) TRIZ 原理运用。

推荐的发明原理为原理 28，即机械系统的替代原理和原理 16，即不足或超额行动原理。

(5) 解决思路和关键步骤。

利用阿奇舒勒冲突矩阵，推荐的发明原理为① 原理 4，即非对称原理（用非对称形式代替对称形式；如果对象已经是非对称，增加其非对称的程度）；原理 28，即机械系统的替代原理（用感官刺激的方法代替机械手段；采用与物理相互作用的电、磁或电磁场；场的替代：从恒定场到可变场，从固定场到随时间变化的场，从随机场到有组织的场等等）；原理 34，即抛弃与修复原理（抛弃或改变物理中已经完成其功能和无用的部分（通过溶解、蒸发等手段；在过程中迅速补充物理所消耗和减少的部分））；原理 35，即物理/化学状态变化原理（改变物体的物理/化学状态，浓度/密度，柔性，温度）。② 原理 10，即预先作用原理（实现完成部分或全部的动作或功能）；原理 16，即不足或超额行动（如果用现有的方法很难完成对象的 100%，可用同样的方法完成"稍少"或"稍多"一点，问题可能变得相当容易）；原理 40，即复合材料原理（从单一材料改成复合材料）。选取机械系统的替代原理（原理 28）和不足或超额行动原理（原理 26），其解决方案最简单。

运用原理 28，即机械系统的替代原理，采用双层研磨的机械系统代替原有的刀片；运用原理 16，即不足或超额行动原理，将杯体改为可变容积的杯体，实现容积的可调。

(6) 实际解决的技术方案或结论。

运用原理 28，即机械系统的替代原理，采用现有技术中双层研磨的机械系统，代替原有的刀片。

运用原理 16，即不足或超额行动原理，将杯体改为可变容积的杯体，实现容积的可调。简图如图 5-3-12-1 所示。容积能够改变，其主要的优点是能适应不同家庭、不同人数使用，减少了原料的浪费，并且由于外形的简单优化，变得更容易清洗。

(7) 附图，如图 5-3-12-1。

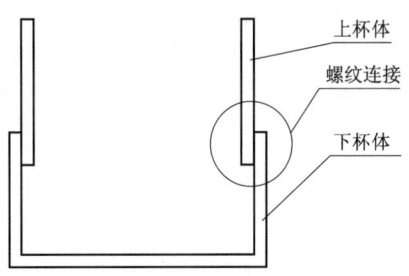

图 5-3-12-1　可变容积杯体示意图

5.3.12.2　案例 2：家用吸尘器❶

(1) 技术背景或现有技术。

社会的进步和发展使得人们的工作学习越来越繁忙，怎样更大程度地将人们从繁杂的日常事务中解脱出来，就成了新一代家电所追求的目标。智能化正是

---

❶ 本案例来源于 CN2009100970755。

这一目标的集中体现。智能吸尘器应运而生并逐步进入普通家庭。

目前市场上出现的吸尘器按照吸尘器内风机和电动机的安装方式以及功率体量的大小，分为以下几种：① 立式吸尘器，又称直立式戴手推式，从下至上依次安放滤尘袋、风机和电机，吸尘量大；② 卧式吸尘器，从前至后依次安放滤尘袋、风机和电机，吸尘量较大；③ 便携式吸尘器，结构安排方式和卧式相同，但尺寸小得多，灵活易于携带；④ 微型吸尘器，结构简单，使用灵活，多用干电池作电源。

现有技术中，智能吸尘器能够实现按程序设定自动清扫，自动归位等。带有充电电池的吸尘器在使用一段时间后需要人们动手连接电源给电池充电，充电后需要人们动手断开电源。这样还是给人们带来很多的不便，人们迫切希望有能够自动充电功能的智能吸尘器。

（2）要解决的技术问题或要达到的技术效果。

现有技术还无法做到吸尘器完全自动化，造成使用不方便的后果。为了方便用户，需要改进技术，使吸尘器做到自动吸尘、自动获取能量、无需管理。

（3）矛盾分析。

改善的参数：自动化程度。

恶化的参数：监控与测试的困难程度。

吸尘器的自动化程度提高与自动精确查找充电设备（监控与测试的困难程度）之间的矛盾。

（4）TRIZ 原理运用。

利用的原理为原理 25，即自服务原理（使物体具有自补充和自回复功能以完成自服务；利用废弃的资源、能量或物资）。

（5）解决思路和关键步骤。

从阿奇舒勒冲突解决矩阵得到推荐的发明原理：原理 25，即自服务原理（使物体具有自补充和自回复功能以完成自服务；利用废弃的资源、能量或物资）；原理 27，即一次性用品原理（用廉价的物品代替一个昂贵的物品，在某型质量特性上作出妥协）；原理 34，即抛弃与修复原理（抛弃或改变物理中已经完成其功能和无用的部分（通过溶解、蒸发等手段；在过程中迅速补充物理所消耗和减少的部分）。根据分析，只有自服务原理最适用于本案例。

采用自服务原理，在吸尘器上安装红外线接受模块，可以感受到充电器的红外线发射，实现吸尘器自动寻找充电器和自动充电功能。

（6）实际解决的技术方案或结论。

具体方案为：智能吸尘器，包括吸尘器本体和充电器，吸尘器本体前端中间位置设置近距离红外线接收模块，吸尘器本体前部左右两侧设置远距离红外线接收模块，吸尘器本体尾端设置对接定位装置，对接定位装置上横向对称设置三个红外线接收器；充电器前面中间位置设置红外线发射模块，该红外线发射模块的发散角度为 45°～75°。

该智能吸尘器的自动充电实现方法包括以下步骤：① 当吸尘器本体检测到电量不足时，关闭清扫模块，暂停工作，进入待充电状态，并开始在工作区域内前后左右移动以寻找充电器；② 利用左右远距离红外线接收模块检测充电器的红外信号，确保吸尘器本体完全处于充电器的红外信号区域内，再逐步调整到充电器的正前方并朝充电器方向移动；③ 吸尘器本体距离充电器约 2m～3m 时，近距离红外线接收模块接收到充电器的红外信号，快速直行靠近充电器；④ 吸尘器本体越来越靠近充电器，吸尘器本体前端的超声测距传感器检测出两者之间的距离为15cm～20cm时，吸尘器本体停止前进并准备做转身动作；⑤ 吸尘器本体原地旋转180°，吸尘器本体尾端对接定位装置上的三个红外线接收器与充电器的红外信号相配合，使得智能吸尘器在后退靠近充电器的过程中保持其尾端与充电器相平行；⑥ 吸尘器本体的充电输入端与充电器的电源输出极相对接，吸尘器本体检测到有电流输入时，停止移动并进入充电管理程序；⑦ 吸尘器本体检测到电量充足后，自动脱离充电器并等待工作。

5.3.12.3 案例3：LG电子冰箱❶

（1）技术背景或现有技术。

LG电子冰箱在美国市场的销量很多。诸多型号中"DIOS"品牌的三门冰箱是属于LG电子冰箱的高端产品，既好卖，收益也不错。但是，在打开三门冰箱的时候，需要用较大的力，这引起许多美国顾客的不满。其根源在于在冰箱边儿里使用了强力磁条，强力磁条会引起打开冰箱门的时候，需借助较大力量。

（2）要解决的技术问题或要达到的技术效果。

冰箱密封好，但是不容易打开。消费者需要的是密封效果好并且易于打开的冰箱。

（3）矛盾分析。

改善的参数：应力或压力。

恶化的参数：形状。

为了保障冰箱的密封性，在冰箱边儿里使用了强力磁条，强力磁条会引起打开冰箱门的时候，需借助较大力量（应力或压力）。如果降低磁条强度（改变磁条形状），借助薄弱的力量就能打开冰箱门，会出现密封性不佳的问题。

（4）TRIZ原理运用。

本发明适用原理4，即非对称原理（用非对称形式代替对称形式；如果对象已经是非对称，增加其非对称的程度）。

（5）解决思路和关键步骤。

利用阿奇舒勒冲突矩阵，推荐的发明原理为：原理35，即物理/化学状态变化原理（改变物体的物理/化学状态，浓度/密度，柔性，温度）；原理4，即非对称原理（用非对称形式代替对称形式；如果对象已经是非对称，增加其非对称的程度）；原理15，即动态化原理（事先完成部分或全部的动作或功能；在方便的时候预先安置物体，使其在第一时间发挥作用，避免时间的浪费）；原理10，即预先作用原理（事先完成部分或全部的动作或功能；在方便的时候预先安置物体，使其在第一时间发挥作用，避免时间的浪费）。采用原理4，即非对称原理，技术方案最简单易行。

所以，采用非对称原理，将门的磁条结构设计成不对称横截面形状。

（6）实际解决的技术方案或结论。

采用非对称原理，当需要更好的密封性时候，即门锁着的时候，强力磁场的磁条部分牢固抓住冰箱门，当开始打开门时，即门稍微旋转并打开的时候，设计成不对称横截面形状的磁条结构发生变化，强力磁场的磁条部分退到后面，薄弱磁场的磁条部分抓住了冰箱

---

❶ 李敬元. 应用TRIZ"不对称（Asymmetry）"原理解读LG电子冰箱成功秘诀 [J]，家电科技，2011（3）：44.

图 5-3-12-2　LG DIOS 系列冰箱门

门。总结上述磁条结构设计，把原先的对称横截面设计而恒力抓住门的磁条结构，改变为不对称结构，密封时（当门关闭）用强大磁力抓住门，进一步提高密封性，当打开门时候，用薄弱的磁力抓住门，大大降低打开门的力量。

（7）附图，如图 5-3-12-2。

5.3.12.4　案例 4：LG 电子空调[1]

（1）技术背景或现有技术。

十几年前，LG 电子空调事业部的高层调查了韩国市场上空调销量不理想的现状，将原因归结为产品电耗太大。因此，那位高层向研究所与设计室提出具有挑战性的项目，即开发比原产品省电 50%的新产品项目。让一直以来借鉴日本空调的研究员们仓皇失措。虽然省电方法有日本的变频器技术，但是应用此技术需要支付高昂的专利费用，特别是改变现有 LG 电子空调的生产设施，相关零部件供应厂家也要重新开发与变频器有关的配件，并短时间内稳定产品的质量。

为了达到省电效果，需要模仿日本变频器技术，但会出现投资大、产品贵的现象。如果不采用变频器技术，在现有技术上省电效果最大只能达到 5%～10%。因此，找出省电效果高，而且投资和价格不会太高的方法是当前解决的问题。

（2）要解决的技术问题或要达到的技术效果。

不采用变频器技术，但是使空调省电效果好。

（3）矛盾分析

改善的参数：物体产生的有害因素。

恶化的参数：系统的复杂性。

空调省电（物体产生的有害因素）与改变空调系统结构的复杂性（系统的复杂性）之间的矛盾。

（4）TRIZ 原理运用。

本发明适用原理 1，即分割原理（使物体称为可组合的，易于拆卸和组装）。

（5）解决思路和关键步骤。

利用阿奇舒勒冲突矩阵，推荐的发明原理为：原理 19，即周期性动作原理（用周期性动作或脉动代替连续动作；如果行动已经是周期性的，则改变其频率；利用脉动之间的间隙来执行另一动作）；原理 1，即分割原理（使物体称为可组合的，易于拆卸和组装）；原理 31，即多孔材料原理（使物体多孔或添加多孔元素）。经过对各原理的含义分析可知，只有原理 1 适用于本案例。

（6）实际解决的技术方案或结论。

在控制温度而开启/关闭大型空调压缩机时候耗电最大。在不提高开发费用和产品价格的基础上，找出省电效果大的技术。分割原理的解释是："分割原理是指这样一种过程，其以虚拟方式或实物方式将一个系统分成若干部分，以便抽取或合并一种有益的或有害的系统属性。

---

[1] 李敬元. 应用 TRIZ 的分割原理解读 LG 电子空调成功秘诀 [J]. 家电科技，2011（2）：42.

在多数情况下，可对各部分进行重组（合并），以执行某些新的功能，并（或）消除某一问题。"

其具体实施方法：如图 5-3-12-3 所示，空调系统的压缩机 100 包括第一压缩机 110 和第二压缩机 120，第一压缩机 110 和第二压缩机 120 均具有指定的制冷剂压缩能力，以便对制冷剂总量（100%）的一个特定百分比进行压缩。在这里，第一压缩机 110 和第二压缩机 120 的制冷压缩能力由制造商加以设定。冷凝器 300 将从压缩机 100 排除的高温高压气态制冷剂中的热量去除，由此使该气态制冷剂液化，以便将其转换成处于中温高压状态下的液态制冷剂。膨胀阀 400 使处于中温高压状态下的液态制冷剂发生膨胀，由此减小该液态制冷剂的压力，以便将其转换到低温低压状态。蒸发器 500 从室内空气中吸收热量，由此蒸发处于低温低压状态下的液态制冷剂，以便将其转换成处于低温低压状态下的气态制冷剂，从而对房间进行冷却。额外具有加热功能的热泵式空调器还包括由在图 5-3-12-3 中以虚线示出的四通阀 200。在这里，控制单元 600 控制四通阀 200，来根据冷却和加热模式转换制冷剂的循环方向。

带有两个压缩机的空调系统能够快速处理冷负荷的变化，因而可以变化地改变制冷剂的压缩能力并且满足冷负荷。

LG 公司应用该原理从分割的方向去思考解决问题的创意性想法，把一台大型空调压缩机分为两台小型压缩机。这样可节省百分之十几的电，并且会完全摆脱抄袭及改善日本变频器技术的固定观念。

（7）附图，如图 5-3-12-3。

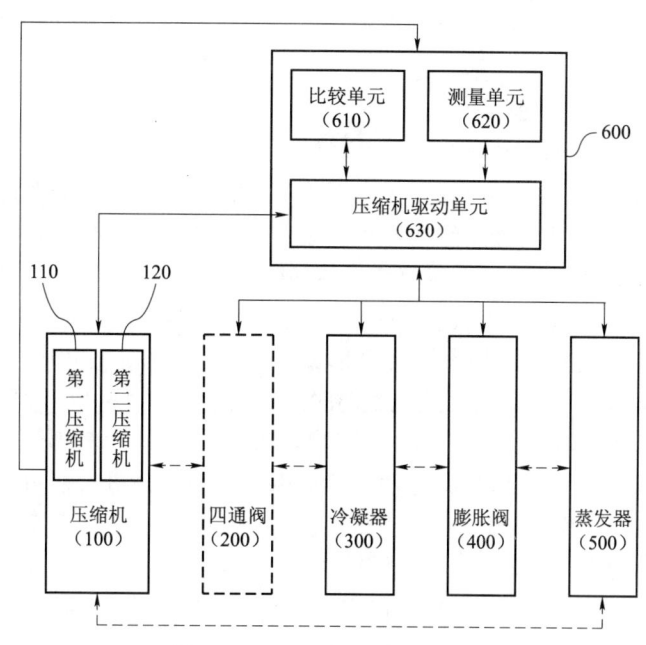

图 5-3-12-3　空调系统示意图

该技术已经获得中国专利（ZL031085105）。

5.3.13　机器人

案例：攀爬机器人[1]。

---

[1] 本案例来源于 CN200910073108.2。

(1) 技术背景或现有技术。

现代生活中，无论是在民用领域还是军用领域，攀爬技术应用得越来越广泛。在民用领域方面，在高空作业物资运送、管道检修、树木防病虫害、剪枝和环境监测等都有实际应用；在军用领域方面，可在战场上用于隐蔽的军事侦察任务和物资运送任务等。现有的攀爬机器人主要是伸缩式、绕爬式，这些爬行方式存在爬行速度慢、负载小、可靠性不高、对爬行表面要求高、不能在弯曲或者水平的杆状物上爬行、不能在不同的杆状物之间进行迁移爬行、智能化程度不高等缺点。

(2) 要解决的技术问题或要达到的技术效果。

目前的攀爬机器人爬行速度慢，负载小，可靠性不高，需要进行技术改进，使攀爬机器人达到以下要求：爬行速度快，使用范围广（主要用于攀爬杆状物的结构，如管道结构，树等），方便灵活，智能化程度高，安全可靠。

(3) 矛盾分析。

改善的参数：适应性及多用性。

恶化的参数：装置的复杂性。

机器人爬行速度快，使用范围广（适应性及多用性），但是机器人结构的复杂程度（装置的复杂性）将增大。

(4) TRIZ 原理运用。

推荐的发明原理为原理 15，即动态化原理（事先完成部分或全部的动作或功能；在方便的时候预先安置物体，使其在第一时间发挥作用，避免时间的浪费）。

(5) 解决思路和关键步骤。

利用阿奇舒勒冲突矩阵，推荐的发明原理为：原理 15，即动态化原理（事先完成部分或全部的动作或功能；在方便的时候预先安置物体，使其在第一时间发挥作用，避免时间的浪费）；原理 29，即气体与液压结构原理（使用气体或液体代替物体的固体零部件，这些零部件可使用气体或水的膨胀，或空气或液体静压缓冲功能）；原理 37，即热膨胀原理（利用热膨胀或热收缩的材料；组合使用多种具有不同热膨胀系数的材料）；原理 28，即机械系统的替代原理（用感官刺激的方法代替机械手段；采用与物理相互作用的电、磁或电磁场；场的替代：从恒定场到可变场，从固定场到随时间变化的场，从随机场到有组织的场）。

本案例以动态化原理为例，要使攀爬机器人能够实现迁移性攀爬及越障攀爬，就要使机器人有良好的动态性。可以将攀爬机器人分成手爪和躯干部分，2 个手爪和躯干之间通过一些装置联接起来，在联接部位安装翻转电机，通过翻转电机使手爪和躯干之间发生相对运动。还可将机械手分为翻转臂、旋转臂和手爪 3 个部分，通过旋转臂的旋转，可以增强机器人的攀爬适应性，在任意角度的杆状物之间可以实现爬行功能。

(6) 实际解决的技术方案或结论。

将智能翻转式攀爬机器人，设计为包括躯干，安装在躯干上的两个翻转臂，安装在翻转臂上的旋转臂，安装在旋转臂上的夹紧手爪和控制器；

躯干的基本构架包括传动轴 9、两平行支撑杆 21、上转动杆 22 和下转动杆 15，两平行支撑杆 21 和两转动杆垂直设置且通过滚动轴承相连；翻转电机 10 通过支撑架 11 和躯干相连，位于躯干的两支撑杆之间；翻转电机 10 的输出力矩通过传动装置输出带动翻转臂和躯干翻转，传动装置包括齿轮传动装置和同步齿形带传动装置；齿轮传动装置包括电机输出轴齿轮27、换向齿轮18、换向齿轮支承轴28、下转动杆齿轮26和传动轴齿轮19，各传动齿轮均通过键连接分别固定在各传动轴和支承轴上，翻转电机10通过联轴器16与电机输出轴齿轮27相连，传动轴9在支撑杆21内侧一端设有传动齿轮19，另一端设有带轮7，带轮7与传动轴9通过键连接固定，另一带轮7通过键连接固定上转动杆22上，两带轮通过同步齿形带8连接。

翻转臂和旋转臂均由上下两臂组成，两臂结构相同，两翻转臂均由翻转支杆12、翻转基体31、后端盖30、旋转电机34、推力轴承33、紧定螺钉24、连接螺栓29和止动套6组成；两旋转臂均由旋转基体13、手爪驱动电机5、丝杠4、限位开关25、推杆螺母2和手爪转动轴3组成；翻转支杆12一端和转动杆固结，另一端与翻转基体31通过连接螺栓29固结，止动套6位于翻转基体31外端，由上下两件套体组成，通过螺钉24固定在翻转基体31上，旋转电机34位于翻转机体31内，电机后端由后端盖30定位，电机前端有推力轴承33，电机输出轴位于推力轴承33内，输出轴前端通过键连接与旋转手臂固结，旋转基体13上有导向槽，推杆螺母2下端位于导向槽内，上端有螺纹孔与丝杠4螺纹连接，限位开关25位于丝杠4行程末端，手爪驱动电机5固定在旋转基体13上，电机输出轴与丝杠4通过联轴器38连接。

夹紧手爪由爪体1、压力传感器35、橡胶层36、光电管37组成、压力传感器35位于爪体1内侧，与爪体粘接、橡胶层36粘贴在压力传感器35上，爪体1后部设有光电管37，最后端有导向槽，推杆螺母2位于导向槽内，爪体1能够绕位于旋转基体13上的手爪转动轴3转动。

这样设计，攀爬机器人就能够实现迁移性攀爬及越障攀爬，可在任意角度的杆状物之间可以实现爬行功能。

（7）附图，如图5-3-13-1至图5-3-13-4。

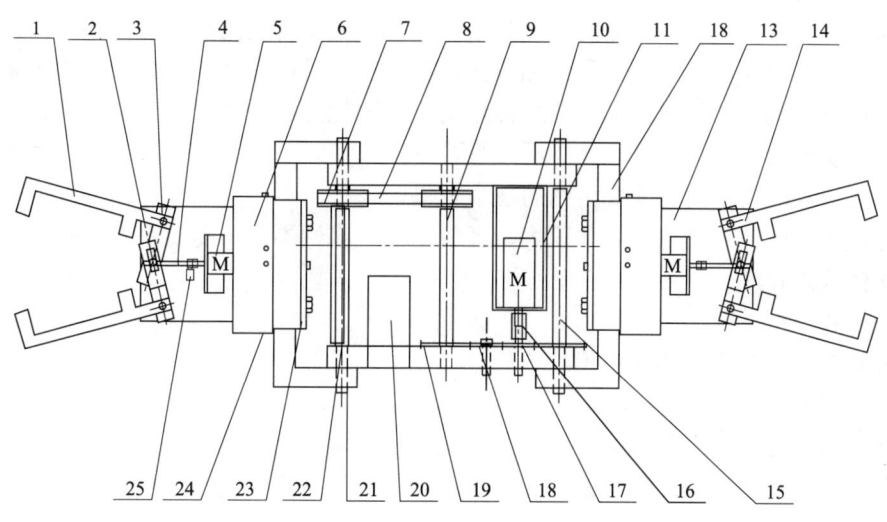

图5-3-13-1　攀爬型机器人示意图

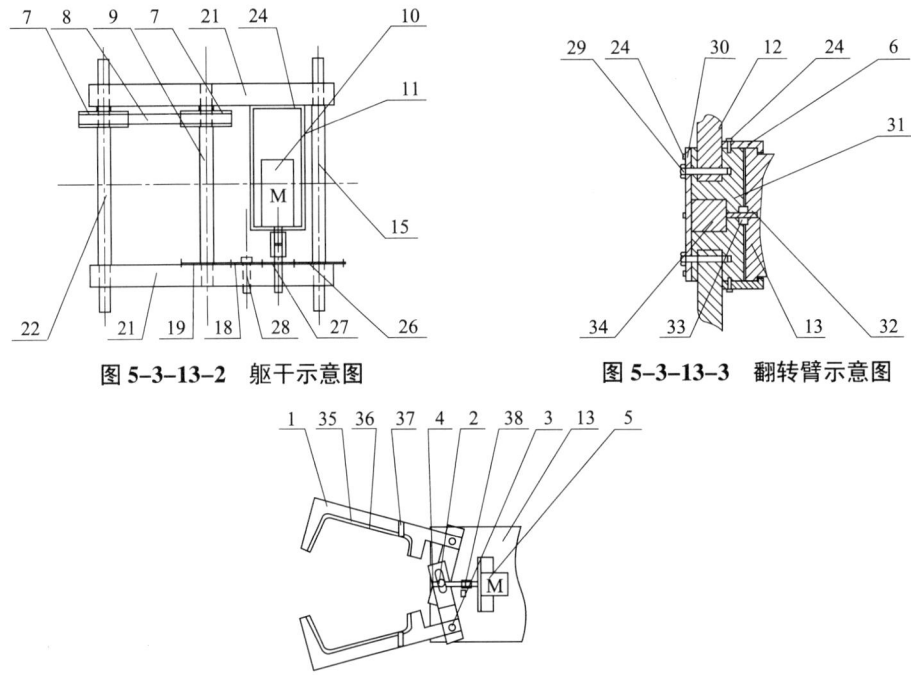

图 5-3-13-2 躯干示意图

图 5-3-13-3 翻转臂示意图

图 5-3-13-4 手爪示意图

5.3.14 医药

案例：药物释放微胶囊[1]。

（1）技术背景或现有技术。

药物释放微胶囊技术是近年来国际医药器械领域一个新的技术热点。有很多生物技术药物如蛋白质、多肽、基因药物等应用于临床。这些药物往往相对分子质量大、渗透性差，在肠道内易受酶和细菌的破坏。用药物释放微胶囊将这些在体内不稳定的药物直接释放到特定的部位，可快速地获得可靠的临床数据，对其体内生物利用度高低和渗透性增强技术的作用进行客观的评价，从而有利于加快新药的开发。目前在药物释放胶囊内大多是利用螺旋机构将电动机转动转化为活塞的平移运动，从而把药物挤压释放，但这种释放装置存在胶囊的体积较大，释放动作可靠性不高等缺点。

（2）要解决的技术问题或要达到的技术效果。

现有技术中的药物释放胶囊体积大，释放动作可靠性不高，需要获得体积小、可靠性强的药物释放微胶囊。

（3）矛盾分析。

改善的参数：静止物体的体积。

恶化的参数：制造精度。

驱动机构是胶囊的主体部分，由于采用电动机提供驱动力，使微胶囊的体积偏大，患者在吞食胶囊时需忍受较大的痛苦。若将电动机的体积减小，则电动机的制造精度需大幅度提高，胶囊的成本也会随之增加，从经济方面权衡不可取。同时，驱动力随着电动机的

---

[1] 曾昭旺，朱文坚. 基于 TRIZ 的药物释放胶囊驱动机构的创新设计 [J]. 现代制造工程，2008（10）：109-111.

变小也会受到影响。另外，由电动机带动旋转的导向螺杆与活塞之间的配合力不平稳，电动机转速较快时活塞容易卡死，药物释放过程的可靠性难以保证。若采取增大活塞的厚度或者增大导向螺杆与活塞的配合精度等措施来提高驱动的平稳性，将增大驱动系统的摩擦力，从而加大功率的损耗，这就需要寻找性能更好，价格更昂贵的电池来代替。

（4）TRIZ原理运用。

本发明适用原理28，即机械系统的替代原理（用感官刺激的方法代替机械手段；采用与物理相互作用的电、磁或电磁场；场的替代：从恒定场到可变场，从固定场到随时间变化的场，从随机场到有组织的场）。

（5）解决思路和关键步骤。

由要改善的参数"减小电动机的体积"和恶化的参数"增加电动机的制造精度"出发，从冲突解决矩阵得到推荐的发明原理：原理25，即自服务原理（使物体具有自补充和自回复功能以完成自服务；利用废弃的资源、能量或物资）；原理28，即机械系统的替代原理（用感官刺激的方法代替机械手段；采用与物理相互作用的电、磁或电磁场；场的替代：从恒定场到可变场，从固定场到随时间变化的场，从随机场到有组织的场）；原理2，即抽取原理（将物体中"负面"的部分或特性抽取出来；只从物体中抽取必要的部分或特性）；原理16，即不足或超额行动原理（如果用现有的方法很难完成对象的100%，可用同样的方法完成"稍少"或"稍多"一点，问题可能变得相当容易）。

本案例以原理28为例进行方案设计，采用直接的电磁力取代电动机的驱动力。

（6）实际解决的技术方案或结论。

选取机械系统的代替原理来进行创新设计，用直接的电磁力取代电动机的驱动力。其药物释放胶囊的结构简图如图5-3-14-1所示，新的驱动单元由电磁线圈和永磁体组成。电磁线圈通电后产生磁场，处于此磁场的永磁体将会受到一个斥力，继而推动药物的释放。

（7）附图，如图5-3-14-1。

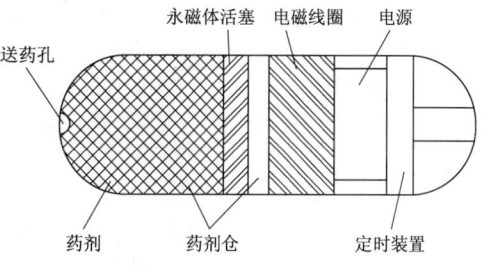

图5-3-14-1 药物释放胶囊结构简图

5.3.15 通讯工具

案例：屏幕与键盘分离的"未来型手机"。

（1）技术背景或现有技术。

目前手机的外形和功能设计日新月异，目前手机的整体外形设计趋向最小化，功能趋向多样化。如何能设计出外形时尚和功能完备的手机，是各手机品牌的技术难题。

（2）要解决的技术问题或要达到的技术效果。

消费者认为手机使用不够方便，例如，不能同时实现在不同环境下同时使用接打电话和浏览功能等。

（3）矛盾分析。

改善的参数：适应性及多用性。

恶化的参数：可制造性。

手机在不同环境下同时使用接打电话和浏览功能（适应性和多用性）与其难于制造（可制造性）的矛盾。

(4) TRIZ 原理运用。

推荐的发明原理为原理 1，即分割原理（使物体称为可组合的，易于拆卸和组装）。

(5) 解决思路和关键步骤。

利用阿奇舒勒冲突矩阵，推荐的发明原理为原理 1，即分割原理（使物体称为可组合的，易于拆卸和组装）；原理 13，即逆向思维原理（使物理的活动部分改变为固定的，让固定的部分变为活动的）；原理 31，即多孔材料原理（使物体多孔或添加多孔元素）。根据各原理的含义可知，只有分割原理适用于本案例。

(6) 实际解决的技术方案或结论。

利用分割原理，手机由液晶触控屏、QWERTY 键盘和数字键盘三部分组成。将屏幕和键盘组合在一起的时候，就是一款滑盖手机。但是，其结构是通过磁石吸附屏幕与键盘，两部分还可以分离，并且借助蓝牙技术，将功屏幕和键盘的功能也可以组合和分离，例如用户可以在分离状态下，通过蓝牙技术使用 QWERTY 键盘输入信息，或当作遥控器来操作屏幕上的功能菜单，也可以一边通过键盘部分的话筒接听电话，一边浏览屏幕信息，远程操作内置摄像头等。图 5-3-15-1 为可拆分键盘和显示屏的概念手机示意图。

(7) 附图，如图 5-3-15-1。

图 5-3-15-1　可拆分键盘和显示屏的手机示意图

附录 A 湖南省优势培育企业的专利信息利用和培训需求调查问卷分析报告

2007 年，湖南省知识产权局印发《湖南省知识产权优势企业培育工程管理办法》的通知，到 2011 年 6 月，四年分四批共培育 101 家知识产权优势企业，这些企业知识产权创造能力不断提升，知识产权管理机制不断完善，自主知识产权保护不断加强，培育工程有力推动了企业自身的发展，推进了企业专利信息的利用，但是优势企业还存在核心技术和关键技术领域的自主知识产权数量偏少、质量偏低等缺陷。如何依据 TRIZ 的创新理论，利用专利信息创新是摆在每个企业面前的一个问题。本次调查旨在了解湖南省优势企业专利信息利用和知识产权培训情况，以及企业创新活动、预警分析、企业发展对省知识产权政策的需求和现状，目的是推动专利信息的利用，如何利用专利信息推动企业创新和专利预警分析，以及为全省制定促进企业发展的知识产权政策提供参考。

本次调查的时间是 2011 年 6 月，由湖南省知识产权局协调处组织实施，调查对象是湖南省 101 家优势培育企业，通过发放调查问卷表，共收到 101 份调查问卷表。下面就专利信息利用和培训需求进行说明。

一、专利信息的利用

下面所列检索平台都是专利工作者经常使用的检索平台，也是专利检索必不可少的数据库，其使用的频率在一定程度上反映其利用专利检索平台的现状以及需求。

（一）专利检索平台的利用情况

表 A-1 是企业对各种专利检索平台的使用频率。

表 A-1 被调查企业对各种专利检索平台的使用频率

检 索 平 台	80%以上的专利申请使用过	50%~80%的专利申请使用过	20%~50%的专利申请使用过	少于10%的专利申请使用过	没有使用过
（1）中华人民共和国国家知识产权局专利检索与服务系统（4月26日新推出的系统）http://www.pss-system.gov.cn/sipopublicsearch/portal/indexAC.do	39	12	16	14	20
（2）中国知识产权网 http://www.cnipr.com	27	32	26	10	6
（3）www.patentics.com	5	6	16	31	42
（4）美国专利商标局网站 www.uspto.gov	6	7	13	35	40
（5）欧洲专利局网站 http://ep.espacenet.com	8	8	11	32	42
（6）日本专利局政府网站 http://www.jpo.go.jp	2	5	12	34	48

续表

检 索 平 台	80%以上的专利申请使用过	50%~80%的专利申请使用过	20%~50%的专利申请使用过	少于10%的专利申请使用过	没有使用过
（7）世界知识产权组织（WIPO）的官方网站 http://www.wipo.int	3	9	13	36	40
（8）台湾专利公报资料库 http://www.apipa.org.tw	1	5	3	24	67
（9）韩国知识产权局 http://www.kipo.go.kr	0	4	4	21	71
（10）上海市知识产权局公共信息检索平台 http://www.shanghaiip.cn/Search	4	8	14	24	50
（11）湖南省知识产权局专利智能检索平台 http://www.hnipo.net	25	29	15	19	13
（12）汤森路透 http://www.thomsoninnovation.com	4	1	3	10	82
（13）GooglePatent 或百度专利搜索	19	12	20	25	25

此文中的使用频率、百分比都是基于 101 家企业的统计结果，在一项统计中，当企业同时使用选择了两项，也是分别基于 101 家企业来计算的，例如调查各企业是通过哪些单位进行检索时，如果企业同时选择了本单位和省局，那么这两项都是基于 101 家分别计算，统计结果分别是 44%和 77%。

以下分别对各专利检索平台的使用情况进行介绍。

1. 国家知识产权局 2011 年 4 月 26 日正式推出的检索与服务系统

该系统是智能化专利检索与服务系统，类似于图书馆数字化查询系统，能够为社会公众提供全方位专利检索服务，具有智能化特征。该系统公众部分包含 4 个子系统，有常规检索、表格检索等检索方式，拥有目前国内最完整、最丰富的专利文献数据资源。截至 2010 年底，该系统已收录 98 个国家、地区和组织的 8000 余万件专利文摘数据、5000 余万件全文图像数据、2300 余万件全文文本数据以及大量的辅助检索数据。

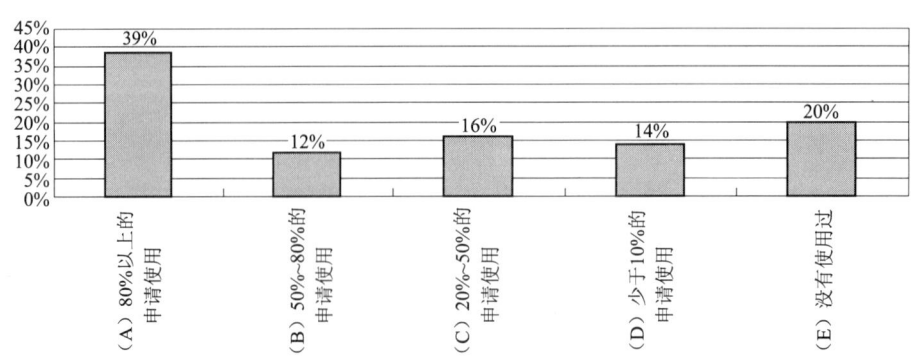

图 A-1　中华人民共和国国家知识产权局专利检索与服务系统的使用情况

图 A-1 表明在专利信息利用方面，39%的优势企业中 80%以上的专利申请都使用国家知识产权局 2011 年 4 月 26 日推出的专利检索与服务系统检索过；12%的优势企业 50%～80%的专利申请使用该系统检索过；16%的优势企业 20%～50%的专利申请使用该系统检索过；14%的优势企业少于 10%的专利申请使用该系统检索过；20%的优势企业从来没有使用该检索平台检索过。

2. 中国知识产权网

该网站包括中外专利数据库服务平台、专利在线分析系统和专利在线预警系统。

中外专利数据库服务平台（CNIPR）是依托领先的设计理念和先进的技术手段，针对专利信息应用和专利战略咨询的需求，开发的专利数据库资源共享平台。它包括专利信息采集、信息加工、信息检索、信息分析、信息应用等部分，通过完整的价值链体系，可以有效利用专利信息、改善研发工作效率、提高核心竞争能力、满足科技创新需求。

专利在线分析系统是知识产权出版社研发的专利分析工具，是基于 B/S 构架和 Web 技术开发的在线分析产品，通过该系统可以对海量专利文献数据进行检索分析并可以开展可视化的专业分析，具有用户界面友好、自动化程度高、可视化分析的特点。为了解竞争对手的技术水平、跟踪最新技术发展动向、提高研发起点、加快产品升级和防范知识产权风险，为自主创新、技术改造、并购重组、产业政策制定、行业标准制定和实施"走出去"战略提供具有重要价值的数据信息。

专利预警是专利应用流程中继专利检索、专利分析之后的进一步深化，是对企业产品和技术相关领域的专利信息进行收集、整理、分析与判断，并作出警示的管理活动，是为企业专利活动中的专利侵权和被侵权危机的早期征兆进行即时警示与监控的管理活动。

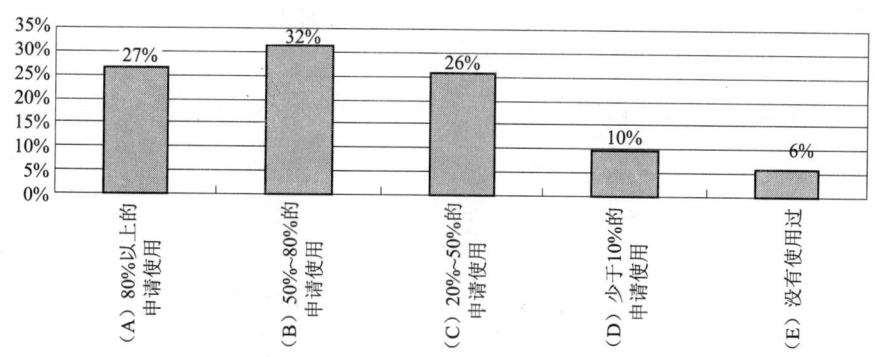

图 A-2 中国知识产权网的使用情况

图 A-2 表明在专利信息利用方面，27%的优势企业中 80%以上的专利申请都使用中国知识产权网检索过；32%的优势企业中 50%～80%的专利申请都使用该系统检索过；26%的优势企业中 20%～50%的专利申请都使用该系统检索过；10%的优势企业中低于 10%的专利申请都使用该系统检索过；6%的优势企业从来没有使用过该检索平台。

3. www.patentics.com

Patentics 提供了智能专利审查系统功能，对专利文档做自动理解与分析，并对专利文档的主题进行自动分析、自动抽取与自动标引。在此基础上进一步对这些相关主题自动加引重点标记和超链接。经自动标引处理后的专利文档,方便用户在阅读全文前就可知道文中表示的主要意思与相关主题概念。用户可点击这些经过自动处理过的主题字和主题概念,获得进一步的信息或进行新的搜索。

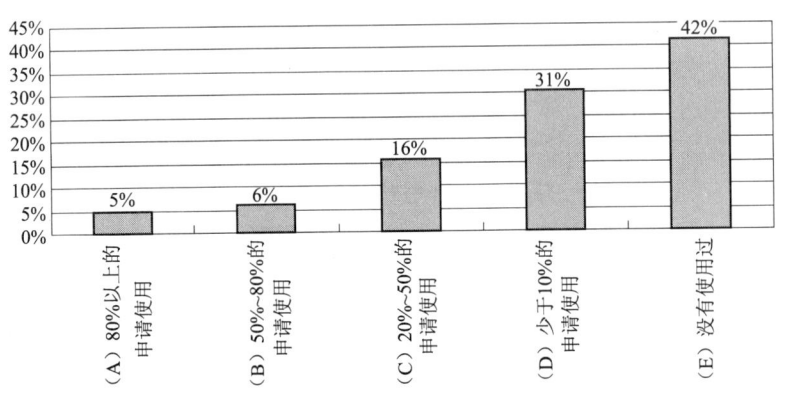

图 A-3　www.patentics.com 的使用情况

图 A-3 表明在专利信息利用方面,只有 5% 的优势企业中 80% 以上的专利申请使用 patentics 平台检索过;6% 的优势企业中 50%~80% 的专利申请使用该平台检索过;16% 的优势企业中 20%~50% 的专利申请使用该平台检索过;31% 的优势企业中低于 10% 的专利申请使用该平台检索过;42% 的优势企业从来没有使用过该检索平台。

4. 美国专利商标局网站

美国专利商标局网站是美国专利商标局建立的政府性官方网站,该网站向公众提供全方位的专利信息服务。美国专利商标局已将 1790 年以来的美国各种专利的数据在其政府网站上免费提供给世界上的公众查询。该网站针对不同信息用户设置了:专利授权数据库、专利申请公布数据库、法律状态检索、专利权转移检索、专利基因序列表检索、撤回专利检索、延长专利保护期检索、专利公报检索及专利分类等。数据内容每周更新一次。

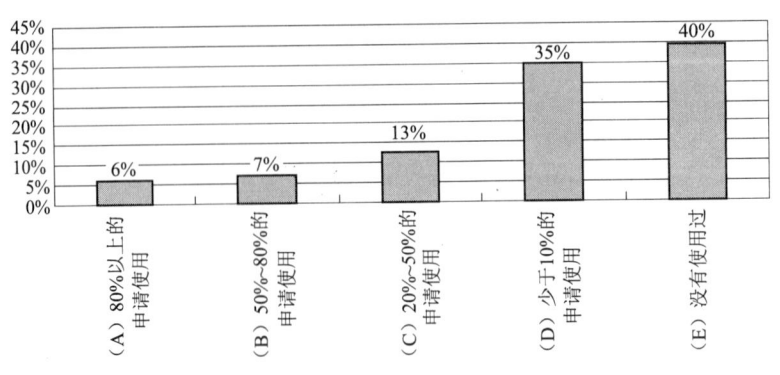

图 A-4　美国专利商标局网站的使用情况

图 A-4 表明在专利信息利用方面,只有 6% 的优势企业中 80% 以上的专利申请使用美国专利商标局网站的检索平台检索过;7% 的优势企业中 50%~80% 的专利申请使用该平台检索过；13%的优势企业中 20%～50%的专利申请使用该平台检索过；35%的优势企业中少于 10%的专利申请使用该平台检索过；40%的优势企业从来没有使用过该检索平台。

5. 欧洲专利局网站

欧洲专利局网站专利检索可以检索到欧洲以及世界上 70 多个国家的超过 5900 万件的专利文献数据，可以实现的检索有著录项目、说明书全文、同族专利、法律状态等。

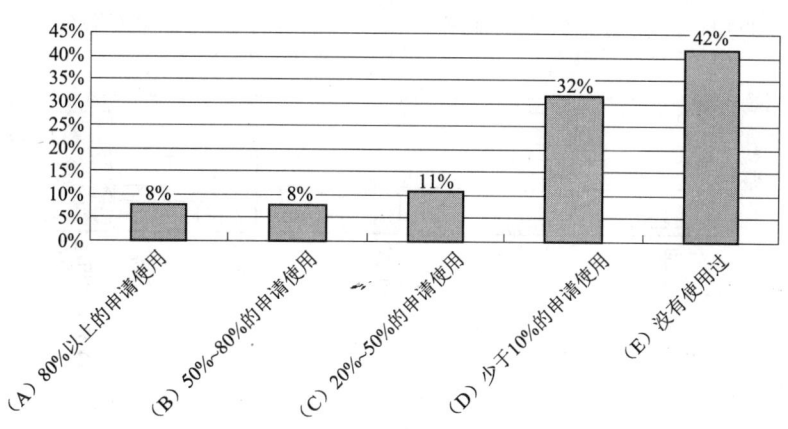

图 A-5　欧洲专利局网站的使用情况

图 A-5 表明在专利信息利用方面，只有 8%的优势企业中 80%以上的专利申请使用欧洲专利局网站的检索平台检索过；8%的优势企业中 50%～80%的专利申请使用该平台检索过；11%的优势企业中 20%～50%的专利申请使用该平台检索过；32%的优势企业中少于 10%的专利申请使用该平台检索过；42%的优势企业从来没有使用过该检索平台。

6. 日本专利局政府网站

日本专利局已将自 1885 年以来公布的所有日本专利、实用新型和外观设计电子文献及检索系统通过其网站上的工业产权数字图书馆（IPDL）在因特网上免费提供给全世界的读者。

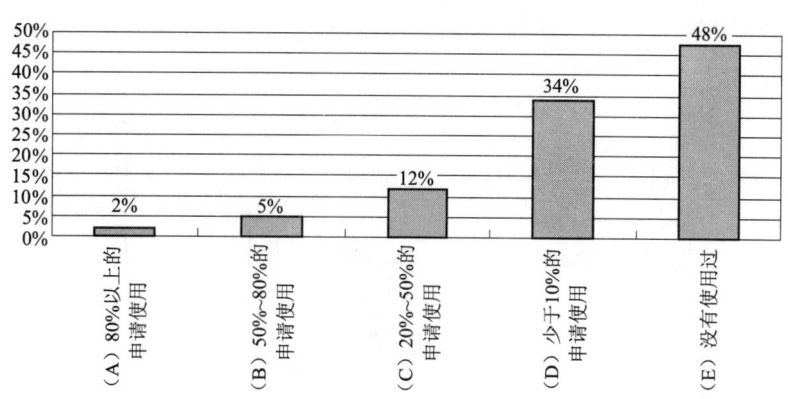

图 A-6　日本专利局政府网站的使用情况

此图表明在专利信息利用方面，只有 2%的优势企业中 80%以上的专利申请使用日本专利局网站上的检索平台检索过;5%的优势企业中50%~80%的专利申请使用该平台检索过;12%的优势企业中 20%~50%的专利申请使用该平台检索过;34%的优势企业中少于10%的专利申请使用该平台检索过;48%的优势企业从来没有使用过该检索平台。

7. 世界知识产权组织的网站

该网站上的世界知识产权数字图书馆（WIPO Intellectual Property Digital Library,）简称 IPDL，由世界知识产权组织（WIPO）国际局于1998年建立，其目的是为政府机构和个人提供全方位的知识产权信息咨询与服务，其中包括各种数据库检索服务。

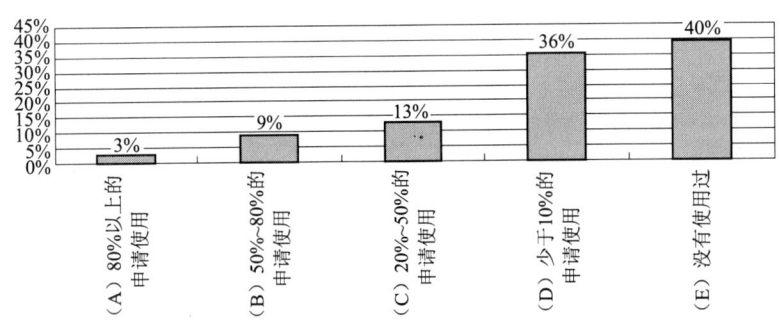

图 A-7　世界知识产权组织的网站的使用情况

图 A-7 表明在专利信息利用方面，只有3%的优势企业中80%以上的专利申请使用世界知识产权网站上的检索平台检索过;9%的优势企业中 50%~80%的专利申请使用该平台检索过;13%的优势企业中20%~50%的专利申请使用该平台检索过;36%的优势企业中少于10%的专利申请使用该平台检索过;40%的优势企业从来没有使用过该检索平台。

8. 台湾专利公布资料库

检索中国台湾地区专利可在 TWPAT 网站进行。该网站为付费网站，成为付费会员后才可进行专利查询、下载说明书、专利分析等功能的操作。对于非会员用户，网站设置了免费查询专区，并设置 5 种查询系统：专利资料查询系统、说明书影像浏览专区、专利公报查询系统、杂项资料查询、案件状态检索系统。虽然可以使用免费查询专区检索，但浏览结果将会受到限制。该网站使用的全部为繁体中文。

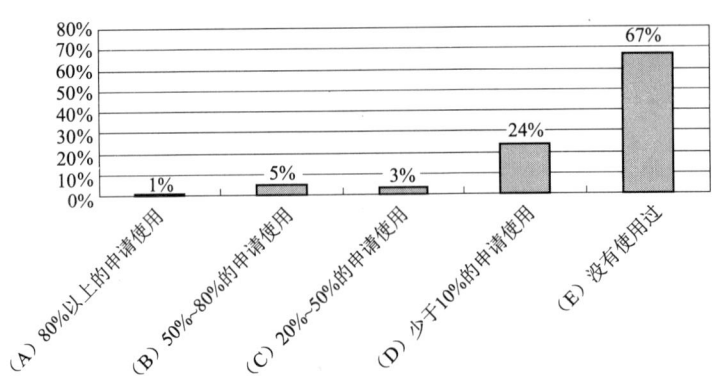

图 A-8　台湾专利公报资料库的使用情况

图 A-8 表明在专利信息利用方面，只有 1%的优势企业中 80%以上的专利申请使用台湾地区 TWPAT 网站上的检索平台检索过；5%的优势企业中 50%～80%的专利申请使用该平台检索过；3%的优势企业中 20%～50%的专利申请使用该平台检索过；24%的优势企业中少于 10%的专利申请使用该平台检索过；67%的优势企业从来没有使用过该检索平台。

9. 韩国知识产权局网站

韩国知识产权局（KIPO）下属的韩国工业产权信息服务中心（Korean Intellectual Property Office，简称 KIPRIS）从 1998 年开始为本国和外国提供因特网在线免费专利信息检索服务，1999 年开始提供韩国专利、实用新型的英文专利文摘（KPA）对外检索服务，2007 年 KIPRIS 网站增加了韩国外观设计和商标专利的英文检索、KIPRIS 信息报道、帮助文件和及时在线、XML 标准的图像格式、专利法律状态查询、专利文献韩、英文机器翻译等服务项目。该系统可以检索韩国自 1948 年以来审定/授权公告的以及自 1983 年以来公开的发明、实用新型专利申请的著录项目、摘要、附图、说明书全文、法律状态等。

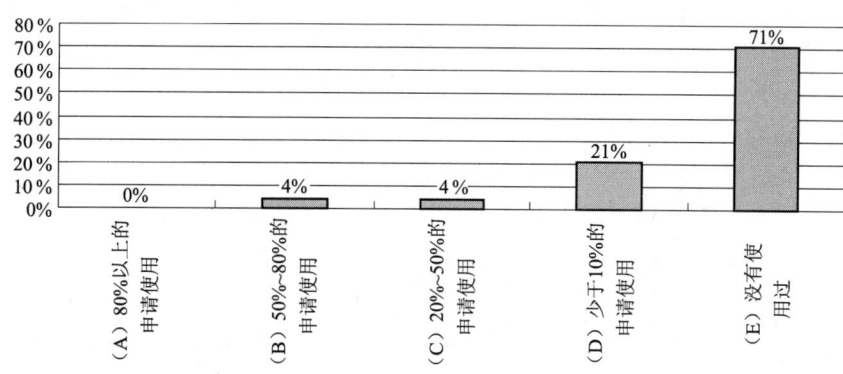

图 A-9 韩国知识产权局的使用情况

图 A-9 表明在专利信息利用方面，只有 4%的优势企业中 50%～80%的专利申请使用韩国知识产权局网站上的检索平台检索过；4%的优势企业中 20%～50%的专利申请使用该索平台检索过；21%的优势企业中少于 10%的专利申请使用该索平台检索过；71%的优势企业从来没有使用过该检索平台。

10. 上海市知识产权局公共信息检索平台

上海市知识产权信息平台（WWW.SHANGHAIIP.CN）旨在为中小企业提供全方位的知识产权信息服务，平台在开发过程中，充分吸收了国内外优秀专利信息和专利检索系统的特点，在专利检索、分析、评估、管理和延伸服务各个系统中，推出了五大创新点和五大功能亮点。

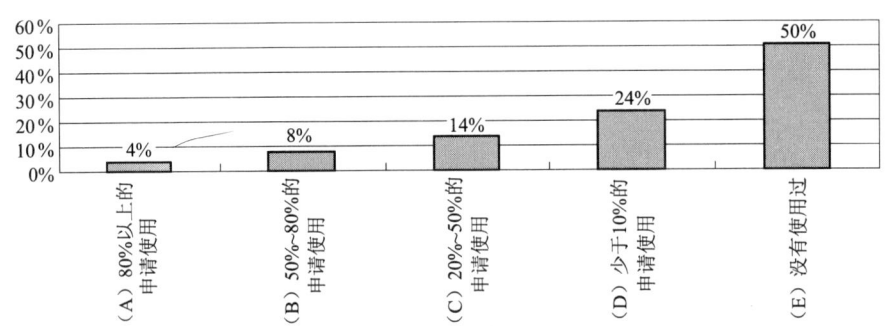

图 A-10　上海市知识产权局公共信息检索平台的使用情况

图 A-10 表明在专利信息利用方面，只有 4% 的优势企业中 80% 以上的专利申请使用上海知识产权局网站上的检索平台检索过；8% 的优势企业中 50%～80% 的专利申请使用该平台检索过；14% 的优势企业中 20%～50% 的专利申请使用该平台检索过；24% 的优势企业中少于 10% 的专利申请使用该平台检索过；50% 的优势企业从来没有使用过该检索平台。

11. 湖南省知识产权局专利智能检索平台

湖南省专利智能检索平台收录了包括中国、美国、日本、英国、德国、法国、瑞士、欧洲、WIPO 的专利文献，并提供中国的全文检索。为满足不同用户的检索需求，系统提供表格检索、表达式检索以及相似专利检索等功能。此外，还提供二次检索、数据打包导出等功能。

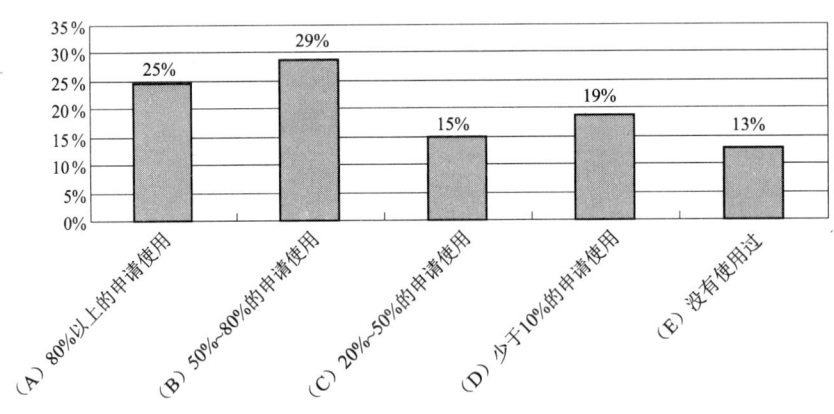

图 A-11　湖南省知识产权局专利智能检索平台的使用情况

图 A-11 表明在专利信息利用方面，25% 的优势企业中 80% 以上的专利申请使用湖南省知识产权局网站上的检索平台检索过；29% 的优势企业中 50%～80% 的专利申请使用该平台检索过；15% 的优势企业中 20%～50% 的专利申请使用该平台检索过；19% 的优势企业中少于 10% 的专利申请使用该平台检索过；13% 的优势企业从来没有使用过该检索平台。

12. 汤森路透

汤森路透创新平台（Thomson Innovation）是全球唯一整合专利、科技文献和商业数据的创新平台。它包括全球 70 多个国家和地区超过 7800 万篇专利；它拥有专利地图、专利引证等工具，能够对专利进行全面的分析。

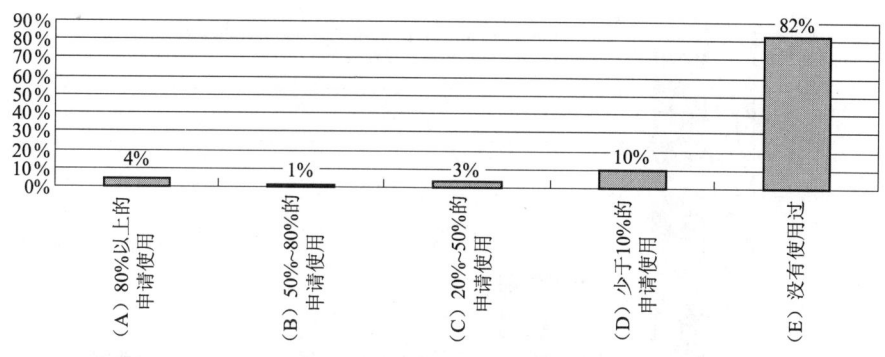

图 A-12　汤森路透的使用情况

图 A-12 表明在专利信息利用方面,只有 4%的优势企业中 80%以上的专利申请使用汤森路透的检索平台检索过;1%的优势企业中 50%~80%的专利申请使用该平台检索过;3%的优势企业中 20%~50%的专利申请使用该平台检索过;10%的优势企业中少于 10%的专利申请使用该平台检索过;82%的优势企业从来没有使用过该检索平台。

13. Googlepatent 或百度专利搜索

通过谷歌或百度网站检索专利。

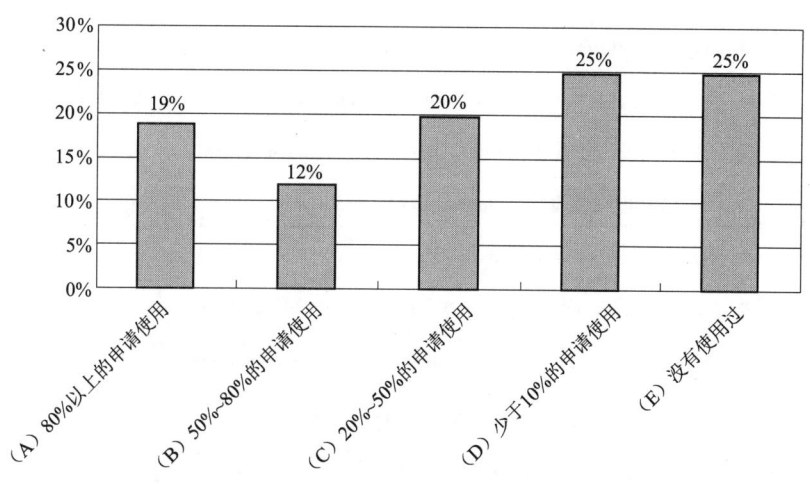

图 A-13　GooglePatent 或百度专利搜索的使用情况

图 A-13 表明在专利信息利用方面,19%的优势企业中 80%以上的专利申请使用谷歌或百度网站的检索平台检索过;12%的优势企业 50%~80%的专利申请使用该平台检索过;20%的优势企业 20%~50%的专利申请使用该平台检索过;25%的优势企业少于 10%的专利申请使用谷歌或百度网站的检索平台;25%的优势企业从来没有使用过该检索平台。

14. 专利检索平台利用频率

为了更好地了解各企业对专利检索平台使用的优先顺序,我们也请各企业对检索平台的重要程度进行排序,结果如图 A-14。

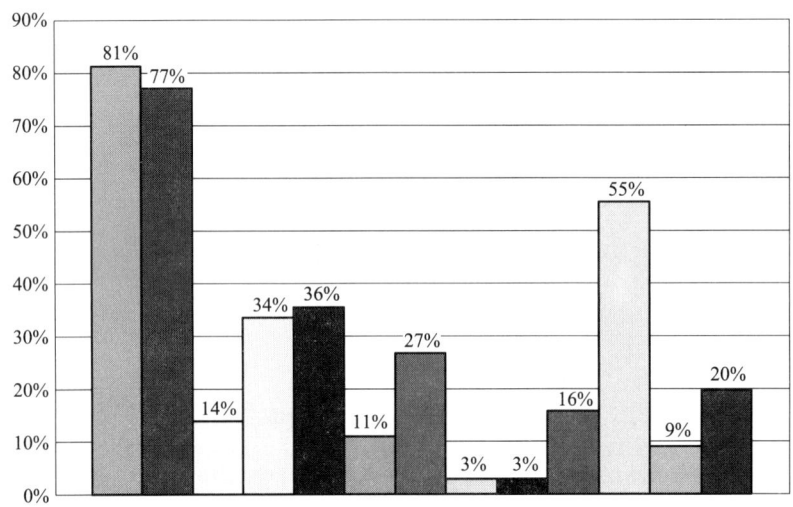

图 A-14 专利检索平台利用频率

图 A-14 表明在上述专利检索平台中，50%以上优势企业都使用的检索平台依次包括：国家知识产权局专利检索与服务系统、中国知识产权网的专利检索平台、湖南省知识产权局专利智能检索平台，使用其他的检索平台的单位不足全部知识产权优势企业的一半。

（二）非专利检索平台利用情况

1. 中国期刊网

《中国学术期刊网络出版总库——特刊》是《中国学术期刊网络出版总库》（CAJD）的一个子集，收录独家授权数字出版的学术期刊文献。出版内容涉及科技、医学及人文社会科学等各个领域。截至 2010 年 10 月，CAJD 特刊已收录出版期刊 1072 种，累积文献总量 500 多万篇。独家授权的核心期刊占国内核心期刊总量的 40%以上，核心期刊各学科排名前 10 的期刊占同类总数的比例超过 70%。文史哲、考古、数学、生物科学、中医药学等学科核心期刊目录前两名的期刊均已独家收录。

专辑专题产品分为十大专辑：基础科学、工程科技Ⅰ、工程科技Ⅱ、农业科技、医药卫生科技、哲学与人文科学、社会科学Ⅰ、社会科学Ⅱ、信息科技、经济与管理科学。十大专辑下分为 168 个专题。收录年限：自 1915 年至今出版的期刊，部分期刊回溯至创刊。

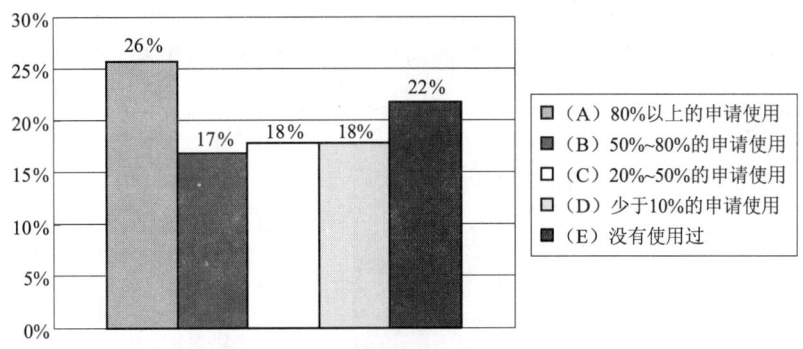

图 A-15　中国期刊网的利用情况

图 A-15 表明在非专利信息利用方面，26%的优势企业中 80%以上的专利申请使用中国期刊网的检索平台；17%的优势企业中 50%~80%的专利申请使用中国期刊网的检索平台；18%的优势企业 20%~50%的专利申请使用中国期刊网的检索平台；18%的优势企业少于 10%的专利申请使用中国期刊网的检索平台；22%的优势企业从来没有使用过该检索平台。

2. 万方数据库中系列数据库

万方数据库包括（1）期刊论文资源：期刊论文是全文资源。（2）学位论文资源：学位论文是文摘资源。（3）会议论文资源：会议论文是题录资源。（4）专利资源：专利是全文资源。（5）法规资源：法规是全文资源。（6）标准资源：标准是题录资源。（7）企业信息：企业信息是题录资源。（8）西文期刊论文：西文期刊论文是全文资源。（9）西文会议论文：西文会议论文是全文资源。（10）科技动态。（11）OA 论文。

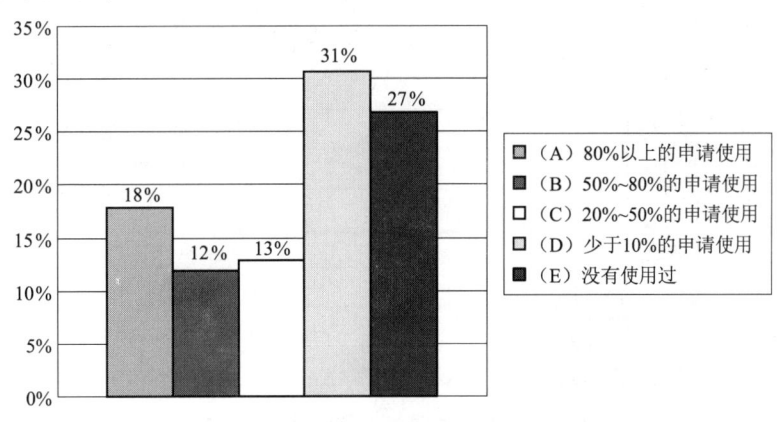

图 A-16　万方数据库中的系列数据库的利用情况

图 A-16 表明在非专利利用方面，18%的优势企业中 80%以上的专利申请使用万方数据库的检索平台；12%的优势企业中 50%～80%的专利申请使用万方数据库的检索平台；13%的优势企业中 20%～50%的专利申请使用万方数据库的检索平台；31%的优势企业少于10%的专利申请使用万方数据库的检索平台；27%的优势企业从来没有使用过该检索平台。

3. 超星科技数字图书馆

超星数字图书馆于 2000 年被列入国家"863"计划中国数字图书馆示范工程，以其数字图书馆的方式对数字图书馆技术进行推广和示范。超星电子图书数据按照"中图法"分为文学、历史、法律、军事、经济、科学、医药、工程、建筑、交通、计算机、环保等 22 大类，目前拥有数字图书 100 万种，是国内数字图书资源最丰富的数字图书馆。

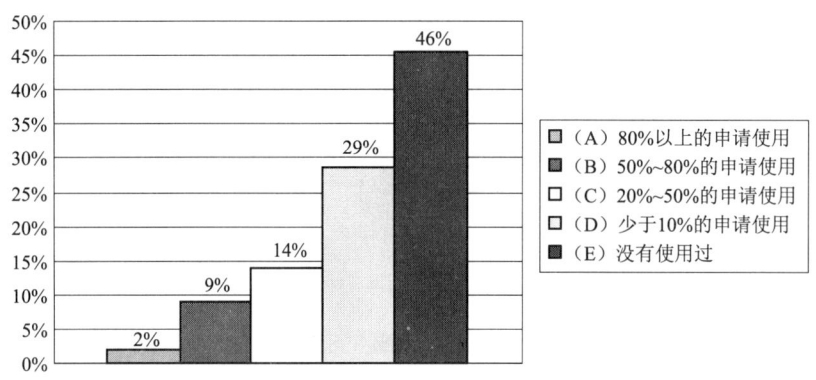

图 A-17 超星科技数字图书馆图书数据库的利用情况

图 A-17 表明在非专利利用方面，只有 2%的优势企业中 80%以上的专利申请使用超星科技数字图书馆的检索平台检索过；9%的优势企业中 50%～80%的专利申请使用该检索平台检索过；14%的优势企业中 20%～50%的专利申请使用该检索平台检索过；29%的优势企业中少于 10%的专利申请使用该检索平台检索过；46%的优势企业从来没有使用过该检索平台。

4. 利用互联网的搜索引擎检索

利用网络搜索引擎可以查找到浩如烟海的一些信息。

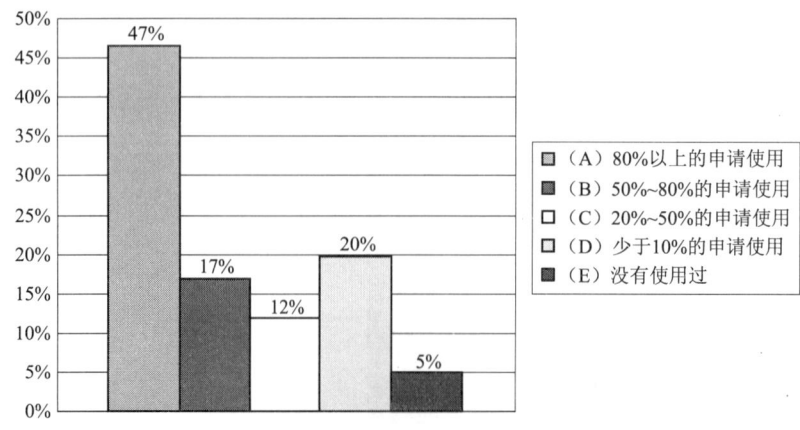

图 A-18 互联网的搜索引擎如谷歌、百度检索的利用情况

图 A-18 表明在非专利利用方面，47%的优势企业中 80%以上的专利申请都使用互联网的搜索引擎检索平台检索过；17%的优势企业中 50%～80%以上的专利申请使用该平台检索过；12%的优势企业中 20%～50%以上的专利申请使用该平台检索过；20%的优势企业中少于 10%的专利申请使用该平台检索过；只有 5%的优势企业从来没有使用过该检索平台。

（三）其他检索平台

除了上面所介绍的检索平台，还可以使用以下检索平台：

（1）新浪 sina.net；

（2）上海市知识产权局公共信息检索平台 http：//www.shanghaiip.cn/Search；

（3）国家科技图书文献中心 http：//www.nstl.gov.cn；http：//61.187.87.50；

（4）佰腾 http：//so.5ipatent.com；

（5）维普资讯网 http：//www.cqvip.com；

（6）SOOPAT http：//www.soopat.com；

（7）专利信息服务平台（广东）；

（8）专利信息创新平台（大为）；

（9）EBSCO 全文数据库；

（10）德文特科技文献库；

（11）www.hnsti.ac.cn；

（12）丁香园。

二、专利信息检索的途径

（一）专利信息检索的检索单位

通过调查专利信息检索的人员，可以了解各单位专利检索人员是否具备检索技能、检索经验、检索意识和检索单位。

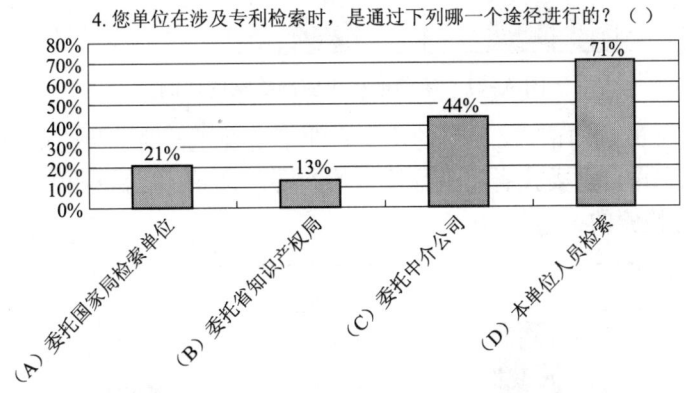

图 A-19　检索单位进行专利信息检索的途径情况

图 A-19 表明在专利检索方面，21%的优势企业是委托国家局进行检索的；44%的优势企业是委托中介服务公司进行检索的；71%的优势企业是通过本单位的人员进行检索的；只有少部分 13%的优势企业通过湖南省知识产权局进行检索的。

（二）申请前的专利检索

在专利申请前是否进行检索，是依靠本单位人员进行检索还是依靠外来资源进行检索，反应各单位是否有检索意识和通过何种渠道进行检索。

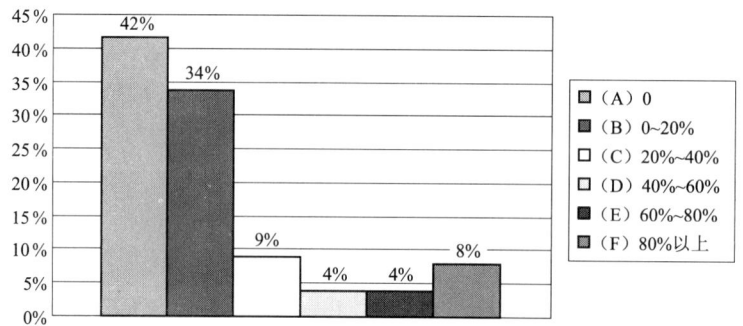

图 A-20　申请前经过国家局检索的比例

图 A-20 表明在专利申请前，42%的优势企业不是委托国家局进行检索的；34%的优势企业中 0～20%的专利申请是委托国家局进行检索的；9%的优势企业中 20%～40%的专利申请是委托国家局进行检索的；4%的优势企业中 40%～60%的专利申请是委托国家局进行检索的；4%的优势企业中 60%～80%的专利申请是委托国家局进行检索的；8%的优势企业中 80%以上的专利申请是委托国家局进行检索的。

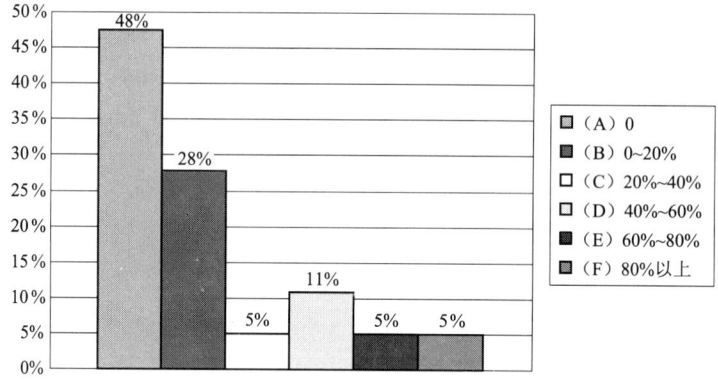

图 A-21　申请前经过省局检索的比例

图 A-21 表明在专利申请前，48%的优势企业不是委托省局进行检索的；28%的优势企业中 0～20%的专利申请是委托省局进行检索的；只有 5%的优势企业中 80%以上的专利申请是委托省局进行检索的。

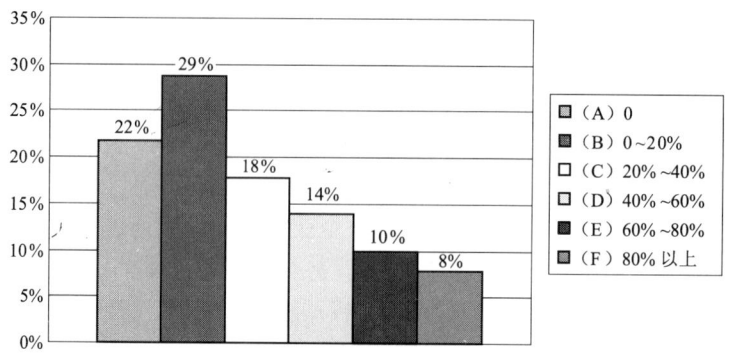

图 A-22　申请前经过中介公司检索的比例

图 A-22 表明在专利申请前，22%的优势企业不是委托中介服务机构进行检索的；29%的优势企业中 0~20%的专利申请是委托中介服务机构进行检索的；只有 8%的优势企业中 80%以上的专利申请是委托中介服务机构进行检索的。

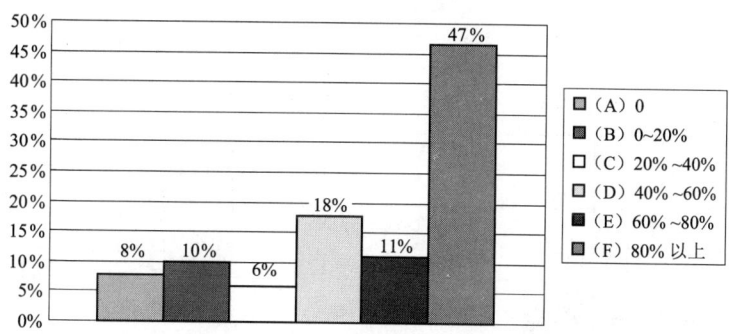

图 A-23　申请前自己检索的比例

图 A-23 表明在专利申请前，只有 8%的优势企业不是通过本单位人员进行检索；47%的优势企业中 80%以上的专利申请是通过本单位人员进行检索的。

（三）技术引进前的专利检索

在技术引进前是否进行检索，是依靠本单位人员进行检索还是依靠外来资源进行检索，反应各单位是否有知识产权意识和是否具备专利分析能力。

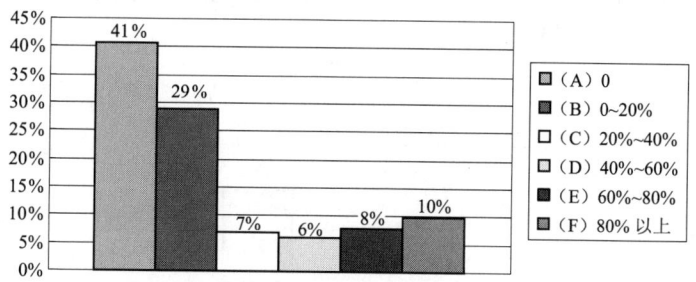

图 A-24　技术引进前经过国家局检索的比例

图 A-24 表明在技术引进前，41%的优势企业不是委托国家局进行检索的；29%的优势企业中 0~20%的专利是委托国家局进行检索的；只有 10%的优势企业中 80%以上的专利是委托国家局进行检索的。

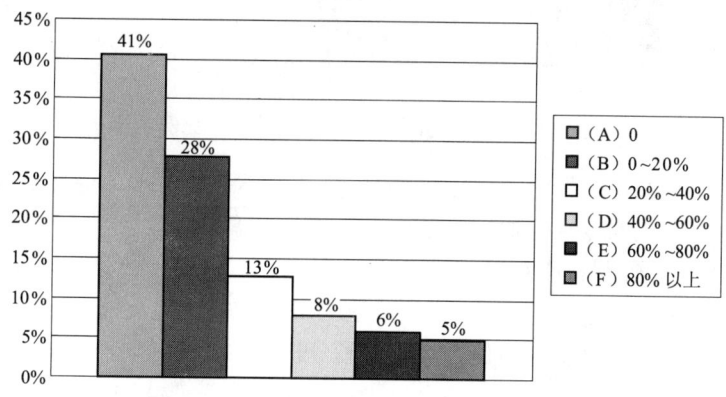

图 A-25　技术引进前经过省局检索的比例

图 A-25 表明在技术引进前，41%的优势企业不是委托省局进行检索的；28%的优势企业中 0~20%的专利是委托省局进行检索的；只有 5%的优势企业中 80%以上的专利是委托省局进行检索的。

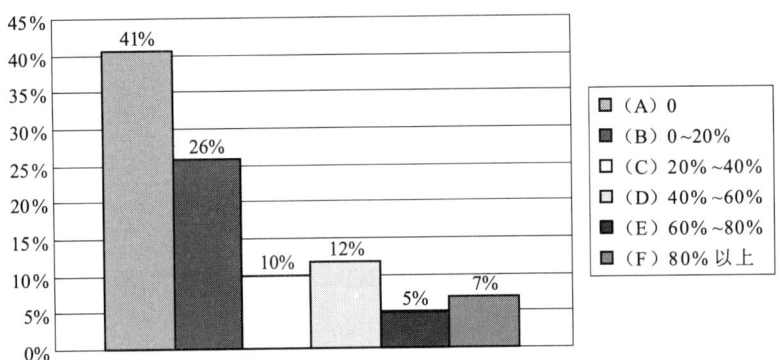

图 A-26　技术引进前经过中介公司检索的比例

图 A-26 表明在技术引进前，41%的优势企业不是委托中介服务机构进行检索的；26%的优势企业中 0~20%的专利是委托中介服务机构进行检索的；只有 7%的优势企业中 80%以上的专利是委托中介服务机构进行检索的。

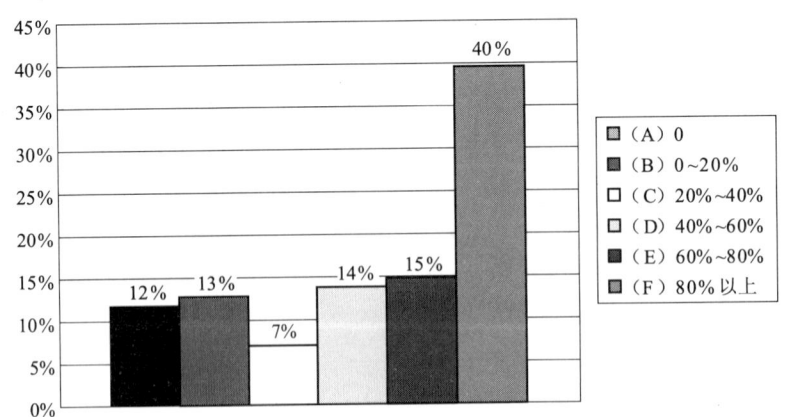

图 A-27　技术引进前经过自己检索的比例

图 A-27 表明在技术引进前，只有 12%的优势企业不是通过本单位人员进行检索；40%的优势企业中 80%以上的专利是通过本单位人员进行检索的。

（四）产品出口前的专利检索

在产品出口前是否进行检索，是依靠本单位人员进行检索还是依靠外来资源进行检索，反应各单位是否有知识产权意识和是否具备专利分析能力和预警分析能力。

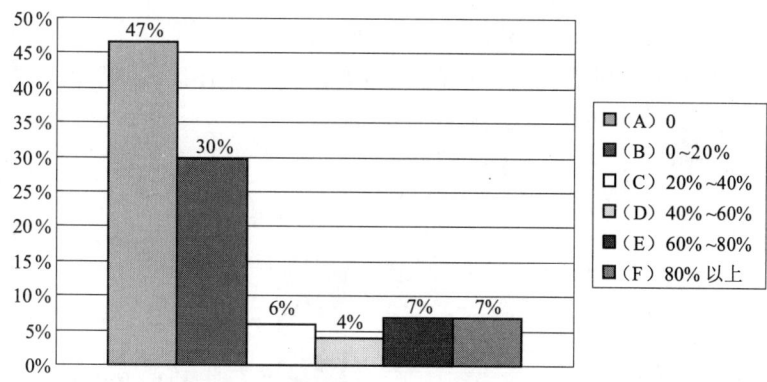

图 A-28　产品出口前经过国家局检索的比例

图 A-28 表明在产品出口前，47%的优势企业不是委托国家局进行检索的；30%的优势企业中 0～20%的专利是委托国家局进行检索的；只有 7%的优势企业中 80%以上的专利是委托国家局进行检索的。

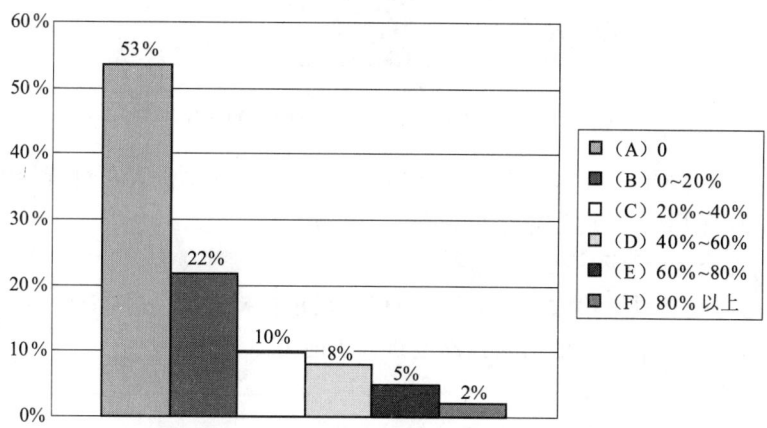

图 A-29　产品出口前经过省局检索的比例

图 A-29 表明在技术引进前，53%的优势企业不是委托省局进行检索的；22%的优势企业中 0～20%的专利是委托省局进行检索的；只有 2%的优势企业中 80%以上的专利是委托省局进行检索的。

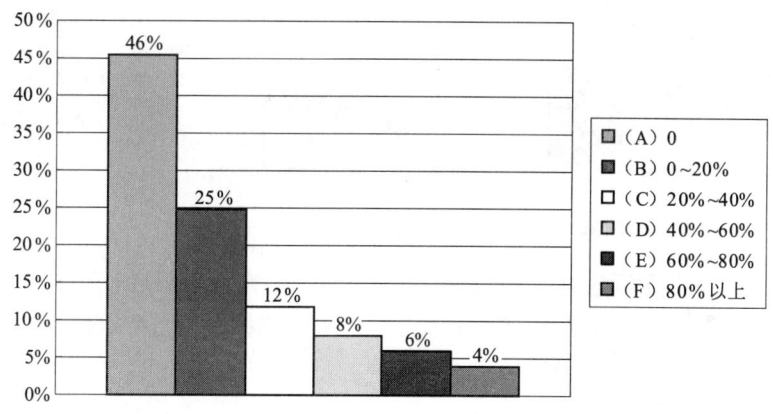

图 A-30　产品出口前经过中介公司检索的比例

图 A-30 表明在产品出口前，46%的优势企业不是委托中介服务机构进行检索的；25%的优势企业中 0~20%的专利是委托中介服务机构进行检索的；只有 4%的优势企业中 80%以上的专利是委托中介服务机构进行检索的。

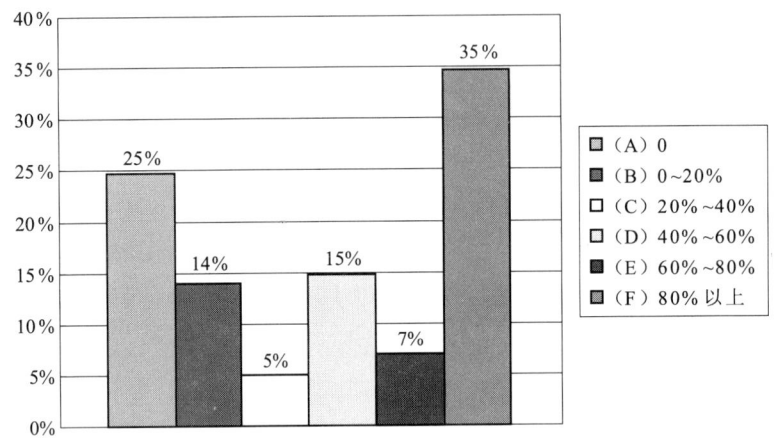

图 A-31　产品出口前经过自己检索的比例

图 A-31 表明在产品出口前，25%的优势企业不是通过本单位人员进行检索；35%的优势企业中 80%以上的专利是通过本单位人员进行检索的。

（五）专利诉讼时的专利检索

在专利诉讼时是否进行检索，是依靠本单位人员进行检索还是依靠外来资源进行检索，反应各单位是否具备专利检索能力和判断侵权分析能力。

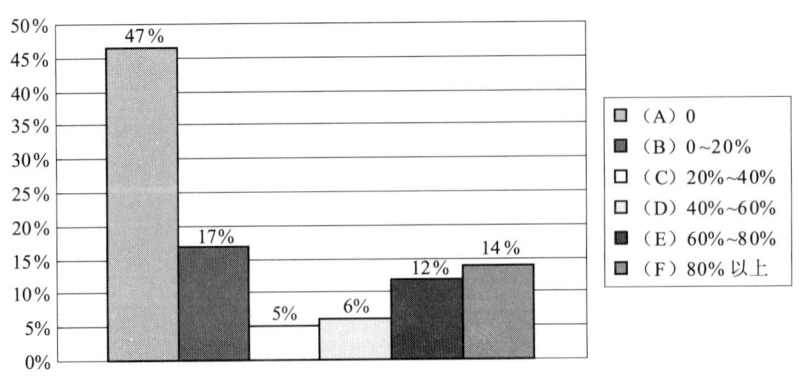

图 A-32　侵权诉讼时经过国家局检索的比例

图 A-32 表明在专利诉讼时，47%的优势企业不是委托国家局进行检索的；17%的优势企业中 0~20%的专利无效检索是委托国家局进行检索的；只有 14%的优势企业中 80%以上的专利无效是委托国家局进行检索的。

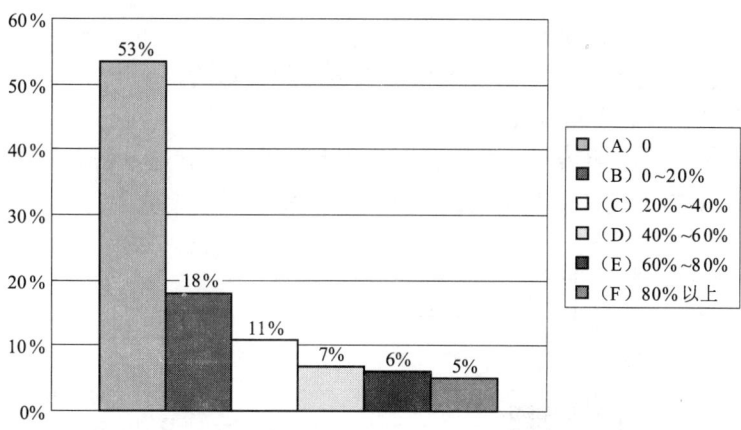

图 A-33　侵权诉讼时经过省局检索的比例

图 A-33 表明在专利诉讼时，53%的优势企业不是委托省局进行检索的；18%的优势企业中 0～20%的专利无效是委托省局进行检索的；只有 5%的优势企业中 80%以上的专利无效是委托省局进行检索的。

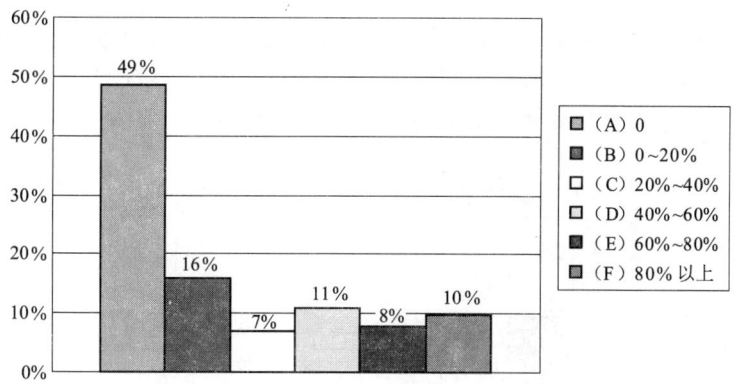

图 A-34　侵权诉讼时经过中介公司检索的比例

图 A-34 表明在专利诉讼时，49%的优势企业不是委托中介服务机构进行检索的；16%的优势企业中 0～20%的专利无效是委托中介服务机构进行检索的；只有 10%的优势企业中 80%以上的专利无效是委托中介服务机构进行检索的。

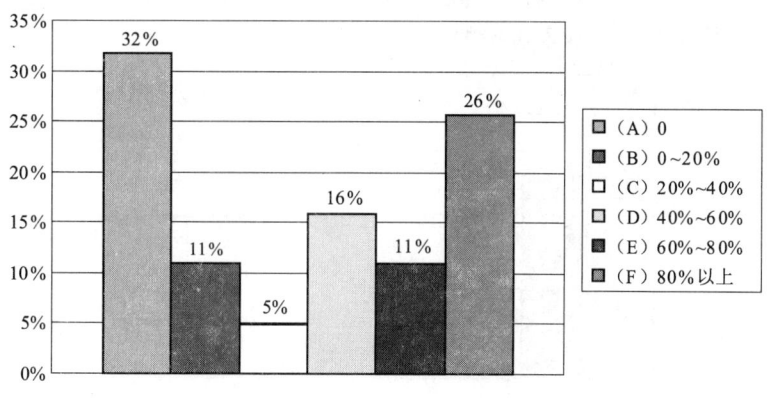

图 A-35　侵权诉讼时经过自己检索的比例

图 A-35 表明在专利诉讼时,32%的优势企业不是通过本单位人员进行检索;26%的优势企业中 80%以上的专利无效是通过本单位人员进行检索的。

(六)技术研发时的专利检索

在技术研发时是否进行检索,是依靠本单位人员进行检索还是依靠外来资源进行检索,反应各单位是否具有专利信息利用的意识和是否具备专利检索能力。

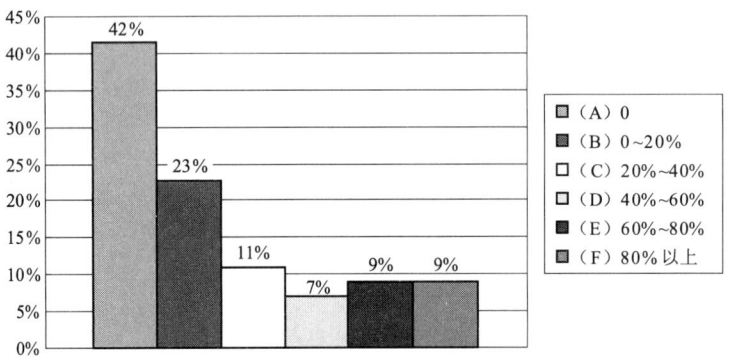

图 A-36 技术研发时经过国家局检索的比例

图 A-36 表明在技术研发时,42%的优势企业不是委托国家局进行检索的;22%的优势企业中 0~20%的专利查新或专题检索是委托国家局进行的;只有 9%的优势企业中 80%以上的专利查新或专题检索是委托国家局进行的。

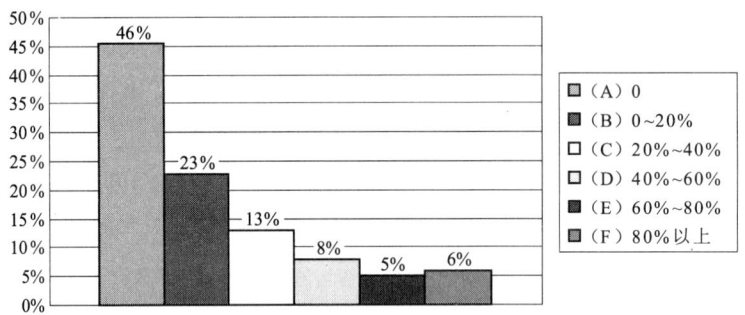

图 A-37 技术研发时经过省局检索的比例

图 A-37 表明在技术研发时,46%的优势企业不是委托省局进行检索的;23%的优势企业中 0~20%的专利查新或专题检索是委托省局进行的;只有 6%的优势企业中 80%以上的专利查新或专题检索是委托省局进行的。

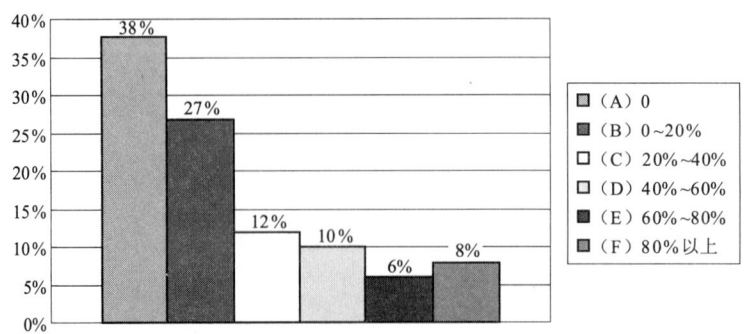

图 A-38 技术研发时经过中介公司检索的比例

图 A-38 表明在技术研发时，38%的优势企业不是委托中介服务机构进行检索的；27%的优势企业中 0～20%的专利查新或专题检索是委托中介服务机构进行的；只有 8%的优势企业中 80%以上的专利查新或专题检索是委托中介服务机构进行的。

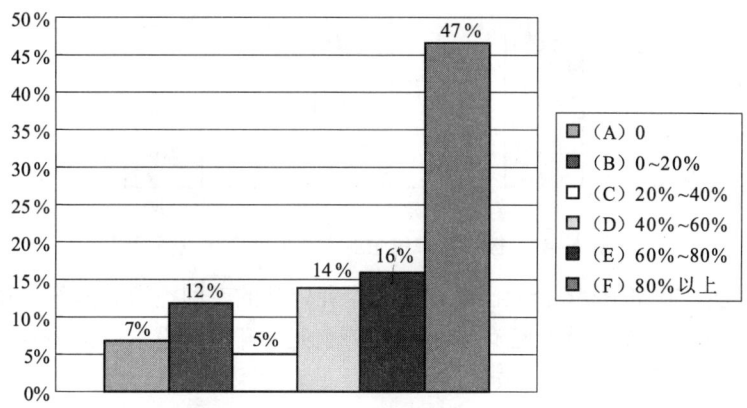

图 A-39 技术研发时经过自己检索的比例

图 A-39 表明在技术研发时，只有 7%的优势企业不是本单位人员进行检索的；47%的优势企业中 80%以上的专利查新或专题检索是本单位人员进行的。

三、单位内部的检索平台

（一）单位内外的检索平台的使用情况

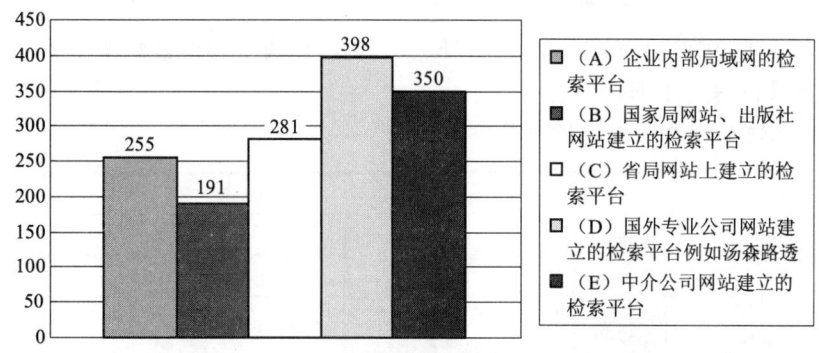

图 A-40 被调查单位使用检索平台的频率顺序

注：数值越低，使用频率越高。

图 A-40 表明在专利检索时，使用国家局、出版社网站的检索平台的频率最高；国外的网站使用频率最低；但是使用企业内部检索平台的频率比较高，仅次于国家局网站的检索平台。

（二）企业单位专利数据库建设情况

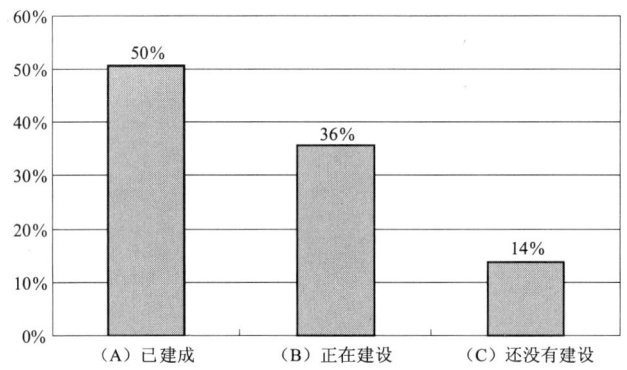

图 A-41　被调查单位企业专利数据库建设情况

图 A-41 说明 50%的优势企业已经建立了企业内部的专利检索数据库；36%的优势企业正在建设本单位的专利数据库；还有 14%的优势企业未开始建设本单位的专利检索数据库。

（三）企业内部是否需要建立专利数据库

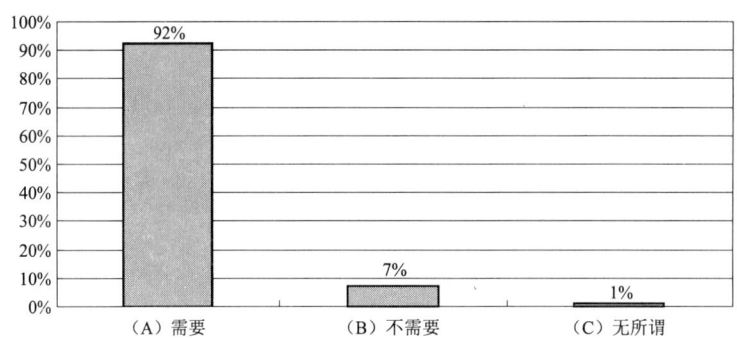

图 A-42　企业是否需要建立自己专业数据库的调查情况

图 A-42 表明 92%的优势企业认为在国家局已经建成专利检索数据库时，企业还需要建立自己的专利检索数据库。

（四）企业内部专利检索数据库具备的功能

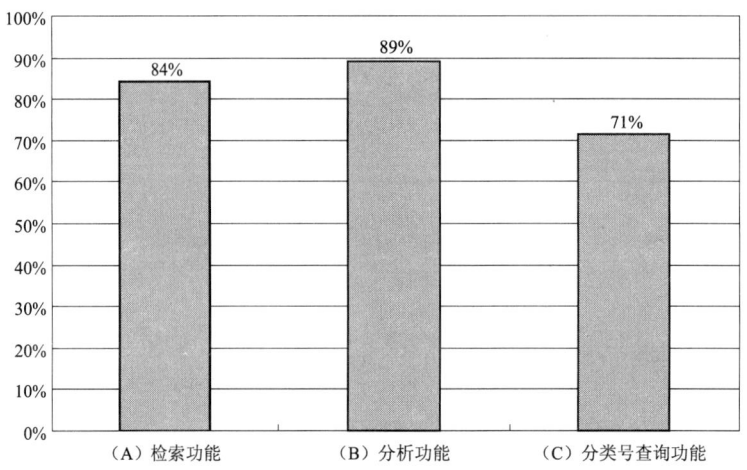

图 A-43　企业内部专利检索数据库具备的功能

图 A-43 表明，多数优势企业认为企业内部的专利检索数据库应具备检索功能、分析功能和分类号查询功能。此外，数据库具体功能还应该具备以下功能（有的属于分析功能，有的属于检索功能，有的属于管理功能）：

检索功能：
（1）将网站上所需的论文导入到信息平台中；
（2）导出数据功能；
（3）外观设计图片检索功能。

分析功能：
（4）预警功能；
（5）对比功能；
（6）专利风险预测；
（7）专利引证关系。

管理功能：
（8）公司（国际国内大公司）的专利动态；
（9）专利流程管理功能；
（10）专利文献阅读及下载、企业内部专利管理；
（11）专利缴费预警功能。

四、企业培训需求

表 A-2 是企业各种不同人员对不同内容需求的百分比。

表 A-2　企业各种人员对不同内容需求的百分比

不同的培训内容	领导层	中层管理层	研发人员	知识产权管理人员	一般管理人员
（A）知识产权诉讼及保护	44	41	17	58	39
（B）专利信息的检索（主要利用互联网的检索平台）	9	19	65	64	35
（C）申请文件的撰写	6	12	50	55	15
（D）专利侵权判定	19	23	31	51	13
（E）利用专利信息创新	14	31	81	35	22
（F）专利预警分析	20	36	28	60	13
（G）企业专利战略	89	41	13	45	29
（H）答复国家局审查意见通知书	1	4	27	50	5
（I）知识产权评估培训	18	35	6	45	19
（J）专利文献知识	5	18	43	41	35

续表

不同的培训内容	领导层	中层管理层	研发人员	知识产权管理人员	一般管理人员
（K）国内专利申请流程	8	5	23	44	18
（L）国外专利申请流程（PCT申请等）	4	6	10	45	7
（M）专利许可和专利转让	24	24	5	45	13

下面对企业不同人员的需求进行说明。

（一）不同人员的培训情况

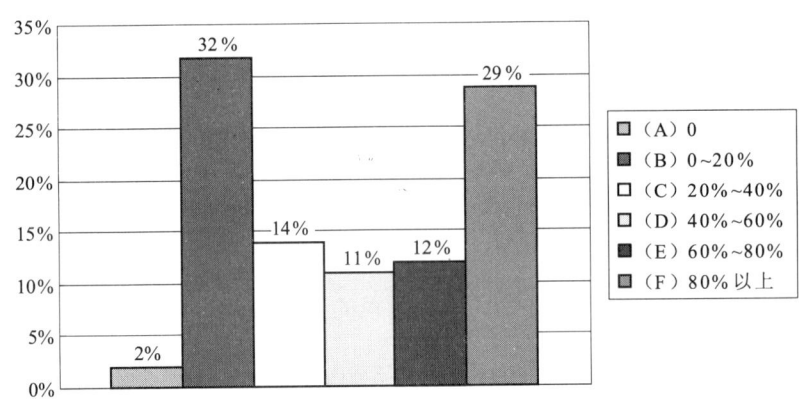

图 A-44　单位领导参加过知识产权培训的所占比例

图 A-44 表明只有2%的优势企业中单位领导未参加过知识产权培训；32%的优势企业中0~20%的单位领导参加过知识产权的培训；14%的优势企业中20%~40%的单位领导参加过知识产权的培训；11%的优势企业中40%~60%的单位领导参加过知识产权的培训；12%的优势企业中60%~80%的单位领导参加过知识产权的培训；29%的优势企业中80%以上的单位领导参加过知识产权的培训。

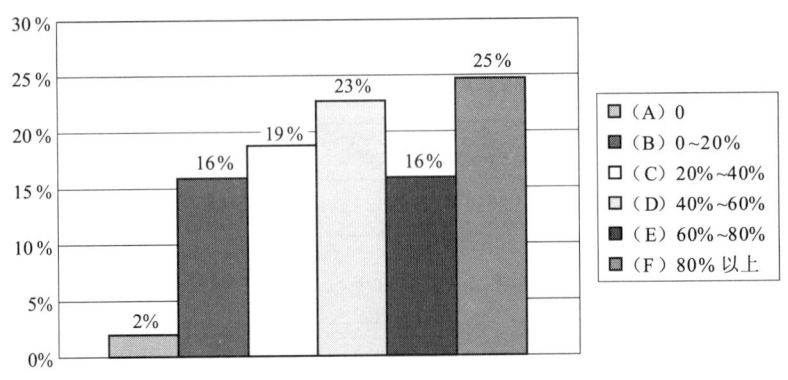

图 A-45　单位中层人员参加过知识产权培训的所占比例

图 A–45 表明只有 2%的优势企业中中层人员未参加过知识产权培训；16%的优势企业中 0～20%的中层人员参加过知识产权的培训；19%的优势企业中 20%～40%的中层人员参加过知识产权的培训；23%的优势企业中 40%～60%的中层人员参加过知识产权的培训；16%的优势企业中 60%～80%的中层人员参加过知识产权的培训；25%的优势企业中 80%以上的中层人员参加过知识产权的培训。

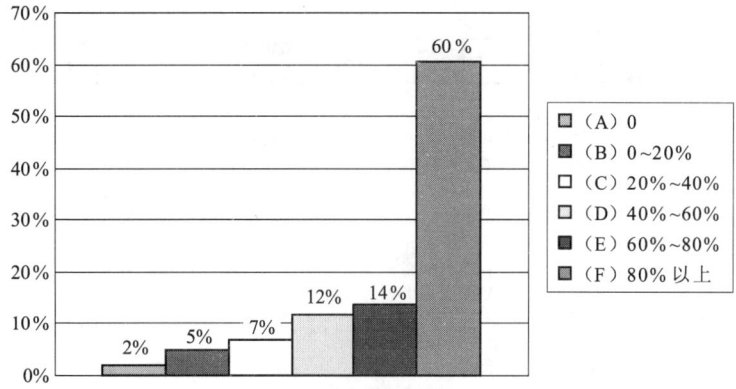

图 A–46　单位研发人员参加过知识产权培训的所占比例

图 A–46 表明只有 2%的优势企业中研发人员未参加过知识产权培训；5%的优势企业中 0～20%的研发人员参加过知识产权的培训；7%的优势企业中 20%～40%的研发人员参加过知识产权的培训；12%的优势企业中 40%～60%的研发人员参加过知识产权的培训；14%的优势企业中 60%～80%的研发人员参加过知识产权的培训；60%的优势企业中 80%以上的研发人员参加过知识产权的培训。

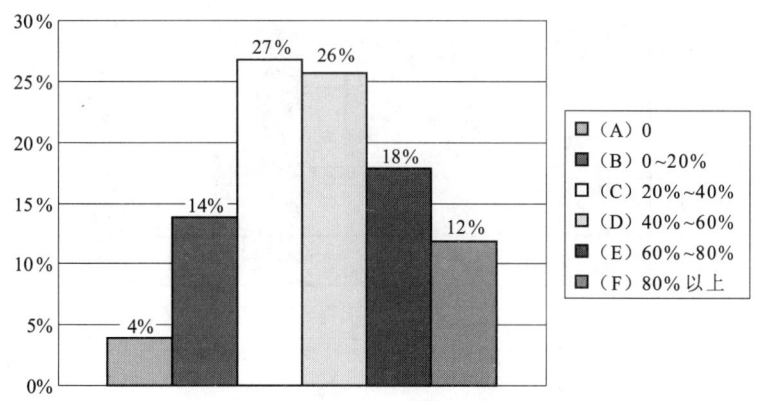

图 A–47　单位一般管理干部参加过知识产权培训的所占比例

图 A–47 表明只有 4%的优势企业中一般管理干部未参加过知识产权培训；14%的优势企业中 0～20%的一般管理干部参加过知识产权的培训；27%的优势企业中 20%～40%的一般管理干部参加过知识产权的培训；26%的优势企业中 40%～60%的一般管理干部参加过知识产权的培训；18%的优势企业中 60%～80%的一般管理干部参加过知识产权的培训；12%的优势企业中 80%以上的一般管理干部参加过知识产权的培训。

（二）不同人员的培训需求

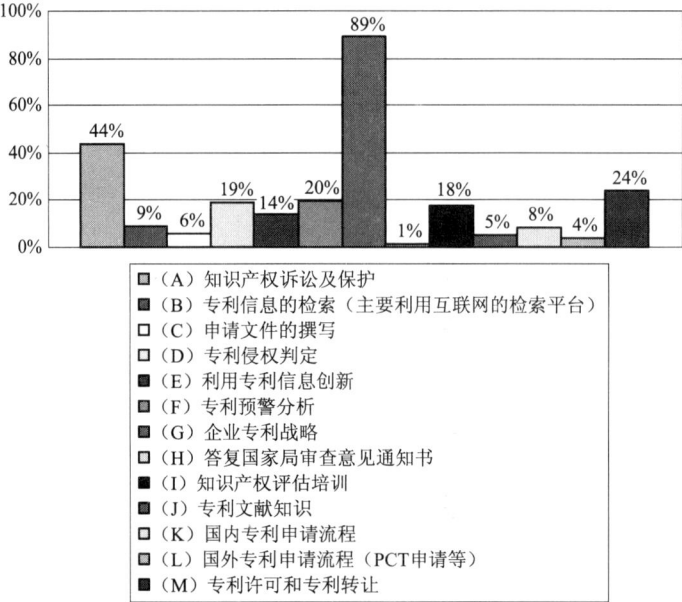

图 A-48　企业领导层急需培训内容的比例

图 A-48 说明优势培育企业中，领导层急需培训的内容依次是企业专利战略、知识产权诉讼和保护、专利许可和专利转让。

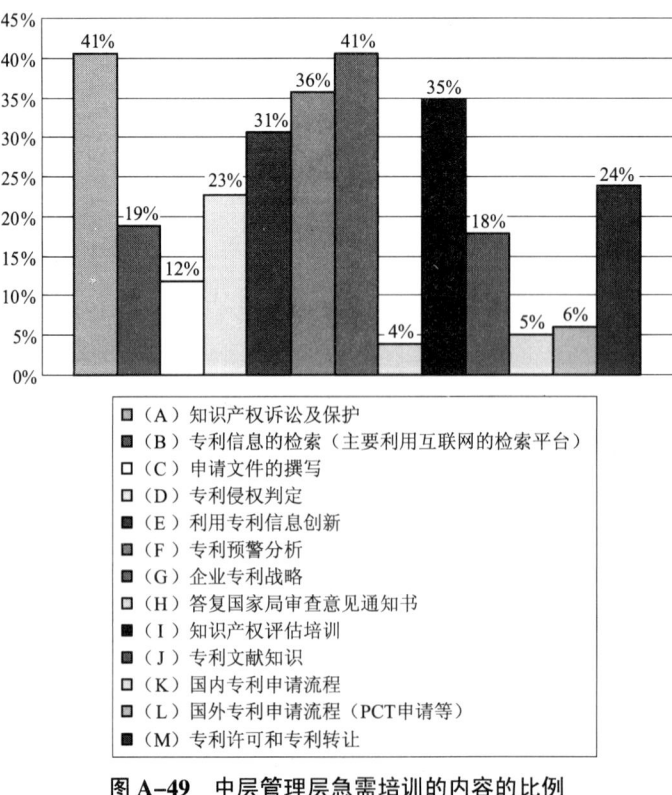

图 A-49　中层管理层急需培训的内容的比例

图 A-49 表明优势培育企业中中层管理层急需培训的内容依次是知识产权诉讼及保护、企业专利战略、专利预警分析、知识产权评估、利用专利信息创新、专利许可和专利转让、专利侵权判定。

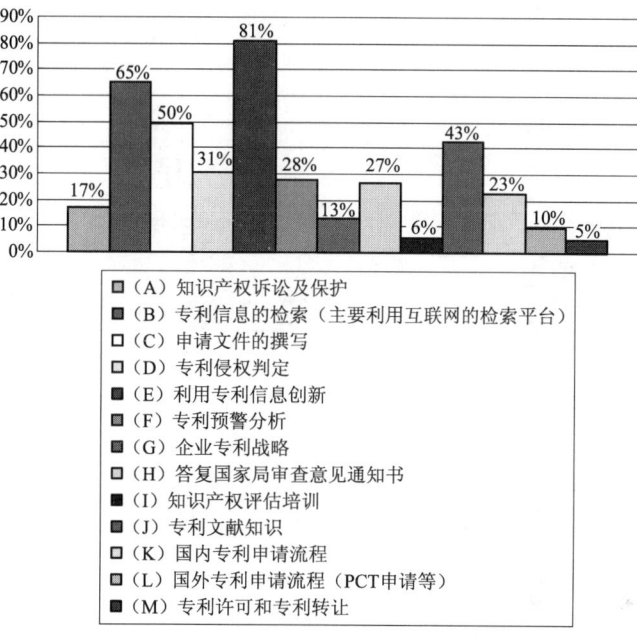

图 A-50　研发人员急需培训的内容的比例

图 A-50 表明优势培育企业中研发人员急需培训的内容依次是利用专利信息创新、专利信息的检索、申请文件的撰写、专利文献知识、专利侵权判定、专利预警分析、答复国家局审查意见通知书、国内专利申请流程。

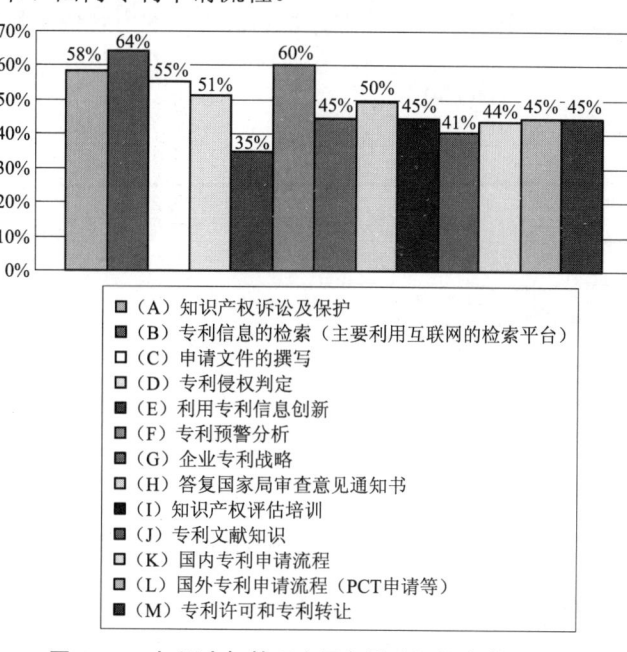

图 A-51　知识产权管理人员急需培训的内容的比例

图 A-51 表明优势培育企业中知识产权管理人员急需培训的内容依次是专利信息的检索、专利预警分析、知识产权诉讼及保护、申请文件的撰写、专利侵权判定、答复国家局审查意见通知书、企业专利战略（知识产权评估、国外专利申请流程、专利许可和专利转让）、国内专利申请流程、专利文献知识、利用专利信息创新。

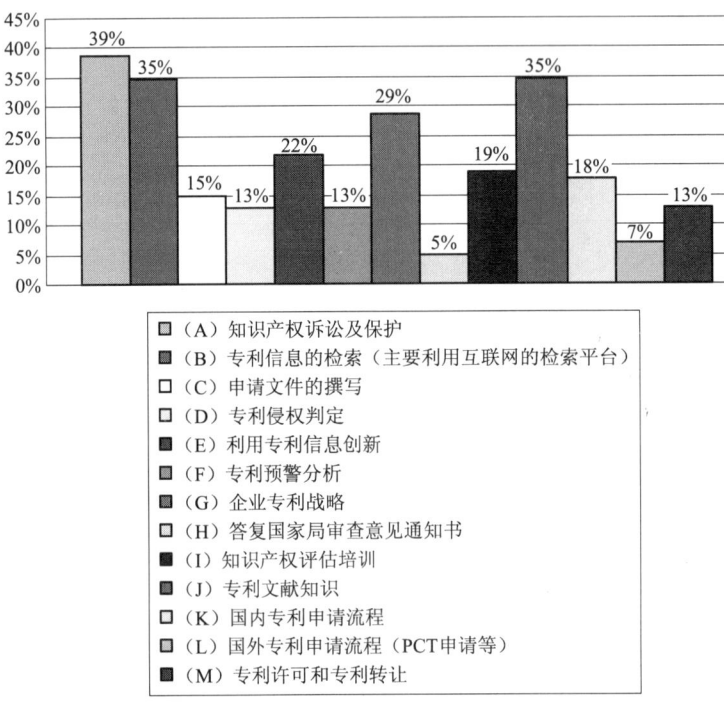

图 A-52　一般管理人员急需培训内容的比例

图 A-51 表明优势培育企业中一般管理人员急需培训的内容依次是知识产权诉讼及保护、专利信息的检索、专利文献知识、企业专利战略、利用专利信息创新。

五、其他方面

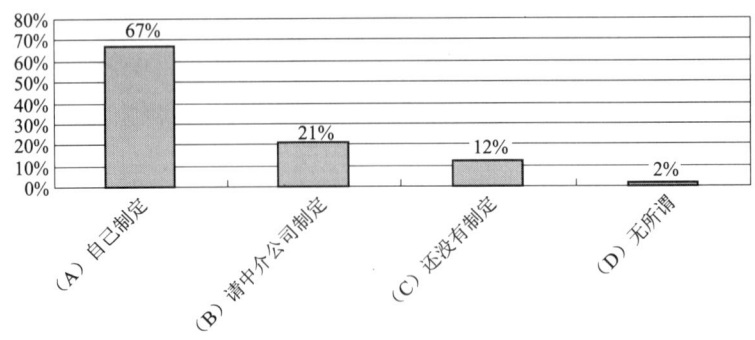

图 A-53　企业知识产权战略制定情况

图 A-53 说明优势培育企业倾向于自己制定企业的知识产权战略。

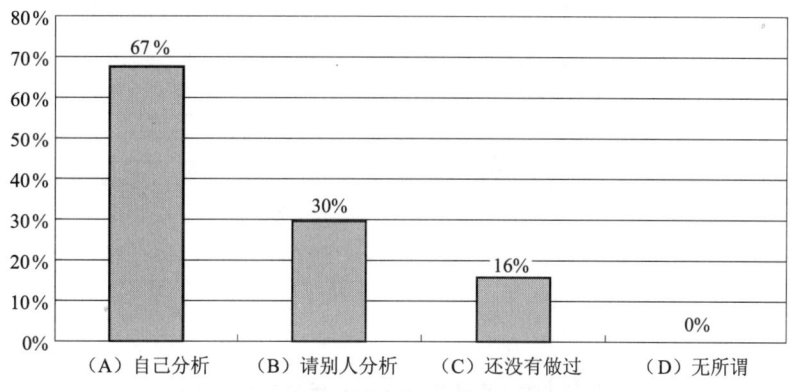

图 A-54 企业进行专利预警分析的方式情况

图 A-54 说明优势培育企业倾向于企业自己进行专利预警分析。

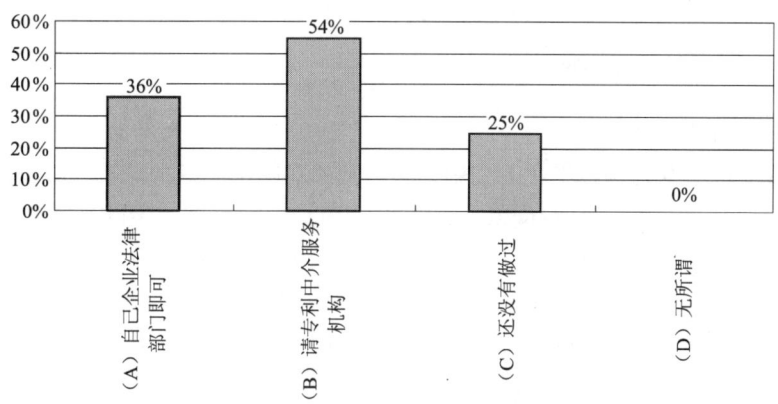

图 A-55 企业进行专利诉讼事务的方式情况

图 A-55 说明在专利诉讼实务时，54%的优势企业倾向于委托中介服务机构进行诉讼；36%的优势企业倾向于企业法律部门进行专利诉讼。

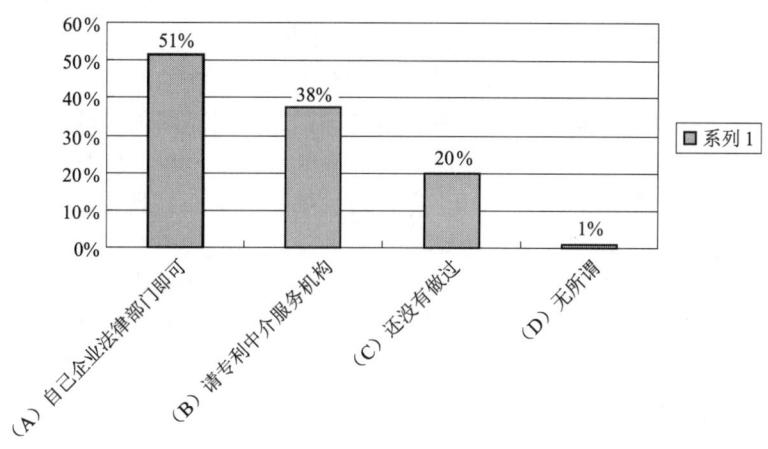

图 A-56 企业实施专利许可和转让的方式情况

图 A-56 说明在实施专利许可和转让时，51%的优势企业倾向于通过企业法律部门进行；38%的优势企业倾向于委托中介服务机构进行。

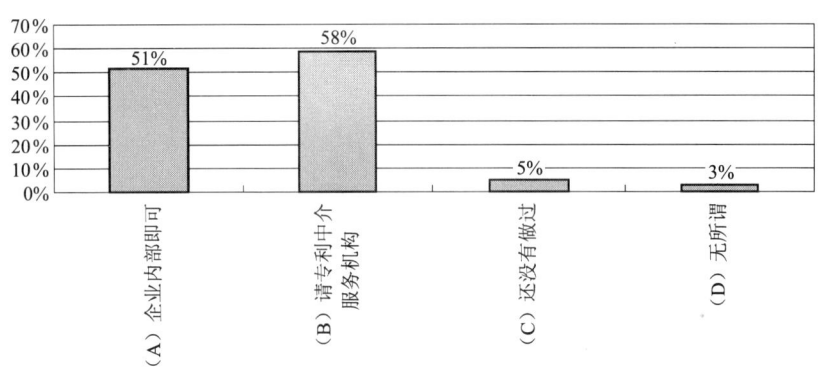

图 A-57 企业提高专利品质的方式情况

图 A-57 说明在提高专利品质时，58%的优势企业倾向于委托专利中介服务机构进行；51%的优势企业倾向于企业自己进行。

六、专利信息利用和培训现状分析

综上所述，分析如下：

（1）对目前可用专利检索平台的利用不够，例如对国家局专利检索与服务系统，有20%的企业从来没有使用过；对于 patentics 系统、中国知识产权网、美欧日网站等检索平台，都有40%以上的企业从来没有使用过，可能是企业不知道有这些检索平台可以利用或者仅使用其中几个数据库，使用不全面，此外，国外平台的语言障碍也是利用不够的原因之一。

（2）对非专利检索平台的利用也不够，虽然非专利数据库基本上都是中文检索系统，但是存在有的需要购买或者使用权限的限制，影响其广泛使用。

（3）在专利申请、技术研发、产品出口、技术引进、侵权诉讼时，是通过国家局、省局、专利中介服务机构，还是企业自己进行检索，企业倾向于自己进行检索和预警分析，一是说明企业的专利信息利用能力不断提高，有能力使用这些检索系统；二是在不涉及侵权等利益的条件下，企业可以自己试着检索，如果结果不理想，再请企业之外的服务机构检索也不晚，但是企业之间存在使用不均衡、不全面问题。

（4）虽然互联网上有许多免费网站可以进行检索，但是企业愿意建立自己的专利数据库，原因之一是对互联网的资源了解的不是很全面；二是对互联网上的检索系统的使用技巧不熟悉；三是互联网运行速度目前还比较慢，不能适应检索和下载要求。

（5）企业不同人员的培训需求不同，存在较大的差异，而且具有需求更细化趋势，这是其职位不同使然，不仅表现在需求迫切，而且要求培训需求内容更具体，例如对于科技人员需求来说，如何利用专利信息进行创新排在第一位，对检索技巧的培训要求更强烈。

（6）专利信息利用的意识普遍提高，对检索的数据库、检索平台的功能等要求更高，具备更方便、更快捷、更实用的功能。

（7）对专利信息利用的深度在增加，对信息利用平台的要求除了具有检索功能外，对具备分析、预警功能的要求更强烈。

（8）部分企业要求专利信息有条件的共享，打造更多的公共平台和免费平台，企业与企业之间也需要共享交流。

七、建议

（一）国家层面

（1）制定专利信息利用的长远规划，从宏观上对全国专利信息利用进行统一规划。包括对专利数据、检索系统、分析系统等进行研究规划。

（2）加强对地方局和企业的培训指导工作，在专利的创造、运用、保护、管理技能方面进行分阶段、分步骤的培训，特别是在实施国家知识产权战略初期，侧重于对技术创新进行培训。

（3）在全国范围内进行检索机构资质的认证。

① 条件：具备一定的硬件，例如具有规定的检索系统，可以在规定的数据库中进行检索；还需要具备检索能力的人员多少名，是通过国家局的检索培训并取得合格证书的人员。例如：

ⅰ. 对人员要求，包含了对学历、工作经验以及相关的检索培训资历的要求：

学历：大学本科、或者专科毕业；

工作经验：具有从事科学技术相关事务（包括研究）共计 4 年以上经验（大专毕业者需要 6 年以上工作经验）；

相关培训资历：国家知识产权局举办的检索培训，考试合格者。

ⅱ. 对机构的要求，这主要是对检索硬件设施（如电脑、数据库等）、对机构管理者（不能是相关利害人）以及人员配备的数量的要求。

② 向各省局开放我局检索系统的检索权限，使其能够使用国家局审查员同样的检索系统，包括 EPOQUE 系统和新开发的 S 系统；优先对省局的专利信息中心的人员进行检索培训，通过国家局的考试合格后，取得资格证书；在省局具备"硬件"和"软件"的条件下，发放检索机构资质合格证书，允许该机构开展检索业务，一方面可以增加地方局的职能，壮大地方人员力量；二是可以加快专利信息传播和利用。

③ 可以考虑对中科院、高等院校、研究所等具备条件的，经过申请，满足上述条件的发放合格检索资质证书。

④ 质量控制：制定对外检索质量标准；对检索服务机构和其雇员进行评估，核实其专业技术水平是否满足所有技术合同的需要；抽取检索服务机构提交的检索报告，国家局对其检索质量进行评价，此评价程序需要资深专利审查员对同一申请做出独立的检索，并需要独立地分析比较结果。

（4）为了更好地利用专利信息资源，需要对国家局"专利检索与服务系统"进行提速改进，多设立几个镜像服务器，提高其检索速度和浏览速度，并提供下载 PDF 文件的功能等。

（5）出台关于利用专利信息进行创新方法的指导性政策。2008 年 4 月，科技部、发改委、教育部、科协四部门下发了《关于加强创新方法工作的若干意见》的通知，创新方法包括科学思维、科学方法和科学工具，但是 TRIZ 理论是其推广创新方法利用的核心，而 TRIZ 理论是在身为前苏联的海军专利审查员阿奇舒勒的带领下，经过 50 多年对上百万份专利文献加以搜集、研究、整理、归纳、提炼和重组，进而创建起来的一整套系统化的、具有极其广泛通用性和可操作性的 TRIZ 体系。国家知识产权局具有专利加工标引、检索、分析利用方面的优势，可以针对现有的各领域的专利文献利用 TRIZ 理论对重要专利文献进行加工标引，使其更好地被检索和利用，运用到创新的方法中。

（6）建立我国企业知识产权管理的规范标准，指导企业进行规范管理，激发创新能力，使企业真正成为创新主体。

（二）省市层面

（1）在国家专利信息利用规划基础上，对全省的专利信息利用进行详细规划，根据地方实际情况，制定具有地方特色的专利信息利用政策。

（2）有条件的省份尽快出台省内企业知识产权规范，使企业在知识产权创造、运用、保护和管理方面达到一定的标准要求，规范企业的知识产权行为。

（3）通过高校培养知识产权人才：从事专利工作的人员要求具有技术、法律、外语、计算机等方面的知识。企业人才缺乏是制约企业知识产权工作和企业发展的因素，可以通过高校知识产权学院进行培训，在全省检索人才培养、检索技能培训、创新方法培训等方面开展工作。

（4）针对不同职位的人员，进行不同的培训：

① 领导层急需培训的内容依次是企业专利战略、知识产权诉讼和保护、专利许可和专利转让。

② 中层管理层急需培训的内容依次是知识产权诉讼及保护、企业专利战略、专利预警分析、知识产权评估、利用专利信息创新、专利许可和专利转让、专利侵权判定。

③ 研发人员急需培训的内容依次是利用专利信息创新、专利信息的检索、申请文件的撰写、专利文献知识、专利侵权判定、专利预警分析、答复国家局审查意见通知书、国内专利申请流程。

④ 知识产权管理人员急需培训的内容依次是专利信息的检索、专利预警分析、知识产权诉讼及保护、申请文件的撰写、专利侵权判定、答复国家局审查意见通知书、企业专利战略（知识产权评估、国外专利申请流程、专利许可和专利转让）、国内专利申请流程、专利文献知识、利用专利信息创新。

⑤ 一般管理人员急需培训的内容依次是知识产权诉讼及保护、专利信息的检索、专利文献知识、企业专利战略、利用专利信息创新。

（5）举办专题的培训班：

① 专利检索培训班（参加人员是知识产权管理人员和研发人员等）。

每年举办两期，根据内容的多少，时间为四天左右，内容包括：国家局专利检索与服务系统、中国知识产权网、上海知识产权局公共信息检索平台、广东专利信息服务平台、湖南省专利智能检索平台、Soopat、Patentics、大为专利信息创新平台、汤森路透检索平台等，每种平台培训半天到一天，PPT 内容由省局把关，先针对免费资源进行培训，后针对商业资源进行培训。

② 专利的申请和审查（参加人员是知识产权管理人员和研发人员等）。

每年举办两期，根据内容的多少，时间为三天左右，内容包括：申请流程（电子）、审查程序、申请文件撰写、复审和无效等。

③ 专利保护、专利分析和预警（参加人员是知识产权管理人员、一般管理人员和领导层等）。

每年举办1~2期，根据内容的多少，时间为3天左右，内容包括知识产权诉讼和保护、侵权判定、知识产权评估、企业专利战略等。

④ 利用专利信息创新（参加人员是研发人员等），这是企业所欠缺的，也是企业急需的。

这些培训班可以由省知识产权局组织进行，企业也可以根据其需要，由培训老师到企业进行相关的培训，主要介绍创新理论和创新的方法等。

（6）继续支持企业建立自己的专利数据库检索平台，该平台应至少具备专利检索、专利分析和分类号查询功能等，具体功能还应包括（根据企业需要来选择）：

检索功能：
① 将网站上所需的论文导入到信息平台中；
② 导出数据功能；
③ 外观设计图片检索功能。

分析功能：
① 预警功能；
② 对比功能；
③ 专利风险预测；
④ 专利引证关系。

管理功能：
① 公司（国际国内大公司）的专利动态；
② 专利流程管理功能；
③ 专利文献阅读及下载、企业内部专利管理；
④ 专利缴费预警功能。

此外，根据需要购买非专利数据库例如中国期刊网等。

（7）增加省局智能检索平台的分析和预警功能，具体分析目前各检索平台具备的功能，尽量使该检索平台具备检索、分析、预警等全面、实用、快捷、方便的功能；

（8）在条件成熟时，适时在省内举行专利信息利用的经验交流会和检索技巧交流会。

（三）企业层面

（1）参加国家局、省局举办的各种培训班，同时提出培训需要，由国家局和省局或要求专业教师到企业进行培训，企业也可以配备必要的专职的检索人员。

（2）建立企业内部的专利数据库检索平台，特别是涉及本企业产品的专利数据库，使企业内部研发人员在各自的电脑上都可以检索、浏览专利文献等。

（3）加大创新方法的培训，尽最大可能利用互联网上的免费资源。

以上是针对湖南省101家优势培育企业进行的调查统计，虽然不是针对全国各省的统计结果，但湖南省是中部中等发达地区，其具有一定的代表性，也能反映我国企业目前专利信息利用、创新方法、培训等方面的情况和需求。优势培育企业是知识产权方面工作做得比较好的企业，从目前优势培育企业的知识产权工作状况可以知道其他非优势企业的知识产权工作状况，可见，在全国范围内推广专利信息利用，除了需要做好宣传工作，更重要的是建设好专利信息利用的基础工程，例如检索和服务平台等，还需要国家局和省局在专利信息利用及创新方法上给予一定的政策导向和扶持。

附录 B 39项技术参数

01. 运动物体的重量	14. 强度	27. 可靠性
02. 静止物体的重量	15. 运动物体作用时间	28. 测试精度
03. 运动物体的长度	16. 静止物体作用时间	29. 制造精度
04. 静止物体的长度	17. 温度	30. 物体外部有害因素作用的敏感性
05. 运动物体的面积	18. 光照度	31. 物体产生的有害因素
06. 静止物体的面积	19. 运动物体的能量	32. 可制造性
07. 运动物体的体积	20. 静止物体的能量	33. 可操作性
08. 静止物体的体积	21. 功率	34. 可维修性
09. 速度	22. 能量损失	35. 适应性及多用性
10. 力	23. 物质损失	36. 装置的复杂性
11. 应力或压力	24. 信息损失	37. 监控与测试的困难程度
12. 形状	25. 时间损失	38. 自动化程度
13. 结构的稳定性	26. 物质或事物的数量	39. 生产率

阿奇舒勒矛盾矩阵表